北京大學圖書館藏歷代石刻拓本草目

（上册）

孫貫文 編著

山西出版傳媒集團
三晉出版社

图书在版编目（CIP）数据

北京大学图书馆藏历代石刻拓本草目 / 孙贯文编著 . —
太原：三晋出版社，2020.4
ISBN 978-7-5457-2012-9

Ⅰ . ①北… Ⅱ . ①孙… Ⅲ . ①石刻 – 拓本 – 汇编 –
中国 Ⅳ . ① K877.4

中国版本图书馆 CIP 数据核字（2020）第 052472 号

北京大学图书馆藏历代石刻拓本草目

编　　著：孙贯文
责任编辑：张继红
责任印制：李佳音

出 版 者：山西出版传媒集团 · 三晋出版社（原山西古籍出版社）
地　　址：太原市建设南路 21 号
邮　　编：030012
电　　话：0351 – 4922268（发行中心）
0351 – 4956036（总编室）
0351 – 4922203（印制部）
网　　址：http://www.sjcbs.cn

经 销 者：山西出版传媒集团 · 山西新华书店集团有限公司
承 印 者：山西出版传媒集团 · 山西新华印业有限公司

开　　本：710mm × 1020mm　　1/16
印　　张：75.75
字　　数：920 千字
印　　数：1–1000 套
版　　次：2020 年 5 月　第 1 版
印　　次：2020 年 5 月　第 1 次印刷
书　　号：ISBN 978-7-5457-2012-9
定　　价：300.00 元（全二册）

孫貫文先生

20世紀40年代在成都華西大學任教

20 世紀 50 年代在北大任職

20世紀50年代在北大文科研究所金石拓片組任職

20 世紀 60 年代（文革前）與同事工作照

1960年前後在北大辦公室查閱資料

1979 年於家中伏案寫作

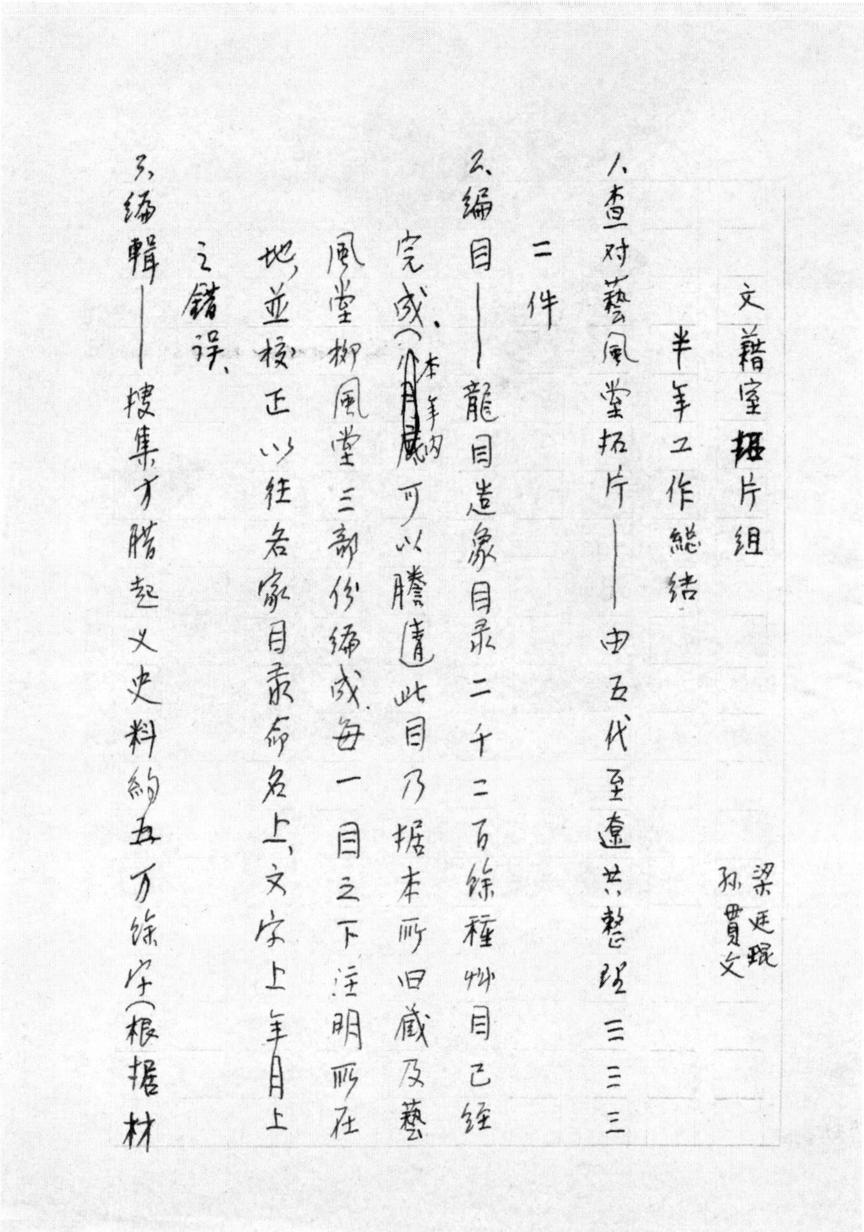

1951年孫貫文拓片組工作總結手稿（1）

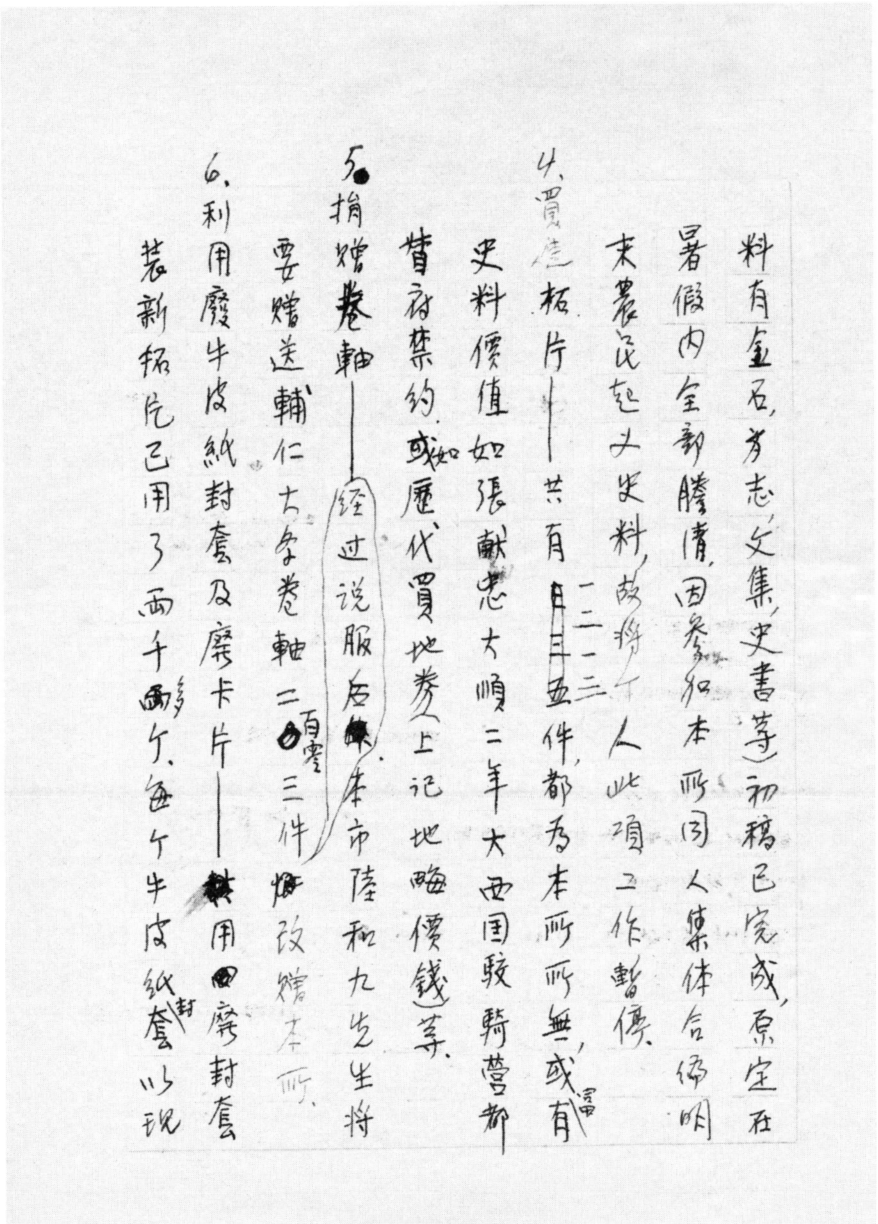

料有金石，方志，文集，史書等）初稿已完成，原定在暑假內全部謄清，因參加本所同人集体合編明末農民起义史料，故將个人此項工作暫停。

4、買進拓片——共有二二一二五件，都為本所所無，或富有史料價值，如張獻忠大順二年大西国驍騎營都督府禁約，或如歷代買地券（上記地畝價錢）等。

5、捐贈卷軸——經过說服後，本市陸和九先生將要贈送輔仁大學卷軸二百零三件，改贈本所。

6、利用廢牛皮紙封套及廢卡片——用廢封套裝新拓片已用了兩千多个，每个牛皮紙封套以現

1951年孫貫文拓片組工作總結手稿（2）

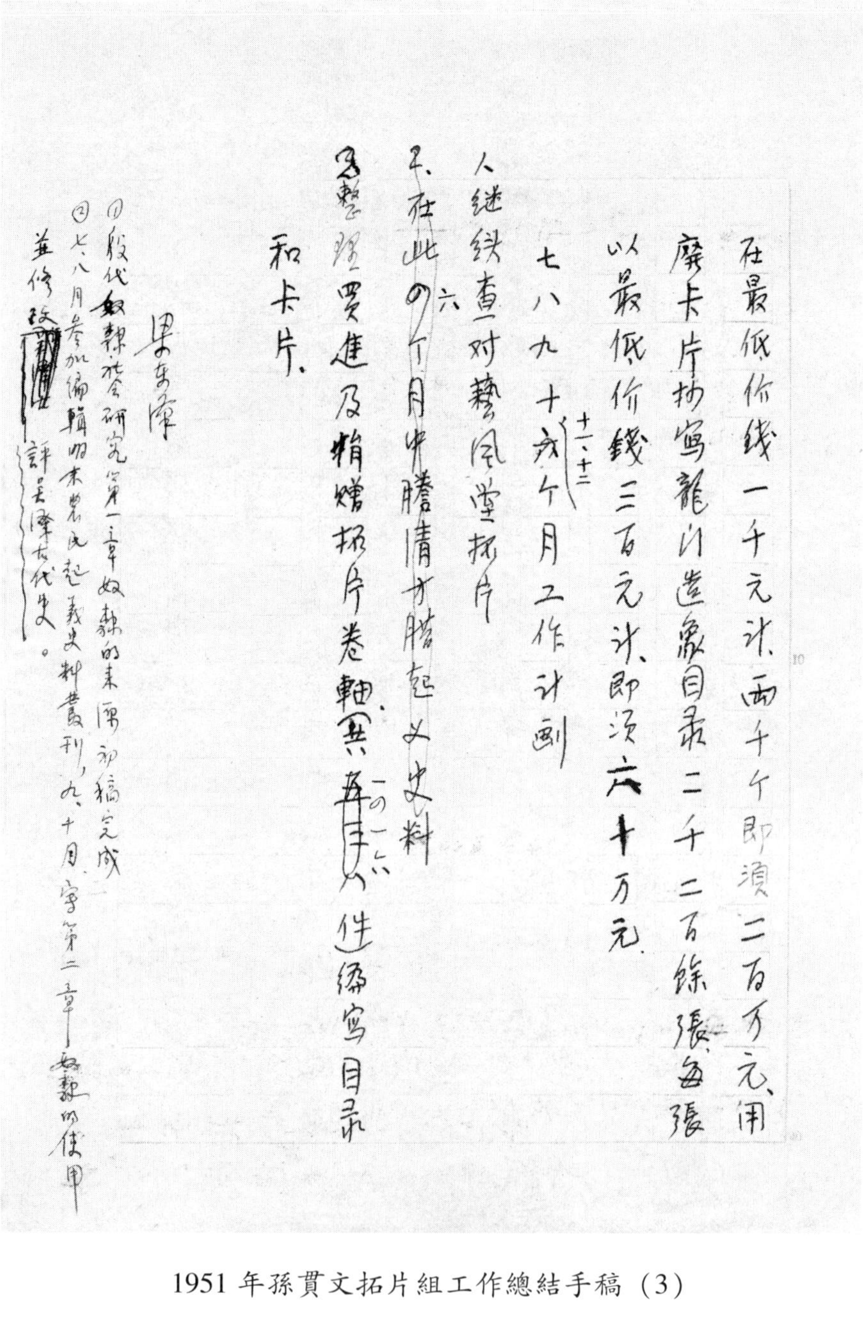

在最低价线一千元计、两千个即須二百万元、用
廢卡片抄寫龍门造象目录二千二百餘張,每張
以最低价錢三百元计,即須六十万元.
七八九十(十一、十二)六个月工作计劃
人继续查对藝風堂拓片
2、在此四(六)个月中謄清方腊起义史料
整理買進及精拓片卷軸(一〇一六)再(等)人(佚)速编寫目录
和卡片.

梁東澤
①殷代奴隸社会研究第一章奴隸的来源初稿完成
②七八月参加编辑明末农民起義史料叢刊,九、十月,寫第二章—奴隸的使用
並修改
評吳澤古代史。

1951 年孫貫文拓片組工作總結手稿（3）

明拓《泰山刻石》（藝風堂舊藏）

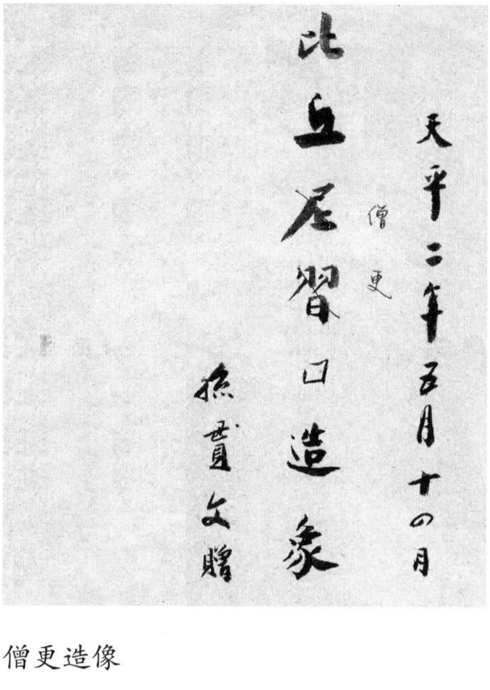

僧更造像

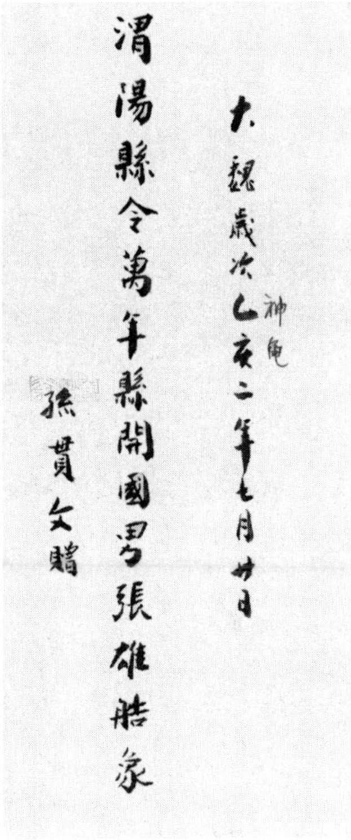

張雄造像

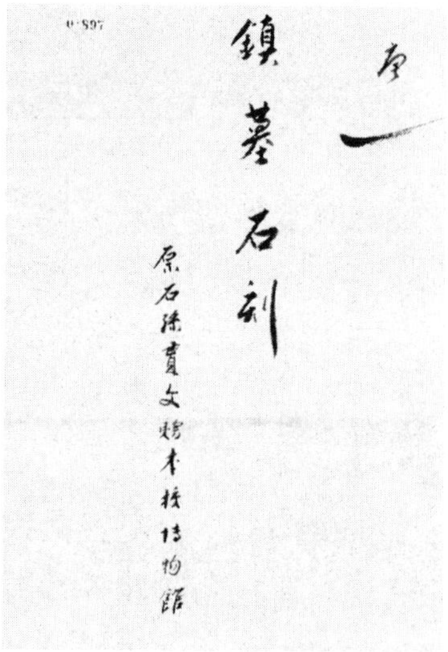

镇墓券

出版説明

六十餘年前，北京大學歷史系考古學者孫貫文先生，傾力編就《北京大學圖書館藏歷代石刻拓本草目》（以下簡稱《草目》）。其中收録漢至唐代中晚期石刻拓片條目四千餘條，並就刊刻、收藏、著録、研究等内容作出精確記載、精審考述，是國内外有關五代以前石刻著録方面的極爲重要的工具書。出於種種原因，此著作長期以來未得公開出版，但其油印本曾是各大圖書館及有關研究單位的必備參考資料。

二〇一六年，孫貫文先生的高足、中國社會科學院考古研究所研究員、古代石刻研究專家趙超先生，將《草目》交付本社出版。趙超先生在書前撰文，詳細介紹了孫先生的生平，交誼，特别是學術貢獻，以及《草目》在現當代金石研究界的崇高地位。爲便於出版，趙超先生提供了經孫先生修訂和他整理的《草目》油印本，又將孫先生的相關學術論著做了整理匯集，建議附録於《草目》之後。本社欣然遵命，以爲此舉可全面反映孫貫文先生的學術成就。

《草目》的出版，是相關學界多年的願望，宿白、高明、徐蘋芳等先生曾作過多方努力。現予出版發行，實現了包括孫貫文先生在内的衆多名宿的心願，對國内外金石研究界而言，是一件幸事。《草目》不僅是一部實用性極强的工具書，而且其中所作考述、校正，以及金石收藏的掌故軼事等，或足資談助，或有益研究，其價值已經過長期驗證，無庸贅言。

由於《草目》專業性强，且屬於草創性質，在標點，行文方面不盡合現在規範，本社在編輯過程中，做了少許調整，兹統一説明如下：

一、《草目》按朝代及年代順序排列。其中唐代前收録石刻，只按朝代分段，唐代收録石刻，則進一步按照年號分段。此次出版，遵循原稿分段辦法；對唐代部分少數未按年號分段者，根據年號予以分段調整，以便統一分段方式。

二、《草目》中引用書名稱除部分出現較少者録入全名外，均採用簡稱，請參見書前《引用書名簡稱索引》。

三、凡引用石刻原文中漫漶處而不知缺字多少者，用〔　〕標明；缺一字者，用□號標明；明確知缺某字者，□内標明該字；疑缺字者，用?標明。

四、條目行文，一般不用標點符號；説明考證文字較多者，酌情加標點符號。即使如此，仍難於强行統一，謹此説明。

五、因撰稿時間在二十世紀五十年代，《草目》中所提及地名有與今地名不一致者，則一仍其舊，不予改動。

六、原稿無目録，爲方便查找，統一編製了目録。

編輯過程中，趙超先生不僅提供了相關資料和照片，而且對編輯提出的問題，給予耐心細緻的解答，並通校了最后一稿；孫貫文先生的家屬孫行淑、李會來兩位先生，提供了孫先生的相關圖片，在此一併致謝。對於本書編輯出版的問題，敬請讀者不吝指正。

三晋出版社

二〇一九年十月

孫貫文先生的金石研究

趙　超

孫貫文先生生於一九一五年，其父爲著名辛亥革命元老孫丹林先生。孫貫文先生作爲長子，自幼受到傳統國學熏陶，勤奮治學，畢業於北平中國大學，而後曾在中國大學任教。抗戰時期，孫先生流亡西南，先後任教於成都京華大學與華西大學，並與當時遷移到大後方的衆多學人相交。如吴宓先生就在他的日記中記載過孫先生的來訪。抗戰勝利後，孫先生回到北京，入北京大學文科研究所工作，以後一直在北京大學文科研究所、國學門及歷史系考古專業供職，講授古代石刻與古文字課程，並參與管理資料室，整理石刻拓片，任歷史系考古專業副教授、高級資料員。孫先生長期鑽研金石版本、古代銘刻等學術，對古代石刻尤爲精通，是當時國内首屈一指的中國古代石刻研究專家。因“文化大革命”中遭受迫害致疾，被迫提前退休。二十世紀七十年代，多批簡牘帛書文獻資料在考古發掘中出土，國家文物局調集全國著名學者成立整理組，對這些出土文獻進行考釋整理與研究，並予出版。孫先生也曾被聘請參加整理山東臨沂出土的銀雀山漢墓竹簡等重要出土文獻；唐山大地震後，又曾參加國家組織的地震歷史資料整理組工作。一九七九年，經中國社會科學院考古研究所夏鼐所長聘請，爲考古研究所培養研究生。後因辛勞過度，舊疾復發，不幸於一九八二年七月去世。

孫貫文先生大學畢業後曾在業餘時間跟隨著名金石學家陸和九

先生學習，摩挲研究過大量石刻拓本與古籍版本，具有淵博的學識與良好的學術根底，對中國金石學有着深入廣泛的研究，並精於書法與繪畫理論。在北京大學工作期間，孫先生曾負責整理北京大學圖書館收藏的大量石刻拓片，兢兢業業，十餘年如一日，做了大量的整理、鑒别與編目工作。特别是結合大量古代金石著録，對北京大學圖書館所藏石刻拓本進行深入的核對，並做了著録索引。於一九五五年前後編輯的《北京大學圖書館藏歷代石刻拓本草目》就是這些工作的成果之一，也是孫貫文先生最重要的著作。

北京大學圖書館作爲國内最著名大學的圖書館，所藏書籍資料可入國内收藏最爲豐富的大型圖書館之列。尤其是所藏金石拓本，數量巨大，在國内位居前茅，可與國家圖書館相媲美。這些收藏除北京大學歷年購置者外，還包含了著名金石收藏家繆荃孫藝風堂、張仁蠡柳風堂、張鈁千唐志齋及北京廟宇石刻等多處專藏，總數量達兩萬多種，基本反映了現存的古代石刻面貌。其中有相當數量的早期善拓和罕見的孤拓，具有極高的學術價值和文物價值。《北京大學圖書館藏歷代石刻拓本草目》則對這些石刻拓本進行全面鑒定、去僞存真、斷代排序，按歷史年代順序列出詳盡目録，並且對各種石刻進行有關情况的介紹與考證，如石刻的年代、所在地、傳流情况、别名、重要特徵、真僞、書體、主要内容及有關歷代金石著録等，都作了一定的考證與説明。該目録中參考引用了近百種歷代金石著録，也是對古代金石學成果的一次檢閲。

中國古代石刻是歷代金石學者和社會科學學者極爲重視的古代文化實物資料，範圍廣，數量大，包含歷史資料極爲豐富。但是由於散布面廣，數量浩大，内容龐雜，對於石刻的全貌以及整體目録始終没有比較完善的了解。以往金石著録中收録最多的金石目録書也不過收録八千多種，而且真僞混雜、重出互見，使得學術界始終不能完整全面地了解古代石刻的情况。因此，整理編輯現存的中國古代石刻目録一直是學術界十分重視的一項重大工作。近幾十年來，國家圖書館、北京大學圖書館、上海圖書館等大型圖書館都在持續進行着有關工作，並取得了很大成果。但是，就其編輯體例與内容來説，却都不能與《北京大學圖書館藏歷代石刻拓本草目》這部誕生在二十世紀五十年代的未刊著作相比。現有的圖書館藏石目録都是就藏品所作的登記目録，很少涉及拓本内容與歷代著録研究情况，《北京大學圖書館藏歷代石刻拓本草目》則不僅是一部比較完備的石刻目録，而且具有較高的學術價值。通過這部《草目》收集的歷代金石著録情况，有關石刻的傳世流轉、存逸情况和簡要考證等，可以了解有關石刻的歷史沿革、真僞流傳、翻刻覆刻、古代拓本情况、歷代研究著述情况等重要的學術信息，並且體現出作者大量的考證工作成果。這部書充分反映了老一輩學者秉承優良的國學傳統，發揚乾嘉考據學派學風，踏踏實實奠定學術研究基礎的學術風格，這對於當今學術界的浮躁虛假之風也是一個針砭。

該草目編輯體例完備，條目清晰，全部石刻按照年代排序，查找便利，資料性强，具有良好的學術工具書作用。當時限於條件，只刊印了油印本。而且由於當時工作尚處於進行中，僅刊印了已完成的漢代至唐代晚期部分，唐代末期與宋元部分尚未完成付印。但就是這一油印本，問世後便被學術界廣泛應用，産生了很好的學術影響。由於“文化大革命”等政治原因，孫先生編寫《北京大學圖書館藏歷代石刻拓本草目》這一工作被迫中止。“文革”結束後，北大考古系與孫先生雖然有意繼續該項工作，但不幸孫先生又過早辭世，致使該書未能全部完成。

近幾十年來，由於其重要的資料作用，《北京大學圖書館藏歷代石刻拓本草目》的油印本一直被各大圖書館及學人使用，衹是限於印數有限，如今已不易得見。由於油印本刊印較早，隨着深入研究，孫先生在世時曾在油印本上做了大量增補與改動，以漢魏南北朝時期爲最。有些碑刻條目幾乎可稱爲一篇考證文章。徐蘋芳先生任中國社會科學院考古研究所所長時，曾經力推將該油印本作爲考古學專刊單獨出版，並指示孫貫文先生的學生趙超將孫貫文先生修改過的該《草目》整理抄録定稿。但是由於當時出版困難，未能如願，徐蘋芳先生遂改在《考古學集刊》上將該草目陸續刊出。衹是限於刊物條件，全目分散在多期《考古學集刊》上，前後體例略有不同，查對使用也存在不便。現在，經三晋出版社大力協助，將其匯總刊印成書，並對以往印本中的一些錯誤加以校正，可以爲讀者提供一種最完備、最可靠的《北京大學圖書館藏歷代石刻拓本草目》版本。

孫貫文先生在古文字研究與古代銘刻研究上付出了畢生精力，多所創見。他在北京大學教授古文字學時，曾較早地採用綜合排列各種古文字資料與選取古文字字例的教學方法，對各種古代銘刻文字進行了廣泛的涉獵與研究。但是正如很多老一輩學者那樣，他對發表文章，提出觀點極爲慎重，所以公開發表的論文不多。這里收集了現在可見的發表在《考古》《文物》等學術刊物上的五篇論文，即《金文札記三則》《由出土印章看兩處墓葬的墓主等問題》《鄉他君祠堂考釋》《明拓孤本大相國寺碑叢考》《重建禮拜寺記碑跋》，以及一部先生生前尚未發表的專著《趙州大石橋史料類考》。

從這些論著中可以看出：孫貫文先生的學識極其廣博，研究的内容遍及青銅器銘文、古代璽印、石刻等方面，涉及歷史時期自商周直至明清。對於所考證的古代器物、歷史事實、文化典故、宗教思想等衆多問題，都能廣泛引用有關史料與文物資料，細緻分析，深入腠理，並且在這些論文中反映出他獨到的歷史考據方式，體現出在古代銘刻研究中所總結的各種銘刻資料釋讀規律。尤其是對於古代文獻與石刻資料的運用，極其嚴謹規範。在《趙州大石橋史料類考》中，孫先生對所徵引的每一種古籍，都做了版本的比較與説明。這不僅是深厚版本知識的表現，更重要的是通過對不同版本的比勘，指出文字上的變異與正訛，使所引用的文獻史料真實可靠。同時，更將有關的歷代金石著録、有關考古發現情況與歷代拓本情況等一一加以説明，使研究該問題的史料實證薈萃於此，而無需他求，所要闡述的新觀點也就順理成章地展現在我們面前了。論據充足是研究立論的根本，這需要付出大量時間精力去做艱苦繁瑣的資料研究工作，在没有電腦技術，全憑個人閲讀與記憶進行學術研究的時代，這種考證功底表現出孫先生超人的記憶力與深厚的學術功力，是一般人難以企及的。隨着新技術時代的來臨，這種嚴謹深入、巨細無遺的考證方法在如今學界已經十分罕見。代之興起的是夸夸其談、隨意解釋資料，杜撰一些所謂理論，追逐大而空的無用課題的風氣。實際上這是祇圖便利、不求其解、嘩衆取寵的學風甚囂塵上的結果。不客氣地説，這是一種學術的墮落。孫先生的著作，體現出老一輩學者嚴謹的治學精神，正像一面明鏡，映照出當前學術之弊病所在。

謹以此書紀念尊敬的導師孫貫文先生。

目　錄

北京大學圖書館藏石刻拓本草目

引用書名簡稱索引

二畫

九甲
九乙　九鐘精舍金石跋尾甲編一卷乙編一卷　清・吴士鑒撰　宣統二年自刻本
丁戊　丁戊金石跋　清・楊守敬撰　光緒三十三年刻本　附晦明軒稿後

三畫

上谷　上谷訪碑記　清・鄧嘉緝撰　古學彙刊本
山訪　山左訪碑錄十三卷　清・法偉堂撰　顧氏輿地金石叢書本
凡　凡將齋金石叢稿　馬衡　1977 年中華書局排印本
己庚　己庚金石跋　清・楊守敬撰　光緒三十三年刻本　附晦明軒稿後

四畫

分　漢隸分韻七卷　宋・馬居易編　明刊本

孔　　孔氏祖庭廣記十二卷　金・孔元措撰　琳瑯秘室叢書本
水　　西域水道記五卷　清・徐松撰　北京隆福寺文奎堂刻本
支　　支那山東省漢代墳墓表飾附圖　日本・關野貞編
天一　天一閣碑目一卷　明・范懋敏撰　附天一閣書目後
天下　天下金石志十五卷　明・于奕正撰　顧氏金石輿地叢書本
中記　中州金石記五卷　清・畢沅撰　叢書集成本
中考　中州金石考八卷　清・黄叔儆撰　顧氏金石輿地叢書本
中冢　中州冢墓遺文一卷　羅振玉撰　自刻本
牛圖　金石圖二卷　清・牛運震集説　褚峻橅圖　光緒十九年貴池劉氏刻本（名金石圖説）
壬癸　壬癸金石跋　清・楊守敬撰　光緒三十三年刻本附晦明軒稿後

五畫

古石　古石抱守録　鄒安輯　藝術叢編石印本
古緣　古緣萃録十八卷　清・邵松年輯　光緒間上海鴻文書局石印
古文　金石古文十四卷　明・楊慎撰　學古齋金石叢書本
古墨　古墨齋金石跋六卷　清・趙紹祖撰　叢書集成本
古零　古石刻零拾七種　容庚輯　1935 年考古學社石印本
平　　平津讀碑記八卷續記一卷再續一卷三續二卷　清・洪頤煊撰　木犀軒叢書本
未　　未谷碑跋　清・桂馥撰　傳抄本
半　　半氈齋題跋二卷　清・江藩撰　功順堂叢書
右　　山右金石記十卷　清・張煦輯　光緒十五年山西通志單行本
弗　　弗堂類稿三十一卷　姚華撰　1930 年上海中華書局聚

珍版

石索　金石索之石索六卷　清・馮雲鵬馮雲鵷同輯　萬有文庫本

石泉　石泉書屋金石題跋一卷　清・李佐賢撰　宣統三年房山山房叢書本

石墨　石墨考異二卷　清・嚴蔚撰　庚辰叢編本

石言　夢碧簃石言初集六卷　顧燮光撰　1925 年仿宋鉛字本

石經　集拓新出漢魏石經殘字四冊　馬衡編　1927 年拓本

右冢　山右冢墓遺文二卷　羅振玉編　自刻本

右叢　山右石刻叢編四十卷　清・胡聘之撰　光緒二十七年刊本

右訪　山右訪碑記　清・魯燮光編　顧氏輿地金石業書本

四當　四當齊集四卷　章鈺編　1937 年排印本

句容　句容金石記十卷附録一卷　清・楊世沅撰　光緒二十七年刊本

田目　山左漢魏六朝貞石目一卷續一卷再續一卷　田士懿撰　1923 年自刻本

瓜　瓜廬文賸　陳伯陶　1931 年排印本

史　金石史二卷　明・郭宗昌撰　學古齋金石叢書本

六畫

名　石刻名彙十四卷補遺一卷　黄立猷撰　1926 年排印本

字　金石文字記六卷補遺一卷　清・顧炎武　補遺　清・潘耒撰　指海本

存　金石存十五卷　清・吴玉搢撰　石印本

竹　竹崦盦金石目四卷　清・趙魏撰　宣統己酉刊本

月　月齋集八卷　清・張穆撰　咸豐八年壽陽祁氏刻本

有　有萬熹齋石刻跋　清・傅以禮撰　遯盦金石叢書本

交	石交錄四卷　羅振玉撰　1941 年貞松老人遺稿石印本
曲	曲阜碑碣考四卷　孔祥霖撰　1915 年鉛印本
曲志	曲阜縣志一百卷　清・潘相撰　乾隆甲午修本
安陽	安陽縣金石錄十二卷　清・武億、趙希璜等撰　嘉慶四年刊本
江蘇	江蘇金石記二十四卷待訪目二卷　傳繆荃孫撰　1927 年抽印江蘇通志石印本
阮山	山左金石志二十四卷　清・畢沅　阮元撰　嘉慶二年刊

七畫

妙	觀妙齋金石文考略十六卷　清・李光映撰　雍正七年自刻本
汲	慕汲軒誌石文録一卷續編一卷　吴鼎昌編　鉛印本
芒冢	芒洛冢墓遺文三卷　續編三卷三編一卷續補一卷　羅振玉撰　1917 年自刻本
佛	佛金山館秦漢碑跋一卷　清・牟房撰　1934 年裛殷堂鉛字本
劬	劬盦文稿　清・羅正鈞撰　1920 年羅氏養正齋刊本
希	希古樓金石萃編十卷　劉承幹撰　1933 年刻本
延	華延年室題跋　傅以禮撰　鉛字排印本
里	東里爐餘生集三卷　清・汪家禧撰　光緒間刊
求	求是齋碑跋四卷　清・丁紹基撰　適園叢書本
求古	求古錄　清・顧炎武撰　行素草堂金石叢書本

八畫

來	來齋石刻考略三卷　清・林侗撰　道光二十一年刊本
庚	庚子銷夏記八卷　清・孫承澤撰　學古齋金石叢書本
刻	秦漢魏六朝碑刻輿地考　清・黄易撰　漱六編叢刻本

亟　　張亟齋集　清・張弨撰　同治四年望三益齋刊本

抱　　抱經堂文集三十四卷　清・盧文弨撰　四部叢刊本

函　　函青閣金石記四卷　清・楊鐸撰　1931年瑞安陳氏刻本

居　　居貞草堂漢晉石刻墨影　周進撰　1925年鉛字本

松　　松翁近稿一卷附補遺　羅振玉撰　1925年鉛字本

枕　　枕經堂金石跋三卷　清・方朔撰　西泠印社聚珍版

河圖　河南金石志圖第一集　關百益編　1934年影印本

河錄　河朔訪古新錄十四卷　顧燮光撰　1930年鉛字本

河目　河朔新碑目三卷　前人　聚珍印書局印本

金石　金石錄三十卷　宋・趙明誠撰　結一廬叢書本

帖考　古今碑帖考　明・朱晨編　明格致叢書本

表　　金石表　清・曹溶撰　傳抄本

郘文　郘亭遺文　清・莫友芝撰　同治五年江寧三山客舍修補本

門　　石門碑醳　清・王森文撰　涉聞梓舊本

岷　　懷岷精舍金石跋尾一卷　李宗蓮撰　排印本

金考　金陵古金石考目　明顧起元編　1948年上海合衆圖書館刻本

奇觚　奇觚廎文集　葉昌熾撰

河跋　河南圖書館藏石跋　羅振玉撰　1925年排印本

東家　東家雜記二卷　宋・孔傳撰　琳瑯秘室叢書本

東　　東洲草堂文抄卷四至卷十　清・何紹基撰　原刻本

東湖　東湖叢記六卷　清・蔣光煦撰　雲自在龕刊本

東詩　東洲草堂金石詩一卷　清・何紹基撰　西泠印社聚珍本

兩　　兩漢金石記二十二卷　清・翁方綱撰　乾隆三十六年刊本

兩浙　兩浙金石志十八卷　清・阮元編　光緒十六年浙江書局重刊

九畫

珉	海外貞珉録　羅振玉編　1922年永豐鄉人雜著增訂本
退	退庵金石書畫跋二十卷　清・梁章鉅撰　原刻本
柯	漢晉石刻略錄　柯昌泗輯　傳抄本
俑	俑廬日札　羅振玉撰　1935年重訂石印本　東莞容氏頌堂校刊
面	面城精舍雜文甲乙編　羅振玉撰　清光緒十七年編
泉	古泉山館金石文編殘稿四卷　清・瞿中溶撰　適園叢書本
思	思適齋集十八卷　清・顧千里撰　原刻本
恆	有恆心齋文集二十四卷　清・程鴻詔撰　光緒二年刊
香	香南精舍金石契一卷　清・覺羅崇恩撰　原稿石印本
俞	俞樓雜纂　清・俞樾撰　卷二十五凡二十三條
貞	貞松老人外集四卷補遺一卷　羅振玉撰　1943年貞松老人遺稿乙集鉛字本
貞遺	貞松老人遺稿丙集　羅振玉撰
苑	金石苑六卷　清・劉喜海撰　石印本
陜	陜西金石志三十二卷　武樹善撰　1934年陜西通志本
昭	昭陵碑録　羅振玉撰　自刻本

十畫

矩	中郎遺矩　清・丁艮善輯　光緒十三年鈎刻本
校	校碑隨筆六卷　方若撰　石印大本
陵	六朝陵墓調查報告　朱希祖等撰　1935年中央古物保管委員會編印本
唐風	唐風樓金石文字跋尾　羅振玉撰　排印本
朔目	河朔金石目十卷　范壽銘纂　顧燮光輯著　民國排印本

通　　山東通志卷一四七至一五二藝文志金石類　孫葆田等撰　山東印刷公司排印本

息　　息柯雜著六卷　清·楊翰撰　同治癸酉羊城九曜山房刊本

屑　　金石屑四卷　清·鮑昌熙摹　光緒三年刻本

瓶　　瓶庵居士文抄　清·孟超然撰　嘉慶乙亥刊本

真　　集古求真十五卷　歐陽輔撰　1923 年江西開智書局石印手稿本

真續　　集古求真續編十卷補正四卷　歐陽輔撰　1933 年江西集古山房石印手稿本

書刻　　古今書刻二卷　明·周弘祖撰　光緒三十二年葉氏觀古堂仿明刻本

孫錄　　寰宇訪碑錄十二卷　清·孫星衍　國學基本叢書本

十一畫

授　　金石三跋十卷續跋十四卷　清·武億　授堂遺書本

略　　金石略三卷　宋·鄭樵輯　學古齋金石叢書本

常　　常山貞石志二十四卷　清·沈濤撰　道光二十二年刻本

清　　清儀閣金石題識四卷　清·張廷濟撰　光緒二十年觀自得齋叢書本

望　　望堂金石初集三十九種二集十八種　清·楊守敬輯　激素飛青閣鈎刻本

巢　　巢經巢詩文集　清·鄭珍撰　清代學術叢書第二集

第　　第一樓叢書之七讀書餘錄之二　清·俞樾撰　凡四十一條

雪　　雪堂所藏金石文字簿錄一卷　羅振玉撰　1927 年東方學會石印本

梅　　梅花草盦金石刻鈎本四冊　清·丁彥臣撰　同治十一年

鈎刻本

偃　偃師金石遺文記二卷　清・武億編　乾隆五十三年子穆淳校刻本

開　開有益金石文字記一卷　清・朱緒曾撰　開有益齋讀書志後附

雪跋　雪堂金石文字跋尾四卷　羅振玉撰　永豐鄉人稿刻本

域　新西域記二册　日本上原芳太郎編　有光社印

陶　陶齋藏石記四十四卷　清・端方編　宣統元年石印本

許　許廎學林　胡玉搢　1958 年中華書局排印本

十二畫

集　集古錄跋尾十卷　宋・歐陽修撰　四部叢刊全集本

集目　集古録目十卷　宋・歐陽棐編　繆荃孫輯　雲自在龕叢書本

寒　寒山金石林時地考二卷　明・趙均撰　粵雅堂叢書本

跋　潛研堂金石文字跋尾二十卷　清・錢大昕撰　長沙龍氏重刻本

愚　愚谷文存十四卷　清・吳騫撰　石印拜經樓叢書本

湖　湖北金石志十四卷　張仲炘撰　湖北通志單行本

循　循園古冢遺文跋尾六卷　范壽銘撰　1930 年石印本

循跋　循園金石文字跋尾二卷　范壽銘撰　非儒非俠齋叢書本

雲　竹雲題跋四卷　清・王澍撰　墨妙樓刻本

備　金石備考十四卷　明・來濬撰　傳抄本

畫初　漢代畫像全集初編　傅惜華編　1950 年印本

畫二　漢代畫像全集二編　傅惜華編　1951 年印本

鈔　金石文鈔八卷續鈔二卷　清・趙紹祖撰　光緒二年重刻本

硯　十二硯齋金石過眼録十六卷續錄六卷　清・汪鋆撰　光

緒元年刻本

陲　西陲石刻録一卷　羅振玉撰　雪堂叢刻本

復外　復初齋外集　翁方綱　撰

復　復初齋文集三十五卷　清・翁方綱撰　光緒三年重刊本

筆　金石筆識　清・莫友芝撰　宋元舊本書經眼録後附

虚　虚舟題跋十卷題跋原三卷　清・王澍撰　墨妙樓刻本

隋　隋唐石刻拾遺二卷　清・黄本驥撰　聚學軒本

甯　江甯金石記八卷待訪目二卷　清・嚴觀撰　宣統二年江楚編譯書局刻本

越　越中金石記十卷　清・杜春生編　道光十年詹被館自刻本

結　結一廬遺文二卷　清・朱學勤撰　戊申刊本

菁　六朝墓誌菁英初編　羅振玉撰　1917 年影印本

菁編　六朝墓誌菁英二編　羅振玉撰　1917 年影印本

粟　粟香室隋筆　清・金武祥撰　石印本

萃正　金石萃編補正四卷　清・方履籛編　掃葉山房石印本

萃略　金石萃編補略二卷　清・王言編　光緒八年刊本

萃目　金石萃編補目三卷　黄本驥　咸豐元年自序　聚學軒叢書三集本

萃　金石萃編百六十卷　清・王昶撰　掃葉山房石印本

十三畫

源　漢隸字源五卷碑目一卷　宋・婁機撰　汲古閣刻本

雍　雍州金石記十卷餘記一卷　清・朱楓撰　乾隆二十四年刻本

嵩　嵩陽石刻集記二卷附補遺紀遺　清・葉封撰　自刻本

新　新疆訪古録二卷　王樹枏撰　仿宋印書局鉛字本

匯　金石匯目分編二十卷　清・吳式芬撰　1937 年文録堂

印本

聖	至聖林廟碑目六卷　清・孔昭熏編　光緒二十二年積學叢書本
經	石經閣金石跋文一卷　清・馮登府撰　行素草堂叢書本
楊圖	寰宇貞石圖六卷　楊守敬輯　宣統元年石印本
鉏	經鉏堂金石小箋二卷　清・葉奕苞撰　上海中國書店排印本
菉	葉氏菉竹堂碑目六卷　明・葉盛撰　叢書集成本
葆	葆貞拙軒石刻法帖　柯昌泗輯　1925年雙鈎石印本
滄	小滄浪筆談四卷　清・阮元　嘉慶二年浙江節院刊本
滇	滇南古金石録　清・阮福編　叢書集成本

十四畫

嘉	嘉蔭簃集二卷　清・劉喜海撰　近人陳乃乾集　1948年上海合眾圖書館印
翠	交翠軒筆記　清・沈濤撰　聚學軒叢書本
聚	二銘草堂金石聚十六卷　清・張德容撰　同治十一年二銘草堂鈎刻本
塾	東塾集　清・陳澧撰　光緒壬辰菊坡精舍刻本
廣	廣川書跋十卷　宋・董逌撰　適園叢書本
誌	古誌石華三十卷　清・黄本驥撰　道光八年三長物齋叢書本
誌新	古誌新目　顧燮光編　非儒非俠齋金石叢書本
誌初	古誌新目初編四卷　顧燮光編　非儒非俠齋叢書本
誌滙	古誌滙目六卷　顧燮光編　非儒非俠齋叢書本
誌釋	漢魏南北朝墓誌集釋　趙萬里輯　1959年科學出版社本
滿志	滿洲金石志六卷補遺一卷外編一卷别録二卷　羅福頤校録　1937年滿日文化協會石印本

滿稿	滿洲金石志稿第一册　日本松本豐三編　南滿鐵道株式會社印本
滿别	滿洲金石志别録二卷　羅福頤校録　滿日文化協會印
徵	墓誌徵存目録四卷　羅振玉輯　1942年鉛印本
漢	漢晉石刻墨影　羅振玉輯　1915年雙勾石印本
漢文	漢碑錄文四卷　清·馬邦玉編　連筠簃叢書本
漢經	漢石經集存二冊　馬衡　1957年　科學出版社本
蒼	蒼潤軒碑跋　明·盛時泰撰　風雨樓秘笈留真本
趙錄	補寰宇訪碑錄五卷　清·趙之謙撰　北京琉璃廠含英閣刻本
廎	寫禮廎讀碑記一卷　清·王頌蔚撰　1915年寫禮廎遺著四種本
夢	夢碧簃石言初集六卷　顧燮光撰　1925年仿宋鉛字本
箋	讀碑小箋一卷　羅振玉撰　光緒十年唐風樓自刻本
綴	綴學堂初稿四卷　陳漢章撰　光緒間刊本
綴跋	綴學堂河朔碑刻跋尾　陳漢章撰　非儒非俠齋叢書本
隨軒	隨軒金石文字九種　清·徐渭仁輯　道光二十三年鈎刻本
蒿續	蒿里遺文目錄續編一卷附補遺　羅振玉撰　1929年遼居雜著本
蒿	蒿里遺文目録十卷補一卷　羅振玉編　1926年東方學會印本

十五畫

畿	畿輔碑目二卷待訪目二卷　清·樊彬撰　1935年河北博物院排印本
畿志	畿輔通志金石録　清·黄彭年纂　宣統二年石印本
墨	墨池編二十卷　宋·朱長文撰　乾隆間就閒堂刊

篇	隸篇十五卷續十五卷再續十五卷　清・翟雲升撰　道光十七年自刻本
潛	潛研堂文集五十卷　清・錢大昕撰　四部叢刊本
潛目	潛研堂金石文字目錄八卷　清・錢大昕撰　長沙龍氏重刻本
增圖	增訂寰宇貞石圖　日本藤楚水編　興文社印本
億	億年堂金石記　陳邦福石印本
鄭	滎陽鄭氏碑　楊守敬雙鈎本　日本石鼓堂刊本
遼	遼居乙稿　羅振玉撰　1931 年石印本
遲	遲鴻軒文集　清・楊峴撰　1931 年劉氏嘉業室刊本
駕	十駕齋養新錄二十卷餘錄三卷　清・錢大昕撰　國學叢書本
範	河北石範第一集　陳鐵卿編　1935 年河北省政府河北月刊社印本
澗	南澗文集二卷　清・李文藻撰　功順堂叢書本
養	養素堂文集三十五卷　清・張樹撰　棗花書屋刊本
蓬	小蓬萊閣金石文字五冊　清・黄易撰　石印本
揅	揅經室三集　清・阮元撰　四部叢刊本
摹	摹廬金石記　陳直撰　石印本

十六畫

緣	緣督廬日記鈔　葉昌熾撰　石印本
館	國立北平圖書館藏碑目（墓誌）　范騰端編　1941 年開明書店鉛印本
熹	漢熹平石經殘字集錄二卷　羅振玉編　戊寅中秋增定本
歷	歷城金石考二卷　夏曾德　夏金年同撰　1924 年續修縣志本
獨	獨笑齋金石文考第二集　鄭業斆撰　1929 年石印本

橋　鐵橋金石跋四卷　清·嚴可均撰　蘇州振新書社印本
蕙　蕙風簃隨筆二卷二筆二卷　清·況周頤撰　蕙風叢書本
鄴冢　鄴下冢墓遺文二卷　羅振玉編　自刊本
寰記　太平寰宇記一百九十三卷　宋·樂史撰　光緒八年金陵書局刻本

十七畫

錄補　金石錄補二十七卷　清·葉芭　叢書集成本
錄續　金石錄補續跋七卷　同上
濟州　濟州金石志八卷　清·徐宗幹撰　道光二十五年閩中刻本
濟續　濟寧直隸州續志卷十九　袁紹昂等纂　1927年排印本
嶽　華嶽志　清·李榕撰　道光辛卯刊光緒甲辰補刻
齋　陶齋金石文跋尾　清·翁大年撰　雪堂叢刻本
績　績語堂碑錄不分卷　清·魏錫曾撰　魏稼孫全集本
禪　香禪精舍集二十九卷　清·潘鍾瑞撰　蘇州振新書社刊本　卷十九至二十　為金石文字跋尾
韓　韓門綴學四卷續一卷　清·汪師韓撰　叢睦汪氏遺書本
輿　輿地碑紀目四卷　宋·王象之撰　同治九年滂喜齋刻本
縵　越縵堂文集十二卷　清·李慈銘撰　北平圖書館排印本
徽　安徽通志金石古物考稿十七卷古物存真一卷補遺一卷　徐乃昌纂　1936年石印本
薤　金薤琳瑯二十卷　明·都穆撰　學古齋金石叢書本

十八畫

雜　讀書雜志卷十漢隸拾遺　清·王念孫撰　萬有文庫本
魏録　魏三字石經集録　孫海波編　1937年影印本
魏晉　魏晉石存目　清·尹彭壽撰　羅振玉校補　1915年雪堂

叢刻本

十九畫

褒　褒谷古蹟輯略　清・萬方田　羅秀書輯著　同治十三年刊本

曝　曝書亭金石文字跋尾六卷　清・朱彝尊撰　萬有文庫曝書亭全集本

攀　攀古小盧雜著　清・許瀚撰　北京琉璃廠開明書局重印本

籀　籀膏述林十卷　清・孫詒讓撰　丙辰刻本

藝　藝風堂金石文字目十八卷　繆荃孫撰　光緒三十二年刻本

藝文　藝風堂文集八卷　繆荃孫撰　民國刻本

關　關中金石記八卷　清・畢沅撰　光緒戊申渭南嚴氏重刻本

關中　關中漢唐存碑跋一卷　清・王志沂撰　原刻本

關考　關中金石文存逸考十二卷　清・毛鳳枝輯　光緒辛丑會稽顧氏刻本

關新　關中石刻文字新編四卷　清・毛鳳枝撰　1935年會稽顧氏石印本

隴　隴右金石録十卷校補一卷　張維撰　1943年甘肅省文獻徵集委員會鉛字印本

隴補　隴右金石録校補　張維編　附隴右金石録後

羅漢　漢石存目二卷　清・王懿榮纂　羅振玉校補　1915年雪堂叢刻本

羅録　再續寰宇訪碑録二卷　羅振玉撰　面城精舍石印本

攈　攈古録二十卷　清・吴式芬撰　家刻本

瓊　八瓊室金石補正一百三十卷目録三卷祛僞一卷札記四卷

元金石偶存一卷　清・陸增祥撰　1925年吳興劉氏希古樓刻本

韻　　隸韻十卷　宋・劉球撰　秦氏石研齋刻本

藪　　碑藪一卷　明・陳緝熙撰　1936年仲冬月蟫隱廬石印

二十畫以上

鐫　　石墨鐫華八卷　明・趙崡撰　影印知不足齋叢書本

響　　南北響堂寺及其附近石刻目録　何士驥劉厚滋合編　1936年北平研究院排印本

響録　　響堂山石刻録　日本小野清一　長廣敏雄編《響堂山石窟》後附

續安　　續安陽縣志金石録十二卷　方策　王幼喬等纂　1933年北平文嵐簃古宋印書局印

鐵函　　鐵函齊書跋六卷　清・楊賓撰　叢書集成本

寶叢　　寶刻叢編二十卷　宋・陳思撰　十萬卷樓叢書本

寶類　　寶刻類編八卷　宋人失名　叢書集成本

寶鴨　　寶鴨齋題跋三卷　清・徐樹鈞撰　宣統二年宏文社石印本

蘇　　蘇齋題跋一卷　清・翁方綱撰　遯盦金石叢書本

鐵　　寶鐵齋金石文跋尾三卷　清・韓崇撰　光緒四年滂喜齋叢書本

續　　金石續錄四卷　清・劉青黎撰　學古齋金石叢書本

續古　　續古文苑二十卷　清・孫星衍編　光緒間朱記榮刻本

續編　　金石續編二十一卷　清・陸耀遹撰　掃葉山房石印本

觀　　東觀餘論二卷　宋・黄伯思撰　邵武徐氏刊本

觀堂　　觀堂集林　王國維撰　王忠慤公遺書本

其他引用書目

廣經室文鈔一卷　清・劉恭冕撰　光緒十五年廣雅書局刊本
重修廣平府志　清・胡景桂撰　光緒二十年刊本
閿鄉縣志二十四卷　1932 年修本
元氏縣志十六卷　1921 年修本
札樸十卷　清・桂馥撰　光緒九年長洲蔣氏刻心矩齊業書本
冬青館集十四卷　張鑒撰　1915 年劉氏嘉業堂刊本
漢石經室金石跋尾　沈樹鏞撰　林鈞藏稿本
西行日記　陳萬里撰　1926 年樸社排印本
車塵稿　羅振玉撰　石印本
松翁賸稿二卷　羅振玉撰　1927 年排印本
松翁近稿　羅振玉撰　1927 年排印本
金石三跋十卷續跋十四卷　清・武億撰　道光十一年重刻授堂叢書本
奉天通志　王樹抻等纂　民國排印本
民國十六年武安縣志十八卷附志四卷　1930 年排印本
有恒心齋集　清・程鴻治撰　刊本
何義門先生集十二卷　清・何焯撰　宣統元年羊江吴氏廣州刊本
臨沂縣志十四卷　王景颺等修　1917 年排印本
夢亭居士文集五卷　清・馮浩撰　嘉慶間馮氏家刻本
東平縣志十七卷　劉靖宇　張志熙等修　1936 年修本
鄒縣續志十二卷　清・吴若灝　錢枱等撰　光緒十八年修本
新都縣志　閔昌衡等撰　1929 年修本
義府二卷　清・黄生撰　安徽叢書本
嶧縣志二十五卷　清・王寶田撰　光緒三十年修本
彊識編　清・朱士端撰　春雨樓叢書本

遼居稿一卷　羅振玉撰　1929 年石印本　藝林月刊
聲館文集八卷　清・朱爲弼撰　休寧朱氏重刊　咸豐二年本
砥齋集　王弘撰撰　光緒甲午冬月刊本
隸釋二十七卷　宋・洪邁撰　清晦木齋翻刻汪氏本
隸續二十一卷　宋・洪邁撰　清晦木齋翻刻汪氏本
隸辨八卷　清・顧靄吉撰　乾隆八年黄氏重刻本
魚臺縣志四卷又一卷卷末一卷　清・趙英祚等修　光緒十五年修刊
重修莒志七十七卷　莊陔蘭　盧少泉等修　1936 年鉛印本
通靈堂文集十六卷　清・劉毓崧撰　求恕齋刻本
續滕縣金石志一卷　生克昭編　1942 年 8 月北京法源寺刊
語石十卷　葉昌熾撰　國學基本叢書本
泰山述記十卷　清・宋思仁撰　乾隆五十五年泰山縣署刊本
許州志十六卷　清・蕭元吉撰　道光十八年修本
淮陰金石僅存録　羅振玉編　排印本
説嵩　清・景日昣撰　嶽生堂刻本
鞏縣志廿六卷　劉蓮青　張仲友撰　經國圖書館刊 1937 年修志本
綿陽縣志十卷　1932 年修志本
濰縣志稿四十二卷　常之英修　劉遜聰纂　鉛印本　1940 年修
三百堂文集　清・陳奂撰　1935 年鉛印本
宰莘退食録　清・錢萬選撰　康熙四十九年自刻本
三邕翠墨簃題跋　李葆恂撰　1916 年義州李氏叢刻本
桃花聖解庵日記　清・李慈銘撰　民國初石印本
書斷四卷　唐・張懷瓘撰　商務印書館 1927 年鉛印本
積微居小學金石論叢　楊樹達撰　1955 年科學出版社本
徐星伯先生小集　清・徐松撰　繆荃孫輯　1920 年煙書東堂小品本
雪堂校刊群書叙録二卷　羅振玉撰　永豐鄉人稿刻本

漢石經室金石跋尾一卷　清・沈樹鏞撰　稿本
尖陽叢筆　清・吴騫撰　適園叢書本
荀學齋日記　清・李慈銘撰　1920年浙江公會影印本
竇素室金石晝編年録　清・僧達受撰　古學彙刊第二集本
開有益齋讀書志　清・朱緒曾撰　光緒六年翁氏茹古齋刻本
硯北雜志一卷　元・陸友仁撰　得月簃叢書本
夢孩室文集十卷　清・黄承吉撰　1939年燕京大學圖書館印本
亦有生齋文抄二十卷　清・趙懷玉撰　清刻本《亦有生齋集》
漢魏六朝輿地碑刻考　清・黄易撰
衎石齋記事稿十卷　清・錢儀吉撰　光緒六年刻本
養吉齋餘録十卷　清・吴振棫撰　光緒間刻本
吴窓齋尺牘　清・吴大澂撰　1938年商務印書館影印本
十駕齋養新録二十卷　清・錢大昕撰　潛研堂全書本
無事爲福齋隨筆二卷　清・韓泰華　功順堂叢書本
括蒼金石志十二卷　清・李遇孫撰　同治十三年刊本
西底叢談一卷　清・況周頤撰　光緒三十三年阮盦筆記五種刻本
蕉廊脞録八卷　清・吴慶坻撰　求恕齋叢書本
金石學録四卷　清・李遇孫撰　1914年西泠印社聚珍版本
春在堂隨筆十卷　清・俞樾撰　光緒十五年春在堂全書本
梅花草庵石刻題跋　清・丁彦臣撰　同治十一年刻本
瀛舟筆談十二卷　清・阮亨撰　嘉慶二十五年刻本
五石瓠六卷　明・劉鑾撰　刻本
寄廬雜記　清・錢國珍撰　刻本
語石異同評　柯昌泗撰　稿本
南漘楛語八卷　清・蔣超伯撰　蔣氏八種刻本鉛印本
嵩洛游記　許同莘撰　1928年簡素堂
河海崑崙録四卷　清・裴景福撰　文明書局鉛印本
蜀中銘勝記三十卷　明・曹學佺撰　四川官印局本

金石文字跋尾二卷　清・朱彝尊撰　藏修堂叢書本
砥齋集十二卷　清・王弘撰撰　光緒二十年刻本
河朔訪古記三卷　元・迺賢撰　武英殿聚珍版　廣雅書局光緒二十五年刊本
蜀輶日記　清・陶澍撰　小方壺齋輿地叢鈔本
通藝録　清・程瑶田撰　嘉慶刻本
舊學蓄疑一卷　清・汪中撰　木犀軒叢書本
合肥學舍劄記十二卷　清・陸繼輅撰　光緒四年興國州署刻本
浪迹叢談十一卷　清・梁章鉅撰　道光二十七年刻本
世善堂藏書目録二卷　明・陳第撰　乾隆六十年長塘鮑氏刻本
藝風堂文漫存三卷（乙丁稿）　繆荃孫撰　1913 年刻本
河朔古跡圖識二卷　范壽銘撰　1943 年鉛印本
孔氏祖庭廣記十二卷　金・孔元措撰　琳琅秘室叢書本
丁亥入都紀程二卷　清・黎庶昌撰　光緒二十年川東道署刻本
邵氏聞見後録三十卷　宋・邵博撰　學津討原本
清風室文抄十二卷　清・錢保塘撰　1913 年刻本
蜀道驛程記　清・王士禛撰　小方壺齋輿地叢鈔本
左海文集一卷　清・陳壽祺撰　皇清經解本
淵穎集十二卷　元・吴萊撰　叢書集成初編本
俑廬日札一卷　羅振玉撰　七經堪叢刊本
北游録六卷　清・談遷撰　鈔本
書巖賸稿一卷　清・楊峒撰　仰視千七百二十九鶴齋叢書本
泰山述記十卷　清・宋思仁撰　乾隆五十五年刻本
泰山道里記　清・聶汶撰　小方壺齋輿地叢鈔本
古史考存　劉節撰　1958 年人民出版社本
庾子山集十六卷　北周・庾信撰　道光十九年刻本
旭齋文抄　清・宋書昇撰　1933 年鉛印本
居易録三十四卷　清・王士禛撰　清刻本

金石　隅録　清・段嘉謨撰　道光二年如見齋刻本
粤游小志七卷　清・張心泰撰　光緒二十六年刻本
鄰蘇老人手書題跋　清・楊守敬撰　1916 年觀海堂本
香南精舍金石契　清・崇恩撰　光緒二十六影印本
全唐文一千卷　清・董誥等撰　廣雅書局本
南部新書十卷　宋・錢易撰　學津討原本
存拙堂題跋一卷　清・蔣衡撰　1936 年美術叢書本
金石學録補　清・陵心源撰　光緒十二年自刻本
南村草堂詩抄十六卷　清・鄧顯鶴撰　道光八年刻本
書畫鈔二卷　明・孫鳳撰　涵芬樓秘籍本
西莊始存稿三十卷　清・王鳴盛撰　乾隆三十年重修刻本
勘書巢未定稿一卷　清・温日鑒撰　適園叢書本
須静齋雲煙過眼録　清・潘世璜撰　宣統三年潘氏刻本
煙嶼樓文集四十卷　清・徐時棟撰　光緒刻本
金石證史　唐史餘瀋　岑仲勉撰　中華書局本
息柯雜著六卷　清・楊翰撰　同治十二年九曜山房刻本
粤西金石略十五卷　清・謝啟昆撰　嘉慶六年刻本
誠齋揮塵録二卷　宋・楊萬里撰　1920 年涵芬樓影印本
桂馨堂集（内順安詩草）　清・張庭濟撰　道光二十八年清儀閣本
石經閣金石跋文一卷　清・馮登府撰　行素草堂金石叢書本
粤西得碑記一卷　清・楊翰撰　光緒二年息柯居士全集本
求古録一卷　清・顧炎武撰　亭林遺書本
襄陽金石略十二卷　清・吴慶燾撰　光緒三十三年自刻本
襄陽冢墓遺文一卷　羅振玉撰　1915 年自刻本
唐御史臺精舍題名考三卷　清・趙鉞　勞格撰　月河精舍叢抄本
御史臺精舍題名一卷　清・趙魏撰　讀書齋叢書本
述學别録　清・汪中撰　粤雅堂叢書續刻本

蛾術編八十二卷　清・王鳴盛撰　道光二十一年刻本

東塾集六卷　清・陳澧撰　光緒十八年刻本

高要金石略四卷　清・彭泰來來撰　蘇元暉校刻本

東洲草堂文抄二十卷　清・何紹基撰　清刻本

清儀閣金石題識四卷　清・張廷濟撰　觀自得齋叢書本

沅湘耆舊集二百四十卷　清・鄧顯鶴撰　道光二十四年小九華山樓刻本

湘城訪古録十七卷　清・陳運溶撰　道光二十年萃文堂刻本

退庵金石書畫跋二十卷　清・梁章鉅撰　道光二十五年自刻本

天一閣碑目一卷　清・范懋敏撰　附天一閣書目後

江西金石目一卷　繆荃孫撰　顧氏金石輿地叢書本

和林金石録一卷　清・李文田撰　靈鶼閣叢書本

意園文略二卷　清・盛昱撰　宣統二年刻本

秋巖詩集三卷　元・陳宜甫撰　道光五年刻本

雙溪醉隠集六卷　元・耶律鑄撰　順德龍氏知服齋叢書本

張亟齋集　清・張弨撰　同治四年望三益齋刻本

獨學廬三稿五卷　清・石韞玉撰　清刻本

元豐金石跋尾一卷　宋・曾鞏撰　學古齋金石叢書本

中吴紀聞六卷　宋・龔明之撰　知不足齋刊本

長安史跡考　（日）足玄喜六　商務印書館印楊鍊譯本

思適齋集十八卷　清・顧廣圻撰　道光二十九年徐渭仁刊本

養素堂文集三十五卷　清・張澍撰　道光年間刊本

憶書六卷　清・焦循撰　叢書集成初編本

雲煙過眼録二卷　宋・周密撰　美術叢書本

墨林快事十二卷　明・安世鳳撰　清鈔本

履園叢話二十四卷　清・錢泳撰　同治九年重修本

陶樓文抄十四卷　清・黄彭年撰　清抄本

孟亭居士文集　清・馮浩撰　清刻本

香禪精舍集四卷　清·潘鍾瑞撰　光緒九年刻本
十經齋文集四卷　清·沈濤撰　道光間刻本
江寧金石記八卷　清·嚴觀撰　嘉慶九年刻本
鮚埼亭集三十八卷　清·全祖望撰　商務印書館影印本
蜀道驛程記二卷　清·王士禛撰　清刻本
潤州先賢録六卷　明·妙堂撰　明天順間刻本
阮盦筆記·蘭雲菱夢樓筆記　清·況周頤撰　光緒丁未刻本
通義堂文集十六卷　清·劉毓崧撰　求恕齋叢書本
交翠軒筆記四卷　清·沈濤撰　聚學軒叢書本

漢　代

群臣上壽刻石　又名婁山石刻　篆書

趙二十二年二八月丙寅（清劉位坦考為漢文帝後元六年）

河北永年臨洺關西十五里堵山西峰摩崖（一作永年西南七十里豬山，又作永年西南十六里婁山），今屬永年縣永合會公社吳莊村。清道光中廣平守楊兆璜訪得。左上方有唐郁久閭明達題名，左下方有唐郗士美等題名。

函二・一　萃一・四　硯一・五　瓊二・一　畿二・二　攈五・四一　匯三之二・六七　求一・一　畿志一四八・一　增圖一・八　梅　趙錄一・三　聚一・四四　廣平府志三五・一　俞樾春在堂隨筆二

魯北陛石題字　篆書

魯六年九月（漢景帝十年）

1942年山東曲阜城北靈光殿出土，北京大學藏石。

柯

廣陵中殿石題字　又名江都厲王墓石題字，甘泉山刻石殘字　分書　凡三石

江藩考為江都厲王胥冢石，翁方綱考為昭宣間。

嘉慶十一年出江蘇江都甘泉山惠照寺解階下，後歸縣孔廟。

萃五・八　函三・一四　江蘇一・一〇　石索一・八七　雪・六　犟三・一八　甘泉山獲石記　攈四・二三　匯一〇・三六　增圖一・八　柯　篇續・三　趙錄一・三　復二〇・一二　栗香室四筆一五・二　阮亨瀛舟筆談一二・九三　丁彥臣梅花草庵石刻題跋。

巴州民楊量買山地刻石　分書

地節二年正月

四川巴縣，道光間為湖州錢安甫所得，後歸吴重光。咸豐十年石毁。趙之謙、葉昌熾目為偽刻。馮登府云：楊董二姓，合買一山作義冢也。將量誤為董。

函二·二　枕二·一四　柯　古石　箋二　硯一·六　瓊二·四　平三　續上·一　東八·一　雪·五　攈四·四　匯一六補遺·一一　經·五　增圖一·八　篇·一　趙錄一·三　屑二·三二　嘉上·三五　石經閣金石跋文

五鳳刻石　又名：一、魯王泮池刻石，二、魯三十四年刻石，三、魯孝王刻石。　隸書

五鳳二年（魯三十四年）六月四日

山東曲阜孔廟同文門西，左側作方坎，刻文其中。右側作方坎，刻明昌二年高德裔題記。

明劉繇《五石瓠》二（《庚辰叢編》）：魯殿西南石刻五鳳二年十三字，宋拓。

枕二·一五　萃五·一　兩七·六　柯　羅漢上　阮山七·四　田目·二　隸辨七·一　清二·四　平一·三　石索一·八三　字一·六　庚五·二　牛圖　曝四七·三　跋一·六　古墨一·三　獨一·三　山訪六·一　雪六　天下　攈四·五　鐫一·四　匯一〇之二·四　表　備　經·一四　半下·一　潛目一·二　錄補二·一五　增圖一·九　存三·一　篇一　妙二·一　梅　來上·一二　曲一·一　竹一·二　雲一·四　愚五·二　孫錄一·二　聖四·一　通一五〇·五　曲志五一·一　天一·一　潤下·四

麃孝禹刻石　又名：一、麃孝禹碑；二、麃孝禹闕；三、河平石碣。　分書

河平三年八月丁亥

山東費縣西北六十里平邑集，今在山東省博物館。同治九年揚州宮本昂、任城劉恩瀛訪得，後歸南海李山農，1923年又歸莒縣

莊式如。張德容疑為偽刻。楊翰云：或有疑者，余在粵東晤李山農，云親見出土。凡・附錄三七三馬衡按云：元拓者為最初拓本，極不易得。

費縣志一四上　函二・五　歷一・四　莒　志五・七　硯一・七　山訪七・三　匯一〇補遺・一增圖一・九　校　柯　田目續・一　羅漢上　筆・一　真續六・三　梅　羅錄上・一通一五〇・九一　息五・二七

武陽令少息孟琁殘碑　又名：一、孟孝琚碑；二、孟廣宗碑。分書。

柯昌泗《語石異同評》卷三云："與，《說文》瑍。字孝琚，證之當是瓊字。"首行有□□丙申月建臨卯。黄膺考為建武十二年，羅振玉考為河平四年，吳士鑑云，永和八年、永壽二年、建安二十一年皆紀年丙申；吳其昌、陳伯陶考為永壽二年。

光緒二十七年九月出雲南昭通東南十里白泥井馬氏舍旁，為謝崇基、胡國禎訪得，後移縣立中學。存下段十五行，每行首缺七字，碑下刻玄武，側刻龍紋，後刻光緒三十二年黄膺題記。

億・九　瓜三・五六　交一・四　俑・二〇　漢晉　羅漢上　校　九甲・二二　丁戊金石跋・一六　孟孝琚碑題跋（袁嘉谷輯）　希七・五　交一・三　獨八・七　柯　增圖一・七四　真續六・一六　雪跋二・二　神州國光集第八集　近人袁嘉谷臥雪堂文集九・九（癸酉九月雲南崇文印書館印）　吳其昌漢孟琁殘碑跋尾（北平圖書館館刊四卷五號）

萊子侯刻石　又名：一、萊子侯封田刻石；二、天鳳刻石；三、萊子侯贍族戒石；四、萊子侯封田贍族戒石。　分書　有直界格

始建國天鳳三年二月十三日

山東鄒縣二十里西曹社臥虎山下出土，移入孟廟致嚴堂。右側刻嘉慶二十二年顏逢甲等題記三行。山東嶧縣王氏有繙本。

鄒縣續志一〇·三　函二·八　漢文一·二　枕二·一七　濟州八·八　硯一·八　瓊二·一六石　索一·一四一　平再續一　柯　山訪六·一三　攈四·八　滙一〇之二·二四　經·五　萃目一·一　泉一·一　增圖一·一〇　楊圖一·六　田目續·一　篇·一　趙錄一·四　通一五〇·五　續編一·一　息一·五

祝其卿墳壇刻石　又名：一、孔子墓前石壇刻文；二、子思墓前石龕。篆書　居攝二年三月　元楊奐《還山遺稿·東游記》（壬子三月、憲宗二年）："子思之西石壇，居攝元年二月造。"

山東曲阜孔廟同文廟廡下（文係鑿刻深坎中），清陳澧摹刻本在廣東秀山菊坡精舍陳蘭甫祠中，後刻光緒丁酉正月門人廖廷相跋

萃五·三　函二·七　枕二·一六　兩七·八　阮山七·四　授續一·四　平一·三　石索一·一三七　牛圖　金石一四·二　跋一·七　獨一·四　山訪六·三　攈四·七　滙一〇之二·四　藪·一七　備　寶叢二·八　刻·一　潛目一·二　增圖一·一〇　柯　田目·二　梅　曲一·一　竹一·二　寒上·一三　聖四·一　孫錄一·二　通一五〇·五　書刻下·二七　孔一一·二七　宣統三年番禺縣續志三三·二

上谷府卿墳壇刻石　又名：一、孔子墓前石壇刻文；二、子思墓前石龕。　篆書

居攝二年三月

山東曲阜孔廟同文門廡下（文係鑿刻深坎中），清陳澧摹刻本在廣東粵秀山菊秀坡精舍陳蘭甫祠，後刻光緒丁酉正月門人廖廷相跋。

萃五·三　函二·七　枕二·一六　兩七·八　阮山七·四　授續一·四　平一·三　石索一·一三九　牛圖　金石一四·二　跋一·七　獨一·四　山訪六·三　攈四·八　滙一〇之二·

四　藪·一七　備　寶叢二·八　刻·一　潛目一·二　增圖一·一〇　柯　田目·二　曲一·一　梅　竹一·二　寒上·一三　孫録一·二　聖四·一　通一五〇·五　書刻下·二七　笥六·五　孔一一·二七　宣統三年番禺縣續志三三·二

三老諱字忌日刻石　分書

建武二十八年五月

李慈銘《受禮廎日記》上集十五頁云，此石當是中元、永平間所立。清錢國振《寄廬雜記》三·三二引《後漢書·任延傳》云：會稽頗稱多士，如董子儀、嚴子陵、延皆以師禮待之。此諱忽字子儀者，可證其為董氏。

浙江餘姚客星山（咸豐二年五月為縣人周世熊所得，十一年太平天國起義，軍士用作竈石，雖受熏灼，字尚完好，後歸杭州西泠印社）。杭州某碑帖肆、紹興某寺均有翻本。

聚二·一　緣三·二八　雪跋二·三　校藝一·一三　羅漢上楊圖一·七　函二·二〇　東湖五·三一　春在堂隨筆卷二及卷七　藝林旬刊七一期　寄廬雜記三·三二　硯一·八　瓊三·一〇　交一·七　夢一·六　匯七補遺·一六　有·七　柯邕一·一〇　增圖一·一二　延·五一　真續六·四　許一九·四五二　趙錄一·四　結下七　績語堂題跋·三二　清風室文抄四·八

何君遣掾舒鮪造尊楗閣刻石　分書　翻刻本

建武中元二年六月

四川綿竹（《漢隸字源》云，出紹興辛未）

義府下·七五　蜀中名勝記一四·八　石索二·一　天下　輿四·二　錄補二·一七　源·七分一·三　寒下·一六

鄐君開通褒斜道刻石　書分

永平六年

陝西褒城南五里石門摩崖（《漢隸字源》云：紹興甲寅帥章德

茂得之褒斜谷中）《吳愙齋尺牘》（1938 年商務印書館影印）第一冊《石門訪碑記》同治甲戌（十三年）十月二十二日，鄐君刻石，今石僅存十六行，末行“瓦卅六萬九”以下缺“三十五”數字。1964 年第 10 期《文物》《褒斜道石門附近棧道遺跡及題刻的調查》一文中云已殘。

弗丙上·三　月·四·一五　枕二·一九　隸辨七·二　平一·三　石索二·三　復二一·三　道光辛卯褒城縣志八·文物志二　羅漢上　跋一·七　柯　關一·二　古墨一·三　獨一·六　雪七　攈四·九　匯一二之二·四七　續古一〇·四·門·一一　萃五·六　香　潛目一·三　增圖一·一一　楊圖一·七　真九·一　篇·二　源·六八　陝五·一　竹一·二　寒下·一　韻·三　分·三　孫錄一·二　關中·一　書刻三二　褒四　關考一〇·二一　嘉慶十九年漢中續修府志三一·一〇拾遺上

昆弟六人買山地刻石　又名：一、大吉買山刻石；二、昆弟買地造冢刻石。　分書

建初元年

浙江會稽跳山。道光三年（一作六年）縣人杜春生訪得，後刻道光癸未吳榮光等題記。

兩浙補遺一　函二·一四　硯一·一一　瓊三·三　清二·五　平再續·二　攈四·一〇　匯七·三四　增圖一·一三　楊圖一·七　校　柯　篇·二　青續六·八　趙錄一·四　續編一·二　越中金石記一·一　萃目一·一

司馬長元石門題字　繆荃孫名石建和題字誤　分書

建初六年十月三日

山東文登縣西三十里珠山前（據縣志各書作：一、文登西三十里顧頭村；二、文登西五十里崮山頭村東。）《語石異同評》四云：光緒初，文登于霖逢訪得，以告陳壽卿，遂拓傳於世。石作闕形，兩石東西分列。其西石字向東，刻姓名；其東石字向西，刻

年月。

藝一·八　羅漢上　校　柯　田目續·二　古石薹一·二　山訪一〇·五　匯一〇　補遺·二五　羅錄上·一　通一五一·五〇

南武陽平邑皇聖卿西卿畫像題字　又名：一、功曹闕；二、南武陽昌聖卿闕。　分書

元和三年八月

山東費縣西北六十里平邑集東北五里許八埠頂。四面刻畫像，題字在南面，東、北二面已泐。

聚三·一　藝一·三　羅漢上　柯　田目續·一　費縣志一四上　匯一〇之二·六九　瓊三·六　略上·一八　山訪七·一又七·三　天下　攈四·一〇　攀一〇·一　趙錄一·四　金石一四·三　畫初·一三四至一三八　春在堂隨筆二

南武陽功曹鄉嗇夫文學掾平邑［　］郎西闕畫像題字　又名：一、功曹墓闕；二、南武陽功曹闕。　分書

章和元年二月十六日

皇聖卿闕之南微西約百餘步，相傳亦二石東西對峙，東石無存，存者為西石（據《費縣志》十四上）。四面刻畫像，題字在西（一作南）面。

藝一·三　聚三·一　羅漢上　柯　匯一〇之二·六九　田目續·一　攀一〇·一　趙錄一·四　金石一四·三　費縣志一四·二　瓊三·六　隸辨八·四四　山訪七一又七·三　天下　攈四·一〇　畫初一三九至一四三

南武陽東石闕畫像題字　分書

山東費縣西北六十里平邑集東北五里許八埠頂。題字三榜：［　］王（《八瓊室金石補正》作“門士”）、信夫、孺子。在西面（一作南面），四面有畫像。

藝一·三　柯　羅漢上　田目續·二　瓊三·六　山訪七·三

攈四·一〇　匯一〇之二·六九　攀一〇·一　畫初一四四至一五〇

路公食堂畫像題字　分書

［永］元元年二月二十日　咸豐八年山東魚臺出土，歸曲阜孔某，後歸濟南金石保存所

歷一·八　葆五·五　田目補·一　畫初·九四

司徒袁安碑　篆書

永元四年閏月庚午

1929年河南偃師西南二十八里辛家村東牛王廟內發現。村人任繼斌拓以流傳。後失所在。1961年8月，中共偃師縣委書記處馬達在緱氏區扒頭公社社委院內發現。今在河南省文物陳列館。褚德《松窗金石文跋》云：據碑客云，偃師鄉中有牛王廟，近為人所毀，有石供桌，色甚古，其向下一面即此碑。《偃師縣志》云：萬曆二十六年三月掘得，改為石供桌，陳於偃師城南三十里辛村牛王廟。有穿，在文中第五、第六行中間，下端被截去，每行缺一字。

希六·一　古零　柯　藝林第一八期（1931年6月）　真續八·上又一三（疑為偽刻）　交一·八　凡五·一八二　河北第一博物院半月刊第九期

永元八年食堂題字　分書

永元八年二月十日

舊在山東魯臺鳧山前寨里井闌邊。嘉慶二十一年縣人馬邦玉得之，次年其弟邦舉又訪得後半於井北人家。光緒癸卯金蓉鏡題云：或云為火所焚。

枕二·二〇　函二·一四　濟州八·一　柯　田目續·二　漢文一·五　魚臺縣志四　鄒縣續志一〇·三　山訪九·九　羅漢上　篇·二　趙錄一·四　通一五二·八　民國丁卯濟寧直隸州續志一九·三八

顏文羽昆弟六人刻石　分書

永元十年

光緒九年山東滕縣東城頭村出土。縣志云分三層，上層刻字，中層畫像為人形，下層邊框中無字，中下兩層左右依稀似有字跡，石泐已甚，不能確定也。

柯　金石補七・三　續滕縣金石志五

諸掾造冢刻石　分書

永元十三年二月二十九日

光緒十九年山東沂水出土，歸縣人王氏。陰有彩畫。

田目再續・一　柯　古石　葆・二九　校

兖州刺史雒陽令王稚子（渙）闕　又名：一、王君闕；二、王稚子闕銘。　分書

歐陽棐《集古錄》目一云：元興元年。

四川新都彌牟鎮西北五里大道旁墓前。凡二石，西闕（河内縣令等等）雍正九年沒入溝中。吳式芬引《三巴漢石紀存》云：此石猶存而摩滅無字，今存東闕上段八字。民國八年縣志一・一五云：兖州刺史一闕（東闕）字分裂為二，道光十七年知縣張奉書用磚石嵌合碑字為一。闕陰有宋劉涇王稚子石闕記，旁有宋人題名數段（見王士禎《秦蜀驛程後記》，道光間皆已不存）。《息柯雜著》卷一（同治癸酉羊城九曜山房刊本，凡六卷）云：黄子羽拓本歸東武劉氏，有歲次屠維大淵獻如月望日攝六老人識云……崇禎庚辰余之官新都……癸未，余量移鄣南，命工拓數本以歸，中間殘闕共十一字。據葛君常云，吳中藏本皆同。其摩滅自何年不可考矣。又云王氏《秦蜀驛程後記》：其陰存字有八分横書“紹興八年秋八［　］伯疆漢同徠”十一字，云在四層。余癸卯（道光二十三年）道經新都，親至闕下，見石凹中有宋人八分書墨跡。同行者皆摩挲觀賞，今記憶不真，疑即此字，並非石刻也，後劉燕庭陳蜀臯等護持此闕，以石砌之，此字為石灰所滅，已不存

矣。乾隆五十一年申兆定摹本刻與裴岑碑兩側（在西安碑林）。

新都縣志一編・一一　竹一・八　隸釋一・三・一　韻・二　兩一四・四　授續一・七　寶鴨上・八　牛圖　苑一・三　隸續一三・六　蓬・三冊　辨七・四　石索四・五七　息一・一　集二・九　金石一四・四　蘇・二六　潛三二・三　天下　攈四・一一　備　萃五・六　刻・二　香　錄補　六・五九　復二〇・一　錄續二・六　增圖一・一五　篇・二　篇續・一　源・二九　寒下・一六　分・八　復二一・一　孫錄一・二　屑二・六七　王士禎蜀道驛程記　陳奕禧益州于役記　曹學佺蜀中名勝記五・一一　藝林月刊一二期（1930年12月）　沈樹鏞漢石經室金石跋尾

賈夫人馬姜墓石　又名賈武仲妻馬姜墓記　分書

延平元年九月十日

1929年6月孟津、偃師、洛陽三縣接壤處王窑村出土。上虞羅振玉藏石。

出土未久，首行惟永平三字及膠東侯三字、第十三行以字、第十四行不字均損闕。字畫亦加肥，左下角缺。

河圖　柯　鮑鼎漢馬姜墓石考釋一卷（1923年蟫隱廬石印本）　交一・六　遼居稿・二〇　志釋一・一　楊樹達增訂積微居金石小學論叢六・三〇一

魯北鄉侯陽三老石堂畫像題字　分書

延平元年十二月十四日

光緒十六年山東曲阜項某在城内試院後東北隅掘土得之，歸縣人顔氏，次年盛昱門人陳某以此石歸，昱以贈端方，後歸通縣張叔誠。今在歷史博物館。

田目再續・一　古石　陶一・一一　柯　羅漢上　希六・一一　匯一〇補遺・一五　校　楊圖一・一五　真續六・六　曲四・一　羅錄上・二　民國甲戌續修曲阜縣志八・五三

戴氏父母畫像題字　又名：一、戴氏畫像題字；二、戴女畫像題字。　分書

永初七年閏月（閏十二月）十八日　山東出土

陶一·一二　柯　希六·九　校　畫初·一六〇

賢良方正□允字子游殘碑　分書

元初二年六月［　］卯卒（卯上原奪一字）

河南安陽孔廟。今存縣文化館。

斷為上下兩截。上段有賢良方正等字，下段有［　］允字子遊等字。下段嘉慶三年四月二五日安陽令趙希璜於縣北四十里豐樂鎮西門豹祠内訪得。上段1913年出土。歷藏青縣姚貴昉、天津王氏。子游一石為俗稱安陽殘石四種之一，舊存洛陽存古閣，為人竊去歸姚貴昉，又歸方若。1915年范鼎卿屬輝縣知事酈示農重刻。

藝·一四　柯　漢　古石　聚一二·二六　校　楊圖二·六　羅漢上　竹一·七　循上·一四　安陽一·八　希七·四　瓊七·四　平一·二二　石索四·九五　佛·一三　蘇·三三　河目二·三　雪·七　攈四·二三　匯九之二·一　萃一九·五　增圖一·八〇　篇·二　孫錄一·九　循跋上·一四　雪跋二·四　萃目一·一　凡八·三二四

司空袁敞碑　篆書

元初二年十二月辛酉

1923年春，河南偃師西南二十餘里辛村閻樓府出土。石為鄉人用作槽基，洛陽楊克儉以數千錢得之。十四年經雷明德售歸羅振玉。今在遼寧博物館。上下斷缺，存十行，有穿。

古零　柯　希六·二　松·三二　凡五·一八三　北大國學門周刊一卷二期馬衡漢司空袁敞碑跋　制言月刊四十三期二十二年二月十日章太炎與馬宗霍書疑為偽作。

常山相馮巡祀三公山碑　又名祀三公山碑，俗名大三公山碑。

隸書

□初四年（翁方綱考為元初）《twill盧日札》云：余舊藏桂未谷先生本，初上壞損一字。後在金陵得一本，則初上元字完好。映日光透視之，確非黠工所僞為。

乾隆三十九年元氏縣令關西王治岐於城外野坡訪得，後移縣立第一高級小學。

工宋高等刊。有陰。山東滕縣有翻本。

兩一一・三〇　聚三・四　楊圖・一九　藝一・三　柯　梅畿志一四五・四七　常一・三　羅漢上　蓬四冊　思一六・二　瓊三・一〇　平一・四　範　夢五・二〇　twill二一　河北半月刊三卷三、四期　民國二十年元氏縣志　數・五　俞樾讀書餘錄二　跋一・三二　獨一・九　畿上・一　攈四・一二　匯三之二・二三　續古一五・一　萃六・一　增圖一・一六　篇・二　真一一・六　雜一五・八二　竹一・二　攀一一・二　第・一八　孫錄一・三　退二・八

中嶽太室石闕銘　又名：一、中嶽太室陽城崇高闕銘；二、中嶽太室陽城□□西石闕銘；三、中嶽太室神道石闕銘；四、嵩山太室石闕。　分書

元初五年四月呂常造。《河朔訪古記》下五：中嶽廟……廟南有雙石闕，外石人一對，闕上多刻記，後漢安帝元初年建。

河南登封八里中嶽廟前。銘文刻於西闕之北面。有額。篆書陽文。在西闕正面（即南面）第六層石上。有後銘在額下凡四十八行，或名為潁川太守楊君泰室闕銘（延光四年三月）。有畫像可辨者二石，東石闕畫像可辨者五石。蔣超伯《南漘楛語》上・一六：朱寵附見《後漢書》鄧隲、桓鬱、張奐傳中。

兩九・一　聚三・一七　漢文一・一一　羅漢上　柯　藝一・三　未　嵩　紀遺　天一・三八　瓊三・一五又一八　隸辨七・六　古墨一・四　平一・四　校　石索二・九　字一・八　續

一·二　牛圖　夢一·四　跋一·八　息五·一　獨一·一〇　雪·八又一一　攈四·一三　滙九之四·二三　萃六·二　澗下·六　沈樹鏞漢石經室金石跋尾鄭谷口藏宋拓本。明梅元鼎嵩書三·三五又三·八見卜營篇內　中考七·一　萃一·三　刻·二　禪一九·二六　潛目一·三　增圖一·一七　存六·一　中記一·一　真九·二　篇·二　竹一·二　虛原三·七　孫錄一·三　續編一·三　登封縣志三〇·二　退二·一〇　許同莘嵩洛遊記·四　乾隆四十四年河南府志一一〇·一　景日昣說嵩一四·三

豫州幽州刺史馮煥神道闕　分書

碑立於永寧二年，闕當同時。

四川渠縣北六十里土溪場側趙家坪道旁。

苑一·三三　隸釋一三·三　柯　羅漢上　聚一二·五二　藝一·一五　函三·三　瓊三·一六　硯續三·四　隸辨七·六　天下　攈四·一三　滙一六之二·二六　寶叢一八·二　增圖一·一九　源·二九　分·八　趙錄一·七　金石一八·一〇　蜀中名勝記二七·一一

嵩山少室西闕銘　又名：一、少室神道西闕銘；二、嵩山少室神道石闕銘。　篆書

（王澍《竹雲題跋》考為延光二年）三月三日

河南登封西十里邢家鋪西二里。近人許同莘《嵩洛遊記》十三云：銘文十八行，向來拓本只存末二行叢林芝錦日月而七字，余所得者多前十一行末字之半。第五行末審為山字，第十一行為不字，第十行似禱字，餘不可辨。薛政等題名在左闕。羅振玉云：向僅拓［　］叢林芝以下共二十三行，每行四字，中間空三行，有字者計二十行。近拓本則神叢之前又得十餘行，文甚漫漶。此十餘行以前即為圖畫，亦漫漶不可辨。新拓本至此而止。余於乙巳春得此本於吳中，乃萬秋庵拓以贈翁松蘇齋者，則［　］叢林

芝以前十數行已拓得，此十餘行及圖畫以前又得字二行。而［　］叢林芝上層又得十餘行，惜已漫漶。可見者半字五六，全字一：作骉，此為向來金石家所未知。趙懷玉《亦有生齋詩集》卷十六詩題云：黃司馬自嵩山拓三闕全幅寄來。翁學士張之蘇齋，招同人觀賞竟日，因題上方。小注云：叢林芝錦上有列字。羅振玉《五十日夢痕錄》三十一頁又云：神叢以前尚有殘字，神叢上石亦有殘字二處，共得十餘行。有額，篆書（在西闕之北面第九層石上）有江夢等題名四行，在少室神道闕之東畫像下。有畫像可辨者六石。銘與題名在西闕正面（即南面）與西面。乾隆四十四年《河南府志》卷一一〇云：雍正三年洛陽董金甌訪得。

兩九八　聚三·二五　漢文一·一四　柯　楊圖一·九　藝一·三　嵩·上　來上·一四　瓊三·二一　孫錄一·三　平一·五　石索二·一五　字一·一〇　續一·二　夢一·四　古墨一·四　獨一·一四　雪·八　攈四·一三　匯九之四·二三　萃六·二　中考七·一　禪一九·二六　錄補四·三九　潛目一·三　增圖一·一八　存三·四　中真一一·六　雜一五·八三　未　虛原三·一三　績甲·八　愚五·一　橋一·六　息五·一　登封縣志三〇·九又一二　天一·三八　雪跋二·四　潤下·六　景日昣說嵩一四·三

開母廟石闕銘（即夏后啟母，避漢景帝諱改作開）　又名開母廟西闕銘　篆書

延光二年

堂溪協撰（據堂溪典嵩高山請雨銘）

河南登封北十里崇福觀　銘文刻於西闕背面及東側。趙懷玉《亦有生齋詩集》卷十六：黃司馬自嵩山拓三闕全幅寄來。翁學士張之蘇齋，招同人觀賞竟日，因題上方詩，注云：其下維何下有嘉字。有畫像可辨者四石，東石闕畫像可辨者八石。

兩九·九　聚三·三三　漢文一·一五　楊圖一·一〇　天

一·三八　柯　羅漢上藝一·三　嵩上　來上·一三　瓊三·一七　孫錄一·三　清二·五　平一·五　石索二·二一　字一·八　續一·一二　曝四七·四　夢一·四　古墨一·四　獨一·一六　雪·九　攈四·一三　滙九之四·二三　萃六·二　澗下·六　中考七·一　禪一九·二六　香　潛目一·三　錄補四·三八　增圖一·一九　存三·二　中記一·三　校　真一一·六　朱　竹一·二　俞·一　第·一四　虛原三·一〇　息五·一　登封縣志三·五　衎四·一五　景日昣説嵩一四·五　乾隆四十四年河南府志一一〇·三　三邕翠墨簃題跋一·九　元和郡縣圖志三·三六　俞樾讀書餘錄二　梅元鼎嵩書三·三六　1923年上海藝苑真賞社影印沈心醇跋本。

是吾殘碑　又名：一、延光殘碑；二、都官是吾碑。　隸書

延光四年八月二十一日（庚戌）

康熙六十年修諸城超然臺得自土中，移置縣署宅門外，乾隆三十九年知縣宫懋讓嵌於内堂之東壁，1912年縣署災，移置學宫。存下段五行，有直界文。張德容以是吾為人姓名。貫文按：古有是姓，《三國志·吳志》有是儀列傳。景君碑陰題名中有營陵是遷、是盛二人。

兩一四·一六　聚三·五八　漢文一·一九　羅漢上　柯　藝一·四　通一五一·二二　弗丙上·七　函二·一五　寶鴨上·四　枕二·二五　萃六·六　阮山七·五　平一·六　牛圖佛·一五　山訪一二·一七　雪·一一　攈四·一三　梅　滙一〇之三·四八　泉一·四　潛目一·三　增圖一·二〇　校篇·二　田目·二　竹一·三　孫錄一·三　瓜三·四〇

右扶風丞李寓表　又名：一、李事改斜大臺刻記；二、解大臺石刻；三、李君通閣道記；四、李壽碑；五、李喬題字。　分書

永建元年（或釋永壽元年、永康元年）

陝西褒城石門洞北口西壁。嘉慶十九年王森文訪得。額為一表

字，分書。石毀於漢中修道。

聚三·六三　羅漢上　函二·二五　邵三·八　續編一·三　思一六·五　硯一·一四　瓊四·一二　清二·七　石索四·八三　獨三·三　攈四·一六　匯一二之二·四七　門·二四　增圖一·三三　篇·四　陝五·六　趙錄一·五　關考一〇·二四　萃目一·一　繆荃孫藝風堂文漫存乙丁稿·一二

永建食堂畫像題字　分書

永建五年二月二十二日

山東濟寧縣署（道光十九年魚臺馬星垣得於兩城山，王鳳林移至魯橋藏於家。二十一年徐宗幹移置州學）。石經斧損，可辨者三十餘字。

聚三·七〇　藝一·四　羅漢上　柯　函二·一六　濟州二·六　硯一·一二　瓊三·二三　支·一〇二　攈四·一四　匯一〇之二·四七　增圖一·二一　篇再續·三　晝二·六　通一五二·八〇　1927年濟寧直隸州續志一九·五五

延年石室題字　分書

陽嘉四年三月

光緒二十四年（一作宣統二年）四州郫縣（一作巴縣）崖洞中發現，廷笠齋（一作畊）命工鑿取　歸貝子溥倫延鴻園，後歸柯昌泗。

漢晉　俑二〇　古石　希六·七　蕙一·六　貞·三　校　柯　羅漢上　雪跋二·五

少仕州郡等字殘碑　又名：一、陽嘉殘碑；二、黎陽令殘碑。分書

汪鋆據碑末存朔二十五日戊寅等字推為永和元年三月二十五日。光緒元年（或云四年）曲阜出土，歸海豐吳式芬，光緒十八年毀於火。上下與右側殘缺。碑陰為焦蒙等題名。張德容疑為偽刻。

羅漢上　藝一·四　柯　田目續·二　校三·二五　硯續二·六　廎二　山訪六·一二　攈四·一四　匯一〇補遺·一二　增圖一·二一　羅錄上·二　通一五二·五九

裴岑立海祠刻石　又名：裴岑紀功碑　隸書

永和二年八月

新疆鎮西城北二百餘步關帝廟內。磨班超紀功碑刻文其上。王國維考為裴遵。徐松云：今碑之左側尤存隸道。錢載云：雍正七年岳鍾琪獲於石人子，庋之幕府，十三年撤師，移置關帝廟西階下。《嘯亭雜錄》十：乾隆中，大臣收復西藏、烏魯木齊。築城郭時掘得漢裴岑破呼延碑。《河海崑崙錄》四·三六云：碑高五六尺，厚尺餘，色黑，堅潤類玉，天然石筍，不假雕鑿，碑陽、碑陰均凸凹不平。碑文下虛尺餘，無字。祁韻士《西域釋地》稱，碑立於巴里坤東一百五十里之松樹塘嶺。現存新疆維吾爾自治區博物館。

有摹刻本，乾隆庚寅新疆游擊劉存本在濟西，長洲顧文鐵本在濟寧，乾隆五十一年申兆定本在西安碑林。孔未明摹刻本有1923年藝苑真賞社影印本。同治十二年攀古樓漢石紀存雙鈎本。

兩一四·二　聚四·一　漢文一·二五　羅漢上　柯　校　藝一·五　新一·一　阮元小滄浪筆談卷二（嘉慶七年浙江部院刊）　李慈銘桃花聖解庵日記己集二集二　錢載蘀石齋詩集二六·六　裴景福河海崑崙錄四·三六　桂未谷先生詩集三·一〇（石印本）　函二·一七　清二·九　平一·六　石索二·三三　牛圖鐵上·三　東八·二　跋一·八　枕二·二七　關一·三　古墨一·四　關中·一　獨一·二一　瓜三·四一　雪·一二　攈四·一四　孟四·二四　匯一三·一六　陶跋·七　續一五·二　萃七·三　鈔一·一一　刻·三　潛目一·一　水三·三　梅·未　竹一·三　陲·一　孫錄一·三　關考一〇·五一　退二·一　國學季刊二卷二期吳其昌漢敦煌太守裴岑破北匈奴紀功

碑跋尾。

沙南侯獲刻石 又名：一、伊吾司馬侯猗題字；二、煥彩溝碑。 分書

永和五年六月十五日

新疆鎮西城煥彩溝。道光十五年薩湘舲經其地始拓以歸。羅振玉云：前十行尚略可辨認數字。首行一字為廷，行末為兵，次行末為之。第三行首為寧，末為是。四行首為聽，七行首為中。行末上二字為佀何。九行末為至。十行末乃將兵敦煌［ ］睦，以下尚有字三四行，全不可辨。柯昌泗《語石異同評》卷九：陰鈎十三行，文字多於侯獲，並碑側，非一時所刻。馬雍云：第二行有“沙海”二字，王樹枏誤釋為南，故有“沙南侯碑”之稱。陰存殘字三行，第二行有建寧二字，陰字為後人（乾隆十五年田輔仁）書刻煥彩溝三字所掩。煥彩溝字後署唐義全。後一行題十五年菊月立。道光十五年許子直游天山所見。

天津康氏翻本，同治十三年攀古樓漢石紀存雙鈎本。

聚四·六 藝一·五 羅漢上 柯 新四 函二·一九 硯一·一三 瓊四·一 交一·一三 攈四·一五 滙一三·六 求一·三 校 增圖一·二二 真續六·八 篇續·一 同治十二年潘祖蔭滂喜齋木刻雙鈎本後附張之洞釋文 東詩·一四·趙錄一·五 陲·二 松翁賸稿二·七（丁卯排印） 關考一〇·五一

會仙友題字 又名：一、漢安仙集字；二、漢逍遙山石窟題字。 分書

漢安元年四月十八日

四川簡陽東三十里踏水鄉玄都山逍遙洞。宋景德間楊用晦隱居此山發見（祝睦《方興勝覽》）。兩旁正書東漢仙集留題洞天八字，蓋宋後所題。乾隆五十一年申兆定摹本刻於裴岑碑摹本之陰（在西安碑林）。1913 年 9 月雲陽劉貞安重刻本（見 1925 年《雲陽暈

誌》二二），現在縣文化館。

篇·三　孫錄一·三　書刻下·三九　竹一·三　兩一四·一八　萃七·四　聚四·一四　天下　柯　羅漢上　苑一·六　函四·一八　石索四·八一　庚五·三　攈四·一五　匯壹六補遺壹　備刻·三　錄補三·二四　增圖一·二二　復二一·二·息一·六　明何宇度益部談資上　蜀中名勝記八·九

宋伯望等分界刻石　又名：一、定界碑；二、莒州漢安三年刻石；三、平莒男子宋伯望買田記。　分書

漢安三年二月三日

光緒十九年（或作十八年）山東莒縣西孟家莊廟基出土，後歸縣人莊餘珍。四面刻。正面九行，行八字至十五字不等，總計百二十二字。背面四行，行十一字，總計四十四字。首行側一圈三行，約十字。左側六行，行九字至十六字不等，總計三十五字。1935年《金石書畫叢刻》鄭大鶴《八代碑目》：永初二年四月馬亭分界石刻，第一行首有漢三年宋伯望等字，與關勝誦法碑同出安定。

匯一〇補遺·一九　藝一·四　古抱　羅漢上　莒志五〇·八希七·三　羅錄上·二　柯　校　田目再續二　通一五二·七八

壽貴里文叔陽食堂畫像題字　分書

建康元年八月十九日

山東魚臺鳧陽山，道光十三年魚臺人馬星垣移置其家。後歸端方。又歸岳氏（或云出國）。

藝一·五　田目續二　柯　羅漢上　魚臺縣志四　聚四·四六函二·二一　陶一·一六　濟州八·一　瓊四·六　佛·一九支·一一二　枕二·二七　山訪九·一〇　攈四·一五　匯一〇之二·六四　校　篇續一　趙錄一·五　畫初·一三三　1927年濟寧直隸州續志一九·三九　通一五二·八九

益州太守北海相景君銘 分書

永嘉本初間（景君卒於漢安二年，據碑陰三載以究之語推之）。

山東濟寧縣學戟門東側。額篆書，有穿，上鋭下方。陰為羽忠等題名。題名後有字四行韻語二行。1923 年藝苑真賞社影印沈韻初藏本，道光丁亥齊彥槐題記。

韻·三 分·四 寒·一三 增圖一·二三 篇·三 田目·二 未 存六·四 表 天下 源一三·六一 鉏上·四 俞·一 帖考·七 存六·四 觀 竹一·三 兩八·八 萃七·四 聚四·一七 漢文一·二六 柯 羅漢上 楊圖一·一一 校牛圖 藝一·五 隸續一六·三 隸釋六·九 札樸八·二五 天一·一 通一五二·八九 阮山七·一二 箋·三 濟州二·六 東上·一五 雪跋二·五 瓜三·五四 瓊四·五 隸辨七·八 平一·六 石索二·三五 宇一·一一 略上·一八

庚五·八 集二·一九 曝四七·一〇 支·一二七又一二八 金石一四·八 跋一·九 古墨一·五 獨二·一 山訪九·一 天下 鎸一·七 史上·八 審四·八 雪·一二 攈四·一五 古文五·七 魏·一 滙一〇之二·四一 藪·一七 備求一·四 蒼·四 墨一七·三 亟·六 潛目一·三 錄續二七 妙二·二二 真九·三 雜一五·八九 孫錄一·四 陳壽祺左海文集七·一八 1927 年濟寧直隸州續志一九·三 陳奐三百堂文集上·二二（乙亥叢編本）

三公山神碑 俗誤名無極山碑 隸書

□初元年二月八日（沈濤考為本初，陳伯陶作陽嘉二年）。

在河北元氏封龍山南蘇莊。道光間吳式芬始訪得之。後移縣立第一高級小學。有額，隸書，有穿在碑文中。有陰並額，俱隸書，沈濤名《勒石通道記》。柯昌泗名《臣許臣防奏》。

常一·五 聚二·四八 藝一·三 柯 羅漢上 瓊四·七

範　畿上一　嘉上·三五　瓜三·四三　攈四·一六　匯三之二·二三　增圖一·一四　篇再續·二　趙錄一·五　義府下六九　河北月刊三卷五期　陳鐵卿漢三公山神碑考略

敦煌長史武班碑　分書　嚴祺書（《隸釋》作紀伯允）

建和元年二月二十三日

山東嘉祥紫雲山武氏祠石室，乾隆五十一年黄易訪得。有額，分書，有穿，上鋭下方。碑陰後人刻武氏碑三字。又有休寧祭長生長洲龔曾題名，分書。

篇·三　田目·二　寒下·二　增圖一·二五　源·一三　未書刻下·三四　竹一·三　韻·三　天一　分·四　通一五〇·七四　兩一五·四九　萃八·一　聚四·四七　柯　羅漢上藝一·五　籀九·一二　田目　塾四·八　隸釋六·一一　阮山七·一三　濟州七·一　隸辨七·八　平一·六　略上·一八集三·一　支·一三〇　金石一四·八　獨二·九　山訪九·六　天下　攈四·一六　蒓四·一三　古文五·一一　匯一〇之二·五七　備　藪·一二　潛目一·三　錄續二·八　真九·九雜一五·八八　孫錄一·四　帖考七　養一八·一七　畫二·一五二至一五二　1927年濟寧直隸州續志一九·一

戚伯著碑（《金石略》《金石備考》《集古錄跋尾》等書誤作周伯著）　分書

太歲丁亥（柯昌泗云：建武三年、建和元年、建安十一年皆為丁亥，文字以建和為近）。

宋嘉祐中安徽宿縣浚河得之，今佚。額存之碑二字。上元張容圖雙鈎本。朱彝尊《金石文字跋尾》二，孔彪碑跋云：孫承澤有宋拓本。

隸釋一二·一一　隸辨七·三　函三·三　望　柯　橋一·五曝四七·四　金石一九·九　天下　攈四·二四　匯五·四六略上　錄續四·三九　真九·二一　源·二八　分·八　趙錄

一·四　徽二·一　集一〇·九　章士釗鈞本戚伯著碑跋見輕鶴一卷三期

孝子武始公等造石闕銘　又名武氏石闕銘　分書

建和二年三月四日

山東嘉祥紫雲山。石工孟李孟卯造。東闕有畫像，左側有六朝人書武家林三字。

篇·三　田續·二　源·四九　韻·三　分·一四　竹一·三　天一　兩一五·五二　萃八·二　聚四·五三　漢文一·三五　羅漢上　柯　田目　續二　藝一·五　札樸八·三一　阮山七·一三　濟州七·四　隸辨八·四六　清二·一五　平一·七　石索三·三　略上·一八　支·二四　金石一四·九　枕二·二八　古墨一·五　獨二·一一　山訪九·六　天下　攈四·一六　匯一〇之二·五七　續古一〇·五　鈔一·一四　潛目一·三　增圖一·二六　校　真九·九　孫錄一·四　畫二·六二至六三　1927年濟寧直隸州續志十九·六　通一五二·八九

司隸校尉犍為楊君（名渙字孟文）**頌**　又名：一、石門頌；二、司隸楊君碑；三、司隸楊厥開石門頌；四、楊厥石門頌（《水經注》）　分書　王升撰

建和二年仲冬上旬

陝西褒城東北五里褒斜谷摩崖。有額，分書。

楊渙見《華陽國志·序志篇》。西安有翻本。又1923年藝苑真賞社有影印本。

篇·三　陝五·一　鉏下·二　增圖一·三〇　古墨一·六　真九·一　雜一五·八八　刻三　竹一·三　兩一三·六　羅漢上　柯　漢文一·三八　藝一·九　楊圖一·一二　隸釋四·三　札樸八·二三　隸辨七·九　平一·八　源·五三　石索二·四七　略上·一八　集三·二　金石一四·一〇　跋一·一〇　枕二·三九　關一·三　關中·二　獨二·一二　天下　攈四·

一六　古文一四・四　匯一二之二、四八　輿四・三〇　藪一備　續古一三・一　門・六　萃八・三　鈔一・一六　墨一七・三　俞・二　潛目一・三　錄續二・八　源・八　未　竹一・三　第一八　孫錄一・四　帖考七　養一八・一〇　褒二　關考一〇・二二　瓜三・五五　嘉慶十九年漢中續修府志三一拾遺一一・一一　義府下・五八又六〇　水經注二七沔水上　道光辛卯褒城縣志卷八・二文物志　俞樾讀書餘錄二

中郎將幕府奏曹史左表造萬年廬舍石柱　分書　字口涂朱

和平元年

1924年山西離石馬茂莊、王家莊交界處為水沖出，被牧羊人發現。石柱為馬茂莊崔某所得，後為北平估人李重光購去。歸美國波士頓博物館。二石，畫像石十三方，存山西省博物館。有翻刻。

柯　希六・一六　河北第一博物館半月刊五十期　藝林旬刊七期　1917年說文月刊一卷九期衛聚賢“漢左表墓石畫說明書”1958年第4期文物參考資料梁宗和“山西離石縣的漢畫像石”

宛令益州刺史李孟初神祠碑　分書

永興二年六月十日

乾隆間河南南陽舊府署（或云道光間白河水漲沖出，咸豐十年金梁移於府署二堂東廡下壁間）1953年移南陽市西南臥龍崗漢碑亭內，今在市博物館。無額，有大字前題二行，有穿在文中。文後有題名五行，中間有裂紋，碑文刻在上段。黃彭年《陶樓文抄》十・二十三云：此碑出土復沒，近年乃重出土。較《金石萃編》又損七十八字。

聚五・六四　兩一二・二三　竹一・四　藝一・九　羅漢上　柯　孫錄一・四　平一・九　古墨一・七　獨三・一　雪・一七　攈四・一六　匯九之四・三八　萃八・八　潛目一・四　中記一・三　增圖一・三二　真九・六　篇・四　俞四

魯相乙瑛請置百石卒史碑　又名：一、乙瑛碑；二、孔廟置百石卒史碑；三、孔廟置守廟百石卒史孔龢碑。　分書

永興元年六月十八日

山東曲阜孔廟同文門西

碑末有嘉祐七年張稚圭題記云：後漢鍾太尉書。中間有裂紋。側有花紋，1957年5月張政烺發現。1928年中華書局《歷代碑帖大觀》影印端方藏明拓本，有光緒戊申王瓘，光緒二十八年李葆珣、褚德彝，癸卯楊壽昌，丁未冬至前五日陳伯陶，戊申上元張祖翼等跋。又有1923年藝苑真賞社影印本。

兩六·一二　聚五·四一　漢文二·四　竹一·三　羅漢上　藝一·九　校　柯　田目·三　楊圖一·一三　隸釋一·一四　弗丙上·八　肙·四·一六　札樸八八　九·二三　阮山八·一　來上·一五　隸辨七·一二　授續一·四　平一·八　天一·一　石索二·五五　字一·一一　庚五·六　續一·三　牛圖　集二·二　曝四七·四　九甲·一九　佛·五　支·一二五　金石一五二　跋一　枕二·四一　古墨一·七　獨二·一八　山訪六·三　雪·一五　蒼·四　澗下·一〇　墨一七·四　潛目一·三　錄續二·九　存六·一〇　增圖一·三一　真九·三　妙二·一七　篇·四　韻·四　源·二　未　鉏下·二　曲一·一　分·一　寒上·一一　第·一九　聖四·一　孫錄一·四　通一五〇·九　浪跡叢談九　俞樾讀書餘錄二　東家下·五　瓜三·四七　陳奐三百堂文集上·二二（乙亥叢編本）

孔謙碑　又名：孔德讓碑　分書

永興二年七月

山東曲阜孔廟同文門西（《東家雜記》云：在孔子祠墓壇前立）。有穿，有暈，上圓下方。

聚五·六九　東家下·一五　孔一一·二七　牛圖　竹一·四　柯　羅漢上　藝一·九　兩七·三　田目·三　曲一·一　漢

文二·五　隸釋六·一七　阮山八·一　隸辨七·一二　平一·九　石索二·九三　略上·一八　集二·一一　古墨一·八　獨三·二　山訪六·三　天下　攈四·一六　匯一〇之二·四　藪·一五　寶叢二·九　備　墨一七·四　萃九·一　潛目一·三　錄續二·九　增圖　一·三三　存六·一二　真九·六　篇·四　源·一四　未　塞上·一二　韻·四　分·四　孫録一·四　聖四·一　曲志五一·五　帖考·七　通一五二·五九　義府下·七〇

孔君墓碑（名溡字少垂）　分書

永壽元年

在山東曲阜孔廟同文門西。乾隆五十八年何元錫得於孔林墻外。有額，篆書。

聚五·七一　竹一·七　藝一·九　羅漢上　柯　田目·四　曲一·二　漢文二·八　阮山八·一　隸辨八·四七　授續一·五　平一·九　支·一二六　金石一五·三　天一·三八　山訪六·三　雪·一八　攈四·一六　匯一〇之二·四　寶叢二·一〇　萃九·一　刻·五　潛目一·四　錄續二·一〇　增圖一·三三　篇·四　未　鉏下·二　第·二〇　復二〇·一一　孫錄一·四　聖四·一　通一五二·六〇　俞樾讀書餘錄二

魯相韓敕造孔廟禮器碑　又名：一、禮器碑；二、韓敕復顔氏繇役碑。　分書

永壽二月霜月之靈皇極之日（黃生《義府》考為五日，《集古錄》疑是九月五日，錢大昕云七月）

山東曲阜孔廟同文門西。《石墨鐫華》云：此碑都（穆）楊（慎）二公錄闕七字，而余所獲拓本上闕五字，多一皇戲統華胥戲字，一以俟知奧奧字。《蕙風簃隨筆》卷一首行追惟太古，古字末筆明拓本損。四行亡於沙丘於字左側舊拓僅溡指項，今已連於第五行。第五行修飾宅廟，廟字末筆舊拓未損。碑陰王嵩等題名三

列，中列高伯世題名下有熹平三年項伯修題名，惟舊拓乃能見之。碑陰左方山陽金鄉師曜奴［　］曜叔子等七人作碑題名。右側山陽瑕邱等題名四行。左側河東臨汾敬謙等題名三行。光緒十四年吳中有重摹本。《歷代碑帖大觀》影印明拓本。上海藝苑真賞社有影印本。

兩六·一　漢文二·九　退二·一二　東家下·四　潤上·六〇　汪中舊學蓄疑頁一六　聚六·一　楊圖一·一四　竹一·四　柯　羅漢上　藝一·九　校　田目·四　曲一·二　隸釋一·一七　弗丙上·九　札樸八·一二　阮山八·二　來上·一五　硯續三·三　隸辨七·一三　清二·一〇　平一·一〇　石索二·六三　字一·一二　略上　庚五·五　續一·四　牛圖　集二·三　曝四七·一一　佛·四　金石一五·三　跋一·一一　蘇·三五　枕二·四二　古墨一·八　獨三·四　山訪　六·三　雪·一八　天下　攈四·一六　鐫一·六　史上·五　薤三·七　古文四·六　魏·二　滙一〇之二·四　藪·一五　表　備　寶叢二·一〇　廣五·四　墨一七·二　萃九·一　蒼·五　潤下·一〇　錄補三·二五　潛目一·四　錄續二·一〇　增圖一·三四　存六·一三　駕一五·三五六　真九·四　妙二·一一　雜一五·九〇　篇·四　源·二　鉏上·七　寒上·一一　第·二〇　韻·四　分·一　寒上·一二　虛原二·一　孫錄一·四　聖四·一　通一五〇·一二　函二·二二　孔一〇·二　古緣一七·一二（明拓本）　曲志五一·五　帖考·七　書刻下·二八　養八·四　天一·一　義府下五二又六〇

龜茲左將軍劉平國刻石　又名：一、龜茲刻石；二、漢烏壘摩崖石刻；三、劉平國治［　］谷關頌。　分書

永壽四年八月十二日

在新疆拜城東北二百五十里博子克勒山摩崖（一作賽里木山）。光緒五年有軍人過而見之，告於太守施補華。施請於副帥張

曜，遣總兵王德魁往拓，始傳於世（見施補華《澤雅堂文集》卷七）。《新疆訪古録》一・五云：在今拜城東二百里明布克拉山。光緒三年（或作五年）劉錦棠督師西下，部將提督徐萬福統建威軍先驅。至拜城境，營夫樵採至北，見此石刻。萬福梯絕壁，剔苔蘚，拓數百紙。左方近下有一東字，後有（後作旁有）京兆長安淳于伯隗作此誦題字三行。有杭州碑帖肆磚刻本，又見《神州國光集》第六集。《蕙風簃隨筆》卷一云：第五行堅國二字未泐者初拓也。

王國維云：匈奴西域皆謂漢人為秦人，孟伯山等六人稱秦人。知劉平國非秦人矣。

校　柯　羅漢上　藝一・九　民國十九年七月藝刊・七期　古代銘刻匯考　壬癸・四九　硯續三・一　雪・一九　域下・五三〇　匯一三補遺・二　增圖一・三六　真續六・九　新一・五　羅録上・二　陲・三　觀堂二〇・一一　緣三・一四　寶鴨上・七　清華周刊三七卷四期吳其昌漢龜茲左將軍劉平國東烏壘關城製亭誦跋尾　國學論叢二卷一期儲皖峰書王靜安先生劉平國治[　]谷關城誦跋後

郎中鄭固碑　分書

延熹元年四月二十四日

山東濟寧縣署明倫堂東壁。有額，篆書，有穿，上鋭下方。斷為三截。清初僅存上段凡二百五十四字。雍正六年李鷗得原碑下右角於泮池之左，凡二十字。乾隆四十四年李東琪與蘭嘉瑄掘得中段，凡六十字。《蕙風簃隨筆》卷一云：第二行典籍之籍存者清初拓，籍下膺字存上半者明拓。五行儲舉，六行詔拜未泐者道光拓。

聚六・八三　漢文二・一七　寶鴨上・五　竹一・四　牛圖　楊圖一・一七　田目・四　田目再續・二　校　藝一・九　兩八・三五　韻・五　隸釋六・一七　弗丙上・一〇　函三・二二

俞·四　分·四　札樸八·二〇　阮山八·二　濟州二·二二　來上·一六　隸辨七·一五　巢·五　柯　平一·一〇　字一·一二　續一·五　集三·三　曝四七·一二　佛·二　支·一二七至一二八　金石一五·五　跋一·一三　古墨一·九　獨三·八　山訪九·一　雪·二〇　天下　攈四·一七　薤七·八　孟四·一九　古文八·七　魏·二　匯一〇之二·四七　表　藪·一三　備　墨一七·三　萃一〇·一　亟·一四　潛目一·四　錄續二·一一　增圖一·三七　真九·七　雜一五·九二　妙二·三六　篇·四　源·一四　寒上·一三　孫錄一·四　書刻下·二八　帖考·七　雪跋二·五　通一五二·八九　天一·一　1927年濟寧直隸州續志一九·一一

倉頡廟碑　又名潁川劉桓立倉頡祠碑　分書

延熹五年正月（據碑左側孫羨題記）

陝西白水東北五十里史官村（或作黄龍山廟内）。有額，篆書。有穿。上鋭下方。額上方穿右熹平六年五月二十三日衛升仲題名，上方穿左嘉祐庚子五月吕大忠等題名，吕氏題名之左方萬年朱吉打碑題記。《寰宇訪碑録》二·九：額間有漢尹碩題字，分書。陰有陳寶等題名。上方穿右尹碩題名。額上鋭處乃設像為聖德後題字。左側延熹五年正月衙令孫羨題記，下方延熹四年張疇等題名。右側楊靖等題名。

聚六·四八　漢文二·二九　兩一一·一　藝一·九　竹一·四　校　羅漢上　牛圖　箋·三　隸辨八·五三　平一·一〇　略上·二〇　第·二　金石一五·九又一六·一四　跋一·一三　關一·三　古墨一·九　獨三·一二　雪·二〇　抱一五·三　天下　攈四·一七　匯一二之二·一〇　備　寶叢二〇·八　萃一·二　潛目一·四　孫錄一·四　增圖一·三八　存六·二三　柯　真九·一二　後二〇·一八　篇續·二　雍餘·二　陝五·二　復二〇·一八　雪跋二·五　關考八·二七

桐柏淮源廟碑　分書

延熹六年正月八日

河南桐柏縣招待所東院

至正四年吳炳重摹刻。北京琉璃廠碑帖肆、蘇州碑帖肆均有翻本。左方有吳炳題記。潘耒《金石文字記補遺》云：據朱長文《碑帖考》，云是釋曠書。釋曠，開元時僧。《金石錄》中有北岳恆山碑亦其所書也。畢沅云：余聞漢碑僕地，即在吳炳碑之旁，尚有數字可辨，屢飭守令打本，搜訪不得，恐又為近時修廟取作柱基礎矣。

楊圖一·一八　中記五·一二五　竹一·四　萃一〇·五　隸辨七·二〇　字六·二五　略上·一六　集一·二五　曝四七·五　跋一·五　獨三·一三　天下　古文一二·五　匯九之四·六四　藪·七　備　中考八·六　墨一七·二　錄續三·一五　潛目一·四　增圖一·三四　柯　校　篇·四　鉏上·二　源·四　韻·六　寒上·二一　分·二　孫錄一·五　帖考·八

子臨為父通作封刻石　又名：一、永和碑；二、［　］通本封記；三、陳邦福作：杜臨封冢記。　分書

延熹六年二月三十日

光緒二十四年山東嶧縣兩馬曹社馬頭山下平田中出土，為人刮磨作方池。宣統元年勸業道蕭應椿查曠至該地見之，為言於提學羅正鈞，致之金石保存所。

劬盦文稿四編　嶧縣志二四　田目再續·二　歷一·五　羅漢上　校　希六·五　摹·二　居二三·甲、乙　夢二·一　循·一　柯　真續六·一　通一五〇·七　億·一〇　漢魏南北朝墓誌集釋一·一

泰山都尉孔宙碑　分書

延熹七年二月戊辰（二月之二剝泐，各家或作七月，又作五月）孔氏《祖庭廣記》十二·一作正月庚□。

山東曲阜孔廟同文門東。有額，篆書　上圓下方。桂馥以篆額非漢法，疑後人補刻。濟寧某寺翻本有穿。碑陰額篆書，題門生故吏名張雲等題名。王弘撰《砥齋集》二·二一孔季將碑陰跋云：陰額五字書法視前碑微異，當別是一手。左側有大中元年高元度等題名，右側有天聖元年梁邁等題名。有標題。《三邕翠墨簃題跋》一·一〇云：清初拓本高字猶存其半。有1922年上海藝苑真賞社影印宋牧仲藏本，1928年中華書局《歷代碑帖大觀》影印明拓本。

聚七·一　漢文二·三三　兩六·二七　藝一·一〇　羅漢上竹一·四　田目·四　楊圖一·九　牛圖　隸釋一七·四　札樸八·一六　阮山八·三　柯　來上·一九　隸辨七·二二　平一·一一　石索二·七九　字一·一六　略上·一四　續一·八集二·一〇　曝四七·一一　九甲·二〇　佛·六　支·一二一、一二二　金石一五·一〇　跋一·一五　古墨一·一〇　雪跋二·六　義府下·七〇　退二·一四　東家下·一六　孔一一·二九　孔一二·一　許一九·四四五又四四六又四四八又四四九　獨三·一五　山訪六·三　天下　攈四·一七　鎸一·四史上·一二　薤三·一三　孟四·一二　古文四·一一　魏·二滙一〇之二·四　表　藪·一五　備　寶叢二·一二　求一·五　廣五·六　墨一七·二　萃一一·一　蒼·三　錄續三·一六　潛目一·四　存七·一　增圖一·四〇　真九·五　雜一五·九三　妙二·七　篇·四　曲一·二　源·一五　未　寒上·一二　韻·六　分·五　俞·五　石墨上·一　聖四·一　孫錄一·五　通一五〇·二一　曲志五一·七　帖考·八　息六·七

封龍山頌　分書

延熹七年月紀豕韋（十月）。許翰云：似是十月。又疑五月。碑下文云：戊寅詔書。檢《通鑒綱目錄》，是年四月辛丑朔，八月為戊寅。十月戊戌朔，月內無戊寅，據此則五月是矣。

河北元氏西北四十五里王村山下，後移置縣立中學。側有唐咸通題名，殘泐，多不拓。又有藁城［　］靳啟儒題名。有標題。朱士端云，第六行七牲法食下或書碑偶談剜去數字提行再書。馬衡云初出土拓本，第十四行韓林之林字未泐。碑文第五行七牲法食下有董自英十七十月六日一行，乃後人所刻。道光二十七年十一月元氏知縣劉寶楠發現後命工人舁至城。工人惡其重，乃剝其碑陰中分之，致碑上截斷裂為二，後雖嵌合，而裂紋依然可見。1923 年上海藝苑真賞社影印本。

聚六·六一　藝一·一〇　柯　羅漢上　校　楊圖一·二三　趙錄一·五　函二·二二　月四·一九　硯一·一六　瓊四·一六　頎·三　範　枕二·四四　獨三·一九　雪·二一　畿上·一　攈四·一七　匯三之二·二三　求一·五　增圖一·四二　真九·一五　攀一〇·二　第·一七　畿志一四五·五〇　萃目一·一　凡附錄·三七三　葉廷綰吹網錄　俞樾讀書餘錄二　迺賢河朔訪古記上·一二（守山閣叢書本）　河北月刊三卷二期元氏縣封龍山碑考釋輯略　1931 年元氏縣志一

西嶽華山廟碑　佚　分書

延熹八年四月二十九日

嘉慶十四年阮元據所藏天一閣宋拓整紙本（四明本）屬吳國寶重刻於揚州北湖祠塾。雍正元年如皋姜任修重摹王無異本。乾隆丁亥（三十二年）八月襄陵喬頤孫琨圃摹刻王山史本。乾隆四十三年商邱陳伯恭借大興朱氏華陰本，翁方綱摹、金冬心雙勾長垣本，補其闕字上石，後附刻郭胤伯諸人題跋。嘉慶十五年五月二十六日，嚴可均摹長垣本。道光三年，阮元以舊摹長垣本未闕之字補刻於端州巨硯，同置祠塾，計補刻全闕者七十八字，半闕者三十五字。道光十六年錢氏重刻北湖本。同治十二年《攀古樓漢石偶存》雙勾商邱宋氏藏本。又有巴慰祖磚刻本（未見原石妄自摹寫）。有曲阜孔氏玉虹樓刻本（似據桂未谷摹金冬心雙勾長垣本上石)。另揚州鮑氏重摹本。北京積古堂重刻翁摹二本合摹本。北京澄觀堂聶某重刻揚州鮑氏本(磚本)。又上海藝苑真賞社影印長垣本。蘇州、開封均有翻本。光緒元年十二月下浣揚州董蓮健秋摹勒。據《石墨鐫華》云:此碑嘉靖中猶在。一縣令修嶽廟石門,視殿上碑題皆當時顯者,恐獲責罰,此碑年久,遂碎為砌石。《金石文字記》云:嘉靖三十四年地震,碑毀。1958 年第 3 期文物考資料何修齡《華陰西嶽廟的古代建築》一文介紹灝靈殿東北發現殘石九行五十字,為:“嶽春秋傳曰山嶽則所昭印也地理山川迭興其奉山川或在方親至其山柴祭記以圭辟樂奏大燔”等。

清二·一六(原刻殘拓,又全額六字) 石索二·一五九 平再續·二 字一·一七 略上·一二 續一·九 集一·二一 曝四七·八 金石一五·一一 蘇二至一六 枕三·一 關一·四 古墨一·一一 關中·二 關考八·三〇 笥六·一 潛三二·二 天下 攈四·一七 鐫一·一一 史上·七 萑六·六 古文七·四 1932 年華陰縣續志七·九一 寶類一·一二 匯一二之二·一五 藪·五 備 寶叢一〇·二七 廣五·八 萃一一·四 錄續四·二九 天一·二 柯 增圖一·四三(原刻裂為三,未斷,右邊中間缺) 退上·一五 天一 復二〇·一五(長垣本) 校 存七·五 嶽四·二 真九·七 篇·四 源·三 陝五·二 韻·六 分·一 寒下·一 觀下·一 雲一·五 張鑒冬青館乙集七·二〇 復二〇·一五 孫錄一·五 里·一 石泉 橋一·六 嘉二三·一〇 阮元華山碑考四卷文選樓叢書本 秦更年漢延熹西嶽華山廟碑續考四卷 1928 年鉛印本 李棪玲瓏本漢西嶽華山廟碑考 考古社刊四期 王弘撰砥齋集二卷書郭胤伯藏華嶽碑後 劉文淇青溪舊屋文集七卷漢延熹西嶽華山碑舊拓本跋 1957 年第 5 期文物考資料李子春西嶽華山廟碑覓得殘石一片。

竹邑侯相張壽碑 分書

建寧元年五月辛酉（建寧元年四字今缺，據《隸釋》補。）

山東城武縣孔廟。顧靄吉《隸辨》、吳山夫《金石存》並云：額題“漢故竹邑侯相張君之碑”十字。分書二行。碑為明人截為碑趺，僅存上截。乾隆五十六年知縣林紹龍建亭重嵌。題記於碑凹處下截存八行。首行存恭闕諸為四字，末行存前將放監君登等字，下截之第一行至第五行與上截之第二行至第六行連接，末三字與上截之七、八、九行不連。有 1914 年藝苑真賞社影印本。

兩一二·一七　聚七·三七　漢文三·二　藝一·一〇　竹一·四　羅漢上　校　柯　田目·四　楊圖一·二三　隸釋七·一八　函二·二七　阮山八·五　隸辨七·二八　平一·一一　石索四·九一　字一·二〇　略上·一四　庚五·一〇　牛圖　集三·七　曝四七·一三　佛·一七　跋一·一七　枕三·八　獨四·四　山訪八·四　雪·二二　天下　攈四·一八　滙一〇之三·九　藪·一二　備　墨一七·三　萃一二·三　刻·五　錄續三·一九　潛目一·四　存七·一〇　增圖一·四五　真九·九　篇·四　源·一七　分·五　韻·七　孫錄一·五　通一五一·七　帖考·八

衛尉卿衡方碑　分書　書者樂陵朱登

建寧元年九月十七日

山東汶上西南十三里平原郭家樓前。清雍正八年汶水泛決，碑陷臥。莊人郭承錫重建。有額，隸書陽文，有穿，上圓下方。碑陰南郡□□等題名。上海藝苑真賞社影印盧文弨藏本。1928 年中華書局《歷代碑帖大觀》影印明拓本，有沈樹鏞、孫星衍跋。朱竹垞《金石文字跋尾》二孔彪碑跋云：孫承澤有宋拓本。

兩一二·七　聚七·四二　漢文三·六　柯　籀八·一一　楊圖一·二五　羅漢上　藝一·一〇　竹一·五　校　田目·四　隸釋八·一　弗兩上·三　札樸八·一八　阮山八·五　硯二·六　瓊四·二一　隸辨七·二八　清二·一八　分·五　平一·

一二　石索二·一六九　字一·二一　略上·二〇　牛圖　集三·六　曝四七·六　佛·一六　金石一六·五　跋一·一七　枕三·八　古墨一·一二　獨四·九　山訪六·一九　雪二·三　抱一五·一　天下　天一·一　瓜三·四四　攈四·一八　薤五·八　古文六·七　魏·三　匯一〇之二·四五　藪·一　表備　萃一二·四　錄續三·二一　潛目一·四　存七·一二　增圖一·四六　真九·一〇　雜一五·九五　篇·四　源·一七　俞·七　第·二一　韻·七　孫錄一·五　通一五〇·二四　帖考·八　面乙·二一　義府下·七〇　退二·一八　阮元小滄浪筆談三·三〇（嘉慶七年浙部院刊）　清重刻萬曆戊申汶上縣志七雜志·九又八、藝文·二二　俞樾讀書餘錄二

冀州從事張表碑　分書

建寧元年十一月丙寅

篆額陽文，有直界格。舊在河北冀縣，石逸，有翻刻本。1917年3月彭聚星據楊守敬等青洛本重勾刻置雲陽張侯祠（見1935年《雲陽縣志》卷二十二）。《説郛》引宋孫宗鑒《東皋雜錄》云：余家所藏最完者惟淳于長夏承與逢童子碑，無一字譌。冀州從事張表亦其次也。明劉鑾《五石瓠》卷二（庚辰叢編本）：宋拓冀州刺史張表碑。朱竹垞《金石文字跋尾》卷三孔彪碑跋云：孫承澤有宋拓本。有上海藝苑真賞社影印本。

集三·七　略上·二〇　天一　天下　字一·二〇　曝四七·七　庚五·四　望　柯　匯三之二·三五　寶叢六·七　墨一七·二　錄續三·二〇　真九·一〇　源·一七　韻·七　分·五　帖考·八

[　]議曹掾史等字殘石　分書

建寧元年

存中段五行半，有穿。周進藏石

居·一六

魯相史晨祀孔子奏銘　又名史晨前碑（吳式芬楊守敬作史晨後碑）　分書

建寧二年三月七日

山東曲阜孔廟同文門東。乾隆四十二年以前拓本每行止三十五字。下一字陷入碑趺，難以著墨。乾隆五十四（一作四十二）年何元錫命工起之（一作曲阜孔誦孟起之），始得三十六字。《三邕翠墨簃題跋》卷一云：明拓本前後碑炳煥德字春秋，秋字尚存其半。有蘇州某氏翻本，上海藝苑真賞社影印本，1928年中華書局《歷代碑帖大觀》影宋拓本，附乙未九月吳昌碩、丙寅五月俞復跋語。

兩六·一六　聚七·六六　漢文三·一六　藝一·一〇　竹一·四　羅漢上　柯　校　楊圖一·二四　牛圖　田目·四　隸釋一·二四　弗丙上·一二　札樸八·九　阮山八·六　來上·七　隸辨七·三　授續一·五　曲志五一·九　平一·一二　石索二·九五　字一·二一　略上·三　庚五·六　沈樹鏞漢石經室金石跋尾　集二·四　義府下·五五　九甲·二〇　退二·一九　天一·二　東家下·五　虛　原三·一　佛·八　跋一·一八　枕三·一〇　古墨一·一二　獨四·三　山訪六·三　雪·二四　天下　攈四·一八　鐫一·七　史上·六　薙三·三　古文四·三　魏·三　匯一〇之二·四　表　藪·一五　寶叢二·一四　備　墨一七·四　萃一三·一　潛目一·四　增圖一·四七　存七·一五　真九·五　妙二·一〇　雜一五·九六　篇·五　源·三　未　曲一·二　寒上·一二　韻·七　分·一　虛三·一　孫錄一·五　聖四·一　通一五〇·二六　孔一〇·四　帖考·八　吳騫愚谷文抄五·三　陳奐三百堂文集上·二二

魯相史晨饗孔子廟碑　又名史晨後碑（吳式芬、楊守敬作史晨前碑）　分書

建寧元年四月十一日到官，刻於前碑之陰。

《石墨鐫華》云：余所收二碑，前碑止缺一字，後碑多一望見闕觀觀字，一享獻之薦薦字。碑左方有天授二年司馬元貞等題記。碑左側有大中元年高元度等題名，右側有天聖元年梁邁等題名（劉炳書）。1928年中華書局《歷代碑帖大觀》影明拓本。有光緒四年五月六日翁叔平記。

兩六·一八　聚八·一　汶文三·一四　藝一·一〇　竹一·五　羅漢上　柯　校　楊圖二·二一　東家下·五　虛原三·一　牛圖　田目·四　隸釋一·二八　弗丙上·一二　曲一·二　札樸八·一九　阮山八·六　隸辨七·三　平一·一二　石索二·一〇一　字一·二一　源·三　庚五·六　續一·九　東八·六　佛·九　跋一·一八　枕三·一〇　古墨一·一二　獨四·一六　山訪六·三　雪·二八　天下　攈四·一八　鐫一·七　史上·七　蕥三·四　古文四·四　魏·三　滙一〇之二·四　表　藪·一五　備　寶叢二·一五　萃一三·三　蒼·三　潛目一·四　存七·一七　增圖一·四八　妙二·一一　雜一五·九六　空九·五　篇·五　未　寒上·一二　韻·七　分·一　虛三·一　孫錄一·五　聖四·一　通一五〇·二七　曲志五一·九　帖考·八

郭有道碑　又名：一、郭泰碑，二、郭林宗碑。　分書

建寧二年四月十日（《水經注·汾水》作建寧四年正月丁亥卒，《漢書》本傳作二年。）

舊在山西介休。《元和郡縣志》一三·一七：郭林宗墳在縣東三里，周武帝時除天下碑，唯林宗碑詔特留。《太平寰宇記》四一·六：周武帝除天下碑，唯林宗碑詔特留。光緒丁亥吳大澂以自藏宋拓屬樂子琴炳元摹刻（全文四七五字，半泐者四十九字，全闕者九字）。方朔藏舊拓本（闕四十八字）吳大澂摹刻本跋云：去冬出都時，知是碑原石忽於濟寧出土，後於泰安道中購得新拓本，字多漫漶，不可卒讀……碑文鱗不作麟，不與新出殘本同。清傳

山重摹本。後有乾隆丁酉介休令吕公滋跋。康熙辛未鄭簠補書本。康熙三十一年介休令王直摹本。乾隆七年如皋姜任修重摹趙凡夫本。乾隆五十九年江寧張復純（芷原）屬如皋喬昱拓本。天啟間吳郡彭□摹刻本，據王弇州本。見乾隆三十三年《金鄉縣志》。《清儀閣題跋》卷二云：真本順治時藏直隸大名府成相國家，後轉歸王某。王為四川縣令。素方伯訥作書求是碑。王更之以贋本，而以真額裝於前。《金石學錄》卷四云：戴松門光曾常藏郭有道碑，係禾中褚氏於乾隆四年翻刻之宋拓原本。《石墨鐫華》云：近有晉人為余言，舊石曾在。一秀才極愛之，每往碑摩挲累日。一夕盜碑舁去。縣令無奈，重刻一石以應求者，後又摩泐。而王正己（介休縣令）再刻之。石韞玉《獨學廬四稿》卷四云：戴松門家藏泰碑與《萃編》同。《三邕翠墨簃題跋》云：孫萊山竟研齋藏宋拓本泐損十餘字，又云有殘石本。《金石備考》：金鄉、介休並有郭有道碑。李東琪偽造之說不攻自破。《山右金石記》卷十，光緒戊子濟寧出土。乾隆中，州人李東琪所刻者，拓數本即埋地中，其剝落皆偽為者，上截每字斧鑿痕顯然。光緒某年七月初旬雨後，濟寧普照寺旁居民於泥淖中撿得之，多斧鑿痕，僅存數十字，在金鄉學宫。見《面城精舍雜文》甲編。《夢碧簃石言》卷六云：原石在山東濟寧。繆年伯（荃孫）云：山東非原石，即李鐵橋摹於漢畫後者。金鄉本與光緒丁亥吳大澂摹刻宋拓本字體多合。金鄉本有額，篆書漢郭有道先生之碑。1927 年《濟寧直隸州續志》卷一九頁五五云：舊為況家階石。同治間重砌石階，見反面有字，細玩之始知為郭有道碑，忙移於學宫中，已多斧鑿痕。字都不能辨，約略辨識者僅五十字。

來上・一七　天一・三八　略上・一二　續一・一〇　古墨一・一二　山訪九・五（在金鄉縣，陰有畫像者）　古二・二　天下　鐫一・八　寶類一・一二　匯一〇補遺・一七　匯一一・六九（作明刻）　兩一七・一六　田目續・二　壬癸金石跋・五二藪·一五　表　備　萃一二·七　邕一·一二　潛目一·四　校　真九·一一　漢文三·一七　妙二·三八　竹一·五　函三·一七　羅錄上·二　寒上·九　書刻下·三七　通一五二·九〇　陶澍蜀輶日記　傅山霜紅龕集十五書補郭林宗碑陰　同治元年金鄉縣志十六（藝文二）·六　光緒三十三年金鄉縣志

高陽令楊著碑（逸）　分書

建寧二年十月二十八日

舊在河南閿鄉。翻本。

兩一七·三　隨軒　柯　瓊四·二三　閿鄉縣志一九·八　隸辨七·二七　略上·一二　集二·一五　天下　匯一二之二·二五　寶叢一〇·四　備　墨一七·二　中考七·三〇　萃一二·六　篇續·二　真九·一二　源·二六　俞·六　分·七　寒上·一九　趙録一·五　帖考·九　乾隆五十九年華陰縣志一六·二七

北海淳于長夏承碑　分書

建寧三年六月

河北永平。元祐間治河堤，得於土中。成化十五年廣平知府秦民悅得於府治後堂，建愛古軒以覆之。並云碑之下截一百十字年久蘚蝕，係後人摹刻。吳玉搢云：成化本不知何時淪沒。嘉靖戊戌（十七年）掘地得之，求索者眾，郡守唐寬碎其石。後守唐曜重刻本跋乃稱因取築城之石，為工匠所毀（在嘉靖二十二年）。明楊士奇《東里集》十一云：近歲廣平府民又因治河得此碑。《說郛》引宋孫宗鑒《東皋雜錄》云：余家所藏最完者惟淳于長夏承與逢童子碑，無一字譌。朱竹垞《金石文字跋尾》卷二孔彪碑跋云：孫承澤有宋拓本。邘顯鶴《南村草堂詩抄》卷一二：李宗瀚藏宋拓本。（《見靜娛室》八，作為春湖中丞贈古詩註）。緣三·二一為宋拓本。嘉靖二十四年知府唐曜重摹於漳州書院（王澍云：字畫之訛者三十有七）。十三行，行三十字。覆刻唐氏題記四行。

今在永年縣署東紫山書院。嘉慶十一年，翁方綱據明無錫氏真賞齋宋拓本重摹，分勒六石，嵌廣平府署東客廳廊下，十四行，行二十七字。第十一行銘文另起，有翁氏跋。蘇州、杭州均有翻本。有巴慰祖蟫藻閣夏承碑雙鈎本，上海藝苑真賞社影印本，1928 年中華書局《歷代碑帖大觀》影印宋拓本。

札樸八·二四　許槤古均閣寶刻錄（據明丹陽孫禎藏本，與劉球《隸韻》採入之字比較，偏旁波折一一吻合，可為建寧原刻之證）　瓊四·二五　隸辨七·三一　平一·一三　義府下·七三　石索二·一〇七　字一·二一　略上·二　庚五·九　續一·一〇　曝四七·七　金石一六·五　跋一·一九　古墨一·一三　獨四·一九　幾上·一　天下　擵四·一八　鐫一·八　薤六·四　古文七·三　魏·四　滙三之二·六七　表　藪·一七　寶叢六·五一　續一五·五　萃一三·六　蒼·五　半下·一　潛目一·四　存八·一　天一·二　柯　漢文三·二一　真九·一四　妙二·一四　東湖二·三三　源·一八　竹一·五　寒上·二　韻·七　分·五　虛原三·一四　復二〇·一五（宋拓本）　程瑤田通藝錄一四·九　勢碎事　孫錄一·五　韓五·四　義八·一　書刻下·三　橋一·七　廣平府志三·五四

武都太守李翕西狹頌　分書　仇靖書

建寧四年六月十三日

甘肅成縣天井山。《梅花草庵石刻題跋》云：李翕見《後漢書·皇甫規傳》。頌左方呂國等題名，《關中金石文字存佚考》卷首例言云：鑿石為竅，刻文其中，故風雨不能剝蝕。頌右方惠安西表四字。（趙魏以為頌額，繆荃孫據郜陽打碑人王啓祥言在頌文之右，相去二丈有幾，必非頌額。）頌前黽池五端圖題字。圖下方五官掾上祿、上官正等題名。下辨李京字長都記。牛運震《金石圖》劉世珩《補説》云：頌下第三行連下一字爲甘字，第九行溪下一字爲阸。况周頤云：舊拓《五端圖》，黄龍下有一小龍，在黄龍稍

下右方。《五端圖》有小龍者，《西狹頌》多必字，不易得也。有上海藝苑真賞社影印沈心醇跋本。

兩一三·一　聚八·一二　漢文三·二四　竹一·五　羅漢上　柯　校　藝一·一一　楊圖一·二五　隴右一·一五　隸釋四·八　隸辨七·三四　面甲·二八　蕙二·八　平一·一三　未石索二·一一三、一一九　略上·二〇　牛圖　佛·一四　金石一六·七　跋一·一九　枕三·一一　關一·四　古墨一·一三　關中·三　獨五·二　天下　攈四·一八　古文一·一　寶類一·一三　滙一三·八　輿四·四〇　備　續古一三·二　萃一四·一　鈔一·二〇　潛目一·四　存八·七　增圖一·四九　篇·五　真九·一五　雜一五·九八　源·八　寒下·二　韻·八　分·三　孫録一·五　書刻下·三三　隴補·四　義府下·六三　退二·二二　關考一三·一七　汪中舊學蓄疑一五

博陵太守孔彪（或釋作龘，又釋作龗）碑　分書

建寧四年七月辛未

山東曲阜孔廟同文門東。有額篆書，有穿，上圓下方，兩旁有暈。陰崔烈等題名。韓敕碑陰題名有尚書侍郎孔彪元上，即其人也。

漢文三·三一　羅漢上　藝一·一一　竹一·五　柯　田目·五　校　聚八·三九　兩六·二二　隸釋八·一四　札樸九·二二　阮山八·七　來上·一八　源·一九　隸辨七·三三　平一·一四　字一·二二　略上·一四　庚五·七　牛圖　集二·一一　曝四七·七　佛·九　支·一二一、一二三　金石一六·七　跋一·二〇　古墨一·一三　未　山訪六·三　獨五·四　雪·三〇　抱一五·三　天下　攈四·一九　薙四·一　古文五·一　魏·四　滙一〇之二·四　藪·一一　備　寶叢二·一六　萃一四·三　蒼·六　潛目一·四　録續三·二二　存八·四　增圖一·五〇　真九·六　雜一五·九六　妙二·三三　篇·七

鉏上·六　曲一·二　第·二三　俞·八　寒上·一二　韻·八　分·五　聖三·一　孫録一·六　通一五〇·二　俞樾讀書雜録二　朱竹垞金石文字跋尾二　曲志五一·一一　養一八·三　天一·二　東家下·一五　孔一一·二九又一二·二

汶州刺史楊叔恭殘碑　分書

七月六日甲子造（《水經注·濟水》從事孫光等以建寧四年立）

山東鉅野昌邑集路旁。嘉慶二十一年歸馬邦玉，後歸端方、諸城王緒祖、建德周進。存碑石之左邊下角，上鋭下寬，下截有畫象。陰元盛等題名。馬衡云：《校碑隨筆》云，摹刻本有側無陰。衡按原石拓本亦往往無陰，以漫漶故也。左側禪伯友等題名。

漢文三·二六　陶二·一　聚一二·一四　田目續·二　柯篇·五　校　羅漢上　枕三·一二　藝一·一一　鄒縣續志一〇·四　魚臺縣志四　函二·二八　硯二·四　瓊四·二六　居一五·甲、乙、丙　石索四·八五　山訪八·五、九·一〇　雪·三一　攈四·一九　匯一〇之二·五五　增圖一·五二　凡附録三七四　濟州八·四一　趙録一·五　通一五二·八三　道光二十六年滕縣志一二藝文·五〇

析里橋郙閣頌　分書

仇靖撰　仇紼書

建寧五年二月十八日（年月據《金石録》《隸釋》）

陝西略陽西北置口村南五里白崖。况周頤《蕙風簃隨筆》二云：九行校致攻堅四字，清初拓本未泐，雍乾時損。左下角缺四十字，右下角缺五十三字，中缺四字。西安北京廠肆均有翻本。明知縣申如塤重刻本在城南靈岩寺，臆補四十九字，多不足據。有上海藝苑真賞社影印本（羅兩峰、徐紫珊舊藏）。

聚八·五四　兩一三·五　漢文三·三四　藝一·一〇　柯校　羅漢上　竹一·五　隸釋四·一一　隸辨七·三五　平一·

一四　石索二・一二七　字一・二二　略上・一七　庚五・一一　續一・一〇　集二・八　曝四七・七　枕三・一三　關一・四　古墨一・一四　關中・三　獨五・八　雪・三一　天下　攈四・一九　鐫一・九　古文一四・四　魏・四　寶類一・一三　匯一二之二・五二　表　備　緩七・二　廣五　門・一三又二〇　萃一四・六　鈔一・二二　潛目一・四　録續三・二三　增圖一・五三　存八・一二　駕一五・三五七　真九・一六　雜一五・九九　篇・七　雍一・六　陝五・四　源・九　末　鉏下・一　第・二四　韻・八　分・三　寒下・二　復二〇・一三　孫録一・六　帖考・八　書刻下・三二　養一八・一七　關考一〇・三六　義府下・六二　俞樾讀書餘録二　繆荃孫藝風堂文漫存乙丁稿・一一　桃花聖解庵日記己集二集三・嘉慶十九年漢中續修府志三一拾遺上・二〇

東海廟碑　分書

熹平元年四月

有額，篆書。有穿。額兩旁有太平興國四年（下泐）朝議大夫周（下泐）題記。《輿地碑記目》作東海恭王廟碑，云在山陰縣有斷碑，裂，僅有數十字。云東海恭王祠。《太平寰宇記》卷二二：朐山縣植石廟在縣北四里。《史記》曰：始皇三十五年，立石東海上朐界中，以爲秦東門。今石門猶存，傾倒爲數段，在廟北百步許。今尚可識其文曰：漢桓帝永壽元年東海相任恭修理此廟。原石在江蘇東海，久逸。清吴雲有摹本在鎮江焦山。陽存九字，陰存十七字。原拓存五行："永壽□侯?□）是?面並乃?史"等字。

隸釋二・一一　略上・一六　硯二・七　隸辨七・三七　江蘇一・一三　藪・一八　寶叢一二・二　備録補三・二七　柯　篇　再續・四　源・四　矩　寒上・四　韻・八　分・二　趙録一・六　金石一五・三　書刻下・二〇九　輿二・九　吴雲焦山志七

·二　天下

司隸校尉楊淮從弟下邳相弼表紀　又名：一、司隸校尉楊淮表記；二、卞玉過石門頌表紀。　分書　卞玉紀

熹平二年二月二十二日

陝西褒城石門西壁（《漢隸字源》云：紹興中始出）。

《吴愙齋尺牘》第一册（1938年商務印書館影印）《石門訪碑記》云：同治甲戌（十三年）十月二十二日，近遣張懋功精拓，較王氏《金石萃編》多三十七字。又半字三，又辨證《萃編》誤字五。其石質剥泐不可辨者四字。有1923年上海藝苑真賞社影印本。

藝一·一一　籀八·九　楊圖二·一　竹一·五　羅漢上　漢文三·四五　兩一三·二〇　聚九·一　隸續一一·一一　隸辨七·四　平一·一五　石索一·一四五　跋一·二一　枕三·一五　關一·五　古墨一·一五　關中·三　獨五·一二　雪·三三　攈四·一九　匯一二之二·四八　續一五·八　門·七　萃一五·二　鈔一·二五　録補三·二八　潛目一·四　增圖一·五四　柯　校　真九·二　雜一五·一〇一　篇·七　陝五·四　源·五三　第·二四　韻·一〇　復二一·五　孫録一·六　俞樾讀書餘録二

司隸校尉魯峻碑　分書

熹平二年四月庚子

山東濟寧縣學。額分書，上鋭下方，額下有穿，中間斷裂。明楊士奇《東里集》卷十一云斷爲二。陰額題門生故吏名，篆書。陰有管懿等題名。有上海藝苑真賞社影印本（周亮工舊藏），1928年中華書局《歷代碑帖大觀》影明拓本。同治辛未匡源跋。

漢文三·四六　田目·五　柯　藝一·一一　竹一·六　羅漢上　聚九·一一　兩八·一　楊圖二·二　隸釋九·四　弗丙上·一七　隸續一一·二二　阮山八·七　濟州二·三一　來上·

一八　瓊五·一二　隸辨七·二八　濟二·一五　平一·一六　石索二·一四九　字一·二三　略上·一五　庚五·九　牛圖集三·一〇　曝四七·一四　九甲·二一　佛·一八　支·一二七·一二九　金石一六·一〇　跋一·二一　古墨一·一四　貞二·二　山訪九·一　獨五·一三　雪·三三　天下　攈四·一九　史上·九　蕥四·四　孟四·三九　古文五·三　魏·五　寶類一·一二　匯一〇之二·四七　表　藪·一一　備　墨一七·三　萃一五·三　蒼·六　亟·一　潛目一·四　録補三·二九　録續三·二三　存八·一三　增圖一·五五　校　真九·一六　天一·二　關考一〇·二六　復二一·一八　同治元年金鄉縣志一六藝文二·一　1927 年濟寧直隸州續志一九　沈樹鏞漢石經室金石跋尾　朱竹垞金石文字跋尾二　雜一五·一〇一　妙二·二九　篇·七　源·一九　未　寒上·一二　韻·九　分·六　俞·八　孫録一·六　通一五〇·七五　帖考·八　書刻下·二七　養一八·九

［　］**府君殘碑**　又名：一、旌善殘碑；二，熹平殘碑。分書

熹平二年十一月乙未（卒年二十有七）

山東曲阜孔廟同文門西。乾隆五十八年十月阮元因黄易訪碑。人來告於東關外娘娘廟側掘土出之。四氏學教授顔崇榘舁置孔廟。存左面一段七行，有方界格，碑後有阮元、翁方綱等題記。

竹一·六　藝一·一一　漢文三·五〇　柯　羅漢上　田目·五　聚九·三六　校　聖四·二　阮山八·八　授續一·五　平一·六　佛·一四　跋一·二二　枕三·一六　山訪六·三　雪·三四　攈四·一九　匯一〇之二·四　萃一五·七　潛目一·四　增圖一·五七　直續六·一八　篇·七　曲一·三　孫録一·六　通一五二·六〇　阮元小滄浪筆談三·三〇　1934 年續修曲阜縣志八·五四

玄儒先生婁壽碑　分書

熹平三年正月甲子

舊在湖北襄陽，石逸。篆額，有陰。後有貞明四年十二月二十四日偶因行過題記。清長洲顧文鉷據明寒山堂趙氏本重刻於濟寧。重刻本首尾完具，一字不缺（見《三邕翠墨簃題跋》一・八）。山左王某藏宋拓本首缺四十八字（同上）。商務印書館影印翁同龢舊藏華中甫真賞齋藏宋拓，首缺四十八字，末貞明四年十二月二十四日題記。西泠印社影印李平書藏本，額全系翻刻。《復初齋詩集》卷四六梅溪寄惠雙鈎婁壽碑。

隸釋九・九　函三・四　望　兩一六・一六　漢文四・一　札樸八・一七　義八・一　復二〇・一二　隸辨七・四〇　橋一・八　石索二・一七九　義府下・七三　略上・一五　湖二・六　集三・一〇　曝四七・六　天下　攈四・一九　薤六・九　匯一四・二六　輿三・六又一一　藪・一一　備　録補三・二九　録續三・二四　存八・一七　柯　古文七・六　真九・九　篇・七　源・二〇　寒下・一五　韻・九　分・六　雲一・五　孫録一・六　書刻下・一八　帖考・九　何焯義門題跋八　阮元小滄浪筆談卷三　1939 年説文月刊一卷二期七六二頁志良婁壽碑

武都太守耿勳表　又名：天井山摩崖　分書

熹平三年四月二十日李衹造

甘肅成縣天成山。額分書。碑經後人重鑿，頗多譌舛。側有紹興十七年八月十四日張康叔題名。

隴一・二〇　藝一・一二　竹一・六　羅漢上　柯　聚九・三八　兩一三・九　隸續一一・二　瓊五・一二　隸辨七・四二　平一・一六　跋一・二二　獨五・七　天下　攈四・九　匯一三・九　輿四・四〇　備　續一五・八　萃一五・七　刻・五　録補三・三〇　潛目一・四　篇・七　真九・一八　雜一五・一〇二　源・五二　寒下・二　孫録一・六　書刻下・三三　關考一

〇·四〇

聞喜長韓仁銘　分書

熹平四年十一月三十日

河南滎陽縣署，1925 年移縣立第六初級中學校内。額篆書，有穿，右下角微缺。碑左方正大五年趙秉文題記，正大六年李天翼再立石題名。李獻能題名。

藝一·一二　竹·一六　柯　羅漢上　楊圖二·三　漢文四·四　聚九·五九　兩一二·一四　函四·一六　天一·三八　平一·一七　石索四·八九　續一·一二　牛圖　跋一·二三　古墨一·一五　貞二·二　獨五·二〇　雪三十四　擴四·二〇　孟四·三　魏·五　匯九之一·一九　萃一七·一　中考一·一三　潛目一·四　存八·一九　中記一·五　增圖一·五九　校真九·一七　篇·七　未　虛原三·一六　孫録一·六

堂溪典嵩高山請雨銘　分書

熹平［　］年（《金石略》作四年）

刻於開母廟石闕銘上下。存十二行，行五字。牛氏《金石圖》以前五行爲嵩高山請雨銘。“典大君諱協”以下爲季度銘（季度銘刻於開母廟銘下，南向）。羅振玉《五十日夢痕録》三十頁引黄易《嵩洛訪碑日記》：其言惟以下一石尚存二字。

兩九·一三　聚九·五六　漢文一·一七　遲·二六　巢五·七　箋·四　瓊五·一三　雪跋二·六　隸辨八·五二　清二·六　平一·一七　石索二·三一　略上·二一　枕三·一七　古墨一·一八　獨六·二　雪·三六　天下　擴四·二〇　匯九之四·二三　備　萃一·三　禪一九·二七　存六·二　中記一·五　增圖一·五七　真九·二　篇·七　未　石墨上·一　孫録一·七　義府下·五一　金石一六·一三　續編一·三　帖考·九　橋一·八　登封縣志三〇·一一　乾隆四十四年河南府志一一〇·七

梧臺里石社碑額　篆書

熹平五年（據《水經注·淄水》）

舊在山東臨淄西南安樂店梧臺舊址某氏門前。歸縣人馬氏。宣統二年歸濟南金石保存所。碑額陰及兩側有畫像。今在山東濟南博物館。

夢二·一九　葆·六二　田目再續·四　俑·二〇　通一五二·一〇一　歴一·七　支·一三〇　古石　柯　畫初一五九

豫州從事尹宙銘　分書

熹平六年四月己卯

河南鄢陵孔廟，後改爲縣立第二中學。額篆書存從銘二字。有穿。下截左角缺十二字。陰刻皇慶三年李謍題記。《許廎學林》云：道光中，碑亭圮，折其右下角，而“作銘曰守振百德壽不”九字遂缺。《庚子銷夏記》五曹全碑下注云：萬曆中河南土中並出尹廟碑。劉青黎云：因洧水泛漲，岸崩而得之。以近出故完好無缺。沈樹鏞云：碑中極細瘦之字所見百年前拓本已皆重鑿矣。有上海藝苑真賞社影印本。

楊圖二·四　聚九·六八　藝一·一二　柯　羅漢上　竹一·六　漢文四·八　寶鴨上·六　兩一二·一一　函四·一七　隷辨七·五二　結下·七　天一·二　平一·一七　字一·二九　續一·一〇　牛圖　曝四七·一四　跋一·二三　古墨一·一五　獨六·六　雪·三六　攈四·[illegible]　滙九之一·一四　藪·九　續一五·九　中考一·[illegible]·二七　録補三·三〇　潛目一·四　增[illegible]中記一·六　校　篇·七　真九·[illegible]·二六　寒上·二〇　虛原三·四　孫録[illegible]學舍札記四·一二　沈樹鏞漢石經室金石跋尾　許一九[illegible]　俞樾讀書餘録二

三老掾趙寬碑　分書

光和三年十一月丁未

1942 年 4 月青海樂都縣老鴉城西五華里許白崖子發現。爲馬步芳所得，解放後燬於火。傳説在搬運時裂爲兩截，在合縫處有七字受損，另有六字也損。

隴一・二三　凡五・一七八　1964 年第 5 期文物沈年潤釋東漢三老掾趙碑。

劉君殘碑（逸）　分書

歲在辛酉三月十五日（刻於右側，或考爲漢安帝建光元年，翁方綱考爲光和四年）

河南安陽孔廟（碑鑿斷穿孔龕置西門豹祠大門兩邊作門闕。後爲縣吏添仕麟偕工拓宋馬需修祠碑，於門側督見，拓之以歸）。趙渭川考爲劉禎之祖劉梁碑。存二石，一石存春秋博覽等字，一石存國之裔兮等字，爲安陽殘石四種之一。1916 年范鼎卿屬輝縣知事李酈禾農重刻。

瓊五・二一　藝一・一二　羅漢上　校　柯　萃一九・五　安陽四・一　平一・二二　石索四・九七　河目二・一　河録二・三　雪・三七　攈四・二〇　匯九之二・一　增圖一・八〇　篇・八　竹一・七　孫録一・七

三公山碑　俗名小三公山碑，宋人均作無極山碑　分書

光和四年四月二日

河北元氏西南角兒村，後移置縣立第一高級小學。道光十七年沈濤訪得。額分書。額右書封龍君，左書靈山君，俱分書。有穿。側爲孟顔卿等題名。石師劉元存

常一・一一　楊圖二・五　籀八・一二　柯　羅漢上　聚一〇・一　元氏縣志　數・一一　養一八・一四　藝一・一二　隸釋三・一五　函三・七　硯二・八　瓊五・二三　攈四・二〇　隸辨七・六〇　範　略上・二一　金石一七・八　枕三・二二　獨六・九　畿上・一　匯三之二・二三　藪・一七　寶叢六・一九

求一·八　墨一七·四　録續四·三一　增圖一·六二　真九·一八　篇再續·五　源·七　羅録上·三　寒上·一　分·二韻·一一　帖考·九　書刻下·二　畿志一四八·五一

溧陽長潘乾校官碑　分書

光和四年十月二十一日

江蘇溧陽孔廟（紹興十三年溧水尉喻仲遠得之固城湖中）。額分書，有穿，上鋭下方。陰至順四年單禧釋文。馬衡云：按舊拓第□行末上字，下未泐。今末畫下泐穿，似七字矣。宋洪邁《夷堅志》云：乾道戊子，本邑尉見此碑字多缺蝕，以爲無用，且厭人來觀，呼隸吏曾彦與謀，將沉之宅後廢沼内。一寓客素好古，力止之。邑宰陳容之爲徙之縣圃，作屋覆焉。至辛卯歲，金陵守唐瑑作文一篇，欲鐫之碑背。遣匠來，甫鐫兩字，遭碎石屑入目。旋易他匠皆然，竟不能施工而罷。《升庵合集》卷二六七·碑拓七：今觀首行自三百字以下，上下斯字凡十有六字，比之洪氏作釋文時又皆不可考。有 1924 年上海藝苑真賞社影印陳恭甫藏本。

藝一·一二　柯　羅漢上　楊圖二·六　竹一·六　漢文四·一〇　聚一〇·一五　兩一一·一七　校　隸釋五·三　函三·一一　江蘇一·一四　瓊六·一　隸辨七·六二　授續一·六　授一二·二　平一·一八　字一·三〇　牛圖　曝四七八　東八·七　佛·一一　跋一·二四　凡附録三七四·古墨一·一六　獨六·一二　栗香室四筆一五·二面乙·二一　退二·二六　天一·二　雪·三七　天下　攈四·二〇　薤七·五　古文八·四　匯四·一〇　輿一·二二　藪一·一八　寶叢一五·一　備求一·九　續一五·一〇　萃一七·三　録補三·三二　潛目一·四　存九·一　增圖一·六一　恒·三　校　真九·一七　雜一·五·一〇三　篇·七　妙二·三五　源·一〇　末　結下·六　寧一·三　鉏上·七　寒上·三　韻·一一　俞·八　分·三　孫録一·七　書刻下·四　養一六·九　程鴻詔有恒心齋集

三·二二　汪中舊學蓄疑·一二　沈樹鏞漢石經室金石跋尾

光和刻石　分書

光和五年四月二十九日

1935年出山東文登崮山頭村，衹有年月日等字一行。

柯

東平中尉張表造虎函題字　分書

光和六年十二月二十一日

光緒三十四年山東東平東二十里須城村出土，歸村人林氏，後歸濟南金石保存所。石作虎頭形，或云函即頷之假借字。按《集古録目》《金石録》《隸釋》有冀州從事張表碑，當是一人。

田再續·二　古石　通一四九·三四　歷一·八　柯　羅漢上

白石神君碑　分書

光和六年

河北元氏西北蘇莊本廟，後移縣立女子高小學校。額篆書陽文。左方元璽三年四月十五日主簿程疵題記。陰上方務爲神君等題字，下方郝音等題名，再下有後人重修都翁記。石師王明。劉德昭《漢白石神君碑並陰考》云：萬曆間，知縣劉從仁將碑移城内開化寺左，乾隆乙卯昭德莅教諭任，移碑於學之敬業堂左偏（見1931年《元氏縣志》）。

藝一·一二　羅漢上　竹一·六　聚一〇·二四　兩一一·二四　漢文四·一二　常一·一八　天一·二　楊圖二·一〇　隸釋三·二二　瓊六·九　願·三　隸辨七·六四　橋一·九　平一·一八　畿志一四八·九五　義府下·五七　石索二·一八五　範　字一·三一　略上·二〇　庚五·一二　續一·一二　牛圖　曝四七·九　金石一八·三　跋一·二五　古墨一·一六　未　獨六·一五　雪·三八　畿上·一　天下　攈四·二〇　魏·五　匯三之二·二三　表　藪·一七　柯　存九·三　校　增圖一·六三　寶叢六·二〇　備　求一·九　萃一七·六　鈔一

·二九　刻·五　録補四·三四　録續四·三三　潛目一·四　真九·一八　妙二·四〇　篇·七　源·七　寒上·一　韻·一二　分·三　俞·一〇　孫録一·七　書刻下·二　橋一·九　術石齋記事續稿四·一三　茉聲館文集五　迺賢河朔訪古記上·一二　1931 年元氏縣志金石·三　光緒正定府志四五藝文

谷城長蕩陰令張遷表頌　分書

中平三年二月上旬債師孫典刊石立表

山東東平中學（明代出土）。額篆書，首圓，無穿。陰韋叔珍等題名。陳伯陶云：此碑除"於穆我君"一段隔句韻外，其餘或一句一韻，或隔三、四、五句一韻。又云：此碑額題張君表頌，其前叙張仲、張良、張釋之、張騫等，則表其家世。自張是漢輔以下，别頌其政績。表不必韻，頌則皆韻也。杭州某碑帖肆有翻本。光緒丙戌正月翁同龢雙鈎吴子苾藏宋拓本（木版）。光緒間翁同龢雙鈎本刻道光十七年程本庵藏本。又有 1923 年上海藝苑真賞社影印羅振玉跋本。

漢文四·二八　楊圖二·一〇　羅漢上　藝一·一二　竹一·七　柯　梁章鉅浪迹叢談·九　聚一一·一　兩一二·一　巢·五　東平縣志一四　萃一八·四　枕三·二五　札樸八·六　阮山八·九　來上·二〇　隸辨七·七三　授續一·七　田目·五　平一·一九　石索四·五九　字一·三六　庚五·一一　牛圖　曝四七·一〇　佛·一八　夢五·二一　跋一·二八　古墨一·一七　山訪三·一二　獨六·八　雪·三九　抱一五·一　天下　攈四·二一　蕯六·一〇　古文七·七　魏·六　匯十之一·五八　備　續一三·三　蒼·六　鈔一·三七　刻·六　録補三·三五　校　存九·一四　增圖一·六七　石言五·二一　天一·二　妙二·三　真九·一八　雜一五·一〇六　篇·八　未　寒上·一四　第·二八　孫録一·八　通一四九·三六　養一八·一〇　瓜三·五一　俞樾讀書餘録二　翁方綱復初齋集外文

三·七

郃陽令曹全碑 分書

中平二年十月丙辰

萬曆初郃陽縣舊城（或云莘里村）出土。今在西安碑林。康熙甲申錢萬選《宰莘退食録》卷五秩官考云：明隆慶時從舊邑址中揀得。《天一閣碑目》二有中平二年十月郃陽令張君頌，疑即此碑。陰爲岐茂等題名（許翰云碑陰刻未竣而輟）。《觚賸》云初出時止缺一因字，再後乾字作車旁。康熙九年後中斷裂。《後漢書·西域傳》有戊部司馬曹寬。王澍、何紹基、陳伯陶或以曹全當之。所記疏勒事亦與范書異。山東滕縣有翻本。有上海藝苑真賞社影印本，1918年中華書局《歷代碑帖大觀》影明拓本，世界書局影明張銓跋本。

籀八·一三　柯　藝一·一二　竹一·六　楊圖二·八　漢文四·二四　羅漢上　聚一〇·六一　兩一一·一一　月四·二〇　枕三·二四　札樸八·二六　來上·一九　隸辨七·七一　清二·一一　平一·一九　字一·三一　庚五·八　續一·一三　牛圖　曝四七·九　佛·一五　跋一·二五　關一·五　古墨一·一六　瓜三·五一　虛原三·一七　復二〇·一七　貞二·二　關中·四　獨七·二　雪·三八　天下　攈四·二一　梅花草庵石刻題跋　俞樾讀書餘録二　沈樹鏞漢石經室金石跋尾　明陳第世善堂藏書目録下　鐫一·九　史上·一〇　薙補遺·二　孟四·三六　魏·六　匯一二之二·四　表　備　有·九　萃一八·一　鈔一·三一　録補四·三六　潛目一·四　校　增圖一·六五　存九·八　駕一五·三五七　真九·一九　妙二·二五　雜一五·一〇四　篇·八　延中·五三　雍一·一　未　陝五·四　攀一一·七　石墨·二　第·二七　寒下·二　虛二·一七　雲一·七　求古·二　復二〇·一七　孫録一·七　關考八·二四　攀一一·七　瓶四·一　古緣一七·四　退二·二七

尉氏令鄭季宣殘碑　分書

中平三年四月辛酉

山東濟寧縣學戟門東。額篆書已逸。上圓下方。額下有穿。碑陰額上有垂虹三條。碑陰爲題名。今存上截。乾隆五十一年以前，上截下半埋在土中。正面皆止每行十字，陰止有上列。是年夏，翁方綱屬黄易升碑，於是正面乃有十七字，而陰乃有下列。左側刻乾隆五十一年黄易升碑題記，翁方綱等題名，武億題名，李克正等題名，壬子三月三日翁方綱題名，乾隆五十六年鄭棨庚題名。右側爲乾隆五十五年三月十七日翁方綱題記，道光辛丑楊鐸題記，光緒丁酉崔鴻圖等題名。牟房考鄭君名延字季宣，郎中鄭同之弟。

田目・五　柯　藝一・一四　羅漢上　竹一・六　漢文四・一七　隸續一九・五　雪跋二・七　校　通一五二・九〇　天一・二　聚一〇・四九　兩八・一五　阮山八・九　濟州二・四二　瓊六・一四　隸辨七・七四　平一・二〇　字一・三六　略上・二一　牛圖　佛・一　支・一二七　金石一八・五　山訪九・一　獨六・一七　雪・四〇　天下　攈四・二一　滙一〇之二・四七　萃一七・八　亟・一六　刻・五　潛目一・四　録續四・三五　存九・一九　增圖一・六九　真九・七　篇・八　源六三　採上・二〇　韻・一三　第・二七　孫録一・七　養一八・一二　屑二・五六

魯郡太守姜鈖造冢殘石　分書

中平三年六月十三日

光緒三十二年山東出土，爲縣紳所得。拓工拓數紙，即秘不示人。上下缺，存十行，有直界格。

圉令趙君碑　分書

初平元年十二月二十八日

舊在河南南陽，今逸。有額，分書。有穿。明《寰宇通志》卷八八云：在南陽縣舊文宣王廟内。其字隸書。碑石斷裂，所可辨讀者："天實高惟聖同戲我君羡其踪體弘化踏中庸所臨歷有休功追景行亦難雙刊金石示萬邦。"《中州金石考》引《明一統志》云：碑石斷裂，可辨讀者銘詞耳。《天下金石志》云：在南陽文廟内，不盡可辨，斯此碑明末尚未亡也。杭州集碑帖店有翻本。據褚氏《金石學録續補》上，何子貞藏有宋拓本。有石印河間龐芝閣藏整紙拓本（張燕昌舊藏），杭州明慶寺翻本。丁彦臣梅花草庵石刻題跋湖州翻趙圉令碑。

隸釋一一・八　天一　楊圖二・一一　柯　蓬五册　隸辨八・一　略上・二一　東八・一三　金石一八・七　天下　攈四・二一　古文一四・三　匯九之四・六〇　備　藪・七　寶叢三・二七　中考八・二　濳目一・四　增圖一・七〇　真九・二〇　篇續・二　源・二五　寒上・一八　分・七　孫録一・八　書刻下・二五　帖考・一〇　橋一・九　萃目一・一（舊拓本）

倉龍庚午等字殘石　又名：一、[　]郡太守殘碑；二、永壽殘碑。　分書

倉龍庚午孟春之月（周進考爲初平元年）

光緒間山東滕縣東八里董家村出土。歷藏高佑生、端方、周進，今在故宫博物院。存中段，十六行，兩旁刻鼅、龍、鹿、馬等畫像。

陶二・六　柯　校　羅漢上　滕縣金石志五・三〇　希六・二〇　硯續二・一〇　匯一〇補遺・一六　通一五二・六〇

嚴季男刻石（逸）　又名：一、吹角壩殘石；二、連安殘石；三、盧豐碑；四、江州夷邑長盧豐碑。分書

建安六年八月二十一日

四川綦江吹角壩，道光二十六年劉燕庭始訪得，張之洞移置成都試院。存八行二十四字。

藝一・一三　羅漢上　柯　聚一一・二六　巢詩八・四　函二・二〇　語石二・六二　趙録一・六　硯二・一二　瓊六・一八

隸辨八·二　攈四·一二　匯一六之二·四　輿四·二九　增圖一·七二　源·六八　梅花草庵石刻題跋　李瑞清清道人遺集攈遺·二五

領校巴郡太守樊敏碑　分書

建安十年三月上旬

四川蘆山南七里。石久逸，咸、同間復出。《升庵合集》云：近四川蘆山縣石馬寶子山鄉民任氏與土官高氏争田，於草莽中得之。《蜀中名勝記》卷四云：縣南七里前有二石馬，隸碑在石馬東，有宏治己未冬李一本跋。額篆書，有穿，上圓下方。石工劉盛息懆書。《升庵全集》作石工劉武良鎸。况周頤云：息姓，懆名。《姓苑》：息，今襄陽有此姓。陰崇寧壬午張禄題記，紹興己卯程勤題記。有上海藝苑真賞社影印本（顧苓舊藏）。

聚一一·二九　藝一·一三　柯　羅漢上　履園叢話九　苑一·一〇　校　義府下·七三　楊慎《升庵全集》卷一〇　《升庵合集》二·一八七碑帖　隸釋一一·九　隨軒　硯二·一〇　瓊六·二〇　隸辨八·二　字二·一　略上·二一　庚五·一〇　金石一八·八　獨六·一二　雪四·一　天下　攈四·二二　古文九·五　俑·二一　匯一六之二·六六　輿四·一八　備　録續四·三五　增圖一·七三　真九·一九　篇·二　源·二五　第·三〇　分·七　通義堂文集八·二　孫録一·八　書刻下·四二　帖考·一〇　養一八·九　况周頤西底叢談　俞樾讀書餘録二

益州太守高頤碑　分書

建安十四年八月卒

四川雅安東二十里。額分書，有穿。側紹興十七年張顔叔等題名。

藝一·一三　聚一一·四八　羅漢上　柯　苑一·一七　隸釋一一·一二　硯續三·五　瓊七·一　隸辨八·三　攈四·二二

匯一六之二·六三　源·二五　寒下·一　分·七　趙録一·六　東詩·二〇

無年月石刻

執金吾丞武榮碑　分書

原碑未書卒葬年月（顧靄吉考爲建寧元年）

山東濟寧州學戟門西。額分書陽文。有穿，上鋭下方，中有一直界直畫。文書於前半界畫内而虚其後。

藝一·一四　楊圖二·一　未　竹一·五　源·二七　漢文三·四四　兩八·三三　田目·四　柯　羅漢上　聚四·五五　通一五二·九〇　隸釋一二·七　函四·一五　壬癸·八　阮山八·四　濟州二·二八　來上·二〇　隸辨七·二九　孫録一·六　平一·一五　字二·二　略上·一五　庚五·一〇　牛圖　集三·一八　曝四七·一四　佛·一九　支·一二七、一二九　跋一·一六　古墨一·二〇　獨四·一　山訪九·一　雪·三二　天下　薤五·一　古文六·一　魏·三　匯一〇之二·四七　表　藪·一一　備　墨一七·三　萃一二·一　亟·一一　潛目一·三　録續四·三八　增圖一·五四　存七·九　篇·四　妙二·六　真九·九　雜一五·九四　未　分·八　寒上·一二　帖考·一〇　養一八·一六　畫二·一五四　天一·二　王弘撰砥齋集二·一四武含和碑跋　1927 年續修濟寧直隸州續志一九·一四

光禄勲劉曜殘碑　分書

年月泐（朱長文《墨池編》云中和二年，于奕正《天下金石志》云中平二年。）

山東東平縣學（同治九年六月重出於東平蘆泉山之陽，1928 年縣學駐軍爲兵士掩埋）。存十二行，左上角刻宋祖駿題記。

藝一·一四　校　柯　田目續·四　羅漢上　聚一二·一一

隸釋一一·二三　函三·一九　東平縣志一四　硯二·一三　瓊七·五　天下　增圖一·七七　隸辨八·八　略上·一三　集二·一九　金石一八·一一　山訪三·一三　雪·四五　匯一〇之一·六五　藪·一一　備　廣五·一八　墨一七·三　筆二·三　源·二六　羅録上·三　分·七　寒上·一二　通一四九·三五　帖考·一〇　書刻下·二八　石泉　光緒七年東平州志二一·金石二

豫州從事孔褒碑　又名孔文禮碑　分書

年月泐（盧文弨考爲中平初。近人陳伯陶考爲初平元年）

山東曲阜孔廟同文門西。額分書，上圓下方，有穿。牛氏《金石圖》云：雍正三年曲阜鄉民於縣東周公廟側廢田中得之。碑陰何琦題記云：雍正二年六月魯太廟東南三百步居民掘地得之。

藝一·一四　竹一·七　羅漢上　柯　田目·五　瓜三·四九　漢文四·三四　聚一〇·三九　兩七·一　阮山八·七　通一五二·六〇　清二·八　平一·二〇　牛圖　佛·八　支·一二四　古墨一·一九　山訪六·三　獨八·五　雪·四一　抱一五·四　攈四·二三　魏·七　匯一〇之二·四　萃一四·五　潛目一·四　存七·五　增圖一·七七　雜一五·一〇八　真九·六　篇·七　未　曲一·三　聖四·二　孫録一·八　韓五·三　月四·二二　曲志五一·一三　天一·三八　凡八·三二五

仙人唐公房碑　分書

年月缺

陝西城固西北三十里。額篆書，上圓下方。陰楊晏等題名，陰額右暈内有字跡。《後漢書·郡國志》引《華陽國志》：褒中縣有唐公防（房）祠。

聚一二·一　籀八·一〇　竹一·七　萃目一·一　復二〇·二二　柯　羅漢上　兩一二·一九　校　隸釋三·九　札樸八·二三　摹·三　隸辨八·六　平再續·四　集二·七　跋一·二

九　關一·六　古墨一·一八　關中·四　獨八·六　雪·四三　天下　攈四·二三　孟四·三八　匯一二之二·五一　輿四·三〇　藪·一　備　廣五·一六　墨一七·三　萃一九·一　鈔一·八　録續四·四〇　潛目一·四　增圖一·七五　篇·八　真九·二一　雜一五·一〇七　源·六　陝五·五　鉏上·四　寒下·二　分·二　孫録一·八　續編一·四　帖考·七　橋一·一〇　闕考一〇·三二　義府下·五六　翁方綱集外文三·七　水經注二七·沔水

酸棗令劉熊碑　《集古録跋尾》作俞鄉侯季子碑，《水經注》名後漢酸棗令劉孟陽碑。

分書　無年月

舊在河南延津。原石久佚，今存碑陰，在縣文化館。1927 年秋顔鼎梅訪得。一稱 1915 年顧燮光訪得碑陰殘字。陰爲尹雄等題名，存八行二十二字。有額，篆書，有穿。《漢隸字源》云：僅有棗令劉字。左側承議郎知縣事京兆王評漢卿記蘇邁書存四行。《復齋詩集》卷六八酸棗令劉熊碑詩注云：昔錢辛楣於四明范氏天一閣見所蓄帖用劉熊碑包裹。故宫博物院藏天一閣舊藏宋拓本。嘉慶間翁樹培據巴慰祖本參校江德量、汪中諸本雙鈎刻之，存二四三字（道光間葉志詵重刻翁本）。光緒十四年吴大澂據沙川沈韻初宋拓本用趙之謙雙鈎本校定重刻。有石印劉鐵雲藏本（斷爲六塊）。1928 年中華書局《歷代碑帖大觀》影印端方藏原石拓本，記云：同治二年十二月沈韻初得於都門。趙之謙爲之書檢並録釋文。題云："據洪氏《隸釋》全文，補以天一閣宋拓闕本，復校翁氏摹刻江秋史巴。予籍雙勾本書於每行之下。"碑凡二十三行，三十二字。光緒丁未五月沈曾桐、戊申立春吴俊卿等人題記。

隸釋五·一五　金石一九·四　略上·一〇　萃一　隸辨八·六　楊圖二·一二（原石拓斷爲三）　曝四七·一一　東八·一〇　交一·一〇　河目六·一　顧燮光劉熊碑考　天下　攈四·

二三　薤六·一　古文七·一　匯九之二·二七　寶叢一·二二　備　橋一·一〇　增圖一·六七（據劉鐵雲本）　柯　真九·一七　篇·八　源·一一　寒上·一八　分·四　復二〇·一四　孫録一·九　綴跋·一　雪跋二·七　集三·七　義府下·六三　范壽銘河朔古跡圖識上册　水經注八·濟水　天一·二　復二〇·一四　繆荃孫藝風堂文漫存乙丁稿·一一

太尉楊震碑（逸）　分書

舊在河南閿鄉（《太平寰宇記》作在華陰）。篆額，陽文，有穿（乾隆《華陰縣志》引《金石小箋》）。有陰，《集古録跋尾》云二十五行，行九人。（乾隆五十九年《華陰縣志》引《金石小箋》）。陰文爲：□生祁山門□□□門生虞放　門生戴禹　門□□□　門生虞章　門生郭正　門□□□　門生蔡□　門生虞丹　門□□□　門生虞恭　門□□□（見生春紅）

札樸八·二三　瓊五·一〇　閿鄉縣志一九·一　隸辨七·二五　略上·一二　集二·一四　天下　匯一二之二·二五　匯九之四·五七　藪·一　備　廣一五·一七　中考七·二九　墨一七·二　萃一五·一　録續四·三七　真九·一二　篇續·二　源·二六　未　鉏上·一〇　分·八　寒下·一　趙録一·六　帖考·八　書刻下·二四　義府下·七四　太平寰宇記二九·一二　生春紅

甘陵相諱博碑　分書

1923年11月14日偃師人發元魏宗室墓門，視其墓門隱有字跡，洗視即此石。洛陽北郊張辛村北陵出土，歸偃師孫經武桓卿，今在偃師文化館。篆額，有穿，額題甘陵相尚府君之碑。斷爲四，或言斷爲三。一石存五行，一四三字，一石存六行，一七二字。後一石佚。舊考爲袁博，柯昌泗據《北堂書抄》考爲王博。王國維云：其人必在植帝建和元年改清河國爲甘陵之後而立，碑又在其後，當在後漢末矣。

希六・五　柯　選・三五　觀堂二・一九　石交録一・一二

魯相謁孔子廟殘碑　又名：一、吉月令辰碑；二、孔宏碑。分書

年月泐

山東曲阜孔廟同文門東（乾隆五十四年冬何元錫洗滌孔廟諸碑始爲剔出）。宋孔傳《東家雜記》下・一五、金孔元措《孔氏祖庭廣記》一・二九有建寧四年河東太守孔宏碑。側貞元七年杜兼題名，陰東□贛榆逵□等題名。

竹一・七　柯　羅漢上　校　聚五・五九　兩七・四　萃一九・二　隸續一七・八　阮山八・一〇　隸辨八・一三　平一・二〇　石索四・一〇五　佛・一二　牛圖　山訪六・三　攈四・二三　藪・一二　寶叢二・一五　刻・六　潛目一・四　存九・二〇　增圖一・七七　真續六・一八　篇・八　田目・五　源・三九　未　曲一・一　分・一一　寒上・一三　孫録一・九　聖四・二　曲志五一・五　通一五二・六〇　天一・一又三八

少皞之胄等字殘碑　又名：一、竹葉碑（俗名）；二、中部督郵殘碑陰。　分書

年月缺

山東曲阜顔懋倫掘地得之，後移入孔廟。陰夏侯懿等題名，乾隆五十四年冬何元錫洗面精拓，始知陽面有字七行。上鋭下方，有穿，同治九年毁爲兩段，後又裂爲四段。

藝一・一四　柯　田目・五　通一五二・六〇　聚一二・一九　竹一・八　兩七・一三　羅漢上　校　萃一九・三　阮山八・一一　平一・二一　石索四・一〇三　牛圖　跋一・三三　枕三・二九　山訪六・三　雪・四五　攈四・二三　滙一〇之二・五　潛目一・四　增圖一・八一　存九・二二　篇・八　未　曲四・一　孫録一・九　曲志五一・一四　梅花草庵石刻題跋

武都太守吉躬等題名殘碑陰　又名華嶽廟殘碑陰　分書

年月缺

乾隆四十四年陝西華陰嶽廟五鳳樓下出土，今移西安小碑林。

顧藹吉《隸辨》蓮字注下考爲劉寬碑陰，萬廉山《百漢觀碑》云：嘉慶間又斷去下半，僅存上截四十餘字。《華嶽志》云：武都太守故功曹等七行四十字，又得一片亦七行四十餘字，爲池陽蓮芍等字，合之爲一。1932 年《華陰縣續志》卷七云：1928 年失。乾隆五十九年《華陰縣志》卷一六：一石存武都太守故功曹等字，凡七行四十字；一石存池陽蓮芍等字，凡七行四十餘字。1932 年《華陰續志》卷七云：李汝榛（乾隆間人）《漢碑陰殘石記》作：四十二年，正面無一字，不知何碑之陰，疑官斯土者磨去爲顯宦刻詩而未果，可憾也。余纂輯邑乘碑於太和道舍……搜尋殘碣，復於頹垣荒草之中見有隸書者，急杠出視之，亦足四十五字，相其行款書字，則前石之下截也……諸君覓匠與前石比而合之，並嵌於廊廡壁間。

聚一二·二三　柯　校　藝一·一四　竹一·七　函四·五　摹三　關一·六　獨八·八　攈四·二三　匯一二之二·一二　求一·一〇　萃一一·九　潛目一·四　篇　增圖一·七二　真續六·一九　陝五·三　孫録一·九　養一八·一二　岳四·八　關考八·三

朝侯小子殘碑　分書

年月缺

宣統三年陝西西安西北楊家城（即漢長安城故址）出土，上下斷缺，歷藏閻甘園、周進，今在故宮博物院。有陰，存種樹等字三行。

古石　柯　漢晋　羅漢上　希七·一　居三六甲、乙　夢一·一四　葆一　真續六·八　陝五·七　增訂積微居金石小學論叢六·三〇三　1936 年咸寧長安兩縣續志一三·五

紀彈殘碑　又名：一、黨錮殘刻；二、濟鄉邑等字殘碑。

分書

年月缺

河南洛陽出土，歸福山王氏，後歸天津博物院。陰存念濟鄉邑爾五字，陽存六行。

田目再續·七　柯　摹三　循跋上·一六　河北第一博物院半月刊二八期　億·一〇

郎中趙菿殘碑　分書

年月缺

1937年河南南陽出土，今在市博物館。有穿。存上段，額篆書，存十七行，行最多七字。

柯

處士殘碑　分書

年月缺

1926年河北磁縣出土，歸日本。存十二行，上下皆缺，第四行至第八行鑿一長方孔，損十字。

交一·一〇　柯　蒿續·一

遲氏祖冢刻石　又名：一、西安降命刻石；二、遲元宗等祖冢刻石；三、降命石刻；四、十月降命等字殘石；五、曹參冢宅刻石。

分書

□□六年二月

山東臨淄出土，歸端方，又歸諸城王緒祖。有畫像，下截斷缺。

柯　羅漢上·田目再續一　陶二·九　摹一　希六·一七　夢五·七　獨八·九　石言五·七　億·八

石牆村石刻　分書

山東鄒縣孟廟（道光十四年三月邑人徐庭贇得於石墻村，十八年移入孟廟）。存十一行，首行有道偈其身等字。

藝一·一五　聚一二·三三　羅漢上　田目續·四　鄒縣續志一〇·一　函三·二二　硯二·一五　瓊七·七　枕三·三〇　山訪六·一三　增圖一·八一　篇再續·八　趙録一·七　通一五二·六〇

元孫等字殘石　又名遺孤等字殘石。　分書

河南安陽孔廟，今佚。嘉慶三年徐方於豐樂鎮西門豹祠壖田間訪得。清末石失所在。1916 年范鼎卿屬輝縣知事酈禾農重刻。安陽殘石四種之一。

藝一·一四　楊圖二·一六　柯　聚一二·三二　竹一·七　安陽一·一二　萃一九·六　平一·二一　石索四·九七　河目二·一　河録二·三　匯九之二·一　攈四·二三　增圖一·八〇　校　篇·八　孔録一·九

正直等字殘石　分書

河南安陽孫廟（舊埋棄西門豹祠外額坊下，康熙某年建坊毀爲柱石，後柱折，碑猶存，中鑿大圓孔）。嘉慶三年徐方訪得，清末石失所在。1916 年范鼎卿屬輝縣知事酈禾農重刻。爲安陽殘石四種之一。

藝一·一四　柯　校　聚一二·三〇　竹一·七　安陽一·一三　平一·二二　石索四·九九　河目二·一　河録二·三　攈四·二三　匯九之二·一　萃一九·六　增圖一·八〇　篇·九　孫録一·九

懷君等字殘石（佚）　分書

四川灌縣青城山。何紹基移置成都試院。僅有三行彷彿可辨。

柯　羅漢上　藝一·一五　匯一六補遺·一

楊君殘銘　分書

道光間四川滎經出土（一云蘆山）。碑陽但存尉楊君之銘殘額，陰存題名一列二十一行，行一二三字不等。

藝一·一四　古石　雪·四五　校　攈四·二三　匯十六補遺

·三三　柯

［琅］邪相劉等字殘墓表　篆書

山東歷城七十五里平陵故城西門外墓前。光緒二十二年尹彭壽向劉氏後人名漢者訪得，後移濟南金石保存所。下刻光緒丁酉尹彭壽題記考爲劉衡兄。孫次舟《漢琅琊相劉君神道石柱續考》（《歷史與考古》三期）

藝一·一五　田目再續·三　漢晋　校　羅漢上　匯一〇補遺·一　柯　雪跋二·六

上庸長司馬孟臺神道闕殘石　分書

在四川德陽黄許鎮。今存上庸長三字，有畫像。《金石匯目分編》云：畫象二石。《金石聚》引《天下碑録》云：在德陽縣靈龕鎮，石已久佚。近復出於羅江縣。李氏《蜀碑記》謂：靈龕鎮在羅江縣西二十里舊德陽縣屬。吴慶坻《蕉廊脞録》六云：光緒九年知縣吴鼎摹刊，旁有跋云：鎮北有漢上庸長司馬孟臺神道，見顧南原《隸辨》。碑文霾晦，學使南皮張公（之洞）時得之。今殘石尚存，字多剥落，惟餘三字可辨。因以原石甃磚封護之，而别刻三字於此。碑陰存上半，螭首完好無損。黎庶昌云：余親至碑所審視，正中大字一行，僅見上庸長三字，司字存外部一筆，餘均剥落。碑之上半截小字痕跡猶存，然亦不可識矣。

聚一二·七〇　柯　古石　藝一·一五　羅漢上　校　隸釋一三·八　硯續三·一〇　瓊七·一二　隸辯八·二〇　天下　匯一六補遺·一一　備　源·三二　羅録上·三　寒下·一六　分·九　書刻下·四三　黎庶昌《丁亥入都紀程》上·三二（戊子冬排印本）

校尉蔡君神道闕殘字　分書　疑僞

藝一·一五

益州太守武陰令上計史舉孝廉諸部從事高貫方（頤）東闕畫像題字　分書

四川雅安東二十里。宋《邵氏聞見後録》卷二七：觀漢李翕、王稚子、高貫方墓碑，多刻山林人物。

苑一·一九　羅漢上　藝一·一三　聚一一·六一　隸釋一三·二　函四·九　瓊七·三　隸辨八·三　天下　攈四·二二　匯一六之二·六三　輿四·八　備　柯　增圖一·八三　東詩·二〇　源·二九　分·八　趙録一·六　息一·六

益州太守陰平都尉武陽令北府丞舉孝廉高貫□西闕畫像題字　分書

四川雅安東二十里姚橋道南。闕檐横列題字，分書二十四字與闕同。惟貫下有光字，《金石苑》未收，不知何故。惟羅振玉《校補》、王懿榮《漢石存目》卷上、《校碑隨筆》著録。《隸釋》云：此兩闕一有高君名字，一不稱名，而字闕其一，余所見六十年前石刻，貫字之旁刻云缺一字。近世所見，乃有以光字補之者。

苑一·一九　藝一·一三　聚一一·六七　羅漢上　柯　隸釋一三·二　函四·九　硯續三·七　瓊七·三　隸辨八·三　天下　攈四·二二　匯一六之二·六三　輿四·八　備　校　增圖一·八三　東詩·二〇　源·二九　分·八　趙録一·六　錢保塘清風室文抄四·九　蜀中名勝記一四·三

謁者北屯司馬沈君右闕

新豐令交阯都尉沈君左闕　分書

四川渠縣北八十里巖峰場側。

苑一·四三　隸釋一三·二　聚一二·六五　楊圖二·一三　藝一·一五　柯　函三·二　硯續三·八　瓊七·八　攈四·二二　匯一六之二·二六　輿四·一九　寶叢一九·一四　録補四·四一　增圖一·七八　源·二九　分·八　趙録一·六　蜀中名勝記二八·一〇

侍御史李公（業）闕　分書

四川梓橦西五里長卿山下李公祠左廊，道光十四年知縣徐凝績於田野得之，移置祠中。相傳舊卧麥田中，土人因礙耕墾，置他處瘞之。縣令周樹棠於道光二十五年十月望二日重出之，置府之東廡。咸豐四年八月，知縣張秀海修護等跋刻下段。旁有正德己卯李璧跋。

苑一・四〇　藝一・一四　柯　聚一二・五〇　硯續二・三　瓊七・一一　天下　趙録一・四　攈四・二二　輿四・三二　備　寒下・一七　書刻下・三九　王士禎蜀道驛程記　黎庶昌丁亥入都紀程上・三五　蜀中名勝記二六・一五

益州牧楊宗闕　分書

四川夾江東十里。明曹學佺《蜀中名勝記》卷十一縣志云：東二十里漢川縣界有亭。亭内碑二通，前立二石柱，一云漢故益州太守楊府君諱宗字德仲墓道，一云漢故中宫令楊府君諱暢字仲普墓道，皆隸書大字。陰有宋淳熙十六年楊仲修詩。楊宗見《華陽國志》序志篇。

苑一・五二　隸釋一三・五　柯　羅漢　上聚一二・五五　孫録一・八　函四・一五　硯續二・四　瓊七・九　隸辨八・一八　石索四・一〇九　略上・二二　金石一九・六　天下　攈四・二二　匯一六之二・五五　輿四・六　備　録補五・五一　增圖一・八二　校　篇・八　東詩・一九　源・三一　分・九　寒下・一七　趙録一・七　書刻下・四〇

朱君長三字刻石　分書

舊在兩城山。乾隆五十七年黄易移山東濟寧州學明倫堂。《山左金石志》云：其制頗類曲阜墳壇二刻。上有鑿齒一棱，似從他處脱筍而出者。牟房云：疑是朱長舒墓間物，長字下半殘闕亦未可知。

藝一・一四　田目・六　古石　羅漢上　聚一二・三四　竹一・九　阮山八・一二　濟州二・五三　石索四・一〇七　佛・一四　枕三・二九　山訪九・一　嘉上・三五　攈四・二四　匯一

〇之二・四七　萃一九・四　潛目一・四　增圖一・八二　柯篇・八　孫録一・一〇　通一・五二・九〇　1927年濟寧直隸州續志一九・四〇

昌陽男嚴掾高刻石　篆書

光緒二十三年《文登縣志》四・冢墓云：昌陽嚴墓在城東北四十五里文榮接界處。地名三家泊，有石闕高七八尺，其一無字。其一前刻昌陽男三字，後刻嚴掾高三字。

藝一・一五　田目再續・三　柯　校　希六・一六　瓊七・二〇　匯一〇補遺・二六　俑二〇　緡七・二　通一五一・五二　荀學齋日記丙集上・九二一

樂安太守麃君墓石人題字　舊名魯王墓石人題字　篆書

元楊奂《還山遺稿・東游記》（壬子三月、憲宗二年）觀漢之魯諸陵大冢四十餘所，石獸四，石人三，人胸臆間篆刻不可盡識。有曰漢樂安太守麃君槖冢者，有曰府門之某者。二石人，一題府門之卒，一題樂安太守麃君亭長（已折爲二），在山東曲阜東南五里張屈莊西墓東側。乾隆十一年阮元移置城内矍相圃。

阮山八・一一　牛圖　竹一・八　石索二・一九三　獨二八・五　函四・一四　通一五二・六〇　兩七・一一　山訪六・四　枕三・二七　寒上・一三　攈四・二四　匯一〇之二・四　藪・一七　萃一九・一　存三・五　增圖一・八五　支・一二〇　天下　梅　曲四・一　刻・一　田目・六　書刻下・二七　潛目一・四　羅漢上　孫録一・九　藝一・一三　柯　養一八・一〇　畫初四四・四五　陳壽祺左海文集三・七〇　河北第一博物院半月刊五〇期

居巢劉君墓頂鎮石　分書

1924年安徽壽縣三人集出土，歸周進。石圓中有孔。

居・二五　徽一・六六

居巢劉君墓中石羊刻字第一石　分書

安徽壽縣三人集出，歸周進。

居·二六甲、乙　徽一·六六　柯　藝林旬刊五期

居巢劉君墓中石羊刻字第二石　分書

安徽壽縣三人集出，歸周進。

居·二七甲、乙　徽一·六七　柯

居巢劉君墓中小石羊刻字　分書

安徽壽縣三人集出，歸周進。一面刻傳世老壽，一面刻宜子孫，凡四石，文同。

居·二八、二九、三〇、三一　徽一·六八　柯　藝林旬刊五期

除適刻石　分書

河北定州出，歸周進。有西嶽神符等字。

居·三二

除適刻石　分書

河北定州出，歸周進。有天壇建立等字。

居·三三

除適刻石　分書

河北定州出，歸周進。有西南之精等字。

居·三四

大吉利石刻　分書

有羊首畫像，兩旁各刻大吉利三字。

柯

黄羊等字石刻　分書

字刻於羊腹上，有黄羊等七字，字多不能辨認。

殷比干墓四字　分書

河南汲縣西北十五里本廟。疑後代摹刻。

藝一·一五　柯　羅漢上　兩一四·一　聚一二·三八　隸續二〇·七　隸辨八·二三　平續一·一　石索一·三七　獨八·

四　匯九之二·一九　藪·九　寶叢六·四七　備　中考四·九　萃一九·四　録補二·一三　存九·二一　增圖一·八二　篇續·三　源·六六

中嶽嵩高廟石人頂上馬字　分書

河南登封。止刻一馬字。《河朔訪古記》下：廟南有雙石闕，外石人一對。闕上多刻記。後漢安帝元初年建。嘉慶元年九月十三日黄易訪得。《中國營造學社匯刊》六卷四期劉敦楨《河南省北部古建築調查記》云：石闕北面半里許有石人二尊，東西相對，自腹以下，埋於土中，就形制觀察決是漢代遺物。惟東側石人頂上刻馬英二字，爲從前金石學者所未道及，不知是否後人的僞刻。

藝一·一四　漢晋　硯續三·一〇　攈四·二四　匯九之三·一　篇再續·六　續甲·二　孫録一·一〇　黄易嵩洛訪碑日記　屑二·六四

（附）漢高祖大風歌　又名歌風臺碑　篆書（相傳曹喜書）

江蘇徐州歌風臺，凡二石：一豎於東，不知年代；西則大德間刻。1933 年移入徐州公園。元大德間邑令羅士學摹刻。黄易云疑唐宋人所刻。

石索四·一六八　平再續·四　天下　匯四·三八　表　藪·一八　備　萃二一·九　刻·七　存三·一　竹一·八　寒上·三　孫録一·九　書刻下·八　漢文四·四四　天一·三七　粟香室四筆一五·二

殘　石

議郎等字殘碑　又名蘭臺令史殘碑。　篆書

山東臨淄出土，歷藏福山王懿榮、端方、建德周進。有方界格，上下斷缺，止存九行。

陶二·八　希六·一八　柯　羅漢上　居四四

辟易深藏等字殘石　分書

河南洛陽東北三十里金村出土，歷藏端方、周進。

居·三九甲、乙　陶二·一一　交一·二〇

張角等字殘石　分書

山東曲阜城東盛果祠村農人掘土得之，時在光緒年間。歸周進。存六行，直界格。

居·三八　校　田目再續·六　柯　通一五二·六〇　1934年續修曲阜縣志八·五四

履和純始等字殘石　分書

黄縣丁氏藏石，後歸周進。方若云有摹刻在長白托活洛氏處。存二行半。

居·五一　田目再續·三　校　陶二·一〇　葆·六七　柯

立朝等字殘石　分書

河南出土，歷藏黄縣丁氏、建德周氏。

居·四二甲、乙　陽目再續·四　校　柯　葆·六五

素下等字殘石　篆書

河南洛陽出土，徐鴻寶藏石。存五行，有方界格。

古零

卓異等倫等字殘石　分書

河南洛陽東北後溝村東北出土，存三行半。北魏時被用爲墓門下限。一爲横段二片，上片存横列"顓學陋時達世以病校尉"十字，下片存横列"臺堅雒珍遼"五字。一爲三原于氏所藏"卓異等倫"等十一字。于右任藏石。

柯

寬以濟猛等字殘石　分書

河南洛陽出土，于右任藏石。存四行半，有方界格。

柯

檢軀守一等字殘石　分書

河南洛陽出土，歸周進。存五行。

居・六一　柯

詔書等字殘石　分書

河南洛陽出，歸周進。有篆書四字横額，存七行。

陰題名兩列六行。

居・四〇甲、乙

孝子悲懷等字殘石　分書

河南洛陽出，歸周進。存四行半。

居・五五

敷陳等字殘石　分書

河南洛陽出，歸周進。存二行。

居・八二　柯

孤竹等字殘石　分書

河南出，歸周進。存六行。

居・五六　柯

遵立等字殘石　篆書

□安元年。後又有其年九月。

河南洛陽出土，歸周進。

居・四五　柯

州里等字殘石　分書

河南洛陽出，歸周進。存四行　今逸。

居・六〇　柯

司勳等字殘碑　分書

河南洛陽出土，歷藏常熟曾氏（炳章）、烏程蔣氏。

古石　柯

河間等字殘石　分書

河南洛陽出，歸周進。存三行。

居・七三　柯

常山真定等字殘石　分書

河南洛陽出，歸周進。存三行。

居·六四　柯

淹滯等字殘石　分書

河南洛陽出，歸周進。存一行半。

居·五三　柯

陽人也等字殘石　分書

河南洛陽出，歸周進。存二行。

居·六五　柯

大將等字殘石　分書

河南洛陽出，歸周進。存三行半。

居·七〇　柯

如淵等字殘石　分書

河南洛陽出，歸周進。存二行。

居·六九　柯

耽樂等字殘石　分書

河南洛陽出，歸周進。存四行。

居·六二　柯

咸會等字殘石　分書

河南洛陽出，歸周進。存三行。

居·六三　柯

虔恭澂漠等字殘石　分書

河南洛陽出，歸周進。存三行。

居·五八　柯

行夫等字殘石　分書

河南洛陽出，歸周進。存六行。

居·四三　柯

静仁等字殘石　分書

河南洛陽出土，歸周進。存三行半。

居·五四　柯

年五等字殘石　分書

河南洛陽出土，歸周進，存二行。

居·八〇（名爲侯字殘石）

涕泣等字殘石　分書

河南洛陽出土，歸周進。存二行。

居·六六

繕治等字殘石　分書

河南洛陽出土，歸周進。存二行。

居·八六　柯

縣人等字殘石　分書

周進藏石

小子懼忝前軌等字殘石　分書

陝西西安出，歸周進。存三行，陰刻唐人造像。

居四一·甲、乙　柯

青龍等字殘石　分書

河北永年出土，歸周進。存七行。

居·四七　柯

議曹掾鉅鹿等字殘碑　分書

似碑陰，斷爲二，上段依稀可辨，下段漫滅，仿佛有處士等字。

故吏王叔等題名殘石　分書

河南洛陽出，歸周進。存四行半。

居·四八　柯　漢晋

處士許楊等題名殘碑陰　分書

河南出土，歸周進。

居·四六（誤作許岐）　柯

雒陽史武等題名殘石　分書

河南洛陽出土，歸周進。存六行。

居・五九

呂仲題名　分書

河南洛陽金村鎮出土，歸周進。存二行，共四字又半字。

居・三五　柯

有秩程翼題名殘石　分書

河南洛陽出土，歸周進。存一行半。

居・七二　柯

董宏等題名殘石　分書

河南洛陽出土，歸周進。存五行。

居・六七　柯

郭苗題名殘石　分書

河南洛陽出土，歸周進。存二字又半字。

居・七六　柯

高華題名殘石　分書

河南洛陽出土，歸周進。存二行。

居・七九　柯

趙順等字殘石　分書

河南洛陽出土，歸周進。存二行，全字二，半字二。

居・九六　柯

故吏廷尉等題名殘石　分書

河南洛陽出土，歸周進。存八行。

居・五〇　柯

殷微子墓四字　篆書

建始元年

山東滕縣。似後人僞托。

通一五二・五九

之問時用等四字殘石　分書

河南洛陽出，歸周進。存一行半。

居・五二

右扶風美等四字殘石　分書

河南洛陽出，歸周進。

居・七五　柯

百一十一石權　分書

河南洛陽出土，歸周進。

居・二四　柯

元年十三字殘石　分書

河南洛陽出土，歸周進。

居・九四

侯之孫等三字殘石　分書

河南洛陽出土，歸周進。

居・六八　柯

議曹掾三字殘石　分書

河南洛陽出土，歸周進。

居・九七　柯

爵干二字殘石　分書

山東臨淄出土，陳介祺舊藏。

田目再續・三　古石　漢晋　柯

和顔二字殘石　分書

河南洛陽出，歸周進。

居・九一

以字騎字殘石　分書

河南洛陽出，歸周進。存二行，行一字。

居・八七　柯

海東二字殘石　分書

河南洛陽出，歸周進。

居·九三　柯

君寔二字殘石　分書

河南洛陽出，歸周進。

居·七七

德潤二字殘石　分書

河南洛陽出，歸周進。

居·七一　柯

石烽二字殘石　分書

垣字殘石　**朝字殘石**　分書

上二種似爲一石。

戊辭二字殘石　分書

周進藏石。

祖父二字殘石　分書

周進藏石。

啐庶二字殘石　分書

河南洛陽出，歸周進。

居·七四

迴齣二字殘石　分書

周進藏石。

常字殘石　分書

河南洛陽出土，歸周進。存四字，第一、二行常字，第三行仲字，第四行禮字。

居·八一

咎字殘石　分書

河南洛陽出土，歸周進。

居·八八　柯

肇字等字殘石　分書

河南洛陽出土，歸周進。存二字又半字，第一行石字。第二行肇字。

居·八三　柯

海字殘石　分書

河南洛陽出，歸周進。存全字一，半字二。

居·九二　柯

師字殘石　分書

河南洛陽出，歸周進。存全字一，半字二。

居·八五　柯

官字殘石　分書

河南洛陽出，歸周進。

居·九〇　柯

玄字殘石　分書

河南洛陽出土，歸周進。存全字一，半字三。

居·九五　柯

君字殘石　分書

河南洛陽出土，歸周進。

居·八九　柯

月字殘石　分書

河南洛陽出土，歸周進。存全字一，半字二。

居·八五　柯

南字殘石　分書

河南洛陽出土，歸周進。存橫書三南字。

居·七八　柯

漢石經

石經

刊始於熹平四年，立石於光和六年。

1922 年 12 月河南洛陽故城東南碑樓莊下朱圪垱村、東大郊村兩村之北地名崗上出土。分散公私藏家。凡七經，爲《詩》《書》《易》《禮》《春秋》《公羊》《論語》，與《隋書·經籍志》著録者相合。皆今文本。每經之後多有校記。每經皆表裏刻之，只分書一體，凡四十六枚。每枚三十九或四十行，每行七十、七十二、七十三字不等。經初平元年董卓之亂，有殘損者。黄初時曾修補之。據今所見有《魯詩》《春秋》等經文中有補刻之字。元吴萊《淵穎集》卷四：陳彦理有漢一字石經，云是王魏公家故物。余得其六紙，蓋石文剥落者，大半紙尾猶存蔡邕馬日磾字詩。

魯詩　分書

《周南·關雎》、只存一雝字。

熹上·一　漢經·二

魯詩　分書

《豳風·七月、鴟鴞、東山》。

山東圖書館藏石

熹上·一一　漢經·八

魯詩　分書

《大雅·抑》

山東圖書館藏石

熹上·二一　漢經·一三

魯詩　分書

《小雅·南山、正月》

山東圖書館藏石

熹上·一二　漢經·九

魯詩後記　分書

山東圖書館藏石

熹上·二七

尚書　分書

《盤庚》

山東圖書館藏石
熹上·三〇　漢經·二二
周易　分書
《上經·比、小畜、履》，存三行。
山東圖書館藏石
熹上·三四　漢經·二五
周易　分書
《上經·訟、師、比、小畜、履》
熹上·三四　漢經·二九
周易　分書
《上經泰至同人》
熹上·三四　漢經·二九
周易　分書
《上經·隨、蠱、臨、觀、噬嗑、賁、剥、復、無妄》
熹上·三五
周易　分書
《序卦》
熹上·四〇
周易　分書
《雜卦》，刻於《上經·比、小畜、履》三卦之陰。
山東圖書館藏石
熹上·四〇
儀禮　分書
《大射》
山東圖書館藏石
熹下·七
儀禮　分書
《鄉飲酒》

熹下·五

公羊　分書

《文公十六年》

熹下·二六

石經後記　分書

1924年1月28日出土。北京大學舊藏。

表存九行，第二行有實則虛等字，陰存十一行。首行有子舍人傳彌易梁等字。

陽三五　石經二册　熹下·三四　陳自怡漢熹平石經後記真僞考（女師大學術季刊第一期）

石經後記　分書

1928年冬出土。

北京圖書館藏石

近人陳自怡據《水經注》名爲太學贊碑，並考爲僞刻。存八行，首行有以經本各一通付太常等字。陰存三行，第二行有孔子删詩書定禮樂等字。

熹下·三五　陳自怡漢熹平石經後記真僞考（女師大學術季刊第一期）

以下存疑：

魯詩　分書

存三行，有俾滂沱矣等字。

魯詩　分書

存二行，有露四章等字。

魯詩　分書

存雪霏二字。

周易　分書

存六行，有利用見大人等字。

儀禮　分書

存三行，有北面拜等字。

儀禮　分書

存四行，有出寡等字。

儀禮　分書

存五行，有不祭卒觶等字。

公羊　分書

存三行，有曹悼等字。

公羊　分書

存三行，有侯鄭等字。

不知何經：

一、存二行，有其字；

二、存有之二字；

三、存有及二字；

四、存二行，存有字齊字。

五、存三行，有散上等字。

六、存二行，有煌字魯字。

七、存二行，有於字文字。

八、存二行，有文貴二字。

九、存而謀置三字。

十、存三行，有死罔不等字。

十一、存其餘地三字。

十二、存三行，有而葬等字。

十三、得吉齊二字。

十四、存四行，有我知等字。

十五、存三行，有奄字、往矣等字。

十六、存三行，有之逄字大乎字。

十七、存二行，有不來也等字。

僞刻

魯詩（十一石）　分書

《國風·邶風·旄丘》

《國風·鄘風·蝃蝀》。

《國風·陳風·防有鵲巢》。

《周頌·絲衣》。

《小雅·採芑》。

《大雅·雲漢》。

《小雅·斯干》。

《大雅·卷阿》。

《小雅·十月之交》。

《大雅·生民》。

《大雅·何人斯》。

《大雅·皇矣》。

《小雅·鼓鐘》。

《大雅·文王·大明》。

《大雅·文王·大明》。

《小雅·鴛鴦》。

《小雅·黍苗》。

《大雅·崧高·烝民》。

方若舊雨樓藏石

魯詩（三石）　分書

（一）兩面刻，每面存十六行，行三十字。

（二）兩面刻，每面存二十四行，行二十字。

（三）兩面刻，一面存十八行，一面存十六行。行三十二、三字不等。

尚書（四石）　分書

《堯典·皋陶謨》。

《文侯之命》。

《皋陶謨·禹貢》。
《費誓·吕刑》。
《西伯戡黎》。
《多方·立政》。
《牧誓·洪誓》。
《多士·無逸》。
方若舊雨樓藏石。

周易（七石）　分書

《上經·隋至明夷》。
《説卦至序卦》。
《象傳》（家人至未濟）。
《系辭》（成性存存至鉤深致遠）。
《象傳》（乾至隋）。
《象傳》（巽至系辭）。
方若舊雨樓藏石。

周易（二石）　分書

（一）兩面刻，每面存十八行，行二十一字。
（二）兩面刻，每面存十八行，行四十六字。

儀禮（五石）　分書

《鄉射禮》。
《大射禮》。
《鄉射禮》。
《大射禮》。
《聘禮》。
《有司徹》。
《聘禮》。
《有司徹》。
《公食·大夫禮》。

《少牢·饋食禮》。

方若舊雨樓藏石。

春秋（七石）　分書

《莊公元年至二十三年》。

《定公十二年至襄公六年》。

《莊公五年至三十一年》。

《定公四年至哀公二年》。

《文公十五年至宣公十五年》。

《襄公五年至二十年》。

《成公四年至十一年》。

方若舊雨樓藏石

公羊（九石）　分書

《隱公二年至十一年》。

《桓公二年至十年》。

《定公十三年至哀公十三年》。

《莊公六年至二十八年》。

《昭公元年至二十五年》。

《莊公六年至二十八年》。

《昭公元年至二十五年》。

《僖公二十八年至三十三年》。

方若舊雨樓藏石。

魯論語（十石）　分書

《學而·爲政》。

《八佾·里仁》。

《述而》。

《憲問》。

《泰伯》。

《子路》。

《鄉黨》《先進》。
《顔淵》。
《子路》（刑罰則不中至何足算也）。
《子路》（有是哉子之迂也至一言而興國乎）。
《憲問》。
《憲問》。
《憲問》。
方若舊雨樓蔵石

魯論語 分書

兩面刻。每面存十四行，行三十字。

黄腸石

洛陽北邙嶺上耀店村、後溝村、三十里鋪村、象莊村一帶出土。光緒中葉出土數石，歸端方，不能定爲何物。題爲永建五年墓石題字，冷攸石題字，禹伯石題字，永建殘石。後經羅振玉考定爲古陵墓中之黄腸石。《周禮・夏官・方相氏》鄭注：天子之椁柏，黄腸爲里，而表以石焉。《水經注・濟水》：靈帝建寧四年於敖域西北壘石爲門以遏渠□），謂之石門。銘曰建寧四年黄場（腸）石也。而主吏姓名磨滅，不可復識。其形制有但紀石工姓名者，有詳紀年月、尺寸、姓名及石之次第者，廣皆三尺，厚則一尺三寸，一尺五寸、二尺、三尺不等。長則自二尺二寸至三尺八寸不等（與建初尺合），其次第有第二第三至七十、七十五者。年月下皆有省字。殆由官吏省定，與漢銅器題識同。其紀年有永初、永建、陽嘉、元嘉、建寧、熹平等。建寧五年至熹平五年皆有更黄腸掾名，殆工已成而省視有損毁者而更易之也（見羅振玉《丙寅稿》《松翁近稿》）。許敬參云：出今洛陽城東二十里平樂村，地濱舊渚，隨處皆是。並據《水經注》谷水注、洛水注考此石爲當時修築堤防之用。許敬參有《東漢谷水堰石題字考證》（1936 年 10

年河南博物館館刊四期）許平石有《東漢谷堰石方題字考證》（河南博物館館刊三期）。

貴平石題字　分書

永初元年五月　存上段。

河南洛陽出土，歸周進。

居·四　柯

左堯石題字　分書

永建二年六月

開封圖書館藏石

冷永石題字　分書

永建二年六月

柯

原舉石題字（或作叔原舉）　分書

永建二年六月

開封圖書館藏石

柯

樊仲石題字　分書

永建二年六月

開封圖書館藏石

柯

左一石題字　分書

永建二年六月

開封圖書館藏石

第四石藏石　分書

永建二年六月　存下段

左次石題字　分書

永建三年三月

開封圖書館藏石

李多田石題字　分書

永建三年四月

河南洛陽出土，歸周進。

居・五　柯

許伯石題字　分書

永建三年四月

張鈁千唐志齋藏石。

索木石題字　分書

永建三年四月

河南洛陽出土，歸周進。

居・六　柯

左達?石題字　分書

永建三年四月

河南洛陽出土，歸周進。

居・七　柯

索旦石題字　分書

永建三年四月

北京大學藏石

柯

費孫石題字　分書

永建三年四月

張鈁千唐志齋藏石　河南圖書館一石文字與此同。

郭（或釋鄭）知石題字　分書

永建三年四月

河南博物館藏石

柯

商遞石題字　分書

永建三年四月

河南博物館藏石

索市石題字　分書

永建三年四月

河南博物館藏石

柯

左□石題字　分書

永建三年四月

河南博物館藏石

石仲石題字　分書

永建三年四月

河南博物館藏石

柯

土差石題字　（或釋牛羌）　分書

永建三年四月

河南博物館藏石

柯

郝叔石題字　分書

永建三年四月

河南博物館藏石

柯

索珍（或釋叔）**石題字**　分書

永建三年四月

河南博物館藏石

柯

李節石題字　分書

永建三年四月

河南博物館藏石

柯

商孟石題字　分書
永建三年四月
河南博物館藏石
柯
索大石題字（或釋索尤）　分書
永建三年四月
河南博物館藏石
柯
左孟石題字　分書
永建三年四月
河南博物館藏石
柯
吕值石題字　分書
永建三年四月
河南博物館藏石
柯
蘇永石題字（或釋蘇初）　分書
永建三年四月
河南博物館藏石
柯
索尖石題字　分書
永建三年四月
河南洛陽出，河南博物館藏石。
索孫石題字　分書
永建三年四月
河南博物館藏石
柯
左辛石題字　分書

永建三年六月

河南洛陽出，河南博物館藏石。

石伯石題字　分書

永建三年十二月

河南博物館藏石

柯

尹仲石題字　分書

永建三年十二月

河南博物館藏石

羅由石題字　分書

永建三年十二月

河南博物館藏石

左開石題字　分書

永建三年四月

河南博物館藏石。又一石文字相同，大小不同。

柯

費先石題字　分書

永建三年十二月

柯

李伯石題字　分書

永建三年十二月

柯

路白石題字　分書

永建四年三月

河南洛陽出土，歸周進。

居·八　柯

羅由石題字　分書

永建四年七月

河南洛陽出土，歸周進。
居・九　柯
侯世石題字　分書
永建五年四月
河南洛陽出土，歸周進。
居・一一　柯
韓廉石題字　分書
永建五年□月
河南洛陽出土，歸周進。
居・一〇　柯
冷攸石題記　分書
陽嘉元年三月
陶一・一五
禹伯石題字　分書
陽嘉元年十一月
陶一・一六
土伯石題字　分書
陽嘉元年十一月
河南洛陽出土，歸周進。
居・一三　柯
冷仲石題字　分書
陽嘉元年十一月
河南博物館藏石
柯
畢巨石題字　分書
元嘉元年□月
河南洛陽出土
河南博物館藏石

柯

王師石題字　分書

元嘉二年六月

河南博物館藏石

柯

更黃腸掾王條石題字　分書

建寧五年三月十四日　［第］六百一十四

河南洛陽出土，歸周進。

居·一四　柯

第九百等字殘石　分書

建寧五［年］

存二行，行三字，端方藏石。

陶二·六　葆·六一　柯

更黃腸掾王條石題字　分書

熹平元年七月二十九日　第九百二十五

河南洛陽出土，歸周進。

居·一七　古石

胡工官樊市石題字　分書

熹平二年□月　第六百四十六

右側刻一石字左側倒刻樊宣?二字。

河南洛陽出土，歸周進。

居·一八

樊陽石題字　分書

河南洛陽出土，歸周進。

居·一二

更黃腸掾史袁庶石題字　分書

上截斷缺，河南洛陽出土，歸周進。

居·四九

己丑届治石題字　分書

開封圖書館藏石

工房臘治石題字　分書

開封圖書館藏石。字刻左邊。

左孫石題字　分書

張鈁千唐志齋藏石

張房治左孫石題字　分書

張鈁千唐志齋藏石。

左山治石題字　分書

張鈁千唐志齋藏石

衛女治石題字　分書

張鈁千唐志齋藏石

官石左□治石題字　分書

張鈁千唐志齋藏石

左舉柏□臘石題字　分書

字刻左邊。

孫少石題字（第九十九）　分書

孫少石題字（第四十二）　分書

僞　刻

廣川令高峻殘碑　分書

元封三年七月三日

真續六・一　中州金石考一・七：雍邱有太尉高峻碑。

水衡都尉邊達碑　分書

永光二年四月

光緒間人集石門頌字僞刻。

陳漢章綴學堂初稿四・六　真續六・二

朱博殘碑　又名朱博頌　分書

河［平］□［年］（碑首行有惟漢河三字，匡鶴泉云當是河平某年。）

光緒元年尹彭壽訪得於東武故城人家閾下，歸日本笹川慎一。存十行。有 1913 年 10 月雲陽劉貞安重刻本（見 1935 年《雲陽縣志》卷二十二）。《石交録》卷一云：朱博殘碑乃尹竹年廣文所僞造。廣文晚年亦不諱言。余曾以書質廣文。復書謂少年戲爲之。不圖當世金石家竟不辨爲葉公之龍也。

瓊二・一〇　硯續二・一　夢一・四　山訪一二・一九　增圖一・九　校　真續六．一　田目續・一　羅録上・一　通一五二・一一五　河北第一博物院半月刊四期　桃花聖解庵日記丙集第二集八九

治三郡第字殘石　分書

河平元年

存五行，方界格

遭白茅等字殘石　分書

河平元年

存四行，方界格。摹刻曹全碑中縣前以河平元年遭白茅谷水灾害等字。

造署舍題記　分書

河平四年十月六日

真續六・三

惟斯新政刻石　分書

俗名鐵錢碑，又名樓君卿碑。樓君卿名護，見《漢書》。《校碑隨筆》云僞刻。《夢碧簃石言》卷六引譚獻《復堂日記》云：碑客持各拓本來，有一紙似漢刻，文曰惟斯新政云云。《三邕翠墨簃題跋》卷一，端方斥爲贋作。

琴亭侯為友人李義買山券　分書

建武二年三月

永平八年十二月九日造像　分書

持節校尉關内侯季壇神道　分書

建初三年八月五日

蘭臺令史孔僖碑　分書

元和三年

處士房子孟殘石　分書

永元十年　存三行

陽三老頌詞　分書

永初元年二月二日

關西夫子殘碑　分書

延光四年

永和買房券　分書

永和元年三日

在山東泰安。

藝一・四　羅録上・二

太尉李固銘殘石　分書

永和六年　有前題

《水經注・沔水》：漢太尉李固墓碑銘尚存，文字剥落，不可復識。

交二・一六　遼・三四

滎陽陽城司徒驥臣為父炳造冢記　分書

漢安二年七月二十三日

造藏銘　分書

元嘉元年十月

延熹殘石　分書

延熹六年正月

有大復濳行等語，存七行半。

髡鉗李農墓石　分書

建寧三年

陳德殘碑　分書

建寧四年三月

有陰，上鋭下方，有穿。僅存上段十行，行五字，有方界格。褚千峰云：在沂州東南數十里田間發現，拓數本以歸。後因土人埋入土中。或云褚千峰僞造。書者爲董某，即寫黄初二年孫二娘石刻者。雍正六年石佚。

阮山八·六　平一·一三　函四·一〇　牛圖　攈四·一八　匯一〇之二·六五　萃一三·九　存八·三　校　真九·一五　篇再續·四　田目·四　孫録一·五　通一五二·七八　1917年臨沂縣志一二·五　退二·二〇　兩一六·一九　漢文三·二三

李氏盤銘　分書

熹平二年六月上旬

營陵置社碑　分書

熹平三年十月二十三日

有陰、側。

議郎趙相劉君墓門刻石　分書

中平四年三月

獨七·一一　真續六·一七

司徒政墓石題字　分書

建安二年

魏王造寶刀記　分書　子建書。

建安中。

孔融殘碑　分書

斷爲二，上段存四行，下段存六行。

王公禱神殘石　分書

存四行，行五字。

即據近人陳漢章《綴學堂初稿》卷四，漢東郡太守王尊頌德碑殘石，存四行，行八字之僞刻重刻，惟每行又削去三字耳。

金城司馬牂柯太守等字刻石　分書

五行，直界格。

孫有後等字殘石　分書

存四行共十五字。方界格。

烏丸散王魯政妻許國勝石刻　分書

登國等字殘石　分書

存十一字又半字，方界格。

於禮上公等字殘石　分書

存四行，共十五字。

君令等字殘石　分書

存六行，共十四字。方界格

褒泰等字殘石　分書

存四行，共九字。

司馬等字殘石　分書

存三行半，共十一字。

裎屋等字殘石　分書

存九行，約五十字。

中有精舍高亭，柳翠山青等語。

戊亥之歲等字殘石　分書

存二行，全字八字。方界格。

則有二字殘石　分書

參絕二字殘石　分書

元年等字殘石　分書

存七行，方界格。

精寧等字殘石　分書

存五行半，方界格。

年不一等字殘石　分書

存一行，共七字。

思字明餘等字殘石　分書

存六行。

珪璋等字殘石　分書

存五行，方界格。

河源等字殘石　分書

存五行，方界格。有太僕卿與三府長史等語。

權意等字殘石　分書

存四行半，共十二字。

五年掾造等字殘石　分書

鑿爲圓形，兩面刻。一面存六行，一面存五行。

豐年等字殘石　分書

存三行，行四字。

梁父吟殘石　分書

存四行。

霜月等字殘石　分書

存三行，全字八，半字四。

三國・魏

公卿將軍上尊號奏　又名百官勸進表　分書　額篆書陽文　兩面刻　有界格　上鋭下方。

無年月　河南臨潁南三十里繁城鎮漢獻帝廟。

前人傳爲梁鵠或鍾繇書。陳伯陶據章樵《古文苑》十七聞人牟準衛敬侯碑陰文云："所著述魏大饗碑、群臣上尊號奏及受禪石表文，並在許繁城。尊號奏，鍾元常書，衛敬侯名顗。據碑陰文，牟準爲顗門生。以門生記先師著述必不誤。然則此碑真繇書也。"《三國志・文帝紀》裴松之注有其文，與石刻稍異。

兩一八·四　源·四二　藝一·一六　札樸八·三三　隸辨八·三六　養一九·一　雪四九　中記一·八　中考二·六　增圖一·八六　篇·九　寒上·二一　分·一二　天下古墨一·二二　攈五·一　鐫一·一一　史上一四　鈔一·三九　備　潛目一·七　瓜三·六一　楊圖二·一七　寶叢五·五　真九·一　漢魏碑考·七　竹一·一〇　柯　石索四·一一一　貼考·一〇　萃二三·一　隸釋一九·三　魏晋·一　校　菉一·六　未　金石賡跋　許州志一三·一　牛圖　孫録一·一六　略上·二三　聚一三·一　金石一跋三·一　墨一〇·七·四　字二·三　平二·一　面乙·一九　天一·三　録續五·四五　存一〇·一　集四·二　太平寰宇記七·七　退二·三一

受禪表　分書　額篆書陽文　上鋭下方　兩面刻

［黄］［初］［元］年十月辛未

河南臨潁南三十里繁城鎮漢獻帝廟。《鐵函齋書跋》云：今已毁。

《寰宇訪碑録》《竹崦盦金石目録》誤書有陰，劉禹錫《嘉話》云：傳王朗文，梁鵠書，鍾繇鐫。或傳爲鍾繇書。陳伯陶據章樵《古文苑》十七聞人牟准衛敬侯碑陰作衛瓘撰，瓘並金錯八分書。張懷瓘《書斷》卷一頁六云：鐘繇八分則有魏受禪碑，稱此爲最也。明至清初拓本多爲二十二行，至乾隆間拓本，始拓後十行。

萃二三·四　隸釋一九·八　篇·九　妙三·一　寒上·二一　分·一二　古墨一·二二　攈五·一　史上·一五　寶類一·一五　楊圖二·一八　備　寶叢五·六　鐫一·一二　藪·七　鈔一·四五　真九·一　藝一·一六　潛目一·七　中考二·六　中記一·八　增圖一·八七　漢魏碑考·七　中柯　貼考·一〇　雪·五二　源·四二　兩一八·一〇　隸辨八·三六　石索四·一二七　天下·書刻下·二三　魏晋·一　石墨考異上·二

竹一·一　校　菉一·六　金石賡跋　許州志一三·一　牛圖　未　略上·二二　續一·一五　平二·一　墨七·四　字二·三　録續五·四四　存一〇·四　天一·三　集四·一　陳奂三百堂文集上·二二（乙亥叢編）　翁方綱復初齋集外文三·八　太平寰宇記七·七　退二·三一　瓜三·六二

魯孔子廟碑　又名：一、封孔羡碑；二、封議郎孔羡爲宗聖侯碑；三、孔羡修孔廟碑。　分書　額篆書　上圓下方　有穿。

黄初元年

山東曲阜孔廟同文門西

左方有宋嘉祐七年張稚圭題記云：曹植詞，梁鵠書。有上海藝苑真賞社影印本。

竹一·一一　藝一·一六　萃二三·五　隸釋一九一·一一　阮山八·二五　隸辨八·三六　金石二〇·二三　養一九一·一　兩一八·一　來上·二二　源·四三　未　柯　山訪六·四　石索四·一三七　天下　曲志五二·一　孔一·六　帖考·一〇　曝四八·一　魏晋一　篇·九　曲一·三　寒上·一五　分·一二　聖四·二　古墨一·二二　史上·一五　寶類一·一五　鐫一·一一　鈔一·四九　潛目一·七　真九·二　攈五·一　藪·一四　楊圖二·一八　漢魏碑考·八　表　墨一七·五　增圖一·八八　備　校　菉一·六　金石賡跋　牛圖　漢文四·五三　通一五〇·三〇　略上·二三　續一·一六　平二·一　金石一　跋三·一　字二·三　録續五·四五　存一〇·七　跋二·二　天一·三　曝四八·七八一　水經注二五·泗水　退二·三〇　東家下·五　瓜三·六四　沈樹鏞漢石經室金石跋尾

膠東令王君廟門殘碑　分書

黄初五年（原石缺，據《隸續》定）

山東濟寧縣學明倫堂東北隅壁間

阮元云：此碑有二石，乾隆乙未（四十年）四月州人李東琪於學宫大成殿西階松樹下掘得之，已亡其一矣。存上截十八行，有乾隆四十年八月四日李東琪題記。

隸續一一·一二　兩一八·四〇　阮山八·二六　濟州六·二九　源·五三　山訪九·一　潛目一·七　篇·九　田目·八分·一二　寒上·一三　古墨一·二二　攈五·一　藝一·一六　萃二三·七　孫録一·六　柯匯一〇之二·四八　魏晋·一　楊圖二·二五　滄三·三三　濟續一九·二〇　漢文四·五一　聚一三·七三　天下　平二·二　跋一·六

黄初殘石　又名：一、牧伯碑殘石；二、郃陽殘碑；三、十八字殘碑。分書　碑爲四石，有方界格。

黄初五年

陜西郃陽出土

一石存少昊國爲四字，舊藏郃陽許秉簡家，今佚。一石存黄初五等十三字，舊藏郃陽許秉簡家，後刻乾隆元年五月既望得於郃陽莘墊臨濮圃藏款四行。一石存我君等六字，舊存郃陽許秉簡家。一石存稚弟故等十三字（或作牧伯等十三字，今次行末休字脱落，實存十二字。）舊藏郃陽康强家。《宰莘退食録》云：夏陽故址掘得。康熙七年署縣事郭函得之，砌之曹全碑旁。余訪求之，不知何往。其文爲：和、疨、故、修、法、義、休、牧、伯、納、康、事。（按錢氏名十三字漢碑，據其録文實十二字。）

求一·一一　陜六·一一　柯　校　清二·二二　關一·七八　關中·五　雪·五四　匯一二之二五　攈五·一　增圖一·八九　萃二三·七　雍一·六　楊圖二·一九　田目·八　孫録一·一六　竹一·一一　藝一·一六　潛目·一四　篇·九　魏晋·一　肩二·八三　兩一八·一三，又三二　聚一三·七一　平三續上·二　關考八·二四　萃目一·二　錢萬選《宰莘退食録》卷八雜考·古跡　瓜三·六五

漢廬江太守范式碑　分書　額篆書　上圓下方

碑陰□孝節等題名（《隸釋》誤作魯峻碑陰）乾隆己酉三月黄易題記，己酉李克正題記額下刻李東琪、黄易題記二則。

青龍三年正月丙戌（據《隸釋》）

山東濟寧縣署戟門西側　乾隆四十一年（一作四十三年）膠州人崔儒視初得是碑篆額於濟寧州學西龍門坊水口，遍求碑身未得。五十四年濟寧李東琪獲原碑殘石（存上截十二行）於學宫欞星門西。

存十二行。《蘇齋題跋》云：每行存二十二、三字，下半剥泐，是通計二十許行也。又云剪裱本可辨者三百三十字。

隸釋一九·一六　源·四三　金石二〇·三　蘇上·三六　略上·二四　弗乙·一四　蓬·四　阮山八·□六　平·□　山訪九·一　天下　天一·三八　雪·五四　四當四·二　蒿里一·二　兩八·四五　藝一·一七　瓜三·四六　札樸九·二四　支·一二七　隸辨八·三八　藪·一二　未　菉一·七　濟州二·六二　蘇·三五　柯　金石一跋三·三　魏晋·一　竹一·一一　孫録一·一七　萃二四·一　滄三·三五　蕥七·一〇　校攈五·二　備　潛目一·七　真九·三　楊圖·二　分二·一二　篇·九　寒上·一三　增圖一·九〇　書刻下·二八　匯一〇之二·四八　田目·八　古文八·八　古墨一·二三　寶類一·一二　跋二·三　復二〇·一九　濟續一九·二三　漢文四·四五　聚一三·八九　通一五〇·八二　同治元年金鄉縣志一六·藝文二·三

大將軍曹真殘碑　分書

年月缺（柯昌泗據碑陰有秦國長史，《魏志》青龍三年立詢爲秦王，認爲此碑當立於明帝末年。）

道光二十三年秋吴耐軒於西安南門外十里許訪得（一云道光二十三年王鳳卿於西安西門外舊漢城犁田得之）。

陰皇甫□、李忠等題名　存中段二十行，有方界格　相傳出土時第三行妖道公三字，第三行蜀諸葛亮稱兵上郢拜公十字，第九行於賊二字，第十一行然屠蜀賊四字，共十九字，皆完好。因有謀奪之者，誑以發武氏冢，王氏遂將諸葛亮等字鑿去。長白端方，建德周進先後遞藏。

徐星伯先生小集·二四　蒿里一·二　雪·五四　求一·一四　瓊八·三　壬癸·一〇　東湖四·一九　陶三·一　摹·五　關新一·一　硯二·一八　柯　校　趙録一·一一　攀一一·八　陝六·一　藝一·一六　魏晋·一　篇再續·九　攈五·二　楊圖二·二〇　真九·三　綴跋·八　增圖一·九九　聚一三·七五　寶鴨上·一一　關考一·六　1935年咸寧長安兩縣續志一二·四　楊樹達積微居小學論叢五·一五　1935年生春紅三十一號柯昌泗魏曹真殘碑跋

田丘儉丸都山紀功刻石　分書

正始六年

《三國史記》卷一七云：東川王二十年八月　光緒三十二年輯安縣令吴光國於吉林集安縣西北九十里板石嶺開道得之，今在東北博物館。

存左上方一角七行五十字（初出土時尚有下半，未久即佚）陰刻戊午九月袁金鎧題記，譚國楫、國桓同觀題名。

希八·二三　九乙·二　滿志一·一　滿稿一·一　匯二·補遺一　觀堂集林二〇·一一　河北第一博物館半月刊五六期　1932年3月藝林二七期　民國奉天通志二五四·一　吴其昌魏田丘儉丸都山紀功刻石跋尾（北平圖書館月刊三卷三期）

尚書堯典　三體書

正始中立

河南洛陽太學舊址出土

存六行，首行有安允等字，末行有［宅］［南］交字。山東圖書館藏石

羅振玉車塵稿·五〇　魏録·一

尚書堯典　三體書

正始中立

河南洛陽太學舊址出土

存四行，首行有［敬］［致］曰［永］［星］［火］字，末行有易［曰］［短］［星］［昴］字。

山東圖書館藏石

魏録·二

尚書臯陶謨殘石　三體書　品字式

存五行，存帝字言字等。馬衡藏石

尚書臯陶謨殘石　三體書

存木泉二字　馬衡藏石

尚書臯陶謨殘石　三體書

存小石二片，一石存一夜字，一石存明庶二字。　馬衡藏石

尚書臯陶謨殘石　品字式

存立願家具等字　徐森玉藏石

魏隸附録·二

尚書多士　三體書

正始中立

河南洛陽洛水南棉田中出土

存十一行，有界格。首行有在今後等字，末行有殷革夏等字。周進藏石

魏録·四　希八·七　增圖一·九四

尚書無逸　三體書

正始中立

1922 年秋，洛陽東三十里大郊村東朱家古墩大橋之間，北臨洛水，與龍虎灘隔岸約二三里，即《洛陽伽藍記》所云之開陽門，爲漢魏太學故址。鄉人朱姓取蔓根制藥，掘地得之。旋爲城内賈

人謝榮章購去。謝以石重大難密運，令石工白姓乘夜鑿爲二，遂損《尚書》《春秋》凡二十五字。事聞以省，太吏檄洛令並委員，提出以一石置縣署，一石置官礦局。致移石時又損數字。春秋晋侯齊師之齊字，篆文全泐，隸字損半。陳侯鄟之鄟字，篆文初損下半，後遂全泐。近並天王狩於河陽之河字篆文亦泐矣（見1927年趙鈞子題跋）。縣署一石後歸文廟，官礦局一石歸張鈁。

存十七行，有界格，首行有周公曰烏乎等字，末行有嗣王其監於兹等字。後刻《尚書·君奭》十六行。

魏録·七　希八·一　增圖一·九二

尚書無逸　小篆、隸書

存四行，首行存小字，二行存烏字，三行存人字，四行存譽字。

尚書君奭　三體書

正始中立

河南洛陽太學舊址出土，張鈁藏石。

存十六行，有界格。首行有周公若曰君等字，末行有保乂有殷有殷等字。刻於無逸十七行之後。

魏録·一一　希八·二　增圖一·九三

尚書君奭　三體書

正始中立

光緒十一年河南洛陽龍虎灘黄占鰲舍旁發現。爲黄縣丁樹楨所遣估人黨廉閏，以四十金收得，歸以遺丁，後歸周進。

存十一行，有界格。存全字一百十，半字十二。首行有嗣前等字，末行有嗣天滅畏等字。

魏録·一三　校　魏晋·一　藝一·一七　壬癸·一　古石通一五一·五四　增圖一·九四　雪堂校刊群書叙録下·六四　1926年文明書局影印最近出土三體石經未裂本（附新舊出土殘石拓本及三體石經記）

尚書君奭多方殘石　三體書

存三行，首行存祇字，三行存王至二字，三行存殷字。馬衡藏石

尚書立政殘石　三體書

存三行，一行存庶字，二行存文字，三行存王字。馬衡藏石。

春秋僖公廿八年至卅年　三體書

正始中立

河南洛陽太學舊址出

存十五行，有界格。首行有戍剌之等字，末行有使宰周公來聘公子等字，與後件同一石。　張鈁藏石

魏録・三〇　希八・四　增圖一・九六

春秋僖公廿八年殘石　三體書

存五行，首行存城字，二行存癸字，三行存踐字，四行存歸於二字，五行存遂如二字。下段分書第八二大字。1936 年白堅購於日本大阪淺野竹石山房。

春秋僖公　三體書

存五行，首行存冬字，二行存月字，三行存及字，四行存婁字，五行存齊字。馬衡藏石。

春秋僖公卅一年至文公二年　三體書

正始中立

河南洛陽太學舊址出

存十六行，有界格。首行有免牲猶三等字，末行有秦師敗等字，與前同一石。

魏録・三〇　希八・六　增圖一・九五

春秋文公九年　三體書

正始中立　河南洛陽太學舊址出

刻於《尚書・多士篇》之裏面。存十行，有界格。首行有天字，末行有敗狄於鹹等字。徐森玉藏石

魏録·四二　希八·八　增圖一·九七　1926年文明書局影印最近出土三體石經未裂本（附新舊出土殘石拓本及三體石經記）

石經春秋　古文一體

存六行，第二行有正月公等字，末行不亦□等字。疑僞。

春秋殘石　三體書

存吕字鄭字。徐森玉藏石。

名字皆字殘石　分書

二行，行存一字。

寶字　篆字

不知何經　徐森玉藏石。

魏録附録·一〇

秦字　隸書

不知何經　徐森玉藏石

魏録附録·一〇

若字　篆書

不知何經　徐森玉藏石

魏録附録·一〇

司空東武侯王基殘碑　分書

景元二年四月辛丑卒　乾隆初河南洛陽北十五里安駕溝村築寨掘得之，移存洛陽存古閣。後嵌洛陽明德中學壁間（相傳初出土時下截朱書宛然，付之鎸工，遂磨拭以没）。基爲鄭康成門人，見《後漢書·鄭康成傳》。

後刻光緒八年杜夢麟跋云：上方未刻者，前三行每行一字，後每行二字，下方則每行各缺五字。

求一·一三　蒿里一·二　平二·三　札樸八·三四　金石一跋三·三　魏晋·一　古墨一·二三　攈五·二　潛目·一七　中記一·九　增圖一·九八　真九·三　萃二四·三　洛陽石刻録一　藝一·一七　孫録一·一七　柯　竹一·一一　校　跋二

·四　述學補遺二八　瓜三·六六　聚一三·九八　滙九之三·一　寶鴨上·一二　存一〇·一〇

蕩寇將軍浮亭侯李苞通閣道題記　分書

景元四年十二月十日

陝西褒城石門摩崖南崖（方朔云此石或謂鑿去，或謂改道崖高不能再拓。繆荃孫云崩入褒水。）又一石字較前一石爲小，存景元四年十二月一日（下泐）蕩寇將軍浮亭等字。在石門北西壁摩崖，光緒間爲打碑人訪得。

枕三·三四　關一·七　關中·五　跋　二·四　葆·八一　柯　平二·三　石索四·一四七　朱　陝六·二　思一六·八　壬癸·一七　古石　魏晋·一　潛目一·七　復二一·四　篇·九　孫録一·一七　竹一·一一　攈五·二　滙一二之二·四七　又一二補遺·一四　門·八　禪一九·六　藝一·一七　聚一三·一一〇　褒·一一　寶鴨上·一七　獨三·三　萃二四·四　關考一〇·二六　九乙·四　嘉慶十九年漢中續修府志三一·拾遺上·一二

故左郎中鄧里亭侯沛國豐張盛之墓　分書

河南洛陽出土，歸濰縣高翰生，後歸周進。柯昌泗云：《魏志》張魯子盛，疑即此人。三行，行五字。

居·一〇五　柯　漢晋石刻墨影

魏故騎督平寇將軍關中侯廣平曲梁蘇君之神道　篆書

河南洛陽出土（1915 年、1916 年之間），歸常熟曾炳章，後歸烏程蔣氏。

希八·二九　柯　葆·二一　循一·二　蒿六·一　志新·一　古石　古零　緣一六·四一認爲是僞刻

議郎陳郡胥□等題名石柱　又名冠軍城石柱題名　分書

河南鄧縣冠軍城出土（嘉慶中），藏縣學。存五面，下刻同治六年王紹羲題記。

柯昌泗《語石異同評》卷四云：文有譙郡。於晋一代譙皆爲國，定爲魏石。

柯　魏晋・三

西掖門衛士潁川張君殘神座　分書

河南洛陽出，歸周進。存八字。

居・一〇八

鶴鳴殘石　又名道之以禮等字殘石　分書

河南安陽出土（光緒六年），歸縣人蔣村馬吉樟（《校碑隨筆》誤作吴縣吴氏）。存十一行，行四十五字。

校　柯　葆・七五　河目二・一　河録二・一〇

則鷹等字殘石　又名後則等字殘石　分書

方若藏石，存五行，行三字。

葆・四〇

女年九歲殘碑　又名皇女殘碑　分書

河南洛陽故城内金鏞城東南，俗名朝王殿基東北二里許文昌閣南出土（咸豐三年，一作同治三年）。後歸建德周進。存首三行。

希八・二三　魏晋・二　匯九補遺・五　摹・五　古石　漢晋石刻墨影　柯　校　居・一〇四

靡所税寧等字殘石　又名家之墓等字殘石　分書

河南出土，歸方若。存三行，前二行各四字，末行五字。

校　魏晋・二　柯

廉方等字殘石　分書

存三行半。疑僞。

禮式等字殘石　分書

河南出土，歸周進。存六行半。

居・一〇六

寧旭等字殘石　又名司空等字殘石　分書

河南洛陽出，歸周進。

居·一〇九

禄養等字殘石 分書

河南洛陽出，歸周進。

居·一〇七

俾登等字殘石 分書

河南洛陽出，歸周進

居·一一〇

祖載等字殘石 分書

河南洛陽出，歸周進。存一行半。

居·一一一。

傷其等字殘石 分書

河南洛陽出，歸周進。存一行半。

居·一一二

五晤等字殘石 分書

河南洛陽出，歸周進。存一行半。

居·一一三。

將侍等字殘石 分書

河南洛陽出，歸周進。存一行半。

居·一一四

乾字殘石 分書

河南洛陽出，歸周進。存一行半。

居·一一五

大儒管夫子（寧）碑 僞刻

正始二年十月

明于奕正《天下金石志》著録，明陳緝熙《碑藪》十四云：在安邱西南五十里墓前，《金石備考》著録。

太常吏王繩武墓誌 正書 僞刻

甘露五年□月十六日

校　誌新·四六

陳璟墓記　正書　僞刻

景元三年九月六日

部曹侍郎張輔國墓誌　分書　僞刻

咸熙元年九月二十九日

校　名一·三　志新·上六　誌匯一·二

三國·吴

九真太守谷朗碑　分書　額分書陰文

鳳凰元年四月乙未卒

湖南耒陽杜甫祠，今爲縣中學。碑兩邊刻興業鄉谷起鳳，大義鄉嗣孫谷尚志等題名。後又鑿去。《金石補正》云：碑經剜鑿，精采大損。惟額字尚仍其舊，比較之顯然也。出京三等字痕跡尤著。又翁氏（《兩漢金石記》）云：碑上方有後人所刻重修字，然或碑是重立耳，非重修碑刻也。今以拓本細審之，重修二字在十四、十五行之上，僅一重字可辨。沈樹鏞云：道光辛卯，縣令某以碑文漫滅，磨去其面，重加刻鑿，原刻真本遂希如星鳳矣。

藝一·一七　校　柯　泉一·五　潛目一·七　增圖一·一〇〇　真九·四　攈五·六　楊圖二·二三　石墨上·三　續編一·五　寶叢一五·三　蒿里一·三　萃一·五　魏晋·二　籀八·一四　篇·九　録補七·七〇　續古一五·一六　匯一五·二五　輿二·一八　孫録一·一七　竹一·一一　兩一八·一五　平二·三　瓊八·一三　思一六·七　硯續三·一一　集四·五　雪·五五　聚一四·一　略上·二四　刻·一一　帖考·一一　寶鴨上·一二　橋一·一一　天一·三　集目三·二　萃目一·二　沈樹鏞漢石經室金石跋尾　光緒湖南通志二六一一藝文志一七金石三

封禪國山碑　又名：一、國山碑；二、天紀碑。俗名囤碑。篆書　蘇建書　刻工殷政何赦

碑形微圓，文四面環刻，東北二面多磨滅，南西二面微蝕。

天璽元年月次陬訾之□日惟光大淵獻

江蘇宜興張朱鎮西南五十里董山上　繆荃孫云，此用舊碑磨去另刻，碑下尚有殘字數十（《江蘇金石記》二·一六）。近拓碑末有同治辛未春閩甘澤宣來拓並記十三字。《寶素室金石書畫編年録》上云：道光十四年六月親拓至碑云，而碑下隱隱見一先字。因挖土搜之，其下復有殘字數十行。洗刷讀之，或每行五六字、二三字不等，皆與上行不相連屬，疑當日刻竣造命磨去重鎸，此磨而未盡者，狂喜殊甚。即手拓其遺字九十餘，爲一卷，以補我鄉吴槎客明經《國山碑考》所未備。

有北京故宫藏宋拓本（羅振玉舊藏），上海藝苑真賞社影印本。

兩一八·一七　潛目一·七　存三·九　增圖一·一〇一　楊圖一·二三　古墨一·二四　攈五·七　滙四·三一　寶叢一四·三六　真一一·七　愚谷文抄一·三　寒上·三　魏晋·二　輿一·八　備　藪·二二　抄二·一　書刻下·五　牛圖　刻·一一　籀八·一四　竹一·一二　金石二〇·六　柯　略上·二四　天下　校　跋二·五　雪·五六　雲麓漫抄七·一九一　藝一·一七　孫録一·一七　平二·四　萃二四·七　集四·五　四當四·二　聚一四·三五　江蘇二·一　帖考·一一　天一·三　栗香四筆一五·三（石印本）　寰記九二·九　吴騫尖陽叢筆一·五（適園叢書本）　楊壽祺跋孫吴禪國山碑（藝文雜志一卷一期）　李慈銘荀學齋日記戊集上·八　宋史能之咸淳毗陵志一五·九又二九·一二

天璽紀功刻石　又名：一、三段碑；二、天發神讖碑；三、段石崗紀功德碣；四、巖山紀功碑。篆書　相傳華覈文皇象書

天璽元年黍（七）月十四日

《太平寰宇記》九〇·七：江寧斷石崗在縣南二十里，有大石碣，長二丈，折爲三段，故以名崗，即吴皇象書碣也。石於晋、宋時已斷爲三段，上段存二十一行，中段存十九行，下段存十行。元祐六年胡宗師題記在上段之後，崇寧元年石豫題記在上段石頂之右。嘉靖甲子（四十三年）耿定向題記在上段石頂之左。

翻刻本有：一、嘉慶十四年阮元參合馬氏玲瓏山館舊拓本繁城鮑氏舊拓本摹刻，共二百二十一字，屬長洲吴國寶刻之，置北湖祠塾；二、道光庚子（二十年）張容園重刻宋本；三、咸豐十年十月婺源俞麟士（文詔）重摹陳澧、徐子遠兩家藏舊拓本於廣州長壽寺。同治十三年移入學海堂；四、光緒三十三年端方命姚景綬摹刻本；五、林曙生東云摹刻於北京，俗稱黄泥墻本。又有上海藝苑真賞社影印本，羅振玉影印宋拓本（原拓在故宫）。

石存江蘇省江寧府學尊經閣，嘉慶十八年三月校官毛藻刷印王氏《玉海》，不戒於火，並石燼焉。

竹一·一一　柯　校　跋二·五　藪·一八　孫録一·一七　抄二·五　蒼·八　半下·三　己庚·一　萃二四·五　録續五·四五　菉二·七　古墨一·二四　寶叢一五·二　天下　史上·一三　攈五·七　四當四·四　東八·一四　天　滙四·一　字二·五　來上·二三　備　金石賡跋　潛目一·七　江蘇一·三二　金石二·六　枕三·三八　梅　兩一八·二八　奇觚中·九　廎·四　妙三·二　牛圖　清二·二三　平二·五　寒上·三　增圖一·一〇二　石索四·一五五　古墨一·二四　雪·五五　存三·七　書刻下·四　天一·三　輿一·二〇　東湖二·二九　彊識編四·二一　略上·二四　望　聚一四·八　寧一·一五　栗香四筆一五·三　朱緒曾開有益齋讀書志·二　曝四八·七八二　神州國光集第十九集正德辛巳江寧縣志二·七　同治壬申南海縣志一一·二　宣統三年番禺縣續志三三·四（録全文）

凡附録三七四

衡陽太守葛祚碑額　楷書

圭首有穿　碑身磨泐不存一字

江蘇句容西門外五里梅家邊（乾隆間孫星衍訪得）　晋王嘉《拾遺記》卷八載：吴時，葛祚爲衡陽太守。繆荃孫云：正書始於齊梁之間，吴時未嘗有此……字體與梁闕相類，因附梁末。又元陸友仁《硯北雜志》卷上云：句容縣西五里石門村有吴故衡陽太守葛府君之碑，僕田野中……至元三年正月，童邱戚光始屬友人樊楷仲式與縣之好事者觀之，以其石理甚粗，文皆漫滅，可撫者祇額十一字耳。

孫録一・一七　平二・五　刻・一一　蒿里一・三　寶叢一五・三　攈五・七　萃二四・一一　潛目一・七　魏晋・二　竹一・二　古石　句容一・一　聚一四・八三　寧一・七　藝一・二〇　江蘇三・六　跋二・六　粟香四筆一五・三　滙四・六

禹陵窆石題字　篆書

高六尺，周廣四尺，頂上有穿，狀如秤錘。存三行，僅辨數字。

《金石録目》作永建元年五月，不確。嘉慶《山陰縣志》云：康熙初，浙江督學張希曾拓之以素。屬讀得三十九字，以爲漢代表祭之文。

浙江會稽禹陵廟中

《太平寰宇記》卷九六引《輿地記》云：廟側有石舡，長一丈，禹所乘也。孫皓刻其背述功焉。後人以皓無勛可記，乃覆舡刻之字，其舡中拓。陸和九以文中有白玉等字，疑是禪國山碑之一角。右方有□□□□年九月吴□□等拜禹陵詩九行，左方宋趙興升題名，下有乙酉二月瞿世瑛觀，皇慶元年員嶠真逸（李侗）等題名，下有布鄉笛漁題名。

浙一・一四　孫録一・一七　藝一・一七　竹一・八　攀一〇

·八　輿一·一二　天下刻·一一　寶叢一三·二　萃一九·一備　攈五·七　匯七·三四　潛目一·四　復五·一九　寒下·一一　書刻下·一一　筆二·五　曝四七·七六七　聚一四·八七　越一·四　平三續上·二　金石一·三第四九　周嵩堯禹陵窆石辨（浙江圖書館館刊四卷六期）　瓊四·二〇　嘉慶八年山陰縣志二七·四　越一·六三　石言六·二〇引錢大昕竹汀日記

建塔刻石　楷書　僞刻

赤烏二年冬

1938 年安徽睢县出土

晋　代

蕭二將祠堂記　行書　額行書　十九行，行八字。

太元二年三月濮陽興立

浙江上虞箭山新篁竹寺。趙之謙云僞作。

匯七·四三　趙録一·一二　越一·七　攈五·四　輿一·一二

明威將軍南鄉太守郛休碑　分書　額篆書

中斷，陰弩羡等題名。又刻：郡領縣八，户萬七千百卅，職散吏三百廿人，兵三千人，馬三百匹，參戰二人，騎督一人，部曲督八人，部曲將卅四人。

泰始六年二月丙子

山東掖縣東北五十里上泊村出土（道光十九年），曾藏掖縣宋啓福家。光緒七年長白端方以五百金購得，又歸館陶王占元。1938 年趙琪購歸掖縣公所。《山東通志》云：出土時碑文已磨損，自估客運售京師，竟致横斷，碑文剥去三十餘字。碑陰亦毁一二字。（《寶鴨齋題跋》云，土人言此石在河干，婦媪嘗從石背洗衣，既罕知者，而字畫賴以不損。）《寶素室金石書畫編年録》二卷下云：出郛將軍墓旁。

寶鴨上・一二　硯三・一　雪・五七　蒿里一・三　柯　校交二・一　攈五・八　篇再續・一〇　田目再續・五　真九・四　匯一〇之三・五七　藝一・一七　陶四・一　趙録一・一三　九甲・二六　聚一五・一　通一五一・五八　山訪一一・一　瓊九・一　增圖二・一〇三　瓜三・六七　許一九・四五九

潘宗伯韓仲元造橋格題記　分書

泰始（宋晏袤以爲泰和）六年五月十日

陝西褒城石門摩崖南崖　後有廣元元年南鄭令晏袤跋云，紹熙甲寅（五年）始見於石門之南崖，舊傳已佚。方若云：實在高處拓不易，故無人拓也。

柯　萃二四・四　楊圖二・二四　攈五・八　潛目一・七　匯一二之二・四八　復二一・四　禪一九・六　魏晋・二　藝一・一七　竹一・一二　門・八　孫録一・一八　校　壬癸・一七　跋二・三　聚一五・二三　褒・一一　古石　枕三・三四　增圖二・一〇四　關考一〇・二六　道光辛卯褒城縣志八・文物志二

任城太守羊君夫人孫氏碑　分書

額分書　有穿　上鋭下方

［泰］［始］八年五月庚寅□□十二月甲申□□（桂馥考爲泰始）　山東新泰新甫山下（乾隆五十八年江秬香訪得），後移縣學。

《山東通志》云：令以工人冬寒烘火，石皮爆裂，遂不可讀矣。光緒以前拓本左下段中間缺一片。

札樸八・三四　九甲・二六　瓜三・六九　跋二・六　山訪三・一六　平二・五　蒿一・三　柯　雪・五七　授續一・九　阮山八・二六　石索五・一　東八・一四　聚一五・二六　萃二五・一　篇・九　匯一〇之一・六八　潛目一・七　真九・四　楊

圖二·二四　攈五·八　通一四九·四〇　魏晋·二　藝一·一八　孫録一·一八　竹一·一三　田目·八　校　瓊九·六　增圖二·一〇五　黄承吉夢陔室文集八·一〇（1939年重排道光刻本）　趙懷玉亦有生齋文抄七·二五

大晋龍興皇帝三臨辟雍皇太子再莅盛德隆熙頌　分書　額分書　陰題名十一列

咸寧四年十月二十日

1930年（一作1931年）3月24日洛陽東南大郊村北一里許黄瑞雲墓旁掘得之，歸東南大郊村李家營李長陞，現存偃師縣東大郊村西晋太學遺址。

希九·一　柯　交二·二　四當四·四　河北第一博物館半月刊十一、十二期　顧廷龍大晋龍興皇帝三臨辟雍太子又再莅之盛德隆熙之頌跋（燕京學報第十期）　余嘉錫晋辟雍碑考證（輔仁學志三卷一期）張鵬一晋辟雍碑跋（《北平圖書館館刊》七卷六號）陳伯弢晋辟雍碑跋（制言十三期）　許平石晋太學盛德隆熙頌碑跋（河南博物館館刊四期，1936年10月）

趙國高邑導官令中大夫馮恭墓門刻石　又名馮恭石槨題字　分書　斷爲二

太康三年二月三日

河北唐山出土，歸桐鄉馮汝玠，後歸周進。

誌新一·一　蒿六·二　柯　循一·三　古石　居·一一六　菁編　誌匯一·一　誌釋一·一

廣野將軍趙國中丘和國仁墓刻石　分書

太康五年十一月十九日　河北磁縣馬頭鎮出土（1926年），歸柯昌泗。趙萬里《漢魏南北朝墓誌集釋》編例·一目爲僞刻。

交二·二五　柯　誌新一·一　誌匯一·一

安丘長王君神道　篆書　二石文同，紀年一行十一字正書

太康五年　山東膠縣南牧馬城出土，或云光緒間黔陬故城出

土。王懿榮、端方先後遞藏，後歸縣立中學。

羅録上·六　田目再續·七　蒿六·一　柯　陶四·一二　校魏晋·二　古石　誌匯一·二

韋子平石碣題字　又名：一、昌盧石題字；二、太康磨。分書

太康九年六月二十日

山東費縣出土（1918年），歸山東圖書館。

葆·三三　田目再續·七　柯　古石　交二·二七　民國續滕縣志五·四九

齊太公吕望表　分書　額分書　陰廷掾汲服龍等題名，側亦有字不可辨，碑尾有嘉慶四年李元滬與李震二跋。明時横斷爲二，後又於横斷處裂爲二，遂成四石。

太康十年三月十九日

河南汲縣孔廟［黄易《漢魏六朝輿地碑刻考》云：原在河南汲縣太公泉，萬曆年間移置府治，久失。乾隆丙午（五十一年），余有中州之役，獲上段於衛輝府署，輿入小室中。辛亥秋（五十六年）又得下段，合而爲一。］

石索五·九　金石二〇·七　跋二·七　天下　平二·六　雪·五八　曝四八·七八三　壬癸·二〇　字二·七　籀八·一五　録續五·四六　金石賡跋　柯　魏晋·二　萃二五·二　潛目一·八　養一九·五　中考四·一〇　楊圖二·二五　攈五·一二　匯九之二·一九　中記一·一〇　真九·四　篇·九　廣六·三　續古一五·一九　張鑒冬青館乙集七·二二　錢儀吉衎石齋記事續稿六·一五　古墨二·一　竹一·一二　藝一·一八　孫録一·一八　校　河目中·一　聚一五·四六　略上·二七　瓊九·九　金石一跋三·六　寶叢六·四七　鈔續一·三　天一·三　增圖二·一〇六

仰光靈等字殘石　分書　存四行

太康□年（第一行有太康□年等字）

晉待詔中郎將徐君夫人管洛墓碑　分書　額分書　大女婿崇撰

方界格，兩面刻，陽刻志，背刻銘，形制與張朗志同。

永平元年二月二十九日　河南洛陽城北後坑村出土（1930 年 6 月），歸于右任。

徵一・一　館・一　柯　誌新一・一　誌匯一・一　誌釋一・二

處士成晃碑　分書　額篆書

元康元年七月十六日

河南洛陽東北十八里鳳凰臺莫家溝二村之東，左寨村之西北出土（民國 1925 年 12 月），歸張鈁。

柯　希九・二八　蒿續補遺・一　誌新一・一　誌匯一・一　誌釋一・二

中書侍郎潁川潁陰荀岳墓誌　分書　四面刻　圭首方座　左側刻夫人劉氏祔葬題記　永安元年四月十八日

元康五年十月二十二日，河南偃師西二十里汶莊（一作洛陽故城東十里蔡莊），鄉人掘井得之（1918 年）。

希九・二八　九乙・七　誌新一・一　柯　循一・三　雪跋二・八　芒三編・一　館・一　徵一・一　蒿二・一　名二・三　菁編　誌匯一・一　石言二・三　誌釋一・三　凡五・一八六

夫人宜城宣君郭槐（賈充妻）**墓石**　分書　圭首，似碑

元康六年

河南洛陽東北平樂村北出土（1930 年 12 月），歸北京圖書館。

柯　遼居乙稿・四二　誌釋一・二　藝林月刊三四期（1932 年 10 月）

左棻墓誌　分書

兩面刻，陽文四行，陰文七行。有方界格。磚質。

永康元年四月二十五日　河南偃師西十五里蔡莊村鮑姓地中出

上（1930年12月），張鈁購贈于右任。周肇祥云僞刻。1938年許同莘按原誌立石於墓墟。

邃居乙稿·四一　古零　柯　誌新一·一　誌匯一·一　浦江清《左棻墓誌銘》（清華中國文學會月刊一卷二期）　誌釋一·二　藝林二五期（1932年1月）

汲令王君立石師子題字　分書　二行行六字

永寧元年六月

河南汲縣出，歸周進。

居·一一九　柯

散騎常侍驃騎將軍南陽堵陽韓府君神道殘石　分書

清王頌蔚考爲永寧元年

河南洛陽古井中出，道光二十餘年洛陽令馬恕移置存古閣，今歸文管會。范壽銘云：初出土時，首末兩行已殘缺大半，僅能辨其爲某字而已。清馬恕考爲韓壽。

求一·一六　廎·五　平二·七　蒿六一　循一·七　柯　攈五·四〇　匯九之三·一　魏晋·三　洛陽石刻録·一　藝一·一八　聚一五·七五　藝文六·一　硯三·一一　孫録一·二一　竹一·一三　瓊九·一四　誌匯一·三　洛陽存古閣藏石目·一　芒冢補遺·一

幽州刺史樂陵厭次都鄉清明里石尠墓誌　分書　四面刻

永嘉二年七月十九日

河南洛陽北五里馬墳村東出土（1919年），歸周進。

居一一七甲·乙　希一〇·八　循跋上·一九　九乙·一〇　柯　循一·四　蒿二·一　誌新一·一　誌匯一·一　誌釋一·三

處士樂陵厭次都鄉清明里石定墓誌　分書

永嘉二年七月十九日

河南洛陽馬墳坡出土（1919年），歸周進。

居·一八　柯　希一〇·一一　循一·五　蒿二·一　九乙·一〇　誌新一·一　誌匯一·一　誌釋一·三

大興刻字　分書　側刻太平興國五年任城錢萬選等題記。明成化五年王正題記。

大興二年十月二十九日

藝一·一八　觀三·一三

巴郡察孝騎都尉枳楊陽神道　分書

隆安二年十月十一日

四川巴縣出土，歷藏歸安姚觀元，長白端方，建德周進。

希九·三二　居·一二〇　柯　陶四·一四　硯續四·二　九甲·二八　蒿六·一　羅録上·一四　魏晋·三　聚一五·七三　古石　校　藝一·一八　藝文六·一　瓊九·三三　增圖二·一〇七　誌匯一·三

振威將軍建寧太守爨寶子碑　分書　額分書

大亨四年四月上旬（按大亨無四年，考爲義熙元年），雲南曲靖武侯祠（乾隆四十三年曲靖城南七十里揚旗田出土）

下方有主簿楊磐等題名，左下方有成豐二年鄧爾恒跋。田雲龍《定庵題跋》云：碑額似尚有題字，爲邑人喻芳餘鏟去，自書其記識之語。上海藝苑真賞社影印本，沈樹鏞云廠肆有重刻本。

養一九·三　柯　藝一·一八　九甲·二九　蒿一·三　聚一五·六二　楊圖二·二六　魏晋·三　趙録一·一七　硯三·七　漫七·二　瓊九·三四　擵五·二九　匯一九·九　增圖二·一〇八　許一九·四五九　沈樹庸漢石經室金石跋尾　李慈銘荀學齋日記戊集上·三二　吴振棫養吉齋餘録卷六·八

征東將軍軍司關中侯劉韜墓刻石　分書

河南偃師杏園莊出土，武億、吴大澂、費念慈、端方先後遞藏。武億云偃師人掘井得之，已二十餘年，仍棄置民家。乾隆癸卯（四十八年）余假之而歸。況周頤《蕙風簃隨筆》二云：武虚谷得此石於桃園莊，珍密特甚，亟仿造一贋石以索觀及索打本者。真者則什襲而韝藏於櫃。虚谷殁後，其猶子疑其寶器也，夜盜之出，竭畢生力幾弗克負荷。及啓觀，石也，則怒而委之河。今流轉吴中者，即當時仿造之贋石耳。《吴愙齋尺牘》第四册（1938 年商務印書館影印）云：（光緒五年）因公至輝，購得劉韜墓誌石。劙爲二，漆合甚堅。以舊拓證之，絲毫不失。延煦堂所藏一石乃武虚谷所仿刻。端方藏一石乃覆刻本。顧廷龍撰《吴愙齋年譜》云：光緒五年十二月吴氏以十金得於輝縣。

聚一一五・七八　四當四・五　平二・六　跋二・八　石索五・一五　萬二・一　壑四・八　中記一・一一　誌一・三　柯　藝一・一八　楊圖二・二六　擴五・四〇　匯九之四・一　真續六・二〇　篇・九　萃二五・三　魏晋・三　孫録一・二一　竹一・一三　偃上・七　校　雪・五九　東冢・一　增圖二・一〇七　誌匯一・三　誌釋一・四

振威將軍鬱林太守關内侯河内趙府君墓道闕　分書　二石　中有穿

河南孟縣城東田寺村出土（嘉慶初），歸縣東鄉十二里田寺村馬氏。1916 年馬得一送入縣中金石保存社。

誌新一・一　柯　希一・一五　葆四　萬六・一　循跋上・二一　循一・八　朔目一〇・一　中冢・一　校　1933 年孟縣志・九　誌匯一・一

晋故虎牙將軍王君表　分書

二石文同，有方格，凡三行，行三字。

河南洛陽金村鎮出（1926 年 12 月），一云洛陽北小梁村南高家嶺村出土。歸柯昌泗。

柯　誌新一・一　誌匯一・一　藝林月刊十一期（1930 年 11 月）

當利里社殘碑　又名：一、祀后土碑；二、石社碑。　分書末有歲租田人共作六字，陰社老等題名三列並畫像。

河南洛陽故城東北五里朱家倉村東洛偃交界處出土（宣統元年）。歸建德周進。

古石　柯　居·一二一　葆·四一　希一·一二　石交録二·二二

爰君殘碑　分書

存中間一段，陽存十行，陰邱育等題名四列。

方若考爲陳君，或考爲田君，周進考爲袁君，柯昌泗考爲爰倩，當在惠帝末年立。出土地不詳。歷藏黄縣丁樹楨，建德周進。

希九·二六　葆·六九　蒿一·三　居·一二二　校　柯　摹·七　魏晋·一　循跋上·一八

晋故大司農關中侯鄭舒夫人城陽黔陬劉氏殘碣　分書

存五行，行十一字。夫人年下廿四二字刻於側。

河南偃師西南扒頭村出土（1919年）。范壽銘云本刻兩石，出土時缺其後半之石。

循一·六　蒿二·一　九乙·一一　葆·五六　中冢補遺·一　柯　菁編　誌新一·一　誌滙一·一　誌釋一·四

夫人黄氏（煒）**殘碑**　分書　存七行

河南洛陽出土（清末），歸三原于右任。

葆·二六　柯　校

鮑家宅山畫鳳題字　分書

一題鳳皇，一題東安王欽元，一題元康。

三月七日（或有考紀年爲元狩、元鳳、元康者，實則月日上已漫滅，許翰據書刻定爲晋）。

山東沂水西南七十里鮑家宅山（道光二十四年袁冶池訪得）。

擴五·一七　攀一〇·三一　羅漢下·一　硯二·一八　滙一〇之二·七三　楊圖二·二六　瓊一·三　田目續·一　畫初·一五一　趙録一·一四　藝一·二　山訪七·一又四　增圖二·

一〇七

貸用等字殘石　分書　存三行，行二字。

山東臨淄出土，歸陳介祺。

柯　田目再續・四　漢　羅漢上・八　校

毗上等字殘石　分書　存四行

黄縣丁樹楨、建德周進遞藏。

田目再續・三　柯　居・五七　葆・六八　校

李修等題名殘碑陰　分書　存十行半

河南洛陽出，歸周進。

居・一二三　柯

李修印範殘石　篆書

與李修題名殘石同出，歸周進。

居・一二四　柯

宋龍等題名殘石　分書　存三行

河南洛陽出，歸周進。

居・一二五　柯

仲舉等字殘石　分書　存五行，右側有樂鄚等字，存五行。

河南洛陽出，歸周進。

居・一二六

次柏等字殘石　分書　存六行，行二字。

河南洛陽出，歸周進。

居・一二七

榆次等字殘石　分書　存二行

河南洛陽出，歸周進。

居・一二八

元行等字殘石　分書　存五行半

河南洛陽出，歸周進。

居・一二九

□節字殘石　分書

河南洛陽出，歸周進。

居・一三〇

晋故都昌令樂陵劉遽墓石　分書　疑僞

元康六年四月七日

志新一・一　志匯一・一

晋故譙郡功曹史鎮南將軍潁陰張君永昌之神柩　分書　三行圭首，直徑盈尺，額刻雙螭，兩邊刻侍士。疑僞。

于右任藏石

寧朔參軍吕猛妻馬氏墓碣　分書　疑僞

夫人天水趙氏墓石　分書　僞刻

泰始四年七月三日

郭少女殘石　分書　僞刻

永嘉二年五月

臨羌都尉安西將軍侯達墓石　分書　僞刻

太寧二年三月十三日

征北大將軍蔡冲墓記　分書　僞刻

太元二年中節二日

晋永安侯墓石　分書　僞刻

後　趙

奉武殿猨戲絞柱題字　分書

建武四年

河南安陽（或云磁縣）出土，1924 年馬衡得之。歸北京大學，今在北京歷史博物館。

丁戊稿・三七　柯　交二・二七

中書令賈公闕殘石　分書　文字爲後人補刻，闕應爲東漢。左方有乾道六年向信題記。

四川梓潼

藝一·一八　魏晋·三　攈五·四一　硯續三·一三　聚一五·八四　柯　校　趙録一·一七　瓊九·三六　匯一六之一·四〇　1925年四六號《生春紅》

侍中楊發闕　分書　文字爲後人補刻，闕應爲東漢。

四川梓潼東北一里

錢大昕《十駕齋養新録》十五云：李氏據蜀稱成，後稱后亦未嘗以蜀爲國號。唯唐末王建、孟知祥始自稱蜀耳。此闕既不似唐以後款式，何得有蜀之名乎？余謂是褚千峰僞造。

聚一五·八〇　魏晋一·一八　攈五·四一　竹一·八　息一·七　柯　硯續三·一三　孫録一·八　藝一·一八　瓊八·一　匯一六之一·四〇　萃目一·二

魏太尉鄧艾祠碑　又名：一、鄭宏道修鄧艾祠記；二、秦修鄧太尉祠碑　分書

有額（今不見），圭首有穿，沈樹鏞云有側有額。穿上刻□故□□公祠碑。又隔一行尚有一宜字可辨。碑文首行起□天地三字，行末□有存角立諸字，次行末存帝室二字，他均不可辨。凡十九行，前八行，行二十九字。後十一行書立石人名，作三列。陰建元三年六月鄭能邈（或釋遠，又釋進）修祠記。

年月泐（柯昌泗云，據碑陰此即張馮翊所立之碑，當在西晋時）

陝西蒲城東北四十里阿村。

宣統辛亥《涇陽縣志》卷末闕訪·六引道光辛丑胡元煐修縣志云：在縣南二十里南賈村，屬瑞安鄉。金承安四年十月，段繼昌重立鄧太尉祠碑文云：有碑，鋭上而竅，文多漫滅。首云魏故鄧太尉祠碑。

有1928年中華書局影印《歷代碑帖大觀》本。

萃目一・二　聚一五・六八　藝一・一八　竹一・一三　攀一一・九　授續一・一三　交二・二八　柯　泉一・八　求一・一八　續編一・六　雪・六〇　硯續四・三　陝六・四　魏晋・三篇再續・一三　綴跋・八　攈五・四一　匯一二之二・三〇　抄二・一六　真續六・二一　九甲・三〇　刻・一二　萃一・六　金石二〇・一三　孫録二・一　古墨二・三一　校　跋二・一〇　存一〇・一三　瓊一〇・一　增圖二・一〇九　貞遺丙集二・六　鬬考九・三四　蕭穆敬孚類稿四・六（光緒丁未刻本）　錢儀吉衎石齋記事稿四・六　松翁賸稿二・六

中郎將衛堅等字殘石　分書　存三行　晋　僞刻

前　秦

廣武將軍孫□産碑　又名立界山石祠碑　分書　有額　陰有胡性等題名　兩側部衆題名　清張澍考爲張蚝之孫　有方界格

建元四年十月一日

陝西白水史官村倉頡廟中（舊傳石佚，1920 年陝人雷召卿訪得後爲渭北鎮國軍趙某所據）　蘇州張德生有翻本。

授續一・一三　古石　平二・七　刻・一二　陝六・五　石言一・一五　攈五・四一　匯一二之二・五七　九乙・一二　潛目一・八　萃二五・六　瓊一〇・七　柯　藝一・一九　楊圖二・二七　聚一五・九四　養一九・二　九乙・一二又三三　蒿一・三　孫録二・一　真一〇・四　鬬一・八　古墨二・三一　校　增圖二・一一〇　鬬考一〇・三八

後　燕

武容為亡兄造象　正書

燕元元年甲申四月癸丑朔

長白端方藏石

陶五·一　希一〇·二五

後　秦

遼東太守呂憲墓表　分書　左側未有一石字

弘始四年十二月二十七日

陝西西安出土，歷藏渭南趙乾生，長白端方，諸城王緒祖，今歸本江藤氏。葉昌熾云僞刻。

聚一五·一一三　陶五·二　羅録上·一四　九甲·三五　硯三·一二　古石　柯　田目再續·七　緣一三·一一　瓊一〇·八　匯一二補遺·一　陝六·六　增圖二·一一二　韓泰華無事爲福齋隨筆下·一　1936年咸寧、長安兩縣續志一三·五　民國奉天通志二五四·三四　誌匯一·三

南朝·宋

晋豐縣□熊造象　正書

元嘉二十五年七月二十三日

光緒間王懿榮得於成都西關萬佛寺。光緒二十八年石歸端方。1917年王子漢輔又從端方後人處贖回。

龍驤將軍護鎮蠻校尉寧州刺史邛都縣侯爨龍顏碑　正書　額正書、有穿　爨道慶撰

大明二年九月上旬

雲南曲靖府陸涼州（今陸良縣）城南二十五里貞元堡（一名薛家堡）。

碑右下方有阮元題記二行，左下側有道光七年知州□□□建亭

題記六行，後刻道光十七年邱均恩、光緒二十八年楊佩均二跋，陰爨道文等題名。有上海藝苑真賞社影印本，1918 年中華書局《歷代碑帖大觀》本（上有道光丁亥劉燕庭跋，光緒三十四年三月王瓘跋並釋文）。

趙録一·一八　緦四·三　藝一·一九　校　續編一·七　滇·三　許一九·四六三　橋一·一二　聚一六·一　平三續上·三　雪·六一　攈六·二　瓊一〇·一一　匯一九·一〇　硯四·一　萃略一·六　華·六　循跋上·一四　增圖二·一一三　萃目一·二　李慈銘桃花聖解庵日記己集第二集·二

沙門慧坦為石佛記殘石　正書

存八行半，中有大明六年等字。

山東出土　歸黄縣丁干圃，後歸周進。

居·一三一

謝靈運石門新營詩　正書　詩二首，前一首存一二二字，爲宋苗振等題名所掩。後一首存六十七字，爲唐徐大使游石門山詩間刻之，又爲宋皇祐間王起等題名所掩。

浙江青田石門

西凉釋玄嵩造無量壽彌勒二世尊像　正書

作方柱形，正面記文六行，側二行。

永明元年七月十五日

四川茂川出土，歸四川大學，羅振玉云：疑是後人補刻。

交二·三〇（誤作新都出土）　藝一·一九　羅録一·一五　聚一六·三八　括蒼金石志一·二　匯七·五三　增圖二·一一二

吴郡造維衛尊佛題字　又名：一、妙相寺石佛題字；二、石佛背題字。　正書　有像

永明六年

浙江會稽妙相寺

萃目一·二　趙録一·一九　藝一·一九　聚一六·三八　浙一·二七　越一·一四　平三續上·四　輿一·一二　攈六·三　瓊一〇·二七　匯七·三四　硯四·八　續編一·九　增圖二·一一五　嘉泰會稽志一六·一七

南朝·梁

太祖蕭順之東西二闕　正書

西闕，正書正文，同治八年楊葆光訪得，存太祖皇三字，斷爲二，莫友芝疑而合之。東闕，正書反文，右上角刻同治九年莫友芝跋。

清陸心農考爲天監元年，江蘇丹陽東北二十五里東城村齊明帝興安陵北。

匯四補遺·一　栗香四筆一五·四　藝一·一九　瓊一一·一　聚一六·四三　輿一·九　羅録一·一六　校　江蘇二·二六　硯四·七　寶叢四·一七　筆二·六　增圖二·一一九　陵·二九

鄱陽王蕭恢入蜀題記　正書

後刻元祐八年十二月二十七日因打碑游此記之題記，嘉定九年花朝前七日鄭子思題名。

天監十三年十二月，四川雪陽南三里飛鳳山麓瀕岸石壁上（光緒二年蕭慶栫訪得）。

藝一·一九　匯一六補遺·二七　瓊一一·三　藝文六·二　羅録上·一五　壬癸·二三　增圖二·一一六　況周頤西底叢談·八　古石　吴慶坻蕉廊脞録六·四　1935 年雲陽縣志二二·一〇　1925 年四十號生春紅鄭叔問鄱陽壬蕭恢軍府人題名

瘞鶴銘　正書　左行華陽真逸撰（《蕙風簃隨筆》一·二《陶隱居畫傳》曰：隱居號華陽真人，晚號華陽真逸）後人或考爲王羲之、陶貞白、顧況、王瓚等人所書。任南耕據《北夢瑣言》：皮日休先字逸少，考爲皮襲美所作。　上皇山樵書。

宋黄睿考爲天監十三年

江蘇鎮江焦山西南麓觀音庵下水中。不知何時斷爲數塊，北宋時存於焦山及寶墨亭。熙寧三年張壆於焦山之陰搜得"厥土惟寧"一石，其後有"丹陽外尉江陰真宰"八字（宋張壆跋語）。南宋淳熙十六年馬子嚴於焦山佛榻前見篇首二十餘字（即"鶴壽不知其紀也"一石）。崖間見"兹山之下"二十餘字一石。又請於州將張子顏發卒挽出"甲午歲"以下二十餘字一石於水中（宋馬子嚴跋語）。是兩宋時已斷爲四塊。此四塊皆是四邊之石，惟中間一塊不知亡於何時。

康熙六年十月張弨親至焦山手拓，亦存四塊。一石存"歲得於華"等八字（張氏名側立石）；一石存"甲午歲化於朱"等三行三十四字（張氏誤作宋人補刻）；一石存"未遂吾翔"等六行三十字（張氏名仰卧石）；一石存"華表留表"等銘文三行二十字，題名"夆嶽真君"三行十二字（張氏名僕石），凡一〇五字（内有不全三字）。

康熙五十二年陳鵬年出石於水，凡七十七字，不全九字。乾隆二十二年移砌寺中壁間，又斷成五石（"江陰真宰"等三行爲一石）。陳鵬年《道瑩堂文集》五重立瘞鶴銘碑記云：康熙壬辰（五十一年）冬至癸巳二月出之，存七十餘字。乾隆五十六年翁方綱撰《瘞鶴銘補》時存一〇八字（連殘畫在内，惟第一石斷，存"上皇與歲得於華"二行六字，上半已缺，據何元錫藏舊本摹入。存三行，有華陽真逸與鶴壽不知其紀也等字。何藏本後歸梁章鉅。據李文藻桂馥諸人題記云：已墮水中。此石既爲陳鵬年嵌置寺壁，不知緣何復墮江中，疑不能明。）乾隆間曾經開洗。同治七年江中出小石一片，有"也適"與"石旌"二行四字（即"甲午歲化於朱方"一石上端第二第三兩行）。

壯觀亭别刻本止上段九行五十五字，半泐者四字。《山樵書外紀》目爲宋翻本。劉履芬云：道光間六舟於焦公洞搜得宋人重刻。洪頤煊目爲明人重摹本，下截後人已剷去，刻詩其上，在原石故址西百餘步（洪氏所見本每行下又有缺字凡十三字）。

宋趙彦衛《雲麓漫抄》二：瘞鶴銘在今鎮江府大江中焦山後巖下。冬月水落，布席仰卧，乃可摹印。紹興中訪舊本，有使者過，命工鑿取走。石頑重不可取，止得十許字，又以其不能携，但携其一兩字而棄其餘。今通判東壁者是也。元郝經《陵川集》二《瘞鶴銘辨》云：大小凡五段，共一百十三字……中統元年，持節使來，館留儀真，伴使潘居之以焦山磨崖瘞鶴銘見贈，而昏剥湮漬，漫不可别。既而提舉路鈐、王順送焦山寺僧所寄一本及辨證一卷，即此本也。方之他本，最爲完真。向在河朔時所見數本，皆摹拓失真。近歲鄧州石刻傳布雖多而枯梗剸截，絶無韻勝。元周密《雲烟過眼録》二云：（鮮于）伯盛云：太平州有重刻瘞鶴銘（又見周密《志雅堂雜抄》下，鮮于樞藏太平州重刻本，見《珊瑚網》二二）。明周暉《金陵瑣事》上：隆慶戊辰春日游焦山，從崩崖亂石間拓得十六字。友人宋國儒碎一也字，至今惜之。明李日華《味水軒日記》三：萬曆三十八年十月二十一日於許廣文處購得瘞鶴銘全文一百八十六字，較《東觀餘論》邵資政所考次者多六十八字，文亦互異。明徐𤊹《紅雨樓題跋》二：此本華亭上有一掩字甚明（《峭帆樓叢書》本）。清姜紹書《韻石齋筆談》下：徐若水藏瘞鶴銘唐摹本全文。孔尚任《亨金簿》二：（康熙）壬辰，客東萊，購得没刻舊卷。蓋摹於江中，斷石者共五七字。有萬曆十年青社誠軒道人藏（明青州府衡藩新樂王載璽）。萬曆丁巳馬之驥跋，天啓七年曹端儒跋。翁方綱《復初齋詩集》三二・一二題瘞鶴銘三首。第二首注云：歲上辨得午字。又卷四一：（何）夢華得瘞鶴銘殘拓本，華陽真逸，不知其紀也，略辨九字，爲題二詩。第二首詩注云：所謂三行，在佛後背書，石勢欹斜致然耳，補刻之説誣也。余於《瘞鶴銘補考》中詳之。又卷四二・四《題瘞鶴銘舊拓本》四首第一首注云：銘首鶴字，鶴壽字今始見之。第二首注云：江陰二字，在石仄處。第三首注云：米老題云：仲宣、法藝元祐辛未孟夏觀山樵書。第四首注云：曩聞王虚舟從蔣松園得此十六字，今始見之。米蓋仿銘書而不逮遠矣。益知序下三行出宋人補刻之説無稽也。又卷五三・二得瘞鶴銘舊本題三詩注云：銘識下尚可辨者，識語數行，有滄波憑覽丑歲云云。又云：無其二字在朱方下石勢彎轉處。又卷七〇瘞鶴銘粤東重刻黎瑶石本詩注云：此本較尚拓本，多華陽真逸記也六字。而張力臣所云僕刻石别出六字則已有之。梁章鉅《退庵金石書畫跋》三云：石旌争以下三行二十餘字，蓋陳滄州取石嵌寺壁以後，誤會宋人題識語，競目此三行爲後來所補刻，所以不拓也。至近日人罕知陳滄洲語，却令拓之。按重刻之疑尚在陳滄州之前，則此是百年前拓也。余始考此三行，詳辨其非，後人重刻手書勒石於焦山寺壁矣。張廷濟《桯馨堂集・順安詩草》三云：焦山尚有磨崖重刻，下截爲明人題名剷去，今存九行五十六字。李遇孫《金石學録》四張廷濟條：廷濟兄灝曾拓瘞鶴銘五石爲一大幅。並拓出爽塏石下有小字四行十數字，爲從來金石家所未道。徐康《前塵夢影録》上：瘞鶴銘水拓本首有鶴壽，不知其紀也有序等字，有吴璟（西村）、華瀧（澗飛）等印，沈秉成（仲復）印。咸豐七年翟元霖《蘇常日記》五一頁云：定慧寺殿右僧院壁内重摹瘞鶴銘。

張芑堂重刻楊大瓢藏未出水拓本，王芝園法帖刻本凡一七九字，不全三字，實止一六五字，宋補刻八三字，不全二字。康熙元年程康莊重刻海昌陳氏玉烟堂本（在方丈）。康熙間錢升重刻顧宸家藏本（在寶墨亭）。陳鵬年重刻本（全字六十八，不全字十二，共八十字。陳氏恐損原石，别刻一石護於原石之外）。林企忠重刻本（在寶墨亭。林跋云原文共一百七十九字，内無考證，缺十一字，又不全三字，實一百六十五字）。小字本（在文殊閣）。道光七年陽羡程璋據天一閣藏本重摹（天一閣見存書目卷末四五）。光緒二十七年向萬鑅重刻本（凡四石，鶴洲僧勾刻，在定慧寺）。

集一〇・一　金石三〇・九　觀下・五八　又附録・九　廣六・一七　宋趙彦衡《雲麓漫抄》二・四六　聚一六・一一六　平三續上・四　吴雲焦山志五・一（同治乙丑刊本）　吴騫尖陽叢筆一・九（適園叢書本）　元陶宗儀輟耕録一四・六（四部叢刊本）　妙四・一　清二・二八　來上・二八　鈔二・二〇　牛圖　元至順鎮江志二一・九（癸亥焦山刻本）　陳任旸焦山續志三・一（光緒三十年刊本）　古墨二・三一　楊圖二・二九　孫録二・二四　雲二・二一　東九・六　平再續・五　摹・九（考爲陳時物）　半下四　江蘇三・七　竹一・一四　校　滙四・三二　鐵函二・二一　藝一・二〇　攈六・六　雪・六二　略上・二九　輿一・一〇　薤八・一二（正德十二年都穆親拓，可讀者僅二十字）　萃二六・一　藪・一八　寶鐵下・四〇　寶叢一四・一四　筆二・一八　字二・九　宋劉昌詩蘆浦筆記七・二（知不足齋叢書本）　息一・九又五・三　虚二・六　觀堂下・七二　天一・三　雲二・二一　天下　備　張弨張亟齋遺集瘞鶴銘辨一卷　汪士鋐瘞鶴銘考一卷（康熙五十三年松南書屋寫刻本）　翁方綱瘞鶴銘考補一卷（光緒三十四年端方刻本）　張開福山樵書外紀一卷（光緒三十四年端方刻、翁書後附）　吴東發瘞鶴銘考一卷　汪鋆十二硯齋補瘞鶴銘考二卷（光緒十一年刻本）　陳鵬年瘞鶴銘考二卷（康熙末年見山樓刻本）　楊賓藏水前拓瘞鶴銘（存七十八字，羅振玉彩印本）　姜紹書韻石齋筆談下・二（美術叢書二集一輯四册）　光緒間焦山僧鶴洲拓本（存八十小字）　王士禛池北偶談卷一三　徐康前塵夢影録上・一九　陳進宧瘞鶴銘跋（藝觀二期）　增圖二・一一八　聚一六・一一六　汪珂玉珊瑚網二〇・四六五　退三・三二　吴錫麟游焦山記（有正味齋駢體文一六・二）

石井欄題記　正書

天監十五年□月十五日

江蘇南京北守營後。後歸端方，又歸諸城王緒祖。乾隆五十年孫星衍訪得，題記後刻孫氏跋。

湯貽芬《琴隱園詩》二四：建康古井歌題井天翁十一井闌拓本。

孫録二・一　竹一・一四　江蘇三・二六　栗香四筆一五・四　聚一六・三九　句容一・四　陶五・八　滙四・六　藝一・一九　攈六・四　平二・七　寧一・八　萃二六・四　跋二・一一　增圖二・一一六　明都穆游名山記　清金鰲金陵志地録（小方壺齋叢書）

安成康王蕭秀東西二碑　正書　劉孝綽撰　貝義淵書

二碑文盡泐，惟額尚清晰。東碑陰題名六列多不可辨，西碑陰廿一列，每列六四行。《金石萃編》誤作蕭憺碑陰。

蕭秀卒於天監十七年

江蘇南京堯化門東清風鄉甘家巷

竹一・一四　江蘇二・二七又四四　寧一・八　孫録二・一　藝一・一九　滙四・一　栗香四筆一五・四　聚一六・三六　橋一・一四　曝　瓊一一・四　校　寶類一・一八　寶叢一五・八　攈六・六　硯四・八　平二・八　筆二・六　復二一・六　藪・二二　陵・五〇又一一七

始興忠武王蕭憺碑　正書　額正書　徐勉撰，貝義淵書，房賢明刻字，部元上石，凡三十六行，行八六字（或云八八字）。

年月泐，蕭憺卒於普通三年十一月八日。江蘇南京堯化門東花林村。

自右上角斜向左中腹俱磨滅，左腹近邊約尺許殘缺無存。

寧一・九　江蘇二・四四　竹一・一四　藝一・二〇　滙四・一　栗香四筆一五・四　孫録二・一　瓊一一・九　校　聚一六

・五八　寶叢一五・八　天下　平二・八　古墨二・三二　曝四八・七八七　寒　寶類一・一八　攈六・六　筆二・七七　面乙・二三　萃二六・五　復二一・六　跋二・一一　雪跋二・一三　藪・二二　備　金考・四　增圖二・一一七　陵・五五又一二五　萬曆癸巳上元縣志五・二八

吴平忠侯蕭景神道闕　正書　反刻　西闕逸

蕭景卒於普通四年

江蘇南京堯化門東神巷村西

江蘇三・四　聚一六・九九　寶叢一五・九　天下　古墨二・三二　金考・五　寧一・一三　竹一・一四　滙四・一　鈔一・一九　筆二・一六　萃二六・一一　平二・八　跋二・一二　藪・二二　備　增圖二・一一九　陵五六　粟香四筆一五・四　復初齋詩集一二・五　萬曆癸巳上元縣志五・二八

章景為梁王至尊並亡長兒均造無量壽佛像　正書　凡十行，第一行至第六行上缺

（上缺）辛未歲三月三日（或釋作丁未，考爲普通八年）　四川綿州北仙人橋芙蓉溪西岸。

俗名書箱石，實雙闕也。上刻造像。此刻在左闕。

藝一・二〇　滙一六補遺・八（1932 年綿陽縣志九・二）

金鰲金陵志地録

南康簡王蕭績東西二闕　正書　東闕左行

蕭績卒於大通三年　江蘇南京西北十五里石獅子墓前〔同治八年張肇岑（蘭坡）訪得〕

藝一・二〇　聚一六・一一三　滙四補遺・上　粟香四筆一五・五　瓊一一・一七　羅録上・一六　硯四・八　筆二・一七　江蘇三・三　句容・一三　增圖二・一一九　陵・五七　萬曆癸巳上元縣志五・二八

許菩薩造像　正書

大通三年閏月二十三日

四川綿州北仙人橋芙蓉溪西岸，俗名書箱石，實雙闕也，上刻造像。此刻在左闕。

藝一·二〇　匯一六補遺·八　1932年綿陽縣志九·二

宋[?]念為七世父母造觀世音像　正書

［中］［大］通三年七月　四川綿州北仙人橋芙蓉溪西岸，俗名書箱石，實雙闕也。上刻造像。此刻在左闕。

藝一·二〇　匯一六·補遺·八　1932年綿陽縣志九·二

冠英將軍西曹從事山陽縣令陶遷為亡父母亡兄造彌勒像　正書

大同四年四月十八日

山東濟南山東圖書館藏石

石言三·三　歷一·二一

釋慧影造像　正書　下刻同治七年李嘉福得於吴門題記八行

中大通元年元年十一月十五日

江蘇吴縣蚜溪蓮池庵，歸石門李嘉福，後歸邑人顧鶴逸。

羅録上·一六　緩七·五　瓊一一·一九　硯四·一一　李慈銘荀學齋日記丙集下·二五

華陽府華陽縣等字造像　正書

承聖二年

□□□為七世父母造像　正書

（上缺）年閏月二十三日

四川綿州北山

藝一·二〇　匯一六補遺·八

像贊　正書　存四行　有界畫

四川綿州北山

藝一·二〇　匯一六補遺·八

臨川靖惠王蕭宏東西二闕　東闕正書，文多泐，兩側有畫像十六方　西闕正書左行

左江蘇南京麒麟門外張庫村　同治七年莫友芝訪得

江蘇三·二　藝一·二〇　硯四·七　瓊一一·一六　筆二·一七　萬曆癸巳上元縣志五·二八　栗香四筆一五·五　匯四補遺·一　聚一六·一〇三　寶叢一五·九　趙録一·二〇　擴六·六　藪·二二　備　增圖二·一一九　天下　陵·四八　金考·五

安成康王蕭秀西闕　正書　反刻　僅存故散二字。萬曆上元縣志云：其一爲劉孝標作書梁故散騎司空安成康王碑。

江蘇南京黄城村東北甘家巷

江蘇二·四四　藝一·二〇　硯四·八　瓊一一·四　筆二·六　曝四八·七八七　萬曆癸巳上元縣志五·二八

新渝寬侯蕭映神道西闕　正書左行　東闕逸

江蘇南京堯化門東甘家巷北董家邊　同治十年訪得

硯四·一〇　羅録上·一六　瓊一一·二一　匯四補遺·四　藝一·二〇　句容附録·三　寶叢一五·九　筆二·一八　江蘇三·五　陵·六一

建安敏侯蕭正立東西二闕　正書　西闕僅存故侍中之四字，東闕左行。

在江蘇南京東南淳化鎮西南九里劉家邊接引庵前　同治七年莫友芝訪得

蘇三·五　聚一六·一一五　天下　寶叢一五·九　瓊一一·二〇　羅録上·一六　匯四補遺·一　藝一·二〇　硯四·一〇　筆二·一七　備　陵·五九　金考·五　萬曆癸巳上元縣志五·二九

要離梁鴻墓碣　正書　二行，行存三字，第一行存漢梁伯三字，第二行存烈士要三字。右下方刻光緒十二年石門李嘉福題記二行。上端邊側刻光緒丙戌妄張城和笙漁詩七古一首；左邊刻笙漁詩七古一首。

蘇州專諸巷後城下出土（乾隆間）

楊圖二・三〇　陶五・一〇　江蘇三・二〇　古石　增圖二・一一九　誌匯一・四　況周頤選巷委談二・二三

墓闕殘字　正書

江蘇南京宋墅

匯四補遺・三　藝一・二〇　蘇三・六

涌金井闌題字　正書

至德元年（繆荃孫云江寧府續志以爲唐肅宗之至德。考肅宗當稱載，不稱年，且井在古長干里，其爲陳物無疑）

江蘇南京

藝一・二一　陶五・一一　匯四補遺・一　江蘇三・二一

威寇將軍司馬婁墓誌　僞刻　正書

天監十八年十月一日

陶宏景墓誌　僞刻　正書

大同二年三月十二日

南朝・陳

宣城太守到仲舉墓誌　僞刻　正書（洛陽碑估集蘇孝慈字而擴大）

太建十年八月十四日

校　名二・六　誌新・四八　石言二・一八　誌匯二・四

寧都侯楊公則墓記　僞刻　正書

年月泐　《梁書》有傳，卒於天監四年。

循一・一一　誌新一・二

北　魏

杜阿妃造像　正書

永興二年□月十七日

董仕儁造像　正書

太常五年二月十五日

公孫延年造像　正書

神䴥元年正月十三日

太武帝東巡御射第二碑　正書　額篆書　陽文　□熙達書　存十四行，多漫滅，額兩旁有武士畫像，兩側刻花紋。

三年丁丑（太延）

河北易縣西南百十里猫兒窪（1935 年）

後丁戊稿·三八　交三·一一　藝林月刊游山專號第八期（1936 年 12 月）　藝林月刊六十九期（1935 年 9 月）

王神虎造像　正書

太平真君元年三月十七日

永昌王常侍定州常山鮑燕（舊釋纂，疑爲燕字）**為亡父母造石浮圖記**　正書　三面及正面皆有畫像　葉昌熾疑僞

太平真君三年正月十八日

山東諸城王緒祖藏石

交三·一八　壬癸·二四　陶六·一

永昌王常侍造浮圖銘　正書

太平真君三年四月十八日

中岳嵩高靈廟碑　正書　額篆書

陽文有穿，中段剥泐不存一字，陰七列，側刻周天授三年馬元貞投龍簡記。

太安二年（據金石録）　河南登封中岳廟

或以爲寇謙之撰。碑文有云：會有繼天師寇君名謙，似非謙之所自撰。

孫録二·二四　藝二·一　攈六·七　校　竹一·一四　古墨二·三二　字六補遺·二六　寶鴨中·一　瓊十二·一　存一一·一　金石一跋三·九　循跋上·一五　雪·六三　滙九之四·二三　授三·九　增圖二·一二二　萃目一·二　登封縣志三〇·一四

安樂史仁史義造彌勒像　正書　兩面刻

和平三年四月一日

梁龍珠等造像　正書　有陰、側

［和］平二年太歲辛丑五月十七日

曹天度造像　正書

天安七年佋登蕤賓（五月）五日　山西陽朔

定州中山郡趙埛為亡父母亡兄造彌勒像　正書

後刻同治十年九月鍾德祥題記云：黄縣人發土得之。

皇興三年

山東黄縣城隍廟佛堂内，後歸縣人丁幹圃。

藝二·一　羅録上·一六　滙一〇補遺·二五　田目續·五　通一五·二　一〇一　山訪一〇·二

清信女康知法為亡父母造像　正書

皇興五年六月三十日

陶六·二

楊晏妻韓令姜造像　正書

延興四年

光州靈山寺塔下銘　正書

太和元年十二月八日

山東黄縣出（或作即墨），歸蓬萊張允勷。

羅録上·一六　校　滙一〇補遺·二五　通一五二·一三七

增圖二·一二四　山訪一三·二

邑義信士女等五十四人造像　又名邑師法宗等造像　正書

太和七年八月三十日

山西大同雲岡第十一洞

許同莘恒代游記·三

齊州歷城崔承宗為亡父母造釋迦像　正書

有陰、側

太和七年十月朔日

山東歷城，後歸山東圖書館（非原石），又歸貴池劉氏雙忽雷閣。

田目再續·八　徽一五·一　通一五二·一　歷一·一三

王敬仙造像　正書

太和八年二月十六日

李晃之李山之造像　正書

太和八年十月十六日

席伯仁造彌勒像　正書

太和十二年四月十五日

藝續一　陶六·三

宕昌公暉福寺碑　又名造三級浮圖碑　正書　額篆書　陽文　傅恩□製文　蘇□刊文

下段兩邊各缺一片如半月形，陰題名。

太和十二年七月一日

陝西澄城東南三十里北寺村寺内（或作距澄城二十里之楊家壠以東本寺内）

藝二·一　求一·一九　孫録二·二四　攈六·七　校　硯續五·一　寶叢二〇·一六　匯一二之二·五　羅録上·一六　楊圖三·二　交三·四　通義堂文集八·六　關新一·一　增圖二·一二七　關考八·二六　陝六·七　凡附録·三六六　李涵礎

記魏宕昌公暉福寺碑（考古社刊四期）

劉興□為□□造像　正書　文多漶滅

太和十六年二月二十七日

長白端方藏石（陶齋藏石記未載）

寧元尚等造像　正書

太和十七年七月二十三日

吊比干文　正書　額篆書　陽文　相傳崔浩書　陰從官題名（顧燮光云：碑陰東魏原刻）

惟皇構遷中之元載，歲御次乎閹茂望舒，會於星紀十有四日，日惟甲申。宋吴處厚考爲太和十八年十一月四日。

河南汲縣西北十二里比干廟。

元祐五年吴處厚重刊並題記　助教劉士亨模刻。左側元符二年石釆（或釋寀）等題名，右側泰和甲子范構等題名。

孫録二·二四　字二·一〇　攈六·七　竹一·一五　寶叢六·四八　跋二·一三　萃二·九　中記一·一八　古墨二·三三　河目中·二　河録一·三　鈔二·二二　妙四·一　備　匯九之二·二　瓊一四·一　存一一·四　墨一七·六　金石二一·三　略上·三〇　天下　萃二七·一　中考四·一〇　續一·一五　筆二·一八　續一·一七　天一·三　增圖二·一二八　谷霽光教吊比干墓文碑跋（1936 年 12 月 17 日大公報圖書副刊一六一期）

比丘尼慧辯造像　正書

太和十八年

姚伯多兄弟造文石像　正書　兩側題名

太和二十年九月四日

陝西耀縣出土

增圖二·一二九　陝六·九

閻惠端為太皇太后造像　又名石佛寺閻氏造像題名

太和廿三年三月十五日

河北昌平西南三十七里（一云五十里），東妙峰山石佛寺（光緒六年通縣張雲翼訪得）。

藝二·六　瓊一四·一　匯一補遺·五　光緒順天府志一二八·七　光緒壬辰昌平州志四·二　藝林旬刊六九期

營州刺史元景為皇帝造石窟記　正書

太和二十三年四月八日

遼寧義縣西北十五里大淩河西洞，下截缺。

滿志一·一九　滿稿一·六　丙寅稿·二四　民國奉天通志二五四·三六　增圖二·一三一

元諮議（弼）**墓誌**　正書　趙郡李琮撰

太和二十三年九月二十九日

1926年5月23日河南洛陽城北南陳莊西北張羊村西南姚凹村東南出土　于右任藏石，今存陝西博物館。

徵一·一　館·二　誌初一·二　丙寅稿·二六　誌釋三·一五

持節征虜將軍汾州刺史元彬墓誌　正書

太和二十三年十一月二十日

河南洛陽西北瀍水西崖老蒼凹出土，開封圖書館藏石

館·二　徵一·二　河跋·二　蒿補·一〇　誌初一·二　松翁近稿·三九　誌釋四·三一

比丘僧欣（或釋欣）**造彌勒像**　正書

太和二十三年十二月九日

河北房山

藝二·七　陶六·四　匯一補遺·一〇

張道果率邑義七十八人造像　正書　後刻姚鵬圖跋

年月缺（姚鵬圖考爲太和十四年以前）

山東濟南金石保存所

田目再續・一一　通一五二・一

造五老等像題名　正書

景明元年四月八日

山西芮城張家巷村壽聖寺圍墻基下掘得（1917 年）

廣平内史前河間王元泰安諱定君墓誌銘　正書　方界格　有銘無誌

景明元年十一月十九日

1922 年 11 月 4 日河南洛陽北高溝出土　歸三原于右任，今存陜西博物館。

徵一・二　館・二　名二・七　蒿二之三・一　芒四編補遺・三　誌初一・二　誌釋四・二四

侍中司徒公廣陵王元羽墓誌　正書

景明二年七月二十九日

1918 年河南洛陽南陳莊西第一冢内出土，歸北京歷史博物館。

名二・七　徵一・二　館・二　蒿二　石言五・一二　汲續・二　芒四編一・一　循二・一　誌新・二　蒿二之三・一　誌初一・二　誌釋四・三六

韓貞等造像　正書　下截缺　刻於太和二十三年元景造石窟記之後

景明三年五月九日

遼寧義縣西北十五里大凌河西洞

滿志一・二一　滿稿一・八　民國奉天通志二五四・三九

周國隆造釋迦像　正書　陽刻

景明三年五月三十日

劉未劉堆等四人造彌勒像　正書　有側

景明三年十一月十一日

河北房山石佛寺　歸端方

陶六・六　藝二・七

顯祖獻文皇帝第一品嬪侯夫人墓誌　正書

景明四年三月二十一日

河南洛陽城北安駕溝出土（宣統三年），武進陶涉園藏石，後歸羅振玉，現在東北博物館。

菁　河圖·九　名二·七　徵一·二　館·二　誌新·二　蒿二之三·三　芒三編·二　循二·二　石言五·一二　誌初一·二　誌釋二·六　滿别上·五

幽州范陽郡涿縣當陌村高伏德像生劉雄頭合三百人造釋迦像　正書　有兩側

景明四年四月二日

原在河北涿縣西城門洞，1920年袁勵傑移縣署後曹錕移保定光園，今不知所在。

校　民國辛未涿縣志七編　增圖二·一三五

密雲太守霍揚碑　正書　有額篆書　有穿

景明五年正月二十六日

山西臨晋東霍村出土（1921年前后），後移北郭蒲坂中學

交三·一二　蒿一·三　民國癸亥臨晋縣志卷一三

比丘法雅與宗那邑一千人為孝文皇帝造九級浮圖碑　正書

兩截刻，下刻開皇五年四月楊法貴移碑記，陰爲楊姓諸人題名，上截文多磨滅，下截半埋土中，1918年始發土出之，文皆完好。

正始元年正月七日

河南汲縣北二十里周家灣田間，移入城内縣前街圖書館。

藝續一　河目上·一　循跋上·二三　河録一·六　朔目一·一

涿縣當陌村維那高洛周七十人等造釋迦像　正書　四面刻　中間刻佛像，文字圍刻四邊。

正始元年三月九日

河北涿縣出，歸端方，又歸諸城王緒祖，現在法國巴黎博物館。

陶六·八　藝二·七　田目再續·八　羅録上·一六　增圖二·一三六　民國辛未涿縣志七編

崔孝芬族弟墓誌　正書　右上半漫漶

正始元年三月二十一日

河南安陽出土，歸安陽古物保存所。

名二·七　校河録二·一

尼道僧妃造像　正書

正始元年四月二十日

佛弟子□宏造像　正書

正始元年四月二十四日

元遥妻梁合葬墓誌　正書　方界格

正始元年八月十日（僅書年月官銜）

河圖·一一　名二·一〇

高陽郡新城縣前鎮北府參軍事許和世墓銘磚　正書

正始元年十二月十三日

河南獲嘉出土，歸青縣姚貴昉。

名二·七　循二·二　徵一·二　館·二　蒿二·一　誌新·一　誌初二·二　誌釋五·四一

馮種育同邑二百人等造像　又作馮神□等同邑子二百二十人造像　正書　陰及右側均刻佛象

正始二年九月二十六日

陝西臨潼（吴式芬誤列入洛陽龍門）

攈六·九　匯九補遺·五　古墨二·三五　陝六·一七

司州汲郡汲縣崇儀鄉白善剛東大尚村合邑儀維那尚齊等八十人造像　正書

正始二年十一月十一日

河南汲縣出土，今在美國，有像極精。

城陽懷王元鸞墓誌　正書

正始二年十一月十七日

1919年河南洛陽城北海資北平冢之西第五冢出土，歸徐世昌。

名二·七　循二·二　芒四編一·四　汲·一　石言五·一二　征一·二　館·二　蒿二之三·一　誌釋四·三　誌初一·二

元始和墓誌　正書

正始二年十一月十八日

1914年河南洛陽出，番禺葉氏藏石（或傳石佚）。

菁編　名二·七　徵一·二　館·二　蒿二之三·一　循二·三　雪跋二·一四　芒四編一·一　汲·一　石言五·一二　誌初一·二　誌釋四·二五

前部王故車伯生息妻鄯月光墓銘磚　正書　直界格　僅書年月姓名

正始二年十一月二十七日

1932年河南洛陽東三十里天皇嶺出土。

徵一·二　誌釋一一·一一四

正始石硯　正書

正始二年

河南洛陽金村鎮出土，歸柯昌泗。

道人僧暈造像　正書

正始二年銘（太和十六年造）

韋敬元造像　正書　下刻同治十二年陸增祥題記

正始二年

陝西西安城外，同治十二年歸太倉陸增祥。

瓊一四·二　藝二·七　硯五·八

劉誕造像　正書

正始三年三月十一日

李□婆公孫彌祖造像　正書

正始三年三月二十日

建忠將軍恒農太守寇臻墓誌　正書

正始三年三月二十六日

1918年河南洛陽東攔駕溝出土，歸蘇州古物保存會。

九乙·一二　循二·三　芒冢三編·三　雪跋二·一五　汲·二　名二·七　館·二　徵一·二　蒿二·一　誌新·二　菁編誌初一·二　誌釋五·四二　凡五·一九

贈鎮北大將軍元思墓誌　正書　方界格　無前題

正始四年三月二十五日

1916年河南洛陽北徐家溝出土。

河圖·一二　名二·八　徵一·二　館·二　蒿二之三·一　循二·三　芒四編一·二　汲·三　誌初一·二　誌釋四·三三

城陽康王元壽妃（麴氏）墓誌　正書

正始四年八月十六日

1919年河南洛陽北十八里後海資北平冢之第三冢内出土，歸洛陽古物保存所。

名二　河圖·一三　徵一·二　館·三　石言五·一三　誌新·二　循二·四　汲·三　芒一·三　蒿二之三·三　誌初一·三　誌釋四·三〇

北坊民張猥洛買地券　正書

正始四年九月十六日

河北涿縣出，歸劉喜海，後歸端方。

陶六·一一　名一四·二三　蒿四·一（有側）

征東大將軍大宗正卿洛州刺史樂安王元緒墓誌　正書

正始四年十月三十日

1919年河南洛陽北安駕溝出土，歸徐世昌。

名二·八　河南·一三　石言五·一三　徵一·二　館·三

循二·四　芒一·三　蒿二之三·一　誌新·二　誌初一·三

樊令周索文行等造像　正書

正始五年六月二十四日

光州刺史高慶碑　正書　額篆書　陽文

正始五年八月十日

山東德縣學宮（光緒二十一年秋第三屯河岸崩，石淪於水，至二十三年水落石始出。碑首斜缺一角，約占六行。）

校　藝二·七　田目再續·九　寶鴨上·二〇　通一五二·一　增圖二·一三七　雪跋二·六　唐風·四二

江陽王（元繼）**次妃石婉墓誌銘**　正書

永平元年十一月二十三日

河南洛陽北張羊村西第二小冢内出土（宣統元年），歸縣人張氏，後歸常熟曾炳章。

名二·八　河圖·一四　館·三　徵一·二　菁　蒿二之三·三　循二·六　芒上·一　雪跋二·一六　汲·五　誌匯一·五　誌釋三·一七

凝光寺彌勒公碑　正書

永平元年十二月三日

石門銘　正書　王遠書　石師河南郡洛陽縣武阿仁鑿字

永平二年正月三十日

陝西褒城石門東壁，銘下題字七行。

藝二·七　門·三　孫録二·二六　弗丙下·一　竹一·一六　校　古墨二·三五　關中·五　平二·一一　跋二·一七　攈六·一〇　萃二七·六　雪·六五　關一·八　匯一二之二·四八　輿四·三一　褒·四　天下　復二一·五　集四·七　筆二·二一　增圖二·一四〇　關考一〇·二六　陝六·一一　道光辛卯褒城縣志八·文物志四

嵩顯等碑　正書　額篆書　陰題名

永平二年四月八日

甘肅涇川縣文廟

萃二七・七　隴一・三二　孫録二・二六　攈六・一〇　隴補・七（陰）　陳萬里西行日記一五二

寧陵公主墓誌銘　正書　有銘無誌

永平三年正月八日（卒）

河南洛陽北二十里北陳莊東北大冢出土。

名二・八　河圖・一五　館・三　徵一・三　蒿二之三・四　循二・七　芒四編一・三　汲・四　志初一・三　志釋四・三八

河東郡人□□安?禄?交□□合村邑子等造像　正書

永平三年正月二十三日　山西

藝二・七

李文歡等四人造像　正書　像師涇州新平郡三水縣民雷法洛

永平三年三月二十日

河南修武西北五十里嘉禾屯居德寺内。

南石窟寺碑　正書　額篆書陽文　陰題名四列

碑文二十三行，行存三十四字，下截殘缺爲人將磨泐處截去。奚康生造

永平三年四月十四日

甘肅涇州王家溝出土，移入孔廟。

交三・七　隴一・三四　循跋上・二六　增圖二・一三八　隴補九　後丁戊稿・三九　西行日記・一四七

［討］虜將軍□縣令江州建康郡袁氏縣周千記墓銘　正書

永平三年十月十七日

河北定縣城西街民家井上。民國初年歸姚貴昉，後歸羅振玉。

名二・八　循二・七　徵一・二　館・三　蒿一一　志新一石言五・一三　志初一・三　志釋五・四二　1934 年定縣志一八・五

蘇惠我為亡息造像　正書

永平四年二月二十六日

漁陽太守司馬紹墓誌　又名司馬元興墓誌

正書　後刻乾隆己酉（五十四年）湯令名跋

永平四年十月十一日

河南孟縣東北八里葛村出土（乾隆二十年）。原石轉入沁陽劉姓，嗣又轉入孫姓，今不知何往。乾隆時馮敏昌摹刻本在孟縣金石保存社。

朔目一〇・一　萃二七・八　竹一・一七　河録一三・一　跋二・一八　誌二・二　鈔續一・六　平二・一一　寶鴨上・二二　藝一八・一　孫録二・二六　名二・八　攈六・一一　匯九之二・六四　楊圖三・七　蒿二・一　館・三　徵一・二　面乙・二三　增圖二・一四五　中冢・一　誌匯一・五　誌釋五・四二　獨三　古墨二・三五　金石一跋三・一〇　1933 年孟縣志・九　乾隆五十四年懷慶府志二七・一六

太尉府參軍事元侔墓誌　正書

形制似小碑，有陰，記先世諱字爵位及元侔葬日。

永平四年十一月五日

河南洛陽北四十里陳凹出土（1926 年 7 月）　歸武進陶涉園，今在東北博物館。

徵一・二　館・三　蒿續補・一　誌初一・三　丙寅稿二六　誌釋三・一四　滿別上・八

弘農華陰潼鄉習仙里人楊範字僧敏墓誌　正書

永平四年十一月十七日

陝西華陰出土，歸縣人段氏。

名二・八　九乙・一三　循二・八　館・三　校　誌匯一・五　誌釋五・四三　陝六・一一

益州刺史樂安哀王元悦墓誌　正書

歲在辛卯冬十一月十七日（永平四年）

河南洛陽北徐家溝村東南出土（1920 年 6 月）。

循二·八　芒一·六　汲·五　河圖·一七　徵一·三　館·三　石言五·一三　蒿二之三·一　誌新·二　誌初一·三　誌釋三·一九

劉雙周造塔記　正書

永平四年十二月十九日

所在地不詳

藝二·一〇

鄭文公上碑　又名鄭羲碑　正書　額正書

二十行，行五十字，字比下碑差小。碑趺下有殘字七行，行存一字至四字不等，文爲石含烟等字。

永平四年

山東平度天柱山上

瓊一四·一〇　藝二·一〇　田目續·五　金石二一·五　寶叢一·三九　孫録二·二七　楊圖三·七　札樸八·三八　跋二·一八　攈六·一一　匯一〇之三·六四　阮山九·一　天下通二五一·一〇六　鄭·一　增圖二·一四一　萃目一·三

鄭文公下碑　又名鄭羲碑　正書　額正書

五十一行，行二十九字，較上碑多三百餘字，碑題較上碑爲詳。後刻政和三年十月三日秦峴等題名四行。

永平四年

山東掖縣南十五里雲峰山之東寒同山

藝二·一〇　瓊一四·三　田目·八　金石二一·五　寶叢一·三九　校　孫録二·二七　楊圖三·七　札樸八·三八　竹一·一六　弗丙下·三　跋二·一八　平二·一二　攈六·一一　匯一〇之三·五七　阮山九·一　硯五·八　天下　略上·三一　雪跋二·一六　鄭·二　通一五二·一〇六　增圖二·一四二

論經書詩　正書　鄭道昭撰　右上角缺

永平四年

山東掖縣雲峰山陰。有 1928 年中華書局《歷代碑帖大觀》本。

硯五·一四　瓊一四·一二　藝二·一一　孫録二·二七　楊圖三·七　攈六·一一　田目·九　滙一〇之三·五八　平二·一三　阮山九·四　廎·八　通一五二·一〇六　鄭·三　增圖二·一四三

武難生造像　正書

永平五年四月八日

奉朝請封昕墓誌　正書

永平五年四月十三日

1930 年 2 月 20 日河南洛陽東二十里古耀店瀍堂後出土，歸于右任。今存陜西博物館。

徵一·三　館·三　誌初一·三　誌釋五·四三

使持節驃騎將軍冀州刺史尚書左僕射安樂王元詮（或釋詮）**墓誌**　正書

永平五年八月二十六日

河南洛陽北三十里伯樂凹村西北一里元彧墓北第三冢内出土，歸常熟曾炳章，又歸廣東陳仲漁。

名二·八　九乙·一四　芒三編·四　循二·九　汲·六　雪跋二·九　館·三　徵一·三　石言二·八　誌新·一　菁蒿二之三·一

王忠合造白玉石像　正書

延昌元年三月六日

北海王（元顥）**妃李元姜墓誌**　正書　舊志改刻

延昌元年八月二十六日

河南洛陽出土（1921 年），歸徐世昌。

河圖·一八　名二·八　循二·九　芒四編一·七　汲續·二　館·三　徵一·三　石言五·一三　蒿二之三·三　誌新·三　誌初一·三　誌釋四·三七　松翁近稿四五

廣樂太樂楊宣碑　正書　額正書

延昌元年十月丁亥

河北唐山東六里西霍村東

藝二·一二　求一·二二　校　畿志一四七·四三　光緒七年唐山縣志卷一五　蒿一·四　羅録上·一七　匯三補遺·三一　增圖二·一四七　1930年後堯山縣志十四卷·金石

法堅法榮比邱僧碑額　正書　碑字不存

延昌元年二月癸巳（羅振玉藏舊拓本）

山東泰安東十五里姚莊大雲寺

藝二·二八　通一五二二·三三　匯十補遺·七

處士元顯儁墓誌　正書　蓋作龜形

延昌二年二月二十九日

河南洛陽北十八里後海資村北（1917年），歸北京歷史博物館，現存南京博物院。

名二·八　河圖·一九　九乙·一五　循二·一〇　芒四編一·八　汲·七　館·三　徵一·三　石言五·一三　蒿二之三·一　誌新·三　增圖二·一四八　誌初一·三　誌釋四·三一

衛尉少卿謚鎮遠將軍梁州刺史元演墓誌　正書

延昌二年三月七日

河南洛陽北張羊村西北二里出土

名二·八　河圖·二〇　循二·一〇　汲·七　館·三　徵一·三　石言五·一三　蒿二之三·一　誌釋四·三四　芒上·一　雪跋二·七　菁　校　誌匯一·五

張汝玉造像　正書

延昌二年五月

揚烈大將軍太傅大司馬安樂王第三子給事君夫人韓氏墓誌　正書

延昌二年仲冬二十三日

河南洛陽出土

志初一・三

元飂妻王夫人墓誌　正書　缺右上角

延昌二年十二月四日

河南洛陽張羊村西北姚凹村東出土（宣統二年），歸日本大倉喜八郎，毀於地震。

河圖・一九　名二・九　九乙・一六　循二・一一　石言五・一三　芒上・二　汲續・四　館・三　徵一・三　蒿二之三・三　增圖二・一四六　校　誌匯一・五　珉・三　誌釋三・二三

揚州長史南梁郡太守宜陽子司馬景和妻孟氏墓誌　正書　左邊刻乾隆己酉馮敏昌觀款

延昌三年正月十二日

河南孟縣東北八里葛村出土（乾隆二十年），歸監生李洵。

有 1928 年中華書局《歷代碑帖大觀》本，附翁方綱跋，乾隆壬戌七月王昶跋，同治甲戌季春上瀚沈景修觀記。

萃二八・一　瓊一四・二二　金石一跋三・一二　陶六・一二　中冢・二　名二・九　匯九之二・六四　攈六・一二　朔目一〇・一　誌二・三　平二・一三　藝一八・一　孫録二・二八　楊圖三・一〇　蒿二・一　館・三　徵一一・三　增圖二・一四九　校　誌匯一・五　竹一・一七　誌釋五・四九　獨三　雪・六六　1933 年孟縣志　貞松老人外集二・九　乾隆五十四年懷慶府志二七・一五　范壽銘河朔古跡圖識下册

殷州刺史崔偕墓誌　正書　右下角殘

延昌三年五月□□日

唐縣民劉歸安造像　正書　四面皆有畫像

延昌三年七月九日

長白端方藏石，後歸諸城王緒祖。

藝續一　陶六・一六　田目再續・九

高宗文成皇帝嬪耿氏墓誌　正書

延昌三年七月十五日

1914 年河南洛陽北安駕溝南出，歸武進陶涉園，又歸羅振玉。今在東北博物館。

徵一・三　館・三　誌新・三　蒿二之三・三　循二・一一　汲・八　芒三編・五　石言五・一三　誌初一・四　誌釋二・六　滿別上・九

使持節冠軍將軍燕州刺史元颺墓誌　正書　季弟思撰

延昌三年十一月四日

河南洛陽宣統二年出土，歸日本大倉喜八郎。

名二・九　河圖・二一　石言五・一三　汲續・三　九乙・一七　循二・一一　芒上・三　館・三　徵一・三　菁　蒿二之三・一　增圖二・一四九　誌釋四・二三　海外貞珉録・三

尚書左僕射驃騎大將軍冀州刺史元珍墓誌　正書

延昌三年十一月四日

1920 年河南洛陽北陳莊南陵出土，歸武進陶涉園。

名二・九　河圖・二〇　石言五・一三　館・三　徵一・三　蒿二之三・一　誌初一・四　雪跋二・一七　誌釋三・一〇

鷹揚將軍太子屯騎校尉山暉墓誌　正書

有蓋，乃改刻晋墓誌爲之。

延昌四年三月十八日

河南洛陽東北二十五里後溝村正西營莊村正東太倉村北出土（1921 年四月十日）。

誌初一・四　館・四　徵一・三

恒州治中晋陽男王禎墓誌　正書

延昌四年三月二十九日

1929年河南洛陽北西山嶺頭之東三里護駕莊南出土，歸于右任。今存陝西博物館。

館·四　誌初一·四　誌釋五·四三

涇雍二州别駕安西平西二府長史新平安定清水武始四郡太守皇甫璘墓誌　正書

延昌四年四月十八日　陝西户縣出土（咸豐間），歸長白端方，後歸天津金鉞。

陶六·一七　名二·九　羅録上·一八　瓊一四·二二　藝一八·一　硯六·六　廎·一〇　雪跋二·一八　楊圖三·一〇　萵二·一　館·四　徵一·三　四當四·五　增圖二·一五〇　誌匯一·五　石言九　許一九·四六〇　誌釋五·四四　雪·六六　陝六·一一

輔國將軍徐州刺史昌國縣開國侯王紹墓誌　正書

延昌四年閏十月二十二日

河南洛陽北南陳莊村南出土（宣統三年），歸開封關葆謙，後歸雲南李根源。

河圖·二三　名二·九　循二·一三　芒上·四　汲·一〇　雪跋二·一八　館·四　徵一·三　萵二·一　誌匯一·五　校誌釋五·四四　關葆謙審美堂藏石録

雍州京兆人也等字殘墓誌　正書

延昌四年

存中段二十四行

雍州刺史松滋公元萇温泉頌　正書　額篆書　陽文　方界格

側有大定壬寅棲雲老人題名，真净子題名。

無年月（顧炎武考爲延昌間）

陝西臨潼横渠書院

藝二·一二　攈六·一九　孫録二·三五　萃二八·二　字二

·一四　瓊一四·二八　求一·二五　妙五·八　關一·九　竹一·二一　平二·一三　關中·五　廎·五　雍記餘·七　匯一二之一·八二天下　略上·三〇　備　增圖二·一七六　關考六·二六

劉江女墓記　正書

熙平元年三月四日

定州中山望都山陽村大像主張參諸道俗邑義三十八人等造彌勒像　正書

熙平元年七月十五日

岐州刺史趙郡王（元謐）故妃馮會墓誌　正書

熙平元年八月二日

館·四　誌釋四·三五

佛弟子酒?廣宋等五十餘人造像　正書

熙平元年八月二十九日

息孫永安為亡母造像　正書

熙平元年十月十五日

河南洛陽存古閣

瓊一五·一　藝二·一二　硯續五·五　攈六·一二　匯九之三·四　趙録二·三　洛陽存古閣藏石目·一

持節督豳豫二州諸軍事冠軍將軍豫州刺史樂陵王元彦墓誌　正書

熙平元年十一月十日

1917 年河南洛陽北南陳莊村西北出土。歸蕭山張氏，又歸番禺葉氏，1930 年歸天津河北博物院。

名二·九　河圖·二二　石言五·一三　循二·一四　芒四編一·一〇　汲·一二　雪跋二·一九　徵一·三　館·四　菁蒿二之三·一　誌新·三　誌初一·四　丙寅稿二七　誌釋四·三三　凡五·一九三　河北第一博物院半月刊六六期

平東將軍濟州刺史長寧穆公楊胤墓誌 正書

熙平元年十一月二十二日

陝西華陰宣統二年出土，歸蘭田閻甘園，後歸萍縣文舟虛。

名二·九 菁 徵一·三 館·四 九乙·一八 循二·一四 汲·一一 校 誌匯一·五 誌釋五·四五

徐州琅琊郡臨沂縣都鄉南仁里通直散騎常侍王誦妻元貴妃墓誌 正書

歲次丁酉八月庚寅朔二十日己酉（熙平二年）

1919年河南洛陽北二十里北陳莊村東出土，歸武進陶涉園。

館·四 徵一·三 名二·九 汲二·一六 芒四編一·一一 蒿二之三·四 誌初一·四 誌釋五·五七 滿別上·一一

侍中太保領司徒公廣平王元懷墓誌 正書

熙平二年八月二十日

1925年3月23日河南洛陽北張羊村北陵出土，歸河南圖書館。

名二·九 河跋·二 徵一·三 館·四 誌初一·四 松翁近稿·三九 誌釋四·三九

雒州刺史刁遵墓誌 正書

有陰，缺右下角。

熙平二年十月九日

山東廣饒出土，樂陵劉克綸、鹽山葉氏、渤海高氏、南皮張氏先後遞藏。乾隆二十七年劉克綸木刻跋自云：里人自廢寺址掘出……余始從石景樸孝廉訪而得之（或誤傳雍正間出自南皮刁公樓畔刁氏墓中）。

竹一·一八 孫録二·二八 萃二八·四 松翁近稿五〇 金石一跋三·一二 硯續五·六 誌釋五·四五 瓊一五·一 阮山九·八 攈六·一三 跋二·二〇 平二·一四 廎·七 寶鴨上·二〇 九乙·一九 校二·五 畿志一四三·六七 京冢

上·一　畿上·二　匯三之二·六　韓續一·九　同治戊辰鹽山縣志一四·二九　藝一八·一　館·四　徵一·三　田目·九　蒿二·二　楊圖三·一一　名二·九　增圖二·一五二　志匯一·六　劉庠儉德堂文存　獨三　雪·六七　郝懿行曬書堂文集卷四　李佐賢石泉書屋類稿卷五

持節龍驤將軍督營州諸軍事營州刺史征虜將軍大中正臨青男崔敬邕墓誌　正書

熙平二年十一月二十一日　河北安平出土（康熙十八年，縣人黄城於崔墓里許掘開得之；三十年，縣令陳宗石砌入鄉賢祠。嘉慶中縣令某罷任時携去）

石印本後有光緒己亥俞宗海跋。又有無錫唐仁齋本、蘇州帖估黄徵本等覆刻本，1928 年中華書局石印《歷代碑帖大觀》本。

名二·九　畿上·二　竹一·一八　通一五一·二六　畿志一五二·四四　授續一·一四　鈔二·二九　誌二·八　岷·一　雪跋二·二〇　古墨二·三五　誌匯一·六　誌釋五·四七　獨三　王士禛居易録一·一八　雪七一　萃目·一三　吴汝綸深州風土記一一上

陽平幽王（元新成）太妃李氏墓誌　正書

熙平二年十一月二十八日

1920 年河南洛陽北張羊村北陵出土，歸武進陶氏。

名二·九　循二·一六　芒四編一·一一　汲續·二　石言五·一三　誌新·三　館·四　徵一·三　蒿二之三·四　誌初一·四　誌釋四·二三

法潤等造不增不減經並頌　正書　四面刻

或題熙平二年

藝二·一二

故高宗耿嬪（壽姬）墓誌並蓋　正書

神龜元年三月八日

河南洛陽出土

名二·一〇　徵一·三　館·四　誌新·三　蒿二之三·三　循三·一　芒四編一·一四　汲·一三　石言五·一三　誌初一·四　誌釋二·六

青州高陽郡安次縣人孫寶憘造像　正書

神龜元年三月二十日

山東廣饒翠柳莊，後歸濟南山東圖書館。

瓊一五·五　藝二·一二　求一·二七　田目再續·九　羅録上·一七　匯一〇補遺·二二　通一五二·一一六　歷一·一三　增圖二·一五一

趙阿歡造彌勒像　正書

神龜二年二月三日

此石不見於各家著録，惟《藝風堂金石文字目》有之，未注所在地。據龍門大佛洞有神龜三年趙阿歡等三十五人造像，當是一人，疑亦在龍門左右。或疑僞。

藝二·一三

持節督涇州諸軍事征虜將軍涇州刺史齊郡王元祐墓誌　正書

神龜二年二月二十三日

河南洛陽出土，洛陽雷氏、項城袁氏、武進陶涉園遞藏，今在東北博物館。

名二·一〇　河圖·二五　循三·一　芒上·五　汲·一三　蒿二之三·一　石言五·一三　館·四　徵一·四　菁　誌匯一·六　校　誌釋四·三四　滿别上·一二

汝南太守寇演墓誌　正書

神龜二年二月二十三日

河南洛陽出土（1917 年），歸蘇州古物保存會。

名二·一〇　河圖·二六　菁　徵一·四　館·四　誌新·三　蒿二·二　汲·一五　九乙·二〇　循三·二　誌初一·四

雪跋二·二〇　誌釋五·四七

本郡功曹行高陽縣兼郡丞寇憑墓誌　正書

神龜二年二月二十三日

1917 年河南洛陽東北攔駕溝出土，歸蘇州古物保存會。

名二·一〇　河圖·二六　誌新·三　館·四　徵一·四　九乙·二〇　芒三編·五　雪跋二·二一　汲·一四　循三·一　蒿二·二　誌初一·四　誌釋五·四七

兖州刺史賈思伯碑　正書　額正書

神龜二年四月（或釋六月）□日

山東滋陽府學戟門下

陰有紹聖三年中元日太原温益、至正十二年十一月三十日同知丘鎮立碑題記，側有康熙庚子兖州守金一凮移置廡下題記。有中華書局《歷代碑帖大觀》收印明拓本。

藝二·一三　攈六·一三　田目·一〇　竹一·一八　匯一〇之二·一　平二·一四　古墨二·三六　萃二八·五　阮山九·一〇　跋二·二一　録補八·七七　孫録二·二九　山訪六·一　墨一七·四　牛圖　天下　略上·二九　通一五二·六〇　增圖二·一五四

邑正王熹劉丑奴等七十人造像　正書　有陰、側

神龜二年七月七日

陝西臨潼縣署（1918 年櫟陽農人掘土得之）。後刻己未（1919 年）臨潼知事阮貞豫跋，右上方刻陳樹藩跋。

右光禄大夫中護軍饒陽男元遥墓誌　正書　方界格　無前題

熙平二年九月二日辛，己亥年八月葬（考爲神龜二年）

河南洛陽出，歸于右任鴛鴦七志齋。今在陝西博物館。

名二·一〇　館·四　徵一·三　蒿二之三·一　河圖·二四　循三·二　芒四編一·一三　汲·一五　誌初一·四

雍州萬年縣西鄉七十八人造像　又名邑老田清等造像　正書

有陰、側

神龜二年十月十四日

陝西臨潼縣署（1918 年櫟陽農人掘土得之）

陝六・一七

輕車將軍太尉中兵參軍元瑗妻穆玉容墓誌並蓋　正書

神龜二年十月二十七日

1922 年河南洛陽南陳莊村南出土，歸于右任鴛鴦七志齋，今存陝西博物館。

河圖・二七　名二・一〇　徵一・四　館・四　芒四編一・一五　誌初一・四　誌釋四・三三　松翁近稿・四六

城門校尉元騰墓誌　正書

神龜二年十一月九日

1925 年河南洛陽北徐家溝東北出土，歸開封圖書館。

名二・一〇　館・四　徵一・四　河跋・三　誌釋三・二〇

七十人造像　又名道民劉道生等七十人造像　正書　有陰、側

神龜二年十二月十四日

陝西臨潼出土

陝六・七

使持節侍中都督中外諸軍事司空公領雍州刺史文憲元公（暉）**墓誌**　正書　有方界格，邊刻花紋極精

神龜三年三月甲申

1926 年河南洛陽城北四十里陳凹村西出土

徵一・四　館・五　誌初一・五　誌釋三・一四　孫文青跋魏故雍州刺史南平王元暉墓誌（河南博物館館刊一期）

陳子?良?造像　正書

神龜三年四月八日

藝續一　陶六・二二

邑子锜馬仁等造像　正書

神龜三年四月八日

陝西耀縣

翟蠻為亡父母洛難弟造彌勒像　正書

神龜三年四月十三日

河南某縣出土，長白端方藏石。

藝續一　攈六・一四　陶六・二二

王社造像　正書　有母李花題名

神龜三年四月十四日

假節鎮遠將軍恒州刺史謚曰宣公元譿墓誌並蓋

正書

神龜三年十一月十四日

1930 年河南洛陽安駕溝出土，歸開封圖書館。

名二・一〇　河圖・二八　蒿二之三・一　循・三　芒四編一・一五　汲・一七　河跋・四　館・五　徵一・四　誌新・三　石言五・一三　誌初一・五　松翁近稿・四一　誌釋四・三六

樂陵太守賈道貴造像　正書

正光元年六月十五日

浙江會稽徐氏藏石

羅録上・一七　藝二・一三

持節左將軍平州刺史宜陽子司馬昞（字景和）墓誌　正書　有方界格

正光元年玄枵之月（十一月）二十六日

河南孟縣出，原石久佚（原石初歸張大士，繼爲邑令周洵携去，志蓋仍藏藥師村李洵家。側刻乾隆己酉馮敏昌重摹跋。覆刻本文内宗胤之胤、玄枵之玄因避清帝諱均剜去。）

名二・一〇　萃二九・一　金石一跋三・一三　徵一・四　館・五　楊圖三・一二　蒿二・二　平二・一五　誌二・一一　寶鴨上・二二　陶七・三　雪跋二・二一　校　增圖二・一五六

匯九之二·六四　中冢·二　誌匯一·六　擴六·一四　孫録二·二九　唐風·四一　蛾術編八二　誌釋五·四八

安熹（喜）縣達法度墓銘磚　正書

正光元年八月十四日

河北定縣出土

藝續一

齊郡太守□□殘誌　正書　右下角缺，字多磨泐

□□（正光）元年歲次庚子十月辛丑朔二十一日

山東臨淄出土，歸王懿榮，後歸端方。

藝一八·一　館·五　徵一·四　校　壬癸·二六　陶上·一　名二·一〇　通一五二·一一六　田目續·六　羅録上·一八　民國臨淄縣志五　左冢·一　山訪一二·七　誌匯一·六　誌釋五·四八

維那楊要光等三百三十人造像　正書　陽面刻像，陰面刻記

正光元年十月二十五日　河南新鄉南二十五里大洋堤天齊廟

河録六·二　河目上·一　朔目五·一

宫内太監劉阿素墓誌　正書

正光元年十月

河南洛陽出土，歸于右任鴛鴦七志齋，今存陝西博物館。

名二·一〇　徵一·四　館·五　誌新·三　蒿二之三·三　循三·四　芒三編·七　雪跋二·二二　汲·一七　誌初一·五　誌釋二·六

李璧墓誌　正書

兩面刻，陰面有羅正鈞跋四行，舊碑改刻，上截二螭尚存。

正光元年十二月二十一日　河北景縣出土（光緒二十四年），歸濟南金石保存所。

校　館·五　徵一·四　名續·一　循三·四　九甲·三五　畿上·五　通一五二·一　田目再續·九　歷一·一四　誌匯一

·六　誌釋五·五〇　沈曾植寐叟題跋二集上

世宗宣武皇帝第一貴嬪夫人司馬顯姿墓誌　正書

正光二年二月二十二日

河南洛陽出，歸武進陶涉園，後歸羅振玉，又歸東北博物館。

菁編　名續·一　徵一·四　館·五　誌新·三　蒿二之三·三　九乙·二一　循三·五　芒三編·八　雪跋二·二二　汲·一七　石言五·一三　誌初一·五　誌釋二·七　滿别上·一三

張龍符造像　正書

正光二年三月十五日

河南修武北三十里安陽城北

朔目九·一　河目上·一

宫一品太監劉華仁墓誌　正書

正光二年三月十七日

河南洛陽出（1912 年），歸開封關葆謙，後歸蘇州古物保存會。

名二·一一　館·五　循三·七　誌匯一·六　校　誌初一·五　誌釋二·七　關葆謙審美堂藏石録

宫第一品張安姬墓誌　正書

正光二年三月二十九日

河南洛陽白馬寺左近出，歸徐森玉，後又歸于右任鴛鴦七志齋，今存陝西博物館。

菁　河圖·三〇　名二·一一　徵一·四　館·五　誌新·四　蒿二之三·三　循三·六　雪跋二·二三　芒續上·一　汲續·五　誌初一·五　誌釋二·七

邑主馮惠（或釋萬）等造四面像　正書

正光二年四月二十七日　甘肅

嚴小洛造四面像　正書

正光二年七月三日　山東濰縣陳介祺藏石

藝二·一三　田目再續·九

盧奴張標故夫人趙郡李淑真墓誌　正書

正光二年七月三日

名二·一一

比丘□□為亡過父見存母造像　正書

正光二年七月七日

陶七·三

傅姆王遺女墓誌　正書

正光二年月管南侶（八月）二十日

河南洛陽出土，歸徐森玉，又歸于右任鴛鴦七志齋，今存陝西博物館。

菁　名二·一一　徵一·四　館·五　誌新·四　蒿二之三·三　循三·六　雪跋二·二三　汲·一八　誌初一·五　誌釋二·七

北地郡富平縣錡亭城錡麻仁合家大小一百二十九□造像　正書　有陰、側

正光二年八月二十日

陝西耀縣

陝六·一三

女尚書王僧男墓誌　正書　蓋題魏品一墓誌銘

正光二年月侶無射（九月）二十日

河南洛陽出，歸武進陶涉園，今在東北博物館。

名二·一一　徵一·四　館·五　誌新·四　循三·六　芒四編一·一六　汲·一八　蒿二之三·三　誌初一·五　丙寅稿三·四　誌釋二·七　滿别上·一五

宮内司高唐縣君楊氏墓誌　正書

正光二年十一月三日

河南洛陽出，歸徐森玉，又歸于右任鴛鴦七志齋，今存陝西博

物館。

名二·一一　徵一·四　館·五　誌新·四　蒿二之三·三　芒三編·九　雪跋二·二三　汲·一九　誌初一·五　誌釋二·七

為亡父古成醜亡母趙智嫗造像　正書

正光二年

魯郡太守張猛龍碑　正書

額正書，額陰有題名　左上角有裂紋，下段剥泐。

正光三年正月二十三日

山東曲阜孔廟同文門東

1928年中華書局《歷代碑帖大觀》收明拓本，有翁方綱、張叔未、趙之謙、端方等印。

藝二·一三　瓊一五·八　萃二九·二　攗六·一五　弗丙下·五　竹一·一九　孫録二·三〇　金石一跋三·一四　滙一〇之二·五　雪·七二　田目·一〇　平二·一六　古墨二·三六　鈔二·三二　阮山九·一五　跋二·二一　妙五·六　録續五·四八　菉二·九　來上·三〇　牛圖　山訪六·四　略上三〇　復二·七　字二·一一　天一·三　曝四八·七八九　抄二·三二　史上·一五　鐫一·一三　通一五〇·三三　備　增圖二·一五八　天下　石言一·二一　東家下·五

吕珍之造像　正書

正光三年正月二十六日

山東平度

藝二·一三

袁永靳神子等五十人造像　正書

正光三年八月五日

陝西高陵

平二·一六　萃二九·五　藝二·一三　攗六·一五　孫録二

·三〇　匯一二之一·八四　竹一·一九　關考六·二七

侍中太尉公汝南公元悦修塔記　正書　方界格

斷爲二塊，前段首數行磨泐，第二行有慕善見之苦行云云。太尉府省事令史曲元賓造。

正光三年八月二十一日

尚天賜等七十人造像　正書

正光三年八月十三日

河南新鄉東武陵村社廟中

朔目五·一　河目上·一

直閤將軍輔國將軍長樂馮邕妻元氏墓誌　正書　有蓋　刻花紋極精

正光三年十月二十五日

河南洛陽出，歸日本。

河圖·三一　徵一·四　館·五　誌釋四·一五　藝林月刊四一期（1933 年 5 月）

參軍賈良造像　正書

正光三年十一月九日

鎮遠將軍後軍將軍鄭道忠墓誌　正書

正光三年十二月二十六日

河南滎陽濟瀆廟神案前，又移置縣署二門内，其後裔生員鄭逢春移藏其家，光緒三十年爲人盜賣，後歸開封鄺禾農。

趙録二·三　繆七·五　九乙·二二　瓊一五·一〇　名二·一一　平三續上·五　蒿二·二　藝一八·一　誌二·一二　攈六·一五　匯九之一·一八　征一·四　館·五　增圖二·一六〇　誌匯一·六　獨三　誌釋五·五一　萃目一·二　1920 年續滎陽縣志·九　李慈銘荀學齋日記戊集上·三三

比丘道彌等造像　正書

正光三年

藝二・一三

（上泐）**邑子一百人等造像**　正書

正光三年（下泐）

首行有夫大道洪遠云云

崔永高董成國等三十六人造像　正書

正光四年正月二十六日

山西絳縣龍興宮故址出土（光緒十四年），裂爲四塊，歸縣人張氏。

右一〇・四八　右叢一・一

馬鳴寺根法師碑　正書　額正書陽文

正光四年二月三日

山東樂安東三里大王橋出土，斷裂爲三。

硯續五・八　瓊一五・一五　藝二・一三　攈六・一五　楊圖三・一六　趙録二・三　田目續・六　滙一〇之三・三八　通一五二・一一六　增圖二・一五七　山訪一二・一一　雪・七四

齊郡王（元祐）**妃常季繁墓誌**　正書

正光四年二月二十七日

河南洛陽出土（宣統二年）。歸日本大倉喜八郎。

河圖・三三　名二・一一　校　九乙・二二　芒上・七　循三・八　雪跋二・二四　館・五　徵一・五　石言五・一四　菁蒿二之三・四　誌滙一・六　海外貞珉録・三　誌釋四・三四

襄威將軍汝南太守元敷墓誌　正書

正光四年二月戊午（下缺）

中間斷裂並缺左下角

館・五　誌釋一一・一一二

寧遠將軍敦煌鎮將元倪墓誌　正書

正光四年二月二十七日

河南洛陽出土，歸常熟曾炳章，又歸吴興蔣氏。

名二·一一　河圖·三三　徵一·五　館·五　石言五·一四　循三·九　汲·一九　雪跋二·二五　菁　誌新·四　蒿二之三·一　誌初一·五　誌釋三·七

法義黄百慶造石像　正書

正光四年四月二十三日

像右側列像主夏慶，左側刻法義主夏醜

龍驤將軍營州刺史懿侯高貞碑　正書　額篆陽文

後刻嘉慶丙寅移置學宫題記，陰刻泰山二十九字及嘉慶丙寅孫星衍跋。

正光四年六月八日（或釋十一月六日）

山東德縣民衆教育館

藝二·一三　田續目·六　趙録二·三　楊圖三·一七　續編一·九　瓊一五·一七　平二·一六　泉一·八　硯六·一〇　寶鴨上·二〇　九甲·四〇　筆·二〇　橋一·一四　校　攈六·一五　滙一〇之一·二〇　萃目一·四　貞三·一〇　面甲·二九　雪跋二·二六　通一四九·五　增圖二·一六一　山訪一·一六　貞松老人外集二·一〇　雪·七四

法義兄弟姊妹等造石窟像　正書

正光四年七月二十九日

山東歷城黄石崖

瓊一六·一　藝二·一三　羅録上·一七　滙一〇之一·一　田目續·六　歷一·一七　通一五二·一　山訪二·八

清信士佛弟子陶法造像　正書

正光四年八月十五日

延鴻閣藏石

寶靈山□□寺比丘僧弘□造無量壽像　正書

正光四年八月十九日

黄縣都鄉石羊里鞠彦雲墓誌　正書

正光四年十一月二日

山東黄縣鞠氏墓中出（光緒初年）。嵌藏黄縣縣學尊經閣（或云乃翻本），有覆刻本。

山訪一〇·二　田目續·六　羅録上·一七　硯續五·一一　通一五一·五四　名二·一一　藝一八·一　徵一·五　館·六　蒿二·二　循三·一〇　汲續·五　面甲·二九　匯一〇補遺·二五　增修登州府志六五·三　增圖二·一六二　誌匯一·六校　楊圖三·一七　誌釋五·五一

涇州刺史淮陽男陸希道墓誌　正書　袁翻製銘　蓋篆書

四隅有鐵柱類以挽合上下者，左側刻馮敏昌跋。

正光四年（年月泐，武億考爲正光四年）

河南孟縣西三十四里孟張河出土（乾隆間），歸郡學生席得元，後歸孟縣金石保存所。

授續一·一五　名二·一一　竹一·二〇　瓊一六·八　藝一·二　志二·一四　孫録二·三〇　攈六·一五　朔目一〇·一　河録一三·二　匯九之二·六四　志匯一·六　萃二九·六　志釋五·五一

李復宗造玉像　正書

正光五年三月二十日

長白端方藏石

杜文慶等二十七人造天宫像　或名張法隆造像　正書

正光五年五月十五日

河南輝縣南二十里姬家寨玉皇廟，1919年爲人竊去。

藝續一　河目上·一　朔目五·七　河録七·二　綴跋·二　增圖二·一六〇　河朔訪古隨筆上·一三

比丘尼統慈慶墓誌　正書　常景文　李寧民書

正光五年五月十八日

河南洛陽出，羅振玉藏石。

名二·一一　河圖·三六　芒四編補遺·六　徵一·五　蒿五·一　誌初一·六　誌釋五·五二

劉根卌人等造像　正書　顧燮光云原本像前記十九行，像後題名亦十九行，蓋第十八行空，第十九行僅董珍二字，又第十行下有馮□二字已泐，馮字尚隱約可見。復本題名只十七行亦無董珍二字，馮字亦不見。其餘石花皆露鑿痕。又云，出土初拓本石之左方尚有跋語，迨石歸鄭氏跋已磨去。有鄭禾農摹刻本（1916 年刻於輝縣），較原本廣約短三寸餘，修約短三分餘。

正光五年五月三十日

河南洛陽出土，河南開封鄭清湖藏石。

藝續一　校　石言三·一　許平石魏劉根造像記跋（河南博物館館刊九期）

邑主魏始廓（或釋歡）**等造像**　正書　陽刻佛象　側刻記

正光五年六月二十日

陝西富平

瓊一六·三　藝二·一三　趙録二·三　攈六·一五　匯一二之一·一〇六　關考七·二八　陝六·一三　萃三二　續編一·一一

雍州北地三原仇臣生造像　正書

正光五年七月十五日

蘭倉令孫遼浮圖銘記　正書　四周刻十二辰

正光五年七月二十日

山東章邱顔氏、黄縣丁氏遞藏，有翻刻本。

徵一·五　名二·一二　循三·一〇　蒿五·一　中冢·三校　誌匯一·七　誌釋五·五二

使持節假黄鉞侍中太師領司徒都督中外諸軍事彭城武宣王（元勰）**妃李媛華墓誌**　正書

正光五年八月六日

河南洛陽出土，歸武進陶氏，今在東北博物館。

名二·一二　河圖·三八　徵一·五　館·六　誌新·四　石言五·一四　循三·一〇　芒四編一·一六　汲·二〇　蒿二之三·四　誌初一·六　誌釋四·三七　滿别上·一六

青州高陽郡新城縣成買寺主道充率道俗法義一百人造像　正書

正光五年八月十一日

山東臨淄大夫店

瓊一六·五　藝二·一四　田目續·六　匯一〇補遺·二二　通一五二·一一六

樂安王妃馮季華墓誌銘　正書

正光五年十一月十四日

河南洛陽出土，歸安陽古物保存所。

河圖·三九　名二·一二　藝續徵一·五　館·六　誌新·四九乙·二四　循三·一　汲·二二　蒿二之三·四　石言五·一四　誌初一·六　松翁近稿·四六　誌釋三·一九

輕車將軍元寧墓誌　正書

正光五年十一月十五日

河南洛陽出，歸于右任。

徵一·五　館·六　誌初一·六　誌釋四·四〇　藝林月刊三十五期

龍驤將軍平陽檀賓墓誌　正書

正光五年十一月二十七日

河南洛陽出土歸于右任，今存陝西博物館。

徵一·五　館·六　蒿續·二　誌初一·六　誌釋五·五二

中給事中謁者關西十州臺使郭顯墓誌　正書

正光五年十一月二十八日

河南洛陽出土，歸于右任。誌簡銘詳。

徵一·五　館·六　蒿續·二　誌初一·六　誌釋五·五二

懷令李超墓誌　正書

正光三年正月十六日（或誤考爲永安二年正月十六日）

河南偃師喬家村出土，藏偃師學宮。

有覆刻本

萃二九・七　楊圖三・一九　竹一・二〇　名二・一四　藝一八・二　攈六・一六　蒿二・二　徵一・五　館・六　孫録二・三二　中記一・一三　平二・一八　寶鴨上・二一　芒上・九　誌二・一四　跋二・二二　偃上・九　匯九之四・一　增圖二・一六四　誌匯一・一七　校　誌釋五・五二　獨三　續古文苑一六

曠野將軍石窟署令許（或釋徐）淵墓誌　正書

正光六年正月二十七日　王懿榮、端方、王緒祖遞藏

陶七・六　名二・一二　校　芒補遺・二　徵一・五　館・六　蒿二・二　誌匯一・七　誌釋五・五二

襄威將軍柏仁令齊州魏郡魏縣曹望憘造像　正書

正光六年三月二十日

山東臨淄西桐林莊居民墻間（一作縣西三十里壬旺莊龍王廟），後歸陳介祺。1921 年前後由上海來遠公司售歸法國巴黎博物院

硯六・一三　阮山九・二〇　田目・一〇　攈六・一六　匯一〇之三・三五　孫録二・三一　校　山訪一二・一〇　通一五二・一一六　增圖二・六三　觀堂二・一六　萃目一・二　海外貞珉録・三

賈智淵妻張寶珠造像　正書　有陰、側

正光六年四月十九日

山東益都縣立圖書館藏（1918 年冬出土）

河北第一博物院半月刊第五一期

龍驤將軍洛州刺史涇陽縣開國子李遵墓誌並蓋　正書　妹夫張

景淵撰

正光六年五月二十二日

藝林月刊九四期（1937 年 10 月）

比丘尼寶淵造像　正書

正光六年□月二十二日

山東濰縣陳介祺藏石

藝二・一四　田目再續・九

趙清女四百人等造像　正書

正光□□□□乙巳朔十□□□□□

山東濰縣陳介祺藏石

藝二・一四

征東將軍田壽為父母康延造彌勒像　正書

孝昌元年三月十五日

藝續一　陶七・六

□□為國家造像　正書

孝昌元年五月二十四日

儀□龐定國八人等造石像　正書

大魏中都孝［昌］［元］［年］歲次乙巳六月三十日

洛陽縣民召天度造像　正書

孝昌元年七月二十七日

使持節大將軍太尉公中山王元熙墓誌　正書

孝昌元年十月二十日

河南洛陽出土

名二・一二　河圖・四四　汲・二四　循三・一二　芒四編一・二〇　徵一・五　館・六　誌新・四　石言五・一四　蒿二之三・二　誌初一・六

龍驤將軍荆州刺史廣川孝王元焕墓誌　正書

孝昌元年十一月八日

河南洛陽出，歸于右任。

名續·一　徵一·五　館·六　蒿補·一〇　誌初一·六　丙寅稿·二九　誌釋四·三三

青州刺史敬公元晫墓誌　正書

孝昌元年十一月二十日

河南洛陽出土，歸武進陶氏，今在東北博物館。

河圖·四五　名二·一二　藝續　館·七　徵一·五　誌新·四　芒三編一·二二　汲·二六　循三·三　石言五·四　蒿二之三·二　誌初一·六　雪跋二·二八　誌釋四·二九　滿別上·二一

使持節儀同三司車騎大將軍雍秦二州刺史都昌侯元公（誘）夫人薛伯徽墓誌　正書

孝昌元年十一月二十日

河南洛陽出，歸于右任，今存陝西博物館。

徵一·六　館·七　誌初一·七　丙寅稿·三五　誌釋四·二九

持節都督恒州諸軍事安北將軍恒州刺史安平縣元纂墓誌　正書

孝昌元年十一月三十日

河南洛陽出土，武進陶氏藏石，後歸羅振玉，今在東北博物館。

藝續　誌新·四　河圖·四四　館·七　徵一·六　徵三·一三　芒三編·九　雪跋二·二八　汲·二五　菁編　蒿二之三·二　石言五·一四　誌初一·六　誌釋四·二九　滿別上·一九

持節都督秦州諸軍事平西將軍秦州刺史孝王元寶月墓誌　正書

孝昌元年十二月三日

徵一·六　誌釋四·三八　羅振玉松翁未焚稿

故士吴高黎墓誌　正書　上圓下方，似是造像改刻，有方界格

孝昌二年正月十三日

河南洛陽出土，歸諸城劉喜海。

藝一八・一　名二・一二　陶七・九　硯八・一二　趙録二・四　瓊一六・九　河圖・四五　九甲・三八　芒上・二　蒿二・二　徵一・六　館・七　增圖二・一六五　誌匯一・七　校　擴六・一六　匯九補遺・五　誌釋五・五三

滎陽太守元寧造像　正書

孝昌二年正月二十四日

河南滎陽西門外二仙洞

萃二九・六　擴六・一六　孫録二・三一　竹一・二〇　中記一・一二　平二・一七　跋二・二二　匯九之一・一八　增圖二・一六六

介休縣令李謀墓誌　正書　有額，似用舊碑改製

孝昌二年二月十五日

光緒十八年山東安邱出土，村人因此石涉訟入官。縣令吴觀敬（坦生）陰摹刻一石置署中，潛將原石携歸，宣統二年，鬻於濟南金石保存所。

壬癸・二八　民國續歷城縣志三一　田目再續九　名二・一二　校　陶七・一一（乃模刻）　楊圖・三八　通一五二・一一六　館・七　徵一・六　蒿二・二　雪跋二・二七　左冢・二　民國奉天通志二五四・四四　歷一・一六　山訪一二・一六　誌匯一・七　羅録上・一七　誌釋五・五三　雪・七五

王永壽造彌勒像　正書

孝昌二年三月六日

廣州圖書館藏石

藝續一　宣統三年番禺縣續志三三・六

鹿登等三十三人造像　（又名鹿惠敬等造像記，殘存中部；後又名法義等造像記殘石、孫世標等造像）　正書

孝昌二年歲在丙午夏庚子朔二十七日丙寅

山東益都北十五里馬皆莊吉祥寺

藝二·一四　左叢一·三　攈六·一七　田目續·六　匯一〇之三·二二　通一五二·一一六　山訪一二·九

魏帝先朝故于夫人（仙姬）墓誌並蓋　正書

孝昌二年四月四日　于右任藏石

徵一·六　館·七　誌釋二·八

龍驤將軍崇訓太僕少卿中給事中明堂將伏君妻昝雙仁墓誌　正書

孝昌二年五月二十九日

河南洛陽出，歸于右任，今存陝西博物館。

徵一·六　館·七　蒿續補·一　誌初一·七

樂陵縣隋明瑜為亡姊造像　正書

孝昌二年七月二十一日

使持節侍中驃騎大將軍儀同三司尚書令冀州刺史江陽王元乂墓誌　正書　四周刻花紋

孝昌二年七月二十四日

河南洛陽出土，開封圖書館藏石。

河圖·四六　河跋·三　徵一·六　館·七　名二·一三　誌初一·七　松翁近稿四二　誌釋三·一八

世宗宣武皇帝李嬪墓誌　正書

孝昌二年八月六日

河南洛陽出土，于右任藏石，今存陝西博物館。

徵一·六　館·七　蒿續補·二　誌初一·七　誌釋二·八

乞銀曹比和真曹匹紇曹四曹尚書奏事給事洛州刺史河南河陰邱使君（哲）之長子威遠將軍太尉府功曹參軍之命婦鮮于仲兒墓誌　正書

孝昌二年八月十八日

于右任藏石，今存陝西博物館。

河圖·四七　徵一·六　館·七　蒿續·二　誌初一·七　誌釋六·五七

帝主元氏法義三十五人造彌勒像　正書

孝昌二年九月八日

山東歷城黄石崖　今已殘缺，祇餘題名一小片。

藝二·一三　瓊一六一·一　羅録上·一七　趙録二·四　攀一一　匯一〇之一·一　山訪一·一　田目續·六　歷一·一八　通一五二·一

侍中使持節都督冀州諸軍事車騎大將軍儀同三司冀州刺史武陽縣開國公侯剛墓誌　正書　侍御史譙郡戴深之文　邊刻花紋、蓋刻花紋甚精

孝昌二年十月十八日

河圖·四七　徵一·六　館·七　誌初一·七　誌釋五·五四　松翁未焚稿

清水太守恒農男楊乾墓誌　正書

孝昌二年十一月十七日　河南洛陽出土，歸于右任，今存陜西博物館

徵一·二　館·七　蒿續·二　誌初一·七　誌釋五·五四

使持節侍中司空公都督冀瀛滄三州諸軍事領冀州刺史元壽安墓誌　正書

孝昌二年十月十九日

河南洛陽出，歸武進陶涉園，今在東北博物館。

名二·一三　河圖·五〇　徵一·六　館·七　誌新·四　蒿二之三·二　芒四編一·二三　石言五·一四　誌初一·七　誌釋四·二六　滿別上·二三

左軍將軍司徒屬贈持節督豫州諸軍事龍驤將軍豫州刺史河南元斑墓誌並蓋　正書

孝昌二年十月十九日

河南洛陽出，歸徐森玉，又歸于右任，今存陜西博物館。

河圖·四九　名二·一三　徵一·六　館·七　誌新·四　蒿二之三·二　芒四編補·九　石言五·一四　誌初一·七　誌釋四·三三

假節輔國車騎大將軍青州刺史元伯陽墓誌　正書

孝昌二年十月二十六日　僞刻

員外郎散騎常侍西陽男高廣墓誌　正書

孝昌二年十月

河南洛陽出，歸武進陶涉園，今在東北博物館。

名二·一三　徵一·六　館·七　誌新·四　循三·一四　芒四編一·二三　汲·二七　蒿二·二　誌初一·七　誌釋五·五四　滿別上·二二

武衛將軍征虜將軍懷荒鎮大將恒州大中正于景墓誌　正書　蓋篆書（起筆處皆作鳥形，疑仿古鳥篆之意）

孝昌二年十一月十四日

河南洛陽出（1918 年），歸張鈁。

蒿二之一·二　河圖·五一　名二·一三　徵一·六　館·七　芒四編一·二六　循三·一四　誌初一·七　松翁近稿補遺　誌釋五·五四　六朝墓誌精華四集一册

假節東夏州刺史公孫猗墓誌並蓋　正書

孝昌二年十一月十四日

河南洛陽出土，于右任藏石，今存陜西博物館

名續·一　徵一·六　館·七　蒿補·一　誌初一·七　誌釋五·五四

使持節衛將軍荆河雍四州刺史七兵尚書寇治墓誌　正書　斷裂爲四

孝昌二年十一月十七日

河南洛陽出（1917 年），歸蘇州古物保存會。

名二·一三　河圖·五二　徵一·六　館·七　誌新·四　蒿二·二　汲·二八　循三·一五　九乙·二七　誌初一·七　誌釋五·五五

劉寧考造像　正書

孝昌二年十一月二十日

山東益都

通一五二·一一六

齊州平東府中兵參軍元則墓誌　正書

孝昌二年閏月（閏十一月）七日

河南固始許元藏石

徵一·六

郡中正寇偘墓誌並蓋　正書

孝昌二年十二月二十六日

河南洛陽出土

藝續　徵一·六　蒿二·二　館·七　名二·一三　誌新·五　循三·一五　芒四編一·二七　汲·二六　誌初一·八　誌釋五·五五

軍主焦□造像　正書

孝昌二年□月八日

青州齊郡臨淄縣人帥僧達等四十人造像　正書

孝昌二年□月二日

山東益都海岱書院

藝二·一四　羅録上·一七　田目再續一〇　通一五二·一一六　光緒三十三年益都縣志卷二六

比丘道休（或釋林）**造像**　又名皆公寺比丘道休造像　正書

孝昌三年二月十五日（或釋正月二日）　山東樂安西南楊趙社皆公寺

瓊一六·一〇　藝二·一四　趙録二·四　匯一〇之三·三

八　攈六·一七　田目續·七　通一五二·一一六　山訪一二·一一

宣威將軍騎都尉董偉墓記　正書

孝昌三年二月十六日

河南洛陽出，于右任藏石，今存陝西博物館。

名二·一二　徵一·六　館·七　蒿補·一　誌初一·八　誌釋五·五五

使持節後將軍肆州刺史和邃墓誌　正書　右下角缺二字

乙未二月庚□朔二十七日丁丑（卒於孝昌二年）

按乙未乃武平六年，不應如是之久始葬。志云越歲乙未或即丁未之譌，即孝昌三年也。

于右任藏石，今存陝西博物館。

徵一·六　館·八　誌初一·八

衛尉少卿謚鎮遠將軍并州刺史元恂墓誌　正書

孝昌三年三月七日

路阿陽兄弟造像　正書

孝昌三年四月八日

山東海豐吳式芬藏石

攈六·一八

楊豐生造像　正書

孝昌三年四月二十日

羅録上·一七

胡昭儀（明相）墓誌　正書　蓋刻四神極精

孝昌三年五月二十三日

河南洛陽出，武進陶涉園藏。

河圖·五四　名二·一三　誌新·五　蒿二之三·三　循三·一六　汲·三一　芒四編一·二八　誌初一·八　誌釋二·八

張九娃造彌勒像　正書

孝昌三年五月

陝西三原于右任藏石

法義兄弟一百餘人造像　正書

孝昌三年七月十日

山東歷城黄石崖

藝二·一三　平三續上·五　瓊一六·二　攈一一　趙録二·四　匯一〇之一·一　山訪一·一　田目續·六　歷一·一九　通一五二·一

青州齊郡臨淄縣邑義六十人造像　正書

孝昌三年八月十三日

山東益都北鄉良孟莊摩崖

藝二·一四　田目續·七　匯一〇補遺·二一　羅録上·一七校　通一五二·一一六　光緒三十三年益都縣志卷二六

蔣伯仙造彌勒像　正書

孝昌三年九月十日

河南延津東北四十里蔣村區清寺中，1919 年被盗，不知所在。

朔目六·一　河目上·一

□衛將軍□□石窟碑　正書　袁翻文　王實書　有額

孝昌三年九月十六日

河南洛陽

攈六·一八

法義九十人造磚塔記　正書

孝昌三年九月十七日

山東博興出土，歸山東黄縣丁幹圃。

藝二·一四　田目補·一　通一五一·二九

使持節車騎大將軍同三司雍州刺史元固墓誌　正書

孝昌三年十一月二日

河南洛陽出，歸洛陽金石保存所。

名二·一三　徵一·六　館·八　誌新·五　蒿二之三·二　汲·三一　雪跋二·二九　循三·一六　芒四編一·二八　石言五·一四　誌初一·八　誌釋四·二六

胡毛（三）進墓誌　正書

孝昌三年十一月十三日

河南固始許元藏石

徵一·六　誌釋六·五六

咸陽太守劉玉墓誌　正書

孝昌三年十一月二十四日卒

陝西西安出土，歸山東海豐吴式芬，光緒十八年燬於火。民國年間碑估王希董摹刻。

趙録二·四　寶鴨上·二二　田目再續·一〇　楊圖三·一九　硯續五·一五　緣七·六　瓊一六·一一　名二·一三　藝一八·二　蒿二·二　徵一·六　館·八　汲·三二　循三·一七　左冢·三　匯一二之一·一　增圖二·一六四　誌匯一·七　攈六·一八　誌釋六·五六　李慈銘桃花聖解庵日記巳集二集·四

銀青光禄大夫于纂墓誌並蓋　正書

孝昌三年閏十一月七日

河南洛陽出，歸武進陶涉園。

名二·一三　河圖·五三　循三·一五　徵一·六　館·七　蒿續·三　菁　蒿二·二　誌初一·七　誌釋六·五六

郯城軍主劉康奴等造像　正書　陰徐胤等題名　側房超群等題名

孝昌三年

山東郯城縣署

藝二·一四　羅録上·一七　匯一〇補遺·一九　通一五二·七八

青州齊郡臨淄縣鹿光熊等造彌勒像　正書

孝昌四年三月五日

山東益都，後移山東圖書館。

羅録上·一七　田目再續·一〇　通一五二·一一六　歷一·一七

比丘僧□□造釋迦像　正書

孝昌四年四月八日

像主陽城洪懋邑主王黨等四十餘人造像　正書

年月缺（考爲孝昌間）

陶七·二三　羅録上·一九　藝續

女官王阿善造像　正書

隆緒元年十一月二十五日

山東濰縣陳介祺藏石，1959 年入藏中國歷史博物館。

田目補·二

前將軍廷尉卿元公（湛）妻薛慧命墓誌並蓋　正書　門師釋僧澤書

武泰元年二月十七日

河南洛陽出，歸新安張鈁。

徵一·七　館·八　志初一·八　志釋四·三二

武泰元年二月二十二日造像　正書　造像人姓名已泐

山東諸城王緒祖藏石

員外散騎侍郎元舉墓誌　正書　弟景文撰

武泰元年仲春二十一日

河南洛陽出土，歸于右任，今存陝西博物館。

徵一·七　館·八

使持節散騎常侍衛大將軍尚書右僕射都督雍岐南豳三州諸軍事雍州刺史南平王元暐墓誌　正書

武泰元年三月十六日

河南洛陽出土，開封圖書館藏石。

蒿續・一一　徵一・七　館・八　河圖・五五　志初一・八　丁戊稿二五　志釋三・一七

揚州丹揚郡溧揚縣石鄉西里陳天寶因患造像　正書

武泰元年四月八日

藝續一

征北將軍相州刺史元宥墓誌　正書

建義元年七月十八日

河南固始許元藏石

徵一・七　館・八　圮初一・八

雍州長安人王僧歡造像　正書

建義元年五月□日　山東歷城黄石崖

瓊一六・三　趙録二・四　攀一一　匯一〇之一・一　山訪一・一　田目續・六　歷一・一九　通一五二・一

青州齊郡臨淄縣楊□寺比□□□道勇造彌勒四面像　正書

建義元年六月十日

長白端方藏石

藝續一　陶七・一三

侍中使持節驃騎大將軍太尉公尚書令冀州刺史廣平文懿王元悌銘並蓋　正書

建義元年六月十六日

河南洛陽出（1922年），歸武進陶涉園，今在東北博物館

河圖・五七　名二・一三　徵一・七　館・八　蒿二之三・二　芒四編補・一〇　石言五・一四　滿別上・二七　誌初一・八　松翁近稿四三　誌釋四・三九

平西將軍瓜州刺史元均之墓誌　正書

建義元年七月六日

于右任藏石，作方柱形三面刻，今存陝西博物館。

河圖·五八　誌初一·八　誌釋三·二〇

龍驤將軍太常少卿元悛墓誌　正書

建義元年七月十三日（卒年七歲）

河南洛陽出，歸于右任，今存陝西博物館。

館·八　蒿續一·一一　誌初一·八　丙寅稿三一　誌釋三·一五

檀越主蕩逆將軍馬户尉常申慶共婦女邑子仵拾人等造玉石像　正書

健儀（建義）元年七月十四日

司空城局參軍陸紹墓誌　正書

建義元年七月十七日

河南洛陽出（1912 年），歸開封關葆謙，後歸蘇州古物保存會。

名二·一二　徵一·七　館·八　蒿二·二　汲·三三　循四·一　芒續上·二　誌匯一·七　誌初一·九　誌釋六·五六　關葆謙審美堂藏石録

使持節中軍將軍征東大將軍散騎常侍瀛州刺史元廞墓誌　正書

建義元年七月十八日

河南洛陽出土，歸于右任，今存陝西博物館。

河圖六〇　名二·一三　徵一·七　館·八　誌新·五　蒿二之三·二　循四·一　芒四編一·三二　石言五·一四　誌初一·九　丙寅稿三一　誌釋四·二九

侍中驃騎大將軍儀同三司尚書令徐州刺史太保東平王元略墓誌　正書

建義元年七月十八日

河南固始許元藏石，後歸武進陶涉園，今在東北博物館。

誌新·五　石言五·一四　徵一·七　館·八　河圖·五九　名二·一三　汲·三三　芒四編一·三〇　循四·二　誌初一·

九　誌釋四·二九　滿别上·二八

使持節侍中司空尚書左僕射驃騎大將軍徐州刺史王誦墓誌　正書　有方界格　弟王衍撰文　李奬撰銘

建義元年七月二十七日

河南洛陽出土

名二·一三　河圖·六一　蒿二之一·二　徵一·七　館·八　循四·二　芒四編一·三三　汲·三五　誌初一·九　誌釋六·五六

使持節撫軍將軍光州刺史元懿公（昉）墓誌　正書

建義元年七月三十日

河南洛陽出土，開封圖書館藏石。

蒿續·一一　徵一·七　館·八　誌初一·九　誌釋四·三六

武昌王（元鑒）妃吐谷渾氏墓誌　正書

建義元年八月十一日

河南洛陽城北前海資村出土（1922年），于右任藏石，今存陝西博物館。

名二·一四　徵一·七　館·九　誌新·五　蒿二之三·四　循四·三　芒四編一·三五　石言五·一四　誌初一·九　誌釋三·一七

始平王元子正墓誌　正書

建義元年八月二十四日

河南洛陽出，歸新安張鈁。

河圖·六二　徵一·七　館·九　誌釋四·三八

使持節衛大將軍儀同三司定州刺史俊儀縣開國男元周安墓誌　正書

建義元年九月七日

河南洛陽出，歸于右任，今存陝西博物館。

名二·一四　徵一·七　館·九　篙二之三·二　誌初一·九

丙寅稿三二　誌釋四·二六

持節左將軍襄州刺史鄒縣男唐耀墓誌　正書

永安元年十一月二日

河南洛陽出，歸于右任，今存陝西博物館。

名二·一四　徵一·七　館·九　誌新·六　蒿二·二　芒四編一·三六　汲·三七　誌初一·九　志釋六·五七

侍中特進驃騎大將軍尚書左僕射司州牧司空公鉅平縣開國侯元欽神銘並蓋　正書

永安元年十一月八日

河南洛陽出土（1917 年），歸武進陶涉園。今在東北博物館。

藝續　九乙·二九　循四·四　汲·三八　芒三編·一二　誌新·五　河圖·六三　徵一·七　館·九　石言五·一四　菁編　蒿二之三·二　誌初一·九　誌釋四·二三　滿別上·三一

使持節征虜將軍華州諸軍事華州刺史邱哲墓誌　正書

永安元年十一月十九日

河南洛陽出，歸于右任，今存陝西博物館。

河圖·五六　徵一·七　館·八　蒿續·三　誌初一·八

元氏（景略）**故蘭夫人**（將）**墓誌**　正書

永安元年十一月二十日

河南洛陽出土，歸武進陶涉園，又歸上虞羅振玉，現存東北博物館。

菁編　名二·一四　徵一·七　館·九　誌新·五　蒿二之三·四　汲·四〇　芒三編·一四　循四·四　石言五·一四　誌初一·九　誌釋四·四〇　滿別上·三三

樊保儁兄弟等為亡考亡妣造玉石像　正書

永安元年十一月二十三日

延鴻閣藏石

散騎常侍鎮南將軍金紫光禄大夫領國子祭酒濟州刺史王翊墓誌

正書

永安二年二月二十七日

河南洛陽出，歸于右任，今存陝西博物館。

徵一·八　館·九　誌初一·九　誌釋六·五七

安西將軍凉州刺史元維墓誌　正書

永安二年三月九日

河南洛陽出土（1919 年），歸徐世昌。

名二·一四　徵一·八　館·九　循四·五　汲續·六　芒四編一·三六　蒿二之三·二　誌新·六　石言五·一四　誌初一·九　誌釋三·一九

丞相江陽王元繼墓誌　正書　王衍、馮元興等撰

永安二年八月十二月

河南洛陽出，歸于右任，今存陝西博物館。

徵一·八　館·九　循四·五　芒四編一·三六　汲續·六　誌初一·一〇　丁戌稿二四　誌釋三·一八

使持節侍中驃騎大將軍司徒公都督冀州諸軍事冀州刺史趙郡開國公尒朱紹墓誌　正書　方界格　邊刻花紋甚精

永安二年十一月七日

徵一·八　館·九　誌初一·一〇　誌釋六·五七　松翁未焚稿　藝林月刊三七期（1933 年 1 月）

使持節車騎大將軍儀同三司都督定州諸軍州定州刺史萬年縣開國伯尒朱襲墓誌　正書　方界格　邊刻花紋　蓋篆書　花紋極精

永安二年十一月七日

館·九　徵一·八　誌初一·一〇　誌釋六·五七　藝林月刊二十七期

諫議大夫建城侯山徽墓銘　正書

永安二年十一月七日

于右任藏石

徵一·八　館·九　蒿續·三　誌初一·一〇　誌釋六·五七

車騎大將軍平舒文定邢公（巒）繼夫人大覺寺比丘元尼（純陀法）墓誌　正書

永安二年十一月七日

河南洛陽出，歸于右任，今在陝西博物館。

徵一·八　蒿續補·二　誌初一·一〇　誌釋四·二八

同琋龍虎等造像　正書　上記下像

永安二年十一月十日

藝續一

樂陵太守李文遷等造像　正書

永安二年十一月十四日

羅録上·一七　藝二·一四　瓊一六·一三

清信士佛弟子郭榮造像　正書

永安二年十二月六日

兗州長史穆元（或釋彥）墓誌並蓋　正書

永安二年十二月二十六日

河南洛陽出，歸于右任，今在陝西博物館。

徵一·八　館·九　蒿續·三　誌初一·一〇　誌釋六·五八

使持節鎮東將軍冀州刺史長平縣開國男元液墓誌　正書

永安三年二月十三日

于右任藏石，今存陝西博物館。

徵一·八　館·九　蒿續補·一　誌初一·一〇　誌釋四·二五

故先生寇霄墓誌　正書

永安三年二月丁未朔

河南洛陽出，歸于右任，今在陝西博物館。

館·九　誌釋六·五八

張神遠造像　正書

永安三年五月一日

山東濰縣陳介祺藏石

《續山左漢魏六朝貞石目》七有張仲遠造像，永安三年，正書，在臨淄城西北施福寺，疑即此石。

藝二・一四　趙録二・四　通一五二・一一六　山訪一二・一〇　萃目一・二

廣業寺主比丘慧雙造像　正書　南陽趙崇篆飾　太原王遵義文隸

永安三年七月十一日

河南武陟南十五里余林村崇寧寺，後移城内東街吴公祠中馬神廟。

朔目一・七　河目上・一　河録一・七　河朔訪古隨筆上・五

青州齊郡臨淄縣高柳村比丘惠輔等一百午十人造像　又名比丘僧詳一百午十人造像　正書

永安三年八月九日

山東益都東北二十五里石佛莊西路旁

藝二・一四　攈六・一八　趙録二・四　田續目・七　匯一〇之三・二二　通一五二・一一六　山訪五・一又一二・七　光緒三十三年益都縣志卷二六

王舒磚誌　正書

永安三年九月十一日

河南洛陽出，歸徐森玉。

名二・四　循四・五　誌新・六　誌初一・一〇　誌釋一一・一一五

柱國程文德妻王伏素為亡父母造阿彌陀像　正書

永安三年

司徒范陽王元誨墓誌並蓋　正書

普泰元年三月二十七日

河南洛陽出（1922年），歸武進陶涉園，後歸鄞縣馬衡。今在東北博物館。

名二·一四　徵一·八　館·九　蒿二之三·二　循四·六　芒四編一·三八　誌新·六　石言五·一四　誌初一·一〇　誌釋四·三九　滿別上·三四　松翁近稿

蘇氏造釋迦像　正書

普泰元年四月□日

河南鞏縣石窟寺

攈六·一八　匯九補遺·三四

比丘法雲佛弟子趙文歡兄弟造釋迦像　正書

普泰元年四月

河南鞏縣石窟寺

攈六·一八　匯九之四·一二　石言四·一四　萃目一·二

使持節鎮北將軍都督建兖華三州諸軍事華州刺史阜平縣開國伯赫連悦墓誌　正書

普泰元年七月十四日

館·九　誌釋一一·一一五

鎮遠將軍介休男邢安周造象　正書

普泰二年七月十五日

使持節侍中太宰丞相柱國大將軍假黄鉞都督十州諸軍事雍州刺史武（下缺五字）**元天穆墓誌**　正書　邊、蓋均有花紋

普泰元年八月十一日

河圖·六四　徵一·八　館·九　誌初一·一〇　丙寅稿三二　誌釋三·一〇

侍中使持節征北大將軍尚書右僕射司州牧新興王食邑一千户元弼墓誌　正書

普泰元年八月十一日

于右任藏石，今存陝西博物館。

徵一·八　館·九　蒿續補·二　誌初一·一〇　誌釋三·二〇

散騎賈謹墓誌　正書　額正書　圭首似小碑形

普泰元年十月十三日

山東長山縣山徑中出土（光緒十七年）

通一五二·一一七　楊圖三·二〇　壬癸·三〇　陶七·一五　田目再續·一〇　藝一八·二　蒿二·二_　名二·一四　徵一·八　館·九　增圖二·一六六　誌匯一·七　誌釋六·五九

侍中尚書令太保使持節都督冀相殷三州諸軍事冀州刺史司空穆紹墓誌　正書　側有紋飾

普泰元年十月二十四日

河南洛陽出

名二·一四　館·一〇　徵一·八　蒿二·三　誌初一·一〇　誌釋六·五九　松翁近稿四七

楊阿真造像　正書

普泰二年三月十五日

長白端方藏石

藝續一　陶七·二〇

使持節都督恒州諸軍事恒州刺史韓震墓銘　正書　第四息光撰　兩面陰刻世系

普泰二年三月二十日

河南洛陽出，歸于右任，今存陝西博物館。

名續·一　徵一·八　館·一〇　蒿補·一　蒿續補·一　誌初一·一〇　誌釋六·五九

定州趙郡平力縣因村南皮范國仁造彌勒像　正書　側題名

普泰二年四月三日

河北滄縣出土，嘉慶元年縣南僧洪霞掘土發現，移存三義廟。見1933年滄縣志一三·六

徽州郡刺史都昌縣人劉均造像　正書

普泰二年十月十六日

樊奴子造四面像　正書　四面刻　陰刻地獄變相

太昌元年六月七日

陝西富平（或云光緒二十年蒲城縣出土）

藝二・一四　擴六・一九　關新一・九　匯一二補遺・六　增圖二・一六八　關考七・二八　陝六・一四

侍中太保特進使持節都督雍華岐三州諸軍事大將軍雍州刺史安豐王謚曰文宣王元延明墓誌　正書

太昌元年七月二十八日

河南洛陽出土，藏洛陽石刻藝術館。

名二・一四　河圖・六六　循四・七　芒四編一・四〇　汲・四二　誌新・六　石言五・一四　館・一〇　徵一・八　蒿二之三・二　增圖二・一七〇　誌初一・一〇　誌釋四・三五

贈使持節散騎常侍都督青徐諸軍事中軍大將軍青州刺史謚曰文公元襲墓誌　正書

太昌元年十一月十九日

河南洛陽出，歸于右任。

徵一・八　館・一〇　蒿續・一二　誌初一・一一　誌釋四・二三

使持節侍中太保大司馬録尚書事司州牧城陽王元徽墓誌　正書

太昌元年十一月十九日

河南洛陽出，歸武進陶涉園，今在東北博物館。

名二・一五　徵一・八　館・一〇　誌新・六　蒿二之三・二　汲・四八　芒四編一・四七　循四・一〇　雪跋二・三一　石言五・一四　誌初一・一一　誌釋四・三〇　滿别上・三七

使持節假車騎將軍都督晋建南汾三州諸軍事鎮西將軍晋州刺史大都督節度諸軍事兼尚書左僕射西北道大行臺平陽縣開國子元恭

墓誌　正書

太昌元年十一月十九日

河南洛陽出土，歸新安張鈁千唐誌齋。

徵一·八　館·一〇　誌釋四·三一

司空府參軍事元馗墓誌　正書

太昌元年十一月十九日（卒年十七）

于右任藏石，存陝西博物館。

徵一·八　館·一〇　蒿續補·二　誌初一·一一　誌釋四·二六

車騎大將軍儀同三司林慮哀王元文墓誌　分書

太昌元年十一月十九日（卒年九歲）

河南洛陽出土，歸武進陶氏，又歸徐森玉，今在東北博物館。

藝續　館·一〇　河圖·六七　名二·一五　徵一·八　誌新·六　石言石·一五　汲·四八　雪跋二·三〇　藝四編一·四〇　誌初一·一一　誌釋四·三八　滿別上·三六

平州刺史鉅鏕郡開國公于君妻和醜仁墓誌　正書

太昌元年十一月二十四日

河南洛陽出土，于右任藏石，今存陝西物館。

徵一·八　館·一〇　蒿續·三　誌初一·一一

恒州人威烈將軍郭海等造像　正書

太昌二年六月十八日

使持節侍中司徒公魯郡王（元肅）墓誌　正書

永熙二年二月二十六日

館·一〇　誌初一·一一　誌釋四·三〇

吴屯為亡妻郭僧造釋迦石像　正書

［永］熙二年三月□四日　河南開封博物館藏石

藝續一

持節督南岐州諸軍事前將軍南岐州刺史張寧墓誌並蓋　正書

長子貴顯次子仲顯等撰

永熙二年八月二十八日

于右任藏石，今存陝西博物館。

徵一·九　館·一〇　蒿續補·一　誌初一·一一　誌釋六·六〇

南陳郡太守賈景等七人造玉像　正書

永熙二年九月八日

山東諸城王緒祖藏石，後歸姚貴昉。

使持節都督齊州諸軍事平南將軍齊州刺史廣川縣開國侯元鑽遠墓誌　正書　季弟昭業銘

永熙二年十一月二十五日

河南洛陽出土，歸武進陶涉園，今在東北博物館。

名二·一五　徵一·九　滿别上·三九　館·一〇　誌新·六　蒿二之三·二　芒四編一·四九　汲·四九　石言五·一五　誌初一·一一　誌釋四·二五

使持節都督滄州諸軍滄州刺史石使君（育）戴夫人墓誌並蓋　正書

水熙二年十一月二十五日

河南洛陽出

名二·一五　芒四編補遺·一二　徵一·九　蒿二·三

使持節平西將軍秦洛二州刺史王使君（悦）郭夫人墓誌　正書　邊刻花紋

永熙二年

河南洛陽出，歸于右任，今存陝西博物館。

徵一·九　館·一〇　蒿續補·一　誌初一·一一　誌釋六·六〇

昭玄沙門大統僧令法師墓誌並蓋　正書　弟子智徵道遜覺意等作銘

永熙三年二月三日

河南洛陽出，歸于右任，今存陝西博物館。

徵一·九　誌釋六·六〇

法義兄弟二百人等造像　正書

永熙三年三月五日

長白端方藏石

藝續一　陶七·二一

比丘尼道廣造像　正書

永熙三年四月十日

佛弟子魏昌開國公李晏為亡息羅睺造天宮像　正書

永熙三年五月十五日

須彌塔主韓顯祖造像記　正書

永熙三年六月二十八日

長白端方藏石

瓊一六·一七　藝二·一四　羅録上·一七　陶七·二二　校增圖二·一七〇

道民吴進起造像　正書

永熙三年八月七日

永熙三年八月七日

以下北魏無年月

定州刺史孫使君頌德碑　正書　額正書刻於碑文正中　年月泐

□遐碑　正書　有陰存九行　碑文二十八行，下截缺

年月泐　甘肅天水（1925 年夏在關帝廟前廣場出土，移置天水某中學）

陳萬里西行日記·一六三　隴一·三七

中山太守王盛碑　正書　額正書

無年月　河北曲陽東十五里王家屯，後移入曲陽北岳廟院中

藝二・一四　匯三補遺・二七

照玄沙門都維那法師惠猛墓誌　正書

十二月十九日（或作正始二年）

長白端方藏石

徵一・九　授續二・五　蒿五・一　藝補遺・三　陶九・二一　古墨二・三四　誌二・一　雪跋二・二〇　誌匯一・五　竹一・二二　誌釋六・六七　唐風・四〇　萃目一・四

使持節侍中太保領太尉公録尚書事大將軍都督定相二州諸軍事定州刺史臨淮王元彧墓誌　正書

無年月（羅振玉云當在建義元年秋）　河南洛陽出土（1910年），歸洛陽金石保存所

藝續　誌釋三・二〇　徵一・七　雪跋二　名二・一四　館・九

魏故濟南王元獻墓記　正書

河南洛陽出

藝續　誌新・六

安語魂軀已散荎傷露晨等字殘墓誌　正書

存左下角銘文三行半

河南洛陽出

誌新・七　蒿二・三　誌釋一一・一六

河内宜陽二郡太守魏僧勗墓記　正書　天津姚貴昉藏石

誌初一・一四　誌釋六・六七

平北將軍殷州刺史元瑗墓誌　正書　志文僅二行，未完。

徵一・九　館・一〇　蒿續補・二　誌釋四・二五

魏故儀同笱使君墓誌蓋　篆書　花紋甚精

永安二年四月笱景墓誌蓋

此石人守橋堰人蛟不得毁壞有輒毁壞殃及萬世石刻　正書　七行　行三字

月戊申朔等字殘石　正書存七行　河南登封中岳廟

皇帝等字殘石　正書　存九行　民國初年林尊嚴得於關外大南山，移藏朔平府學

［大］方廣佛華嚴經初發心菩薩功德品第十三　正書　碑額下有冀州刺史奚景延兄子奚思遷題名

降□魔怨制諸外道等字殘刻經　正書　存十六行　有方界格

河北房山出土，歸長白端方。

陶一六・一九

有敬信檀?越等字殘刻經摩崖　分書

尹景穆造像　正書　□□三年四月己丑朔

北徐州興福寺大齋主李神恩等造四面像碑　又名：一、北龕大像主許始妻成公雙妃造像；二、普照寺造四面像碑。四面刻　正書　舊目誤分爲三

山東臨沂北鄉右軍祠，後移孔廟明倫堂。

藝二・四六又四八　匯一一〇之二・六六　匯一〇補遺・一八　通一五二・七九　山訪七・一　攈六・六一　田目再續・二〇　1917 年臨沂縣志一二・一一又一七（誤分爲二）

比丘法海等造像　正書

河南輝縣西三十五里胡村興國寺

藝續一　河目一・三　朔目五・七　河録七・三

常岳等一百餘人造像　正書　有方界格，上銘文下題名

河南洛陽存古閣

藝二・一五　瓊一六・一八　攈六・五二　增圖二・二二一　洛陽存古閣藏石目・一

維那邑子七十二人等造像　正書　四面刻

無年月

河南温縣西南十五里南王鎮寧國寺

河録一四・一　朔目一〇・九

皇甫德造像　正書

河南輝縣城内北隅天王寺普濟塔内

朔目五・七　河録七・一

無量壽勘（龕）主劉伏宜等造像　正書

河南輝縣城門内北隅天王寺普濟塔内

河録七・一　朔目五・七

桓氏造像

河北涿縣

藝二・一五

田僧敬造四面像　正書

陝西西安碑林

藝二・一四　瓊一六・一九　攈六・五一　萃二九・八　關考一・六　匯一二之一・二　陝一四・二八

張孝猷等造像題名　正書　年月泐

山西芮城學張村大路旁張姓地内掘出（1913 年）

陳羅漢造像　正書　年月泐

山西芮城西關外延慶寺廢磨下發現（1916 年）

陳榮歡合宗造像　正書　年月泐　有陰側

山西芮城西關外延慶寺三門内土中掘出（1916 年）

陳延傍等造像題名　正書　年月泐

山西芮城西關外延慶寺舊墻基下掘出（1916 年）

維那主邑師道淵造像　山西

藝二・一五

司馬王亮邑義等營造靈廟塔寺記　正書　河南博物館藏石

傅貳等造像　正書　山東濰縣郭氏藏石

維那卅餘人造像　正書　山東濰縣陳介祺藏石

王明妻劉莫問造像　正書　山東濰縣陳介祺藏石

比丘曇訓等造像　正書　河南博物館藏石

陳虎頭等卌人造像　正書　河南博物館藏石
李僧敬等造像　正書
弟子徐為亡女□姫造像　正書
綏遠將軍宋承祖造像　藝二・一五
陳怛造像　正書　年月泐
吴氏闔宅造像　又名道民吴標兄弟父叔等造像
大石像主孫□□造像　正書
張延昌等造像　正書
王惠感等七十人造像　正書
興像齋主馮叔洛比丘僧道濟邑老田邁等造像　正書　原在河南淇縣石佛寺
比丘法顯等造像　正書　有陰
邑子錡馬仁等造像　正書
陝西耀縣
石像主董汝玉造像　正書
邑主尚向保等造四面像　正書
代郡主魯叔豫造像　正書　年月泐
佛弟子吴□造像　正書
都邑主潘男姜等造像　正書
清信士女佛弟子王白練一百人等造盧舍那像　正書
正信道慶常槃昌造天尊像　正書
德縣人楊道造彌勒像　正書　年月泐　首行第二字有一魏字
清信女田昭為亡息方集造釋迦石像　正書
大茹茹可敦造像　正書
存十一行行約八九字，下半泐，山西大同雲岡。
雜姓邑義卌人等造像　正書
十行，行十字。首行有真河走澤救彼蒼生云云。
李道崇李曇和等率衆一百餘人造石像　正書

河北邢臺第二區橋南良社村西路邊

清信女王造像　正書

河南安陽寶山

匯九之二・二　朔目二・七　河録二・八

浮圖主范碩寧遠將軍洛州録事參軍田果等殘造像　正書　有開運二年三月十五日裝修題記

河間太守龐獻伯等造像題名　正書　有大像

佛弟子張祖為亡妻買公造像　正書

（上泐）癸酉朔四日

陰與左側題名：左側三行，首行郝曾，二行妻張買公，三行息女勤□山西聞喜縣城内，1918 年秋縣長楊韍田移置太原傅青主祠内　1918 年聞喜縣志廿下四

白佛山造像　正書

山東東平城東　五十五里

沙門智泉等　像主柳傾相等　像主畢貳　像主張妃　像主禮清　像主王奉先等　像主王菩提等　比丘尼洪嚴等　像主李士御等　像主高眼高皇奴等　像主王繼祖等　像主王敬伯杜市等　像主姫嚴扈妃等　像主趙業安等　像主李柞妻李武都等　像主邢江妃等　像主吴昌等

為亡父建立兹塔等字殘造像　正書　存後段十行　題榜有比丘尼法香李可豐，題名有清信女孫媚女侍佛、孫?臺伯供養佛時等

河北青縣姚貴昉藏石

馮道等殘造像題名　正書

孟賓李伯通等殘造像

苻楷等殘造像　正書

國祚永隆等字殘造像　正書　有乾隆辛亥李仁煜篆書題記

山東諸城出土，歸諸城李仁煜（乾隆五十六年）。

張景和題名　正書

扂終憘等題名

藝二·一五

白駒谷鄭道昭題字　正書

文云：此白駒谷中岳先生滎陽鄭道昭游盤之山谷也，凡十九字。吴式芬析出此白駒谷四字另爲一段。

山東益都西南二十五里百峰之北白駒谷内西石壁上

藝二·一一　攈六·一一　孫録二·二七　田目·九　匯一〇之三·二二　阮山九·八　授續二·六　瓊一四·二〇　硯六·六　益一·六　通一五二·一一六　山訪一二·一　增圖二·一四四

登百峰山詩　正書　鄭道昭撰　存上半八行，行存七字。每行下缺九字　側題平東府兼外兵參軍（下缺）

山東益都，福山王懿榮、滿州盛昱、臨清徐坊、銅山張伯英、長白榮臻遞藏。

交三·二　貞松老人外集二·八　四當四·四　通一五一·二八

觀海島（或釋童）詩　正書　鄭道昭撰

山東掖縣南十五里雲峰山。與論經書詩刻相近。

瓊一四·一三　硯五·一三　藝二·一一　攈六·一一　校楊圖三·七　孫録二·二七　阮山九·五　田目·九　匯一〇之三·五八　通一五一·七五　鄭·四　增圖二·一四三

雲峰山之左闕也七字　正書

山東掖縣雲峰山東峰西面

藝二·一一　鄭一·五　硯五·一六　田目·九　匯一〇之三·五八　通一五一·七六　瓊一四·一四

此山有九仙之名七字　正書

山東掖縣雲峰山中峰西面

藝二·一一　鄭·五　硯五·一六　田目·九　滙一〇之三·五八　通一五一·七四　瓊一四·一四

雲峰山之右闕也七字　正書

山東掖縣雲峰山西峰東面　（另有十六字一種，即右闕也，下多棲息於此鄭公子孚書九字（子孚，或釋手字）。

藝二·一一　鄭·五　硯五·一六　田目·九　滙一〇之三·五八　通一五一·七六　瓊一四·一四

滎陽鄭道昭之山門也九字（另拓也字下有於此游止四字）正書

藝二·一一　鄭·五　硯五·一六　田目·九　滙一〇之三·五八　通一五一·七五　瓊一四·一四

鄭公之所當門石坐也九字　正書

山東掖縣雲峰山東峰北面

藝二·一一　鄭·五　硯五·一六　田目·九　滙一〇之三·五八　通一五一·七五　瓊一四·一四

耿伏奴從駕五字　正書

山東掖縣雲峰山陰

鄭·五　藝二·一一　硯五·一五　田目·九　滙一〇之三·五九　通一五一·七七　瓊一四·一四　萃目一·三

石工于仙四字　正書

山東掖縣雲峰山陰

萃目一·三　藝二·一一　田目·九　通一五一·七七　阮山九·六　瓊一四·一五

石工于仙人五字　正書

山東掖縣雲峰山陰

藝二·一一　鄭·五　田目·九　滙一〇之三·五九　通一五一·七七　阮山九·六　瓊一四·一五

東字　正書

山東掖縣雲峰山陰

藝二·一一　硯五·一五　田目·九　匯一〇補遺·二六　阮山九·六　通一五一·七七

雲峰之山四字　正書

山東掖縣雲峰山

藝二·一一　硯五·一五　田目再續·一〇　匯一〇之三·五八　通一五一·七六

咏飛仙石室詩　正書　五行　行五字　凡四句

山東掖縣雲峰山中峰南面

鄭·五　匯二·一一　硯五·一八　田目續·七　山訪一一·一　匯一〇之三·五八　趙録二·二　通一五一·七一　瓊一四·一五

中嶽先生滎陽鄭道昭朱陽之臺也十四字　正書

山東掖縣雲峰山

硯六·四　藝二·一二　鄭·七　田目續·七　匯一〇補遺·二六　通一五一·七三　瓊一四·一八

王子晋駕鳳十字　又名太室題字　正書

山東掖縣雲峰山

硯五·一七　鄭·五　藝二·一二　田目再續·一一　匯一〇之三·五八　趙録二·二　通一五一·七二　瓊一四·一六

羡門子駕曰十字　又名崑崙題字　正書

山東掖縣雲峰山

鄭·五　硯五·一七　藝二·一二　田目再續·一〇　匯一〇之三·五八　通一五一·七四　瓊一四·一一六

赤松子駕月十字　又名玄圃題字　正書

山東掖縣雲峰山

硯五·一七　藝二·一二　田目再續·一一　匯一〇之三·五八　通一五一·七三　瓊一四·一六

浮丘子駕鴻十字　又名丹丘題字　正書

山東掖縣雲峰山

鄭・五　藝二・一二　硯五・一八　田目再續・一一　匯一〇之三・五八　通一五一・七四　瓊一四・一六

安期子駕龍十字　又名蓬萊題字　正書

山東掖縣雲峰山

鄭・五　藝二・一二　硯五・一七　田目再續一一　匯一〇之三・五八　趙録二・二　通一五一・七二　瓊一四・一五

上游天柱下息雲峰八字（另拓上游上有滎陽鄭道昭五字）正書

山東掖縣雲峰山

藝二・一二　硯六・一　鄭・八　田目再續一一　匯一〇補遺・二六　通一五一・六七　瓊一四・二〇

此仙壇北山也六字　正書

山東掖縣

藝二・一二　硯六・四　通一五一・七一　瓊一四・一九

大基山詩　又名仙壇詩　正書　十三行行十九字　首云尋日愛丘素云云

山東掖縣東廿里大基山西峰

藝二・一一　顧・九　鄭・六　硯六・三　田目・九　山訪一・一　匯一〇之三・五八　楊圖三・九　孫録二・二七　通一五一・七〇　阮山九・六　瓊一四・一六　增圖二・一四四　萃目一・三

大基山銘告　又名仙壇銘告　正書　五行行十一、二、三字不等

山東掖縣東廿里大基山口河岸壁

藝二・一一　鄭七　硯六・四　田目・九　山訪一一・一　匯一〇之三・五八　孫録二・二七　通一五一・六八　阮九・七

瓊一四・一七

歲在壬辰建五字　正書　二行

山東掖縣東二十里大基山（匯作雲峰山）

鄭・七　藝二・一一　硯六・五　田目續・七　匯一〇之三・五八　通一五一・七一　瓊一四・一九

中岳先生滎陽鄭道昭中明之壇也十四字　正書

山東掖縣大基山（匯作雲峰山）

鄭・七　藝二・一一　田目續・七　山訪一一・一　匯一〇之三・五八　趙録二・二　通一五一・七〇　瓊一四・一六

洛京道士太原郭静和題名　正書

山東掖縣大基山

鄭・七　硯六・五　藝二・一二　田目續・七　匯一〇補遺・二六　通一五一・八一　瓊一四・一九

石人名髣髴甲申年造乙酉年成題字　正書

山東掖縣大基山西峰北面

鄭・七　硯六・五　田目・九　山訪一一・一　匯一〇之三・五九　孫録二・二七　通一五一・八一

中嶽先生滎陽鄭道昭白雲之堂也　正書

山東掖縣大基山（光緒九年邑人丁培基訪得）

鄭・七　硯六・四　田目續・七　通一五一・七〇　光緒三十三年益都縣圖志二六金石志上　瓊一四・一八

白雲堂三字　雙鈎正書

山東掖縣大基山（匯作雲峰山）

鄭・七　藝二・一二　硯六・四　田目再續一一　匯一〇補遺・二六　通一五一・七〇

中岳先生滎陽鄭道昭玄靈之宮也十四字　正書

山東掖縣大基山（匯作雲峰山）

硯六・四　藝二・一一　鄭・七　田目續・七　匯一〇補遺・

二六　通一五・六九　瓊一四・一八

中岳先生滎陽鄭道昭青烟之寺也十四字　正書

山東掖縣大基山

硯六・四　藝二・一一　鄭・七　田目續・七　通一五一・六九　瓊一四・一八

其所居號曰白雲鄉青烟里也十二字　正書

山東掖縣大基山（匯作雲峰山）

硯六・四　藝二・一一　鄭・七　田目續・七　匯一〇之三・五八　趙録二・二　通一五一・六九　瓊一四・一八

天柱山東堪石室銘　正書　右上角缺一片

山東平度東北五十里天柱山

鄭・八　廎・九　藝二・一二　硯六・一　通一五一・六七　寶叢一・三九　瓊一四・一九　增圖二・一四四

此天柱之山四字　正書

山東平度天柱山

通一五一・六八

光州刺史宇文公題記　正書

十一行　首行有光州刺史宇文公撫育邊民云云

山東掖縣斧山

匯一〇之三・五九　藝二・一二　校　增二・二二六　硯七・一九　孫録二・六一　攈六・六一

僞　刻

宣武將軍定州刺史東平太守桓猷墓誌　正書

神麚元年二月十九日

河南洛陽出土

藝續　名續・一　誌新・四六

張廷棟造像　正書

太平真君二年正月十五日

孝昌正皇后造像　正書

太平真君四年四月初□日

處士源嘉墓誌　正書

天安丙午（元年）八月一日

誌新·四六　名二·六　誌匯一·四

吴德健造像　正書

太和三年

襄城郡汝南主簿周哲墓誌　正書

太和十九年十月二日

河南出土

誌新·四六　羅録上·一六　名二·七　誌匯一·五

劉先生夫人墓誌　正書

正始三年五月二日

□永江造飲龍泉古井誌銘　正書

正始四年三月二十七日

武衛將軍伊氏張夫人（諱列葉朱）墓誌　正書　斷爲二

正始四年季秋

河南洛陽出

郭達墓誌　正書

正始八年正月五日

元德銘磚　正書

水平元年十一月十一日

河南洛陽出土

丙寅稿·二六　誌釋三·一四

馮公碑　正書

延昌元年

使持節車騎將軍衡州刺史嚴震墓誌　正書

延昌二年四月十日

蘇州古物保存會藏石

名二·八　汲·八　誌新·四七

使持節征虜將軍都督岐州諸軍事岐州刺史孫標墓誌　正書

延昌二年九月五日

河南洛陽出土

名二·九　誌新·四七

趙夫人墓誌　正書

延昌三年正月三日

徐州琅邪郡臨沂縣都鄉南仁里通直散騎常侍臨安王元容誌銘　正書

歲次丁酉八月庚寅朔月廿日（熙平二年八月二十日）

名二·九

高衡造像　正書

神龜二年二月一日

蕩寇將軍車騎府司馬郝標墓誌　正書

正光二年八月一日

使持節征東大將軍都督并雍諸軍事雍州刺史秦龍標墓誌　正書

正光二年十二月六日

河南洛陽出土

名二·一一　藝續　誌新·四八

李護造像　正書

正光三年二月六日

瑶光寺尼慈雲墓誌　正書

1948 年 10 月 13 日《新民報》袁眉瑶光寺尼墓碑辨僞略稱一二。後周覺爲監察院委員，居洛陽西工街公館時戲作此石。當時最貴之值幾至百元。

正光三年八月一日（卒）

藝林月刊四四期（1933 年 8 月）

孔記德造白玉像　正書

孝昌元年三月二日

秀才卜文墓誌

孝昌二年三月　正書

藝一八・一　名二・一二　校　誌匯一・七

大將軍周恒墓誌　正書

孝昌二年十一月十四日

誌新・四八

楊逸墓誌　正書

永安元年五月二十三日

名二・一四　誌新・四八

寧遠將軍程延貴墓誌　正書

普泰元年九月二十一日

名二・一四　校　誌匯一・七

通直散騎常侍安東將軍儀同三司銀青光禄大夫廣都縣開國伯元虔墓誌　正書

太昌二年十月

河南洛陽出，歸紹興周肇祥。

名二・一五　誌新・四八

東　魏

僧惠等造阿彌陀像　分書

天平元年四月二十七日

藝二・一六

贈代郡太守程哲碑　正書

天平元年十一月三日（刻於額左）

有方界格，碑陰刻佛像及供養人，兩側有花紋。山西長治西南袁家漏村（即今東呈），後移山西太原傅青主祠。

校　藝二・一六　右一〇・三七　羅録上・一八　楊圖三・二〇　匯一一補遺・三　右叢一・五　增圖二・一七七　光緒十九年長治縣志四・二

張曇因患造像　正書

天平二年正月二十四日

藝二・一六

中嶽嵩陽寺碑　分書

額題“嵩陽寺倫統碑”篆書陽文，陰題名。碑上截刻佛像，下刻碑文，文上方刊空，方六寸許，深入二寸許。後刻麟德元年九月十五日移碑題字。

天平二年四月八日

河南登封會善寺。康熙四十八年移立於寺西之戒壇。

瓊一七・二四　萃三〇・一　藝二・一六　來上・三〇　跋二・二五　平二・一八　授續一・一六　字二・一三　中記一・一三　存一一・一二　孫録二・三五　校　竹一・二三　攈六・二一　匯九之四・二三　乾隆四十四年河南府志　一一〇・一〇　面乙・二五　天下　中考・五　松二・一　字補遺・二六　天一・三　增圖二・一七八　景日昣説嵩一四・九　雪・七五　萃目一・四　登封縣志三〇・一五

比丘洪寶造像　又名張法壽造像　正書

天平二年四月十一日

河南登封少林寺二山門内

藝二・二四　孫録二・三五　繆七・七　校　攈六・二一　匯九之四・二三　授續一・一六　萃三〇・二　瓊一七・四　平二・一九　李慈銘桃花聖解盦日記己集二集・八　萃目一・四

僧受為亡師造像　僧受或誤釋作僧更　正書

天平二年五月十二日

河南鞏縣石窟寺

擴六・二一　匯九之四・一二　1937 年鞏縣志一九・三四 石言・一四

比丘尼習□造像　正書

天平二年五月十四日

比丘尼□悦造像　正書

天平二年五月□日

平南將軍太中大夫元玕墓誌並蓋　正書

天平二年七月二十八日

河南洛陽出土，歸武進陶涉園，又歸蕭山張氏，今在遼寧博物館。

誌新・七　名二・一六　河南・六八　循五・一　雪跋三・一 汲・五一　芒編一・五一　徵一・九　館一〇　蒿二之三・二 石言五・一五　誌初一・一二　松翁近稿四五　誌釋三・一八 滿別上・四一

南秦州刺史司馬昇墓誌

天平二年十一月七日

銘末刻乾隆己酉馮敏昌觀款

河南孟縣出土。光緒丙午夏劉鶚在津得之，與端方易曹全碑未斷本，後歸王緒祖。

蒿二・三　中冢四　田再續・一二　竹一・二三　萃三〇・三 楊圖三三・二一　名二・一六　金石跋三・八　誌三・一　寶鴨上・二二　平二・一八　徵一・九　館・一〇　增圖二・一七九　匯九之二・六四　獨四　誌釋六・六〇　河朔訪古隨筆卷下・九　乾隆孟縣志卷七　乾隆二十四年懷慶府志二七・一七

青州齊郡廣川縣孔僧時兄弟□人為亡父母造像　正書

天平三年正月二十四日

長白端方藏石，後歸山東諸城王緒祖。

藝二・二五　陶八・一　田再續目・一二

邑師法顯等造像　正書

天平三年正月癸卯

河南偃師北牙莊古聖寺

藝二・二　增圖二・一七八　滙九之四・一

龍驤將軍諫議大夫贈假節督滄州諸軍事征虜將軍滄州刺史王僧墓誌　正書　誌側有文

天平三年二月十三日

河北滄縣南王次鎮人張振廷於道光二十二年耕地時發現，咸豐二年知州沈如潮爲立碑表其墓，後歸縣人王國均，光緒間以贈南皮進士張權。聞齊思和先生云：實出吴橋縣，爲縣人侯某所得，後贈南皮張權。

藝一八・二　畿上・二　績乙　瓊一七・二六　楊圖三・二一　趙録二・七　畿冢上・七　蒿二・三　館・一〇　徵一・九　循五・二　雪跋三・一　攈六・二二　滙三之二・五　校　同治戊辰鹽山縣志一四・三一　蒿二・三　增圖二・一七八　誌釋六・六　雪・七五　1933 年滄縣志一三・金石七

幽州北平人楊文昇造觀世音像　正書

天平三年三月三日

河南鞏縣西北五里石窟寺

攈六・二二　滙九之四・一二　石言四・九　1937 年鞏縣志一九・四〇

清信士佛弟子□□□為亡父造像　正書

天平三年四月十五日

河南鞏縣西北五里石窟寺

攈六・二二　1937 年鞏縣志一九・三五　石言四・一四

太師録尚書事文整高公（盛）碑　正書　額篆書陽文

天平三年五月二十八日（卒）

存上截，有界格。左下角缺，末有知州高此異跋。

河北磁縣縣政府内（光緒二十五年出土）。

藝二・三五　蒿一・四　響・一　校　增圖二・一八〇　雪跋三・八　九甲・四〇　楊圖三・六　唐風・四三

侍中大司馬華山王妃公孫甑生墓誌　正書

天平三年七月十六日

河北磁縣出土，歸遼寧博物館。

名二・一六　誌新・七　石言五・一五　徵一・九　館・一一　循五・二　鄴冢二・一　誌初一・一二

李慧珍等四人造蓮花石座　正書

天平三年十二月

陶八・一　藝二・二五

比丘惠暉合衆造釋迦像　正書　四面刻

天平四年正月二十八日

長白端方藏石，後歸武進徐氏。

陶八・一　藝二・二五　羅録上・一八

天平造經

天平四年正月

藝二・二五

李□李祥等造韋佗菩薩像　正書

天平四年二月朔

長白端方藏石，後歸武進徐氏。

藝二・二五　陶八・二

王磐虎造像

天平四年二月五日

山東諸城王緒祖藏石

獲嘉縣道俗一百餘人造像　正書

天平四年七月二十五日

綴跋·四

大覺寺碑額 篆書

《金石録》云天平四年八月

碑正面爲明人改刻《修儒學記》

河南洛陽東南隅四眼井

孫録二·三八 藝續一 匯九之三·九 金石二一·九

寧朔將軍汦州長□劉悁為亡兄直閣造觀世音像 正書

天平四年閏月（九月）八日

長白端方藏石

陶八·二 羅録上·一八

維那卅人等造像 正書

天平四年閏九月十三日 上截缺損

藝二·二五 陶八·三

辛（新）樂縣人張僧安造像 正書

天平四年閏九月十九日

山東壽光，歸泰州宫氏，又歸武進徐氏。

藝二·二五 平三續上·六 攈六·二二 田續目·八 趙録二·七 山訪一二·一一 通一五二·一一七 萃目一·四 藝林月刊34期（1932年十月）

司空公兖州刺史張滿墓誌並蓋 正書

天平四年十一月十二日

河南磁縣南鄉八里冢出土，1911年冬歸東北博物館（今遼寧博物館）。

名二·一六 循五·三 鄴冢二·二 徵一九 館一一 蒿二·三 誌釋六·六一 滿別上·四五

散騎常侍河南尹使持節都督嬴華滄光四州諸軍事車騎大將軍嬴華滄光四州刺史右衛將軍侍中吏部尚書右僕射太尉司徒司空公高

平王元寧為亡妻司馬氏造釋迦石像　正書

天平四年十二月五日

青州北海郡都昌縣人劉雙周造像　正書

天平四年十二月十九日

法儀六十等（等上疑脱人字）**造釋迦像**　正書

元象元年四月二十日

長白端方藏石，後歸山東諸城王緒祖。

陶八·六

柳昭為女夫劉遠遠亡妻車緑支造觀世音像　又名柳昭造像　正書

元象元年五月八日

長白端方藏石

陶八·七　羅録上·一八

張敬造石柱記　正書　六面刻

元象元年六月二十一日

山東膠縣黔陬舊城出土，歸諸城王緒祖，後歸日本。

藝二·二五　攈六·二二　匯十之三·四九　羅録上·一八　田續目·八　通一五一·三〇　山訪一二·一九

比丘尼僧愍為亡父母造白玉像　正書

元象元年八月二十九日

長白端方藏石

陶八·七　藝續

石艾縣維那道淵共使持節驃騎大將軍開府儀同三司大行臺令公并州刺史下祭酒通大路使佛弟子張法樂率邑義七十□人造像　又名紅林渡佛堪記　正書

元象元年九月十日

山西平定

藝二·二六　匯一一補遺·一　右叢一·一二

邑諸母一百人等造像　又名壽聖寺造像　正書

元象元年十月□日

山西和順縣

藝二・二五　右叢一・一五

使持節都督定冀相殷四州諸軍事驃騎大將定州刺史尚書儀同三司文静公李憲墓誌　正書

元象元年十二月二十四日

右上角、左下角均有小殘缺

河北趙縣西二十五里段村東李憲墓附近村民耕地得之，以爲石砧。同治辛未（十年）十月趙烈文等人訪拓以傳。後移入趙州書院。

求一・三二　緩七・七　畿上・二　畿冢上・八　畿志一五一・二五　硯續五・一六　羅録上・一八　藝一八・二　瓊一八・二　名二・一六　岷・一　循五・四　雪跋三・二　校　蒿二・三　征一・九　館・一一　匯三補遺・二五　增圖二・一八二　李慈銘桃花聖解盦日記己集二集・五　志釋六・六一

凝禪寺三級浮圖碑　正書　額篆書陽文

元象二年二月十五日

上截刻頌，下截刻銜名，十三行，有方界格。陰止前五行可辨。左側題名二十列。右側有永徽二年□月十四日題記二行。

河北元氏白婁村東北凝禪寺故址，後移文清書院東廡内。

瓊一八・一二　平再續・五　硯續六・七　趙録二・七　楊圖三・二二　校　常二・一　寶鴨上・二四　雪跋三・二　績乙攈六・二二　匯三之二・二四　藝二・二四　面乙・二四　畿志一四六・三　畿上・二　萃補一・一四　續編二・一　1931 年元氏縣志・數七

齊州長史乞伏報造彌勒像　正書

元象二年三月十三日

藝二·二六

車騎將軍左光禄大夫齊州長史鎮城大都督挺縣開國男乞伏鋭造彌勒像　正書

元象二年三月二十三日

山東歷城千佛山

藝二·二六　歷一·二〇　田續·八　瓊一八·二九　羅録上·一八　匯十補遺·一　通一五二·二　山訪一·八

假伏波將軍魏郡丞姚敬遵造彌勒像　正書

元象二年三月二十三日

山東歷城千佛山

藝二·二六　田續·八　山訪一·一　平三續上·六　硯續六·一七　瓊一八·三〇　匯十之一·一　趙録二·七　攀·一一　歷一·二〇　通一五二·一　萃目一·四

趙延進造像　正書　三面刻

元象二年四月十二日

山東東光

藝二·二六

假節齊州諸軍事輔國將軍齊州刺史高湛墓誌　正書

元象二年十月十七日

山東德縣第三屯崖崩出土。乾隆十四年歸縣人封棠，後歸吴縣陶氏。

藝一八·二　縵七·九　札樸八·三八　楊圖三·二二　田目·一〇　萃三〇·四　竹二二三　通一五二·二　山訪一·一七　名二·一六　跋三·二　阮山九·二〇　平二·一九　岷·三　左冢·四　誌三·三　有二·七又一二　攈六·二三　蒿二·三　徵一·九　館·一一　校　匯十之一·二〇　孫録二·三六　抄二·五二　歷一·二二　增圖二·一八八　李慈銘桃花聖解盦日記己集二集·八　誌釋六·六三　歷一·二二　獨四　華延

年室題跋中　雪·七六

濕沃縣人虞明珠法義等造像　正書

元象二年十一月九日

太尉録尚書事孝宣高公（翻）碑　俗名高孝宣碑、高飛雀碑　正書　額篆書陽文

年月泐　《金石録》作元象二年

斷爲二截，下截模糊，上截存三十行。碑後有□□銘□□□刻字。

河北磁縣南八里大道旁。光緒二十年李鴻章移立州縣明倫堂，後移民衆教育館。

金石録一·一〇　寶叢六·五五　楊圖三·二三　校　光緒二十年重修廣平府志三五·一八　畿志一四八·五九　蒿一·四　略上·三三　畿上·二　九甲·四一　唐風·四四　雪跋三·二　響·一　增圖二·一八一

使持節侍中驃騎大將軍太保太尉公録尚書事都督冀定瀛殷并凉汾晋建郟肆十一州諸軍事冀州刺史郟肆二州大中正第一酋長敷城縣開國公劉懿墓誌　正書

興和二年正月二十三日

《魏書》《北史》《北齊書》均作劉貴。右角斷裂爲二塊。

山西忻縣西九原崗出土。道光初歸縣人焦丙照，後歸太谷温氏，近在忻縣專署農業科研所干部王連喜家，1962 年捐贈山西博物館。

硯續六·一八　右訪·三　右二·二七　右叢一·一五　瓊一九·一　趙録二·七　右冢上·一　楊圖三·二四　泉一·一　緩七·一〇　寶鴨上·二二　廎·一一　攈六·二三　館·一一　名二·一六　徵一·九　蒿二·三　校　匯一一·一七　藝一八·二　面甲·二九　緣四·一九　增圖二·一八八　右録·一　李慈銘桃花聖解盦日記己集·九　誌釋六·六四　雪·七六

齊州太原郡祝阿縣安東將軍前山茌縣令郗蓋族銘 正書 有方界格

興和二年閏月（五月）二十一日

山東福山出土，長白端方藏石，1917 年歸姚華，1930 年歸溥儒。

陶八・七 藝續 通一五二・一〇九 誌釋六・六六

蔡儁殘碑 正書

興和二年八月八日

陽存上截二十六行，行三十三字，陰題名一列三十一行。

河南安陽出土，歸端方，後歸柯昌泗。

藝二・二六 校 陶八・八 田再續目・一二 壬癸・三二 雪跋三・三 楊圖三・二六 增圖二・一八六 唐風・四二

太原王顯慶墓記 正書

興和二年九月十三日

石存三行，僅書年月鄉里名姓，共十六字。

武進陶氏藏石，今在遼寧博物館。

名二・一六 徵一・九 蒿二・三 志釋六・六六 滿別上・四七

清信女趙勝習仵造彌勒像 正書

興和二年九月十七日

山東歷城千佛山

藝二・二六 田續・八 山訪一・一 平三續上・六 硯續六・二一 匯十之一・一 趙録二・七 攀・一一 瓊一八・三〇 歷一・二〇 通一五二・二 萃目一・四

豐樂寺比丘員光門徒弟子造像 正書 三面刻

興和二年十一月二十三日

山西平定

右一〇・四八 藝二・二六 羅録上・一八

青州北海郡膠東縣人孫思賓法義三十七人造像　正書

興和二年十二月□□九日

山東濰縣陳介祺藏石

藝二・二六　田再續目・一二

敬使君顯儁碑　又名：一、禪静寺刹前銘；二、敬顯儁修禪静寺碑。正書

興和二年

碑題作禪静寺刹前銘敬史君之碑，陰刻題名六列，中間刻乾隆十四年沈青崖跋十三行。

河南長葛　乾隆三年知縣許蓮峰得於轆轤灣地中，移置陘山書院。

瓊一九・一〇　萃三〇・五　藝二・二六　授續二・一　楊圖三・二四　孫録二・三六　擴六・二三　竹一・二三　匯九之二・四八　中記一・一四　跋三・四　鈔二・三七　古墨二・三六　平二・二〇　校　道光十八年許州志一三・一　面甲・三〇　中考二・一〇　金石二一・一一　增圖二・一八四　趙懷玉亦有生齋文抄八・一　雪・七六

居士廉富義率道俗等造像　正書

興和二年□月

陰與兩側刻佛像佛號

河南汲縣西三十里廉堰村觀音堂

河目上・二　朔目一・一　河録一・三

吕升歡合邑等造天宫像　正書　有陰

興和三年□月

河南汲縣二十五里故汲城村鎮國寺

河録一・二　朔目下・一　河目上・二

程榮造像　正書

興和二年

河南長垣縣城南十里蘧子墓祠龕後，當地人稱明末移置此。歸嘉興沈濤，後歸南陵徐乃昌。

瓊一九・一一　藝二・二六　常二・一六　徽一五・一　匯三之二・七　長垣縣志金石録（考古所藏清代抄本）。

胡元方等造像　正書　四面刻

興和二年

山東泰安東五十里徂徠山姚莊大雪寺西墀

藝二・二六　田目・一〇　攈五・二三　山訪三・一　匯十之一・三七　孫録二・三六　阮山九・二二　通一五二・三三　萃目一・四

瀛州河間郡中水縣民范思彦銘記磚　正書

興和三年正月二十九日

河南安陽出，歸紹興范氏。

誌新・七　蒿二・三　名二・一六　徵一・一〇　誌釋六・六六

易縣東水冶村善衆寺住持惠慶等造像　正書

興和三年四月八日

比丘僧道山造觀世音像　正書　有兩側

興和三年四月十五日

河北正定，歸長白端方。

陶八・一五　瓊一九・一六　趙録二・八　匯三之二・七　畿上・二

千像主前趙郡太守嘉殷刺史河間邢生造像　正書

興和三年六月二十五日

山西盂縣

藝二・二七　右叢一・一九

宜陽郡王元寶建墓誌　正書

興和三年八月二十一日

河北磁縣出土（1917年），歸紹興顧燮光，後歸河南博物館。

名二·一六　河圖·六八　誌新·七　石言五·一五　河跋·五　鄴冢二·三　九乙·三二　循五·五　徵一·一〇　館·一一　菁　蒿二之三·三　雪跋三·四　誌釋四·三八　誌初一·一二

假黄鉞侍中尚書令司徒公都督定冀瀛滄四州諸軍事驃騎大將軍冀州刺史華山王元鷙墓誌　正書　常景銘

興和三年十月二十二日

河北磁縣出土（1916年），歸遼寧博物館。

滿别上·四七　名二·一六　誌新·七　石言五·一五　徵一·一〇　館·一一　循五六　鄴冢二·五　雪跋三·三　蒿二之三·三　誌初一·一二　誌釋三·一〇

李仲璇修孔子廟碑　正書　額篆書

興和三年十二月十一日

下截有剥泐，陰題名，側刻内□書任城王長孺書碑十字。（王昶以筆蹟與碑文不類，疑是後刻。沈樹鏞云：王長孺書碑一行，黄小松拓得之，從來著録家所遺。）

山東曲阜孔廟同文門西側

田目·一〇　藝二·二六　楊圖三·二七　授續二·一　孫録二·三六　竹一·二三　攈六·二三　匯十之二·五　字二·一四　萃三一·一　來上·三〇　跋三·五　阮山九·二二　鈔二·四三　平二·二一　墨二·三七　雪跋三·四　妙五·五　校曝四八·七九〇　金石史上·一六　鐫一　集四·二一　録續五·五〇　山訪六·四　養一九·六　牛圖　天下　墨一七·六　增圖二·一八九　雪·七八　東家下·五　温日鑒勘書巢未定稿·八　沈樹鏞漢石經室金石題跋　嘉慶二年秋黄易岱麓訪碑圖册（虛齋名畫録一六·三）　略上·三三　孔一〇·八　天一·三

渤海太守張奢碑　正書　額正書

興和三年十二月二十一日

河北靈壽西十五里阜安村積善寺，後移城内。

藝二·二七　瓊一九·一二　攈六·二三　孫録二·三六　弗丙下·七　寶叢二〇·一九　授續二·一　常二·一七　匯三之二·二一　畿志一四五·三七　畿上·二　萃目一·四

九門安樂王寺道遇邑義廿二人造像　正書

興和三年□月三十日

藝二·二七

宜陽王碑　正書

興和三年□月九日

比丘道□等造像　正書

興和三年

郭合造像　正書

興和三年

清信佛弟子成休祖造觀世音像　正書　成紹宗記

興和四年三月七日

羅録上·一八

佛弟子静悲造觀世音像　正書

興和二年六月八日

山東濰縣西撞鐘院菩薩廟，後歸陳介祺。

1943 年濰縣志三八·三三

清信士苑貴妻尉為亡息老虎造彌勒像　正書

興和四年九月十一日

長白端方藏石

陶八·一五

李氏合邑造佛像碑頌　又名：一、李顯族造像碑；二、長樂太守李次李顯族百餘人造像。正書

興和四年十月八日

陰側均題名，額佛像並碑主李顯族題名。

河南滑縣城内東南隅高等小學校内，光緒末年河濱出土。

藝二・二七　河目上・二　朔目六・七　河録九・一　校　綴跋・二　1930 年重修滑縣志　金石録一・七　范壽銘河朔古迹圖識上册

上官香比丘僧法賢合邑等造像　正書

興和四年十一月二十五日

永寧寺三大字　正書　在河清三年董淵造像之側

興和年間

長白端方藏石（《陶齋藏石記》未載）。

藝二・二七

比丘道觀邑義八十六人造白玉像　正書

武定元年正月七日

長白端方藏石

陶九・一

高歸彦造白玉釋迦像　正書

武定元年四月八日

1921 年河北定縣料敵塔前出土，移存衆春園。

摹・七　石交録三・一九　1934 年定縣志一八一六

清信士香火主都督曹□身造像　正書

武定元年五月九日

李次明為亡兒李那延造觀世音白玉像　正書

武定元年七月四日

有元豐元年二月十三日來高才、馬良等題記，舊在河北棗强，歸山東諸城王緒祖。

道俗九十人等造像　又名邑義九十人造像　正書

武定元年七月二十七日

有兩側，上刻佛傳故事，下刻銘記。

河南沁陽縣西北十五里北孔村社廟

瓊一九·一九　平三續上·六　朔目七·一　河録一〇·三　增圖二·一九一　匯九之二·三七　續編二·四　萃三二·四　道光五年河内縣志二〇·三

武猛從事汲郡山陽李道贊率邑義五百餘人造像　又名封崇寺造像　正書

武定元年八月（永熙二年興建）

碑陰及兩側均有佛像與題名

河南淇縣北三十五里浮山封崇寺内，1929年被軍人運至天津，已斷。今在美國紐約市立博物館。

藝續一　河録六·七　朔目五·五　循跋上　河目上·二　藝二·二九　范壽銘河朔古跡圖識上册

渤海太守王偃誌　正書　有蓋篆書

武定元年十月二十八日

山東陵縣東門外三里河劉家莊北出土（光緒元年三月大雨沖出），嵌三泉書院東壁，後移縣署碑亭。光緒十八年爲縣令方洋竊去，易以摹刻。繼任耿棨昌與之交涉始索回。銘下刻光緒丙申（二十二年）耿棨昌跋，後刻光緒元年丹徒戴杰宰陵縣所得等題記四行。

藝一八·二　通一五二·二　陵縣續志·三　硯續六·二一　山訪一·一九　羅録上·一〇　楊圖三·二九　田續目·九　瓊一九·二二　求一·三四　緡七·一二　校名二·一七　循五·八　左冢·五　徵一·一〇　館·一一　蒿二·四　匯十補遺·四　增圖二·一九二　面乙·二五　誌釋六·六六　雪·七九　李慈銘桃花聖解盦日記己集二集二一

鄴市縣諸田村□人造彌勒白玉像　正書

武定二年正月四日

青州北海郡都昌縣方山東新王村維那貳郎率法義三百人等造石像碑 正書

武定二年二月十六日

山東濰縣西南鄉，歸長白端方。

藝二·二七 陶九·一 校 通一五一·七八

邑子李洪演造像頌 正書

武定二年三月一日

河南獲嘉南三十里劉堌堤村法雲寺

萃三一·四 藝二·二七 中記一·一五 孫録二·三七 攈六·二三 朔目五·四 河録六·四 匯九之二·二三 增圖二·一九〇

冠軍將軍司空府前西閣祭酒齊州驃大府長流參軍楊顯叔為亡考忌日造像 正書

武定二年三月十四日

第二行楊顯二字泐，第三行泐四字。

山東歷城千佛崖神通寺四門塔内，後歸長白端方、武進徐氏，今在河北第一博物館。

孫録二·三七 授續二·二 陶九·四 阮山九·二七 藝二·二七 竹一·二四 山訪一·一 匯十之一·二 羅録上·一八 田目·一一 歷一·二四 通一五二·二 萃目一·四 河北第一博物院半月刊第二期

傅伯龍造像 正書

武定二年四月□日

使持節假黄鉞侍中太傅大司馬尚書令定州刺史廣陽文獻王元湛墓誌並蓋 正書

武定二年八月庚申（八日）

河北磁縣出土（1917 年），歸安陽金石保存所。

誌新·七 蒿補·一〇 河目上·二 蒿二之三·三 徵一·

一〇　館・一一　石言五・一五　九乙・三三　續安・一　誌釋三・二一

假黄鉞太傅大司馬廣陽文獻王元湛妃王令媛墓誌並蓋　正書

武定二年八月庚申

河南安陽出土（1917 年），歸安陽古物保存所。

1921 年後失去，僅存一蓋。

河目上・二　名二・一七　徵一・一〇　館・一一　循五・九　九乙・三四　鄴冢六・一三　誌新・七　蒿二之三・四　續安・一

淮南僖王元顯墓誌　正書

武定二年八月二十日

河南安陽出土，歸安陽古物保存所。

河目上・二　徵一・一〇　館・一一　石言五・一五　循五・一〇　鄴冢二・一二　九乙・三四　蒿二之三・三　誌新・七　誌初一・一二　續安・二　誌釋三・一六

詔贈使持節都督滄冀幽三州諸軍事驃騎大將軍儀同三司冀州刺史淮南孝武王元均墓誌　正書

武定二年八月二十日

1912 年以前完整，十年後斷爲十塊，右上端缺三塊。河南安陽出土，歸安陽金石保存所。

名二・一七　河目上・二　九乙・三五　循五・一〇　誌新・七　石言五・一五　徵・一〇　館・一一　蒿二之三・三　誌初一・一二　續安・二　誌釋三・一六

伏波將軍諸冶令侯海墓誌　正書

武定二年十月十日

河南磁縣南鄉王家店出土（1911 年冬），歸遼寧博物館。

名二・一七　循五・一一　鄴冢二・一四　徵一・一〇　館・一一　蒿二・四　誌釋六・六六　滿別上・五一

使持節都督三州諸軍事驃騎大將軍東梁州東徐州當州大都督儀同三司兗州刺史臨濟縣開國侯叔孫固墓誌　正書

武定二年十一月二十九日

河南安陽出土（1915 年），歸安陽金石保存所。

河目上・二　名二・一七　誌新・七　館・一一　徵・一〇　循五・一一　蒿補・一　誌初一・一二　續安・三　誌釋六・六六

劉明造像　正書

武定二年

比丘僧道和共母人造觀世音像　正書

武定三年五月二十三日

面涂紅漆，山東諸城王緒祖藏石。

朱永隆唐豐等七十人造像　又名僧惠造天宮像　正書

武定三年七月十五日

陰側題名，左側有開寶四年十月十一日重立題字。

河南沁陽縣東北四十里唐村

攈六・二四　授續二・三　孫録二・三七　朔目七・一　河録一〇・一一　匯九之二・三七　萃目一・四　道光五年河内縣志二〇・四

青州高陽郡高陽縣閻杜景暉寺比丘惠朗為亡父母造像　又名高陽郡僧惠朗造像記　正書

□□三年□□在丑八□□未朔二日戊申（繆荃孫考爲武定三年）

山東臨淄出土，歷藏濰縣郭槐堂、蓬萊張氏。

藝二・二七　田再續目・一三　攈六・二四　通一五一・五五

王氏女張恭敬造釋迦像　正書

武定三年九月三日

魏報德玉像七佛頌碑　又名洛州報德寺造玉像碑　正書　額篆

書陽文

武定三年九月十五日

兩側有題名，已斷爲三段。長白端方藏名（疑舊在河南）。

陶九·五　藝二·二八　增圖二·一九三

荆州刺史宗欣墓誌並蓋　正書

武定三年十月二十八日

河北磁縣出土，歸周肇祥。

藝林月刊一一二期

散騎侍郎汝陽王元賥墓誌　正書

武定三年十一月二十九日

河南洛陽出土，歸吴興張鈞衡。

名二·一七　循五·一二·　石言五·一五　徵一·一〇　館·一一　循五·一二　九乙·三六　蒿二之三·三　丙寅稿三六　誌釋四·二四

龍門寺道人及四人等造鐘款　正書

武定三年

安平郡沙門都萬善寺法照造像　正書

武定四年二月九日

大留聖窟題字　又名道憑法師造像

武定四年四月八日

上方爲大留善窟四字，下方分書年月日及道憑法師造。

河南安陽西南六十里寶山

河録二·六　朔目二·二　羅録上·一八　安陽·一五　攗六·二五　匯九之二·一

使持節侍中司徒公都督華岐并楊青六州諸軍事車騎大將軍雍州刺史章武王（元融）妃盧貴蘭墓誌　正書

武定四年十一月二十二日

河北磁縣出土，歸武進陶氏、上虞羅氏，今在遼寧博物館。

藝續　滿別上・五二　名二・一七　館一一　徵一・一一〇石言五・一五　循五・一二　雪跋三・六　蒿二之三・四　增圖二・一九四　誌釋四・三二

兖州泰山郡牟縣上柟村人維那主欒天祐二十人等造塔殘石　正書

武定四年□月八日

長白端方藏石

陶九・九

中兵將軍員外給侍中輕車將軍民望李道房等造像　正書

武定五年正月十四日

比丘僧道請為亡父母造像　又名比丘僧惠詅等造像　正書

武定五年正月二十六日

兩則有題名，長白端方藏石。

陶九・一一

西兖州刺史鄭君誌　又名晋寧縣公鄭君碑　正書

武定五年二月七日（卒年）

存下截二十五行，行二十字至二十六字不等。

河南河陰西十餘里大覺寺出土（或誤作偃師）。長白端方藏石，今在北京中國歷史博物館。

陶六・一二　蒿一・四　校　雪跋三・八　九甲・八一　志匯一・六　石言五・一五　唐風・四五

豐樂七帝二寺邑義人等造白玉龍樹思惟像　正書

武定五年二月八日

河北定縣衆春園

1934 年定縣志一八・六

進安寺比丘尼僧了造白玉思惟像　正書

武定五年五月十日

王惠略合邑五十人等造靈塔記　正書

武定五年七月三日

河南開封博物館藏石

朱舍為亡父母捨宅造寺記 正書

武定孟年七月九日

長白端方藏石

藝二·二七　陶九·一五

并州樂平郡石艾縣安鹿村邑儀王法現二十四人造像 正書

武定五年七月十八日

像右第二段刻張繼文題記云：三龕計像八十八尊，中魏刻，左右皆齊刻。

山西平定

藝二·二七　右叢一·一九　羅録上·一八　匯十一補遺·一校

驃騎大將軍散騎常侍滄兗二州刺史二州諸軍事東安王（元凝）**太妃陸順華墓誌** 正書

武定五年十一月十六日

河南安陽出土，歸安陽金石保存所。

名二·一七　河目上·二　石言五·一五　誌新·七　徵一·一〇　館·一一　九乙·三八　循五·一三　館·一一　蒿補·一一　誌初一·一二　續安·三　誌釋四·三二

上宰侍中司徒公領尚書令太傅領太尉公假黄鉞九錫任城文宣王文竫太妃馮令華墓誌 正書

武定五年十一月十六日

河南安陽出土，歸安陽金石保存所。

河目上·二　名二·一七　誌新·七　石言五·一五　循五·一三　鄴冢二·一五　九乙·三七　徵一·一〇　館·一一　蒿二之三·四　誌初一·一二　續·三　誌釋四·二七

廣武將軍奉車都尉清敞隊主唐小虎造彌勒像 正書

武定六年五月三日
長白端方藏石
陶九·一五　藝二·二七
像主道深曇愍道俗四人等造彌勒像　正書
武定六年五月五日
長白端方藏石
陶九·一六
邑主造石像碑　正書
武定六年九月十二日
河南偃師南湯王廟
攈六·二五　匯九之四·一　中記一·一六　偃上·一一　平三續上·七　萃三一·四　偃師金石遺文補録　一·一八
使持節侍中太保特進都督雍華岐三州諸軍事大將軍雍州刺史安豐王（元延明）妃馮氏墓誌　正書
武定六年十月二十二日
河北磁縣出土，歸安陽勸學所。
誌新·八　名二·一七　徵一·一〇　館·一一　蒿二之三·四　石言五·一五　增圖二·一九四　誌初一·一二　誌釋四·三五
姚保願造像　正書
武定六年
山東平度天柱山
瓊一九·三〇　通一五一·七八
故人張伏安妻阿胡為亡夫亡息遵業造白玉像　正書
武定七年正月二十四日
長白端方藏石
陶九·一六
滄州安德郡平昌縣延陵顯仲造白玉像　正書　（石印本）

武定七年二月八日

陝西西安出土

攈六·二五　續編二·五

清信□弟子趙顯造彌勒像　正書

武定七年二月二十日

長白端方藏石

陶九·一九

陽市寺尼惠遵因患發願造彌勒玉像　正書

武定七年三月六日

長白端方藏石

陶九·一七

王光造石像　正書

武定七年四月四日

山東濰縣

比丘惠表為亡父母姊妹弟造雙觀音玉像　正書

武定七年四月八日

溥儒寒玉堂藏石

肆州永安郡定襄縣高嶺村以東諸村邑儀道俗等造像　正書

武定七年四月八日

山西盂縣北四十里興道村興化寺，後移縣圖書館。

藝二·二七　攈六·二五　匯一一·一五　右叢一·二二　續編二·五

武德郡于府君等造義橋石像碑　又名武德郡建沁水石橋記　正書　額正書　程洛書

武定七年四月八日

陰上截題名、下截爲楊膺寺等造橋記，兩側題名。

河南沁陽東南三十里武格寨湯帝廟（乾隆壬申村民掘井得之）

藝二·二七　萃三一·五　瓊一九·三〇　孫録二·三七　竹

一・二四　金石一　跋三・一四　鈔續一・九　古墨二・三八　平二・二二　攗六・二五　匯九之二・三七　增圖二・一九五　道光五年河内縣志二〇・八　乾隆五十四年懷慶府志二六・三

龍山寺主比丘道瓊（璇）造像　又名：一、龍門山主比丘道王寶造像；二、龍門山報德寺比丘法相造像。正書

武定七年四月七日

碑額題名：左側大維那桓繼伯等題名二列，右側大維那光顯祖題名三列。陰爲佛相（見縣志）。

河北武安（舊誤作山西平定或河南洛陽）西南五十里後叢井村興隆寺門外

藝二・二八　河目上・二　羅録上・一九　右叢一・二三　瓊一七・七　攗六・二五　匯一一補遺・二　河録五・三　響・二　范壽銘河朔古迹圖識上册　1937年武安縣志一三・一

孟□□為亡師造像　又名□昌游造像　正書

武定七年八月□日

長白端方藏石

陶九・一九

趙顯造像　正書

武定七年十一月廿日

長白端方藏石

陶九・一七

趙天崇為亡祖父母造像（原誤作乔宗）　正書　兩面刻

武定七年十二月一日

藝二・二六

夏蔚二州刺史張保洛東荆州刺史劉襲東雍州刺史薛光熾等造像　正書　四面刻

武定七年□二月八日

山西絳縣張鶚舉藏石（張廷濟云：石舊在滄州，汾陽田幾携

石至京）

萃三一·五　右一〇·四九　孫録二·三八　攈六·二五　藝二·二八　平二·二一　右叢一·二〇　竹一·二四

孫孟長為亡妣造玉像　正書

武定七年□月二十一日

長白端方藏石

陶九·一八

冀州刺史關勝誦德碑　又名關德顒紀德碑　正書　額篆書

武定八年二月四日

陰題名

山西平定北四十里千畝坪

天下　硯六·一八　石二·二三　藝二·二八　趙録二·八　攈六·二五　匯一一·一一　寶鴨上·二三　右叢一·二五

都邑主杜文雍（或釋雅）等四十人造像　正書　三面刻

武定八年二月八日

河南禹縣

藝二·二八　校　羅録上·一九　匯九補遺·一　增圖二·一九七

佛弟子劉臺顯為亡父母造像　正書

武定八年二月二十三日

長白端方藏石

陶九·一八

侍中使持節都督徐陽兖豫濟五州諸軍事驃騎大將軍徐州刺史司空公蘭陵郡開國公吴郡王蕭正表墓誌並蓋　正書

武定八年二月二十九日

河北磁縣大冢營村距城八里處出土（1912 年），歸遼寧博物館。

名二·一七　誌新·八　循五·一五　徵一·一〇　館·一一

蒿二·四　誌初一·一三　誌釋六·六七　滿別上·五四

司州魏郡臨漳縣魏故源貳虎之孫源磨耶墓誌　正書

武定八年三月六日（卒年六歲）

河南汜水出，歸端方，後歸于右任。

藝一八·二　硯續六·二五　瓊一九·三四　名二·一七　陶九·一八　徵一·一〇　館·一二　面甲·二九　增圖二·一九七　誌釋一一·一一六

廉天長為父廉富率鄉邦三十人等造義井文頌　正書

武定八年三月上旬

左側邑老廉道宗等題名三列，右側邑母釋回勝等三人題名。

河南汲縣西三十里廉堰村觀音堂。

河冢一·三　校　朔目一·一　河目一·二

修太公廟碑　又名太公吕望碑　正書

陰題名，側元符二年石宲題名，下半有剥泐。

武定八年四月十二日

穆子容撰，前九行刻太康十年盧無忌文（至俾萬載之後有所稱述而止），後十二行刻穆子容叙銘。

河南汲縣西北三里太公廟内。

字二·一四　藝二·二五　筆·二一　金石一跋三·一五　楊圖三·三〇　授續二·三　竹一·二四　攈六·二五　校　孫録二·三八　滙九之二·二〇　跋三·六　萃三二·一　鈔二·四八　古墨二·三八　平二·二二　瓊一九·三四　求一·三四　朔目一·二　河録一·三　妙五·三　中考四·一一　天一四　增圖二·一九八

原平北郊二縣令李僧造石四面像　正書

武定八年五月十日

太原太守穆子巖墓誌　正書

武定八年五月十三日

河南安陽出土（1916 年安陽北鄉木章屯村民浚河得之），歸安陽金石保存所。

名二・一七　誌新・八　徵一・一〇　蒿二・四　汲・五二　循五・一五　九乙・三九　雪跋三・七　菁　河目上・二　誌初一・一三　續安・三　誌釋六・六七　河録二・一

州治朱司寺□僧勝造像　正書

武定□年三月八日

吴縣潘祖蔭藏石

石紹妻王阿妃造像　正書　有陰側

武定□年正月二十日

紹興顧燮光藏石

意瑗法義造佛國殘碑　正書

武定□年

額旁有熙寧六年賈元等再立石佛題記，四面刻，下截缺。

山東安丘出土。

校　羅録上・一九　通一五二・一一七

上曲湯劉兵造像　正書

興□□六年二月二十七日（興和止四年）

長白端方藏石

陶九・二四

武定□年殘造像　正書

石已漫漶，惟武定居家眷屬君時成佛等十字可辨。

長白端方藏石

陶九・二〇

漢徵君伏生冢題字　正書

山東濟南齊東縣故朝陽城東五里碧霞元君祠下出土（同治十三年出土）

藝二・二五　山訪一・一六　古石　通一四九・三三（列入

五代）　羅振玉俑廬日札・二二

王君墓誌殘石　正書

存上段十三行，第五行有永熙二年，第七行有從御定鼎都鄴云云。

長白端方藏石，後歸諸城王緒祖。

陶九・二〇　名二・一八　芒四編四・五二　征一・九　館・一〇　蒿二・三　誌釋六・六七

蘇歡等造像　正書

藝續一

皇甫鸞造像　正書

□□□年十二月□二日

藝續一

比丘道略法義等造像

丙申九月八日

邑儀五十人等造盧舍那像　又名史道暢五十人等造像　正書

□□□年三月二十三日

長白端方藏石

陶九・二四

佛弟子樂陵縣人李士芝率邑儀等造像　正書

（紀年缺）三月戊申

陳僧和造像

大都維那李安周等造像　正書　有側

璦川郡公曹夏侯建造像　有陰　河南開封博物館藏石

田丘氏造像　又名田丘儉八世孫造像

上像下文，文卅行，行七、八字不等。又中有都邑□毌丘合宗一百餘人與世祖毌丘儉云云。

山西聞喜邱封村西門外，後移太原傅青主祠内（1918 年）。

光緒六年聞喜志補三・二　1918 年聞喜縣志二十上・二

張可兒等造像　正書

河南開封博物館藏石

相城令潁川太守陳□□造像

門師吴叔仁造像

馬任造像

汲郡功曹劉樹枝等造像　正書　四面刻

河南湯陰東四十八里白龍村龍泉寺

河目一·三　綴跋·三　朔目三·一　河録三·二

胡伯憐等三十人造像　正書

河南輝縣西三十五里胡村興國村

河目一·二　朔目五·七　河録七·三

邑老秦始侯等造像　正書

河南新鄉城内東街公款局

河目一·三　朔目三·一

維那郭黄陵等造像　正書

比丘尼衍[?]業等造像

孝子楊滿藏為亡考妣造像　正書

藝續一

大象主周桑女侍佛盧舍那像主王寶為亡父母造像　正書

長白端方藏石

藝續一　陶一三·一六

惠宣造像　正書

河南鞏縣石窟寺

藝二·二五

邑師沙門都河寺真儒等造像　分書

僅存額與上段碑文十三行、行三字，首行有夫靈基云云。

河南洛陽

藝二·二五

經像殘石　正書

上心經，下造像記

河南鞏縣西北五里石窟寺

大佛光明主殘造像　正書　存四行

藝續一

趙法□等殘造像　正書

藝續一

張暢之等造像姓名殘石　正書　存題

名十二行，中有樂天、劉貳健、孫貳胡、謝貴四人，並與樂天祐造塔同。

長白端方藏石

陶九・一〇

軌音字殘石　存九行

藝續一

劫數等字殘石　存九行

藝續一

乞伏鋭題名　正書

山東歷城龍洞西峰

藝二・二八　山訪一・八

侍中散騎常侍司空冀州刺史張公闕

疑僞

劉鑒鋸造像　正書

僞刻

伏南將軍王尉墓誌　正書

興和六年五日

僞刻

王子貴墓誌　正書

武定二年正月二十六日

僞刻

藝續

散騎郎當陽王元敬墓誌　正書

武定二年十月廿八日　僞刻

郭?韶墓誌　正書

武定八年正月五日

僞刻　誌文與正始八年正月五日郭達墓誌文同

西　魏

王順宗車枕洛造四面像　正書

大統元年四月

在陝西，歸山東諸城劉喜海。

瓊一六・二一　藝二・一五　擴六・一九　趙録二・六

陵江將軍（下泐）延敬為父母造像　正書

大統元年十一月二十日

白實造中興寺石像　正書

大統三年四月八日

校

仇夜共師法祥洪賓三人造像　正書

大統三年十月十七日

比丘尼智先共力儁族兄弟造像　正書

唯大魏大統四年□□戊午四月己丑朔八日丙申

陰與兩側有像

山西聞喜西北三十五里栗村鎮

1918 年聞喜縣志二〇下・六

比丘僧惠為亡父造釋像　正書

大統四年四月十五日

河南鞏縣石窟寺

佛弟子□多□造雙觀音像　正書

大統四年五月七日

合邑四十人造天宫像　正書

大統四年十二月辛未

一九一六年九月出土於山西芮城西關外

增圖二·一七〇

西夏州民平東將軍中散大夫長史雍邱縣開國伯紇汗紋興兄弟三人為父母造石像　正書

大統五年四月九日

青州安平縣開國侯匡（或釋巨或丘）始光造像　正書　有陰、側

大統六年七月十五日

藏中國歷史博物館

校　增圖二·一七一

佛弟子王智明沙門何僧初造像　正書

大統九年仵（五）月四日

關考二·六四

邑子廿七人造定光像　正書

大魏（下缺）太歲在甲子六月八日（大統十年）

現斷爲二，上銘記下題名。

陝西咸寧南關社祭臺村石佛寺，後歸藍田閻甘園。

考五·一　續編二·五　陝六·一五

李神覆造像　正書

大統十三年六月十九日

陳神姜等造四面像　正書

大統十三年九月八日

杜縣令杜照賢維那杜慧進等十三人造四面像　正書

陰刻高王經，兩側題名。

大統十三年十一月十五日

河南禹縣

羅録上·一七　攈六·二〇　匯九補遺·一　雪跋三·八　九甲·三九　校　藝二·一五　增圖二·一七三

清信介媚光為亡夫薛祖□息男薛崇令息女薛外映造文石釋迦像　正書

大統十四年四月三日

蔡氏造太上老君石像記　又名：一、劉啊碑；二、蔡興伯碑；三、蔡洪造老子像；四、老子祠造像記。正書　有陰、側

大統十四年四月八日

上部横書劉曜光初五年冠軍將軍關内侯平陽太守豫州刺史太尉公□洪像碑一區，後刻元祐壬申孟冬十有□日□□題記。

山西芮城蔡村鄭姓家

孫録二·三四　跋三·七　右一〇·四九　右叢一·二九

道顯造四面像　正書

大統十五年五月二日

藝二·一五

寧氏合宗並諸鄉秀士女道俗等造像　正書

大統十七年七月二十三日

尹天興造像　正書

大統十七年十二月十一日

西安

鞏伏龍為亡比丘慧光造像　正書

大魏國元年次壬申六月丁酉朔十一日丁未（西魏廢帝元年）

河北正定出土，歸濰縣陳介祺。

趙録二·一　弗乙·二七　田再續目

王慶孫造像　正書

元年歲次丁丑六月二十九日

邑主秦從三十人造四面像　正書

三年歲在丙子四月十五日（舊考爲道武帝天賜三年，繆荃孫云西魏恭帝三年歲在丙子，是時無年號。）四面刻

藝二·一五　語石五·一五一　增圖二·一七四

趙和造四面像　正書

三年己卯六月丁巳朔十五日辛巳（西魏恭帝）

四面刻

陝西

藝二·三七　趙録二·一　增圖二·二二二

道民王公子造玉像　正書

大維三年歲次丙子十一月十九日

佛弟子荔非天狚造像　正書

長白端方藏石

陶一〇·三

顔貳郎為亡父顔曇玉造像　正書

長白端方藏石

陶一〇·三

劉黑婆殘造像　正書

上下殘

長白端方藏石

陶一〇·四

段和□造石像　正書

元年四月八日（疑爲西魏恭帝）

四面刻

王文敬刻像記　正書

大統八年

僞刻

北　齊

張龍伯兄弟等為亡父母造像　正書

天保元年十月八日

山東諸城尹彭壽藏石

藝二・二九　瓊二・一　硯續六・二六　趙録二・一一　攈六・二五　匯九之三・一八　雪跋三・九　緣三・三九

固城光寺僧道侍為父母造觀音像　正書

天保元年十月二十日

張始興造像　正書

天保元年十二月丙子朔

長白端方藏石，後歸武進徐氏。

陶一一・一　藝續一

李甲興造像　正書

天保元年

溥儒寒玉堂藏石

唐淵妻造像　正書

天保元年

紹興顧鼎梅藏石

佛弟子李稚暈造像　正書

天保二年正月九日

長白端方藏石

陶一一・一　藝續一

清河故人崔賓先造像　正書

天保二年三月三日

河南鞏縣石窟寺

攈六・三六　匯九之四・一二

比丘法定造像　正書

天保二年三月九日

河南鞏縣石窟寺

匯九之四・一二　擦六・三六　石言四・一四　1937 年鞏縣志一一九・四一

清河崔孝宣弟兄三人造像　又名左宣等兄弟三人造像　正書

天保二年四月三日

河南鞏縣石窟寺

擦六・三六　匯九之四・一二　石言四・一四　1937 年鞏縣志一九・一四

比丘法訓為身患造像　正書

天保二年四月八日

河南鞏縣石窟寺

石言四・一四　1937 年鞏縣志一九・四〇

惠鳳造像　正書

天保二年四月十一日

河南鞏縣石窟寺

擦六・三六　匯九之四・一二　1937 年鞏縣志一九・四〇

沙彌道榮造像　正書

天保二年四月十五日河南鞏縣石窟寺

擦六・三六　匯九之四・一七　石言四・一四　1937 年鞏縣志一九・四一

比丘惠育造像　正書

天保二年四月二十八日

河南鞏縣石窟寺

1937 年鞏縣志一九・四二

清信士女佛弟子李奴造像　正書

天保二年六月十三日

河南鞏縣石窟寺

石言四·一四　1937年鞏縣志一九·四一

佛弟子□國子造像　正書

天保二年六月二十一日

河南鞏縣石窟寺

1937年鞏縣志一九·四二

邢多五十人等造像　正書

天保二年七月十五日

山西盂縣西北四十里興道村興化寺（道光元年盂縣典史張序訪得），後移縣圖書館。

右一〇·四九　續編二·六　藝二·二九　攈六·二六　羅録上·一九　右叢二·一　匯一一·一五　增圖二·二〇〇　盂縣金石志略二·二

佛弟子周?遵造像　正書

天保二年八月八日

長白端方藏石

藝續一　陶一一·二

王媚暉為亡父母造像　又名王叔暉造像　正書

天保二年九月二十三日

山東沂水鞠氏藏石

攈六·三六　趙録二·一一

鄭敬羡造像　正書

天保二年九月二十五日

長白端方藏石

藝續一　陶一一·一

佛弟子姬洪業為亡父造玉像　正書

天保二年十一月一日

長白端方藏石

藝續一　陶一一·二

使持節都督楊懷潁徐兖五州刺史驃騎大將軍太府卿山鹿縣開國伯洛川縣開國子安次縣都鄉男元賢墓誌　正書

天保二年十一月三日

文云：窆於鄴城西漳水之陽十有二里，即魏之舊陵也。

河南安陽出土，歸吴興張氏。馬衡云：歸順德鄧氏。

朔目二·二　名·一八　館·一二　徵一·一〇　循六·一　誌釋三·一一九　凡附録三七七

王景熾造像　正書

□保三年二月十五日

河南武陟十九里餘會村念定寺

朔目一·七　河録一·八　河朔訪古隨筆卷上·五

張世寶合邑三十餘人造天宫像　正書

天保三年三月八日

比丘道平勸匠信解邑母大士一百人等於邑東十里中楊鄉張村造像　又名張山化等八十人造像碑　正書　陰有題名

天保三年五月十七日

河南輝縣東北十二里古小章村初家寺

藝續·一　朔目五·八　河録七·七

宋顯昌為亡父母亡兄顯稱造玉像　正書

天保三年五月二十二日

長白端方藏石

藝續一　陶一一·二

牛景悦為亡人李顯仲造石浮圖記　正書

天保三年七月八日

比丘尼僧嚴清信女宋洛等造像　正書

天保三年八月二十日

河南輝縣南三里胡家橋清寧寺

藝續一　朔目五・八　河録七・二

公孫村母人合卅一人等造白玉像　正書

天保四年二月二十日

長白端方藏石

藝續一　陶一一・三

使持節都督冀定瀛滄懷五州諸軍事太師太尉公懷州刺史陽平郡開國公司馬遵業墓誌　正書

天保四年二月二十七日

河北磁縣出，歸青縣姚貴昉，右下角已斷裂。

徵一・一〇　蒿二・四　誌新・八　循六・一　鄴冢二・一七　誌初一・一三

張倪仁妻牛阿妙等造像　正書

天保四年二月二十七日

開府參軍事崔頠墓誌　正書

天保四年二月二十九日

山東益都出土（道光、咸豐年間），歸益都孫氏，又歸濟南沈氏。右下角缺一塊，損六字，下側有字。馬衡云：第十二行斯字、第十三行此衿二字泐矣。

藝一八・二　橋一・一五　平三・一　誌三・五　九乙・四〇　瓊二・〇五　寶鐵上・四　攈六・二七　館一二　徵一・一〇　蒿二・四　校　匯十之三・二二　歷一・二五　通一五一　三三　增圖二・二〇〇　山訪一二・一　誌釋七・七〇　萃目一・四　凡附録三七七

田豐愛造像　正書　四面刻

天保四年三月二十九日

紹興顧鼎梅藏石

藝續一

佛弟子李買造像　正書

天保四年六月二十五日
山西
瓊二〇・七　藝二・三〇　右叢二・四
惠藏静光為忘（亡）師造觀世音像　正書
天保四年八月十五日
番禺梁杭叔藏石，後歸李尹桑。
藝續一　羅録一・一九
□□兒造白玉觀世音像　正書
天保四年□月二十三日
長白端方藏石
藝續一　陶一一・四
張氏郝敬造白玉像　正書
天保五年正月二十五日
河北正定
藝二・三〇　羅録上・一九　匯三補遺・一六
諸維那等四十人造太子像　正書　四面刻
天保五年二月十五日
山東濰縣西南鄉成張莊，歸縣人郭蔭之。
1943 年濰縣志三八・三四
齋主常洛生等造像　正書　前題作天宮頌文
天保五年四月二日
河南安陽古蹟保存所
河目一・三　藝續一　朔目二・二　河録二・二　續安・四
東光人趙獨方同邑義卅人等造像　正書　三面刻
天保五年四月五日
河北東光
藝二・三〇　匯三補遺・一五
殷雙和造像　正書

天保五年四月

中山郡上曲陽縣邸樹仁為女比丘尼道深造像　正書

天保五年七月十四日

長白端方藏石

藝續一　陶一一・五

崔棠夫妻造釋迦像　正書

天保五年十月十五日

藝二・三〇

葛今（金）龍為亡女夫妻二人造玉像　正書

天保五年十一月□□日

長白端方藏石

陶一一・六　藝續一

清河王高岳造西門豹祠碑　隸書　額篆書

陰題名六層，正書左側江希遵篆額，李光族書詞，刊字匠潘顯珍，兩側題記爲華敔孫（竺橋）發現（褚德彝《金石學録續補》下・九）。范壽銘《河朔古迹圖識》上册云：兩側砌入墻内，不可覆拓。右側刻：大齊天保五年歲次甲戌（下泐）。《札樸》八云：以三人官歷考之，碑立於天保二年。

河南安陽東北街古蹟保存所，已斷爲三段。

藝二・三〇　孫録二・五〇　楊圖四・一　札樸八・三七　循跋下・七　瓊二〇・三　萃三三・一校　河録二・一　朔目二・二　竹一・二五　攈六・二七　匯九之二・一　天下　平三・二　中記一・一九　寶叢六・三〇　安陽二・一又五・一五　雪・八〇　考四・二　筆二・二一　金石二〇・一五　備　增圖二・二〇二　許平石齊西門君碑頌跋（河南博物館館刊七、八期）

楊郎寺尼惠衆等造盧舍那像　正書

天保五年甲戌□月十二日

山東益都

通一五二・一一七

使持節侍中太師大司馬太尉公録尚書事顯蔚相冀定荆恒瀛八州刺史廣阿縣開國公武貞竇泰墓誌　分書　有側

天保六年二月九日

河南安陽出土，歸安陽金石保存所。

名二・一八　河目上・三　蒿二・四　徵一・一一　館一二　循六・二　鄴冢二・二〇　雪跋三・一　誌新八　誌初一・一三　續安・四　誌釋七・七〇　河録二・一

使持節侍中太師大司馬太尉公録尚書事武貞竇泰夫人皇姨頓邱郡長君婁黑女墓誌　分書

天保六年二月九日

河南安陽出土，歸安陽金石保存所，已裂爲三塊。

名二・一八　河目上・三　蒿二・四　徵一・一一　館・一二　誌新・八　雪跋三・一一　循六・三　鄴冢二・二四　誌初一・一三　續安・六　誌釋七・七　河録二・一

定州中山上曲陽人江阿歡夫妻造像　正書

天保六年六月二十五日

河北曲陽

萃目一・四

李清報德像碑　又名報德像碑　正書

燕州釋仙書

天保六年七月一日

山西平定四十里石門口長國寺前磨崖。

藝二・三〇　瓊二〇・八　右一〇・四〇　續編二・七　攈六・二七　楊圖四・二　月四・二六　孫録二・五〇　校　匯一一・一一　竹一　二五　廎・一三　雪跋三・九　右叢二・四　妙五・八　録補九・八二　增圖二・二〇一　右録・二

并州主簿王憐妻趙氏墓誌　正書

天保六年七月六日

山東掖縣出土

田續目・九　山訪一一・四　羅録上・一九　通一五二・一〇六　名二八　中冢・五　徵一・一一　循六・三　蒿二・四　誌釋七・七〇

比丘僧倫造越殿國像　又名：一、比丘曇倫爲陳使君造像；二、陳使君造像；三、魯彦昌作越殿國像。正書

天保六年七月十五日

山東掖縣西門外給孤寺

藝二・三〇　擴六・二七　山訪一一・四　匯十之三・五九　平三・二　田續目・九　羅録上・一〇　通一五二・一〇六

領民酋長永安縣□□□殘碑　正書　有陰

（上泐）乙亥八月□八日丙子（考爲天保六年）

高建墓誌　正書　無志題

天保六年十月十四日

河南安陽出土，上虞羅振玉藏石，今在東北博物館。

徵一・一一　蒿二・四　誌新・八　循下・一　雪跋三・九　鄴冢二・二五　誌初一・一三　誌釋七・六八　滿別下・一

征西將上洛縣開國男□□□元子邃墓誌　正書

銘後刻：今葬後九百年必爲張僧達所開，開者即好葬，必見大吉。

天保六年十一月七日

河南安陽

徵一・一一　館・一二　誌釋一一・一一三

高劉二姓邑義五十一人造像　正書

天保七年三月一日

河南保定縣出，歸姚貴昉。

1934年定縣志・金石編上・八

邵神虎為亡父母造像　正書

天保七年三月八日

陶一一・七　藝續一

比丘法□造觀世音像　正書

天保七年五月二十二日

河南鞏縣石窟寺

1937 年鞏縣志一九・二五　石言四一四

比丘□□造像　正書

天保七年七月十八日

長白端方藏石

陶一一・七　藝續一

亡女翟煞（殺）鬼記　正書

天保七年八月八日

長白端方藏石

陶一一・七　藝續一

趙郡王高睿為自身並妃鄭造阿閦像　正書

天保七年閏月（閏八月）十三日

河北靈壽

藝二・三〇　瓊二〇・一九　趙録二・一二　擴六・二八　匯三之二・二二　常二・二四　畿志一四五・三八　畿上・三

趙郡王高睿為亡父母造無量壽佛像　正書

天保七年閏月（閏八月）十五日

河北靈壽

藝二・三〇　瓊二・一四　趙録二・一一　擴六・二七　匯三之二・二一　常二・二〇　畿上・三　畿志一四五・三八

趙郡王高睿為亡伯亡兄造釋迦像　正書

天中七年閏月（閏八月）十五日

河北靈壽

藝二·三〇　瓊二·一三　趙録二·一二　攈六·二七　匯三之二·二一　常二·二一　畿上·三

□（疑爲鄒）**因造觀世音像**　正書

天保七年十二月十一日

長白端方藏石

陶一一·七　藝續一

東光縣人李回李□兄弟二人造白玉思唯像　正書

天保八年三月七日

趙郡王修定國寺塔碑　正書　額正書

天保八年三月十五日

河北靈壽西北百十里祁林山，道光年間出土。

藝二·三〇　瓊二〇·二〇　緡七·一三　授續二·七　孫録二·五〇　攈六·二八　匯三之二·二二　畿上·三　畿志一四五·三七　岷·四　李慈銘桃花聖解盦日記己集二集十二　常二·三四　雪跋　三·一一

法儀兄弟八十人等造像　又名法儀郭□猛等八十人造像　正書

天保八年三月二十二日

山東昌邑南盤馬埠出，長白端方藏石。

藝二·三〇　陶一一·七　田續目·一〇　山訪一一·五　通一五二·一〇六　匯十補遺·二七

趙郡王高睿修定國寺頌記　正書

天保八年四月八日

河北靈壽西北十里祁林山祁林院，1936 年在城内中街趙江客店東院内，今在曲陽縣人民政府（高珍云，非原碑）

藝二·三〇　趙録二·一二　匯三之二·二二　常二·二五　瓊二〇·二〇　雪跋三·一一　畿上·三　畿志一四五·四〇　增圖二·二〇七　萃目一·五　考古通訊一九五一年第二期高珍關於河北曲陽考古調查記的幾點補充

柳元賓為□父造像　正書

天保八年四月二十五日

石同寺比丘惠教邑義八十五人造像　正書

天保八年六月

羅録上・一九

□哲智超等造像　正書

天保□年八月丁卯□□丙戌日（考爲天保八年）

弟子静明修孫岡上故塔並石像　又名邑子垣周造像銘　正書

上銘下題名，兩側題名。

天保八年十一月二十九日

河南登封少林寺鼓樓下

瓊二一・一　續編二・八　藝二・三〇　孫録二・五一　擴六・二八　匯九之四・二三　增圖二・二〇四　萃目一・四

大像主比丘尼僧總智静等造像　正書

天保八年十二月十□日

長白端方藏石

陶一一・九　藝續一

朱氏邑人等造玉像碑銘　又名朱靈振造像　正書

天保八年十二月

河北慶雲管家莊萬安寺（明弘治中出土）

萃目一・四　藝二・三〇　擴六・二八　孫録二・五一　畿上・三　匯三之二・七

邑人等造玉石像　正書

天保八年十二月　疑僞

藝續一

豫州刺史劉碑造像　又名碑樓寺碑　正書

歲在丁丑天保（下泐）（《説嵩》作天保八年）

河南登封西劉碑村

瓊二一・七　萃三三・六　平再續・五　藝二・三一　孫録二・五〇　攈六・二八　匯九之四・二三　竹一・二五　校　乾隆四十四年河南府志一一〇・一〇　中考七・五　增圖二・二〇五　説嵩一四・九　楊圖四・三　登封縣志三〇・一六

魯文造像碑　正書　陰題名

天保九年二月八日

魯思明造

河南新鄉北十五里魯堡百官寺山門外

藝續一　朔目五・一　河録六・三

廣固南寺大衆造寶塔頌　又名宋敬業等造像　正書

天保九年三月六日

山東益都西門外房氏藏石

藝二・三一　校　羅録上・一九　攈六・二八　山訪一二・七　匯十之三・二二　田續目・一〇　田再續目・一四　通一五二・一一七　增圖二・二〇七　陶一一・九　瓊二一・一三

張歸山造盧舍那像　正書

天保九年三月二十三日

山東濰縣陳介祺藏石

藝二・三一

僧道勝為老親造玉像　正書

天保九年四月八日

長白端方藏石

陶一一・一〇　藝續一

董黄頭七十人等造釋迦像　正書　有陰側

天保九年七月二十七日

崔荀子等造盧舍那像　正書

天保九年八月二十四日

直閣將軍員外散騎侍郎鎮東將軍金紫光禄大夫順陽太守廣州大

中正皇甫琳墓誌並蓋　正書

天保九年十一月二十日

河南安陽出土，曾藏天津博物院，今在東北博物館。左下角已斷裂。

藝一八·二（誤作皇甫楚）　名二·一九　徵一·一一　蒿二·四　館·一二　陶一一·一〇　增圖　二·二〇七　誌釋七·七〇　滿别下·三

秦亱伽為父造觀世音像　分書

天保九年十一月二十八日

長白端方藏石，後歸諸城王緒祖。

藝續一　陶一一·一三

大司農卿昌陽縣男徐徹墓誌　分書　無志題

天保十年正月二十一日

河南安陽北稻田村西嶺下出土（1933 年），後移入古迹保存所。

館·一二　續安·五　誌釋七·七一

李榮貴兄弟合邑七十餘人造經像碑　又名妙法蓮華經並造像　正書　四面刻

天保十年二月十日

李季暉造

河南輝縣東四里烟墩通玄寺内

河目上·四　朔目五·八　河録七·二

慧炬寺僧道潤等造像　又名慧炬寺百佛碑　正書

陰有開元二十一年、元和□年再修記。

天保十年歲次已卯二月十三日

河北南和縣西北古城内

光緒十九年南和縣志三·二四稱：側有元和九年僧智深重修題字，斷爲二。

藝二・三一　羅録上・二〇　攈六・二〇・匯三之二・六五
萃目一・四

趙郡王國常侍房紹興造彌勒像　正書

天保十年四月八日

河北靈壽祁林院

瓊二一・一五　藝二・三一　匯三之二・二二　攈六・二九
常二・三五　趙録二・一二　畿志一四　五・四〇　畿上・三

魏法興合邑一百餘人造像　正書

天保十年四月二十八日

河南汲縣西門外李姓家藏石

河目上・四　朔目一・二　河録二・三

寶山寺僧靈壽邑義百十人造像　正書

天保十年四月二十九日

河南安陽古跡保存所

存上首三行，餘皆損。

河目上・四　朔目二・三　河録二・二

□陽郡都曇□為亡父母亡姊造像　正書

天保十年閏□月（閏四月）十六日

山東濰縣西南鄉小許家莊廟中，歸陳介祺，後歸南皮張仁蠡。

藝二・三一　田再續目・一四　通一五二・一〇六　1943 年
濰縣志三八・三六

張伯禮王辰妃二人造像　正書　三面刻

天保十年閏四月二十日

河北東光

藝二・三〇　匯三補遺・一五

張疪造釋迦像　正書

天保十年六月八日

山東濰縣陳介祺藏石

藝二・三一　田再續目・一四

佛弟子文海珍妻周雙仁勸奉邑儀七十一人為亡夫造像　正書有陰

天保十年七月四日

長白端方藏石

陶一一・一三　藝續一

比丘道朏造盧舍那法界人中像　正書

天保十年七月十五日

山東濟寧普照寺出土，後轉徙入正定佛寺，爲井豹泉所得，以贈黄易。易鑿爲硯贈武億，又歸阮元。

萃三三・七　藝二・三一　攈六・二九　孫録二・五一　金石一跋四・一　阮山一〇・一　平三・三　田目・一一　1927 年濟寧直隸州續志一九・四八　通一五二・九二　雪・八二

佛弟子馬恩為亡父母造像　正書　三面刻

天保十一年正月十一日

藝二・三一

北中郎將趙顯諸邑義等造浮圖碑文　正書

天保□年　（上段缺，失年）

法明等造像　正書

天保□年□月九日

藝續一

王初興造像　正書

乾明元年三月八日

端方藏石

藝續一　陶六・五誤作景明元年

襄城郡王高淯墓誌　正書

乾明元年四月十六日

1926 年河北磁縣出土

徵一·一一　館·一二　丙寅稿三七　志釋七·六八

像主智念等造像　正書

乾明元年五月十五日

山東濰縣陳介祺藏石

藝二·三一　田再續目·一四

比丘僧邑義（下缺）造像　正書

存十一行，已斷爲二。有陰側。

乾明元年七月十五日

山東臨沂右軍祠，道光二十四年許瀚訪得上段，牟廷相藏下段。

藝二·三一　攈六·二九　瓊二一·一五　山訪七·一　趙録二·一二　田續目·一〇　攀一一　匯一〇之二·六五　通一五二·七八　1917年臨沂縣志一二·七

比丘尼慧承等造彌勒像　正書

乾明元年八月二十五日

山東長清東南三十里五峰山西石窩南棚門

藝二·三一　瓊二一·一六　攈六·二九　羅録上·二〇　田再續目·一四　通一四九·一〇　匯一〇之一·二二

□伯羅夫妻為□女華姜造像　正書

乾明[元]年歲次庚辰□月七日

山東濰縣陳介祺藏石

藝二·三一　田再續目·一四

夫子廟碑　分書　額篆書陽文　鄭述祖撰（翁方綱考爲樊遜書）

乾明元年

山東曲阜孔廟同文門東

藝二·三一　萃三三·七　孫録二·五一　竹一·二五　攈六·二九　山訪六·四　匯一〇之二·五　田目·一一　平三·三

古墨二·三九　阮山一〇·一　來上·三一　字二　存一一·三　續一·一九　天下　略上·三四　天一·四　通一五二·六〇　備　雪·八二　東家下·五　孔一〇·一一

方法師鏤石班經記　又名靈山寺僧方法師故雲陽公子林等巖窟記　分書

乾明元年

河南安陽西南五十里善應村洹水北崖

藝二·三一　瓊二〇·一七　羅録上·二〇　朔目二·三　校河録二·五　安陽二·一〇　匯九之　二·一　范壽銘《河朔古蹟圖識》上册

觀音自在菩薩等字造像　正書

乾明二年□月□日

藝續一

重修海檀寺碑　正書　題篆書　陰刻觀世音經

皇建元年九月三日

山東東平三十五里塔山下

藝二·三一　田再續目一四　匯一〇補遺·一〇　通一五二·三三

鄉老舉孝義雋敬碑　正書　額正書　雋羌生寫

兩截刻，上記，下題名。第五行題名下有嘉慶年王家棓移石題記。陽刻維摩經，見《阿閦佛品第十二》。

皇建元年十二月二十日

山東泗水東五十里韓家澗天明寺側，後移學宫。乾隆乙卯九月出土。

藝二·三一　續　授續二·八　札樸八·三八　楊圖四·四　田目一一　攈六·二九　山訪六·一九　匯一〇之二·四〇　阮山一〇·三　平三·四　瓊二一·一八　校　續編二·九　通一五二·六一　增圖二·二〇六　萃目一·五　續古文苑一六·

一八

邑義七十人等造盧舍那像 正書

皇建二年四月八日

山東壽光縣太平寺，今佚。

1935 年壽光縣志十三·金石志八

比丘僧法延造石像 正書

皇建二年四月二十三日

山東陽信西鄉劉保務出土（光緒十八年），長白端方藏石。

陶一二·一　通一四九·六一　藝續　匯之二·七（稱在河北慶雲）

故鉅鹿部郡王良伯弟陳留郡丞王良山等為二親造觀世音像 正書

皇建二年五月十五日

長白端方藏石

陶一二·二　藝續一

并州樂平郡石艾縣安鹿交村邑義陳神忻合邑子七十二人造像 正書

皇建二年五月二十五日

山西平定

藝二·三二　右叢二·九　匯一一補遺·二

許儁孫法義三十人等造像 正書

皇建二年十月三十日

山東濰縣陳介祺藏石

藝二·三二　瓊二一·二一

大都督是連公妻邢阿光墓誌 分書　有蓋

皇建二年十一月十九日

1912 年河北磁縣南鄉雙廟出土，歸東北博物館。

徵一·一一　館·一二　名二·一九　蒿二·四　循六·四

鄴冢二・二七　誌釋七・七一　滿别下・六　凡附録・三七七

使持節都督幽夏寧秦濟鄭恒靈趙九州諸軍事驃騎大將軍開府儀同三司右衛將軍中書監趙州刺史南鄉縣開國子陳留郡開國公石信墓誌　分書

大寧元年十一月十九日　分書　河南安陽出土，歸安陽金石保存所。

徵一・一一　館・一二　蒿二・四　誌新・八　循六・四　河目上・四　名・一九　誌初一・一三　續安・六　誌釋七・七一　河録二・一

縣人張黑奴為亡祖父母造像　正書

大寧元年十一月二十日

河北東光

藝二・三〇　匯三補遺・一五

雲門寺法勤禪師塔銘　分書　方界格

大寧二年正月五日

河南安陽西四十里天喜鎮永慶寺。後歸長白端方、諸城王緒祖、三原于右任。

朔目二・三　陶一二・三　藝續一　趙録二・一三　安陽二・一三　瓊二一・二四　擴六・三〇　匯　九之二・一　面乙・二六　通一五二・一一八　藝一八・二　徵一・一一　蒿五・一　朔目二・三　河録二・五　縵七・一四　田續目・一〇　山訪一二・一　名二・一九　李慈銘桃花聖解盦日記己集第二集・一三　誌釋七・七　萃目一・五

孟貳（舊誤作義）**郎率邑義一百人等造像**　正書　三面刻

太寧二年正月六日

山東肥城南四十五里南陽莊

求一・三五　藝二・三二　田再續目・一五　匯十補遺・一三

彭城王高淯修寺功德碑　正書　造碑人比丘僧弁選

後有至元十四年癸卯月辛巳日重修立碑題記三行。陰有題名，多漫泐，末有彭城寺碑四大字。河北定縣東七十里廢寺中。1917年爲姚貴昉得，移入衆春園。

大寧二年二月八日

藝續一　1934年定縣志一八・八　遼居乙稿・四六

標異鄉義慈惠石柱頌　又名王興國等造石柱頌　分書

兩截刻，額分書。《太平寰宇記》六七易縣：石柱在縣東南三十里，臨易水。《州郡志》云：易州義石柱，後魏末杜葛亂，殺人，骸骨狼藉如亂麻。至齊神武起兵，掃除兇醜，拾遺骸骨，葬於此，立石柱志之。

大寧二年四月十七日

河北定興石柱村。光緒十三年碑估李雲從發現。

羅録上・二〇　藝二・三二　匯三補遺・二　寶鴨中・一　光緒癸巳定興縣志十・二　光緒十六年定興縣志十六・二　中國營造學社匯刊五卷二期二十九頁劉敦楨定興縣北齊石柱

宋容福為身造及賓像　正書

河清元年二月一日

長白端方藏石

陶一二・四　藝續一

東光縣故人程禮太妻劉為夫造像　正書

河清元年七月三日

河北東光

藝二・三〇　匯三補遺・一五

張伯生為息清高造像　正書

河清元年七月十五日

山東益都

藝二・三二　通一五二・一一八

中堅將軍趙州長史李□□妻崔宣華墓誌　正書

河清元年十一月十八日

于右任藏石

名二·一九　中冢補·一　蒿二之一·四　館一二　徵一·一一　誌初一·一三　誌釋七·七二

法儀百餘人造定光像　正書

河清元年□月二日

山東濰縣陳介祺藏石

藝二·三二

北塔主鞏虎頭等修石塔記　正書

河清二年正月八日

藝續一

比丘尼僧智□等造像　正書

河清二年二月八日

阿鹿交村七十人造像　正書

河清二年二月十七日

藝二·三二　羅録上·二〇　右叢二·一六

比丘僧道同等造像　正書

河清二年四月八日

樂安郡坊□世業寺僧□□曇欽盧舍那造像　正書　後刻姚鵬圖跋

河清二年五月十七日

山東蘭山城隍廟廢圃中，光緒三十三年縣令姚鵬圖訪得，後移入濟南金石保存所。

攈六·三〇　歷一·二七　通一五二·七八

王幸造像　正書

河清二年七月五日

山西平定

藝二·三二　匯一一補遺·一

永安寺尼智滿造雙樹思惟像　正書

河清二年七月二十日

比丘法神造觀世音像　正書

河清二年八月十五日

河南鞏縣石窟寺

匯九之四・一三　1937 年鞏縣志一九・四三　石言四・一四

梁罷村繒□合率邑子七十人造像　正書　四面刻

河清二年八月二十七日

石歸法國

孫静為亡女容輝造觀世音像　正書

河清二年九月八日

陳榮李潘等三百餘人造像　正書

□□二年歲次癸未十一月辛酉朔二十三日（癸未，考爲河清二年。）

河清造像題記　正書

河清二年

山東

藝二・三二

使持節驃騎大將軍都督雲朔恒定益州諸軍事恒定二州刺史尚書左僕射大行臺開府儀同三司侍中特進司徒公第一領民酋長永寧縣開國侯北海郡開國公合食邑三千户叱列延慶妻陽平郡君尒朱氏墓誌　正書　二石　分刻

河清三年正月二日

1918 年 12 月河南安陽水冶鎮西北出土，1918 年歸三原于右任。

名二・一九　館・一二　徵一・一一　蒿二・四　循跋下・四　鄴冢二・二八　誌新・九　誌初一・一三　誌釋七・七

邑主法向等造白玉思唯像　正書

河清三年二月八日

合邑義王延暢等造像　又名王氏道俗百人造像　正書　三面刻

河清三年二月八日

藝二・三二　瓊二一・二六

樂陵王高百年墓誌並蓋　分書

河清三年三月二日

河北磁縣講武城出，1917年4月歸羅振玉，今在東北博物館。

名二・一九　徵一・一一　館・一二　蒿二・四　雪跋三・一二　鄴冢二・三〇　循跋下・四　誌新・九　誌初一・一三　繆荃孫藝風堂文漫存乙丁稿・一三　滿別下・七　誌釋七・六八

樂陵王妃解律氏墓誌並蓋　分書

河清三年三月二日

河北磁縣講武城出土，1917年4月歸羅振玉，今在東北博物館。

館・一二　徵一・一〇　蒿二・四　名二・一九　鄴冢二・二九　雪跋三・一一　滿別下・八　循跋下・四　誌新・九　誌初一・一三　誌釋七・六八

比丘明空等七人造盧舍那像　正書

河清三年三月十八日

山東益都出土，後歸濰縣郭氏、黄縣丁氏。有翁方綱題記。

藝二・三二　瓊二一・二八　孫録二・五二　光緒益都縣志・二六　田目・一一　攈六・三〇　山訪　一二・一　竹一・二六　匯一〇之三・二二　阮山一〇・五　益一・一四　通一五一・八〇（重見通一五二・一一八）　平三・四　萃目一・五

御史中丞赫連公（子悦）故夫人閭炫墓誌　分書

河清三年三月二十四日

河南安陽出，歸三原于右任。志云遷厝於豹祠西南五里。

館・一二　蒿補・一　徵一・一一　誌初一・一三　誌釋七・

七五

張轉興等造像　正書

河清三年三月二十八日

河南淇縣南十三里良鄉村天宰寺

藝續一　河録六・五　朔目五・五　循跋下・八　河目上・四　綴跋・四

薛貳姬率邑義八十人造鐵丈六像　正書

河清三年四月二日

山東濟南廣智院，光緒三十四年歷城東郭出。

歷一・二六　通一四九・一〇

邑師比丘凝玄等造像　正書

河清三年四月四日

廣州圖書館藏石

藝續二　宣統三年番禺縣續志三三・六

北豫州州都白水□府行參軍兼别駕毛義比丘僧道政率邑義州人等造像　正書

河清三年四月十三日

今在美國，已斷裂爲五塊。

重登雲峰山記　正書　鄭述祖撰

河清三年五月二十四日

山東益都南五里雲峰山東

硯七・一　田目・一二　山訪一一・一　匯一〇之三・五九　孫録二・五二　札樸八・三九　通一五　一・七九　增圖二・二〇八　金石略上・三五　寫禮廎讀碑記一四　萃目一・五

石佛寺伽葉佛經碑　正書　側有大安元年重立題名

河清三年七月八日

山東泗水小徐營

藝二・三二　孫録二・五二　攗六・三〇・匯十之三・一一

橋一・一六　阮山一〇・六　匯一〇補　遺・一六　萃目一・五

碑主韓山剛造像　正書　有陰

大齊甲申（河清三年）十月八日

增圖二・二〇九

青州樂安郡樂陵縣人孫保造像　正書

河清二年歲次甲申（按甲申乃三年）

比丘尼法藏殘像　正書

失下截，兩旁亦不全。

河清三年

山西，光緒甲申山陰洪瑞甡始訪得之，藏其家。

藝二・三二　右叢二・一八

都維那董淵等造像　又名東龕像主王金圖等造像　正書　側有大魏興等字

河清三年

長白端方藏石

藝二・三二　陶一二・五

比丘法湛造像　正書

河清三年

河南鞏縣石窟寺

1937 年鞏縣志一九・四四

太尉府墨曹參軍梁伽耶墓誌　分書

河清四年二月七日

河北磁縣南鄉雙廟村出土。1912 年冬。

歸東北博物館

名二・一九　徵一・一一　館・一二　蒿二・四　鄴冢二・三一　志釋七・七二　滿別下・一〇　凡附録・三七八

邑主朱曇思朱僧利一百人等造寶塔記　正書

河清四年三月四日

山東博興。乾隆末桂馥訪得，移置龍華寺。歷藏高苑張敏生、江蘇姚鵬圖。

孫録二・五二　石交録三・二四　萃三三・九　山訪一二・一〇　攈六・三一　千三・五　匯一〇之三　面乙・二六　橋一・一七　通一五一・三七　歷一・二七　雪・八二

王邑師道等造像碑　分書　陰與兩側題名

河清四年三月八日

長白端方藏石

陶一二・六　藝續一

法儀兄弟王惠頤二十人等造盧舍那像　正書

河清四年三月二十七日

長白端方藏石

藝二・三二　陶一二・九

玄極寺慧攄法師造像頌　正書　有陰側

河清四年四月八日

河南輝縣西七十里白鹿山

河録七・三　藝續一　朔目五・八　道光乙未輝縣志一四・碑碣一　羅振玉雪堂金石文字簿存有明拓本　清初談遷北游録・紀聞引王弘慶片石語十卷，中有此目

天柱山銘　分書　額分書　鄭述祖作

天統元年五月十八日

山東平度天柱山西麓

硯七・三　藝二・三二　瓊二二・一　山訪一一・五　孫録二・五二　攈六・三一　匯一〇之三・六四　田目・一二　跋三・九　阮山一〇・七　平三・五　寶叢一・四〇　金石二〇・五　廎・一五　天下　略上・三五　通一五一・一七一　鄭・一〇　增二・二一〇　萃目一・五

法義優婆姨等造婆羅像　又名吴蓮花等造像　正書　兩面刻

天統元年七月十五日

山東濰縣東南鄉泉河頤莊出土

藝二・三二　1943 年濰縣志三八・三七

雲居館鄭述祖題名　又名鄭述祖雲居山門題字　分書

天統元年九月五日

山東掖縣大基山西峰北

藝二・三三　硯七・五　瓊二二・四　阮山一〇・八　攈六・三一　孫録二・五二　山訪一一・一　竹一・二六　匯一〇之三・五九　田目一二　鄭・一〇　通一五一・八三　萃目一・五

大經主中丘縣人郭顯邕造像頌　分書

天統元年九月六日

河北邢臺第二區郭村第二高小内

藝二・三三

界□官姜纂為亡息元略造老君像　上書　左上角缺數字

天統元年九月八日

河南偃師城南董家村董春家，武億云在縣内明倫堂。

萃三四・二　藝二・三三　楊圖四・五　孫録二・五二　竹一・二六　攈六・三一　匯九之四・一　校　平三・六　中記一・二〇　有・一三　偃上・一三　增圖二・二一一　雪・八五　偃師金石遺文補録二・一

比丘思隱□為亡師造盧舍那像　正書

天統元年十月八日

藝續一

使持節都督趙安二州諸軍事驃騎大將軍趙州刺史開府儀同三司中書令河陰縣開國伯成安縣開國子趙道德墓誌　正書

天統元年十月十二日

河南安陽出土，歸南潯張氏。馬衡云：輦運時觸落首行齊字，以修合之，旋又失落，故初拓本齊字損，近拓無齊字。出土時試拓本，齊字完全無闕。

名二·一九　館·一二　誌初一·一三　朔日二·三　誌新·九　誌釋七·七二　凡附録·三七八

處士房周陀墓誌　正書　後一行大字篆書，刻房仁墓誌記銘文

天統元年十月二十四日

山東益都出土（光緒初年），歸濰縣郭氏，又歸黄縣丁氏。

藝一八·二　通一五二·一一八　羅録上·二〇　山訪一二·七　田續目·一〇　名二·一九　館·一二　徵一·一一　蒿二·四　左冢·八　瓊祛僞·一〇　攈六·三一　匯一〇之三·二二　增圖二·二　一二　誌釋七·七二　雪·八五

清信士佛弟子□□造像　正書

天統元年十月三日

河南鞏縣石窟寺

1937年鞏縣志　一九·四三　石言四·一四

開府從事中郎王君墓誌　正書　文多磨滅

天統元年十一月二十三日

長白端方藏石

陶一二·九　蒿二·五　徵一·一一　館·一二　名二·一九　誌釋七·七二

佛弟子張秋?合六人等造像　正書

天統二年正月二十日

山東諸城劉氏藏石

藝續一　攈六·三一　陶一二·一四

比丘道敬無量菩薩像　正書

天統二年二月九日

河南鞏縣石窟寺

攈六·三一　匯九之四·一三　石言四·一四　1937年鞏縣志一九·四三

比丘僧護造觀世音像 正書

天統二年二月十八曰

河南鞏縣石窟寺

擄六·三 滙九之四·一三 石言四·一四 1937年鞏縣志一九·四三

高肱墓誌並蓋 又名公孫肱墓誌 分書

天統二年二月二十五日（卒年五歲）

河南安陽出土，歸王懿榮，後歸端方。

藝一八·二 循跋上·一七 寶鴨中·一六 羅録上·二〇 名二·一九 陶一二·一〇 壬癸·二 六 河目二·三 蒿二·五 徵一·一一 館·一二

比丘惠慶造觀世音像 正書

天統二年三月十二日

河南鞏縣石窟寺

擄六·三一 滙九之四·一三 石言四·一四 1937年鞏縣志一九·四三

劉敬默為亡女女足?造像 正書

天統二年三月二十三日

長白端方藏石

藝續一 陶一二·一三

秋進和為亡息充仁造觀世音像 正書

天統二年四月七日

河南鞏縣石窟寺

擄六·三一 滙九之四·一三 石言四·一四 1937年鞏縣志一九·四四

大像主劉僧信同邑三十餘人造彌勒像 又名同邑三十餘人造彌勒像 正書

天統二年四月十日

山東濟寧出土

藝二·三三　羅録上·二〇　匯一〇補遺·一七　田續目·一〇　山訪一·八　歷一·二八

南子胤造像　正書

天統二年七月十五日

紀僧咨造觀世音石像　正書

天統三年正月十三日

山東益都鄉賢祠（乾隆壬子，翁方綱移入）

瓊二二·六　孫録二·五三　光緒三十三年益都縣志卷二六　攈六·三二　阮山一〇·九　平三·六　益一·一四　山訪一二·一　通一五二·一一八　匯一〇之三·二二　藝二·三三

邑主韓永義等造七佛寶堪碑　又名：一、王小貴暨合邑諸人造七寶佛堪像碑。二、合邑諸人造佛堪銘　正書　有陰側

天統三年三月十五日

河南偃師城西義井鋪北

萃三四·一　藝二·三三　孫録二·五二　竹一·二六　攈六·三二　匯九之四·一　平三·六　偃師金石遺文補録二·二

大都邑主宋買等二十二人造天宫像　正書　四面刻

天統三年四月八日

河南偃師壽聖寺殿壁，後歸端方。

藝二·三三　瓊二二·七　萃三四·二　攈六·三二　匯九之四·一　孫録二·五三　陶一二·一四　平三·六　偃上·一五　增圖·二一四　偃師金石遺文補録二·四

李磨侯造像　正書

天統三年四月十日

山西盂縣北二十里萇池村鎮池寺

續編二·一〇　盂縣金石志略二·三

邑義一百人等造丈八大像頌　又名：一、朱道威等造丈八大像

頌；二、造丈八大像銘。正書　有陰

天統三年五月十五日

河南許州關帝廟

藝二·三二　瓊二二·七　孫録二·五三　竹一·二六　平三·六　跋三·九　續篇一·一八　中記一·二一　攈六·三二　匯九之一·四二　道光十八年許州志二〇·一

佛弟子張静儒願患除愈造像　正書

天統三年五月二十七日

吴縣吴大澂得於山左，後歸長白端方。

陶一二·一六　藝二·三三　緣四·四七

李得王為亡父母造壽佛　正書

天統三年五月二十七日

山東歷城出，歸山東圖書館。

歷一·二九

路阿□兄弟為亡父母造像　正書

天統三年六月十一日

長白端方藏石

藝續一　陶一二·一四

張昌□高元宗六人等造像　正書

天統三年七月九日

比丘道寧造像　正書

天統三年七月十五日

邑義姚景郭慶哲卌人等造像　正書

天統三年十月八日

河南開封圖書館藏石

藝續一

魏顯明為亡女圈造觀世音像　正書

天統四年二月十五日

河南鞏縣石窟寺

攈六·三二　滙九之四·一三　石言四·一四　1937 年鞏縣志一九·四三

法義二十餘人造像　正書

天統四年九月十一日

山東樂安隋家莊

攈六·三二　滙一〇之三·三八

郭鐵為現前父亡妣造像　正書

天統四年十二月□日

長白端方藏石

陶一二·一七　藝續一　凡附録·三七八

商義興造像　正書

天統四年□月六日

潘景暉張煞鬼李仕暉陽修羅率儒徒七十人等造像　正書　有陰側

天統五年四月八日

北京歷史博物館藏石

道俗邑人趙州祭酒宋文稚等造像　正書

天統五年四月八日

曹景略為亡息慶紹造盧舍那像　正書

天統五年四月二十三日

藝二·三三　田再續目·一五

尚書左僕射宇文萇碑　正書　額篆書陽文

天統五年八月三日卒

河南安陽出土（光緒二十四年），藏安陽古跡保存所。

藝二·三三　萬一·四　朔目二·四　河録二·一　校　滙九補遺·二　摹·八　增圖二·二一三　雪跋三·一二　續安·六

邑義六十人等棲閑寺造石像頌　又名：一、陋赤齊碑；二、沈

□棲閑寺造像碑。分書

有兩側，右側正書，左側分書。

天統五年九月十四日

山東臨沂孔廟明倫堂，道光廿四年日照許瀚訪得。

擴六·三二　山訪七·一　趙録二·一三　攀一一　匯一〇之二·六五　通一五二·七八　民國六年　臨沂縣志一二·九

郭市和為□子敬造像　正書

天統五年□月二十日

長白端方藏石

陶一二·一七

邑義孫昨卅人等造像　正書

兩側題名，下缺。

山東臨沂孔廟明倫堂

硯七·六　藝二·三三　擴六·三二　趙録二·一三　攀一一　山訪七·一　匯一〇之二·六五　通一五二·七八　1917 年臨沂縣志一二·八

隴東王（胡長仁）感孝頌　又名孝子郭巨墓碑　分書　申嗣邕撰　梁恭之書　額篆書陽文　碑末有開元二十三年楊杰跋

武平元年正月二十二日

山東肥城孝堂山石室

藝二·三三　萃三四·四　孫録二·五三　蓃·九　竹一·二六　山訪三·一八　擴六·三三　匯一〇之一·七三　田目·一二　平三·七　循跋上·一七　古墨二·三九　鈔二·五五　阮山一〇·九　金石二二·六　跋三·一一　録續五·五　字二·一七　藝文六·二　抄二·五五　面甲·三一　略上·三五　天一·四　通一二五·三三　增圖二·二一四　趙懷玉亦有生齋文抄七·二六　梁章鉅金石書畫跋·四八　雪·八五

大都邑主董洪達卌人等造像　又名：一、馮暉賓造像；二、少

林寺碑。正書　有陰側

武平元年正月二十六日

河南登封少林寺

瓊二二・一五　藝二・三三　平三・七　中記一・二三　金石一跋四・一　孫録二・五三　竹一・二　六　攈六・三三　滙九之四・二四　廎・一五　雪跋三・一三　字二・一七　萃三四・五　跋三・一一　妙五・八　曝四・七九〇　録補九・八四　乾隆四十四年河南府志一一〇・一一　中考七・六　增圖二・二一五　景日昣説嵩一四・一〇　登封縣志三〇・一六

高佫祖為亡女造盧舍那像　正書

武平元年四月三日

宇文誠墓誌磚　正書

武平元年六月十九日

河南安陽出土，歸南潯張氏。

志新一・一四　朔目・四　志初一・一四

使持節都督東雍州諸軍事驃騎大將軍儀同三司幽雍二州刺史武平縣伯吴遷墓誌　正書

武平元年十一月十二日

特進驃騎大將軍開府儀同三司廣州刺史濟陰郡開國公贈朔肆恒三州諸軍事朔州刺史尚書右僕射泉城王劉悦墓誌並蓋　分書

武平元年十一月十二日

1933 年河南安陽豐樂鎮出土，移入古物保存所。

徵一・一一　館・一三　續安・八　誌釋一〇・一一六

楊映香任買女邑義八十人等造像　正書　兩側題名　陰刻至元二十八年六月崇慶院寺基□記

武平元年十一月十四日

河南新鄉東南三十里介休崇慶寺

藝續一　河目上・四　朔目五・一　河録六・二

劉氏浮圖銘　正書　有陰側

武平元年十一月十五日

比丘静染患中發願造觀世音像　正書

武平元年十一月十五日

山東益都尚氏藏石，後歸濰縣郭氏。

藝二・三三　攈六・三三　羅録上・二〇　匯一〇之三・二二田再續目・一五　瓊二二・一七

比丘法□永興寺前州沙門都僧因造四面龕像　正書

武平元年

佛號摩崖　分書　胡賓造

六行，行四字，前四行佛號，後二行爲姓名與紀年。

武平元年

山東泰安徂徠山光華寺東南大般若經左方

大般若經摩崖　正書　王子椿造

十四行，行七字。

武平元年

山東泰安徂徠山光華寺東南二里許映佛巖

藝二・三三　孫録二・五三　通一四九・四六　阮山一〇・一一　瓊二・一八　跋三・一〇　山訪三・一　田目・三　匯一〇之一・三七　萃目一・五　1919 年泰安縣志・一三　清宋思仁泰山述記六・七

佛號摩崖　分書　王子椿造

山東泰安徂徠山

藝二・三四

彭城王府主簿朱岱林墓誌　正書　子敬修撰序　侄敬範撰銘

武平二年二月六日

山東壽光北田柳村廢寺中，雍正乙巳縣人王化洽訪得，充作香案。嘉道間字尚完好，後爲濰人盗去，村人鳴之官。追追回，石下端左角斷裂，字之泐者居半。後移縣學。

藝一八・二　田目・一三　通一五一・四〇　山訪一二・一一　藝文六・三　1935 年壽光縣志一三・一一　竹一・二六　續編二・一〇　名二・二〇　跋三・一二　阮山一〇・一一　平三・八　誌三　左冢・六　孫録二・五四　攈六・三三　蒿二・五　館・一三　徵一・一一　校　匯一〇之三・三九　丙寅稿　三七　王昶蛾術編・八二　誌釋七・七三　復・二一　雪・八六　萃目一・五　嘉慶四年壽光縣志三・一

驃騎大將軍潁川太守齊昌鎮將乞伏保達墓誌　正書　蓋正書

武平二年二月十八日

河南安陽出土，王懿榮、端方、金鉞遞藏。

藝一八・三　寶鴨中・一六　九甲・五一　陶一三・一　壬癸・三四　名二・二〇　徵一・一一

馬祠佰夫妻造玉像　正書

武平二年四月八日

山東益都

儀同三司大理卿豫州刺史梁子彦墓誌　正書　蓋篆書

河南安陽野馬崗出土，移置韓魏公祠内。馬衡云：初拓本第十行、十一行末之敵字、摇字未泐。

藝一八・三　汲續・七　朔目二・四　河録二・二　各二・二〇　徵一・一一　館・一三　蒿二・五　校　正書志釋七・七四　凡附録三七八　范壽銘《河朔古迹圖識》上册

前楊領軍開府行參軍慕容士建為亡兄造像　正書　八面刻

武平二年四月□日

山東濰縣陳介祺藏石

藝二・三四

中堅將軍劉忻墓誌（方若誤作姓張，繆荃孫誤作姓吴）　正書　蓋篆書

武平二年五月三日

河北磁縣出土，歸端方。

藝一八・三　陶一三・三　名二・二〇　通一五二・一一八　蒿二・五　館・一三　徵一・一一　校　誌釋七・七四

故人薛儁寶妻梁造像　正書

武平二年五月十五日

邑義三百人造像　正書

武平二年七月

河南沁陽西北四十里紫陵鎮開化寺

平三續上・七　藝二・三四　河録一〇・五　朔目七・一　匯九之二・三七　萃目一・五

比丘尼道□造釋迦像記　正書

武平二年九月十五日

長白端方藏石

陶一三・五

邑師比丘僧道略常邑義三百餘人等造神碑記　正書

武平二年九月十五日

河南偃師義井鋪北

萃三四・七

藝二・三四　孫録二・五四　竹一・二七　攈六・三三　匯九之四・一　平三續上・七　平三・八　中記一　偃上・一六　增圖二・二一五　偃師金石遺文補録二・六

伏波將軍石永興造像　又名石方憘造像　正書　有兩側

武平二年十一月二十七日

河南登封少林寺二山門内

攈六・三三　瓊二二・一六　萃目一・五　平三・九　橋一・一七　匯九之四・二四

保都郡指揮李好信石刻　正書

武平二年

千像主李延好等造像　正書

大齊歲次壬辰（武平三年）四月二十一日

蓬荀為孫耶利造觀世音像　正書

武平三年五月十日

傅醜傅聖頭姊妹二人為亡父母造盧舍那像　正書

武平三年五月十四日

山東諸城王緒祖藏石

藝二·三四　山訪一三·一九　田續目·一〇　羅録上·二〇　匯一〇之三·四九　通一五二·一一八

晋昌郡開國公唐邕寫經碑　正書

武平三年五月二十八日（碑云起天統四年，盡武平三年）

河南武安南三十里鼓山響堂寺南堂外右邊前壁。《武安縣志》云：已毁十餘字。

藝二·三四　瓊二二·二一　楊圖四·五　趙録二·一四　擴六·三四　朔目四·二　河録五·三　匯九之二·一九　匯三補遺·四二　九甲·三五　存一一·一六　畿上·三　響·二　畿志一四八·六一　略上·三五　響録·一四　增圖二·二一六　寶叢二〇·二五　雪·八六　光緒二十年重修廣平府志三五·一〇　1937 年武安縣志一三·五

牛業程金龍二人造石像　正書

武平三年七月□日

馮翊王高潤平等寺碑　正書　額篆書陽文

武平三年八月十五日

河南偃師西義井鋪北半里

萃三四·七　平三·九　藝二·三四　孫録二·五四　竹一·二七　擴六·三四　匯九之四·一　金石二二·八　中記一·二二　平三·九　偃上·一九　中考六·八　略上·三五　萃正一

·七　偃師金石遺文補録二·七

故人曹臺眷屬造像　正書　兩面刻

武平三年十一月一日

山東濰縣陳介祺藏石

藝二·三四　田再續目·一五

王馬居造像　正書　兩面刻

武平三年十一月一日

山東濰縣陳介祺藏石

藝二·三四　田再續目·一五

太子太師侍中特進驃騎大將軍開府儀同三司使持節都督兖濟徐三州諸軍事兖州刺史録尚書事司徒公池陽縣開國伯安定縣開國子西陽王徐之才墓誌並蓋　正書

武平三年十一月二十二日

1912 年河北磁縣南鄉申家莊出土，1912 年歸東北博物館。

名二·一九　徵一·一一　館·一三　蒿補·一　誌釋七·七四　滿别下·一三　凡附録·三七八

王榮造像　正書

武平三年十二月二日

舊在河南汜水縣人家，後歸開封關葆謙。

關葆謙審美堂藏石録

邑義主一百人等造靈塔記　正書

武平三年十二月十六日

山東滋陽道署西院花廳。後歸滿州延暄。刻有乾隆甲寅阮元兖州試院跋。

瓊二二·二五　萃三四·九　藝二·三四　田再續目·一五　孫録二·五四　攈六·三四　山訪六·一　匯一〇之二·一　平三·一〇　阮山一〇·一四　竹一·二七　羅録上·二〇　通一五二·二　匯一〇補遺·一　萃目一·五

傅汲胡造像　正書

武平三年十二月二十五日

雹水村四部道俗邑義五十人等造阿彌陀白玉像　正書

武平三年□月二十三日

像主王女王明妻尚妙女等造像　正書

武平四年正月十七日

河北元氏方家村大寺内，歸嘉興沈濤。

藝二・三四　滙三之二・二四

魏故侍中散騎常侍定州刺史司空邸珍碑　正書　四面刻　陰及左側漫漶　額正書

武平四（一作六）年二月

河北曲陽東二里王子墳。抗戰前移入北岳廟碑亭中。吴式芬云：又一碑正書，文並同，漫漶已甚，僅下截可釋，字體不類北朝。

藝二・三五　求一・二八　蒿一・四　滙三之二・四八　擴六・三四　略上・三六　面乙・二五　畿志一五三・四　畿上・三九甲・五〇

馬安造像　正書

武平四年五月六日

疑僞

尼法元等造思惟像　正書

武平四年五月十七日

河北曲陽，歸嘉興沈濤。

藝二・三四　趙録二・一四　常三・一　擴六・三四　萃目一・五

青州刺史臨淮王（婁定遠）像碑　又名：南陽寺碑　分書　額篆書陽文

上截斷裂，以鐵束之。乾隆四十七年上截又裂作七八段（嘉慶七年李戴春重建立，有記）。陰有金皇統六年摹刻李北海書龍興之寺四個大字。左方有濟南孫懃題記。

武平四年六月二十七日

山東益都東關文昌祠，舊在城西門内南陽寺，後移城北彌陀寺。

孫録二·五五　藝二·三四　授續二·八　萃三五·一　平三·一〇　竹一·二七　山訪一二·一　攈六·三四　校　匯一〇之三·二三　金石二二·八　寶叢一·二八　字二·一五　跋三·一三　瓊二二　·二五　益一·一五　阮山一〇·一五　存一一·一八　田目·一三　天一·四　通一五二·一一八　凡附録·三七八　清楊峒《書巖賸稿》·一六

般石合村邑義人等造四面像　正書

武平四年七月二十二日

山西

藝二·三五

賈市蘭為亡息阿伽造玉像　正書

武平四年八月二日

長白端方藏石

藝續一　陶一三·八

盧洪景為父造石像　正書

武平四年九月二十三日

侍中車騎大將軍開府儀同三司左僕射吏部尚書太常卿食貝丘縣干赫連子悦墓誌並蓋　正書

武平四年十一月二十三日

河南安陽出，歸于右任。

館·一三　蒿補·一　徵一·一一　誌初一·一四　丙寅稿三八　誌釋七·七五

通直散騎常侍贈開府儀同三司太常卿高僧護墓誌　正書

武平四年十一月（卒年六歲）。

河南安陽出，歸于右任。

館·一三　誌初一·一四　誌釋七·六九

逢遷為亡妻趙伯姿造像　正書

武平四年十二月八日

孟元寶造四面像　正書

武平四年

雲榮墓誌並蓋　正書

誌文云：姓□豆連氏，漢言雲也。

武平五年正月十日

功曹李琮墓銘　正書　左側刻世系

武平五年正月十二日

河北元氏南十二里張村王生集出土（咸豐年間），知縣劉寶楠索置署内東花廳。

藝一八·三　名二·二〇　畿上·三　趙録二·一四　瓊二二·二五　畿冢上·一一　擫六·三五　常三·二　雪跋三·一三　徵一·一一　館·一三　蒿二·五　匯三之二·二四　誌釋七·七五　1931 年元氏縣志數·七

像主趙貴賓造像　正書

武平五年三月十五日

董蒿雲趙苟兒等造彌勒下生像　正書

武平五年三月十六曰

楊珍洛等造像　又名楊遵善造像　正書

武平五年三月辛酉朔

山西絳縣縣署，光緒戊子出土。

右叢二·一〇

清信大士張思伯造像　正書

武平五年四月十二日

河南扶溝縣支亭寺出土，長白端方藏石。

陶一三・八　藝續・一　滙九之一・四〇

邸明玉造白玉像　正書

武平五年六月二十三日

沙門軌禪師道俗一百人造像　正書　有側

太歲在甲午（繆荃孫考爲武平五年）

山東泗水城北四里

藝二・三五　羅録上・二一　滙一〇補遺・一六　山訪六・一七

贊佛偈　正書

武平五年八月二十日

河南林縣西南二十五里䃺谷寺千佛洞

藝續一　朔目三・五　河録四・四

殘造塔銘　又名：等慈寺殘碑　正書

存上截十八行，行十二字，後刻道光壬子閏月上巳汜水令邵堂等題名一行。第二行有蓋法幢從容四生之外云云。碑陰題名。

武平五年十月

河南汜水等慈寺後殿窗壁下

藝二・三五　硯續六・二六　平三・一一　瓊二二・三〇　竹一・二七　金石一跋四・二　孫録二・五五　擄六・三五　中記一・二四　古墨二・四〇　廎・一六　滙九之四・一三

驃騎大將軍陽州長史鄭子尚墓誌並蓋　正書

武平五年十二月二十三日

山東鄆城出土，長白端方藏石。

藝一八・三　羅録上・二一　名二・二〇　陶一三・一一　蒿二・五　徵一・一一　館・一三　校　誌釋七・七六

王顯造像　正書

武平六年二月十二日

佛弟子延市生造人中盧舍那像　正書

武平六年五月十五日

山東壽光縣北關出土，歸長白端方。

陶一三·一三　藝續一　1915 年壽光縣志一三·金石志一九

比丘尼圓照圓光姊妹二人等造雙彌勒玉石像頌　正書

武平六年五月二十六日

河北慶雲管家寺

平再續·六　藝二·三五　金石一跋四·二　孫録二·五五　匯三之二·七　萃目一·五　攈六·三五　竹一·二七　通一五二·五八　畿上·三

武平乙未造像　正書

武平乙未（六年）六月十四日

長白端方藏石

藝續一　陶一三·一三

韋子深刻經記　分書

武平六年六月□□

山東鄒縣東北尖山大佛嶺上，尖山摩崖十七種之一。

藝二·三五　山訪六·一三　攈六·三五　孫録二·五五　光緒十八年鄒縣續志一〇　石泉·六　硯七·八　阮山一〇·二　田目·一三　通一五〇·四二

比丘尼惠遠為亡姊造像　正書

武平六年□月乙卯朔

山東濰縣陳介祺藏石

藝二·三五

蘭陵忠武王高肅碑　又名高長恭碑　分書

兩面刻，陽面字大，可辨者十八行。陰面字差小，可數者三十行。額篆書，額陰刻安德王經墓興感詩。

武平六年□月（碑陰末行記，趙之謙考爲武平四年）

河南磁縣南劉家莊北，光緒二十五年出土。

藝二·三五　蒿一·四　趙録二·一四　雪跋三·一四　響·三　校　光緒二十三年重修廣平府志三五　唐風·四六

比丘法遠等五十人造像　正書

武平七年正月十五日

孟阿妃為亡夫朱元洪息子敷等造老君像　正書

武平七年二月二十三日

河南偃師南董家村老君洞，移縣明倫堂。

孫録二·五五　攈六·三六　萃三五·六　中記一·二三　平三·一二　偃上·一八　匯九之四·一　偃師金石遺文補録二·一三

都邑主楊安都合邑五十人等造像　正書

武平七年四月十五日

河南偃師城南後周村

藝二·三五　孫録二·五五　攈六·三六　平三續上·七　匯九之四·一　萃目一·五　偃師金石遺文補録二·一四

佛弟子王良景造白玉像　正書

武平七年八月三日

長白端方藏石

陶一三·一四　藝續一

造盧舍那白玉像頌　正書

武平七年九月

韓叔子造像　正書　四面刻

武平七年十月二十三日

河南洛陽龍門

藝二·三五　匯九補遺·一四　孫録二·五六　竹一·二七　攈六·三六　萃目一·三

宋始興一百人等造像　又名會善寺造像　正書　兩截刻　陰刻

漢董宣傳　《登封縣志》云：顧炎武金石記缺書人名，諦視之實爲郭智及書。

武平七年十一月二十三日

河南登封會善寺

藝二・三六　瓊二二・三一　授續二・九　録補九・八五　滙九之四・二四　孫録二・五六　竹一・二八　登封縣志三〇・一七

高道乾造像　正書

武平七年

藝二・三五

邑主馬天祥邑子馬天成等造像　又名無窮尊師造像碑　分書

陽文左行，有方界格，第一行第七字下缺四字。

武平九年二月廿八日（黄易《秦漢魏六朝碑刻輿地考》云：武平無九年，必然僞作。吴榮光《筠清金石文字目》作武平七年，云此刻疑僞作。）

瓊二二・三四　萃三五・六　藝二・三五　孫録二・五六　楊圖四・六　攈六・三六　存一一・二三　古墨二・四〇　增圖二・二二一

劉專等造像　分書

武平□年歲在攝提星□□月紀黄鐘

佛弟子張思文造無量壽像　正書

承光元年正月十五日

山東諸城李仁煜藏石（見後刻乾隆辛亥李氏題記），後歸縣人王緒祖。

藝二・三五　孫録二・五六　授續二・九　阮山一〇・二三　瓊二二・三五　山訪一二・一七　滙一〇之三・四九　田目・一五　通一五二・一一八　萃目一・五

前尚書嚴□順兄弟為亡考妣造龍華四面龕像　正書

天統元年五月十五日

山東益都出土（光緒二十四年）

藝二・三三　瓊二二・三　趙録二・一三　陶一二・一八　匯一〇之三・二二　田續目・一一　通一五二・一一八　光緒三十三年益都縣志二六

光州刺史宇文公碑　又名亞禄山宇文公碑　正書　文十一行

無年月

山東掖縣城西斧山

匯一〇之三・五九　藝二・一二　瓊二二・三六　阮山一〇・二三　硯七・一九　孫録二・六一　搴廬金石記　雪跋三・一三　擴六・六一　山訪一一・一　通一五二・一〇七

吴洛族十五人等造釋迦像　正書

此系碑陰，碑陽刻佛像。

河南偃師壽聖寺壁間，後移縣明倫堂。

萃三五・六　藝二・三六　孫録二・五六　竹一・二八　偃上・二一　平三・一二　匯九之四・一　擴六・六一　雪・八六　偃師金石遺文補録二・一六

北徐州興福寺劉道景造像　分書　有陰側

山東臨沂普照寺，後移孔廟明倫堂。

藝二・三六　匯一〇之二・六五　通一五二・七八　山訪七・一　1917 年臨沂縣志一二・一一

袁清等造像　正書

藝二・三六

邑子常元等造像　正書

河南洛陽，已斫爲柱礎。

藝二・三六

前東雍州鎮城縣邑老馬文和等造像　正書

藝二・三六

佛弟子刈陵縣令王崇孝造無量壽佛　正書

無年月

河南涉縣西北二十里唐王峧媧皇頂

河録五・七　朔目四・六

為亡女趙妃造觀世音像觀世音經　正書　下刻《妙法蓮華經觀世音菩薩普門品》

河南涉縣西北二十里唐王峧媧皇頂

朔目四・六　河目上・四

常氏合族人等造像

大齋主酈黑驢等造像

普照寺桓□造像　正書

有陰側，有唐大和□年題字，刻有道光二十餘年徐宗幹移置玉露題記。

山東濟寧

匯一〇之二・四八　山訪七・一　萃目一・五

佛弟子劉同欣造像　正書

（上泐）二月十日

張萬年為亡父母造觀世音像　正書

無年月

長白端方藏石

陶一三・一六

像主張純□造像

楊一仁等造像

藝續一

邑子原惡奴等造像　正書

藝續一

都邑主蓋造像

藝續一

馮終敬等造像
河南修武北三十二里馮營村
藝續一　朔目九・一
第一像主張僧哲等造像　正書
藝續一
邑子趙允之等造像
藝續一
比丘曇利等造定光像
（上泐）月戊辰
長白端方藏石
藝續一　陶一四・一六　藝二・四七（誤作王曇利）
顯伯度延等造像　又名尹景穆等造像　有陰
（上泐）四月己丑朔
右厢菩薩主顔貳郎為亡父造像
藝續一
千像主李迪造千佛像　正書
歲次壬辰四月八日
山西
藝二・三六
起碑主於丘郎仁等造像殘石
山東臨沂右軍祠
1917 年臨沂縣志一二・一七
造觀世音菩薩大勢主菩薩像殘刻
河南鞏縣石窟寺
為父母造像殘石
河南鞏縣石窟寺
若孤雲等字殘石　正書　存四行半
河南汲縣西門外李姓家藏石

朔目一·二

十九日等字殘刻

河南鞏縣石窟寺

□月三十日等字殘刻

河南鞏縣石窟寺

昭玄沙門統定禪師造十六佛　正書

歲次辛丑

齊故胡隴東王神道右闕　篆書

無年月

河南安陽北鄉後稻田村（1912年王又沂、陳南屏發現），後移入三皇廟

河目上·四　朔目二·四　河録二·二　循跋上·二九　誌新一·一四　中冢·六　誌初一·一四　續安·四

曹禮墓誌　分書　惟首三行與末四行可辨

河北磁縣北響堂，一説在武安南四十五里鼓山響堂寺。

藝一八·三　名二·二　響録·一五六　朔目·三

佛説金剛般若波羅密經　分書　聶鈫《泰山道里記》云：與齊武平王子椿書如出一手。

山東泰安金剛峪

田目·一四　藝二·三六　山訪三　阮山一〇·二二　石泉·八　田目後附　孫録二·五六　通一四九·四三　萃目一·五　清宋思仁泰山述記六·八　吴錫麒游泰山記（有正味齋駢體文一五·五）

文殊般若經碑　正書　額正書題文殊般若四字　十行、行三十字，首行爲：爾時文殊師利云云。碑陰題名

山東寧陽水牛山上

藝二·四八　田目·一五　硯上·九　平續·一　阮山一〇·二三　瓊二二·三九　山訪六·一二　匯一〇之二·二二　通一

五〇·五一　增圖二·二一七　攈六·六一　雪·九八　楊圖四·六　孫録二·五七

水牛山佛經摩崖　分書

凡六行五十二字。首行曰：舍利佛云云

山東寧陽西三十里水牛山

藝二·四八　阮山一〇·二四　瓊二二·三九　田目·一五　山訪六·一二　匯一〇之二·二二　通一五〇　四九　攈六·六一　匯一〇補遺·一七

晋昌王唐邕妃趙題名　正書　三行

山東鄒縣城東北尖山，在大空王佛字之左。

藝二·三六　田·一四　山訪六·一三　匯一〇之二·二四　光緒十八年鄒縣續志一〇·六　石泉·六　孫録二·五五　阮山一〇·二〇　通一五〇·四

經主韋子深妻徐法仙題名九字　正書

山東鄒縣城東北尖山，在韋興祖題名之左。

藝二·三六　田·一三　山訪六·一三　硯七·九　匯一〇之二·二四　光緒十八年鄒縣續志一〇·六　石泉·六　孫録二·五五　阮山一〇·二〇　通一五〇·三九

波羅蜜經六行　正書

每行三字，第二行泐一字，餘俱完好。

山東鄒縣城東北尖山

藝二·三六　田·一三　山訪六·一三　匯一〇之二·二四　孫録二·五五　石泉·六　光緒十八年鄒縣續志一〇·六　阮山一〇·二〇　通一五〇·四一

比丘尼法門五字　正書

山東鄒縣城東北尖山，在大空王佛字之右。

藝二·三六　匯一〇之二·二四

沙門僧安道壹六字　正書

山東鄒縣城東北尖山石坂南端

藝二・三六　田・一四　山訪六・一三　匯一〇之二・二四　孫録二・五五　石泉・六　光緒十八年　鄒縣續志一〇・六　阮山一〇・二〇　通一五〇・三九

大空王佛四字　正書

吴式芬云：下刻波羅蜜經，似即其額。

山東鄒縣城東北尖山

藝二・三六　田・一四　山訪六・一三　匯一〇之二・二四　光緒十八年鄒縣續志一〇・六　孫録二・五五　石泉・六　阮山一〇・二〇　通一五〇・四二

文殊師利經　又作文殊般若經

三行。藝目作四十二字，田目作三十三字，匯目作七行。

山東鄒縣城東北尖山

藝二・三六　田・一四　山訪六・一三　匯一〇之二・二四　孫録二・五五　石泉・六　光緒十八年　鄒縣續志一〇・六　阮山一〇・二〇　通一五〇・四〇

涉縣佛經　范壽銘云：爲深密解脱經。　正書。

凡九方，洞外三方，洞内六方。

河南涉縣西北二十里唐王峧媧皇頂

朔四・五　河録五・六　循跋下・一一

大方廣佛華嚴經菩薩明難品第六　正書　側題名　下有司徒公東安王婁睿銜

無年月

（安陽金石志考爲太寧、河清間）

河南安陽西南六十里寶山寶山寺（又名靈泉寺）南崗上

匯九之二・一　朔目二・四　藝二・三六　匯三補遺・四二　安陽二八　河録二・七　萃目一・六

無量義經德行品第一　正書

河北武安南四十五里鼓山北響堂寺南洞拱門左右

藝二·三六　響録·一三六　光緒二十年重修廣平府志三五　畿上·三　響·二　瓊二二·三九　河録五·三　朔目四·二　攈六·六四　匯九之二·一八

維摩詰所説經　正書

河北武安南四十五里鼓山北響堂寺南堂門洞左右壁

響録一三七　藝二·三六　畿上·三　響·一　朔四·二　河録五·三　攈六·六四　匯九之二·一七　光緒二十年重修廣平府志三五

十二部經名　分書

河北武安南四十五里鼓山北響堂寺南堂上

藝二·四八　響録一五七　響·二四　朔目四·二　河録五·三

三佛名大字　正書　雙鈎

河北武安南四十里鼓山北響堂山南堂上

藝二·四八　響録·一五七　響二四

維摩詰經　分書

天統四年至武平三年間刻

河北武安鼓山響堂寺南堂石窟外摩崖

語石四·一四四　1937 年武安縣志一三·三

勝鬘師子吼正乘大□□方廣經　分書

天統四年至武平三年間刻

河北武安鼓山響堂寺南堂石窟外摩崖

語石四·一四四　1937 年武安縣志一三·三

孛經　分書

天統四年至武平三年間刻

河北武安鼓山響堂寺南堂石窟外摩崖

語石四·一四四　1937 年武安縣志一三·三

佛説彌勒成佛經　分書

天統四年至武平三年間刻

河北武安鼓山響堂寺南堂石窟外摩崖

語石四・一四四　1937 年武安縣志一三・三

無量義經　分書

天統四年至武平三年間刻

河北武安鼓山響堂寺南堂石窟旁門洞内

1937 年武安縣志云：摩崖三方，已毀二百餘字。第二石缺左下角，第三石缺左上角。

語石四・一四四　1937 年武安縣志一三・六

無量壽經論　分書

天統四年至武平三年間刻

河北武安鼓山響堂寺南堂

語石四・一四四　1937 年武安縣志一三・六（云共有八方）

十二部經名　分書　上段正書彌勒佛、師子佛、明炎佛三佛號

天統四年至武平三年間刻

河北武安鼓山響堂寺南堂左小洞佛龕頂

語石四・一四四　1937 年武安縣志一三・七

大方廣佛華嚴經　正書　此爲四諦品（不全）、光明覺品、菩薩明難品、凈行品四種

河北磁縣南響堂寺第一洞

藝二・三七　響録・一一九　畿上・三　響・二　匯三補遺・四三

妙法蓮華經觀世音普門品第廿五　正書

河北磁縣南響堂寺上層第二窟内　似唐刻

響録・一二七　響・二　畿志一四八　光緒二十年廣平府志三五

文殊師利所説般若波羅蜜經　正書　十行　行十四字

河北磁縣南響堂寺

響録·一二三　藝二·四八　光緒二十年重修廣平府志三五　匯三之二·七五

殘金剛經　正書

河北磁縣南響堂寺

藝二·三六　畿上·三　匯三補遺·四二

殘般若經（胡適疑爲修行道地經）　正書　存二十行　行八字

河北磁縣南響堂寺第二洞隧道内

藝二·三七　響録·一二四　畿上·三　光緒二十年重修廣平府志三五　響二　匯三補遺·四三

諸行無常偈　正書　四行　行四字

河北磁縣南響堂寺第二洞外壁

響録·一三一

十六佛名號　正書

第九阿彌陀佛下刻比丘法貴供養，主比丘惠景供養。

河北磁縣南響堂寺第二洞左壁、右壁、後壁　響録·一二四　藝二·四八　響·二八　攈六·六四　匯三之二·七五　光緒二十年重修廣平府志三五

風洞華嚴經殘石　正書

山西太原西

1919年張斌跋稱戊午遊晋祠得之

佛偈殘刻

河南鞏縣石窟寺

龍華菩提佛經殘碑　正書　存中段十三行

長白端方藏石

陶一三·一八

渤海太守趙通墓誌　正書　僞刻

武平二年六月四日

誌新·四八

王早墓誌　正書　僞刻

武平四年二月六日

[耿]韶墓誌　正書　僞刻

武平六年三月五日

端方藏石

藝二·三五

北　周

張始孫為除祇州開化郡太守造　四面像

孝閔帝元年二月十二日（原認爲西魏帝，據干支定爲北周孝閔帝）

江蘇蘇州蔣斧藏石（咸豐辛酉〔十一年〕得於山西安邑）

藝二·三七　右訪·二　瓊一六·二六　淮補遺一

比丘智標等造觀世音像　正書

元年（馬衡考爲周明帝元年）八月二十日

長白端方藏石，後歸浙江葉瀚。

藝續一　陶一四·一〇

大都督宇文仲為亡父亡兄亡弟造四面像　正書

武成元年九月五日

山東濰縣陳介祺藏石

藝二·三七　田再續目·一七

故韋可敦比丘尼造彌勒像　正書

武成元年九月二十八日

長白端方藏石

藝續一　陶一四·一

李洛生造像　正書

元年歲次丁丑十二月二十日（周明帝元年）

山東濰縣陳介祺藏石

攈六·三六

强獨樂為文皇帝造像　又名北周文王廟碑　正書　額正書陽文右下方有何周造釋迦像四行

元年（周明帝元年）丁丑

四川簡陽柳溝鋪石經寺後，已毁大半。

藝二·三七　瓊二三·一　攈六·三六　匯一六之一·二三　趙録二·一七　增圖二·二二三　苑　劉節古史存考一五六　錢保塘清風室文抄四·一〇

上柱國（王常鍵）造像　正書

武成元年□月

藝續一

邑師進神興率化邑人造石像　正書

武成二年九月十五日

下刻開皇十年正月十五日樂王妃等造石像

法藏造像　正書

保定元年正月二十四日

大將軍延壽公（万紐于實）**碑額**　正書　額篆書陽文横列有陰側

保定元年三月十日

寶叢二〇·二八　金石二四　增圖二·二二四

道民馬落子造玉石老君像　正書　四面刻

保定元年四月三日

陝西西安出土，歸山東濰縣陳介祺。

藝二·三七　攈六·三七　田再續目·一七

義法師造像　正書

保定元年四月八日

李鸞熾造像 正書

保定元年六月

端方藏石

陶一四·一誤作九年

范□□造觀世音像 正書

保定二年二月八日

房神符造四面像 正書

保定二年二月八日

張陽侯造像 正書

保定二年四月八日

絳州刺史龍頭城開府儀同三司豐利公弟子宇文貞造等身釋迦像 又名檀泉寺造像 正書 三面有字

保定二年六月二十六日

山西聞喜。光緒元年聞喜楊深秀自邑東三十五里寺底村掘出，1918年移置太原傅青主祠。

石九·一一 右叢二·二四 光緒六年聞喜縣志補三·五 1918年聞喜縣志二十上·五

邑子一百人同琋黑奴等造四面像 正書 有陰側

陝西耀縣

像主張道元張操等造像 正書

保定二年

陝西涇陽城内惠果寺

陝六·一九

蕩寇將軍秦業造像 正書

保定三年五月五日

開府儀同賀屯植墓誌 正書

保定四年四月二十一日

同治間陝西三水出土，歸縣人唐氏。光緒初宋和亭爲三水尉，又歸宋氏。後歸端方。自歸唐氏後石即有翻刻。陶齋所藏乃贋品。丙寅長安圍城，宋氏售之。後歸長安謝氏。

藝一八·二　楊圖四·九　瓊二三·九　關新三·一　寶鴨中·一六　趙録二·一七　名二·二〇　岷·四　汲續·八　攈六·三七　匯一〇之二·二七　校　館·一三　徵一·一二　蒿二·五　增圖·二二·六　關考九·五五　誌釋七·七六　雪·八七　陝六·二二　1925 年 56 號生春紅（鄭）叔向《賀屯植墓誌跋》

使持節驃騎大將軍開府儀同三司大都督郊州柱國吴國公總管府長史昌樂縣開國公郭賢造釋迦牟尼像　正書

保定四年五月八日

陳介祺藏石

藝二·三七　瓊祛僞·一二

昨和儁一百五十人等造四面像　又名聖母寺造四面像　正書

陝西蒲城東北鄉二十里本寺

藝二·三七　瓊二三·一三　萃三六·五　關一·一〇　跋三·一六　竹一·二九　孫録二·五八　籀八·一五　匯一〇之二·三〇　關考九·三五　陝六·二〇

梁顯業等造像　正書

保定四年

清信女□□□□□文造釋迦石像　正書

保定五年五月二十四日

浙江定海方若藏石

比丘明藏造觀世音像　分書

保定五年七月二十五日

李明顯為亡女阿他外孫女趙長妃造像　正書

保定五年八月四日

山東濰縣陳介祺藏石

禪一九·五六　藝二·三七　趙録二·一七　硯七·一六　攈六·三七　田再續目·一七

王永建等造觀世音像　正書

保定五年九月七日

少保豆盧恩碑　分書　庾信撰（見《庾子山集》）　前半十行完善，十一行後有殘缺。

天和元年二月六日（年月已泐，據《庾子山集》補）

陝西咸陽文王陵廟戟門西側，卧墻畔。後移置縣署。乾隆辛丑爲吏所毁。（《鐵橋金石跋》云：民間復於文王陵附近掘出。）

平三·一三　橋一·一七　授續二·九　妙五·八　録補九·八三　來上·三二　蒿一·四　竹一·　三〇　攈六·三七　匯一二之二·七四　孫録二·五八　遼居稿·二一　天下　雋一·一四　字二·二〇　曝四八·七九一　天一·四　備　關考六·二　陜六·二三

邑師主僧族及合村等造像　正書　有陰側

天和元年二月八日

董法相造像　正書

天和元年四月八日

張興等十七人造釋迦像　正書

天和元年十一月二十日

陝西

藝二·三七　趙録二·一七

和□□左員□□郎南陽枹罕二郡太守郡功曹郡平望清水苟法襲為亡妻魚恭姬造釋迦定光等身像　正書

天和二年六月十□日

甘肅清水古城原，道光初出土。

陳萬里西行日記·一六六　隴一·四一

庫汗安洛造像　正書

天和二年九月十九日

長白端方藏石

藝二・三七　羅録上・二一　硯七・一六　陶一四・二　瓊二三・一九

華嶽頌　又名西嶽華山神廟碑　分書　万紐于瑾撰　趙文淵書額篆書

天和二年十月十日

碑右邊有熙寧癸丑劉航題名、嘉慶壬戌吴桓題名，十一行下有熙寧三年陳繹題名。明拓無一字磨泐，嘉慶間拓本坐石下、羲和之下、講閲之暇下各缺一字。又左側有開元二十四年六月十四日李、開元二十六年八月二十七日蘇穎、無年月蘇炎、廣德二年四月李仲昌等、廣德二年六月十三日孫廣等、大曆五年六月六日裴士淹、元和元年七月十日郭豐等題名，又有元和元年十月賈竦時、大和六年四月賈淑修之題字。右側有乾元元年十月十二日顔真卿、大曆六年六月四日第五琦等，趙宗儒、李益等，穆準等題名。

陝西華陰東金天王廟中

天一・四　曝四八・七九〇　藝二・三七　竹一・二九　平三・一四　楊圖四・一〇　孫録二・五八　天下　增圖二　二七　擴六・三七　滙一〇之二・一三　東湖叢記三跋三・一四　萃三七・一　鈔二・五八　古墨二・四〇　清二・三〇　關中・五　石泉・三　存一一・二四　雍一・八　關一・一〇　妙五・九　史上・一六　篆二・九　來上・三一　字二・一六　鎸一・一四　寶叢一〇・三四　録續五・五〇　備　關考八・三一　乾隆五十九年華陰縣志一六・三九　來上・三一　金石二二・六　瓶四・三一　略上・二六

王通墓誌　正書

天和二年十月

河北河間城東宗仙鎮出土（康熙九年大水沖出）

畿上·四　趙録二·一七　志三·一〇　滙三之二·一

比丘僧緒造石像　正書

天和二年十一月十六日

陝西

藝二·三七　攈六·三八

弟子邑師僧糾合七十人等造像　又名比丘法明造像　正書有陰

天和二年□月二十一日

藝續一乙

陳道?起?等造像　正書

天和二年

山西芮城西陌村崇聖寺佛殿前土中掘出（民國六年）

佛弟子齊法猥為亡息造像　正書

天和二年

薛迴顯為亡父母造觀世音石像　正書

天和三年四月八日

長白端方藏石，後歸諸城王緒祖。

陶一四·二　趙録二·一八　田再續目·一七

佛弟子姚元和造像　正書

天和三年七月五日

使持節大將軍大都督新義郡開國公韓木蘭墓記　正書　僅存官銜年月四行

天和三年十一月十八日

于右任藏石

館·一三　名二·二一　蒿二·五　芒四編補遺·一四　徵一·一二　藝續一　誌初一·一四　誌釋七·七六

梁士寬為亡叔父造世間像　正書

天和三年十一月二十九日
趙魏藏，或云歸劉燕庭。
攈六・三八
比丘僧淵造像　正書
天和三年十二月十四日
藝二・三八　瓊二三・一九
佛弟子嚴萇妻楊熾章造無量壽像　正書
天和四年正月二十三日
長白端方藏石
陶一四・三
法師張僧妙碑　正書　無首題　有方界格
天和五年三月十五日
陝西耀縣西鄉文家堡土中掘出（宣統三年）
藝續一　陝六・二五
清信女（下泐）造四面像　正書
天和五年四月十日
長白端方藏石
陶一四・三
郭始孫為息女先暈息妻張石媚二人造像　正書
庚寅年四□甲寅辛酉造訖（考爲天和五年）
山西芮城西紫清觀出土
趙洪儁兄弟造像　正書
天和五年六月二十三日
司馬治中為亡考妣造像　正書
天和五年七月十八日
山東濰縣陳介祺藏石
藝二・三八　田再續目・一七
仇犢仁造像　正書

天和五年八月二十三日

譙郡太守曹恪碑（《金石萃編》作曹衩樂碑）　正書　側爲李早生等造像題名

前九行中間剥落尺許，失去七十餘字，後五行亦多泐。

天和五年十月

山西安邑北石碑莊興國寺，後移太原傅青主祠。

藝二・三八　蒿一・五　右二・二四　萃七・六　右叢二・二七　廎・一七　校　孫録二・五九　楊圖四・一一　攈六・三八　右訪・三　增圖二・二二八　右録一　匯一一・四二

邑師比丘曇貴像主趙富洛合邑子二十八人等造觀世音像　正書

天和六年四月十五日

長白端方藏石

藝續一　陶一四・四

辛洪略為亡父造像　正書

天和六年五月廿□日

山東濰縣陳介祺藏石

藝二・三八

陳歲為亡父母造釋迦石像　正書

天和六年六月丙戌

陝西，後歸枝江張盛藻。一陰文，一陽文，文亦小異，或云刻於磚上。

關新一・一七　瓊二三・二一

白景造觀世音像　正書

天和六年十月二十六日

長白端方藏石

藝續一　陶一四・一〇　攈六・三八

李進輝造像　正書

天和六年十一月二十日

僧道弘修寺題記　正書
天和六年
山西鳳臺
藝二・二八
鉗耳洪雅為亡祖倭及所生父母造像　正書
天和□年□月八日
比丘尼曇樂為亡侄羅睺造像　正書　三面刻
建德元年四月十五日
江蘇揚州阮元藏石，阮氏得之陝西。
藝二・三八　阮亨瀛舟筆談一二・一〇〇
張祖造像　正書
建德元年四月
邵道生為亡女寄女造像　正書
建德元年六月二十曰
陝西涇陽出土，歷藏山東諸城劉喜海、長白端方。
藝續一　瓊二三・二一　陶一四・六　攈六・三八　匯一〇之三・四九　匯一二補遺・五
合邑造官（觀）世音像　正書　四面刻
建德元年八月二十日
李元海兄弟七人造元始天尊像　正書　四面刻
建德元年九月十五日
增圖二・二二九
建德元年□月廿日殘石
諸禄元太老府君墓石　正書
建德元年
名二・二一
鄭道隆妻造像　正書
建德元年

尒僧先造像　正書

建德元年

山東濰縣陳介祺藏石

藝二・三八

楊子恭妻王造釋迦像　正書　有陰

建德二年四月十四日

陝西

陝六・二八

宇文建崇造像　又名建崇寺造像記　正書　有陰側

建德三年二月二十八日

甘肅秦安南十里鄭家川，山顛，居人掘得之（光緒十四年），移入村廟中。

㢟・一九　隴一・五〇　關考一〇・四六　陳萬里西行日記・一六七

扶風郡公主（高妙儀）墓誌並蓋　正書

宣政元年四月二十三日

徵一・一二　誌釋七・六九

僞齊在京爲荷玉釋褐辟任齊安戍主倍贈車騎將軍時珍墓誌　正書

有孫世標、鹿市奴等題名。前有尹彭壽題記小字一行。馬衡云：有摹刻本，甚精，或可亂真。無印，無題識，唯第八行英侔之侔作伴。又原本横界格較粗。

宣政元年十二月九日

山東諸城西古婁鄉出土（光緒七年秋），歸長白端方，又歸王緒祖。

陶一四・七　左冢・一〇　通一五二・一一九　羅録上・二一　山訪一二・一九　田續目・一二　名二・二一　館・一三　徵一・一二　蒿二・五　誌釋七・七七　凡附録・三七八

邵州刺史寇嶠妻褒城君薛氏墓誌並蓋　正書

宣政二年正月

1922 年河南洛陽出土，歸羅振玉。

名二・二一　館・一三　徵一・一二　蒿二・五　芒四編補遺・一四　誌釋七・七八　松翁近稿五二

廣州别駕襄城順陽二郡守寇熾墓誌　正書

宣政二年正月四日

于右任藏石

徵一・一二　館・一三　蒿二・五　誌初一・一四　誌釋七・七七

尚主鍾崖為亡妻張造像題名　正書

大象元年

黎州黎陽郡黎陽縣人掃寇將軍武騎司馬梁嗣鼎墓記　正書

大象二年

河南洛陽出，歸于右任。

館・一三　徵一・一二　誌釋七・七八

崗山摩崖五段　正書

大象二年七月三日（據《山左漢魏六朝貞石目》）

山東鄒縣

其一：法得道之處五字，凡三行。其二：神通之力云云，五行，行三字。其三：日月光明云云，五行，行四字。其四：大比丘神隆云云，五行。其五：佛經二十一行。

藝二・三八　瓊二三・二三（無佛經與日月光明二段）　通一五一・四五　硯七・一八　滙一〇之二・二五

匡喆刻經頌　正書　□璋撰　沙門安法師書（黄易云：咸韜書）

額篆書石頌二大字，梵文十八行，凡六十八字。正書十二行，行五十二、三字不等，凡八十字。

大象元年八月十七日

山東鄒縣城外西北隅鐵山之陽

田目·一五　孫録二·五九　山訪六·一四　滙一〇之二·二五　通一五〇·五四　光緒十八年鄒縣志卷一〇　萃目一·六

嘉慶二年秋黄易《岱麓訪碑圖册》(《虚齋名畫録》一六·四)

馬龜墓誌　正書

大象二年十月二十一日

河南修武出土，歸修武公款局。

河目上·四　名二·二一　汲·五二　誌新·九　誌初一·一四

使持節侍中驃騎大將軍開府尚書左僕射雍州刺史司空公始平文貞公國大妃盧蘭墓誌　正書　蓋篆書

大象二年十一月二十日（卒於大統十七年）

河南洛陽出土，歸于右任。

館·一三　名二·二一　徵一·一三　誌初一·一四　誌釋四·二六　松翁近稿補遺·二

□君夫人梁氏殘墓誌　正書　存十行，五十餘字，有建德六年等字。

建德六年?

名二·二一　徵一·一二　誌釋七·七八

小鐵山佛經摩崖　正書

山東鄒縣城西北二里

藝二·三八

佛經摩崖　正書

日月光輝云云五年

山東鄒縣北岡山朝天石

藝二·三八　阮一〇·二七　硯七·一八　石泉·一〇　滙一〇之二·二五　通一五〇·四五

佛經摩崖　正書
法得道之處五行
山東鄒縣城北岡山
藝二・三八　瓊二三・二三　滙一〇之二・三六　通一五〇・四六
佛經摩崖　正書
山東鄒縣北岡山
田・一六　藝二・三八　瓊二三・二三　硯七・一八　滙一〇之二・二五　通一五〇・四五
佛經摩崖　正書
二十一字
山東鄒縣城北岡山
藝二・三八
道民杜僧復造四面玉像　正書
浙江定海方若藏石
張衆憐等造像　正書
造那犀那尊者像　正書
長白端方藏石
陶一四・九
甄德造佛羅漢像　正書
管刊人王得仙造記
長白端方藏石
陶一四・九
比丘僧仙造釋加牟尼像□主比丘曇利造定光像　正書
（上泐）月戊辰
長白端方藏石
陶一四・一六
弟子劉文總為亡父造像　正書

長白端方藏石
陶一四·一八
女弟子宄氏造不高佛殘像　正書
長白端方藏石
陶一四·九
寧靖為亡父母造像殘石　正書
長白端方藏石
陶一四·一〇
開化寺柱礎題名　正書
在元氏縣開化寺後殿東階
常山貞石志三·六
張次歡等造像題名　正書
年月泐
山西芮城延慶寺舊墻基下掘出
道賢等造像題名　正書
1920年山西芮城延慶寺二門内土中掘出
董臺貴等造像題名　正書
1916年10月山西芮城延慶寺舊墻基下掘出
姚仲遠等造像題名　正書
年月泐
1916年山西芮城延慶寺舊墻基下掘出
張興碩等造像題名　正書
1916年山西芮城延慶寺佛殿前階前出土
孔道乘王光等造像題名　正書　兩截刻，上截十五行，下截十四行。
長白端方藏石
陶一四·一一
第一像主張僧哲等造像題名　正書　十四行

長白端方藏石
陶一四・一三

孤子長男光胤等佛座題名　正書
長白端方藏石
陶一四・九

造像石座
1917 年 3 月山西芮城東關泰山廟院内發現

三人騎一獸殘石
1916 年 10 月山西芮城延慶寺舊墻基下掘出

大都督陽林伯長孫夫人羅氏墓誌　正書　或云僞刻
天和四年八月六日
館・一三　名二・二一

隋　代

都督定州諸軍事豆盧通世子僧奴等造像　正書
開皇元年四月八日
山西平定
藝二・三八　右叢三・一　求二・一　匯一一補遺・二

張□□為□□造像　正書
開皇元年九月二十日

蔡以遵妻殷蔡造像　正書
開皇元年十一月十五日
山東濟寧晋陽山佛座間（乾隆壬子黄易訪得）
藝二・三八　孫録二・六一　刻　山訪九・二　阮山一〇・二七　擴六・四〇　田目・一六　匯一〇之二・四八

閻元祥造像　正書
開皇二年八日

八面佛像幢　正書

開皇二年四月八日

藝二・三八

東野黑醜等造天宫像　正書

開皇二年四月二十五日

亳州前開府行參軍募人營主直蕩正都督治儀同大將軍募人正團南汾州下城防主趙仁惠造釋迦石像

開皇二年九月五日

山西黎城

右叢三・三

靈□□妻桑勝鬘造像　正書

開皇二年十一月十四日

河南博物館藏，石左右共四條。1920 年重修滑縣志金石録一・十：四面造像原在城東北七十里晁大吴村靈覺寺。民國己巳爲人運至天津。爲邑紳追回移置開封鐵塔寺内。

姚長寛造像　正書

開皇三年三月二十二日

藝二・三八

佛弟子□□□一百人等造碑像　正書

兩側均系題名，右側有像齋主吕羅漢、邑子張朋好等題名。

開皇三年四月十五日（刻於左側）

藝續　陶一五・一

海州刺史南陽縣侯王謨題名並詩　正書

開皇三年四月十七日

江蘇海州鈞臺石壁

藝二・三八　羅録上・二一　江蘇三・二二

宋摽造像　正書

開皇三年五月三日

奚道興為亡女造觀世音像　正書

開皇三年八月三日

董静先香火等造像　正書

開皇三年八月八日

青信女房紛池為父母造觀世音像　正書

開皇三年八月

山東濰縣西鄉出土，歸縣人陳介祺。

藝二·三九　民國三十二年濰縣志三八·四〇

翊師大將軍儀同三司大内史大納言扶風郡太守獲澤公寇遵考墓誌並蓋　正書

開皇三年十月十九日

河南洛陽出，歸河南博物館。

誌新·九　名三·二二　徵一·一二　館·一四　蒿二·五　誌初一·一四　芒續上·六　雪跋三·一七　誌釋八·七九

廣州長史襄城順陽二郡太守寇府君（熾）夫人昌平郡君姜敬親墓誌　正書

有蓋二，並正書分刻面、背。小子仕璋撰。

開皇三年十月十九日

河南洛陽出，歸于右任。

名三·二二　徵一·一二　館·一四　蒿補一　誌初一·一四

使持節征虜將軍東豫州大都督梁朝同州刺史梁坦墓誌並蓋　正書

右下角有裂紋，第十三、十四行首各缺一字。

開皇三年十月二十日

河南洛陽出，歸于右任。

徵一·一二　館·一四　誌釋八·八〇

使持節儀同大將軍昌國惠公寇奉叔墓誌並蓋　正書

開皇三年十月丙寅朔

河南洛陽出，歸河南博物館。

名三・二二　河圖・六九　徵一・一二　館・一三　蒿二・五　誌初一・一四　芒續上・四　雪跋三・一七　誌釋八・七九

滎陽鄭元伯女道貴智能等石室造像記　正書

開皇四年四月二十日（始於武定七年）

河南淇縣西十八里朝陽山朝陽寺

藝續　綴跋・五　朔目五・五　河録六・五　河目上・五

李惠猛妻楊静太造彌勒像　正書

開皇四年八月十日

山東歷城玉函山

藝二・三九　趙録二・一九　歷一・三〇　通一四九・一二　田續目・一三　山訪一・八　瓊二四・一　硯八・一　匯一〇補遺・一

故人劉洛造七佛像　正書

開皇四年八月十五日

山東歷城玉函山

藝二・三九　歷一・三一　通一四九・一三　山訪一・八　田續目一三　匯一〇補遺・一

殷元暉為亡女玉資造觀世音像　正書　四面刻

開皇四年八月二十二日

王他奴為七世父母造釋迦無□像　又名佛座記　正書

開皇四年九月二十日

陝西西安城北雷神廟

藝續　孫録二・六二　攈六・四一　陜七・二　關考三・一一　陜一四一・二　雍一・九　萃目一・六

翊軍將軍順陽郡王□□樹為亡妻□□女華造像　分書

開皇四年九月二十一日

河北磁縣南響堂山第二層第四窟外右邊

藝二・四〇　響録・一三一　趙録二・一九　畿上・四　響・四　畿志一四八　攈六・四〇　滙三之二・七五

東莞縣治邑阮景暉劉遺孟思紀長孫豐百餘人等造像（藝誤作前東莞縣令薛造像銘或作東莞泰寧寺碑）　正書　前東莞縣令薛廣文書

開皇四年九月二十五日

山東莒縣北東莞山麓泰定寺舊址出土，嘉慶二年移東莞山關帝廟。

藝二・四〇　羅録上・二二　通一五二・七九　山訪七・四　瓊二四・二　攈六・四一　田目・一三　滙一〇之二・七二　民國重修莒縣志・五一

員天威造像　正書

開皇四年十二月十六日

甘肅

□韶熹為亡父母兄妹造道像　正書

開皇四年十二月二十六日

樊敬賢漆（七）拾人等造像　正書　陰題名

開皇五年五月十日

增圖三・二三三

□□太妻夏樹造彌勒像　正書

開皇五年七月七日

山東歷城玉函山

藝二・三九　趙録二・一九　歷一・三一　通一四九・一三　山訪一・八　瓊二四・七　硯八・一　田續目・一三　滙一〇補遺・一

雷榮熾為亡父雷同德亡母魏荀女造石像　正書

開皇五年八月十四日

七帝寺碑　又名寺主惠鬱像主玄凝等造像　正書　素像匠形

（邢）洪演、趙文遠、蘇奉仁，銘文王良預，書手劉雅銘，石匠楊静嚴、郭登、郭悦。

開皇五年八月十五日

河北定縣料敵塔南出（民國初年），歸存衆春園。

民國二十三年定縣志一八・一三

孫龍伯造像　正書

開皇五年九月十五日

潁州别駕元英（字洪儁）墓誌　正書　文多泐

開皇五年十月一日

長白端方藏石

名三・二二　羅録上・二一　陶一五・二　徵一・一二　館・一四　蒿二・六　面乙・二七

橋大夫（紹）墓誌　正書

開皇五年十月二十三日

河南洛陽出，歸于右任。

徵一・一二　館・一四　誌初一・一四　誌釋八・八〇

都邑主壬俱卌人等造像　正書

開皇五年十一月二十三日

刈陵縣政新鄉鄉義里郭伯琛華川鄉李延壽造浮圖碑　又名寶泰寺碑　正書

閆（開）皇五年

山西黎城

右叢三・六

兖州高平縣石裏村仲思那等卌人造橋碑　分書　碑上有佛像二層，側有上元二年八月癸丑朔趙子路題名一行。

開皇六年二月八日

山東鄒縣西南鄉石佛里寺中

藝二・四〇　光緒十八年鄒縣續志一〇・九　孫録二・六二

授續二·一一　札八·四二　通一五〇·五七　山訪六·一四　跋三·一七　阮山一〇·二八　平三·一六　瓊二四·八　硯八·一　攈六·四一　田目一六　滙一〇之二·二六

郭伯儁為亡孫子開造彌勒像　正書

開皇六年七月二十九日

山東海豐吴式芬藏石

藝二·四〇　攈六·四一　滙一〇之二·七六

開府儀同韓祐墓誌　分書　有方界格，石佚。

開皇六年十一月七日

山西長子韓坊村民家院内出土（乾隆二十一年）

名二·二二　金石一跋四·五　右冢補·二　右二·二九　蒿二之一·六　徵一·一三　攈六·四一　光緒八年長子縣志七·一　誌釋八·八〇　滙一一·五九

龍藏寺碑　正書　額正書　張公禮撰。

直界格。陰敬楷等題名，額陰游愔等題名，左側比丘玄詣等題名。

開皇六年十二月五日

河北正定東門内龍興寺前殿左階下

藝二·四〇　畿志一四四·六　畿上·四　竹一·三四　弗丙下·一　孫録二·六二　天一　楊圖四·一二　光緒三年正定縣志　弗乙·三五　增圖三·二三五　集五·二　寶叢六·二二　鐫一·一六　字二·一八　來上·三三　雪跋三·一九　瓊二四·一三　筆·二二　常三·一五　平再續·七　萃三八·二　跋三·一八　妙五·一九　録續五·五二　庚六·二　攈六·四一　校　滙三之二·八　思一七·七　牛圖　藪·二七　薙八·五　金石略中·一　河北月刊三卷六期　雪·八八

樊尚為息善□信造釋迦像　正書

開皇七年二月三十日

陝西西安出土，長白端方藏石。

藝續　陶一五·四　擴六·四二

嚴始榮為亡父母造釋迦石像　正書

開皇七年三月八日

陝西咸寧南鄉

關考五·四

道民蘇遵造老君像　正書

開皇七年六月二十九日

山西永濟常姓家，後歸美國波士頓博物館。

右一〇·五〇　右叢三·九　珉·五

劉景茂造彌勒像（舊誤作鄧景茂）　正書

開皇七年七月十五日

山東歷城千佛山，今毀。

藝二·四〇　孫録二·六三　續編三·一　歷一·三四　通一五二·二　瓊二四·一八　擴六·四二　田再續目·一三　匯一〇之一·二

比丘道遠造像　正書

［開皇］七年七月甲寅

陳介祺藏石

藝二·四一　田再續目·一八

王朔德為亡父造釋迦牟尼蘂石像　正書

開皇七年九月七日

比丘尼静元等造像　正書

開皇七年九月十五日

山東歷城東南三十里東佛峪

藝二·四一　孫録二·六三　通一五二·二　阮山一〇·二九　硯八·五　擴六·四二　田目·一七　匯一〇之一·二

李進等造像　正書

開皇七年
吴縣潘祖蔭藏石
藝二・四一
白佛山王子華等造像　正書
開皇七年
山東東平城東五十五里本山
藝二・四一　趙録二・一九　石泉　山訪三・一二　瓊二四・二四　攈六・四二　田續目・一三　匯一〇之一・五八
樊尚為亡七世父母所生父母因緣眷屬皂（造）火佛像　正書
開皇八年二月十五日
陝西西安出，歸劉燕庭。
攈六・四二
佛説觀世音經一卷佛説天公經一卷　正書
原簽開皇八年二月
藝二・四一　增圖三・二六一
邸振為亡父造像　正書
開皇八年四月八日
河北曲陽正北四十五里燕川寺
藝二・四一　光緒曲陽縣志一一・一六
弟子□榮造像　正書
開皇八年歲次戊申四月八日
陝西西安
匯一二之一・二　攈六・四二
王景遵造阿彌陁像　正書
開皇八年四月八日
山東歷城玉函山
藝二・三九　羅録上・二一　歷一・三二　山訪一・八　田續目・一三　匯一〇補遺・一

袁子才為亡父母造釋迦像　正書

開皇八年四月八日

河北磁縣南響堂山下層第一窟左壁後

藝二·四〇　響録·一二二　趙録二·一九　響·四　擴六·四二　滙三之二·七六

王輝兒造阿彌陁像　正書

開皇八年四月二十一日

河北磁縣南響堂山第二層第四窟外左邊上

藝二·四〇　響録二·三二　趙録二·一九　響·四　畿志一四八　畿上·四　校　擴六·四二　滙三之二·七六

時皆造釋迦像（或作時吉時春）　正書

開皇八年五月十五日

山東歷城千佛山，今毀。

藝二·四一　孫録二·六三　歷一·三四　通一五二·二　續編三·一　瓊二四·九　擴六·四二　田目·一七　滙一〇之一·二

羅沙彌為父母造像　正書

開皇八年七月二十日

山東歷城玉函山

藝二·三九　羅録上·二一　歷一·三二　通一四九·一四　山訪一·九　田續目·一三　滙一〇補遺·一

殷洪綦息仕棄[?]造釋迦并菩薩像　正書

大隋楊主開皇八年八月八日

山東歷城玉函山

藝二·三九　羅録上·二一　歷一·三一　通一四九·一三　山訪一·九　田續目·一三　滙一〇補遺·一

王蘭老造像殘石　正書　三面刻

開皇八年八月八日

河北磁縣南響堂山，歸山東諸城王緒祖。

藝二・四〇　陶一五・四　瓊二四・三〇　趙録二・一九　攈六・四二　田再續目・一八　匯一〇之三・四九（在諸城）

傅朗振與妻鄒為亡息雅兒造釋迦像　正書

開皇八年九月五日

山東歷城玉函山

藝二・三九　羅録上・二一　歷一・三二　通一四九・一四　山訪一・九　田續目・一三　匯一〇補遺・一

羅江海造像　正書

開皇八年十月七日

山東歷城玉函山

藝二・三九　羅録上・二一　歷一・三二　通一四九・一四　山訪一・九　田再續目・一三　匯一〇補遺・一

零陽縣令任顯墓誌並蓋　正書

開皇八年十一月二十日

河南安陽出，歸安陽金石保管所。

誌新・一〇　河目上・五　名三・二二　徵一・一二　館・一四　蒿二・六　誌初一・一五　續安・八　誌釋八・八一

臨沂縣令淳于儉墓誌　正書

志作碑形，額有浮雕花紋，右側刻庚戌四月任城李泰源跋四行。

開皇八年十一月二十日

山東淄川學宫，道光末出。

羅録上・二一　名三・二二　奇觚中・一五　藝文六・四　通一四九・一一　畿上・四　名三・二二　藝一八・三　徵一〇・一三　蒿二・六　九甲・五四　左冢・一〇　汲續・一　增圖三・二三七　山訪一・一五　田續目・一三　匯一〇補遺・四　誌釋八・八〇

兩村法義造交龍碑　正書
存下段二十二行，首行有以宣其旨云云。
□□二月乙未朔三日丁酉（吴式芬考爲開皇九年）
山東蘭山右軍祠
藝二・四七　匯一〇之二・六六

清信女管妃為亡夫郭遵道造釋迦像　正書
開皇九年三月二十三日
藝續　陶一五・五

像主張暉造觀世音像　正書
開皇九年七月二十九日
陝西涇陽出，歸劉燕庭。
攈六・四二

開皇九年八月一日造像　正書
山東歷城千佛山
藝二・四一

□貴造像　正書
開皇九年八月一日
在山東歷城千佛山

覺城寺碑像願文　又名高凉縣令大都督席彦造像　正書
上截題名，下截碑文，陰題名。
開皇九年八月三日
增圖三・二三八

會州刺史姜須達通道記　正書
開皇九年九月二十三日
四川茂縣
藝林月刊二十六期

來公静墓誌　隸書　無前題，無蓋，首行泐三字。
開皇九年十月一日（卒於天保四年十月二十六日）

河南孟津出，歸于右任。

徵一・一三　館・一四　誌初一・一五　誌釋八・八一

張禮暨妻羅氏誌並蓋　正書

無前題，誌形作橫石。

開皇九年十月二十四日

河南洛陽出，歸于右任。

徵一・一三　館・一四　蒿續・三　誌初一・一五　誌釋八・八二

元範妻鄭夫人（令妃）墓誌　分書　蓋篆書　題故濟北府君鄭夫人銘

開皇九年十月二十四日

河南洛陽出，歸于右任。

名三・二二　徵一・一三　館・一四　蒿補・一　誌初一・一五

定州刺史暴永墓誌並蓋　分書

開皇九年十月二十四日

山西壺關出土，北平楊氏藏石。

右冢上・二　名三・二二　徵一・一三　館・一四　蒿二・六　誌初一・一五　誌釋八・八二

相州武安縣故人張僧殷授洪州刺史息潘慶騎兵參軍葬記　正書

開皇九年十月二十四日

河南武安出，歸長白端方。

名三・二二　藝一八・三　徵一・一三　館・一四　蒿二・六　陶一五・五　誌釋八・八二

耿?旭為亡夫陳聰造像　正書

開皇九年十一月二十三日

藝續　陶一五・六

像主章仇禹生等造像　又名涅槃經碑　正書

陰佛説金棺經，右邊有題名，字差小。自首行第八字至二十、三字向左至十一行斷去三角形一片，毁百餘字。黄易云：碑碎爲二，初拓惟下段，乾隆辛亥春，余又得上段。

開皇九年十二月七日（在碑側）

山東汶上辛集海村三官廟

藝二・四一　楊圖四・一六　孫録二・六三　通一五〇・六〇　竹一・三八　增圖三・二四〇　山訪六・一九　跋三・二〇　阮山一〇・三〇　瓊二四・三一　刻　攈六・四三　田目・一七　匯一〇之二・四五

□真墓誌　正書

開皇九年十二月二十五日

河南洛陽出，歸于右任。

館・一四　誌初一・一五　誌釋八・八二

曜武將軍虎賁内郎將關明墓誌並蓋　分書

誌云，下葬於洛城之西，其地左帶皇宫，前臨州市。

開皇九年十□月（原空一字）二十五日

河南洛陽出，歸于右任。

徵一・一三　館・一四　蒿續補・一　誌初一・一五

大住聖窟摩崖石刻　正書　前刻造像龕，數區接刻嘆三寶偈言；又連金如來壽量品，偈共三段，又左右題佛號一行，末後另有石作匠人題記一行。吴式芬云：自五以字差小，世字皆缺筆，當是唐人續刻。

開皇九年

河南安陽西南六十里寶山

藝二・四一　朔目二・五　安陽二・一六　攈六・四三

道政法師支提塔　正書

開皇十年正月十五日

河南安陽西南六十里寶山

校　名三・二三　朔目二・五

孫居士（節）塔誌銘　正書

開皇十年正月二十九日丙時

河南安陽出土

弟子□□□造玉石太上老君像　正書

開皇十年二月八日

李景崇造阿彌陀像　正書

開皇十年八月八日

山東歷城千佛山

藝二・四一　竹一・三五　續編三・一　孫録二・六三　歷一・三四　通一二五・二　瓊二四・一九　攈六・四三　田目・一七

平西將軍浮?陽郡守王曜墓誌並蓋　正書

開皇十年十七日

河南安陽出，歸安陽金石保存所。

誌新・一〇　名三・二二　徵一・一三　館・一四　蒿二・六　誌初一・一五　汲・五四　續安・九　誌釋八・八二

山主沙門曇獻等題名　正書兼篆隸

開皇十年九月三日

山東東平東北三十里白佛山（或誤作益都）

藝二・四二　趙録二・二〇　通一二五・三四　山訪三・一三　攈六・四三　田續目・一四　匯一〇之一・五八　匯一〇補遺・二一

朱洞陁妻孫為亡女造像　正書

開皇十年九月二十二日

山東益都雲門山陽石洞佛龕下

藝二・四二　山訪一二・一　通一五二・一一九　阮山一〇・三〇　攈六・四二　田目・一七　匯一〇之三・二三

道民劉照禮造像　正書

開皇十一年正月十五日

畢恬溪得於西安，後歸萊陽初彭齡。

攈六·四三　萃三八·七　阮山一〇·三一　平三·一七

車騎秘書郎張景略墓誌　分書　側刻邑人張道素等名。

開皇十一年正月二十六日

河南安陽出土。黄易《秦漢魏六朝碑刻輿地考》云：在南宫縣城内尼寺，乾隆甲午七月邢侗所撰縣志載此，訪拓得之。

萃三八·七　金石一跋四·六　安陽二·一八　名三·二三　竹一·二五　藝一八·三　徵一·一三　館·一四　蒿二·六　授四·六　平三·一六　志四·一　瓊二五·一　孫録二·六四　攈六·四三　匯九之二·二　獨四　志釋八·八二　雪·九二

宋叔寂為亡父母亡姑造彌陁像　又作宋去疾造像　正書

開皇十一年五月二十三日

山東歷城千佛山，今毁。

藝二·四二　趙録二·二〇　歷一·三五　通一五二·三誤作宋敬叔　山訪一·二　瓊二四·二一　攈六·四三　田續目·一四　匯一〇之一·二　匯一〇補遺·二五　續編三·一

梁曹等十四人造白玉觀音像　正書

開皇十一年六月八日

建安公構尼寺銘　又名：敕建僧尼二寺碑記；南宫令宋君構寺造像碑　分書

無額無題，有陰及側。

開皇十二年六月辛□

河北南宫

藝二·四二　畿志一五一·一〇　孫録二·六四　萃三八·八　平三·一七　瓊二五·一　廎二一　攈六·四三　匯三之二·三六

佛弟子李臺妃造像　正書

開皇十一年十月二日

上開府徐州總管邊城郡開國公尒朱敞墓誌　分書

開皇十一年十一月二十四日

于右任藏石

徵一・一三　館・一四　誌初一・一五

易州易縣固安淩雲鄉民造玉石像　又名馬長和造像　正書

開皇十一年

河北易縣出（或作房山），吴縣潘祖蔭藏石。

羅録上・二二　藝二・四二　匯一補遺・一〇

侯延為女夫張仕岳造釋迦像　正書

開皇十二年三月□日

佛弟子□□□為亡考造阿彌勒像　正書

開皇十二年四月八日

比丘尼□總為亡父母造玉像　正書

開皇十二年五月八日

藝續　陶一五・六

開皇十二年五月八日造像　正書

開皇十二年五月八日

藝二・四二

安永照為亡父母亡弟女許□妃為亡父母亡兄造彌勒像（安永或釋女永照或釋安元照）　正書

開皇十二年五月十九日

山東歷城千佛山

藝二・四一　歷一・三五　通一五二・三　山訪一・八　瓊二四・二〇　攈六・四四　田續目・一四　匯一〇之一・二

僧璨大士皖公塔記　正書

開皇十二年七月

孔元纂等造浮圖記　正書　四面刻

開皇十二年十月十八日

蘄州刺史李則墓誌並蓋　正書

開皇十二年十一月七日

河北安平西北十里河槽村魏氏宗祠内，同治十一年弓汝恒始拓以傳。光緒間黄彭年修《畿輔通志》搜求金石，令村人送志石於保定，愛之，遂據爲己有。

藝一八・三　深州風土記一一・上　楊圖四・一八　畿志一五二・四四　羅録上・二一　畿冢上・一三　名三・二三　匯三補遺・二六　汲續・一〇　徵一・一三　館・一四　蒿二・六　增圖三・二四一　誌釋八・八四

大都邑主杜乾緒等造像　正書

開皇十二年十二月十日

河南葉縣丈八寺

藝二・四二　竹一・三五　孫録二・六四　中記一・二四　萃三八・九　攈六・四四　匯九之四・六九

相州治中李欽墓誌　正書

開皇十二年十二月三日

河南洛陽出，歸于右任。

名三・二三　館・一四　誌初一・一五　誌釋八・八四

皇甫鳳祥造像　正書

開皇十二年

山東諸城

藝續　陶一五・八　羅録上・二二　通一五二・一一九　山訪一二・一九　田續目・一四　匯一〇補遺・二五

少容山行唐邑妙法蓮華經觀世音普門品經　分書

佛垂般涅槃略説教戒經，石上端刻龕主定州城内賈凡母蘇爲七世先亡現在眷屬造佛。

開皇十三年二月八日

河北曲陽南二十里黄山

藝二・四二　畿志一四五・三三　光緒曲陽縣志一一・一六　求二・三　竹一・三五　攈六・四四　匯三之二・四八

參軍事蘇嶷墓誌　分書

開皇十三年二月十四日

吴□□造阿彌陁像　正書

開皇十三年三月口三日

山東歷城千佛山

孟二・四一　歷一・三五　橋一・一八　田續目・一四　匯一〇之一・二

劉逢容殘造像　正書　有陰

開皇十三年三月三日

山東蘭山出，歸山東樂安隋氏。

趙録二・二〇　通一五二・七九（三石）　攈六・四四　田再續目・一七　匯一〇之三・三八

佛弟子楊小娘（或作楊小懷）**造像**　　正書

開皇十三年三月二十八日

河北行唐城内封崇寺

藝二・四二　趙録二・二一　匯三之二・二〇

義主都督諸葛子恒合一百人平吴越僞主陳叔寶紀功碑　正書

碑文上截餘空處，前段刻有左右廂菩薩主孫桃姜等題名，有陰，兩截刻，上截六行有畫像，下截二十六行。左側有大空王佛四字。

開皇十三年四月十五日

山東蘭山（道光七年出土）普照寺

藝二・四三　趙録二・二〇　攀一一・一〇　通一五二・七九　增圖三・二四二　山訪七・二　瓊二五・一三　平三續上・八

擴六・四四　田再續日・一四　滙一〇之二・六六　攀一一・八又二三　雪・九二

宋僧海妻張公主造釋迦像　正書

開皇十三年四月二十一日

山東歷城千佛山

藝二・四一　孫録二・六四　歷一・三五　通一五二・三　山訪一・二　瓊二四・二一　擴六・四四　田續目・一四　滙一〇之一・二

羅寶奴為亡父紹亡姊阿貳造北堪彌陁像　正書

後刻大□十祀三月中旬五日沙門義初等題名

開皇十三年五月二日

山東歷城玉函山

藝二・三九　羅録上・二二　歷一・三三　通一四九・一四　山訪一・九　硯八・八　滙一〇補遺・二一

楊文蓋領都二人為亡父母造彌勒像　正書

開皇十三年九月十三日

山東歷城千佛山

藝二・四一　孫録二・六五　續編二・一　歷一・三六　通一五二・三　山訪一・二　瓊二四・二一　擴六・四四　田續目・一四　滙一〇之一・二

張村合邑義卅一人造釋像　正書

四面刻，一面刻《妙法蓮華觀世音普門品第二十四》。

開皇十三年十月戊辰己卯日

山西壺關縣

右叢三・九

大融法師支提塔　正書

開皇十三年

河南安陽寶山

朔目二·五　河録二·八

陳思玉曹子建廟碑　正書

開皇十三年

山東東阿西八里魚山祠内（或傳清初自大清河内撈出）

藝二·四三　竹一·三五　孫録二·六五　楊圖四·一八　通一四九·四八　授續二·一一　增圖三·二四四　山訪三·一四　平三·一七　古墨二·四一　跋三·一九　授續二·一一　阮山一〇·二一　萃二九·一　金石續抄一三　攈六·四四　田目·一八　匯一〇之一·六六　王士禛居易録二〇·三　翁方綱復初齋文集二〇·一三　廎·二一　宋書昇旭齋文抄·四　雪·九三

大信行禪師銘塔碑　正書　額篆書陽文　側刻貞元二十年再修塔題記

開皇十四年正月四日

河南湯陰西北二十里石林村東法隆寺門外

趙録二·二一　萵續一　循跋下·一三　河目上·五　名三·二三　綴跋·六　攈六·四四　匯一二補遺·一

張伏保為父造彌勒像　正書

開皇十四年二月五日

太尉晋王慧日道場惠雲法師墓誌　正書

銘文未完，接刻於側。

開皇十四年三月二十日卒

陜西西安出土，歸山東諸城劉喜海。

藝一八·三　趙録二·二一　名三·二三　中冢·七　關新三·一　汲續·一一　瓊二五·一七　徵一·一三　萵五·一　攈六·四四　匯一〇之三·五〇　陜七·四　關考三·一三　誌釋八·八四

劉醜輗為亡息阿真造定光像　正書

□□□四年歲次甲寅十月十三日（《山東通志》作開皇十四年）

山東濰縣南鄉出土，歸丁錫章。

藝續一　通一五二·一〇七　民國三十二年濰縣志三八·四〇

城皋郡公扈志碑　正書　額篆書陽文

開皇十四年十一月十二日

陝西西安南鄉出土（清同治間）

藝二·四三　石交録　匯一二之一·二　蒿一·五　攈六·四四　關考五·四　雪·九二　匯一〇二之一·二　陜七·四

趙□殘誌　正書

首行存趙郡人也云云，存中段十五行，右上角斷裂。

開皇十四年十二月十九日（卒於武平五年七月二十日）

誌釋八·八五　校

淮安定公趙芬殘碑　正書

額陰題名二列，碑側題名三列，斷存前後二段，前段存十二行，後段存十一行，共存三百餘字。薛道衡撰（文館詞林）。

開皇十四年（羅振玉考）

陝西西安碑林

藝二·四四　竹一·三四　增圖三·二三七　攈六·四一　匯一二之一·二　雪跋三·二〇　蒿一上·四　陳璞尺岡草堂遺文四·三〇　萃二〇·六　雪·八七　關考五·四　陜七·三

開皇十四年題字　分書

河南安陽萬佛溝

藝二·四三

静澄禪師灰身塔記　分書

開皇十四年

河南安陽西南六十里寶山

蒿五·一　名三·二三　安陽二·二〇　朔圖二·五　河録二

·八　攈六·四四　滙九之二·二

晋陽山鍾宗直等題名　正書　左行

甲寅九月（考爲開皇十四年）

山東濟寧城西三十里

藝二·四七　阮山一〇·四〇　田再續目·一九　滙一〇補遺·一七

女花從[?]息君政女金勝女三仁造像　正書

開皇十五年正月十五日

山東歷城千佛山

藝二·四一　孫録二·六五　歷一·三六　通一五二·三　山訪一·二　瓊二四·二二　攈六·四四　田續目·一五（誤作女花從）　滙一〇之一·二（作女花仁）　續編三·一

比丘道兹造像　（藝作趙善業造像）　正書

開皇十五年二月八日

河南長葛武氏藏石

藝二·四三　瓊二五·二〇　攈六·四五　滙九之一·四八

馮辛暉造象　正書

開皇十五年四月八日

張洪亮等造尖光像　（又名孟清等造像）　正書

開皇十五年四月八日

山東益都廣福寺

藝二·四三　益一·二三　山訪一二·一　通一五二·一一九　光緒三十三年益都縣志卷二六　阮山一〇·三三　跋三·二一　橋一·一八　平三·一八　瓊二五·二一　攈六·四五　田目·一五　滙一〇之三·二四

孟清等造像　正書

開皇十五年四月十一日

山東益都蘇氏藏石

趙録二·二一　山訪一二·一　通一五二·一一九　田續目·一五　匯一〇之三·二三　匯一〇補遺·二一

蔚州主簿王殘造像　正書

［開皇］十五年歲次乙卯五月戊午朔十日丁卯

陳介祺藏石

藝二·四〇

燕孝禮墓誌　（又作邵孝禮）　正書

開皇十五年十月二十四日

山東益都出土，濰縣郭氏藏石。

攈六·四五　徵一·一三　館·一五　羅録上·二二　校　瓊二五·三二　蒿二之一·七　法偉堂益都縣圖志二十六金石志上

周驃騎將軍右光禄大夫雲陽縣開國男鞏賓墓誌　正書

右下角有裂紋，銘後刻吴榮光跋。

開皇十五年十月二十四日

陜西武功南鄉（嘉慶二十四年段嘉謨訪得），移入武功縣署，篆蓋存武功縣署，趙乾生、端方遞藏。

趙録二·二一　名三·二三　泉一·一七　楊圖四·一九　續編三·一　藝一八·三　匯一二之二·三三　徵一·一三　館·一五　蒿二·六　陶一五·九　瓊二五·二三　誌四·二　平再續·七　隋上·一　萃補一　增圖三·二四五　攈六·四五　獨四　匯一二之二·三三　關考一·七　誌釋八·八五　段嘉謨金石一隅録　陜七·四

齊驃騎大將軍（下缺六字）盧胄墓誌　分書　模糊不清

開皇十五年十一月十日

陳黑闥等造釋迦像　正書

開皇十六年二月十一日

山東章邱西頓首莊大寺

羅録上·二二　硯八·九　通一五二·三　增圖二·三四一

山訪一・一〇　田續目・一五　匯一〇補遺・四

道民梁智為亡息造無上天尊像　正書

開皇十六年三月二十一日

正解寺殘碑　又名崇因寺造彌勒大像記　分書　陰僧洪升等造象記，分書，上記，下題名，像主題名正書。存四段。第一段存靈山川吐納云云十六行，第二段存以…岫雲長覆世界云云三十六行，第三段存風調云云二十一行，第四段存假自然云云十三行。

開皇十六年四月八日

河北定縣開元寺道光戊戌仇濤移入元氏崇因寺，後移入衆春園。

畿志一四四・一〇　趙録二・二五　寶叢六・三八　民國二十三年定縣志一八・一五　擴六・四六　匯三之二・四六　匯三補遺・一六

李鍾葵妻馬憐為亡女箱妃造像　正書

開皇十六年四月八日

河北元氏，後歸山東諸城劉喜海。

藝二・四三　畿志一四四・一二　趙録二・二二　常三・三三　平再續・七　瓊二五・三八　擴六・四五　田再續目・一七　匯三補遺・一六　匯一〇之三・五〇

南唐許由村高焕章焚香記　正書　正面刻九天衛房掌瘡娘娘聖母元君一行

開皇十六年孟夏吉辰

鄭惠好等卅八人造像　正書

開皇十六年六月二十三日

李氏像碑之頌　分書　額篆書

開皇十六年七月二十日

河北獻縣東南（或作沙河）

藝二・四四　求二・三　匯三補遺・三一

海陵郡公賀若誼碑　正書　額篆書

下半捶闕，陰刻大觀二年大觀聖作碑（或云宋人刻夫子廟堂記）。

開皇十六年八月二十二日

陝西興平文廟

藝二・四四　楊圖四・二一　孫録二・六六　平續・三　蒿一・四　增圖三・二四六　天下　鐫一・一六　關一・一一　雍一・一一　跋三・二三　萃三九・五　平續・三　關中・六　瓊二五・三九　攈六・四五　滙一二之一・八〇　陝七・五

洺州南和縣宋文彪等造澧水石橋碑　分書　額篆書陽文　有陰

碑文首行末行字皆殘泐，每行四十字。

考爲開皇十六年以前

河北南和東北韓村東岳廟内

藝二・四三　畿志一四七・三〇　趙録二・二一　竹一・三五　授續二・一二　孫録二・六五　跋三・二三　萃四・〇一　求二・二　九甲・五六　攈六・四五　滙三之二・六五　光緒十九年南和縣志卷三古迹

安喜公李使君碑　分書　額篆書陽文

横斷爲三截。錢大昕云：中有數字，似經後人鑿改。

開皇十七年二月二十口日

陝西乾縣馬嵬坡北五里（萬曆間出土）

藝二・四四　鐫一・一五　竹一・三六　孫録二・六五　天下摹・一〇　瓊二六・一　關中・六　平續・一　萃三九・七　跋三・二二　存一一・二八　滙一二之二・三一　關一・一一　妙五・一八　字二　攈六・四五　關考六・一六　雪・九三　陝七・五

像主□楞但[?]為亡夫李三造像　正書

開皇十七年三月八日

山東益都雲門山

乙一·四一

大將軍昌樂公府司士行參軍張通妻陶貴墓誌 正書

斷裂爲四。葉昌熾引唐韋述《兩京新記》云：東門之北慧日寺，開皇六年立，本富商張通宅，舍而立寺。通妻陶氏常於西寺鬻飯，精而價賤，時人呼爲陶寺。陸和九云：肥本有劉鐵雲藏本（竹雲二字未泐），天津孟繼壎藏本（第四行容作客，軌字車上有石花，第八行寺下寸字已泐，十四行柳旁木下有石花，十九行千字泐下）。瘦本已斷爲三塊，有徐乃昌藏本、黄毅侯藏本。

開皇十七年三月二十六日

陜西西安出，歸甘泉岑建功，後歸南陵徐乃昌（乃複本）。

趙録二·二一 關新三·二 楊圖四·一九 奇觚中·一二 名三·二四 藝一八·三 匯一二之一·二 徵一·一三 館·一五 蒿二·六 汲續·一二 瓊二六·三 增圖三·二四七 攈六·四五 貞松老人外集二·一〇 輔學美術月刊四期 關考三·一三 誌釋八·八六 陜七·六

張信?為亡息來富造阿彌陀像 正書

開皇十七年五月一日

陜西西安出，歸陳介祺。

攈六·四五

董美人墓誌 正書

蜀王制，汪鋆云：有可疑者四。

開皇十七年十月十二日

陜西西安出土，歸上海陸劍庵，又歸上海徐渭仁（乃復本）。咸豐三年，兵燹後石佚。

趙録二·二一 泉一·一八 名三·二三 硯八·一〇 楊圖四·二 藝一八·三 匯一二補遺·一 徵一·一三 館一五 瓊二六·五 誌四·六 清二·三六 汲續·一四 增圖三·二

四七　攈六・四六　匯一二補遺・一　楊守敬鄰蘇老人手書題跋
雪跋三・二一　關考一・七　丁戌・一　誌釋一〇・一〇九
雪・九七　陜七・五

河東桑泉人□君殘碑　又名重修滏山響堂寺記　正書
上下並缺，僅存中段。
開皇十□年（考爲十七年）
河北磁縣南響堂山上層第三窟外右邊
藝續　校　響録・一二九　響・五　畿志一四八　綴跋・五

李伯達造像　正書
開皇十八年二月十五日
河南汲縣

比丘尼情□造像（藝誤作趙金造象）　正書
開皇十八年三月八日
山東益都雲門山
藝二・四二

奉車都尉振威將軍淮南縣令劉世榮墓誌　又名劉明墓誌　正書
第十一、十二、十三三行每行各缺第七至第九字三字。
開皇十八年五月二日
于右任藏石
名三・二三　楊圖四・二二　徵一・一三　館・一五　蒿二・
六　誌初一・一五　增圖三・二四九　誌釋八・八七

牛□□母郎小妃為女保兒造像　正書
開皇十八年六月□六日
藝續

蔚州廣昌縣五龍鄉人宋睦墓誌　正書
橫石，側刻旨敕版授經州安定縣令。
開皇十八年十月十二日
青縣姚貴昉藏石

誌新·一〇　徵一·一三　蒿二·六　誌初一·一五　誌釋八·八七

上開府梁州刺史陳茂碑　正書　額篆書

中段全泐，上下可以存無幾，有方界格。

開皇十八年十一月十□日葬

山西臨晋東北二十里小嶷山

竹一·三六　孫録二·六五　民國癸亥臨晋縣志一三　右二·三〇　平三·一九　蒿一·四　集五·四　萃三九·二　跋三·一七　古墨二·四二　平三·一九　關中·六　瓊二六·一一　攈六·四六　匯一一·三六　墨一七·七　金石略中·一　右叢三·一一

大像主牛令僧造像　正書

開皇十八年□月□六日

邢州南和縣澧水石□橋靈累文碑　分書　額篆書

陰有嘉靖十一年七月易宗周侍並其子易夢圖篆書題記。

致爲開皇十八年

河北南和東北韓村東岳廟内

藝二·四四　求二·四　授續二·一二　孫録二·六五　萃四〇·二　攈六·四五　匯三之二·六五　光緒十九年南和縣志卷三·古蹟

開皇十九年五月一日造像　（藝誤作開皇九年題字）　正書

山東益都雲門山

藝二·四二

宋乾馳妻王憐妃造像　正書

開皇十九年五月十二日

山東益都雲門山

藝二·四二　通一五二·一一九　瓊二四·三四　阮山一〇·三〇　攈六·四六　匯一〇之三·二三

道民馬暉亮造天尊像　正書

開皇十九年五月十七日

孫居士（節）塔誌銘　正書

開皇二十年正月二十九日

河南洛陽出土

道民鉗耳貴和造天尊像　正書

開皇二十年二月八日

孫先為亡母造觀世音像　正書

開皇二十年七月二十五日

陝西涇陽姜榮藏石

張峻母桓為亡夫張遵義造釋迦像　正書

開皇二十年十月八日

山東歷城玉函山

藝二・三九　趙録二・二二　歷一・三三　通一四九・一五　山訪一・九　瓊二六・一四　硯八・一二　田續目・一五　匯一〇補遺・二二（在益都）

魏故假節龍驤將軍中散大夫涇州刺史孟顯達碑　正書　額篆書陽文

開皇二十年十月二十八日

陝西西安碑林第四室。宣統二年，咸寧縣李王村巨墓塌陷，縣令培繹如成親往視察，檢得韋項夫婦志石兩方；又石椁之一面，字跡端好，即此碑也。其前後缺數行者，蓋當時爲石椁尺寸較大，故鑿去耳。

藝續　蒿一・五　陝七・六

開府儀同三司龍山公□質墓誌（前人多考爲姓臧，近人趙萬里考爲姓張）　正書

誌作碑形，額有花紋，右邊刻咸豐庚申吴羹梅跋二行，同治九年吕熾等題記一行，白恩張方泳同觀篆書二行，李化南觀一行。

右下方刻咸豐九年羅什棓題記，右下方咸豐己未張尚浴跋銘，下刻曹奎林觀一行，年月下刻陳沛鐸等題名。斷裂爲三。

開皇二十年十二月四日

四川奉節出土（咸豐九年增築砲臺掘土得之），後移置試院壁間。

趙録二·二一　名三·二四　藝一八·三　滙一六補遺·二七　瓊二六·一四　硯八·一三　雪跋三·二一　汲續·一四　徵一·一三　館·一四　蒿二·六　增圖三·二四八　誌釋八·八七　滙一六　補遺·二七

大齋主密長盛等造橋記　正書

陰密金堆等題名四列。不知何時斷去一角，較二十四年拓本少四十五字（許印林云）。左側存建功如曰等字，下斷去。

開皇二十年十二月十五日

山東蘭山普照寺，道光十八年移置王右軍祠。

藝二·四四　趙録二·二二　通一五二·七九　山訪七·二　攈六·四六　田續目·一五　滙一〇之二·六六　攀一〇·一〇　又一一·二三

鼉山法華經　隸書

開皇□年

河北磁縣

趙録二·二二　趙録二·五

魏比丘造像　正書

開皇□年□月十五日

藝續

侯延造像　正書

開皇十□年三月□日

張僧寶造觀音像　正書

開皇□□年三月十五日

藝續

比丘道寂灰身塔記　正書

仁壽元年正月二十日

河南安陽西南六十里寶山

藝二·四三　朔目二·六　河録二·八　攈六·四六　匯九之二·二　誌釋一一·一一七

長陵縣令盧文構墓誌　正書

仁壽元年二月十九日

河北涿縣西鄉出（民國十八年），歸北京歷史博物館。

館·一五　徵一·一四　名三·二四　誌釋八·八九

盧文機墓誌並蓋　正書

仁壽元年二月十九日

河北涿縣出，歸于右任。

徵一·一四　館·一五　蒿二·六　誌初一·一五　誌釋八·八九

古寶輪禪院記　正書

仁壽元年四月八日

河南閿鄉

羅録上·二二　增圖三·二四九

魯司寇鄒國公孔宣文靈廟碑　又名北平縣令盧文約修孔子廟碑　分書　額篆書

陰貞元十年六月哉生魄、陽象初撰，李承訓移隋仁壽碑記，行書，側唐人題名。

仁壽元年四月□□日

河北完縣文廟

藝二·四四　畿志一四二·三二　趙録二·二二　畿上·五　攈六·四六　匯三之一·四

韓次伯為男士放造白玉像　正書

仁壽元年五月三十日

洛州默曹參軍趙韶墓誌　正書　無前題

仁壽元年月號大火（七月）十八日

河北定縣姚村出，歸青縣姚貴昉。

民國二十三年定縣志一八·二五　誌新·一〇（作洛陽出土）畿冢上·一五　名三·二四　征一·一四　蒿二·六　誌初一·一五　誌釋八·八八

岐州舍利塔下銘　正書

仁壽元年十月十五日

陝西扶風西北五十里龍光寺，嘉慶五年出土。

藝二·四四　滙一二之二·四一　甘泉鄉人稿一〇·三　關考一〇·六　隋上·三　李慈銘桃花聖解盦日記己集第二集·一三　續編三·四　陝七·八

青州逢山縣勝福寺舍利塔下銘　分書　額正書　孟弼書。僧智能等題名，右角泐二十四字，額已失去。

仁壽元年十月十五日

山東益都城南廣福寺，後歸長白端方。

藝二·四四　陶一六·一　萃四〇·三　竹一·三六　孫録二·六六　光緒三十三年益都縣志一·二六　通一五二·一一九　增圖三·二五〇　瓊二六·二四　平三·一九　跋三·二四　阮山一〇·三四　攈六·四六　田目·一八　滙一〇之三·二四

同州諸佛舍利寶塔額　分書　碑身已佚。僧善僑書，安璨刊，民國間同州馬氏重摹本。

仁壽元年十月十五日

陝西大荔

藝二·四四　竹一·三六　孫録二·六六　字二　雍一·一〇　關一二　萃四〇·二　瓊二六·二五　隋上·三　關考八·一六　陝七·八

晉伯隴造釋迦石像　正書

後刻貞觀二十三年七月七日、永徽元年五月十日晉智端莊像二題記。

仁壽元年十月一日

姜穆墓誌　（或作申穆）　分書

無前題，斷爲三塊。

仁壽元年十一月四日

山西潞城（嘉慶間）出土，歸泰安趙氏。

右冢補・三　田再續・一八　名三・二四　徵一・一四　蒿二・六　右叢三・一六　田再續目・一八　誌釋八・九〇　光緒潞城縣志三金石記

姚子癸母令狐□如為亡□造觀世音像　正書

仁壽元年十一月十五日

大都督齊相洛為息齊乃?善造像　正書　三面刻

仁壽元年十一月

陳介祺藏石

趙録二・二三　田再續目・一八（誤作齊損吝）

李領萬造像　正書

仁壽二年正月十日

陜西涇陽

趙録二・二三　擴六・四七　匯一二補遺・五

比丘慈明塔記　正書

仁壽二年四月五日（或作三年）

河南安陽西南六十里寶山

藝二・四三　河録二・八　朔目二・五　安陽二・二〇　蒿五・一　擴六・四七　匯九之二・二

處士郭休墓誌並蓋　正書

仁壽二年八月四日

河南洛陽出
名三・二四　蒿二・七　誌初一・一五
潞州壺關縣梵境寺舍利塔銘　分書

仁壽二年四月八日
山西長治昭覺寺，後移官莊寺。
光緒十九年長治縣志四・八　右叢三・一七
鄧州大興國寺舍利塔下銘　正書
仁壽二年四月八日
河南博物館藏石
藝續　萃四〇・四　竹一・三六　楊圖四・二三　孫録二・六六　增圖三・二五〇　跋三・二五　中記一・二四　平三・二〇　攈六・四七　滙九之一・一
信州金輪寺舍利塔銘　正書　左側刻吕熾跋
仁壽二年四月八日
四川奉節城隍廟壁間（同治十二年十月七日修城得之）
羅録上・二二　滙一六補遺・二七　瓊二六・二五　藝文六・四
陳汝珍造像　正書
仁壽二年四月十五日
山東益都雲門山
藝二・四二　瓊二四・三四　阮山一〇・三〇　滙一〇之三・二三（作陳洪珍）
張掖太守雲陽劉穆造白玉觀音像　正書
仁壽二年九月十四日
東洪村合邑人等造白玉像　正書

仁壽三年正月八日
河北完縣西北六十里大悲村大悲寺
藝二・四四

邑子廿六人造像　正書

仁壽三年二月八日

使持節大將軍工兵二部尚書司農太府卿太子左右衛率右庶子洪吉江虔饒袁撫七州諸軍事洪州總管安平安公蘇孝慈墓誌　正書

王可莊、沈子培並以爲僞刻（葉昌熾緣督廬日記）。三十一行文曰下刻光緒戊子知縣張榮升跋。

仁壽三年三月七日

陝西蒲城出（光緒十四年出土）

羅録上・二二　名三・二四　楊圖四・二三　校　關新三・三　寶鴨中・一七　藝一八・三　徵一・一四　館・一五　蒿二・七　汲續・一五　雪跋三・二一　關考九・三六　雪・九六　陝七・九　增圖三・二五三　誌釋八・九〇

力顯資為亡息生遠亡女伯女亡女進暈造像　正書

仁壽三年六月九日

山西

右叢三・一八

□榮墓誌　分書

仁壽三年十月十七日（無紀年。據志云卒於大成元年，夫人孀居二十五載而終。）

河南洛陽出，歸于右任。

王明月造像　正書　四面刻

仁壽三年十二月十五日

龍華寺碑　正書　額篆書　存上半

仁壽三年

山東博興北二十五里相公堂北

藝二・四四　求二・六　通一五一・四四　增圖三・二五二　山訪一二・一〇　攈六・四七　田續目・一五　匯一〇之三・三七

齊故員外郎馬少敏墓誌　隸書　右下角缺一字
仁壽四年正月二十四日
河南安陽出，歸于右任。
征一・一四　館・一五　誌釋八・九一
廉州柏肆縣花成寺舍利塔記　正書
仁壽四年四月八日
河北藁城
劉寶墓誌　隸書　無前題
仁壽四年十月二十一日
于右任藏石
誌初一・一五　誌釋八・九一
儀同三司寧都公馮君夫人荆山郡君李玉婍墓誌　分書　斷裂
仁壽四年十一月四日
河南輝縣出
誌新・一〇　河目上・五　中冢・九　名三・二四　徵一・一四　館・一五　蒿二・六　誌初一・一六　汲・五五　誌釋八・九一
儀同三司寧都公馮君夫人盧旋芷墓誌　分書　斷裂爲三
仁壽四年十一月四日
河南輝縣出土
誌新・一〇　中冢・八　河目上・五　名三・二四　徵一・一四　館・一五　誌初一・六　汲・五六　誌釋八・九一
信州典簽馬老生夫人張姜墓誌　正書　無前題
仁壽四年十一月二十八日
于右任藏石
館・一五　誌釋八・八八
梓州内昌城縣牛頭山舍利塔下銘　正書　額正書　有光緒間知尉河麟題記。

仁壽四年□月八日

四川三臺牛頭山修築練堡掘地得之，移入孔廟（光緒二十六年七月）。

藝二·四五　況周頤西底叢談一七　雪跋三·二一　唐風·四八

沙門僧修□諸姓邑人等造像　正書　趙超越隸書

文云：用錢百萬有餘造彌陀大像五軀，舉高一丈八尺。

大業元年二月二十六日

長白端方藏石

藝二·四五　陶一六·三

鄭州刺史李淵為子造像記　行書

大業元年二月

河南滎陽南寺

藝二·四五　孫録二·六六　寶叢五·一三　中記一·二五　跋三·二六　萃四〇·四　平三·二〇　攈六·四八　匯九之一·一八

故人張伏奴銘　正書

大業元年六月十四日

前鋒直蕩第一領民酋長王善來墓誌　正書　首行泐

大業元年十月二十二日

河北定縣四家莊（光緒十三年）爲縣人張枚訪得移入象春園，潘祖蔭、丁陶齋、周進遞藏。

1934年定縣志一八·二六　丵冢上·一七　名三·二五　誌新·一　藝一八·三　徵一·一四　蒿二·七　田再續目·一九　誌釋八·九二

麴遵墓誌　又名麴仁舉墓誌　正書

大業二年正月六日

河北定縣出土，歸黄縣丁氏。後移入黄縣縣學。

藝一八·三　畿冢上·一八　名三·二五　徵一·一四　館·一六　蒿二·二　田再續目·一九　誌釋八·九二

鄭州刺史李淵為男世民因患得損造像　（又名李淵爲子祈疾疏）　正書　後刻草堂住持沙門壽全重刻，樊世亨刊二行。林侗云：非原石，乃元寺僧重刻。

大業二年正月八日

陜西鄠縣草堂寺

藝二·四五　陶一六·四　萃四〇·四　竹一·三七　孫録二·六六　雍一·一〇　關一·一二　妙五·二七　來中·一　字二　鐫一　録補九·八七　半下·四　瓊二六·二七　關中·七　攈六·四八　匯一二之一·八六　關考六·三八　陜七·一二

朱妃為先亡父母造玉像　正書

大業二年七月二十六日

藝續　陶一六·六

甄大伽為亡息同叔造玉像　正書

大業二年九月三日

藝續　陶一六·六

陳思道墓誌　正書

大業二年九月五日

陜西西安出，延鴻闳藏石。

名三·二五　汲續·一六

劉尚食墓誌　正書

大業二年十月二十一日

河南洛陽出，歸于右任。

徵一·一四　館·一六

大營主行軍長史劉炫墓誌　又名劉珍墓誌　分書

兩面刻，銘刻於背面。或云：二石分刻，有銘之石後出，故筆道完好而肥。

大業二年十月二十八日

河北獻縣馬家莊出土（道光二十二年），歸泰安趙氏。

趙録·二三　田再續·一九　畿上·一八　名三·二五　藝一八·三　徵一·一四　館·一六　蒿二·七　汲續·一七　匯三補遺·一五　畿志一四三·金石志　咸豐獻縣志卷四

邯鄲縣令蔡府君故妻張夫人（貴男）墓誌　正書　末行第十字缺

大業二年十二月二十九日

河北邯鄲出土

藝一八·三　名三·二五　羅録上·二二　畿冢·一九　楊圖四　二四　陶二六·六　寶鴨中·一九　徵一·一四　館·一六　蒿二·七　增圖三·二五四　誌釋八·九二

李弘秤墓誌　正書

裂爲三塊，左下角損。

大業二年十二月壬午

右冢上·四　名三·二五　徵一·一四　館·一六　蒿二·七　誌初一·一六（誤作張弘秤）　誌釋八·九三

壺關縣令李沖墓誌　正書

斷爲三塊，右下角缺二半字。

大業二年十二月

楊圖四·二四　名三·二五　右冢上·四　徵一·一四　蒿二·七　增圖三·二五四　誌釋八·九三

太原王夫人墓誌　正書

左上角缺。石印。

大業三年五月二十八日

廣東南海羅氏藏石

名三·二五

尚食監張怦暨夫人東門氏合葬墓誌並蓋　正書

大業三年十月九日

長白端方藏石

名三・二五　徵・一四　館・一六　蒿二・七　汲續・一七
誌釋八・九四

比丘僧智照造像　正書

大業三年十月十八日

山東歷城龍洞后門北石崖下

藝二・四五　山訪一・二　攈六・四八　田續目・一六（誤作比丘僧智）

淮南化明縣丞夫人崔暹墓誌並蓋　分書

誌云窆於隋興縣

大業三年十一月二十七日

河南安陽出，歸安陽古蹟保管所。

誌新・一〇　名三　二五　徵一・一四　館・一六　蒿二・七
誌初一・一六　鄴冢二・二四　汲・五六　續安・九　誌釋八
・九四

汴州浚儀縣令劉淵墓誌　正書

大業三年十一月二十七日

河南洛陽出

誌新・一〇　徵一・一四　館・一六　蒿二・七　誌初一・一六　芒四編一・五三　誌釋八・四

朝散大夫將作少匠任軌墓誌並蓋　分書

大業四年二月九日

河南洛陽出，河南博物館藏石。

徵一・一四　館・一六　蒿二・七　誌初一・一六　芒續上・八　誌釋八・九四

和彥為亡兒善行造像　正書

大業四年四月三十日

山東諸城劉喜海藏石

攈六・四八　滙十之三・五〇

佛弟子張貳息君卿為亡夫高洪怛造雙觀音像　正書

大業四年八月十五日

河北正定

藝續　陶一六・九　趙録二・二三　瓊二七・一　攈六・四八　滙三之二・九

板授趙州鉅鹿縣令楊德墓誌　分書

大業四年十月二十一日

河南洛陽出，歸于右任。

徵一・一四　館・一六　蒿續補・一　誌初一・一六　誌釋八・九四

主簿吴嚴墓誌　分書　横石

大業四年十月

河北趙州鄉間村人用以架碾，光緒庚辰碑賈訪得，拓之以傳。

羅録上・二二　名三・二五　畿冢上・二　畿地一五一・三八　藝一八・三　徵一・一五　館・一六　蒿二・七　汲續・一八　寶鴨中・二〇　增圖三・二五五　誌釋八・九四

始建縣界碑　正書

大業四年

四川仁壽

藝二・四五

寧越郡欽江縣正議大夫寧贙碑　正書　額正書

有穿，左下角缺（宣統元年欽州知州鄭榮訪得，多銘文，五行，每行末一字）。

大業五年四月

廣東欽縣（道光十二年許乃濟訪得）關帝廟

藝二・四五　趙録二・二四　增圖三・二五六　寶鴨中・一八

硯八·一五　瓊二七·一二二　續編三·六　楊圖四·二五
蒿一·四　擴六·四八　面甲·三一　張心泰粤游小識五·一
雪·九六

上柱國岐州刺史正義公孫志修塔述　正書

大業五年七月六日

故宫人典璽姓李氏墓誌銘　正書

大業五年十月二十七日

河南洛陽出，歸于右任。

徵一·一五　館·一六　誌釋一〇·一〇九

王國中大夫轉上儀同大將軍參軍吕胡墓誌並蓋　正書　左上角缺二字。

大業五年十一月十日

河南洛陽出，于右任藏。

名三·二五　徵一·一五　館·一六　蒿補·二　誌初一·一六　誌釋八·九五

處士范高墓誌　正書

大業六年四月十七日

河南洛陽出，歸河南博物館。

河圖·七一　名三·二五　徵一·一五　館·一六　蒿二·七
誌初一·一六　芒四編一·五四　汲·五七　增圖三·二五五
誌釋八·九五

齊淮陽王府長兼行參軍張喬墓誌　正書

大業六年四月十八日

河南洛陽出，歸于右任。

館·一六　誌釋八·九五

朝請大夫右御衛東陽府鷹揚郎將羊石泉（名瑋）誌　正書

大業六年九月十五日

河南洛陽出，歸河南博物館。

誌新·一〇　名三·二六　徵一·一五　館·一六　蒿二·七　誌初一·一六　芒續上·九　誌釋八·九六

後宮人五品司仗程氏墓誌　正書

大業六年九月二十四日

河南洛陽出，歸于右任。

名三·二六　徵一·一五　館·一六　蒿續·三　蒿補·二　誌初一·一六　誌釋一·一〇九

齊任城王皇子國治書楊秀墓誌並蓋　分書

大業六年十月八日

名三·二六　徵一·一五　館·一六　蒿補·二　誌初一·一六　誌釋八·九六

襄城郡汝南縣前主簿董穆墓誌　正書　左上角缺

大業六年十一月三日

長白端方藏石

藝續　陶一六·一〇　名三·二六　徵一·一五　館·一六　蒿二·七　汲續·一九　誌釋八·九六

銀青光禄大夫河東郡開國公青州樂安郡守薛保興墓誌　正書

大業六年閏十一月戊子朔

于右任藏石

館·一七　誌初一·一六　誌釋八·九六

宮人司饍六品賈氏墓誌　正書

大業六年閏十一月十九日

河南洛陽出，歸于右任。

徵一·一五　館·一七　蒿補·二　誌初一·一六　誌釋一〇·一一〇

宮人典綵六品朱氏墓誌　正書

大業六年十二月二十日

河南洛陽出，歸于右任。

徵一・一五　館・一七　蒿續・三　蒿補・二　誌初一・一六　誌釋一〇・一一〇

三洞道士黄法暾造天尊像　正書

大業六年十二月二十八日

四川綿州西山觀

藝二・四五　趙録二・二四　硯八・一九　瓊二七・八　攈六・四九　滙一六補遺・八

竫漠將軍甄元希墓銘磚　正書

大業六年

藝續

宮人司仗郭氏六品墓誌　正書

大業七年正月二十三日

河南洛陽出，歸于右任。

石三・二六　徵一・一五　館・一七　蒿補・二　誌初一・一六　誌釋一〇・一一〇

宮人陳氏六品墓誌　正書

前題宮人下空三格，添刻故司陳三字。

大業七年四月二十九日

河南洛陽出，歸于右任。

徵一・一五　館・一七　蒿續・三　蒿補・二　誌釋一〇・一一〇

宮人司燈李氏墓誌　正書

大業七年五月二十二日

河南洛陽出，歸于右任。

名三・二六　徵一・一五　館・一七　蒿續・三　蒿補・二　誌初一・一七　誌釋一・一一〇

陳叔毅修孔子廟碑　分書　額篆書陽文　仲孝俊作文

大業七年七月二日

山東曲阜孔廟同文門下西側

竹一·三七　孫録二·六七　通一五·〇五七　金石一跋四·七　增圖三·二五七　天下　瓊二七·九　平三·二一　古墨二·四二　鈔二·六七　萃四·〇五　阮山一·〇三五　跋三·二七　授四·七　存一一·三二　妙五·一七　録續五·五三　鎸一·一六　字二二四　來上·三四　續一·一九　攈六·四九　田目·一八　匯一〇之二·五　金孔元措孔氏祖庭廣記一〇·一一　雪·九七

李君䛒（辯）為亡妻造阿彌陀像　正書

大業七年九月二十四日

河南武安北響堂山南堂外左窟正壁

藝二·四〇　響録·一四五　羅録上·二二　響·六　畿上·五　畿志一四八　河録五·三　朔目四·三　硯八·一九　瓊二七·一〇　攈六·四九　匯九之二·一八

冠軍司録元鍾墓誌並蓋　又名元鍾葬墓誌　正書

大業七年十月二十一日

河南洛陽出，歸開封博物館。

誌初一·一七　芒四編補遺·一五　誌釋三·一六

宮人尚寢衣魏氏墓誌　正書

右半第二三行之間斷裂

大業七年十二月二十二日

河南洛陽出，歸于右任。

名三·二六　徵一·一五　館·一七　蒿補·二　誌初一·一七　誌釋一〇·一一〇

郭達墓誌　分書　無前題

大業八年正月五日

河南洛陽出土（1917 年）

誌云，葬於故洛陽城西白馬里。

藝續　誌新·一一　名三·二七　徵一·一五　蒿二·八　誌初一·一七　汲·五九　芒三編·一七　誌釋九·九八

宮人司樂劉氏墓誌　正書

大業八年正月八日

河南洛陽出，歸于右任。

蒿補·二

使持節鎮軍大將軍凉州諸軍事凉州刺史李肅墓誌　正書

大業壬申（八年）二月十一日

山東鄒平出

宮人何氏六品墓誌　正書

大業八年二月二十二日

河南洛陽出，歸于右任。

名三·二七　徵一·一五　館·一七　蒿續·三　蒿補·二　誌初一·一七　誌釋一〇·一一〇

營東都土工副監男孟孝敏妻劉氏墓記　正書　大不盈尺

大業八年二月二十二日

河南洛陽出，歸于右任。

名三·二七　徵一·一五　館·一七　誌初一·一七　誌釋九·九八

宮人陳氏七品墓誌　正書

大業八年三月三日

河南洛陽出，歸于右任。

名三·二七　徵一·一五　館·一七　蒿補·二　誌初一·一七　誌釋一〇·一一〇

儀同三司故建州刺史徐智竦墓碣　正書　兩面刻

大業八年三月二十一日

廣東廣州出土（宣統二年修粵漢鐵路，此石發現於城北八里流花橋外，地近西村，歸陳鳳）（或云宣統三年廣州城北鎮海樓後岡耕農墾地得之）歸成都王秉恩，後歸番禺胡氏藏石。

名三·二六　徵一·一五　蒿二·八　廣倉古石録　誌釋一一·一一八

宮人韋氏墓誌　正書

大業八年六月十六日

河南洛陽出，歸于右任。

名三·二七　徵一·一六　館·一七　蒿補·二　誌初一·一七　誌釋一〇·一一〇

宮人沈氏墓誌　正書

大業八年七月一日

河南洛陽出，歸于右任。

館·一七　誌釋一〇·一一〇

宮人蕭氏墓誌　正書

大業八年七月二十五日

河南洛陽出，歸于右任。

名三·二七　徵一·一六　館·一七　蒿續·三　蒿補·二　誌初一·一七　誌釋一〇·一一〇

秘書監左光禄大夫陶丘簡侯蕭瑒墓誌　正書

大業八年八月十三日

河南洛陽出

菁　徵一·一六　館·一七　蒿二·八　芒上·一二　汲·六〇　誌釋九·九八

裴逸墓誌　正書

大業八年八月二十五日

河南固始許氏藏石

徵一·一六　誌釋九·九八

京兆郡田光山夫人李氏墓誌　正書

大業八年十月十四日

河南洛陽出，歸于右任。

名三・二七　徵一・一六　館・一七　蒿補・二　誌初一・一七　誌釋九・九八

板授洺州曠年縣令□墮墓誌　分書

大業八年十一月十四日（志稱大業六年亡，又云即以其年歲次壬申窆）

河南洛陽出

名三・二六　徵一・一五　館・一六　蒿二・八　汲・五八　芒上一二　誌釋九・九九

故人朝請大夫右武衛純德府鷹揚副郎將張伏敬之銘　正書

大業八年十二月二十七日（趙萬里云大業八年十月丁未朔，誌作十二月誤）

河南洛陽出，歸于右任。

館・一七　誌釋九・九九

宮人陳氏墓誌　正書

大業九年正月十六日

河南洛陽出，歸于右任。

徵一・一六　館・一七　蒿續・三　蒿補・二　誌初一・一七　誌釋一〇・一一〇

蕭球墓誌　正書

大業九年二月十六日

河南洛陽出，紹興周肇祥藏石。

藝林月刊九五期　館・一七

齊漢陽王府記室參軍皇甫深墓誌並蓋　正書

大業九年二月二十八日

河南博物館藏石

徵一・一六　館・一八　蒿補・二　誌初一・一七　誌釋九・九九

工州湘陰縣令張業墓誌　正書

大業九年二月二十八日

河南洛陽出，歸于右任。

名三·二七　徵一·一六　館·一八　蒿補·二　誌釋九·九九

周上儀同三司岐山縣開國侯姜明墓誌　正書

大業九年二月二十八日（卒於大象元年正月二十六日）

河南洛陽出，歸河南博物館。

誌新·一一　名三·二七　徵一·一六　館·一八　蒿二·八　誌初一·一七　芒續上·一一　誌釋九·一〇〇

朝散大夫張盈墓誌並蓋　正書

大業九年三月十日

河南洛陽出，歸河南博物館。

名三·二七　徵一·一六　館·一八　蒿二·八　誌初一·一七　芒續上·一二　誌釋九·一〇〇

朝散大夫張府君夫人蕭飾性墓誌並蓋　正書

大業九年三月十日

河南洛陽出，歸河南博物館。

誌新·一一　名三·二七　徵一·一六　館·一八　蒿二·八　誌初一·一七　芒續上·一三　誌釋九·一〇〇

豆盧宮人墓誌　正書

大業九年八月二十六日

河南洛陽出，歸于右任。

徵一·一六　館·一八　誌釋一〇·一一〇

金紫光禄大夫豆盧實墓誌並蓋　分書

大業九年十月三日

河南洛陽出，歸河南博物館。

名三·二七　徵一·一六　館·一八　蒿二·八　誌初一·一

七　誌釋九・一〇〇

□鍾葵墓誌　正書

大業九年十月十二日

河南洛陽出，歸于右任。

館・一八　誌初一・一七　誌釋九・一〇〇

偏威將軍北海縣令趙朗墓誌並蓋　分書

大業九年十月十五日

河南洛陽出，河南博物館藏石。

誌新・一一　名三・二七　徵一・一六　館・一八　蒿二・八　誌初一・一七　芒四編一・五九　誌釋九・一〇〇

賀淑達妻張客□造像　正書

大業九年十月二十一日

光州司户參軍事太僕寺司廪張更（或釋虔）墓誌　正書

大業九年十月二十六日

河南固始許氏藏石

徵一・一六　館・一八　誌釋九・一〇一

梁州倉曹參軍宋仲墓誌並蓋　分書　左上角斷裂

大業九年十二月十六日

河南洛陽出，河南博物館藏石。

誌新・一一　河圖・七一　名三・二七　徵一・一六　館・一八　蒿二・八　誌初一・七八　芒四編一・六〇　誌釋九・一〇一

滎陽郡新鄭縣蕭瑾墓誌　正書

大業九年十二月二十八日

河南洛陽出，歸曾炳章，後歸河南博物館。

藝續　河圖・七二　名三・二七　徵一・一六　館・一八　汲・六三

文託生母為兒託生造天尊像　正書

大業十年正月八日

四川綿州西山觀

藝二·四五　趙録一·二四　瓊二七·九　硯八·二〇　攈六·四九　匯一六·補遺·八

宮人元氏墓誌　正書

大業十年二月二十三日

河南洛陽出，歸于右任。

名三·二八　館·一八　蒿補·二　誌初一·一八　誌釋一〇·一一〇

王夫人（光）墓誌　正書

大業十年三月十一日

于右任藏石

館·一八　誌初一·一八　誌釋九·一〇一

光禄大夫開府儀同三司文安憲侯牛弘第三女暉墓誌　正書　大不盈尺

大業十年三月二十六日

河南洛陽出（1925年），歸于右任。

名三·二八　徵一·一六　館·一八　蒿補·二　誌初一·一八　誌釋九·一〇一

宮人綵女田氏墓誌　正書

大業十年六月二十四日

河南洛陽出，歸于右任。

名三·二七　徵一·一六　館·一八　蒿續·三　蒿補·二　誌初一·一八　誌釋一〇·一一〇

宮人司計劉氏墓誌　正書

大業十年七月四日

河南洛陽出，歸于右任。

張達墓誌　正書

大業十年七月二十五日
河南博物館藏石
徵一・一六　館・一八　誌初一・一八　誌釋九・一〇一
宮人司寶陳花樹墓誌　正書
大業十年七月二十九日
河南洛陽出，歸于右任。
館・一八　蒿補・三　誌初一・一八　誌釋一〇・一一〇
荆州刺史姚太墓誌並蓋　正書
大業十年八月十九日
河南洛陽出，歸于右任。
徵一・一七　館・一八　蒿補・三　誌釋九・一〇二
唐宮人墓誌　正書
大業十年十月二十一日
河南洛陽出，歸于右任
名三・二八　徵一・一七　館・一九　蒿補・三　誌初一・一八　誌釋一〇・一一〇
樊三品宮人墓誌　正書
大業十年十一月十五日
河南洛陽出，歸于右任。
館・一九　誌初一・一八　誌釋一〇・一一〇
魏郡太守正議大夫張軻墓誌並蓋　正書
大業十年十一月十五日
河南洛陽出，歸于右任。
名三・二八　徵一・一七　館・一九　蒿補・三　誌初一・一八　松翁近稿補遺・三　誌釋九・一〇一
鮑宮人墓誌　正書
大業十年十二月二十七日
河南洛陽出，歸于右任。

名三·二八　徵一·一七　館·一九　蒿補·三　誌初一·一八　誌釋一〇·一一〇

宮人典樂姜氏墓誌　正書

大業十一年正月十六日

河南洛陽出，歸于右任。

館·一九　蒿續·三　蒿補·三　誌初一·一八　誌釋一〇·一一〇

高堂令崔玉墓誌　正書　右下角左上角少損

大業十一年正月二十七日

山西潞安出，歸上元孫氏。

藝續　名三·二八　校　右冢上·五　光緒屯留縣志七　徵一·一七　館·一九　蒿二·八　楊守敬鄰蘇老人手書題跋　誌釋九·一〇二

嚴參軍（元貴）墓誌並蓋　正書

大業十一年二月二日

河南洛陽出，歸于右任。

名三·二八　徵一·一七　館·一九　蒿補·三　誌初一·一八

韓城令白仵貴墓誌　正書

大業十一年二月七日

徵一·一七　誌釋九·一〇三

上郡三川縣正明雲騰墓誌並蓋　正書

大業十一年二月九日

河南洛陽出，歸于右任。

名續補·二　徵一·一七　館·一九　蒿續補·一　誌初一·一八　誌釋九·一〇三

正議大夫内常侍荀府君夫人宋玉艷墓誌　正書

大業十一年二月二十一日

河南洛陽出，歸于右任。

徵一・一七　館・一九　誌初一・一八　誌釋九・一〇三

桃林縣令王袞墓誌並蓋　正書　蔡允恭撰

大業十一年二月二十一日

河南洛陽出

誌初一・一八　誌釋九・一〇三

唐該墓誌　或誤作蘇該墓誌　分書　無前題　蓋篆題大隋都督唐君故蘇夫人墓誌銘

大業十一年二月二十一日

河南洛陽出，歸武進董氏。

誌新・一一　名三・二八　徵一・一七　館・一九　誌初一・一八　汲・六一　誌釋九・一〇三

光禄大夫右翊衛大將軍張壽墓誌並蓋　正書世孫義誠撰　右下角第三四兩行之末各缺一字

大業十一年二月二十二日

河南洛陽出，歸于右任。

徵一・一七　館・一九　蒿補・三　誌初一・一八　誌釋九・一〇三

張波墓誌並蓋　正書

大業十一年三月二十二日

河南洛陽出，河南博物館藏石。

誌新・一一　名三・二八　河圖・七三　徵一・一七　館・一九　蒿二・八　芒續上・一四　誌釋九・一〇三

金紫光禄大夫蕭岑孫内宫堂姪蕭濱墓誌　正書

大業十一年四月二十三日

河南洛陽出，歸于右任。

徵一・一七　館・一九　蒿續補・一　誌初一・一八　誌釋九・一〇三

奉誠尉王弘墓誌 正書

大業十一年五月十一日

河南洛陽出，歸于右任。

館·一九　誌初一·一九　誌釋九·一〇四

左武衛大將軍吴公（吴國公尉遲安）**李氏**（富娘）**女墓誌**

又名：一、李富娘墓誌；二、尉富娘墓誌。正書　蓋四周刻四靈

大業十一年五月

陝西西安出（同治十年），歸南海李山農（羅振玉云乃關中復本），天津王氏、吴興周氏（毛鳳枝云：懷寧張木三購去携至山左）。河間龐澤鑾藏殘石，存上段，左上角有裂紋（宣統元年）。

羅録上·二三　楊圖四·二六　名三·二八　關新三·四　藝一八·三　徵一·一七　館·一九　蒿二·八　寶鴨中·九　瓊二七·一一　丁戌·一一　雪跋三·二二　增圖三·五八　藝文六·六　楊守敬鄰蘇老人手書題跋　關考三·一四　羅振玉松翁賸稿二·三　誌釋九·一〇九　雪·九八　陝七·一四

宫人綵女田氏墓誌 正書

大業十一年六月五日

河南洛陽出，歸于右任。

館·一九　誌初一·一九　誌釋一〇·一一〇

扶風郡陳倉縣令曹海凝墓誌並蓋 正書

大業十一年六月十五日

河南洛陽出，歸于右任。

誌新·一一　名三·二八　徵一·一七　館·一九　蒿二·八　誌初一·一九　芒四編補遺·一六　誌釋九·一〇四

太僕卿元智墓誌 正書

大業十一年八月二十四日

陝西咸寧出土（嘉慶十二年），歸陸耀通，後歸大興惲毓嘉、南皮張之洞，咸豐十年爲兵所碎，斷爲二塊，左右上角並缺。

趙録二・二四　泉一・二〇　名三・二八　續編三・八　楊圖四・二七　清二・三七　藝一八・四　匯一二補遺・一　徽一・一七　館・一九　蒿補・三　平續・二　誌四・一三　隋上・四　萃補一・二八　瓊二七・一七　丁戌・一四　增圖三・二五九　攈六・四九　楊守敬鄰蘇老人手書題跋　錢保塘清風室文抄四・一二　關考五・一一　陸繼輅合肥學舍札記二・九　遼居稿二三　誌釋三・一二　獨四　陝七・一三

太僕卿元公夫人姬氏墓誌　正書

大業十一年八月二十四日

陝西咸寧出土，歸陽湖陸耀通、大興惲毓嘉、南皮張之洞。咸豐十年碎於兵，斷存首尾兩段。

趙録二・二四　續編三・一〇　楊圖四・二七　名三・二八　清二・四〇　藝一八・四　匯一二補遺・一　徵一・一七　館・一九　蒿補・三　丁戌・八　瓊二七・二九　隋上・七　志四・一七　平再續・八　萃補一・三三　增圖三・二五八　攈六・四九　楊守敬鄰蘇老人手書題跋　關考五・一一　陸繼輅合肥學舍札記二・九

宫人司飾丁氏墓誌　正書

大業十一年八月二十五日

河南洛陽出，歸于右任。

名三・二八　徵一・一七　館・一九　蒿續・四　蒿補・三　誌初一・一九　誌釋一〇・一一〇

齊郡丞唐直墓誌　分書

大業十一年十月二十六日

河南洛陽出，馬衡藏石。

誌新・一二　名三・二九　徵一・一八　館・二〇　蒿二・九　誌初一・一九　芒三編・一八

□德墓誌　（或作周德）　正書

大業十年十一月九日

河南洛陽出，歸武進陶氏，後歸日本中村氏。

誌新・一一　名三・二八　徵一・一七　蒿二・八　誌初一・一九　誌釋九・一〇五

宮人劉氏墓誌　正書

大業十年十一月十二日

河南洛陽出，歸于右任。

館・二〇　誌初一・一九　誌釋一〇・一一〇

隋故左侯衛大將軍右光禄大夫范公銘蓋　篆書　四邊刻花紋

大業十一年十一月十四日葬

上黨郡司功書佐蕭泛墓誌　正書

大業十一年十一月十四日

河南洛陽出，歸于右任。

徵一・一六　蒿補・二

宮人六品御女唐氏墓誌　正書

大業十二年二月十三日

河南洛陽出，歸于右任。

徵一・一八　蒿補・三　誌初一・一九

□徹墓誌　正書　徹突厥人，右下角缺一字又半字。

大業十二年三月十日

河南洛陽出，歸常熟曾炳章，又歸吴興蔣氏。

誌新・一一　名三・二九　館・二〇　徵一・一七　藝續　蒿二・八　誌初一・一九　芒續上・一七　誌釋九・一〇六

宮人徐氏墓誌　正書

大業十二年三月二十六日

河南洛陽出，歸于右任。

館・二〇　誌初一・一九　誌釋一〇・一一一

宮人卜氏墓誌　正書

大業十二年三月二十六日

河南洛陽出，歸于右任。

館·二〇　誌釋一〇·一一一

滕王長子楊厲墓誌　正書

大業十二年七月十八日

河南洛陽出

誌新·一一　名三·二七　徵一·一八　館·二〇　蒿二·八　誌初一·一九　汲·六四　誌釋九·一〇六

朝請大夫襄國郡贊治羊本墓誌　正書

大業十二年七月三十日

河南洛陽出土（1916年），歸杭州西泠印社。

誌新·一二　名三·二九　徵一·一八　館·二〇　蒿二·八　誌初一·一九　汲·六五　誌釋九·一〇六

朝散大夫王世琛墓誌並蓋　正書

大業十二年七月三十日

河南洛陽出，歸于右任。

名三·二九　徵一·一八　館·二〇　蒿補·三　誌初一·一九　誌釋九·一〇九

宮人司言楊氏墓誌　正書

大業十二年八月四日

河南洛陽出，歸于右任。

名三·二九　徵一·一八　館·二〇　蒿續·四　蒿補·三　誌初一·一九　誌釋一〇·一一一

瀫州東垣主簿張濬墓誌　正書　蓋篆書　四邊刻朱雀玄武，志斷裂。

大業十二年十月二日

三原于右任藏石

名三·二九　徵一·一八　館·二〇　蒿補·三　誌初一·一

九　誌釋九・一〇六

前納言開府儀同三司光禄大夫房公蘇威妻夫人宇文氏墓誌　正書

大業十二年十月十三日

河南洛陽出，歸于右任。

名三・二九　徵一・一八　館・二〇　蒿補・三　誌初一・一九　誌釋九・一〇六

宫人常泰夫人房氏墓誌　正書

大業十二年十一月三日

河南洛陽出，歸于右任。

名三・二九　徵一・一八　館・二〇　蒿補・三　誌初一・一九　誌釋一〇・一一一

故人河南郡桃林縣唐世榮墓誌　分書

大業十二年十一月九日

河南洛陽出土

誌釋九・一〇七

左御衛府長史通議大夫宋永貴墓誌並蓋　正書

大業十二年十一月二十一日

陝西西安出，歸西安碑林第三室。

趙録二・二五　關新三・五　名三・二九　匯一二之一・二　徵一・一八　館・二〇　蒿二・八　瓊二八・一　汲續・一九　增圖三・二六〇　關考一・八　誌釋九・一〇七　陝七・一五　攈六・四九　匯一二之一・二

□司儀丞馮忱故夫人叱李綱子墓誌並蓋　正書

大業十二年十二月二日

河南洛陽出，歸于右任。

名三・二九　徵一・一八　館・二〇　蒿補・三　誌初一・一九　誌釋九・一〇七

宮人六品□□（原空二格未書姓氏）**墓誌**　正書　斷裂

大業十三年二月二十五日

河南洛陽出，歸于右任。

徵一·一八　館·二〇　蒿補·三　誌初一·一九　誌釋一〇·一一一

齊華陽王長史杜夫人鄭善妃墓誌　正書

大業十三年十月七日

河南洛陽出土

館·二〇　誌釋九·一〇八

前陳散騎侍郎劉猛進墓碣　正書

兩面刻，圓首方趺，額旁花紋與晋張朗誌石相似。

大荒之歲建子之　月三日（顧燮光考爲開皇十七年，又列入仁壽末。羅振玉考爲大業元年。趙萬里考爲大業五年十一月三日。）

廣東廣州白雲山出（或作光緒三十二年番禺縣屬慕德里司屬潭村旁鄉人墾地得之），歸成都王秉恩，旋歸南海曹氏，又歸香山甘氏。

循跋下·一二　名一·六　古抱　誌初·一六　誌新·一〇　蒿二·七　徵一·一四　石言二·一九　楊圖四·二〇　奇觚中·一七　曹元忠箋經室遺集一二·一一　增圖二·二三一　南華月刊一卷一期　誌釋八·九五

王於志等造像　正書

大業□年正月

攈六·四九

修佛龕功德銘　正書

考爲大業中立

河北磁縣

藝二·四五

河東郡首山棲巖道場舍利塔碑　正書

賀德仁撰，額篆書陽文。碑陰棲巖寺詩，並六絶紀文詩，咸亨三年，高宗製，並姚元崇、韋元旦、張循憲撰紀文，韋元晨撰，韓懷信書。長安二年。

大業中立（《金石録》誤作仁壽二年，應作四年）

山西永濟東南二十五里中條山上棲巖寺

孫録二・六六　竹一・三六　九甲・五六　求二・五　攈六・四七　瓊二六・二八　匯一一・三一　藝二・四五　藝四・一九　增圖三・二五一　右叢三・二三　續編三・四　廟・二二

鄭大將軍舒懿公韋匡伯墓誌　正書　蓋正書

開明二年七月二十日（當唐武德三年）

河南洛陽出（光緒中葉），今在北京歷史博物館。

楊圖五・一　陶一六・二〇　名三・三〇　蒿二・九　增圖三・二六〇　九甲・五八　誌釋九・一〇八

鄭故處士王仲墓誌　正書

開明二年九月十八日

河南洛陽出

隋無年月

上柱國德陽郡公梁君碑　正書　額篆書

陝西禮泉昭陵（或作在叱干村）

藝二・四五　攈六・四九　匯一二之一・一〇八　關考八・一　趙録三・二九　陝七・一八

君諱文亮殘石　正書

首行有玄德方之魚水其爲比興豈虚云云，凡存七行。斷，存三石，一石有法曹史耿士粲等題名六行。一石有前法曹，從事功曹孫子路等題名六行。

山東濰縣出土。歸濰縣郭氏，後歸崔家澍。

藝二・四五　匯一〇補遺・二七

大隋同州儀同姑臧郡太守成公誌蓋　正書

陝西澄城

藝一八・四　徵一・一八　蒿二・九　瓊二八・一二　攈六・五〇　匯一二之二・五　誌釋一一・一一九　陝七・一九

大隋隅陽縣令王明府墓誌銘蓋　正書

天津姚貴昉藏石

誌新・一二　徵一・一八　誌初一・二〇

隋故左侯衛大將軍右光禄大夫范公銘蓋　篆書

四邊刻花紋

隋故東垣縣張主簿銘蓋　篆書

四週刻花紋　斷爲二

天尊之碑　正書　額篆書　三洞法師張神則正書

似造像碑陰多祁氏，題名中有天尊主聞喜、縣功曹中正、驍騎尉祁文才爲父母，副開明主，景山府隊正祁善□。

山西

青州默曹殘碑　分書　存左邊九行，首行有以磬石秘云云。陰存十五行。側存五行正書。

山東益都西南隅田間，歸段松苓，後歸濰縣郭氏、蓬萊張氏。

藝二・四五　益一・二七　孫録二・六七　光緒三三年益都縣志・二六　通一五一・四三　山訪一二・二　阮山一〇・三七　平三・二二　攈六・六三　田目・一八　匯一〇之三・二四

段懷穆修寺殘碑　分書

兩面刻，存下段，陽存十三行，行十四字，首行有揚塵之曰云云。陰存十一行，行十一字，有善哉天帝云云。

山東益都出土（光緒初），存海岱書院。

通一五一・三八　田再續・二一

洛陰修寺碑　正書　有陰

在山西陽曲羅陰村，當屬隋仁壽間。

造丈六佛記殘碑 正書

存十六行，有方界格，首行有夫至運閱翳三原未啓云云。

解省躬記妻鄧同禮 正書

山東歷城千佛山

藝二·四一 趙録二·二二 歷一·三六 通一五二·三 山訪一·二 瓊二四·二二 攈六·五〇 田目·一七 匯一〇之一·二

尼智定為妹明了造像 正書

山東歷城玉函山

藝二·三九 羅録上·二三 山訪一·九 田續目·一六 匯一〇補遺·二

李惠猛妻楊静太造觀世音像 正書

山東歷城玉函山

藝二·三九 羅録上·二三 歷一·三〇 通一四九·一二 山訪一·九 田續目·一六 匯一〇補·一

顔海為父母造像 正書

山東歷城玉函山

藝二·三九 羅録上·二三 歷一·三三 通一四九·一五 山訪一·九 田續目·一六 匯一〇補遺·二

顔海妻展為亡父母造釋迦像 正書

山東歷城玉函山

藝二·三九 羅録上·二三 通一四九·一五 山訪一·九 田續目·一六 匯一〇補遺·二

段□□等造像 正書

山東歷城玉函山

藝二·三九 匯一〇補遺·二

張暉造像 正書

山東歷城玉函山

藝二・三九　匯一〇補遺・二　匯一〇補遺・一八（作開皇九年七月）

劉女造像　（藝誤作尉女）　正書

山東歷城玉函山

藝二・四〇　田再續目・一九　匯一〇補遺・二

李化成等造像　正書

山東歷城玉函山

藝二・三九　田再續目・一九　匯一〇補遺・二

□太妻夏樹造像　正書

山東歷城玉函山

藝二・三九　匯一〇補遺・二

唵嘛呢吧彌吽六字　正書

山東歷城千佛山

在時皆造像之上

歷一・三六　通一五二・三　田目・一七　匯一〇補遺・二

薛子岫等摩崖題字　正書

山東濟寧晋陽山廟後壁間

藝二・四八　孫録二・六八　山訪九・二　阮山一〇・四〇　攈六・六三　田目・一九　匯一〇之二・四八

張大寧等造像殘石　又名須昌縣造像殘石　兩面刻　正書

山東東平，歸武進壽基，後歸長白端方。

藝二・二五（又復見四六）　陶一三・一四

沙門智華寶臺主霍子明等六人造像題名　正書

六人中一人姓名缺佚

山東東平城東五十五里白佛山

像主王姫等二十九人造像題名　正書

山東東平城東五十五里白佛山

像主李柞（旅）妻范等四人造像題名　正書

山東東平城東五十五里白佛山

菩薩主吴昌像主范社生像主左崔陵像主似天寶等像主畢六像主王令資等三十三人造像題名

山東東平城東五十五里白佛山

像主禮清像主圓霄像主甑生像主那先等十二人造像題名　正書

山東東平城東五十五里白佛山

像主解乾緒像主所外遵沙門智泉等六人造像題名　正書

山東東平城東五十五里白佛山

像主畢□□妻房女傅仁等五人造像題名　正書

山東東平城東五十五里白佛山

像主王菩提像主蘇游暉像主劉華容等十一人造像題名　正書

山東東乎城東五十五里白佛山

像主比丘尼令姿像主竇景達十六王子主萬義緒像主嚴醜等十八人造像題名　正書

山東東平城東五十五里白佛山

像主高眼度像齋主梁噉鬼像主違訶梵像主違目連等三十四人造像　正書

山東東平城東五十五里白佛山

像主李士御像主沙門尹明果像主比丘僧寶責像主潘次男像主戴媘娣等造像題名　正書

山東東平城東五十五里白佛山

像主趙業安像主宋妃像主左白沙等造像題名　正書

山東東平城東五十五里白佛山

像主邢江妃像主畢廣來等題名　正書

山東東平城東五十五里白佛山

像主張扈生像主畢醜漢等題名　正書

山東東平城東五十五里白佛山

像主盧勝像主張伯姜等題名 正書
山東東平城東五十五里白佛山
像主王左端像主程鬘等題名 正書
山東東平城東五十五里白佛山
像主王繼祖像主張陸等題名 正書
山東東平城東五十五里白佛山
像主王敬伯像主孫族等題名 正書
山東東平城東五十五里白佛山
大像主鍾崔為亡妻張造像 正書
嘉祐九年正月匠人張慶等題名
山東長清東南三十里五峰山蓮花洞
藝二・四六　攈六・六三　匯一〇之一・二二
比丘尼目尚供養題名 正書
山東長清五峰山蓮花洞
伊成石□供養題名 正書
山東長清五峰山蓮花洞
圓相為母圓光為師僧父母造像題名 正書
山東長清五峰山蓮花洞
像主張元幹妻程供養題名 正書
山東長清五峰山蓮花洞
比丘尼□□為師僧父母造像 正書
山東長清五峰山蓮花洞
沙門真行為師僧父母造像 正書
山東長清五峰山蓮花洞
比丘尼意尚比丘尼惠登造像 正書
山東長清五峰山蓮花洞
明德造像 正書
山東長清五峰山蓮花洞

崔稱婆供養題名 正書

山東長清五峰山蓮花洞

比丘靈季?師題名 正書

山東長清五峰山蓮花洞

宗□供養題名 正書

山東長清五峰山蓮花洞

鍾□貴供養題名 正書

山東長清五峰山蓮花洞

橋德充供養題名 正書

山東長清五峰山蓮花洞

唐士良供養題名 正書

山東長清五峰山蓮花洞

田國相供養題名 正書

山東長清五峰山蓮花洞

房君備供養題名 正書

山東長清五峰山蓮花洞

胡孝徹供養題名 正書

山東長清五峰山蓮花洞

比丘尼智相尚供養題名 正書

山東長清五峰山蓮花洞

比丘尼智□尚供養題名 正書

山東長清五峰山蓮花洞

像主智尚比丘尼藏供養題名 正書

山東長清五峰山蓮花洞

石貴妃供養題名 正書

山東長清五峰山蓮花洞

趙法念供養題名 正書

山東長清五峰山蓮花洞

傅䑕□傅四供養題名　正書

山東長清五峰山蓮花洞

傅午供養題名　正書

山東長清五峰山蓮花洞

陳智珉供養題名　正書

山東長清五峰山蓮花洞

波提供養題名　正書

山東長清五峰山蓮花洞

周弘略□供養題名　正書

山東長清五峰山蓮花洞

盧義基為亡妻造像題名　正書

山東長清五峰山蓮花洞

李乾緒供養題名　正書

山東長清五峰山蓮花洞

妻張供養題名　正書

山東長清五峰山蓮花洞

李大弁供養題名　正書

山東長清五峰山蓮花洞

大女張勝兒□供養題名　正書

山東長清五峰山蓮花洞

比丘□法明供養題名　正書

山東長清五峰山蓮花洞

比丘尼四王供養題名　正書

山東長清五峰山蓮花洞

政循□供養題名　正書

山東長清五峰山蓮花洞

比丘尼□供養題名　正書

山東長清五峰山蓮花洞

清信女東方為夫敬造題名　正書

山東長清五峰山蓮花洞

比丘尼真義敬造題名　正書

山東長清五峰山蓮花洞

傅佰生供養題名　正書

山東長清五峰山蓮花洞

比丘尼真際供養題名　正書

山東長清五峰山蓮花洞

比丘尼真遇供養題名　正書

山東長清五峰山蓮花洞

比丘尼圓相供養題名　正書

山東長清五峰山蓮花洞

申氏等造像　正書

山東新泰

藝二・四七　田再續目・二〇　滙一〇補遺・一一

鹿潘妃為亡女王端政造像　正書

山東益都雲門山

藝二・四二　阮山一〇・三〇　瓊二四・三四　攈六・五〇　田目・一七　滙一〇之三・二三

陶□造像　正書

山東益都雲門山

藝二・四二　瓊二四・三五　攈六・五〇

元海□□亡父造像　正書

山東益都雲門山

藝二・四二　阮山一〇・三〇　瓊二四・三五

清信女□為仙（先）亡七世造像　正書

山東益都雲門山

藝二・四二　瓊二四・三五

張耆尹道賢等造四面像　正書

山東蘭山城内衍慶庵

藝二・四八　通一五二・七九　匯一〇補遺・一八

白衣庵孫伏□孫□造四面像　又名度碑齋主□明主造像　正書

山東蘭山本庵

藝二・四八　山訪七・一　田再續目・二〇　匯一〇補遺・一八

吕世標造像殘石　正書

山東蘭山北門外護城河隄上

藝二・四八　通一五二・七九　山訪一・七　匯一〇補遺・一八（作吕世樽）

王忠信等造像　正書

山東蘭山北門外

藝二・四八　田再續目・二〇　匯一〇補遺・一八

即丘縣令馮桃枝造像　正書

山東蘭山右軍祠

藝二・四八　匯一〇補遺・一八

洪興寺造像　又名延洪興王仲僑等造像　正書

山東蘭山

藝二・四六　通一五二・七九　山訪七・一　攈六・六一　匯一〇之二・六六　匯一〇補遺・一八

李寶等造像　正書　兩面刻

山東蘭山城内王右軍祠

藝二・四八　攈六・六五　匯一〇之二・六六

朝陽洞侯大娘等造像　正書

山東肥城陶山關帝廟

藝二・四七　田再續目・二〇　匯一〇補遺・一三

邑子王猛略等造像　正書

山東肥城陶山關帝廟

藝二・四七　田再續目・二〇　匯一〇補遺・一三

光明主曇爽等造像　正書

山東肥城陶山關帝廟

藝二・四七　田再續目・二〇　匯一〇補遺・一三

惠濟寺禮元貴等造像　正書

山東肥城陶山關帝廟

藝二・四七　田再續目・二〇　匯一〇補遺・一三

秦始侯等造像　正書

山西澤州出

藝續

衛含欣弟方欣妹摩耶造像　（藝作衛□□造像）　正書

山西平定

藝二・四七

定縣刻經殘石　正書

存一六行，第二行存生前説此心呪令彼耳聞云云

河北定縣出土

行唐縣功曹習□和等造四面像碑　正書

河北行唐

藝二・四六　攈六・四六　匯三之二・二〇

惟聖潛軀等字殘造像　分書

存七行，有方界格，左側近邊處有比丘道□像主趙敬仙等題名，記銘下有邑人王仲悦等題名四行。

河北鹽山舊縣鎮出土（光緒十七年），歸寧津李響泉。

侍佛信女李華暉題名　正書　左行

河北磁縣南響堂山第二層第二窟内，正面壁上右邊。

藝二・四〇　響録・一二八　響・一一

楊惠勝等造像　又名楊顯□造像　正書　首行有夫靈寂空究□

云云。

河南洛陽存古閣

藝二・四六　攈六・五一

清信女爰公主題名　正書

河南武安南響堂山第二層第二窟内正面壁上左邊

藝二・四〇　響録・一二八　響・一一

白雀寺造四面像碑　正書

河南寶豐

藝二・四六　攈六・六六

太平寺殘刻二段　正書

一石存七行，行存六七字不等，首行諸佛教化衆生云云。一石存四行半，行存三四字不等，二行存籌星具云云。

河南沁陽（顧鼎梅訪得）

石佛背造像殘字　正書

河南沁陽清化鎮

藝二・四六

惠海惠雲同學十四人等為亡師道曠造涅槃經題名殘石　正書

河南安陽寶山

匯九之二・二

古大娘陸二娘等造像　正書

河南安陽西南六十里寶山

藝二・四三　安陽二・二二　校　朔目二・七　河録二・七　攈六・六五　匯九之二・二

古四娘李娥兒梁小僧劉磨兒四人造像　正書

河南安陽寶山

匯九之二・二　朔目二・七　校

大乘妙偈碑　分書　額篆書，有大乘妙偈等十八字凡六行，行三字。四面刻陽二十行，行二十八字，上小字作三十六行，行十一字，兩側各五行，行三十五字。陰三十五行，行六十字，另半行刻於側之上角。

河南安陽寶山靈泉寺

匯九之二·二　朔目二·七　河朔二·七　校　藝二·四八

勝鬘經　正書

存六行，首行有勝鬘言世尊如來云云。

河南安陽寶山靈泉寺洞側

匯九之二·二　朔目二·六　河録二·七　校

涅槃經　正書

存十八行，首行有涅槃經中天帝釋爲試雪山童子云云。

河南安陽寶山靈寶寺洞側

匯九之二·二　朔目二·六　河録二·七　校

大集經月藏分法滅盡品初言　正書

河南安陽寶山靈泉寺洞側

匯九之二·二　朔目二·六　河録二·七　校

妙法蓮華分別功德品中言　正書

河南安陽寶山靈泉寺洞側

匯九之二·二　朔目二·六　河録二·七　校

殘刻經　分書

存十行，首行有葉如來具大慈諸吉祥中最無云云。

河南安陽寶山

殘刻經　分書

兩截刻，上截右方有太子思惟等字三行，左方有太子成道等字四行，下截存十六行。行存二字至十三字不等，第二行有當願衆云云。

河南安陽寶山

殘刻經　分書

上段七行，行四字，有天上天下無如佛十方世界亦無比七言偈四句。下段存九行，行存二字至六字不等，首行有舍離家難人空云云。

河南安陽寶山

殘塔頌　正書

存五行，首行存塔頌二字，二行有佛曰濳暉明人應世是曰法師云云。

河南安陽寶山

朔目二・七

略禮七□□□懺悔文　正書

河南安陽寶山靈泉寺洞側

朔目二・六　河録二・七　校

二十五佛名　正書

河南安陽西南六十里寶山靈泉寺側

藝二・四三　朔目二・六　擴六・六五　匯九之二・二

十方佛名　正書

前有大法師行記　河南安陽寶山

校

三十五佛名　正書

河南安陽寶山靈泉寺側

匯九之二・二　朔目二・六　河録二・七　校

五十三佛名殘刻　正書

河南安陽寶山靈泉寺側

朔目二・六　河録二・七　校

石柱佛名　正書

河南武安北響堂寺南堂圈門外洞左，凡三面。

藝二・四八　響・二一

維摩詰經殘石　分書　斷裂爲二，存二十二行，首行有當於何求云云。

諸佛教化衆生等字殘刻經　又名太平寺殘刻　正書

存七行，行存六字不等，又一石存五行，行存最多者四字，首行有光明等字。

於大衆中常所贊異等字刻經殘石　正書　存八行

殘經十一行　分書

藝二・四八

十二部經名　分書　凡八行

賀龍等殘造像　正書

陳介祺藏石

藝二・四七　田再續目・一九

比丘僧惠暉等殘造像　正書

陳介祺藏石

藝二・四七　田再續目・一九

董僧佋等殘造像　正書

陳介祺藏石

藝二・四七　田再續目・一九

耿盡愛等殘造像　正書

陳介祺藏石

藝二・四七　田再續目・一九

都維那李楚等造四面像　正書

陳介祺藏石

藝二・四七　田再續目・一九　藝續一

一佛二菩薩像　正書　四面刻

長白端方藏石（藝目）

藝二・四七

孔氏造像　正書

長白端方藏石（藝目）

藝二・四七

都綰主合七十二人造像　正書
長白端方藏石（藝目）
藝二・四七

趙仕倫造像　正書
長白端方藏石（藝目）
藝二・四七

張德賢等造像　正書　有兩側
藝二・四六

四面都像主造像　正書
藝二・四六

比丘尼靖闕造像　正書
藝二・四六

賈氏造像　正書
藝二・四六

周氏造四面像　正書
藝二・四六

普照寺諸葛鳳等造四面像　正書
藝二・四七

邑主常元?等殘造像　正書　存八行
鑿爲圓礎。有方界格

比丘僧義造像　正書

比丘暈禪師率領四部五十人等造阿彌陀玉像　正書
無年月

塔頌殘字　分書
藝二・四五

邑子劉□造釋迦石像殘石　正書
存後半，首行有歸依國有安居云云。

邑儀五十人等殘造像　正書

□□□年三月二十三日

藝續

發心主王惠感伊貳勝七十人等造像　正書

無年月

同琋弘黑夫蒙士進等造像題名　正書

絶塵龕三大字　正書

四川萬縣太白崖

藝二・四八

大興縣龍池寺舍利塔記　正書　僞刻

仁壽元年十月十五日

東堪大象主楊曇雅造經碑　正書

碑側題名。經文多漫漶，首行有爾時天蓋云云。

朝散大夫行太學博士賈玄贊殯記　正書

大業十年六月二十三日

河南洛陽出，歸天津徐世昌。顧燮光云審係唐誌，年號改造。或云僞刻。

藝續　右三・二八　誌初四・一一

唐　代

武　德

女子蘇玉華墓誌　歐陽詢撰書　左側刻：道光辛丑十一月得於神和原土中，染翰堂藏，二行。僞刻。

武德二年五月二十五日

陝西西安

校　名四・三一　硯九・一　瓊祛僞・一四　香南精舍金石契匯一二補遺・一〇　趙録三・一　誌匯二・一　陝七・二一

唐文拾遺一四・二二

桑門沙楝殘造像　正書

内有武德二年字

山東歷城千佛山

藝三・一〇　瓊二九・一　據七・一　山訪一・二　羅録上・二三　匯一〇之一・三　萃目一・八

儒林郎行邢州（下缺）王仁哲妻造像　正書

武德三年九月十三日

河北唐山西北八里宣霧山

藝三・一匯　三補遺・三一

新建觀音寺碣　正書　陸德明撰

畢沅云：碑款式字體俱疑僞作，或有其原刻，後人復爲之也。

武德五年

河南汜水

藝三・九　攈七・一　中記二・二七　竹二・一　孫録三・六九　平四・一　萃四一・二　授二跋一・一　跋四・一　全唐文一四六・二五

洛州别駕大將軍崔公妻庫狄真相墓誌　分書

武德六年六月五日

河南開封博物館藏

蒿二之一・九　館・二一　徵二・一

慈母龕記　正書

武德七年九月廿三日

四川三臺隆興寺

藝二・九　匯一六補遺・二九

尼妙音題記　正書

武德七年九月二十三日

四川三臺隆興寺

藝三·九　攈七·一　匯一六之二·三一

尼净明為亡父馮智慧亡母陳滿足造像　正書

武德八年正月十五日

四川三臺隆興寺

藝三·九（誤作净因）　攈七·一　匯一六之二·三一

□世越為亡父造龕題字（攈、匯並釋作李世超造像）　正書

武德八年六月二八日

四川三臺隆興寺

藝三·九　攈七·一　匯一六之二·三一

李夫人月相墓誌　正書

無前題　有方界格

武德八年十二月廿五日

河北涿縣出土（與夫盧文構誌同時出），歸北京歷史博物館。

涿縣志　徵二·一　館·二一

宗聖觀記　分書　額分書　歐陽詢撰序並書　陳淑達撰銘

末有中統玄黓閹茂宮主成志遠跋云：字畫褊淺，因命工鎪剔，垂示無窮。側上截熙寧乙卯白舜□題名，中截正大閏八月中旬吴芝壽等題名，下截興定五年中秋。1912 年縣志云：側有東坡仍書樓詩七律二首。

武德九年二月十五日

陝西盩厔東南三十里樓觀

藝三·九　攈七·一　竹二·二　孫録三·六九　鐫二　字二·二七　來下·一　雍二·一　萃四一·二　鈔三·一　古墨三·四五　獨殘一　瓊二九·二四　關中·八　存一二·一　天一·三九　匯一六之一·一九八　關考七·二五　陝七·二二　全唐文一三三·三　全唐文一四六·一五　1925 年重修盩厔縣志一·一二八

崔後己墓誌　又名洛州總官府司馬崔長先墓誌　正書

武德九年二月廿三日

開封圖書館藏石

徵二·一　蒿二之一·九　館二一

孔子廟堂碑　正書　額篆書大周孔子廟堂之碑，長安三年四月相王旦書。大中四年祭酒馮審奏請琢去（宋錢易《南部新書》庚集）。虞世南撰並書。相傳是碑貞觀間刻成，僅拓數十本賜近臣，廟遂火而石毁。武后時再刻。宋初王彦超重刻於西安。中有譌字，又脱二十餘字，嘉靖三十四年地震，石斷爲三。蔣衡《存拙堂題跋》，《美術叢書》四集三輯，闕字一百四十一，不全者二十一，模糊者五。《金石》九：道光戊申新化李宗藍假翁方綱摹李宗翰藏元康里氏所藏本百二十字命族子浚上石，後有翁跋。道光丙申三月葉惠詵重刻翁氏廟堂碑存字考。

武德九年十二月（《金石録》）

陝西西安孔廟（俗稱西廟堂碑）

竹二·二　孫録三·六九　楊圖五·一　攈七·一　藝三·一〇　匯一二之一·二　集五　金石録二三·三　鐫二　史上·一八　薙一八·一　雍二·三　關二·一　妙六·一三　來下·一　字二·二八　續一·一　庚六·二　蘇·四八　跋三·三二　萃四一·四　鈔三·一　平四·一　關中·八　天一·四　續編四·一　瓊二九·二四　岷·五　雪跋四·一　甘泉鄉人餘稿一·一五　關考一·九　數·二　陝七·二三　復二二·一　全唐文一三八·一六　古緣一七·一二（明拓）　退四·四　蔣衡存拙堂題跋二　光緒湖南通志二六七·藝文二三

孔子廟堂碑（俗稱東廟堂碑）　正書

陸心源《金石學録補》卷三云：在定陶，至正間黄河泛溢，碑没入水中。縣尹王瑶叔嶼拽出之。視陝刻頗瘦，較之錦江石刻，則相伯仲。夔夔子山所進金圈兒本，今在秘府，不可得見。明顧汝和、張伯起（鳳翼）、王百谷（穉登）皆以城武本爲唐石。真唐石得一千四百四十六字，城武陜本凑補者僅四之一耳（清鄧顯鶴《南村草堂詩抄》卷一二《静娱堂咏爲春湖中丞賦》）。嘉慶十二年翁方綱跋舊跋城武本云：其所從來之原石本實在王彦超所刻陜本之前。《蔣衡存拙堂題跋》云：闕字八十有八，模糊者有九，不全者四。清歸安閔鶚元據城武本勒石曲阜（鄧顯鶴《南村草堂詩抄》一二）。至正二十六年七月五日虞堪聞定陶河决，出孔子廟堂原序。

貞觀元至元間摹刻

在山東城武

竹二·二　藝三·一〇　攗七·一　孫録三·六九　匯一〇之三·九　退四·五　蔣衡存拙堂題跋·二　明孫鳳書畫鈔下一一九

貞　觀

關道愛墓誌　分書

貞觀元年二月十九日

張鈁千唐誌齋藏石

館·二一　徵二·一　蒿二之一·九　名四·三一　芒冢上·一六

息州長史崔誌墓誌　隸書

貞觀元年二月二十九日

河南洛陽出土，歸常州董康。

館·二一　徵二·一　名四·三一　蒿二之一·九　芒冢四編二·一　誌初二·一

吴國公府記室參軍劉粲（或釋祭）墓誌　分書

貞觀元年七月二十二日

河南洛陽出土，歸常州董康。

名四·三一　徵二·一　館·二一　蒿二之一·九　芒冢三編

·一九　誌初二·一

隋儀同三司黎陽鎮將程鍾墓誌　正書

貞觀元年十月五日

張鈁千唐誌齋藏石

徵二·一　館·二一

上柱國洛州長史金鄉縣開國公楊敏墓誌並蓋　正書

貞觀二年十月十二日

徵二·一　館·二一

沁源縣令郭通墓誌　分書

貞觀二年十一月三十日

河南洛陽出土，歸開封圖書館。

徵二·一　館·二一　名四·三一　誌初二·一

洪範無偏無陂等語　魏徵正書　後有宋文彦博，丙午七月黄樂之等跋。

貞觀三年二月朔日

慈潤寺故大靈琛禪師灰身塔銘文　正書

貞觀三年四月十五日

河南安陽西南五十里善應山

朔目二·八　河録二·五　藝三·一一　攈七·一　匯九之二·二　名四·三一　績·甲　安陽縣金石録三·一　瓊二九·二五　全唐文九九七·五　萃目一·八

譚伍墓誌並蓋　正書

貞觀三年六月廿五日

河南洛陽出土，開封圖書館藏石。

館·二一　徵二·一　名四·三一　蒿二之一·九　芒冢四編二·三　誌初二·一

蔣國夫人墓誌　分書

貞觀三年七月二八日

張鈁千唐誌齋藏石

徵二·一　館·二一

左光禄大夫蔣國公屈突通墓誌　正書

貞觀三年十一月二八日

張鈁千唐誌齋藏石

徵二·一　館·二一

安定胡質墓誌　正書

貞觀四年正月十九日

張鈁千唐誌齋藏石

館·二一　徵二·一　誌初二·一

錦州萬安縣令毛祐墓誌　正書

貞觀四年十一月十二日

甘肅武威城外西北十五里，四方臺農民掘土得之，1915 年移存孔廟。

館·二一　隴二·一　陳萬里西行日記·一六八

蒲州河東令李徹墓誌　分書

貞觀四年十一月二一日

張鈁千唐誌齋藏石

館·二一　徵二一一　蒿二之一·九　誌初二·一

中散大夫行□藥奉御永安男吴景達夫人劉氏墓誌　正書　右下角缺一字。

貞觀四年十一月廿三日

長白端方藏石

藝一八·四　館·二一　名四·三一　蒿二之一·九　徵二·一　陶七·一

昭仁寺碑　正書　額篆書陽文　朱子奢撰

前題下刻嘉靖己丑邠州知州郝元亨等題記，王琦刊，後有嘉靖乙酉王尚絅等題名一行。陰元豐四年十一月歐陽修跋，張淳書，紹聖元年七月庚戌張重題名，元豐辛酉六月蔣之奇題名，紹聖元年八月曹調鼎題名。鄭樵《金石録》疑虞世南書。葉奕苞《金石録補》卷三引鄭真《滎陽外史集》云：在平涼府近，有董縣丞者得諸蕭寺塔中，留秘私室，後移諸縣治。又云：客有自陝來，言碑爲人竊載，軍士争奪，用斧鑿碑。

貞觀四年十一月（據金石文字記）

陝西長武宜禄遞運所内

藝三·一二　竹二·二　孫録三·六九　攈七·一　集五·寶叢一〇·四四　蕐一三·一　鐫二　庚六·四　字二·二八　來下·二　關二·二　雍二·二　授續三·一　萃四二·五　古墨三·四六　平四·三　關中·九　瓊二九·二六　獨殘·一一　石泉·一四　匯一二之二·三八　關考九·六三　藪·二　又·七（作歐陽通書）　陝七·二四　全唐文一三五·八　獨殘·一一　退四·一〇　天一·四　虚七·四　元和郡縣志三·七

徐州都督房彦謙碑　分書　李百藥撰　歐陽詢書

陰記唱贈會葬等事，側刻撰書人姓名及立石年月。

貞觀五年三月二日

山東章邱西南六十里趙山之陽

藝三·一二　道光十五年章邱縣志一四·二　攈七·一　竹二·二　通一四九·一六　孫録三·六九校　蒿一·四　金石録二三·四　寶叢一·三五　字二·三〇　妙六·四　瓊二九·二八　平四·三　萃四三·一　阮志一一·二　跋四·五　存一二·四　匯一〇之一·一〇　王鳴盛西莊始存稿三一·一　温日鑒勘書巢未定稿·八（適園從書本）　阮元小滄浪筆談三·四一　復二二·二六　寰記一九·一八　全唐文一四三·八

□祎墓誌　篆書正相間

貞觀五年二月十六日

河南洛陽出土，張鈁千唐誌齋藏石。

徵二·一　館·二一　誌初二·一

開府儀同三司劉節墓誌　分書

貞觀五年七月十五日

河南洛陽出土，開封圖書館藏石。

徵二·一　館·二一　名四·三一　蒿二之一·九　芒冢四編二·三　誌初二·一

銀青光禄大夫凉州刺史定遠縣開國子郭雲墓誌　歐陽詢書僞刻

貞觀五年十月六日

陝西西安

名四·三二　校　瓊祛僞·一六　匯一二補遺·一〇　趙録三·一　誌匯二·一　金石萃編補正　唐文拾遺一六·八

隋北平襄公第七息段世和墓記（段世和或釋段世弘）正書

貞觀五年十月十四日

陝西咸陽出土，歸長安段氏。

館·二一　陜七·二五

洪淳造像　正書

貞觀五年十二月十一日

河北唐山宣霧山

藝三·一　羅録上·二三　匯三補遺·三一

永嘉府隊正郭倫妻楊寶墓誌　正書

貞觀六年二月十八日

徵二·一　館·二二

雍州長安縣清化鄉宜君縣開國子故張纂妻趙夫人墓石（藝誤作戚纂，羅作戚纂）　正書

貞觀六年五月九日

陝西西安出土

藝一八·四　名四·三二　徵二·一　館·二二　攈七·二

志匯二・二　羅録上・二三　瓊三〇・四

九成宫醴泉銘（或省稱九成宫）　魏徵撰　歐陽詢正書　額篆書陽文

左側元豐庚申王璞題名，元豐五年七月吴翬題名，元豐癸亥張琰等題名。右側紹聖二年十二月曾逢原題名，斷裂爲五。羅振玉影印宋拓本，北京故宫博物院藏宋拓本。

貞觀六年孟夏之月旬有六日

陝西麟游西五里天臺山（即隋仁壽宫故址）

藝三・一二　擦七・二　楊圖五・五　東湖叢記四・三一　月四・二八　孫録三・七　弗跋一〇・六　校　續録一・二　來下・三　字二・三〇　庚六・一〇　鐫二　集五　妙六・一八　關二・二　雍二・三　蘇・五四，又五七　跋四・六　萃四三・五　鈔三・一四　古墨三・四七　平四・四　寶鴨下・一　九甲・五九　獨殘・一　關中・九　匯一二之二・四五　貞松老人外集二・一一　關考一〇・九　藪・二　陝七・二五　復二二・一九　羅振玉影印自藏北宋拓本　退四・一（宋拓）　天一・五　古緣一七・五，又六，又八（宋拓）　郭麟唐文粹補遺一〇・一　全唐文一四一・一三　潘道祁須静齋雲煙過眼録一　宋拓整幅（美叢二集四輯）

大法師行記　正書　弟子雲海集

貞觀六年八月二〇日

河南安陽西南六十里寶山

藝三一〇二　擦七・二　匯九之二・三　河録二・八　朔目二・八　名四・三二　安陽縣金石録三・二　全唐文九〇四・八

文林郎新喻縣丞胡儼墓誌　正書

貞觀六年九月四日

河南洛陽出土，張鈁千唐誌齋藏石。

徵二・一　館・二二　誌初二・一

河陰縣主簿南陽張濬墓誌　分書

貞觀六年十一月五日

河南洛陽出土，張鈁千唐誌齋藏石。

徵二·一　館·二二　誌初二·一

平原郡將（博）陵縣令張伯墓誌　正書

貞觀七年二月一日

河南洛陽出土，張鈁千唐誌齋藏石。

徵二·一　館·二二　誌初二·一

隋故越王府司兵參軍事賈通墓誌　分書

貞觀七年六月十四日

河南洛陽出土

徵二·一　名四·三二　蒿二之一·一〇　芒冢四編二·四　誌初二·一

玄昭監張明墓誌　分書

貞觀七年七月二四日

河南洛陽出土，開封圖書館藏石。

蒿二之一·一〇　名三·三二　館·二二　徵二·一　芒冢四編二·五　誌初二·一

隋左光禄大夫耿士隆墓誌　正書

貞觀七年十月五日

館·二二　徵二·一

諱遠墓誌　正書

貞觀七年十月二八日

河南洛陽出土，開封圖書館藏石。

徵二·二　館·二二　名四·三二　蒿二之一·一〇　芒冢四編二·五　誌初二·一

燃燈佛舍利塔六字　正書　書迹不類唐人，恐出後人重書。有萬曆三十八年庚戌陸基恕題記。

貞觀七年癸巳建
河北通縣北門内
瓊三〇・四　滙一・一三
隋徵士解深墓誌　正書
貞觀八年正月二十一日
河南洛陽出土
徵二・二　館・二二　名四・三二　蒿二之一・一　芒冢四編二・六　誌初二・一
永嘉府羽林張岳墓誌並蓋　正書
貞觀八年三月四日
開封圖書館藏石
徵二・二　館二・二　蒿二之一・一〇　誌初二・一
河南府録事邢弁墓誌並蓋　正書
貞觀八年三月二十二日
開封圖書館藏石
徵二・二　館・二二　誌初二・一
文□胤造天尊像（藝、滙並作文紹珍造像）　正書
貞觀八年四月八日
四川綿州城西八里西山觀
藝三・一二　滙一六補遺・八
處士李繼叔墓誌　正書
貞觀八年八月二十一日
張鈁千唐誌齋藏石
徵二・二　館・二二　誌初二・二
田夫人墓誌　正書
貞觀八年八月二二日
張鈁千唐誌齋藏石
館・二二　徵二・二

祁觀元始天尊素像碑　又名景雲觀天尊碑　正書　額篆書　天尊之碑四字陽刻，祁文才等立。

貞觀八年九月二日

山西聞喜東五十里觀底村景雲觀

右叢四·一　右三·三　1918年聞喜縣志二〇上·九

静信鄉君張夫人（妃）墓誌　正書　有蓋　篆書題張夫墓誌

貞觀八年十一月十日

河南洛陽出土，歸于右任。

館·二二

東門宫大夫長孫家慶墓誌　正書

貞觀九年

張鈁千唐誌齋藏石

徵二·二　館·二二　誌初二·二

縣令劉海超功德像頌　正書

貞觀九年

河北唐山宣霧山

藝三·一　匯三補遺·三一

内邱縣睦净妙造像　正書

貞觀九年

河北唐山宣霧山

藝三·一　羅録上·二三　匯三補遺·三一

蒲州虞鄉縣丞王安墓誌　正書

貞觀十年五月十七日

張鈁千唐誌齋藏石

館·二二　徵二·二

汝南公主墓誌銘　行書　虞世南撰

余臨張直清家虞永興汝南公主墓誌，浙中好事者以爲真刻石（米元章《書史》二三）。米元章《書史》一五：汝南公主銘起草洛陽王護處見摹本，云真跡在洛陽。好事家有古跋。後十年見真跡在故相張公孫直清處。其後止貞觀十年十一月丁亥朔十六日旁小字注云赫赫高門，在裴丞相家。是其銘。然此幅文但至半而止，行下有空白紙，猶空十一字，此蓋卒日，猶未言葬也。闕文尚多，安得便言赫赫高門，不當後幅却與前幅不相連屬也（宋咸淳本《百川學海》第二五册辛集中）。光緒三年陸心源屬胡矞鄰摹刻本。

貞觀十年十一月十六日

江蘇常熟

吴興金石記三・一　清四・二九　誌五・一　萃四四・一　名四・三二　孫録三・七〇　金石二跋一・二　陶宗儀古刻叢鈔録補十・三　誌初二・一　攈七・二　滙四・二四

隋儀同三司王護墓誌並蓋　正書

貞觀十一年二月二九日

河南洛陽出土，開封圖書館藏石。

名四・三二　徵二・二　館・二二　蒿二之一・一〇　芒冢續中・一　誌初二・二

特進尚書右僕射上柱國虞恭公温彦博碑　岑文本撰　歐陽詢正書　額篆書

下段磨滅，錢保塘云：宋拓存二千五百餘字，明拓存八百餘字，後存二百餘字。翁方綱拓本可辨者二千八十六字。蔣衡《存拙堂題跋》一三云：搜羅舊拓得八百廿一字，徐時棟藏本二六二九字，有重摹本。

貞觀十一年六月四日卒

陝西醴泉北廿五里，烟霞洞西昭陵南十里。

藝三・一三　蒿一五　東湖叢記三・一七　獨殘・一三　竹二・三　攈七・二　楊圖五・六　孫録三・七〇　續辛　滙一二之一・一〇八　金石録二三・六　寶叢九・二　鐫二　庚六・一一　字二・三一　來中・一六　續録一・二　妙六・二五　蘇・五

五　跋四·七　1935年續修醴泉縣志稿三·四　虛七·九　徐時棟煙嶼樓文集廿五有跋與金文　關二·二　雍二·四　萃四四·三　平四·四　關中·九　瓊三〇·六　昭上·一　錢保塘清風室文抄四·一四　關考八·二　藪·二　續　東洲草堂文抄一〇·一　陝八·三　復二二·二〇　全唐文一五〇·二五　唐文拾遺一五·一五　退四·八　天一·五　蔣衡存拙堂題跋

校尉陳公故夫人劉娘娘墓誌　正書

貞觀十一年七月二日

張鈁千唐誌齋藏石

館·二二　徵二·二　蒿二之一·一〇　誌初二·二

隋益州總官府司馬裴鏡民碑　李百藥撰　殷令名正書　額篆書　左上角斷裂

貞觀十一年十月二一日

山西聞喜裴柏村晋公祠

藝三·一三　蒿一·五　楊圖五·七　攈七·二　趙録三·一　金石録二三·八　寶叢二〇·三二　萃四四·一　平四·五　瓊三〇·一四　右叢四·三　匯一一·五〇　1918年聞喜縣志二〇上·九　光緒六年聞喜縣志補三·九　全唐文一四三·一六

隋通事舍人長孫仁並夫人陸氏墓誌　正書

貞觀十一年十月二十二日

張鈁千唐誌齋藏石

徵二·二　館·二二　誌初二·二

清河武城縣張舉墓誌　正書

貞觀十一年卒，葬年月泐。

河南洛陽出土，張鈁千唐誌齋藏石。

徵二·二　館·二三　誌初二·二

特進尚書右僕射上柱國虞恭公温彦博墓誌　歐陽詢書

無年月（據神道碑卒於貞觀十一年六月）

陝西重摹本

攈七·二　誌匯二·二　香南精舍金石契　楊圖五·七　名三·三二　胡承珙求是堂文集五·七　1925年續修醴泉縣志稿三·四

等慈寺碑　正書　額篆書陽文　顏師古撰（《舊唐書》作三年，《唐會要》作四年五月，王昶考爲十年間）　側元豐乙丑楊孝醇等題名。

貞觀十一年

河南汜水本寺

竹二·二　藝三·一一　攈七·一　孫録三·六九　校　中記二·二七　集五　寶叢五·二二　跋四·五　雪跋四·一　瓊二九·二六　平四·二　古墨三·四五　鈔三·六　萃四二·一　金石二跋一·二　録續五·五三　匯九之一·二四　石言五·二二　全唐文一四八·一　虛七·二　元和郡縣志五·一五

護軍魏王府主簿唐遜故夫人柳婆婦墓誌並蓋　正書

貞觀十二年閏二月二十七日

開封圖書館藏石

名四·三二　徵二·二　館·二三　蒿二之一·一〇　誌初二·二

故大僧堪法師灰身塔記　正書

貞觀十二年四月八日

河南安陽六十里寶山西山西

朔目二·八　河録二·八　藝三·一一　攈七·二　匯九之二·三　名四·三二

趙州□城縣丞孟玄鏡造像　正書

貞觀十二年四月八日

河北唐山宣霧山

藝目失載　羅録上·二三　匯三補遺·三一

潘基墓誌　分書

貞觀十二年九月十日

徵二·二　館二二

右監門中郎將右勳衛郎將檢校左右領府郎將長樂宮大監定州刺史延陵縣開國子齊士員造像並心經　正書

貞觀十三年正月一日

陜西三原唐高祖李淵獻陵

藝四·一　攈七三　滙一二之一·九四　績·丙　關考七·五　陜七·二六　唐文拾遺一二·一三

睦州刺史張琮碑　正書　額篆書　于志寧撰

羅振玉云：從于志寧結銜考之，當在貞觀十七年。

貞觀十三年二月十一日

陜西咸陽西北三十里雙照村（或云在三原）

藝四·一　攈七·三　萃一·五　獨殘·一二　楊圖五·八　孫録三·七〇　竹二·三　關中·一〇　滙一二之一·七四　關二·三　雍二·四　跋四·七　授續三·一　萃四五·一　古墨三·四八　鈔三·一九　雪跋四·二　瓊三·一六　關中·一〇　平四·五　關考六·八　抱經堂文集　陜七·二七　乾隆十六年咸陽縣志五·一六

建節尉張騷墓銘　分書

貞觀十三年十一月四日

河南洛陽出土，張鈁千唐誌齋藏石。

徵二·二　館·二三　誌初二·二

張君夫人秦詳兒墓誌　正書

貞觀十四年正月十七日

河南洛陽出土，開封圖書館藏石。

名四·三二　徵二·二　館·二三　芒冢四編二·九　誌初二·二

柏仁武□□造彌勒像　正書

貞觀十四年四月八日

河北唐山宣霧山

藝三·一　匯三　補遺·三一

太宗御書屏風碑　草書

七截刻（《唐會要》）《書斷》四·四褚遂良條：貞觀十四年四月廿二日太宗爲真草書屏風，以示群臣（出《賓譚録》咸淳本《百川學海》）。宋淳熙九年祝寬夫跋，嘉泰甲子王允初摹刻跋，淳熙丁未姜夔跋，元延祐丙辰王昌跋。

貞觀十四年四月二十二日

浙江杭縣縣治大堂側（自永安寺地中發出）

藝四·八　竹二·五　攈七·三　孫録三·七二　匯七·二一　來中·四　録補一〇·九四　浙一·二八　平三續上·九　甘泉鄉人稿一一

左屯衛將軍姜行本紀功碑　正書　司馬太貞撰　左側□□吴仁牛進達題名。新疆哈密庫舍圖嶺山關帝廟東三十餘步石室内。（雍正九年查郎阿鑿通南山運糧道，得之土中，缺四十七字，左側缺十五字。）

貞觀十四年閏六月二十五日

藝四·一　攈七·三　孫録三·七〇　楊圖五·九　西域水道記三　新疆訪古録二·一　竹二·三　關中·一〇　古墨三·四九　獨殘·一二　陲·六　雪跋四·一　瓊三四·一　平四·六　關二·一　跋四·八　授續三·二　匯一三·一六　衎石齋記事稿四·二一　關考一〇·五二　全唐文一六二·一〇　續古文苑一七·一

魏府君夫人雷氏墓誌並蓋　正書

貞觀十四年十一月三日

開封圖書館藏石

徵二·二　館二三　名四·三三　蒿二之一·一〇　芒冢四編二·一〇　誌初二·二

前梁開府漳川郡太守山陰縣開國侯孟保同墓誌　正書

貞觀十四年十一月九日

開封圖書館藏石

徵二·二　館·二三　名四·三三　蒿二之一·一　誌初二·二

□孝基墓誌　正書

貞觀十四年十一月十日

徵二·三　館·二三

騎都尉濮陽縣令于孝顯碑　正書　額篆書陽文

殘缺側有花紋，陰刻道光中王志沂、萬宗洛、盧坤等跋。

貞觀十四年十一月十日

陝西西安碑林第三室（嘉慶廿年三原令翟桐墅訪得，或云道光三年五月出於富平西北鄉）

藝四·一　趙録三·一　蒿一·五　徐星伯先生小集·二六　攈七·三　關中·一〇　滙一二之一·二　九甲·六〇　岷·六　績·丁　唐録中·一　平再續·九　瓊三四·二　續編四·二　萃略一·三五　關考一·一一　陝七·二七　唐文拾遺六二·一二　萃目一·八

重刻漢溧陽侯史崇碑　漢左雄撰　碑題作後漢司空驃騎將軍史公神道碑，後刻永和八年仲春望十三代孫援重立石，側刻嘉靖癸卯仲冬冬至日四十五世孫京跋。

貞觀十四年春十八代孫仲謨再立

寶叢一五·一一　藝續·一

慧静禪師靈塔銘　正書

貞觀十五年四月二十三日

河南安陽西南六十里寶山東山東

年二·八　朔目二·八　擴七·三　名四·三三　徵二·二　滙九之二·三

處士賈仕通墓誌　正書

貞觀十五年五月十二日

河南洛陽出土，張鈁千唐誌齋藏石。

徵二·二　館·二三　誌初二·二

□君夫人薄氏墓誌並蓋　正書

貞觀十五年五月二十五日

開封圖書館藏石

徵二·三　名四·三三　館·二三　芒冢續中·二　誌初二·二

處士梁凝達墓誌　正書

貞觀十五年九月十五日

開封圖書館藏石

館·二三　徵二·三

隋滄州饒安縣令侯君妻劉夫人墓誌並蓋　正書

貞觀十五年十月九日

開封圖書館藏石

徵二·二　館·二三　名四·三三　誌初二·二

交州都督上柱國清平縣公世子李道素墓誌　正書　卒年十七

貞觀十五年十一月十五日

河南洛出土，歸天津除氏。

名四·三三　徵二·三　館·二三　蒿二之一·一〇　芒冢四編二·一一　誌初二·二

伊闕佛龕碑　又名三龕記　正書　額篆書　岑文本撰　褚遂良書（據《集古録》）

貞觀十五年十一月

河南洛陽賓陽洞北石壁上

藝四·六　楊圖五·一〇　孫録三·七一　擦七·三　匯九之三·二〇　竹二·三　瓊一七·三〇　清二·四二　平四·七　鈔三·二六　中記二·二七　授二跋一·二　萃四五·五　古墨三·五〇　録續五·五四　瓶四·六　裴景福河海崑崙録一·四九　近人胡玉縉許廎學林一九·四六三　明拓本較金石萃編多卅餘字

蘇州府吴縣丞杜榮墓誌　正書

貞觀十五年十二月十五日

開封圖書館藏石

徵二·三　名四·三三　蒿二之一·一〇　館·二三　芒家四編二·一二　誌初二·二

王才粲妻劉夫人墓誌　正書

貞觀十六年二月二十四日

河南洛陽出土，張鈁千唐誌齋藏石。

徵二·三　館·二三　誌初二·二

弟子智瓊造大智焱律師塔記　正書

貞觀十六年四月二十五日

河南安陽六十里寶山西山西

藝三·一一　朔目二·八　河録二·八　匯九之二·三　績·甲　名四·三三

劉粲墓誌並蓋　正書

貞觀十六年六月二十五日

開封圖書館藏石

徵二·三　館·二三　名四·三三　蒿二之一·一〇　誌初二·二

慈潤寺大智迴論師灰身塔記　正書

貞觀十六年十月十日

河南安陽西南六十里寶山西山西

河録二·八　朔目二·八　攈七·四　滙九之二·三　徵二·三

隋西平郡化隆縣長劉政墓誌並蓋　正書

貞觀十六年十一月二十日

河南洛陽出土，開封圖書館藏石。

徵二·三　名四·三三　館·二三　蒿二之一·一一　芒冢四編二·一四　誌初二·三

吏部將仕郎范陽盧府君妻馮氏墓誌　正書

貞觀十六年十一月二十日

河南洛陽出土

徵二·三　館·二三　誌初二·三

金剛經　正書

貞觀壬寅（十六年）十二月十二日

四川綿州

藝四·六　攈七·四　滙一六補遺·九

右衛大將軍揚州都督褒國公段志玄碑　正書　額篆書

《續修醴泉縣志稿》引舊志云：存八百餘字。

貞觀十六年□月十八日卒

陝西醴泉北二十里莊河村昭陵南十里（一作儀門村）

藝四·六　蒿一·五　獨殘·三　竹二·三　攈七·四　孫録三·七一　滙一二之一·一〇八　昭上·六　瓊三四·一〇　關中一一　古墨三·五一　萃四五·六　雍二·五　關二·四　授二跋一·三　妙六·一〇　金石録二三·八　寶叢九·三　鐫二字二·三四　關考八·二　陝八·三　全唐文九九一·一　天一·五　1935年續修醴泉縣志稿三·五

張仲賓墓誌　正書　右下角缺一字

貞觀十七年十月九日

河南洛陽出土，歸于右任。

館·二三（誤作李仲賓）

文州總管陸讓碑 陳□□撰 郭儼正書 額正書

文凡一千二百字，磨泐不能成誦。

貞觀十七年歲次癸卯十一月二十六日

陝西三原獻陵

藝四·六 蒿一上·五 擴七·四 隋上·八 竹二·五 匯一二之一·九四 來上·三七 萃四六·一 關中·一一 瓊三四·一一 退四·二〇 關考七·八 陝七·二八 全唐文九九二·一

隋毗陵郡無錫縣令姚孝寬墓誌 正書

貞觀十七年十月二十七日

開封圖書館藏石

徵二·三 名四·三三 館·二四 蒿二之一·一一 芒冢四編二·一五 誌初二·三

藍田縣尉王賓墓誌 正書

貞觀十七年十一月十四日

張鈁千唐誌齋藏石

徵二·三 館二四

繁昌縣令馬志道墓誌 正書

貞觀十七年十二月二十八日

張鈁千唐誌齋藏石

館·二四 徵二·三 蒿續·四 誌初二·三

隋柱國左光禄大夫宏義明公皇甫誕碑 于志寧撰 歐陽詢正書 額篆書陽文

《集古録目（五）》，《中山大學史學年報（四）》，岑仲勉《金石證史》及《唐史餘瀋》《再論皇甫誕碑》認爲不能早於貞觀十六年四月。萬曆二十四年碑亭圮，壓碑中斷，剥二十餘字，後又亡五十餘字（楊守敬《鄰蘇老人手書題跋》云：南宋時已斷，萬曆間始斷者不確)。乾隆中年碑下段左偏又剥蝕九十六字。《潛研堂金石文字跋尾》云：石已中斷，損四十餘字。下方剥落一片，又失九十餘字。銘詞漫漶不可識者又五六十字。《金石萃編》録全文共缺八十一字，乃據已斷本所稱三監本是也。左上邊有道光壬午汜水令邵堂題名《碑藪》云字多損缺。元有翻本。

貞觀十七年

陝西西安孔廟

竹二·三　清二·四一　藝三·一二　金石一跋四·八　孫録三·六九　楊圖五·三　攈七·一　校　蒿一·五　匯一二之一·三　金石録二三·一〇　寶叢七·三　薤八·一　鐫一·一八　庚六·一　字二·二七　來上·三六　續録一·二〇　妙五·二二　關二·四　雍二·一　跋四·三　瓶四·六　萃四四六　古墨三·四六　平四·二　清二·四一　關中·一二　雪跋四·一　石泉·一二　瓊三四·三〇　東洲草堂文抄一〇·一　貞松老人外集二·一一　錢保塘清風室文抄四·三　關考一·一〇　藪二　陝八·二　復二二·二三　全唐文一四四·七　唐文拾遺一四·一六（北宋拓·全文）　古緣一七·一〇又一一（並宋拓）又一二（明拓）　退四·九　天一·四　石印明拓本（後有嘉慶十四年翁方綱觀錢大昕觀題記二行）

開封右尚令王仁則墓誌　正書

貞觀十八年二月五日

張鈁千唐誌齋藏石

館·二十四　徵二·三

馮信墓誌（志初誤作“司徒信”）　正書

文稱漢司徒延爲君十四世祖。

貞觀十八年二月十六日

開封圖書館藏石

名四·三三　徵二·三　館·二四　蒿二之一·一一　芒冢四

編補遺·一七　誌初二·三

處士霍恭墓誌　正書

貞觀十八年七月十一日

徵二·三　館·二四　名四·三三　誌初二·三

處士王通墓誌　正書

貞觀十八年十月九日

張鈁千唐誌齋藏石

館·二四　徵二·三　誌初二·三

經行寺僧曇徹造舍利塔記　正書

貞觀十八年十月辛丑朔

陝西出土，歸諸城劉喜海。

藝四·六　攈七·四　名四·三四

弟子普閏等為師立靈塔記　正書

貞觀十八年十一月十五日

河南安陽西南六十里寶山

朔目二·八　河録二·六　名四·三四

僧明德造像　正書

貞觀十八年

山東歷城千佛山

藝三·一一　攈七·四　山訪一·二　匯一〇之一·三　阮山一一·一　萃目一·八

清信女大申優婆夷灰身塔記　正書

貞觀十九年二月八日

河南安陽西南六十里寶山東山

朔目二·八　河録二·六　攈七·四　匯九之二·三　徵二·三　名四·三四

贈比干太師詔並祭文　薛純陀分書

碑陰重摹祭殷太師文，碑陰記韓冲撰，張淑書，延祐五年四月。

貞觀十九年二月三十日

河南汲縣西北五十里本廟

藝四·六　竹二·三　孫録三·七一　朔目二·二　河録一·四　續編四·五　平續·四　萃四六·三　跋四·一〇　寶叢六·四九　字二·三五　中記二·二八　存一二·一三　天一·五

齊德州平原縣令張夫人楊氏墓誌　正書

貞觀十九年五月三日

張鈁千唐誌齋藏石

徵二·三　館·二四

隋邛州司户參軍明雅墓誌　正書

貞觀十九年六月二十四日

徵二·三　館·二四

霍漢墓誌並蓋　正書

貞觀十九年六月二十五日

河南洛陽出土，開封圖書館藏石。

徵二·三　館·二四　蒿二之一·一一　名四·三四　芒冢四編二·一六　誌初二·三

董夫人任氏墓誌　正書

貞觀十九年七月十八日

吴興徐森玉藏石

徵二·三　名四·三四　蒿二之一·一一　芒冢四編二·一七　誌初二·三

張綱墓誌　正書

貞觀十九年十月十四日

張鈁千唐誌齋藏石

徵二·四　館·二四

大雲法師灰身塔記　正書

貞觀丨九年丨一月

河南安陽西南六十里寶山西山西

朔目二·八　河録二·八　攗七·四　名四·三四　徵二·四　匯九之二·三

洛州伊闕縣令劉德墓誌　正書

貞觀十九年十二月十二日

徵二·四　館·二四

定（藝誤作相）**州都督李士洛造像記**　李君政正書

字已剥落殆盡

貞觀十□年九月三日

河北唐山宣霧山千佛殿東

藝三·一　羅録上·二四有貞觀□□□年九月李惠寬造法華經碑，李君政書，未知即此否　匯三補遺·三一　全唐文一五六·二四　堯山縣志料卷一四·金石

晉祠銘　李世民撰書　額飛白書

額陰政和乙未正月王舜臣題名。碑陰長孫無忌等題名，□禹錫題名（皇祐辛卯），盧大雅等題名（王本正書，熙寧戊申九月），王安修等題名（熙寧癸丑孟夏），龐京孫等題名（元豐三年八月），邢平等題名（元豐七年正月），曾布等題名（盧訥行書，元祐丙寅七月），邵塤題名（元祐己巳仲春），陳知存題名（政和乙未六月），苗仲淵題名（政和五年十月），洪武三年楊憲禱雨題名，嘉慶十年阮元題名。左側邢佐臣等題名（至和二年四月），吕升卿題名（元豐七年六月），曾布題名（吴則禮行書，元祐丙寅五月），王修等題名（紹聖三年十月）。右側王安禮等題名（熙寧戊申三月），馬仲良等題名（壬戌歲孟春）。嘉慶壬申凌銓題名。

貞觀二十年正月二十六日（或作二十一年七月）

山西太原城（指古晉陽城——編者）南十里晉祠

藝四·六　竹二·三　攗七·五　孫録三·七二　獨殘·四

瓊三四・一四　續編四・二〇　平再續・一〇　金石録二三・八　鐫二・二　字二・三五　來中・二　妙七・一　跋四・一〇　萃四六・四　鈔三・三二　古墨三・五〇　平四・七　右叢四・七　録補一〇・九六　匯一二　右三・七　面城精舍雜文乙編・二八　復二二・一　寰記四〇・一二　天一・五　萃目一・九　元和郡縣志一三・七

肆州㜸陶縣陳君約妻張為亡女七寶造像　正書

貞觀二十年二月八日

河北唐山宣霧山

藝三・一　羅録上・二四　匯三補遺・三一

宋夫人斑氏墓誌　正書

貞觀二十年二月二十七日

開封圖書館藏石

館・二四　徵二・四　名四・三三　誌初二・三

慧潤寺慧休法師刻石紀德文　正書

貞觀二十年季春月十五日

河南安陽西南六十里寶山東山

河録二・六　朔目二・八　校　羅録上・二四　攈七・五　匯九二・三

澤州參軍左法墓誌　正書

貞觀二十年三月二十日

陝西西安段氏藏石

館・二四　陝七・二八

静感禪師舍利塔記　正書

貞觀二十年三月二十一日

河南安陽西南六十里寶山東山

朔目二・八　河録二・六　名四・三四

張萬等造像　正書

貞觀二十年四月八日

河南修武

擴七·五　匯九之二·六〇

楊德墓誌並蓋　正書

貞觀二十年四月二十四日

開封圖書館藏石

館·二四　蒿二之一·一一　徵二·四　誌初二·三

洛州河南縣崇政鄉君齊夫人墓誌並蓋　正書

貞觀二十年五月十一日

河南洛陽出土，開封圖書館藏石。

徵二·四　館·二四　名四·三四　芒冢續編中·二　誌初二·三

尹貞墓誌　又名尹善幹墓誌

前題泐。誌云貞觀初乃應齊府辟，屈節於功曹參軍。俄而辭疾去官，從其所爲。

貞觀二十年五月二十九日

陝西西安終南山出土，歸開封吴縣林氏鑒園。

藝一八·八　館·二五　蒿二·一一　誌匯二·一九　唐文拾遺六·四一　光緒二十四年祥符縣志二二·四

李護墓誌並蓋　正書

貞觀二十年六月一日

河南洛陽出土，開封圖書館藏石。

名四·三十四　徵二·四　蒿二之一·一一　館·二四　芒冢續編中·三　誌初二·三

魏文德之銘　正書

貞觀二十年六月十二日

河南洛陽出土，張鈁千唐誌齋藏石。

徵二·四　館·二四　誌初二·三

明歆律師支提塔記　正書

貞觀二十年七月八日

河南安陽西南六十里寶山

滙九之二·二　攈七·五　朔目二·一四　河録二·八　滙九之二·三　名四·二四

左宗衛大都督楊士達墓誌　正書

貞觀二十年七月十二日

張鈁千唐誌齋藏石

徵二·四　館·二四　蒿續·四　誌初二·三

處士余當墓誌　正書

貞觀二十年八月二十三日

張鈁千唐誌齋藏石

館·二四　徵二·四

韓忠墓誌（館作張忠，徵作□忠）　正書

貞觀二十年九月二十日

張鈁千唐誌齋藏石

館·二四　徵二·四

薛朗墓誌　正書

貞觀二十年九月二十九日

張鈁千唐誌齋藏石

處士傅叔墓誌　正書

貞觀二十年十月十四日

河南洛陽出土，開封圖書館藏石。

徵二·四　館·二五　蒿二之一·一一　名四·三四　芒冢四編二·一七　誌初二·三

騎都尉王君故妻馬氏夫人墓誌　正書

貞觀二十年十月十五日

河南洛陽出土，張鈁千唐誌齋藏石。

徵二·四　館·二五　誌初二·三

優婆塞晉州洪洞縣令孫伯悦灰身塔銘　正書

貞觀二十年十月十五日

河南安陽西南六十里寶山

校　朔目二·八　河録二·八　名四·三四　徵二·四

范相墓誌　正書

貞觀二十年十月二十七日

張鈁千唐誌齋藏石

徵二·四　館·二五

隋銀青光禄殷州刺史段師墓誌並蓋　正書

貞觀二十年十一月二日

開封圖書館藏石

名四·三四　徵二·四　館·二五　誌初二·三

睦州桐廬縣主簿李桀墓誌　正書

貞觀二十年十二月二十四日

館·二五　徵二·四

張文達造像　正書

貞觀二十年

河南安陽西南六十里寶山萬佛溝

藝三·一一　攈七·五　河録二·七　朔目二·八　校　匯九之二·三

右尚書僕射司徒申文獻公高士廉塋兆記　許敬宗撰　趙模正書　額篆書

側有會昌四年五月四日六代孫元裕題記，會昌四年五月十五日六代孫可逸題記。

貞觀二十一年二月二十六日葬

陝西醴泉北二十五里劉洞村（一作烟霞洞）

藝四·七　蒿一·六　獨殘·一　竹二·三　攈七·七　孫録

三・七一　匯一二之一・一〇八　金石録二四・九　寶叢九・三　鐫二　字三　來中・一六　昭中・一　關中・一一　平三續上・一〇　古墨三・五二　萃四八・一　雍三・七　關二・四　録續六・六二　雪跋四・三　關考八・三　陜八・三　全唐文一五〇・二六　1935年續修醴泉縣志稿三・五

□舉墓誌　正書

貞觀二十一年二月二十八日

館・二五　徵二・四

比丘明幹為亡父母兄弟造彌勒佛　正書

貞觀二十一年二月二十八日

四川簡陽石佛寺

擄七・六　匯一六補遺・二

慈潤寺弟子靈範為師慧休法師造灰身塔記　正書

此記印刻在慧師禪師刻石紀德文之上方。

貞觀二十一年四月八日

河南安陽西南六十里寶山東山

朔目二・八　河録二・六

洛州徵士萬德墓誌　正書　舊志改刻

貞觀二十一年

河南洛陽出土，開封圖書館藏石。

徵二・四　館・二五　名四・三五　誌初二・三

萬年縣尉孔長寧墓誌　正書

貞觀二十一年八月二十八日

開封圖書館藏石

徵二・四　館・二五　蒿二之一・一一　名四・三五　芒四編補遺・一九　誌初二・三

涪州永安縣令輕車都尉樂善文墓誌　正書

貞觀二十一年十月八日

河南洛陽出土，張鈁千唐誌齋藏石。

徵二·四　館·二五　誌初二·四

徐夫人劉氏墓誌　正書

貞觀二十一年十月十日

張鈁千唐誌齋藏石

館·二五　誌初二·四

徵士向英墓誌　正書

貞觀二十一年十一月二十日

張鈁千唐誌齋藏石

徵二·四　館·二五

楊達墓誌　正書

貞觀二十一年十二月二十一日

河南洛陽出土，張鈁千唐誌齋藏石。

館·二五　徵二·四　誌初二·四

太常卿褚亮碑　分書　額篆書

宋歐陽棐《集古録目》五列永徽間。《續修醴泉縣志稿》云：今失。

貞觀二十一年卒

陝西醴泉北二十五里烟霞洞（一作西谷村）

藝四·七　獨殘·一　蒿一·六　古墨三·五二　關二·五　金石録二五·二　寶叢九·六　鐫二　庚七·八　字三　來中·九　存一二·二八　雍三·八　關二·五　跋四·二五　萃四八·三　古墨三·五二　平四·二〇　關中·一三　瓊三九·一六　獨殘·一　昭上·二〇　匯一二之一·一〇八　關考八·一二　1935年續修醴泉縣志稿三·六

武騎尉張實墓誌　正書

貞觀二十二年正月二十八日

河南洛陽出土，張鈁千唐誌齋藏石。

誌初二·四

霍婆（藝誤釋波女）**造像**　正書

貞觀二十二年二月八日

河北唐山宣霧山

藝三·一　滙三補遺·三一

隋平州録事參軍張育墓誌並蓋　正書

貞觀二十二年二月二十一日

開封圖書館藏石

徵二·五　館·二五　蒿二之一·一一　名四·三五　誌初二·四

段儼妻文安縣主墓誌銘　正書

嘉慶間，歸縣人張光緒。死後其子藏於眢井，數十年復出。同治十二年吴大瀓得於長安。

貞觀二十二年三月二十二日

陝西醴泉出土

藝一八·四　徵二·五　館·二五　蒿二之一·一一　泉一·二二　名四·三五　隋上·一一　楊圖五·一一　擄七·六　續編四·六　瓊三四·二一　九甲·六一　昭上·九　誌五·二　寶叢九·五　滙一二之一·一〇八　趙録三·二　誌滙二·三　關考八·三　全唐文九九四·一　1941 年乾縣新志一〇·八　萃目一·九

宫官張功謹敬德造心經幢　又名淤泥寺心經　正書

顧炎武疑爲後人僞刻。

貞觀二十二年三月

北京宣武門西南隅鷲峰寺（一名卧佛寺）

藝四·七　畿志一三八·二八　孫録三·七二　擄七·六　竹二·四　字二·三七　録補一〇·九六　萃四七·一　滙一·三天一·三九　復詩二九·五

洞玄弟子辨法遷為兒造天尊像 正書

貞觀二十二年四月八日

四川綿州佛祖岩

藝四·八 攈七·六 匯一六補遺·九 硯九·四 苑 1934年綿陽縣志九·四

張行滿墓誌並蓋 正書

貞觀二十二年四月二十三日

開封圖書館藏石

館·二五 徵二·五 蒿二之一一 名四·三五 芒冢四編二·一九 誌初二·四

上騎都尉益州新津縣丞丘蘊墓誌並蓋 正書

貞觀二十二年六月二十三日

開封圖書館藏石

名四·三五 徵二·五 蒿二之一·一一 芒冢四編二·二 誌初二·四

武騎尉范雅墓誌 正書

貞觀二十二年七月七日卒

館·二五 徵二·五

張希冲塔記（攈作張孝才塔記） 正書

貞觀二十二年七月十五日

河南安陽西南六十里寶山西山西

藝三·一一 攈七·六 朔目二·九 河録二·八 匯九之二·三 名四·三五

張通墓誌並蓋 正書

貞觀二十二年七月二十七日

開封圖書館藏石

館·二五 徵二·五 蒿二之·一一 芒冢續編中·四 誌初二·四

梁基墓誌　正書

貞觀二十二年九月二十八日

張鈁千唐誌齋藏石

徵二·五　館·二五

國子祭酒孔穎達碑　正書　于志寧撰　額篆書

趙崡云：碑首有至正四年三月，顧游特看此碑墨書十二字，積泥土中，拭視如新。

貞觀二十二年九月□八日卒

陝西醴泉北二十里中谷村昭陵南十里（或作西谷村）。

藝四·八　攈七·六　蒿一·五　獨殘·三　竹二·四　孫録三·七二　昭上·一一　平續·四　關中·十二　瓊三四·二七　觀下·七二　金石録二三·九　寶叢九·四　萃四七·二　跋四·一一　雍二·五　關二·四　匯一二之一·一〇八　妙六·一一　來中·一七　字二·三八　鎸二　集五　關考八·三　藪·六　陝八·五　復二二·七　全唐文一四五·一　天一·五　1935年續修醴泉縣志稿三·六

趙昉墓誌　正書

貞觀二十二年十一月七日

館·二五　徵二·五

霍寬墓誌　正書

貞觀二十二年十一月十三日

館·二五　徵二·五　蒿二之一·一一

郢州參軍事胡寶墓誌　正書

貞觀二十二年十二月二十四日

河南洛陽出土，張鈁千唐誌齋藏石。

館·二六　徵二·五　誌初二·四

隋倉部侍郎辛衡卿墓誌　正書

貞觀二十二年十二月二十四日

河南洛陽出土，張鈁千唐誌齋藏石。

館・二五　徵二・五　誌初二・四

處士宋元盛墓誌　（又作宋榮）　正書

貞觀二十二年閏十二月二七日

張鈁千唐誌齋藏石

館・二六　徵二・五

□□法師殘塔記　正書

貞觀二十三年正月二十三日

河南安陽西南六十里寶山西山東

河録二・八　朔目二・九　河目上・六　名四・三五

霍巡?叔為亡□造像　正書

貞觀二十三年二月八日

河北唐山宣霧山

藝三・一　滙三補遺・三一

趙君妻麴氏墓誌　正書

貞觀二十三年三月二日

河南洛陽出土，張鈁千唐誌齋藏石。

徵二・五　館・二六　誌初二・四

闞英墓誌並蓋　正書

貞觀二十三年三月十一日

河南洛陽出土，開封圖書館藏石。

名四・三五　蒿二之一・一一　館・二六　徵二・五　芒冢三編・二〇　誌初二・四

楊昭墓誌並蓋　正書

貞觀二十三年三月十七日

河南洛陽出土，開封圖書館藏石。

名四・三五　館・二六　徵二・五　蒿二之一一　芒冢四編二・二一　誌初二・四

和州香林府長史張雲墓誌　正書

貞觀二十三年四月十一日

河南洛陽出土，張鈁千唐誌齋藏石。

館·二六　徵二·五　誌初二·四

郡君楊夫人（成其）墓誌　正書

貞觀二十三年六月十八日

開封圖書館藏石

徵二·五　館·二六　蒿二之一·一一　名四·三五　誌二·四

青州録事參軍李良墓誌並蓋　正書

貞觀二十三年七月十八日

河南洛陽出土，歸開封圖書館。

名四·三五　館·二六　徵二·五　蒿二之一·一一　芒冢三編·二一

鄭州新鄭縣令劉文墓誌　正書

貞觀二十三年八月十八日

徵二·五　館·二六

鄧州司倉張舒墓誌　正書

貞觀二十三年八月二十三日

河南洛陽出土，張鈁千唐誌齋藏石。

徵二·五　館·二六　誌初二·四

燕明墓誌　正書

貞觀二十三年八月二十五日

徵二·五　館·二六

集州録事參軍王文驁夫人趙氏墓誌並蓋　正書

貞觀二十三年九月四日

開封圖書館藏石

館·二六　徵二·五　蒿二之一·一二　名四·三五　誌初二

·四

濟州别駕李絢墓銘　正書

貞觀二十三年十二月十二日

河南偃師出土

藝一八·四　東冢一·　名四·三五　徵二·六　蒿二之一·一二　誌初二·四　誌匯二·二

蜀王師盖文達碑　于志寧撰　李仁和正書（或作李仁弘）額正書　左側接刻碑銘　碑陰題名

貞觀二十三年（羅振玉考作永徽二年）

河北衡水東南二十五里盖村

畿志一五一·二一　藝四·八　竹二·四　擦七·七　孫録三·七二　授續六·八　平續·三　雪跋四·二　匯三之二·三七　寫禮廎讀碑記·二三

贈晋州刺史順義公裴藝殘碑　上官儀撰　褚遂良正書（撰書人據《寶刻類編》）　額分書陽文

碑已殘缺，可識者五十餘字。

貞觀二十三年（《寶刻類編》）

陝西醴泉北二十里古村昭陵南十里

藝四·八　擦七·七　蒿一·五　竹二·四　孫録三·七三　匯一二之一·一〇八　寶叢九·五　關二·一二　雍三·八　平續·四　關中·二一　續編四·七　昭上·一六　關考八·三　陝八·五　萃目一·九　1935年續修醴泉縣志稿三·六

梁文昭公房玄齡碑　褚遂良正書　額篆書

上截存四百餘字，下截已泐。北平李在銛（芝溪）藏宋拓裱本，存全字八百餘，殘字三百餘，後半燬去數十字（本後歸趙爾巽，有景印本）。後有成親王跋云：裝背惡劣，且有舛誤。前有甲申夏芝溪跋，丁卯趙爾巽跋，辛酉初夏李在鍇跋，後有癸酉六月癸卯七月李氏二跋。

《昭陵碑録》上，廿作貞觀二十□年七月□□日（王昶考爲永徽三年）

陝醴泉北二十里劉洞村西昭陵南十里

藝四·八　蒿一·五　竹二·五　攈七·一〇　籀·八　孫録三·七三　昭上·一八　關中·一三　匯一二之一·一〇八　金石録二四·九　寶叢九·六　鐫二　字二·三八　來中·一六　妙六·五　關中二·五　雍二·六　雍記餘·一　金石二跋一·六　萃五〇·一　古墨三·五二　平四·八　關中一三　瓊三五·二九　貞松老人遺稿丙集卷二　關考八·四　羅振玉松翁賸稿二·三　武慕姚房玄齡碑跋，進德月刊二卷六期　陝八·四　全唐文一四八·二六　退四·一一　天一·五　1935年續修醴泉縣志稿三·一四

李惠寬造賢劫千佛並法華經　正書

貞觀□□年九月□十日

段夫人張安羡墓誌　正書

貞觀□年十一月七日

開封圖書館藏石

左驍衛大將軍幽州都督上柱國琅邪郡開國公牛秀碑　正書　額篆書

碑文惟右方上半段字畫完好，凡存十八行。

貞觀末

陝西醴泉昭陵

藝四·八　求二·一三　獨殘·一三　蒿一·六　關中·一二　昭下·三一　匯一二補遺·六　平三續上·九　隋上·三一　續編四·七　瓊三四·三一　匯一二之二·一一〇　丙寅稿四二　陝八·一八

永徽

故居士子蕭儉灰身塔記 正書

永徽元年二月八日

河南安陽西南六十里寶山西山西

藝三·一一 朔目二·九 河録二·八 滙九補遺·二 名四·三六

益州學館廟堂記 賀遂亮撰 顧有意正書 陰題名 碑陰陽上下截均有缺佚。

永徽元年二月三十日

四川成都府學

藝四·八 攈七·七 趙録三·二 滙一六之一 瓊三五·一 苑 金石録二四·二 録續五·五四 唐文拾遺六一·六

隋車騎將軍金行舉墓誌 正書

永徽元年三月三日

徵二·六 館·二六

周公禮墓誌 正書

永徽元年三月□日

漫漶過甚

藝續·一

祁讓墓誌 正書

永徽元年四月二日

張鈁千唐誌齋藏石

徵二·六 館·二六 蒿二之一·一二 誌初二·五

樂達墓誌 正書

永徽元年四月二十九日

徵二·六 館·一六 誌初二·五

隋燕王府録事段夫人墓誌 正書

永徽元年五月二十三日

張鈁千唐誌齋藏石

徵二·六　館·二六

特進芮定公豆盧寬碑　正書　李義府撰　額篆書

殘存數十字，惟碑額完好。《續修醴泉縣志稿》引舊志云：存四百字；又云：今失。昭陵南十里（或作西峪村）。

永徽元年六月四日卒

陝西醴泉西北二十里下巖峪昭陵南十里（或作西峪村）

藝四·八　孫録三·七三　竹二·五　蒿一·五　關中·一三　擴七·八　昭上·二二　匯一二之一·一〇九　寶叢九·六　鐫二·　字三·一　來中·一七　關二·五　雍二·六　瓊三五·九　續編四·八　天一·五　關考八·四　陝八·六　1935年續修醴泉縣志稿三·六　萃目一·九

處士張鳳憐墓誌　正書

永徽元年六月十八日

張鈁千唐誌齋藏石

唐故隋酒城府鷹揚曹諒及琅琊郡君安氏墓誌　正書

永徽元年七月九日

河南洛陽出土

左監門大將軍襄城郡開國公樊興碑　正書

銘後刻：道光八年學使周貞木得之獻陵，舁置使署。二十三年沈兆霖記。

永徽元年七月九日

陝西三原

藝四·八　績·丁　楊圖五·一二　蒿一·五　趙録三·二　寶叢一〇·一六　岷·六　硯九·四　瓊三五·一七　略一·四〇　泉一·二四　匯一二之一·九四　關考七·九　陝八·二三　唐文拾遺六二·一八　萃目一·九

張寶墓誌　正書

永徽元年八月七日

河南洛陽出土，張鈁千唐誌齋藏石。

徵二·六　館·二七　誌初二·五

滎陽毛文通墓誌　正書

永徽元年十月丙寅朔

徵二·六　館·二七　誌初二·五

張藥墓誌　正書

永徽元年十一月一日

河南洛陽出土，歸開封圖書館。

徵二·六　館·二七　名四·三六　蒿二之一·一二　芒冢三編·二二　誌初二·五

比丘尼毛（三）藏妹嚴行等造像　正書

永徽元年十一月二十三日

慈潤寺法珍法師塔記　正書

永徽元年十二月八日

河南安陽西南六十里寶山西山西

藝三·一一　河録二·八　朔目二·九　校　攈七·八　匯九之二·三　名四·三六　安陽縣金石録三·八

故荆州松資縣令湯府君妻傷大妃墓誌　正書

永徽二年正月十五日

陜西西安出土，歸渭南趙乾生，後歸吴縣吴大瀓。

藝一八·四　蒿二之一·一二　名四·三六　續·乙　硯九·一〇　誌匯二·三　羅録上·二四　關考二·六四　關新三·七　陜八·二七　唐文拾遺六四·二　瓊三五·二七

潘卿墓誌　正書

永徽二年正月二十七日

徵二·六　館·二七　蒿二之一·一二　誌二·五

衛州新鄉縣令王順孫墓誌　正書
永徽二年二月九日
張鈁千唐誌齋藏石
徽二·六　館·二七
版授隰州永和縣令韓才並夫人侯氏墓誌　正書
永徽二年二月□一日
徽二·六　館·二七
慈潤寺道雲法師塔記　正書
永徽二年四月八日
河南安陽西南六十里萬佛洞
藝三·一一　攈七·八　朔目二·九　河録二·七　匯九之二·三　安陽縣金石録三·八　名四·三六
仇道及夫人袁氏墓誌　正書
永徽二年四月十日
張鈁千唐誌齋藏石
徽二·六　館·二七
郝榮墓誌　正書
永徽二年四月二十一日
徽二·六　館·二七
李敬字如願墓誌　正書
永徽二年五月十九日
河南洛陽出土，張鈁千唐誌齋藏石。
誌初二·五
單信墓誌　正書
永徽二年六月二十二日
張鈁千唐誌齋藏石
徽二·六　館·二七
蜀王故西閣祭酒蕭勝墓誌　褚遂良書（後人妄增）

曾歸吴雲，後歸日本，斷裂爲三。

永徽二年八月二十二日

陝西西安出土

徵二·七　館·二六　衎石齋記事續稿六·一九　楊圖五·一二　名四·三六　蒿二之一·一二　瓊袪僞·一七　績·乙　岷·七　趙録三·二　攈七·九　匯一二補遺·一〇　關考五·一五　志匯二·三　關新二·七　寫禮廎讀碑記二七　陝九·一　唐文拾遺六四·四　興三·四

處士張義墓誌　正書

永徽二年八月二十三日

張鈁千唐誌齋藏石

館·二六　徵二·七　誌初二·五

驃騎將軍孫遷墓誌　正書

永徽二年九月六日

開封圖書館藏石

館·二七　徵二·六

漢太史司馬公侍妾隨清娱墓誌　褚遂良書　僞刻

永徽二年九月

曾藏蔣氏别下齋

名四·三六　朱寶瑨海昌金石志二　陶一七·二　筆·二三　誌五·四　清二·四四　誌匯二·三　陝八·二七

玄武丞楊仁方墓誌　正書

永徽二年閏九月二十五日

張鈁千唐誌齋藏石

館·二七　館·六

幽州范陽令楊基墓誌　正書

永徽二年閏九月二十五日

張鈁千唐誌齋藏石

徵二·六　館·二七

洛州伊闕縣李謇墓誌　正書

永徽二年十月一日卒，葬年泐。

張鈁千唐誌齋藏石

館·二七　徵二·七

明夫人唐阿深墓誌　正書

永徽二年十月五日

河南洛陽出土，張鈁千唐誌齋藏石。

徵二·六　館·二七　誌初二·五

襄邑王李神符碑　殷仲容分書

永徽二年十月八日

陝西三原獻陵

藝四·八　攈七·九　唐録上·一　匯一二補遺·六　關考七·一二　攀一·二六　陝八·二八

楊夫人馬壽墓誌　正書

永徽二年十二月二十五日

河南洛陽出土，張鈁千唐誌齋藏石。

徵二·七　館·二七　又重見三一　誌初二·五

馬忠墓誌並蓋　正書

永徽二年十二月三十日

徵二·七　館·二七

許士端墓誌　正書

永徽二年□月十三日

河南洛陽出土，張鈁千唐誌齋藏石。

徵二·六　館·二〇　誌初二·五

故張氏故成公夫人墓誌　正書

永徽三年正月十八日

徵二·七　館·二十七

隋朝散大夫牛君夫人申好墓誌　正書
永徽三年二月十日
張鈁千唐誌齋藏石
徵二·七　館·二七　志初二·五
楊伯隴墓誌　正書
永徽三年二月二十二日
河南洛陽出土，張鈁千唐誌齋藏石。
徵二·七　館·二八　誌初二·五
游擊將軍吴孝墓誌　正書
永徽三年三月三日
河南洛陽出土，張鈁千唐誌齋藏石。
徵二·七　館·二七　誌初二·五
蓋村諸檀越造一佛二菩薩像記　正書
永徽三年三月八日
河南安陽西南六十里寶山
匯九之二·三　朔目二·九　河録二·七
嚴君故夫人鄭金墓誌　正書
永徽三年四月七日
館·二七　徵二·七
處士李清墓誌　正書
永徽三年六月三日
張鈁千唐誌齋藏石
館·二八　徵二·七
歸州興山縣丞皇甫德相墓誌　正書
永徽三年六月四日
河南洛出土，歸常熟曾炳章。
徵二·七　蒿二之一·一二　名四·三七　芒冢四編二·二五
誌初二·五

貝州臨清縣令王宏墓誌　正書
永徽三年七月十四日卒
河南洛陽出土，張鈁千唐誌齋藏石。
徵二·七　館·二八　誌初二·五
上儀同秦進儀墓誌　正書
永徽三年八月十五日
河南洛陽出，歸常熟曾炳章。
名四·三七　蒿二之一·一二　徵二·七　芒冢續編中·五　誌初二·五
宣節尉張萬善墓誌　正書
永徽三年八月十七日
張鈁千唐誌齋藏石
館·二八　徵二·七
竺夫人盖氏墓誌　正書
永徽三年九月七日
河南洛陽出土，張鈁千唐誌齋藏石。
徵二·七　館·二八　誌初二·五
金紫光禄大夫右屯衛司騎趙安墓誌並蓋　正書
永徽三年十月十三日
河南洛陽出土，開封圖書館藏石。
徵二·七　館·二八　名四·三七　蒿二之一·一二　芒冢四編二·二五　誌初二·五
顔瓌墓誌　正書
永徽三年十月十九日
張鈁千唐誌齋藏石
徵二·七　館·二八　誌初二·五
游擊將軍右武衛幽州潞城府果毅都尉魏德墓誌　正書
永徽三年十月二十五日

開封圖書館藏石
徵二·七　館·二八　蒿二之一·一二
楊清墓誌　正書
永徽三年十月二十五日
河南洛陽出土，張鈁千唐誌齋藏石。
徵二·七　館·二八　誌初二·五
孫夫人墓誌　正書
永徽三年十月二十五日
河南洛陽出土，張鈁千唐誌齋藏石。
館·二八　徵二·七　誌初二·五
宫官司設墓誌　正書
永徽三年十月二十五日
張鈁千唐誌齋藏石
徵二·七　館·二八　誌初二·五
鄭滿墓誌　正書
永徽三年十月一日乙酉朔
徵二·七　館·二八
處士張洛墓誌　正書
永徽四年正月二十一日
開封圖書館藏石
館·二八　徵二·七　名四·三七　蒿二之一·一二　芒冢四編補遺·一七　誌初二·六
將仕郎劉裕墓誌並蓋　正書
永徽四年二月二十日
開封圖書館藏石
徵二·七　館·二八　蒿二之一·一二　誌初二·六
隋左龍驤驃騎王協墓誌　正書
永徽四年三月九日

河南洛陽出土，張鈁千唐誌齋藏石。

徵二·八　館·二八　誌初二·六

張逸墓誌並蓋　正書

永徽四年三月二十一日

開封圖書館藏石

徵二·八　館·二八　名四·三七　誌初二·六

韓子墓誌（又名韓卿墓誌）　正書

永徽四年四月三日

徵二·八　館·二八

濟州東阿縣尉趙爽墓誌　正書

永徽四年四月十日

張鈁千唐誌齋藏石

館·二八　徵二·八

李智墓誌並蓋　正書

永徽四年五月十日

開封圖書館藏石

徵二·八　館·二八　名四·三七　蒿二之一·一三　芒冢四編二·二九　誌初二·六

故夫人邢仙姬墓誌　正書

永徽四年五月二十二日

徵二·八　館·二八　蒿二之一·一三

姚思忠墓誌　正書

永徽四年五月二十日

河南洛陽出土，張鈁千唐誌齋藏石。

徵二·八　館·二八　誌初二·六

右翊衛隊正甘朗墓誌　正書

永徽四年六月十六日

徵二·八　館·二九

曹州冤句縣令楊逸墓誌　正書

永徽四年六月二十六日

館・二九　徵二・八　蒿二之一・一三　誌初二・六

朱師墓誌　正書

永徽四年七月十一日

徵二・八　館・二九

公孫達墓誌　正書

永徽四年七月十六日

張鈁千唐誌齋藏石

徵二・八　館・二九　誌初二・六

隋千人校尉周藻墓誌　正書

永徽四年七月二十三日

開封圖書館藏石

館・二九　徵二・八　蒿二之一・一三　芒冢四編二・三〇　誌初二・六

史君夫人田氏墓誌　正書

永徽四年八月十一日

河南洛陽出土，開封圖書館藏石。

館・二九　徵二・八　蒿二之一・一三　名四・三七　芒冢四編・三一　誌初二・六

楊夫人墓誌　正書

永徽四年九月十五日

張鈁千唐誌齋藏石

館・二九　徵二・八

隋故幽州長史燕君夫人姜氏墓誌　正書

永徽四年九月二十一日

館・二九　徵二・八　蒿二之一・一三

慶州弘化縣令張皎墓誌　正書

永徽四年九月二十四日

河南洛陽出土，張鈁千唐誌齋藏石。

徵二・八　館・二九　誌初二・六

三藏聖教序　正書　唐太宗李世民撰　褚遂良書

楊翰《息柯雜著》五・一〇：宋拓崇字中空，康熙後元字鑿去末筆，道光十一年，湘鄉知縣胡鈞因舊刻漫漶以家藏本及尺牘心經雙勾上石，嵌於洗墨池祠堂，行款字數與西安本同。

永徽四年十月十五日

陝西西安城南十五里慈恩寺雁塔門東

孫録三・七四　楊圖五・一三　竹二・六　關二・六　貞松老人外集二・一二　楊賓鐵函卷一・卷三・卷四　菉三・一二　寶類四二・二八　古墨三・五四　雍二・七　跋四・一二　萃四九・一　績三四　金石録四・二　金石續録二・三　關中・一四校　攈七・一〇　匯一二之一・三　關考五・一六　陝九・二退三・一七　天一・五　雲三・四　光緒湖南通志二六・二・藝文一八・金石・四。

處士楊吴生墓誌並蓋　正書

永徽四年十月二十二日

開封圖書館藏石

館・二九　徵二・八

穀水鄉君張夫人（伯）墓誌　正書

永徽四年十一月十二日

河南洛陽出土，張鈁千唐誌齋藏石。

館・二九　徵二・八　誌初二・六

右驍尉朔坡府折衝都尉段會墓誌並蓋　正書

永徽四年十二月十九日

河南洛陽出土，開封圖書館藏石。

館・二九　徵二・八　蒿二之一・一三　名四・三七　芒冢三

編·二三　芒冢上·一九　誌初二·六

建永橋碑　又名：一、灤城縣汶河橋碑　二、程村造橋碑　正書

永徽四年十二月

河北灤城西陳村外西南洨河故道側

求二·七　藝四·八　羅録上·二四　同治十一年灤城縣志一四·六　匯三之二·二〇（待訪）　京畿金石考下

光嚴寺慧登法師灰身塔記　正書

永徽五年正月二日

河南安陽西南六十里寶山西山西

藝三·一一　朔目二·九　河録二·八　擴七·一一　匯九之二·三　名四·三七　安陽縣金石録三·九

游擊將軍信義府右果毅都尉韓暹並夫人忻氏墓誌　正書

永徽五年二月八日

張鈁千唐誌齋藏石

館·二九　徵二·八

處士趙嘉及夫人郭氏合葬墓誌並蓋　正書

永徽五年二月二十一日

開封圖書館藏石

徵二·八　館·二九　蒿二之一·一三　名四·三七　誌初二·六

上騎都尉通泉金城二縣令郎邪王素墓誌　正書

永征五年二月三十日

館·二九　徵二·八　蒿二之一·一三　名四·三八　誌初二·六

少府監中尚丞劉皆墓誌　正書

永徽五年二月三十日

似磚

趙夫人墓誌　正書
永徽五年三月二日
張鈁千唐誌齋藏石
徵二・八　館・二九
華歆墓誌　正書
永徽五年三月二十四日
河南洛陽出土，張鈁千唐誌齋藏石。
徵二・九　館・二九　誌初二・六
王才墓誌並蓋　正書
永徽五年三月二十七日
河南洛陽出土，開封圖書館藏石。
名四・三七　徵二・九　館・二九　蒿二之一・一三　芒冢四編二・三三　誌初二・六
潁州下蔡縣令李信墓誌並蓋　正書
永徽五年三月二十七日
開封圖書館藏石
徵二・九　館・二十九
張夫人（隴）**墓誌**　正書
永徽五年五月九日
河南洛陽出土
徵二・九　誌初二・六
萬年宫銘　正書　高宗李治撰書　額篆書
陰從臣題名凡四十八人，陰額熙寧戊申王竦題名。
永徽五年五月十五日
陝西麟游
關中・一四　藝四・一一　攈七・一一　思適齋集十六・一一字三・一　金石録二四・二　鐫二・三　庚六・七　來中・四續録二・　妙六・二三　關二・六　雍二・七　古墨三・五五

瓊三五・三二　關中・一四　平四・九　關考一〇・一〇　陜九・二　岑仲勉續貞石證史（歷史語言研究所集刊一五本・二二九頁）　孫録三・七四　竹二・六　匯十二之二・四五　全唐文一五・一〇

曹州離狐縣丞盖贇夫人孫氏墓誌　正書

永徽五年五月十六日

張鈁千唐誌齋藏石

徵二・九　館・二九

姬推墓誌　正書

永徽五年八月十七日

河南洛陽出土，開封圖書館藏石。

館・三〇　徵二・九　蒿二之一・一三　名四・三八　芒冢續編中・七　誌初二・六

楊貴墓誌並蓋　正書

永徽五年九月二十五日

河南洛陽出土，開封圖書館藏石。

蒿二之一・一三　館・三〇　徵二・九　名四・三八　芒冢四編二・三五　誌初二・六

陪戎副尉韓懷墓誌並蓋　正書

永徽五年十月七日

開封圖書館藏石

館・三〇　徵二・九

孔阿副合家造像　正書

永徽五年十一月四日

藝續一

象城縣尉李杲墓誌　正書

永徽五年十二月十九日

徵二・九　館・三〇　名四・三八

洛陽縣淳俗鄉君效夫人（姬）墓誌　正書

永徽六年二月六日

河南洛陽出土，張鈁千唐誌齋藏石。

徵二・九　館・三〇　誌初二・七

王寬墓誌並蓋　正書　銘後刻夫人常氏祔葬題字

永徽六年二月九日

開封圖書館藏石

徵二・九　名四・三八　蒿二之一・一三　芒冢續編中・七

沈士公墓誌　正書

永徽六年二月九日

張鈁千唐誌齋藏石

翼城令饒陽男房基墓誌　正書

永徽六年二月二十日

河南洛陽出土，歸常熟曾氏鬱蒼閣。

館・三〇　名四・三八　蒿二之一・一四　遼居稿三四　徵二・九　芒冢三編・二四　誌初二・七

朝散大夫元勇墓誌　正書

永徽六年二月三十日

張鈁千唐誌齋藏石

徵二・九　館・三〇　誌初二・七

聖道寺故大比丘尼大信法師灰身塔記　正書

永徽六年二月

河南安陽西南六十里寶山

朔目二・九　河録二・七　河目上・六　名四・三八

隋東宮左親侍盧萬春墓誌　正書

永徽六年三月三日

開封圖書館藏石

徵二・九　館・三〇　誌初二・七　丁戊稿三四

太子少保上柱國潁川定公韓仲良碑　于志寧撰　王行滿正書　額篆書

上截漫漶，下截完好。

永徽六年三月十四日

陝西富平淡村，乾隆四十年碑估訪得之。

藝四·一〇　竹二·六　關中·一四　攈七·一一　蒿一·五　孫録三·七五　關二·七　雍二·八　跋四一·一四　萃五〇·五　古墨三·五五　瓊三五·三四　匯一二之一·一〇六　關考七·二八　陜九·三　全唐文一四三·一一

文林郎夫人張須摩墓誌　又名吕夫人張氏墓誌　正書

永徽六年三月

陝西西安出土，歸長白端方。

徵二·九　蒿二之一·一四　名四·三八　館·三〇　陶一七·四　誌匯二·三　陜九·三

朝散大夫晋陽府鷹揚王孝瑜並夫人孫氏墓誌　正書

永徽六年四月十日

張鈁千唐誌齋藏石

館·三〇　徵二·九

張才墓誌　正書　賈無名撰

永徽六年四月十六日

河南洛陽出土，張鈁千唐誌齋藏石。

館·三〇　徵二·九　誌初二·七

桓彦墓誌　正書

永徽六年五月三日

徵二·九　館·三〇　蒿二之一·一四　誌初二·七

洛汭府隊正李表墓誌　正書

永徽六年五月四日卒

張鈁千唐誌齋藏石

館・三〇　徵二・九

左翊衛金谷府司馬權開善墓誌　正書

永徽六年五月十五日

張鈁千唐誌齋藏石

徵二・九　館・三〇

黄羅漢墓誌並蓋　正書

永徽六年七月一日卒，永下原脱一字。僞刻

河南洛陽出，歸開封圖書館。

名四・三八　館・三〇　徵二・一〇　蒿二之一・一四　芒冢四編二・三八

路基妻河東解氏墓誌　正書

永徽六年七月十四日

河南洛陽出土，張鈁千唐誌齋藏石。

徵二・一〇　館・三〇　誌初二・七

比丘尼神變為亡過父母造像　正書

永徽六年七月二十七日

河北唐山宣霧山

藝三・　匯三補遺・四

太常卿上柱國汾陰獻公薛收碑　正書　額篆書　于志寧撰

《金石録》,《續修醴泉縣志稿》引舊志云：存百餘字。

永徽六年八月二十三日

陝西醴泉北二十里趙村昭陵南十里（一作儀門村）

藝四・一〇　孫録三・七五　蒿一・五　擴七・一二　竹二・六　關中・一五　昭上・二六　金石録二四・二　寶叢九・七　字六・二七　鎸二・一四　關中・一五　平續・五　萃五一・一　雍二・九　關二・七　妙六・二七　來中・一七　匯一二之一・一〇九　關考八・五　陝八・五　全唐文一四三・二〇　天一・一五　1935 年續修醴泉縣志稿三・七

王瑗達墓誌　正書

河南洛陽出土，張鈁千唐誌齋藏石。

館·三〇　徵二·一〇　誌初二·七

韓遷墓誌　正書

永徽六年十月十三日

張鈁千唐誌齋藏石

徵二·一〇　館·三一

太原□君墓誌（館作王君）　正書

永徽六年十月十三日

徵二·一〇　館·三〇

魏故尚書令宣簡公孫王惠墓誌　正書

永徽六年十月二十四日

河南洛陽出土，歸上虞羅振玉。

名四·三八　徵二·一〇　蒿二之一·一四　誌初二·七

張義墓誌　正書

永徽六年十一月六日

張鈁千唐誌齋藏石

徵二·一〇　館·三一　誌初二·七

王氏郭夫人墓誌　正書

永徽六年十二月七日

河南洛陽出土，張鈁千唐誌齋藏石。

徵二·一〇　館·三一　誌初二·七

楊康夫人劉妙姜墓誌並蓋　正書

永徽六年十二月七日

開封圖書館藏石

始州黄安縣丞高儼仁墓誌　正書

永徽六年十二月二十五日

開封圖書館藏石

蒿二之一・一四　館・三一　徵二・一〇

顯　慶

永嘉府隊副張羊墓誌　正書
顯慶元年二月三日
張鈁千唐誌齋藏石
館・三一　徵二・一〇　誌初二・七

陳智察及妻侯氏造像　正書
顯慶元年二月六日

清信優婆姨侯五具造像　正書
顯慶元年二月六日

隋屯田侍郎柳夫人蕭氏墓誌　正書
顯慶元年二月二十六日
張鈁千唐誌齋藏石
館・三一　徵二・一〇

黄州總管府陽城縣丞王夫人陰氏墓誌　正書
顯慶暮春三月二十日
張鈁千唐誌齋藏石
徵二・一〇

處士范重明墓誌　正書
顯慶元年五月十四日
張鈁千唐誌齋藏石
徵二・一〇　館二・三一　誌初二・一

張弘秀墓誌　正書
顯慶元年五月二十一日
張鈁千唐誌齋藏石
館・三〇　徵二・一〇　誌初二・七

處士趙通墓誌並蓋　正書

顯慶元年六月四日

開封圖書館藏石

館·三一　並二·一〇

房仁裕母李夫人神道碑　分書　額篆書　陰正書十五行，殘缺存七塊。

顯慶元年歲次景（丙）辰六月十五日（或作永徽三年二月十五日）

山東章邱趙山之陽，房仁裕碑之東。

道光十五年章邱縣志一四·一二　藝四·一一　蒿一·五　硯九·一一　寶叢二〇·三三　瓊三六·一　匯一〇之一·一〇　攈七·三　唐文拾遺六三·一　萃目一·九

韓智門（諱長）墓誌　正書

顯慶元年六月二十一日

河南洛陽出土，歸羅振玉。

徵二·一〇　名四·三八

并州太谷縣尉賈統墓誌　正書

顯慶元年六月二十七日

河南洛陽出土，歸吴興徐鴻寶。

館·三一　徵二·一〇　名四·三九　芒冢三編·二五　誌初二·七

李夫人孟秤墓誌　正書

顯慶元年六月二十八日

徵二·一〇　館·三一

故夫人張氏墓誌　正書

顯慶元年七月二十日

張鈁千唐誌齋藏石

徵二·一〇　館·三一

韓玄墓誌　正書

顯慶元年八月五日
開封圖書館藏石
館·三一　徵二·一〇

李夫人安平鄉君吕華墓誌　正書
顯慶元年八月二十八日
張鈁千唐誌齋藏石
館·三一　徵二·一〇

隋晋王祭酒車詵墓誌　正書
顯慶元年九月十一日
張鈁千唐誌齋藏石
徵二一一〇　館·三一　誌初二·七

隴西天水趙肅墓誌　正書
顯慶元年十月五日
河南洛陽出土
徵二·一〇　名四·三九　蒿二之一·一四　芒冢四編二·四二　誌初二·七

程雄墓誌　正書
顯慶元年十月十八日
河南洛陽出土，張鈁千唐誌齋藏石。
徵二·一〇　館·三一　誌初二·七

許州鄢陵縣令張盛墓誌　正書
顯慶元年十一月十二日
張鈁千唐誌齋藏石
徵二·一〇　館·三二

文林郎張金剛墓誌　正書
顯慶元年十二月十二日
張鈁千唐誌齋藏石
館·三二　徵二·一一

左武侯桑泉府司馬程隲墓誌　正書

顯慶元年十二月十二日

河南洛陽出土，開封圖書館藏石。

館·三二　徵二·一一　名四·三九　芒冢四編二·四四　誌初二·七

并州祁縣令成公徵墓誌　正書

顯慶元年十二月十九日

河南洛陽出土

名四·三九（誤作成徵）　蒿二之一·一四　徵二·一一　芒冢四編二·四四

王卿及夫人任氏墓誌　正書

顯慶元年十二月十九日

張鈁千唐誌齋藏石

徵二·一一〇　館·三二

王段墓誌並蓋　正書

顯慶二年正月十四日

開封博物館藏石

芒冢四編二·四五

汴州封丘縣令張才墓誌　正書

顯慶二年閏正月二十日

張鈁千唐誌齋藏石

館·三二　徵二·一一

張伽墓誌　正書

顯慶二年閏正月二十日

徵二·一一　館·三二

光明寺大德僧慧了法師塔銘　正書

左下角缺三十餘字。毛鳳枝據末行題太子太傅尚書左僕射監修國史上柱國殘，考爲于志寧書。

顯慶二年二月十五日

陝西西安出土（嘉慶初年），移城南五十里百塔寺。

名四·三九　續編五·二　誌匯二·三　羅録上·二四　關考三·一七　陝九·五

京兆府杜文貢墓誌　（館作杜文貴）　正書

顯慶二年二月二十六日

河南洛陽出土，張鈁千唐誌齋藏石。

館·三二　徵二·一一　誌初二·八

張夫人（惠）墓誌　正書

顯慶二年二月二十六日

張鈁千唐誌齋藏石

徵二·一一　館·三二　誌初二·八

崗州録事參軍元則墓誌　正書

顯慶二年三月八日

開封圖書館藏石

館·三二　徵二·一一　名四·三九　誌初二·八

段秀墓誌並蓋　正書

顯慶二年三月二十一日　舊誌改刻

開封圖書館藏石

蒿二之一·一四　館·三二　徵二·一一　芒冢四編二·四五　誌初二·八

化度寺僧海禪師方墳記　正書

重摹本年六十六作六十有六，卒字下多一於字，末行又題顯慶二年二月二十五日癸巳建。

顯慶二年四月八日

陝西西安百塔寺，石逸。

關二·七　雍二·九　古墨三·五五　平四·一〇　匯一二之一·三　誌匯二·三　孫録三·七六　甘泉鄉人稿一〇·四　關

考三・一八　陝九・四　唐文拾遺六三・二〇　硯九・二二　萃略一・四六　瓊袪僞・二〇　萃目一・一〇

隋門下坊録事南陽張相墓誌並蓋　正書

顯慶二年四月十六日

開封圖書館藏石

徵二・一一　館・三二

吴素墓誌　正書

顯慶二年四月十六日癸酉

張鈁千唐誌齋藏石

徵二・一一　館・三二

隴州吴山縣丞王立墓誌並蓋　正書

顯慶二年六月三日

開封圖書館藏石

館・三二　徵二・一一　名四・三九　蒿二之一・一四　芒冢四編二・四六　誌初二・八

張武哲墓誌　正書

顯慶二年六月十六日

徵二・一一　館・三二

聖道寺比丘尼慧澄法師灰身塔記　正書

顯慶二年七月八日

河南安陽西南六十里寶山

匯九之二・四　河録二・七　朔目二・九　名四・三九

薛王友行珍州榮德縣丞杜詢故妻博陵崔素墓誌　行書

顯慶二年七月二十七日

陝西三原出，歸長白端方。

名四・三九　徵二・一一　蒿二之一・一四　館・三二　陶一七・八　誌匯二・三　陝九・六

緱綱墓誌　正書

顯慶二年七月十六日
開封圖書館藏石
蒿二之一·一四　徵二·一一　館·三二　名四·三九　芒冢四編二·四七　誌初二·八

霍夫人墓誌　正書
顯慶二年八月二十八日
河南洛陽出土，張鈁千唐誌齋藏石。
館·三二　徵二·一四　誌初二·八

常君妻柳氏墓誌　正書
顯慶二年八月二十八日
河南洛陽出土，張鈁千唐誌齋藏石。
徵二·一一　館·三二　蒿二之一·一四　誌初二·八

陽城縣白土鄉君孔氏墓誌　正書
顯慶二年九月十七日
徵二·一一　館·三二

隋龍驤將軍張貴墓誌　正書
顯慶二年九月二十四日
河南洛陽出土，張鈁千唐誌齋藏石。
徵二·一一　館·三二　誌初二·八

[張]伽墓誌　正書　前題缺
顯慶二年十月十八日
館·三二　徵二·一一

隋黄梅縣尉韓政墓誌　正書
顯慶二年十月二十九日
河南洛陽出土，張鈁千唐誌齋藏石。
徵二·一一　館·三二　誌初二·八

李信墓誌　正書
顯慶二年十一月六日

嵩二之一・一四　徵二・一一　名四・三九　芒冢上・二三　誌初二・八

臨清縣令琅邪王君妻李總持墓誌　正書

顯慶二年十一月十八日

河南洛陽出土，張鈁千唐誌齋藏石。

館・三二　徵二・一一　誌初二・八

處士姚忠節墓誌　正書

顯慶二年十一月二十二日

開封圖書館藏石

嵩二之一・一五　名四・四〇　館・三三　徵二・一一　芒冢四編二・四九

三藏聖教序記　額篆書陽文　太宗李世民撰序　高宗李治撰記　沈道元刻　王行滿正書

顯慶二年十二月十五日

河南偃師十八里招提寺，乾隆二十五年移縣學。

孫録三・七六　藝四・一一　攈七・一三　中記二・二九　竹二・七　跋四・一五　萃四九・六　平四・一〇　古墨三・五四　偃上・二二　匯九之四・二　乾隆四十四年河南府志一〇九・四　退庵金石書書跋三・一九　寶類二・三一　天一・三九

南平長公主為太宗文皇帝造像　正書

顯慶二年

山東歷城千佛山

藝三・一〇　攈七・一三　山訪一・二　匯一〇之一・三　阮山一一・一　萃目一・八

贈兵部尚書房忠惠公（仁裕）神道碑　崔融撰　孝孫琳正書

上截已泐（《寶刻叢編》）。

顯慶二年立

陝西醴泉昭陵

昭補·一〇　關考八·一〇　寶叢九·一三　瓊三六·六　攈七·一三　匯一二之一·一〇九　萃目一·一

禮部尚書張胤碑（因避清世宗胤禎諱改胤爲允，又名張允碑）正書　李義府撰

顯慶三年正月七日卒

陝西醴泉北二十里西谷村，昭陵南十里。

攈七·一三　蒿一·五　孫録三·七六　寶叢九·八　鐫二·一五　字三·二　庚七·八　來中·一九　録續六·五八　關二·七　雍二·九　跋四·一五　萃五一·二　古墨三·五六　平四·一〇　關中·一五　瓊三六·八　昭中·八　竹二·七　匯一二之一·一〇九　藝四·一一　關考八·六　陝八·六　全唐文一五三·二　天一·五　1935 年續修醴泉縣志三·七

王段墓誌並蓋　正書

顯慶三年正月十四日

開封圖書館藏石

芒冢四編二·四五

郭君故夫人丁貴娘墓誌　正書

顯慶三年正月二十三日

徵二·一二　館·三三

曹夫人慕容麗墓誌　正書

顯慶三年正月二十三日

河南洛陽出土

蒿二之一·一四　館·三三　名四·四〇　徵二·一二　芒冢四編二·五〇　誌初二·八

高達墓誌　正書

顯慶三年正月二十三日

張鈁千唐誌齋藏石

徵二·一二　館·三三　誌初二·八

王文詅造像記　正書

顯慶三年正月

長白端方藏石

陶一七・一四

聖道寺大比丘尼妙信法師灰身塔記　正書

顯慶三年二月八日

河南安陽西南六十里寶山

朔目二・九　河録二・七　河目上・六　名四・四〇　徵二・一二

光天寺比丘尼妙德法師灰身塔記　正書

顯慶三年二月八日

河南安陽西南六十里寶山

朔目二・九　河録二・七　河目上・六　名四・四〇　徵二・一二

宋夫人王氏墓誌　正書

顯慶三年三月二十日

河南洛陽出土，張鈁千唐誌齋藏石。

徵二・一二　館・三三　誌初二・八

化度寺僧海禪師方墳記　正書　翻刻本　原石已佚

顯慶三年二月二十五日

陝西西安百塔寺

關二・六　雍二・九　平四・一〇　關考三・一八　東洲草堂金石跋五・二　古墨三・五五　誌匯二・三　攈七・一三　匯一二之一・三　萃略一・四六

故清信士吕小師塔記　正書

顯慶三年四月八日妻戴造

河南安陽西南六十里寶山西山西

藝三・一一　攈七・一三　朔目二・九　校　河録三・八　匯

九之二·四　名四·四〇

信法寺彌陀像碑　正書　鄭萬英撰　額篆書陽文

右旁有“大象主雲騎尉李令撫任州市承（丞）”正書一行，陰及兩側題名。

顯慶三年四月八日

河北元氏東北信法寺，劉寶楠移置文清書院東廡。

藝四·一一　攈七·一三　匯三之二·二四　常四·一　續編五·二　孫録三·七六　唐文拾遺一七·八　全唐文九九一·四　萃目一·一〇　1931年縣志數·八

光天寺正信法師灰身塔記　正書

顯慶三年四月八日

河南安陽西南六十里寶山

朔目二·九　河目上·六　徵二·一二　名四·四〇

徐德墓誌　正書

顯慶三年四月八日

河南洛陽出土，張鈁千唐誌齋藏石。

徵二·一二　館·三二　誌初二·八

宣義郎周紹業墓誌（誌初作紹業及夫人趙氏墓誌）　正書

顯慶三年四月八日

張鈁千唐誌齋藏石

徵二·一二　館·三三　誌初二·八

王法墓誌并蓋　正書

顯慶三年四月二十日

開封圖書館藏石

館·三三　徵二·一二

張君夫人王嫒墓誌　正書

顯慶三年五月二十一日

開封圖書館藏石

徵二・一二　館・三三

行青州刺史趙王福為太宗文皇帝造像　正書

顯慶三年六月

山東歷城千佛山

藝三・一〇　山訪一・二　攈七・一四　匯一〇之一・三　阮山一一・一　萃目一・八

陪戎副尉劉珪墓誌　正書

顯慶三年八月二十二日

館・三三　徵二・一二

韓承墓誌　正書

顯慶三年八月二十二日

張鈁千唐誌齋藏石

館・三三　徵二・一二　誌初二・八

華陰縣耿玄德等造像　正書

顯慶三年八月□日

藝四・一一

賈達提造像　正書

顯慶三年九月十二日

齊州刺史上柱國駙馬都尉劉玄意造像　正書

顯慶三年九月十五日

山東歷城千佛山

藝三・一〇　山訪一・二　攈七・一三　匯一〇之一・三　阮山一一・一　萃目・一八

處士馬壽墓誌　正書

顯慶三年九月十八日

陝西西安出土　端方藏石

藝一八・四　館・三三　名四・四〇　徵二・一二　蒿二之一・一五　陶一七・一一　誌匯二・四　陝九・七

張氏亡女（婉）墓誌　父士階撰

顯慶三年九月二十二日

開封圖書館藏石

徵二·一二　館·三三

舒州同安縣丞爨君夫人張端墓誌並蓋　正書

顯慶三年九月二十三日

開封圖書館藏石

館·三三　徵二·一二　名四·四〇　蒿二之一·一五　芒冢四編三·五一　誌初二·八

姚才墓誌　正書

顯慶三年九月二十七日

館·三三　徵二·一二

王居士磚塔銘　上官靈芝撰　敬客書

初出土時即碎一角，舊藏郃陽官庫（羅振玉云：世人皆謂陝庫本爲原刻，然其陰刻宋東坡詩）。後爲縣人康氏所得，斷爲三，又破爲四，最後作七塊，道光間又佚其二，今袛存五小片（清李宗顥《金石鏡》《古緣萃録》一七引楊龍石跋）。羅振玉影印葉石君藏原石本。康熙間摹本二，一肥一瘦，吴門陳拙庵摹本，長洲鄭廷錫（陽谷）摹本，字跡娟秀，吴縣錢湘（思贊）摹本，字跡瘦勁。許珊、林二馮、柳東、蔡鹿賓、僧六舟皆有摹本。原石銘中翹勤之翹，摹本誤作尅。道光七年因漫漶，重加刻鑿。

顯慶三年十月十二日

陝西西安終南山楩梓谷出土（萬曆間）

竹二·七　清二·四五　孫録三·七六　名一三·二〇九　楊圖五·一八　古緣一七·一七　退四·一四〇　徵二·一二　妙八·一二　字三·二　闕二·八　雍三·一　跋四·一五　萃五一·七　鈔三·四四　古墨三·五六　平四·一一　筆·二七　獨殘九　攈七·一四　誌匯二·四　貞松老人外集二·一二　闕

考八·二五　陜九·六　復二四·七　全唐文一六八·一六　海昌二·三〇（藏州署後王宅，磚縱三尺二寸，横如之）

驍騎尉宋義墓誌　正書

顯慶三年十月十七日

徵二·一二　館·三三

王夫人墓誌　正書

顯慶三年十月二十四日

張鈁千唐誌齋藏石

館·三三　徵二·一二　誌初二·八

洛州洛陽縣洛川鄉明陽里鄭國公府前典簽潘公張夫人墓誌　正書

顯慶三年十一月二十□日

館·三三　徵二·一二

太子左衛杜延基故妻薛瑶華墓誌　正書

顯慶三年十二月一日

陜西西安南鄉杜曲

藝一八·四　館·三三　徵二·一二　蒿二之一·一五　名四·四〇　岷·八　績·一〇　瓊三六·一七　硯九·一五　攈七·一四　匯一二之一·三　誌匯二·四　關新二·八　關考五·一六　唐文拾遺六四·五　陜九·五

霍歷墓誌（誌初作“初萬”）　正書

顯慶三年十二月三日

河南洛陽出土，歸開封圖書館。

蒿二之一·一五　徵二·一二　館·三三　名四·四〇　芒冢四編二·五二　誌初二·八

大都維那慧雲法師灰身塔記　正書

顯慶三年十二月八日

河南安陽西南六十里寶山

朔目二・九　河録二・七　河目上・六　徵二・一二　名四・四〇

僧明德造像　正書

顯慶三年

山東歷城千佛山

山訪一・二　藝三・一〇　攈七・一四　匯一〇之一・三　阮山一一・一　萃目一・八

京師道德寺故大禪師大法師碑　□範正書　陰側刻像及花紋

顯慶三年

陝西西安

衛景武公李靖碑　許敬宗撰　王知敬書　額篆書

上半完好，下半磨泐。邵梅年云：相傳第四行全石二字未損者爲舊拓，鼀鼊二字未殘者拓尤先，三二行班劍四十人四十字完好者明拓善本也。陰元祐四年二月六日游師雄題名。《續修醴泉縣志稿》引舊志云：存千五百字。

顯慶三年五月（《金石録》）

陝西醴泉北二十里烟霞洞旁昭陵南十里（一作劉洞村）

藝四・一一　孫録三・七六　攈七・一四　獨殘・二　沈濤交翠軒筆記一・一〇　楊圖五・一四　弗跋丁・九　蒿一・五　竹二・七　關中・一五　昭中・一一　匯一二之一・一〇九　集五　寶叢九・八　金石録二四・三　鐫二・一三　萃五一・四　庚七・七　字三・二　來中・一八　妙一三・一八　關二・八　雍二・一〇　金石二跋一・四　古墨三・五六　平四・一一　瓊三六六・一七　關考八・六　陝八・七　全唐文一五二・一二　古緣一七・一六（明拓）　退四・一三　天一・五　1935年續修醴泉縣志稿三・八

處士洛州河南縣成朗墓誌　正書

顯慶四年二月二十五日

張鈁千唐誌齋藏石

徵二·一三　館·三三

將仕郎張安都墓誌　正書

顯慶四年四月三日

開封圖書館藏石

徵二·一三　館·三三　蒿二之一·一五　名四·四一　芒冢四編二·五二　誌初二·九

桂州興善寺舍利塔記　正書

顯慶四年四月八日

廣西桂林（道光癸未長白盛格訪得之，後置塔中）

攈七·一五　續編五·四　橋二·一　平再續·十　寶鴨下·二　績·乙　硯九·二二　瓊三六·二〇　謝啓昆粤西金石略一·四　趙録三·二　匯一八·一　甘泉鄉人稿一〇·四　唐文拾遺六一·三　目一·一〇

故司徒并州都督鄂國忠武公尉遲敬德碑　正書　許敬宗撰　續修縣志稿作今在老軍營。

顯慶四年四月十四日

陝西醴泉小陽村北（一作縣北二十里趙村，昭陵南十里）

攈七·一五　藝四·一二　蒿一·五　關中·一六　竹二·七　孫録三·七七　乾隆四十八年醴泉縣志一一·三　匯一二之一·一〇九　闕二·八　昭中·一五　瓊三六·二一　平四·一一　古墨三·五六　萃五二·一　跋四·一六　寶叢九·八　雍四·一　關考八·六　陝八·七　全唐文一五二·一七　文苑英華九一一·四　1935年續修醴泉縣志稿三·八（有全文）

朝請大夫董君夫人戴滿墓誌並蓋　正書

顯慶四年四月十四日

陝西西安出土，歸西安段氏。

館·三四　陝九·八

處士李兒墓誌　正書

顯慶己未（四年）四月十四日

徵二・一三　館・三四

李留通為亡過兄子道仁造像　正書

顯慶四年四月十五日

河北唐山宣霧山

藝三・一　羅録上・二四　匯三補遺・三二

絳州夏縣丞張弘誌文　正書

顯慶四年五月八日

河南洛陽出土，張鈁千唐誌齋藏石。

徵二・一三　館・三四　誌初二・九

支懷墓誌並蓋　正書

顯慶四年七月九日

河南洛陽出土，開封圖書館藏石。

蒿二之一・一五　徵二・一三　館・三四　名四・四一　芒冢上・二六　誌初二・九

洛州洛陽縣洛川鄉前冀州南宮縣尉張直妻楊夫人墓誌　正書

顯慶四年八月九日

蒿二之一・一五　徵二・一三

田通墓誌　正書

顯慶四年七月十日

河南洛陽出土，武進陶氏藏石。

徵二・一三　館・三四　名四・四一　蒿二之一・一五　芒冢上・二七

劉師政造像　正書

顯慶四年七月十二日

濰縣陳介祺藏石

藝四・一二

滏陽縣會福寺主延（原作近）**嵐造像**　正書

顯慶四年七月十五日

河南武安南四十五里鼓山響堂寺（藝誤入安陽）

藝四·一一　攈七·一五　朔目四·三　河録五·三　畿上·六　畿志一四八　響·七　九甲·六二　1937年武安縣志一三·八

萇夫人（妙姿）**墓誌**　正書

顯慶四年七月十六日

河南洛陽出土，張鈁千唐誌齋藏石。

徵二·一三　蒿二之一·一五　館·三四　誌初二·九

隋并州司兵張義墓誌　正書

顯慶四年七月二十七日

河南洛陽出土，張鈁千唐誌齋藏石。

館·三四　徵二·一三　誌初二·九

紀功頌　高宗李治撰並行書　額飛白書

陰從臣題名，玄宗李隆基行次成皋詩，史叔書，開元十三年十月。王評題名，崇寧四年六月十三日。王評題名，崇寧四年六月。

顯慶四年八月十五日

河南汜水等慈寺

藝四·一二　竹二·八　攈七·一六　孫録三·七八　瓊三六·二二　平四·一二　古墨三·五七　寶叢五·二二　中記二·二九　萃五二·三　鈔三·四七　滙九之一·二四　天一·五　萃目一·一〇

呼論縣開國男新林府果毅□陀墓誌　正書

顯慶四年八月十六日

張鈁千唐誌齋藏石

館·三四　徵二·一三

駙馬都尉衛尉少卿息豆盧遜墓誌　正書

斷爲三，經後人重鑿，多譌字。

顯慶四年八月二十八日

陝西西安出土，歸三原北城李氏，後歸於右任。

徵二·一三　館·三四　蒿二之一·一五　名四·四一　泉一·二七　校　求二·七　隋上·一一　誌五·七　編續五·四　瓊三六·二二　績·丁　趙録三·三　攈七·一六　匯一二之一·三　趙録三·三　誌匯二·四　關考七·一五　陝九·九　萃略一·四七　唐文拾遺六四·六　萃目一·一〇

處士郭君夫人楊媛墓誌　正書

顯慶四年八月二十八日

徵二·一三　館·三四

賈郭宜為妻母孫女造彌陀像　正書

顯慶四年九月十五日

河南洛陽

藝續·一

焦孝達為亡女思弟造彌陀像（藝目誤作蘇孝達造像）　正書

顯慶四年十月十二日

長白端方藏石

藝四·一二　陶一七·二

清信女吕月造像　正書

顯慶四年十月十五日

河北唐宣霧山

藝三·一　羅録上·二四　匯三補遺·三二

大女石□□為亡過□□造像　正書

顯慶四年十月二十日

河北唐山宣霧山

藝目失載　羅録上·二四　匯三補遺·三二

北平縣令董明墓誌並蓋　正書

顯慶四年十月二十七日

河南洛陽出土，開封圖書館藏石。

徵二一·三　館·三四　蒿二之一·一五　名四·四一　芒冢四編二·五四　誌初二·九

蘭陵長公主碑　李義府撰　竇懷哲正書

續縣志稿引舊志云：存字五百六十。

顯慶四年十月二十九日葬

陝西醴泉北二十里老君堂西北，昭陵南十里（一作下谷村）。

藝四·一二　孫録三·七八　竹二·八　攈七·一六　蒿一·五　關中·一六　昭中·一八　匯一二之一·一〇九　金石録二四·四　寶叢九·九　鐫二·一七　庚七·七　字三·二　來中·一七　妙七·八　關二·八　雍三·一〇　跋四·一七　萃五二·五　古墨三·五八　平四·一二　瓊三六·二九　關考八·六　陝八·八　全唐文一五三·五　退四·一五　天一·五　1935年續修醴泉縣志稿三·一二

吉州廬陵縣丞皇甫弘敬墓誌　正書

顯慶四年十月三十日

陝西西安出土

蒿·二之一·一五　徵二·一三　館·三四　陶一七·一二　誌初二·九　誌匯二·四　陝九·八

陪戎副尉安度墓誌　正書

顯慶四年十一月七日

張鈁千唐誌齋藏石

館·三四　徵二·一三

李三墓誌　正書

顯慶四年十一月十八日

開封圖書館藏石

徵二·一三　館·三四

刑部郎中定州司馬辛驥墓誌　正書　崔行功製
顯慶四年十一月二十九日
張鈁千唐誌齋藏石
館・三四

趙夫人張英墓誌並蓋　正書
顯慶四年十二月十二日
開封圖書館藏石

段夫人墓誌　正書
顯慶四年十二月二十四日
張鈁千唐誌齋藏石
館・三四　徵二・一三

都水監舟檝令孟普墓誌　正書
顯慶五年正月五日
張鈁千唐誌齋藏石
館・三四　徵二・一三

居士張振墓誌　正書
顯慶五年正月八日
河南洛出土，張鈁千唐誌齋藏石。
徵二・一三　館・三四　誌初二・九

王進墓誌　正書
顯慶五年二月二日
張鈁千唐誌齋藏石
館・三四　徵二・一三

翟惠隱墓誌並蓋　正書
顯慶五年二月二日
開封圖書館藏石
徵二・一三　蒿二之一・一六　館・三四　誌初二・九

賈元叡墓誌　正書

顯慶五年二月二日，卒年十七，娉衛氏女爲冥婚。

開封圖書館藏石

徵二·三四　館·二一三

承務郎崔誠墓誌　正書

顯慶五年二月十三日

張鈁千唐誌齋藏石

館·三五　徵二·一四　誌初二·九

朝散大夫行晋安縣令蕭府君故夫人柳氏墓誌　正書

顯慶五年二月十三日

河南洛陽出土

蒿二之一·一五　徵二·一四　館·三五　名四·四一　芒冢四編二·五六　誌初二·九

番禺府折衝都尉上柱國平棘縣開國公紇干承基墓誌　正書

顯慶五年二月十三日

張鈁千唐誌齋藏石

館·三五　徵二·一三

樊寬墓誌　正書

顯慶五年二月十三日

吴大瀓得於大梁

藝一八·四　館·三五　蒿二之一·一六　徵二·一四　名四·四一　右冢上·七　誌匯二·四

宋豐墓誌　正書

缺下一角

顯慶五年三月一日

張鈁千唐誌齋藏石

徵二·一四　館·三五　誌初七·九

鄜州直羅縣丞張德操墓誌　正書

顯慶五年三月八日

張鈁千唐誌齋藏石
館·三五　徵二·一四
尚書都事故息顔襄子銘　正書
卒年十六，與劉毅第二女爲冥婚。
顯慶五年五月二日
開封圖書館藏石
徵二·一四　館·三五
處士趙師立（諱軌）**墓誌**　正書
顯慶五年五月九日
張鈁千唐誌齋藏石
徵二·一四　館·三五　誌初二·九
張泉墓誌　正書
顯慶五年七月十日
徵二·一四　館·三五
常夫人（玉）**墓誌**　正書
顯慶五年七月
河南洛陽出土，張鈁千唐誌齋藏石。
徵二·一四　館·三五　誌初二·九
王郎將君（力士）**墓誌**　正書
顯慶五年七月七日
河南洛陽出土，張鈁千唐誌齋藏石。
館·三五　徵二·一四　誌初二·九
昭武校尉任德墓誌　正書
顯慶五年七月二十七日
開封圖書館藏石
徵二·一四　館·三五
二品官墓誌銘　正書
顯慶五年七月二十七日

張鈁千唐誌齋藏石

館·三五　徵二·二四　誌初二·九

比丘僧法秤等造優填王像　又名韓萬迪造優填王像　正書

顯慶五年八月二日

河南鞏縣石窟大殿前檐下

石言四·五　1937年鞏縣志一九·一八

南陽張懷文墓誌　正書

顯慶五年八月四日

開封圖書館藏石

館·三五　徵二·一四

平百濟國碑　正書　賀遂亮撰　權懷素　額篆書　四面刻

顯慶五年八月十五日

朝鮮扶餘縣扶餘面東南里

藝四·一二　朝覽一五三　攈七·一六　思適齋集一六·一八　朝覽上·一二　海東金石苑一·四　孫録三·七八　寶鴨下·二　萃五三·一　獨殘·一三　馮登府石經閣金石跋文·一七　匯二·二　復二四·一八　全唐文二〇〇·一四

會稽縣丞李夫人韓氏墓誌　正書

顯慶五年八月十六日

開封圖書館藏石

徵二·一四　館·三五

田仁墓誌　正書

顯慶五年八月二十二日

徵二·一四　館·三五

上護軍朝議大夫行邛州蒲江縣令蕭慎墓誌　正書　賀紀製

顯慶五年八月二十二日

河南洛陽出土，張鈁千唐誌齋藏石。

徵二·一四　館·三五　誌初二·九

洛州河南縣洛邑鄉關預仁妻茹氏墓誌並蓋　正書

顯慶五年九月四日

河南洛陽出土，開封圖書館藏石。

蒿二之一・一六　徵二・一四　館・三五　名四・四一　藝家四編二・五八　誌初二・九

楊貴墓誌　正書

顯慶五年九月廿五日

河南洛陽出土

柳夫人封氏墓誌　正書

顯慶五年十月十七日

河南洛陽出土，張鈁千唐誌齋藏石。

館・三五　徵二・一四　誌初二・九

萬夫人（蘭）墓誌　正書

顯慶五年十月三十日

徵二・一四　館・三五

文林郎耿文訓墓誌並蓋　正書

顯慶五年十一月十二日

開封圖書館藏石

徵二・一四　館・三五

上輕車都尉潞州長史真定郡公許行師墓誌　正書

顯慶五年十一月廿三日

河南洛陽出土，張鈁千唐誌齋藏石。

千唐誌齋藏石

館・三五　徵二・一四　誌初二・九

梁夫人姚弟墓誌並蓋　正書

顯慶五年十一月二十九日

開封圖書館藏石

徵二・一四　館・三五

太府卿真定郡公許緒墓誌　正書

顯慶五年十二月十三日

河南洛陽出土，張鈁千唐誌齋藏石。

徵二·一四　館·三六　誌初二·九

武騎尉賈欽墓誌　正書

顯慶五年十二月十九日

河南洛陽出土，張鈁千唐誌齋藏石。

徵二·十五　館·三六　誌初二·九

中山郎餘慶為存亡一切眷屬造像　又名：一、郎楚路敬淳造像　二、郎餘令造像記　三、中山郎□□字元休造像。　正書

顯慶五年□月

河南武安南四十五里，鼓山響堂寺南堂外左壁。

藝四·一一　朔目四·三　河録五·三　畿上·六　畿志·一四八　攈七·一七　匯九之二·一八　1937年武安縣志一三·九

處士張楚墓誌　正書

顯慶六年二月七日

綿州博士張武墓誌　正書

顯慶六年二月七日

開封圖書館藏石

徵二·一五　館·三六　名四·四二　誌初二·一〇

郭行真等造素像（阮作陳蘭茂造像）　正書

山東泰安泰山下老君堂岱岳觀第一石首段左側　匯云：岱岳觀題名碑二碑并立，上加石蓋束之，俱兩面刻，合東西兩側共六面，唐宋題字三十三段。

顯慶六年二月二十二日

藝四·一二　攈七·一七　孫録三·七九　阮山一一·九　匯一〇之一·三八

朝散郎騎都尉行太常寺永康陵令侯忠墓誌　正書

顯慶六年二月十九日
張鈁千唐誌齋藏石
館·三六　徵二·一五

王敏墓誌並蓋　正書
顯慶六年二月十九日
開封圖書館藏石
徵二·一五　館·三六　名四·四二　誌初二·一〇

齊冠軍將軍青州高陽郡守陽昕墓誌　正書
顯慶六年二月十九日
徵二·一五　館·三六

諱琳墓誌並蓋（館作朱琳）　正書
顯慶六年二月癸酉
開封圖書館藏石
徵二·一五　館·三六　誌初二·一〇

康氏史夫人墓誌　正書
顯慶六年三月七日
河南洛陽出土，張鈁千唐誌齋藏石。
徵二·一五　館·三六　誌初二·一〇

敕使陳朝□等題名　正書
顯慶六年
山東泰安岱嶽觀
藝四·一四

龍　朔

洛州河南縣錄事王寬墓誌並蓋　正書
龍朔元年三月十九日
河南洛陽出土，開封圖書館藏石
蒿二之一·一六　徵二徵·一五　龍·三六　芒冢四編三·一

誌初二·一〇

鞏縣河濱鄉楊文（或釋元）**軌妻王造釋迦牟尼象**　正書

龍朔元年四月八日

河南鞏縣石窟寺

攈上·一七　匯九之四·一三　石言四·一五　民國二十六年鞏縣志一九·三六

處士王長墓誌（徵作奇長）　正書

龍朔元年四月九日

張鈁千唐誌齋藏石

館·三六　徵二·一五　誌初二·一〇

雲騎尉王朗及夫人魏氏墓誌　正書

龍朔元年四月二十一日

河南洛陽出土，開封圖書館藏石。

徵二·一五　館·三六　名四·四二　蒿二之一·一六　誌初二·一〇

張善墓誌　正書

龍朔元年四月二十七日

河南洛陽出土，張鈁千唐誌齋藏石。

館·三六　徵二·一五　誌初二·一〇

七品亡宮典饟墓誌　正書

龍朔元年四月三十日

張鈁千唐誌齋藏石

館·三六　徵二·一五

韓弁智為亡母楊造象　正書

龍朔元年六月十日

長白端方藏石

藝四·一六　陶一七·一五

雷大岑造像　正書

龍朔元年七月廿三日

藝四・一六　萃略一・五三　平再續・一一　袪僞・二〇

上谷侯夫人義明鄉君譚氏墓誌　正書

龍朔元年八月二十一日

河南洛陽出土，開封圖書館藏石。

蒿二之一・一六　徵二・一五　館・三六　芒家續篇中・九　誌初二・一〇

楊□□兄弟姉妹為亡考造像　正書

龍朔元年八月二十四日

藝四・一六

騎都尉靖徹墓誌　正書

龍朔元年九月二十三日

蒿二之一・一六　徵二・一五　館・三六

文林郎爨君墓誌　正書

龍朔元年十月八日

開封圖書館藏石

徵二・一五　館・三六　名四・四二　蒿二之一・一六　芒家續編中・一〇　誌初二・一〇

□夫人竹妙墓誌並蓋　正書

龍朔元年九月二十三日

河南洛陽出土，開封圖書館藏石。

徵二・一五　館・三六　名四・四二　蒿二之一・一六　芒家續編中・一〇　誌初二・一〇

處士房寶子墓誌　正書

龍朔元年十月十一日

河南洛陽出土，開封圖書館藏石。

徵二・一五　館・三六　蒿二之一・一五　名四・四二　芒家續編中・一一　芒家三編・二　誌初二・一〇

處士郭壽墓誌　正書

龍朔元年十月十一日

河南洛陽出土，開封圖書館藏石。

徵二·一五　館·三七　蒿二之一·一六　名四·四二　芒冢四編三·一　誌初二·一〇

處士張興墓誌　正書

龍朔元年十月二十三日

《全唐文》作千兢，乃五代時人。

河南安陽木廠屯袁氏舊藏，民國間移砌城內東北街古跡保存所。

藝一八·四　蒿二之一·一六　徵二·一五　館·三七　萃目一·一〇　名四·四二　朔目二·一〇　河錄二·一　安陽縣金石錄三·九　鈔續一·一九　古墨三·五八　平續·五　寶鴨下·六　續編五·五　攈七·一七　匯九之二·四　趙錄三·三　誌匯二·四　續安·一〇　萃略一·五〇　全唐文八四一·九　唐文拾遺六四·九

張寶墓誌並蓋　正書

龍朔元年十月二十三日

開封圖書館藏石

徵二·一五

陳故始安郡太守慈源縣侯徐綜墓誌　正書

龍朔元年十月二十三日

張鈁千唐誌齋藏石

館·三七　徵三·一五

張府君夫人喬娥墓誌　正書

龍朔元年十一月十一日

張鈁千唐誌齋藏石

徵三·一五　館·三七　蒿二之一·一六

將士郎段洽墓誌　正書

龍朔元年十一月十一日

河南洛陽出土，張鈁千唐誌齋藏石。

徵二·一一　館·三七　志初二·一〇

李護墓誌並蓋　正書

龍朔元年十一月二十九日

開封圖書館藏石

徵二·一六

吳志墓誌　正書

龍朔元年十二月二十四日

徵二·一六　館·三七

聶?必□為亡父母造觀世音像　正書

龍朔元年□月二十四日

河南洛陽

藝續·一

六祖墜腰石題字　正書

龍朔元年

湖北黄梅東禪寺（按廣東曲江亦有一刻）

萃五四·一　香禪精舍集·一九　匯一四·三七　攈七·一八　孫録三·七九

徐師墓誌　正書

龍朔元年正月十六日

館·三七　徵二·一六

將仕郎王積善墓誌　正書

龍朔二年三月二十五日

河南洛陽出土

名四·四二　館·三七　徵二·一六　蒿二之一·一六　芒冢四編三·四　誌初二·一〇

龍朔殘造像　正書

龍朔□□四月八日

河北山宣霧山

藝三・一　匯三補遺・三二

陪戎副尉張伯通墓誌並蓋　正書

龍朔二年四月十四日

開封圖書館藏石

徵二・一六　館・三七　名四・四三　誌初二・一〇

潞州上黨縣丞劉令珪夫人賈氏墓誌　正書

龍朔二年四月十四日

開封圖書館藏石

名四・四三　徵二・一六　館・三七　蒿二之一・一七　誌初二・一〇

隴西王府侯司馬故妻竇夫人墓誌並蓋　正書

龍朔二年五月二十六日

開封圖書館藏石

蒿二之一・一七　徵二・一六　館・三七　名四・四三　芒冢四編三・四　誌初二・一一

洛州洛陽縣王夫人馮氏墓誌　正書

龍朔二年五月二十六日

開封圖書館藏石

館・三七　徵二・一六

魏處旻為亡考造彌陁像　正書

龍朔二年五月二十八日

河南鞏縣石窟寺

藝四・一四　匯九之四・一三　擴七・一八　石言四・一〇　民國二十六年鞏縣志一九・二八

邊敏墓誌　正書

龍朔二年六月一日（館作乾封元年三月二十九日）

開封圖書館藏石

館・四一　徵二・一九　芒冢四編三・六　誌初二・一〇

衛州共城縣爾朱夫人董氏墓誌　正書

龍朔二年六月二日

河南洛陽開封圖書館藏石

館・三七　徵二・一六　芒冢四編三・五　誌初二・一一

田惠墓誌　正書

龍朔二年六月十四日

張鈁千唐誌齋藏石

館・三七　徵二・一六　芒冢續編中・一三　誌初二・一一

張處夫人朱氏墓誌　正書

龍朔二年六月十五日

張鈁千唐誌齋藏石

館・三七　徵二・一六

處士張禮墓誌　正書

龍朔二年六月廿七日

河南洛陽開封圖書館藏石

徵二・一六　館・三七　蒿二之一・一七　名四・四三　芒冢四編三・六　誌初二・一一

蔣□王内人安太清造像　正書

龍朔二年七月十五日

河南武安南四十五里鼓山響堂寺南堂門框左邊

藝四・一一　響・七　畿志一四八　朔目四・三　羅錄上・二一四　畿上・六　匯九之二・一八　河錄五・三　民國廿六年武安縣志一三・九

蔣□王内人劉媚兒崔磨吉造像　正書

龍朔二年七月十五日

河南武安南四十五里響堂寺南堂門框右邊

畿上·六　羅錄上·二四　響·七　河錄五·三　朔目四·三　畿志一四八　藝四·一一　匯九之二·一八　民國廿六年武安縣志一三·九

開府索玄墓誌並蓋　正書

龍朔二年七月二十二日

河南洛陽出土，開封圖書館藏石。

蒿二之一·一七　徵二·一六　名四·四三　館·三七　芒冢四編三·二七　誌初二·一一

蒲州汾陰縣丞上柱國李諝墓誌　正書

龍朔二年八月四日

館·三七　徵二·一六　誌初二·一一

都督王羅墓誌　正書

龍朔二年八月四日

徵二·一六　館·三七

越州諸暨縣主簿宮君故夫人墓誌並蓋　正書

龍朔二年八月十日

河南洛陽出土，開封圖書館藏石。

館·三七　徵二·一六　名四·四三　蒿二之一·一七　芒冢四編三·七　誌初二·一一

韓文及夫人潘氏墓誌　正書

龍朔二年八月十六日

河南洛陽出土，張鈁千唐誌齋藏石。

館·三七　徵二·一六　誌初二·一一

仁勇副尉皇甫相貴墓誌　正書

龍朔二年九月四日

館·三七　徵二·六　蒿二之一·一七　誌初二·一一

文林郎桓萬基墓誌　正書

龍朔二年九月十一日

徵二・一六　館・三七

西州僞内散常侍皇朝欽爵致果副尉麴善岳墓記　正書

龍朔二年十月二十八日

長白端方藏

徵二・一六　陶一七・一五　誌匯二・五

左監門將軍許洛仁碑　正書

額篆書陽文

龍朔二年十一月十七日葬

下半缺

陝西醴泉十里儀門村（一作縣北二十里趙村昭陵南十里），《續縣志稿》云：今新寨村。

藝四・一六　關中・一六　獨殘・八　蒿一・五　竹二・九　孫錄三・七九　寶叢九・一〇　瓊三七・二　平四・一三　古墨三・五八　萃五四・一　雍三・二　雋二・一七　宇三・四　關二・八　錄補一〇・九　匯一二之一・一〇九　關考八・七　陝八・八　全唐文九九一・八　大一・五　民國續修醴泉縣志稿三・一二

言君墓誌　正書

龍朔二年十一月二十七日

文書於蓋之四周

張鈁千唐誌齋藏石

館・三七　徵二・一六

昭武校尉秦義墓誌並蓋　正書

龍朔三年正月二十八日

徵二・一六　館・三八

周師墓誌　正書

龍朔三年正月三十日

張鈁千唐誌齋藏石

館・三八　徵二・一六

孫君故夫人宋氏墓誌並蓋　正書

龍朔三年二月十二日

開封圖書館藏石

館・三八　徵二・一六　名四・四三　蒿二之一・一七　誌初二・一一

段文會墓誌並蓋　正書

龍朔三年四月二日

銘後刻祖父及子女名

河南洛陽出土，歸開封圖書館。

名四・四三　徵二・一七　館・三八　蒿二之一・三八　芒冢四編三・八　誌初二・一一

舒王府典軍王仁墓誌　正書

龍朔三年二月二十二日

張鈁千唐誌齋藏

館・三八　徵二・一六

魏王府廄牧丞路徹墓誌　正書

龍朔三年四月二日

徵二・一六　館・三八

尼真願造像　正書

龍朔三年四月十五日

河北唐山宣霧山

藝三・二　羅錄上・二五　匯三補遺・三二

侯君夫人郭氏墓誌　正書

龍朔三年四月十七日

浙江鄞縣馬氏凡將齋藏石

徵二・一六　館・三八　蒿二之一・一七　誌初二・一一

處士田君彦墓誌　正書
龍朔三年五月八日
張鈁千唐誌齋藏石
館・三八　徵二・一七　誌初二・一一
比丘僧法秤造像　正書
龍朔三年五月七日
河南鞏縣石窟寺
藝四・一四　滙九之四・一三　攈七・一九　石言四・一二　民國二十六年鞏縣志一九・二八
魏郎仁墓誌並蓋（徵作郎仁，館作魏希仁）　正書
龍朔三年五月八日
徵二・一六　館・三八
鄭州新鄭縣令唐沙墓誌　正書
龍朔三年五月二十日
河南洛陽出
名四・四三　徵二・一七　芒冢四編三・九
女子漫低墓誌　正書
龍朔三年六月十四日
河南洛陽出土，張鈁千唐誌齋藏石。
館・三八　徵二・一七　誌初二・一一
三藏聖教序並記
太宗李世民撰序高宗李治撰　褚遂良正書（乃後人補刻）
龍朔三年六月二十三日
陝西同州府學　陰題名
宋範育等題名　正書左行　熙寧四年六月二十三日
游師雄等題名　正書左行　元祐三年五月二十九日
游師雄再題名　正書左行　元祐甲戌中和節後一日
張景修等題名　正書左行　崇寧元年二月二十三日

張智周等題名　正書左行　政和改元孟冬望日
暨尹卿等題名　正書左行　宣和三年清明前二日
暨唐裔等題名　行書　宣和壬寅上巳後三日
金鄭彦文等題名　正書左行　大定甲申六月既望
孫錡題名　正書　泰和四祀十月上休
權鋼題名　正書　泰和丁卯重九日
明僧正善喜題名　正書　正統五年上元日
藝四・一七　竹二・九　攈七・一九　孫錄三・八〇　藪・四　平續・六　關中・一六　梁章鉅退庵金石書畫跋三・一八　寶叢一〇・一四　史下・五　庚六・四　來下・六　續錄二・四　妙八・九　關二・九　雍三・二　萃四九・七　古墨三・五九　匯一二之二・二　關考八・一八　字二・二三　陝九・一〇　復外三・一四　瓶四・一二

常開墓誌　正書
龍朔三年八月三日
河南洛陽出土，張鈁千唐誌齋藏石。
館・三八　徵二・一七　誌初二・一一

王楷墓誌　正書
龍朔三年八月三日
張鈁千唐誌齋藏石
館・三八　徵二・一七

處士蘭達墓誌　正書
龍朔三年八月三日
河南洛陽出土，張鈁千唐誌齋藏石。
徵二・一七　館・三八　誌初二・一一

蒲州汾陰縣丞上柱國李靖墓誌　正書
龍朔三年八月三日
張鈁千唐誌齋藏石

徵二·一七　館·三七

皇甫字墓誌　正書

龍朔三年八月九日

張鈁千唐誌齋藏石

徵二·一七　館·三八

程夫人（令秀）墓誌並蓋　正書

龍朔三年八月二十一日

開封圖書館藏石

徵二·一七　館·三八　名四·四三　芒冢四編三·一〇　誌初二·一一

蜀王府隊正安師墓誌　正書

龍朔三年九月二十日

河南洛陽出土

蒿二之一·一七　芒冢四編三·一〇　誌初二·一一

斛（斛）斯處士張夫人墓誌並蓋　正書

龍朔三年十月四日

開封圖書館藏石

館·三八　徵二·一七

處士樊端墓誌　正書

龍朔三年十月五日

張鈁千唐誌齋藏石

館·三八　徵二·一七　誌初二·一一

翻經大德益州多寶寺道因法師碑

李儼撰　歐陽通正書　華原縣常長壽范素鐫

額篆書　旁刻三菩薩名

龍朔三年十月十日

側有花紋

陝西西安碑林第三室

民國二十二年故宮博物院影印明内府藏宋拓本，凡二四一七字，剝落七字。

藝四·一七　擴七·一九　楊圖五·一七　孫録三·八〇　竹二·九　關中·一七　獨殘·一六　古緣一七·三一（明）　匯一二之一·三　萬一之下·一　史下·三　鐫四·二　庚六·一二　字三·四　來下·七　續録二·四　録續六·五九　妙九·二七　關二·九　雍三·三　跋四·一七　萃五四·四　鈔三·五九　古墨三·五九　平四·一三　瓊三七·六　貞松老人外集二·一二　關考一·一七　陝九·一一　全唐文二〇一·一〇　天一·五又三九　萃目一·一〇

文林郎仵願德墓誌　正書

龍朔三年十一月十二日

河南洛陽出土，張鈁千唐誌齋藏石。

館·三八　徵二·一七　誌初二·一一

揚州大都督府戶曹太夫人趙氏墓誌　正書

龍朔三年十一月二十三日

河南洛陽出土，張鈁千唐誌齋藏石。

徵二·一七　館·三八　誌初二·一一

游擊將軍高望府果毅王敬墓誌　正書

龍朔三年十一月二十四日

張鈁千唐誌齋藏石

館·三八　徵二·一七

彭城劉夫人墓誌　正書

龍朔三年十二月十八日

張鈁千唐誌齋藏石

徵二·一七　館·三八　誌初二·一二

始州黃安縣令傅交益墓誌　正書

龍朔三年十二月二十七日

河南洛陽出土，張鈁千唐誌齋藏石。

館·一七　徵二·三八　誌初二·一二

霍妃造像　正書

龍朔三年

河北唐山宣霧山

藝三·一　羅錄上·二五　匯三補遺·三二

李古□母霍為亡考妣造像　正書

龍朔三年

河北唐山宣霧山

藝三·二　羅錄上·二五　匯三補遺·三二

上柱國黎陽縣開國公劉仁願殘碑　正書

潘祖蔭考為龍朔三年

額篆書

朝鮮扶餘縣扶餘面宮北里扶蘇山，存前半二十三行，行六十九字，可辨者約千二百字。

藝四·一七　朝覽上·一七　海藩一·一三　趙錄三·三　匯二·三　續編二一·一　寫禮廎讀碑記二七　全唐文九九〇·九

隋立信尉袁相墓誌　正書

龍朔□年十□月十□日　三□原空

開封圖書館藏石

徵二·一七　館·三九　名四·四三　蒿二之一·一七　芒冢四編三·一三　誌初二·一〇

洛州洛陽縣處士李英墓誌　正書

龍朔□年十月五日

開封圖書館藏石

徵二·一八

寺主法稱造像　正書

龍朔□年

河南鞏縣石窟寺

民國二十六年鞏縣志一九・三五　石言四・一五

麟　德

阿蘭為嬢造像

藝目誤作蘭□嬢造像　正書

麟德元年正月二十五日

廣東番禺梁於渭藏石

東都掖庭宮司簿王氏銘　正書

麟德元年二月十二日

河南洛陽出土，張鈁千唐誌齋藏石。

徵二・一七　館・三九　誌初二・一二

騎都尉李文墓誌　正書

麟德元年二月十八日

陝西大荔金塔寺

藝一八・四　徵二・一七　館・三九　名四・四四　字三・錄補　一〇・一〇〇　來下・八　妙八・一二　關二・九　雍三・四　金石二　跋一・五　萃五五・一　鈔三・六七　古墨三・六〇　平四・一四　誌六・六　雪跋四・四　孫錄三・一八　竹二・九　攈七・二〇　滙一二之二・二　誌滙二・五　關考八・一八　陝九・一一　全唐文九九四・四　退四・一六

王才及夫人毛氏墓誌　正書

麟德元年三月十三日

河南洛陽出，歸長白端方，又歸諸城王緗閣。

藝一八・四　蒿二之一・一八　館・三九　徵二・一七　名四・四四　陶一七・一六　朔目二・一〇　誌滙二・五

壽安縣博士始安秦寶墓誌　正書

麟德元年三月二十五日

開封圖書館藏石

徵二·一七　館·三九

朔州善陽縣丞樂玄德墓誌　正書

麟德元年四月七日

開封圖書館藏石

館·三九　徵二·一八

越州都督于德芳碑　額篆書　于志寧撰　蘇季子分書（寶刻編）

碑前十九行殘泐，後十一行清晰。

麟德元年四月八日

陝西三原北三家店（康熙間林侗於土中搜出）

藝四·一七　攈七·二〇　關中·一七　孫錄三·八〇　萃目二·一一　竹二·九　匯二之一·九四　唐錄中·四　績·乙岷·八　瓊三七·七　泉一·二八　關考七·一五　陝九·一二　唐文拾遺六二·一六

處士張仁墓誌　正書

麟德元年五月二十五日

張鈁千唐誌齋藏石

館·三九　徵二·一八

懷州修武縣慈仁鄉無為里周村廿八家等造像　又名周村十八家造像　正書

麟德元年六月五日

碑趺　周村四十餘家鐫像記　劉仙經正書　開元二十四年正月

石側　重修古佛碑幢記　皇統七年　河南修武西南二十里周劉村東南法明寺後殿前檐

藝四·一八　羅錄上·二五　攈七·二〇　匯九之二·六一　朔目九·一　河錄一二·一　續編五·六

蘇寶才並妻劉造觀世音像　正書

麟德元年六月

河南洛陽白馬寺（藝誤入鞏縣石窟寺）

藝四・一五　擄七・二〇　匯九補遺・三五　中記二・三〇　續編五・七

王守[?]滿男大明為亡母造像　正書

麟德元年七月二十三日

河南洛陽

藝續・一

陪戎尉王德妻鮮于氏墓誌　正書

麟德元年七月二十七日

張鈁千唐誌齋藏石

徵二・一八　館・三九　誌初二・一二

驍騎尉皇甫璧墓誌　正書

麟德元年八月九日

張鈁千唐誌齋藏石

徵二・一八　館・三九　誌初二・一二

右相像主陪戎校尉孫文才造石碑像　行書

麟德元年九月二十日

河南沁陽東四十里西金城村資聖寺，陰刻庚戌歲六月庚寅日懷州河內縣金城村創修功德院記，側題名。

藝四・一八　擄七・二〇　孫錄三・八一　績・丙　河錄一〇・二　朔目七・一　匯九之二・三七　瓊三七・一二　續編五・七　金石二跋一・五　平三續五・一〇　唐文拾遺六二・一　萃目一・九

張溫墓誌　正書

麟德元年九月二十七日

河南洛陽出土

王行張造像　正書

麟德元年十月五日

衛州司馬王善通（玄）墓誌　正書

麟德元年十月十一日

河南洛陽出土，張鈁千唐誌齋藏石。

徵二・一八　館・三九　誌初二・一二

邊師墓誌　正書

麟德元年十月二十四日

張鈁千唐誌齋藏石

館・三九　徵二・一七

清河長公主碑　李儼撰　暢整正書　額篆書

麟德元年十月

辛胡師鐫，存下段（上段全泐），每行二十餘字。

《續修醴泉縣志稿》云：今失。

陝西醴泉北二十里老君營昭陵南十里

藝四・一八　攈七・二〇　楊圖五・一九　萵一・六　昭中・二九　金石錄二四・四　匯一二之一・一〇九　寶嚴九・一一　雍三・四　平三續上・一一　丙寅稿四三　關考八・七　陝八・八　民國　續修醴泉縣志稿三・一一　萃目一・一一

洛中處士孟師墓誌並蓋　正書

麟德元年十一月二日

河南洛陽出土，開封圖書館藏石。

徵二・一八　館・三九　萵二之一・一八　名四・四四　芒冢四編三・一五　誌初二・一二

翊衛大都羅瑞墓誌　正書

麟德元年十一月五日

張鈁千唐誌齋藏石

徵二・一八　館・三九

涇陽縣令梁秀墓誌並蓋　正書

麟德元年十一月五日

河南洛陽出土，開封圖書館藏石。

徵二·一八　館·三九　蒿二之一·一八　名四·四四　芒冢三編·二九　誌初二·一二

段贖及夫人簡氏墓誌並蓋　正書

麟德元年十一月五日

開封圖書館藏石

徵二·一八　館·三九　誌初二·一二

李保為亡父母呂智明為亡母造經像　正書

麟德元年十一月七日

臺州錄事參軍袁弘毅墓誌並蓋　正書

麟德元年十一月十六日

開封圖書館藏石

徵二·一八　館·三九　名四·四四　蒿二之一·一八　芒冢續編中·一五　誌初二·一二

吉士逵為七代父母及亡妻造像　正書

麟德元年十一月二十日

河南洛陽出土，開封圖書館藏石。

名四·四四　徵二·一八　館·三九　芒冢續編中·一四　誌初二·一二

輕車都尉湖州長城縣令強偉墓誌　正書

麟德元年十一月十八日

開封圖書館藏石

徵二·一八　館·三九

將仕郎霍達墓誌　正書

麟德元年十一月二十八日

浙江鄞縣馬氏凡將齋藏石

徵二·一八　館·三九　蒿二之一·一八　誌初二·一二

隋幽州先賢府車騎王君墓誌　正書

麟德元年十二月十一日

張鈁千唐誌齋藏石

徵二·一八　館·三八　誌初二·一二

功曹參軍梁君故夫人成叔雍墓誌　正書

麟德元年十二月十一日

斷為二，下段有殘碑，陝西西安。重摹本二，一大字，一小字。

藝一八·五　萃目一·一一　名四·四四　徵二·一八　館·三九　蒿二之一·三　平三續上·一一　誌六·八　瓊三七·一四　硯一〇·一　攈七·二〇　匯一二之一·三　羅錄上·二五　誌匯二·五　校·關考三·一九　陝九·一二　唐文拾遺六四·九

左戎衛大將軍襄公杜君綽碑　李儼撰　高正臣正書　萬寶哲刻字　額篆書

龍朔三年二月十八日葬，麟德元年歲次甲子正月丙子建。

續修縣志稿云：今失。

陝西醴泉

藝四·一七　攈七·一九　竹二·九　獨殘·八　蒿一·六　昭中·二五　孫錄三·八〇　匯一二之一·一〇九　瓊三七·三　萃五四·三　關二·九　丙寅稿四·三　關考八·七　陝八·八　全唐文九九一·一一　民國廿四年續修醴泉縣志稿三·一二

故校尉馮安墓誌（館作中川府校尉□君）　正書

麟德元年

未書死者姓名與卒葬年月

徵二·一八　館·三九

成大夫劉氏墓誌　正書

麟德二年正月三日

館·三九　徵二·一八

李智墓誌　正書

麟德二年二月十八日

徵二·一八　館·四〇

護軍李遠墓誌　正書

麟德二年正月十八日

張鈁千唐誌齋藏石

館·四〇　徵二·一八

東宮千牛房仁㥄墓誌　正書

麟德二年二月二十五日

河南洛陽出土，張鈁千唐誌齋藏石。

館·四〇　徵二·一七　誌初二·一二

隋金谷府鷹楊權豹墓誌　正書

麟德二年二月三十日

張鈁千唐誌齋藏石

館·四〇　徵二·一八

隋懷州王屋縣令楊康墓誌　正書

麟德二年三月七日

館·四〇　徵二·一八

懷音府隊正飛騎尉侯僧達墓誌並蓋　正書

麟德二年閏三月二十八日

開封圖書館藏石

館·四〇　徵二·二八　蒿二之一·一八　芒冢四編三·一六　誌初二·一二

故夫人王淑墓誌　正書

麟德二年三月二十八日

河南洛陽出土，張鈁千唐誌齋藏石。

徵二·一八　館·四〇　誌初二·一二

九品亡宮人墓誌　正書

麟德二年四月

張鈁千唐誌齋藏石

館・四〇　徵二・一八

河東王夫人（師）墓誌並蓋　又作任夫人王氏墓誌　正書

麟德二年五月十三日

開封圖書館藏石

蒿二之一・一八　徵二・一八　館・四〇　芒冢三編・三一　誌初二・一二

王夫人（相兒）墓誌　正書

麟德二年六月二日

河南洛陽出土，張鈁千唐誌齋藏石。

館・四〇　誌初二・一二

九品亡宮人墓誌　正書

麟德二年六月

張鈁千唐誌齋藏石

館・四〇　誌初二・一九

史信墓誌並蓋　正書

麟德二年七月十二日

開封圖書館藏石

名四・四四　徵二・一九　館・四〇　蒿二之一・一八　芒冢三編・三二　誌初二・一二

亡宮九品墓誌　正書

麟德二年七月二十一日

河南洛陽出土，張鈁千唐誌齋藏石。

徵二・一九　誌初二・一二

宣州司法參軍事夫人杜醜墓誌　正書

麟德二年七月二十四日

徵二·一九　館·四〇

宮人九品墓誌　正書

麟德二年七月卒

河南洛陽出土，張鈁千唐誌齋藏石。

館·四〇　誌初二·一二

索達墓誌並蓋　正書

麟德二年八月三日

開封圖書館藏石

館·四〇　徵二·一九

張滿墓誌（又作張思言）　正書

麟德二年八月三日

名四·四四　徵二·一九　館·四〇　蒿二之一·一八　芒冢續編中·一六　誌初二·一三

賈信墓誌　正書

麟德二年八月三日

河南洛陽出土，張鈁千唐誌齋藏石。

館·四〇　徵二·一九　誌初二·一二

王惠墓誌　正書

麟德二年八月三日

張鈁千唐誌齋藏石

館·四〇　徵二·一九　誌初二·一二

河東柳尚遠妻子宇文夫人墓誌並蓋　正書

麟德二年八月十五日

開封圖書館藏石

徵二·一九　館·四〇

洛州仇夫人墓誌　正書

麟德二年九月十三日

張鈁千唐誌齋藏石

館・四〇　徵二・一九

文林郎支敬倫墓誌　正書

麟德二年九月二十一日

河南洛陽出土，張鈁千唐誌齋藏石。

徵二・一九　館・四〇　誌初二・一三

楊客僧墓誌　正書

麟德二年九月二十五日

河南洛陽出土

徵二・一九　館・四〇　誌初二・一三

亡宮九品墓誌　正書

麟德二年九月

河南洛陽出土，張鈁千唐誌齋藏石。

徵二・一九　館・四一　誌初二・一三

洛州洛陽縣上東鄉嘉善里王仁表墓誌銘　正書

麟德二年十月五日

河南洛陽出土，開封圖書館藏石。

名四・四四　館・四一　誌初二・一三

隋上儀同三司朝散大夫石監門校尉王宣墓誌　正書

麟德二年十月十一日

張鈁千唐誌齋藏石

徵二・一九　館・四一　誌初二・一三

程夫人周氏墓誌並蓋　誌初作周夫人墓誌　正書

麟德二年十月十一日

河南洛陽出土，開封圖書館藏石。

徵二・一九　館・四一　芒冢四編三・一六　誌初二・一三

鎮軍大將軍程知節碑　許敬宗文　暢整正書

麟德二年十月十一日葬

每行上下皆損數字

陝西醴泉

蒿一·六　集五　寶叢九·一一　昭補·一　丙寅稿四四　陝八·九　民國廿四年續修醴泉縣志稿三·一三

周君夫人劉氏墓誌　正書

麟德二年十一月十五日

張鈁千唐誌齋藏石

館·四一　徵二·一九

魏氏田夫人（信）墓誌並蓋　正書

麟德二年十月十八日

開封圖書館藏石

名四·四四　徵二·一九　館·四一　蒿二之一·一八　芒冢四編三·一七　誌初二·一三

驍騎衛馮貞墓誌　正書

麟德二年十二月二十四日

河南洛陽出土，張鈁千唐誌齋藏石。

館·四一　徵二·一九　誌初二·一三

焦弘慶兄弟為父造像　正書

麟德二年十二月

美國波士敦博物館藏

海外貞珉錄·七

中殿東頭題字　正書

麟德二年

濰縣劉氏藏石，存三行十五字，地作埊。

藝四·一八

張寬墓誌　正書

麟德三年正月十八日

張鈁千唐誌齋藏石

館·四一　徵二·一九

處士張仁墓誌　正書

麟德三年七月三日

徵二・一九　館・四一

乾　封

董師墓誌　正書

乾封元年正月二十九日

張鈁千唐誌齋藏石

徵二・一九　館・四一

劉仁願等題名　正書

乾封元年正月十九日

字為明昊天壽刻字所掩，山東泰安岱頂仰天洞（匯作岱頂雪峰西側）。

藝四・一八　山訪三・一　匯一〇之一・三九　攈七・二一　阮山一一・一八　孫錄三・八一　民國十八年泰安縣志卷一三

王知慎等題名　正書

乾封元年二月一日

字為嘉靖題刻所掩，山東泰安岱頂仰天洞西摩巖（匯作桃花洞口）。

藝四・一八　山訪三・一　孫錄三・八一　匯一〇之一・三九　阮山一一・一七

處士王延墓誌　正書

乾封元年二月五日

張鈁千唐誌齋藏石

館・四一　徵二・一九

飛騎尉田博夫人桑氏墓誌　正書

乾封元年二月十二日

徵二・一九　名四・四五　蒿二之一・一八　芒冢上・三一

洛州錄事楊達夫人張氏墓誌　正書
乾封元年二月十二日
徵二・一九　館・四一　蒿二之一・一八
少監□□智等題名　正書
乾封元年二月十□日
山東泰安岱頂仰天洞
藝四・一八　匯一〇補遺・八
左衛長史顔仁楚墓誌　正書
乾封元年二月二十二日
張鈁千唐誌齋藏石
館・四一　徵二・一九
萬年宮□監農圃監事趙宗墓誌　正書
乾封元年二月二十四日
河南洛陽出
名四・四五　徵二・二〇　蒿二之一・一八　館・四一　芒冢四編三・一八　誌初二・一三
歙州司馬來僧墓誌　正書
乾封元年二月二十五日
張鈁千唐誌齋藏石
館・四一　徵二・二〇
處士支郎子墓誌　正書
乾封元年五月七日
徵二・二〇
州行唐縣主簿崔冲墓誌　正書
乾封元年六月十九日
徵二・二〇
遊擊將軍信義府果毅都尉韓暹夫人苑陵縣君靳耼墓誌　正書
乾封元年七月十四日

張鈁千唐誌齋藏石
館・四二　徵二・二〇
敬善寺沙門善願造像並刻心經　正書
乾封元年八月二十四日
河南鞏縣
攈七・二一　匯九補遺・三六
騎都尉郭君故夫人楊氏墓誌　正書
乾封元年九月七日
銘作五言絶句，開封圖書館藏石。
徵二・二〇　名四・四五　館・四一　蒿二之一・一八　芒冢四編三・一九　誌初二・一三
處士張夫人梁氏墓誌　正書
乾封元年九月十日
張鈁千唐誌齋藏石
館・四一
文林郎守益州導江縣主簿飛騎尉張行恭墓誌　正書
乾封元年十月十七日
河南安陽出，長白端方藏石。
館・四一　蒿二之一・一八　徵二・二〇　名四・四五　中冢・一一　陶一七・一九　誌匯二・五　朔目二・一〇
□德墓誌　正書
乾封元年十一月十八日
張鈁千唐誌齋藏石
燕公于志甯碑　正書
令狐德棻撰　子立政書　額篆書
乾封元年十一月□二日
陝西三原北五十里三家店（一作坳鄉）
藝四・一八　攈七・二一　蒿一・六　竹二・一〇　孫録三・

八一　金石錄二四・五　寶叢一〇・一五　字三・六　錄續六・五九　妙七・二三　雍三・五　跋四・二〇　關二・九　萃五六・一　古墨三・六〇　平四・一四　關中・一八　瓊三七・一六　唐錄中・五　匯一二之一・九四　關考七・一五　陝九・一二　全唐文一三七・一三　天一・六

紀國陸先妃碑　正書　額篆書

乾封元年十二月九日

陝西醴泉北二十里西屯里昭陵南十里

藝四・一八　攗七・二一　竹二・一〇　蒿一・六　昭下・一　孫錄三・八二　寶叢廿・三四　匯一二之一・一〇九　關二・一〇　雍四・八　跋四・二〇　萃五六・五　古墨三・六〇　平四・一四　關中・一八　瓊三七・一七　貞松老人外集二・一一　關考八・八　陝八・一二　全唐文九九二・八　民國廿四年續修醴泉縣志稿三・一三

王行直等題名　正書

乾封元年□月十五日

山東泰安岱頂仰天洞

藝四・一八

彭陽憲公令狐德棻碑　□□政正書　額篆書

乾封元年卒

陝西耀縣西北四十里柳家原墓上

關中・一九　攗七・二一　竹二・一三　蒿一・六　萃五七・一　平四・一九　隋上・二〇　陝九・一四　匯一二之一・一一五　關考八・一四

潞州襄垣縣令裴嗣宗墓誌　正書

乾封二年正月

張鈁千唐誌齋藏石

館・四一　徵・二〇

邢州南和縣趙府君夫人梁氏墓誌　正書

乾封二年二月十八日

開封圖書館藏石

徵二・二〇　館・四一

左驃騎左一車騎將軍上柱國王道智墓誌並蓋　正書

乾封二年二月十八日

開封圖書館藏石

館・四二　徵二・二〇　蒿二之一・一九　誌初二・一三

上開府董葜墓誌　正書

乾封二年二月二十九日

河南洛陽出土，張鈁千唐誌齋藏石。

徵二・二〇　誌初二・一三

相州滏陽縣尉劉貴寶造像　正書

乾封二年二月

河南洛陽西南六十里寶山萬佛溝

攈七・二一　校　朔目二・一〇　河錄二・七　安陽三・七　匯九之二・四

李表墓誌　正書

乾封二年四月七日

開封圖書館藏石

名四・四五　蒿二之一・一九　館・四二　徵二・二〇　芒冢三編・三二　誌初二・一三

隋桂州總管武康郡公令狐熙碑　于德棻撰　□□秀書　額篆書

乾封二年五月二十五日

文約二千七百餘过半（嘉靖《耀州志》云，半殘闕）

陝西耀縣西北四十里柳家原墓上

藝四・一八　攈七・二二　竹二・一〇　孫錄三・八二　萃五六・七　平四・一五　關中・一八　隋上・一九　匯一二之一・

一一　關考八·一四　陝九·一四　嘉靖三十六年耀州志一一·三

洛州陸渾縣處士張兄仁故夫人成公義墓誌並蓋　正書

乾封二年六月三日卒，即以是日窆。

開封圖書館藏石

館·四二　徵二·二〇

陳壽墓誌　正書

乾封二年七月二日

開封圖書館藏石

徵二·二〇　館·四二　蒿二之一·一九　芒冢四編三·三〇一　誌初二·一三

比丘僧法稱造阿彌陁像　正書

乾封二年八月十日

河南鞏縣石窟寺

藝四·一四　匯九之四·一三　攈七·二二　石言四·一三　民國二十六年鞏縣志一九·二九

處士張海墓誌　正書

乾封二年八月十四日

徵二·二〇　館·四二　誌初二·一三

上柱國咸陽府長上果毅楊智積墓誌　正書

乾封二年八月十八日

陝西商縣出土，歸吳大澂。

藝一八·五　誌初二·一三　誌匯二·五　關新三·九　關考八·一八　名四·四五　徵二·二〇　館·四二　蒿二之一·一九　羅錄上·二五　陝九·一三

處士張伯隴墓誌　正書

乾封二年八月二十六日

張鈁千唐誌齋藏石

徵二·二　館·四二　誌初二·一三

張鬼墓誌並蓋　正書

乾封二年九月二十七日

開封圖書館藏石

徵二·二　館·四二

靖千年墓誌　正書

乾封二年十月二十二日

河南洛陽出土，張鈁千唐誌齋藏石。

徵二·二　館·四二　誌初二·一二

隰州大寧縣令王纂墓誌並蓋　正書

乾封二年十月二十二日

河南洛陽出土，開封圖書館藏石。

徵二·二　館·四二　蒿二之一·一九　名四·四五　芒冢四編三·二〇　誌初二·一三

萁州榆社縣令王和墓誌並蓋　正書

乾封二年十月二十二日

河南洛陽出土，開封圖書館藏石。

名四·四五　徵二·二〇　蒿二之一·一八　芒冢四編中·一七　誌初二·一三

黔州洪杜縣丞張善並夫人上官氏墓誌　正書

乾封二年十月二十二日

河南洛陽出土，開封圖書館藏石。

徵二·二〇　館·四二　誌初二·一三

蒲津關令雲騎尉張仁墓誌　正書

乾封二年十月二十二日

河南洛陽出土

蒿二之一·一九　徵二·二〇　芒冢四編三·二二　誌初二·一四

黄府君夫人孫智墓誌　正書

乾封二年十月二十七日

開封圖書館藏石

徵二·二〇　館·四二

殷氏妻李弟墓誌並蓋　正書

乾封二年十月二十八日

開封圖書館藏石

館·四二　徵二·二一　蒿二之一·一九　誌初二·一四

張雄并夫人燕氏墓誌　正書

乾封二年十一月五日

館·四二　徵二·二一

大將軍上柱國郭君殘碑　正書

乾封二年十一月二十八日

前後下截均缺，存十七行。

山西汾陽西二十里永安鎮北太符觀（康熙五年朱彝尊訪得）

汾陽縣金石類編二·一　藝四·一八　攈七·二二　孫錄三·八三　字三·六　錄補一一·一〇二　萃七五·三　右叢四·一五　瓊三七·二〇　匯一一·六四　右三·一三　全唐文九九二·三　復外三·一四

蘇永[?]（或作沖）**生為亡男造阿彌陁像**　正書

乾封二年十一月三十日

河南鞏縣石窟寺

藝四·一四　攈七·二二　匯九之四·一三　石言四·一〇　民國二十六年鞏縣志一九·三三

清信女佛弟子孫造彌陁像　正書

乾封二年十二月二十日

長白端方藏石

藝續·一　陶一七·二〇

巂州錄事李弘墓誌　正書
乾封二年閏十二月五日
館・四二　徵二・二一

虢州閿鄉縣丞孫恭墓誌　正書
乾封二年閏十二月十一日
張鈁千唐誌齋藏石
館・四二　徵二・二一

謝通墓誌　正書
乾封二年閏十二月十二日
開封圖書館藏石
名四・四五　徵二・二一　館・四二　誌初二・一四

杜慶墓誌　正書
乾封二年閏十二月十七日
開封圖書館藏石
館・四二　徵二・二一

右驍衛游擊將軍安義府右果毅都尉上柱國婁敬墓誌並蓋　正書
乾封二年閏十二月十七日
河南洛陽出土，開封圖書館藏石。
名四・四五　徵二・二一　館・四二　蒿二之一・一九　芒冢四編三・二二　誌初二・一四

張朗墓誌並蓋　正書
乾封二年閏十二月二十七日
河南洛陽出土，開封圖書館藏石。
名四・四五　徵二・二一　館・四三　蒿二之一・一九　芒冢續編中・一八　誌初二・一四

重修延慶道場碑　正書　額有像
乾封二年
藝四・一八

王師墓誌　正書

乾封三年正月十八日

河南洛陽出土

徵二·二一　館·四三　誌初二·一四

南和縣令張彥墓誌　正書

乾封三年正月二十五日

徵二·二一　館·四三

張對墓誌　正書

乾封三年正月二十五日　卒年十七

河南洛陽存古閣

藝一八·五　蒿二之一·一九　徵二·二一　館·四三　志六·九　平續五·七　攈七·二二　匯九之三·五二　趙錄三·四　志匯二·五　洛陽存古閣藏石目·二　陝九·一四　萃略一·五四　唐文拾遺六四·一一

靖徹夫人王氏墓誌　正書

乾封三年二月十六日

開封圖書館藏石

徵二·二一　館·四三

佛弟子趙婆為亡父母造像（匯作遙□婆，石言作趙斐）正書

乾封三年二月二十日

河南鞏縣石窟寺

匯九之四·一四　攈七·二二　民國二十六年鞏縣志一九·三四　石言四·一五

元大娘造像　正書

乾封三年三月二十一日

河南鞏縣石窟寺

藝四·一四　匯九補遺·三五　民國二十六年鞏縣志一九·三

九　石言四・一〇

弟子種玄應為亡母造像（藝作沖遠造像）　正書

乾封三年三月二十四日

河南鞏縣石窟寺

藝四・一四　匯九補遺・三五　石言四・一〇

弟子□□造像　正書

乾封三年

四川綿州城西八里西山觀

藝三・一二　匯一六補遺・八

總　章

通君夫人閻玄墓誌並蓋　正書

總章元年三月七日

開封圖書館藏石

徵二・二一　館・四三

盧贊府為老母造救苦觀音像（匯作盧贊為父母造像）　正書

總章元年四月二日

河南鞏縣石窟寺

攈七・二二　匯九之四・一四　石言四・一五　民國二十六年鞏縣志一九・三七

李光嗣妻王造彌陁像　正書

總章元年四月二日

河南鞏縣石窟寺

匯九之四・一四　攈七・二二　石言四・一五　民國二十六年鞏縣志一九・三六

□□造阿彌陁像　正書

總章元年四月二十日

河南鞏縣石窟寺

洛州河南縣南斌夫人高氏墓誌　正書
總章元年五月七日
張鈁千唐誌齋藏石
館·四三　徵二·二一

李君夫人宋氏墓誌　正書
總章元年六月七日
徵二·二一　館·四三

處士李文墓誌　正書
總章元年六月二十九日
張鈁千唐誌齋藏石
徵二·二一　館·四三

彭義墓誌　正書
總章元年六月二十四日
開封圖書館藏石
館·四三　徵二·二一

田贊墓誌（或云姓王）　正書
總章元年九月二十八日
銘石刻光緒二年路璜跋云，得於洛邑，嵌置存古閣。
藝一八·五　名四·四六　瓊三七·二二　誌匯二·六　唐文拾遺六四·三

潘君夫人牛氏墓誌　正書
總章元年十月九日
徵二·二一　館·四三

李政墓誌　正書
總章元年十月十日
河南洛陽出

李泰墓誌並蓋　正書
總章元年十一月二日

河南洛陽出土，開封圖書館藏。

館・四三　名四・四六　徵二・二一　蒿二之一・一九　芒冢四編三・二五　誌初二・一四

郏鄏府隊副梁方墓誌　正書

總章元年十一月四日

河南洛陽出土，張鈁千唐誌齋藏石。

徵二・二一　館・四三　誌初二・一四

右戎衛翊衛徐買墓誌　正書

總章二年正月二十七日

河南洛陽出土，張鈁千唐誌齋藏石。

館・四三　徵二・二一　誌初二・一四

文林郎行洛陽宫青城監監事武騎尉王德墓誌並蓋　正書

總章二年二月十一日

開封圖書館藏石

館・四三　徵二・二二　蒿二之一・一九

泗州連水縣主簿武騎尉范彥墓誌　正書

總章二年二月二十四日

河南洛陽出土，天津徐氏藏石。

名四・四六　館・四三　徵二・二二　芒冢三編三・三三　誌初二・一四

楊義妻王氏墓誌並蓋　正書

總章二年建卯之月二十五日

館・四三

魏師德造像　正書

總章二年三月十一日

河南鞏縣石窟寺

石言四・一五

敬□□像釋迦牟尼佛起頌　正書

總章二年三月十七日

李夫人墓誌　正書

總章二年三月十九日

河南洛陽出土，張鈁千唐誌齋藏石。

館·四三　徵二·二二　誌初二·一四

趙夫人墓誌　正書

總章二年四月十四日

張鈁千唐誌齋藏石

館·四三　徵二·二二

□□造像　正書

總章二年四月

河南鞏縣石窟寺

文林郎張君故夫人朱氏墓誌　正書

總章二年六月二十六日

開封圖書館藏石

館·四四　徵二·二二

上騎都尉康達墓誌　正書

總章二年七月八日

河南洛陽出土，開封圖書館藏石。

徵二·二二　館·四四　名四·四六　蒿二之一·二〇　芒冢四編三·二九　誌初二·一四

楊行禕墓誌並蓋　正書

總章二年八月二十六日

開封圖書館藏石

蒿二之一·二〇　徵二·二二　館·四四

陪戎副尉曹德墓誌　正書

總章二年八月二十六日

開封圖書館藏石

徵二·二二　館·四四

趙義墓誌　正書

總章二年九月二十六日

張鈁千唐誌齋藏石

徵二·二二　館·四四　誌初二·一四

中山郎餘令武功蘇春[?]造像　正書

總章二年十月八日

河北唐山宣霧山

藝三·二　羅錄上·二五（武功□□道造像）　匯三補遺·三二

耿夫人惠氏墓誌　正書

總章二年十一月十五日

開封圖書館藏石

徵二·二二　館·四四

處士上官義墓誌　正書　樊望之撰

總章二年十一月二十七日

河南洛陽出土，張鈁千唐誌齋藏石。

館·四三　徵二·二二　誌初二·一四

勲官飛騎尉蘭德墓誌　正書　樊望之撰

總章二年十二月一日

開封圖書館藏石

徵二·二二　館·四四

兗州金鄉縣前蘭州錄事參軍徐羅母薛氏墓記　正書

總章二年二月二十五日

館·四四　瓊三七·二三

王夫人墓誌　正書

總章三年正月二十一日

河南洛陽出土，張鈁千唐誌齋藏石。

徵二·二二　館·四四　誌初二·一四

道安禪師塔記　正書

總章三年二月十五日

陝西西安百塔寺長白端方藏石，有重摹本。

藝一七·二〇　名四·四六　徵二·二二　誌匯二·六　孫録三·八三　關二·一〇　雍三·三　竹二·一一　萃五七·五　擴七·二四　萵五·三　雪跋四·一〇　關考三·一九　陜九·一四　全唐文九八七·一　平三續上·一二

涿郡張夫人墓誌　正書

總章三年三月十一日

張鈁千唐誌齋藏石

館·四四　徵二·二二

房君幹造像　正書

總章□年

河南鞏縣石窟寺

魏師妻王為亡母造像　正書

總章□年

河南鞏縣石窟寺

咸　亨

咸亨元年二月十四日殘造像　正書

河南鞏縣石窟寺

程義墓誌並蓋　正書

咸亨元年三月十二日

開封圖書館藏石

館·四四　徵二·二二

劉德潤墓誌　正書

咸亨元年三月十四日

河南洛陽出土，張鈁千唐誌齋藏石。
徵二·二二　館·四四　誌初二·一四
黃（或釋董）承禮為亡父造像　正書
咸亨元年三月廿一日
河南鞏縣石窟寺
藝四·一四　擹七·二四　滙九之四·一四
成思齊兄弟及姊妹為亡父造觀世音像　正書
咸亨元年三月三十日
河南鞏縣石窟寺
藝四·一四　擹七·二四　滙九之四·一四　石言四·一四　民國二十六年鞏縣志一九·三〇
弟子劉玄颺母樊為夫征遼造彌勒像　正書
咸亨元年四月八日
種行高妻朱造像　正書
咸亨元年五月十四日
河南鞏縣石窟寺
石言四·一五　民國二十六年鞏縣志一九·四五
弟子苗師感造像　正書
咸亨元年五月十八日
河南鞏縣石窟寺
擹七·二四　滙九之四·一四
淄川公李孝同碑　諸葛思禎正書　額篆書
咸亨元年五月二十四日葬
陝西三原北五十里家店（又名白鹿原）
藝四·一九　擹七·二四　孫錄三·八三　竹二·一一　蒿一·六　滙一〇之一·九四　寶叢一〇·一五　鐫三·九　字三·七　來下·一〇　妙九·二　關二·一〇　雍三·五　萃五七·五　古墨三·六一　平四·一五　關中·一九　唐錄上·四　瓊

三七·二三　關考七·一五　陝九·一五　全唐文九九二·四

張養仁造像（藝作張登造像）　正書

咸亨元年五月卅日

河南鞏縣石窟寺大殿前檐下

藝四·一五　匯九之四·一四　擴七·二四　石言四·一三　民國二十六年鞏縣一九·二三

魏王府參軍毛景墓誌　正書

咸亨元年六月十三日

張鈁千唐誌齋藏石

館·四四　徵二·二二

瀛州河澗縣令樂達墓誌　正書

咸亨元年七月十四日

河南洛陽出

蒿二之一·二〇　徵二·二二　名四·四六　芒冢上·三四

楊湯墓誌　正書

咸亨元年七月十四日

徵二·二二　館·四四

張法喜為亡父造像　正書

咸亨元年八月三十日

河南鞏縣石窟寺

民國二十六年鞏縣志一九·三〇　石言四·一五

比丘僧法稱造像　正書

咸亨元年九月十八日

河南鞏縣石窟寺

藝四·一五　匯九之四·一四　擴七·二四　石言四·一〇　石言四·一三　民國二十六年鞏縣志一九·二九

處士索行墓誌　正書

咸亨元年九月廿日

河南洛陽出土，張鈁千唐誌齋藏石。

徵二·二三　館·四四　誌初二·一五

張軌墓誌　正書

咸亨元年閏九月二十日

開封圖書館藏石

蒿二之一·二〇　名四·四六　館·四四　徵二·二二　芒冢四編三·二九

齊州歷城縣令庫狄通墓誌　正書

咸亨元年閏九月二十一日

河南洛陽出土，張鈁千唐誌齋藏石。

徵二·二二　館·四四　誌初二·一五

故趙夫人墓誌　正書

咸亨元年十月一日

河南洛陽出土，開封圖書館藏石。

徵二·二三　館·四四　蒿二之一·二〇　名四·四七　芒冢四編三·三一　誌初二·一五

曹州離狐縣丞蓋蕃墓誌　正書

咸亨元年十月四日

張鈁千唐誌齋藏石

館·四四　徵二·二四

相州湯陰縣令王君德墓誌　正書

咸亨元年十月四日

張鈁千唐誌齋藏石

館·四四　徵二·二三　誌初二·一五

交州都督府行參軍樊玄紀墓誌　正書

咸亨元年十月四日

張鈁千唐誌齋藏石

徵二·二三　館·四四　誌初二·一五

處士廣平程碩墓誌　正書

咸亨元年十月四日

張鈁千唐誌齋藏石

徵二・二二　館・四五

比丘僧法稱造像　正書

咸亨元年十月五日

河南鞏縣石窟寺

藝四・一五　匯九之四・一四　擴七・二四

趙德含墓誌（或誤作趙德）　正書

咸亨元年十月十八日

河南洛陽出，歸三原于右任。

由六行至十一行下半剝泐二十餘字

名四・四七　館・四四　誌初二・一五

處士朱通墓誌　正書

咸亨元年十月二十五日

河南洛陽出土，張鈁千唐誌齋藏石。

館・四五　徵二・二三　誌初二・一五

汴州中牟縣丞樂玄墓誌　正書

咸亨元年十月二十八日

河南洛陽出土，開封圖書館藏石。

名四・四七　蒿二之一・二〇　徵二・二三　館・四四　芒冢四編三・三〇　誌初二・一五

張文政為亡妻造像　正書

咸亨元年十月三十日

河南鞏縣石窟寺

匯九之四・一四　擴七・二四　石言四・一三　民國二十六年鞏縣志一九・三〇

隋故騎都尉司馬興墓誌　正書

咸亨元年十月□（原空一字）四日

縱橫盈尺，兩面刻（或雲二石分刻）。

河南孟縣出，歸江蘇儀徵張丙炎。

側刻光緒十五年，張氏購藏題記，分書兩行，銘下刻光緒己丑張丙炎藏石正書一行。

中冢·一二　名四·四七　徵二·二三　蒿二之一·二〇　金石筆識·二三　誌匯二·六　攈七·二四　滙九之四·六五　萃目一·一一

朝散大夫儀同三司上柱國右戎衛開福府旅帥仵欽墓誌並蓋　正書

咸亨元年十一月三日

北京中國大學校園內出土（民國十八年十月十七日）

館·四五　徵二·二三

隋奉車都尉故臧殷瑋墓誌　正書

咸亨元年十一月十日

張鈁千唐誌齋藏石

館·四五　徵二·二三

□□□為妻母鄧阿妲造像　正書

咸亨元年十一月二十三日

四川綿州城西八里西山觀

藝三·一三　匯一六補遺·八

李義豐等造彌勒像　正書　四面刻

咸亨元年十二月二十二日

河南偃師府店鎮招提寺

貴池劉氏藏石

攈七·二四　藝四·一九　羅錄上·二五　孫錄三·八三　竹二·一一　萃五八·一　匯九之四·二

李訓等為亡母房大妃造大道天尊像　又名：一、碧落碑；二、

碧落天尊碑。篆書（傳陳惟玉或李譔書）

有唐五十三祀，龍集敦祥（宋董逌作咸亨元年庚午，歐陽修作為總章三年。案總章三年三月改元咸亨）。

原石久佚，今存摹本，斷為二，左中間闕一三角形。

十一年七月十一日鄭承規書釋

山西絳縣縣署儀門

王澍云：文初在天尊像背後，乃别刻之石，今像已亡，所流傳者皆别刻本也。

碑陰上截黄公記，李譔撰，開成二年十一月。

集五　廣七・四　金石錄二十四・六　鐫三・二〇　史下・一〇　庚七・六　字三・七　來下・一〇　續錄二・五　妙九・八　存四・一　潛四・二一　萃五七・八　鈔三・七三　古墨・六一　平續・一七又一九　右叢九・三二　獨殘・一九　擴七・二〇四　右三・一八　藪・二六　全唐二〇七・一八　天一・六又一一（釋文）　雲三・二二

唐李肇《國史補》上：絳州有碑篆字，與古文不同，頗為怪異。李陽冰見而寢廬其下，數日不能去。驗其文是唐初，不載書者姓名，碑上有“碧落”二字，人謂之碧落碑。

隨金紫光錄大夫右武衛武賁郎將江陽公張曉墓誌　正書

咸亨元年閏九月二十日

河南洛陽出土，開封圖書館藏石。

館・四五　徵二・二三　名四・四七　芒家四編三・三二　誌初二・一五

吴王府執仗張節墓誌　正書

咸亨二年正月十一日

河南洛陽出土，開封圖書館藏石。

館・四五　徵二・二三　誌初二・一五

荊州大都督郯襄公孫女張無量墓誌　正書

咸亨二年四月二十二日
河南洛陽出土，開封圖書館藏石。
徵二·二三　館·四五　誌初二·一五
上護軍王慈善墓誌　正書
咸亨二年五月四日
徵二·二三　館·四五
承務郎前相州林慮縣丞奇玄表墓誌並蓋　正書
咸亨二年五月十四日
開封圖書館藏石
徵二·二三　館·四五
朝義郎行周王府西閣祭酒上柱國程務忠妻鄭氏墓誌　正書
咸亨二年五月十七日
河南洛陽出土，張鈁千唐誌齋藏石。
徵二·二三　館·四五　誌初二·一五
武騎尉岐州雍縣主簿謝慶夫墓誌　正書
咸亨二年七月十二日
開封圖書館藏石
館·四五　徵二·二三
王小墓誌　正書
咸亨二年七月十二日
徵二·二三　館·四五
幽州都督息昌造像　正書
咸亨二年七月
河北唐山宣霧山
藝三·二　匯三補遺·三二
并州司兵張君夫人王智墓誌　正書
咸亨二年八月
河南洛陽出土，張鈁千唐誌齋藏石。

徵一·一二　館·四五　誌初二·一五

内侍汶江縣侯張阿難碑　瑶臺寺僧普昌正書　額篆書

咸亨二年九月二十日

陝西醴泉北二十里馬旗寨昭陵南十里（一作西谷村）

關中·一九　藝四·一九　攈七·二四　蒿一·六　孫錄三·八四　平四·一九　鐫二·一五　字五·二八　妙六·二八　關二·一〇　雍三·七　潛四·二二　萃五八·一　昭下·四　瓊三七·二五　古墨三·六一　匯一二之一·一〇九　關考八·九　陝八·一二　全唐文九九一·一三　天一·五　民國廿四年續修醴泉縣志三·一三

畦師逸妻康為身患差造像　正書

咸亨二年十月一日

河北唐山宣霧山

藝三·二　羅錄上·二五　匯三補遺·三二

畦當忠妻游為身病差造像　正書

咸亨二年十月三日

河北唐山宣霧山

藝三·二　羅錄上·二五　匯三補遺·三二

安□意?妄?為產免難造像　正書

咸亨二年十月

河北唐山宣霧山

藝三·二　匯三補遺·三二

夫人宋氏墓誌　正書

咸亨二年十二月三日

張鈁千唐誌齋藏石

館·四五

越國燕太妃碑　許敬宗撰　高正臣正書　陪戎副尉京兆萬寶哲刻字

咸亨二年十二月二十七日葬

陜西醴泉

昭補·四　蒿一·六　陜八·一二

任縣人傅潭惲?為亡禍父母造像　正書

咸亨二年

河北唐山宣霧山

藝三·二　滙三補遺·三二

游擊將軍劉盛墓誌　正書

咸亨三年正月三日

張鈁千唐誌齋藏石

館·四七　徵二·二三

王師墓誌並蓋　正書

咸亨三年正月二十二日

開封圖書館藏石

徵二·二三　館·四五

周王府隊正李元昭權殯記　正書

咸亨三年正月廿八日

館·四五

孟善玉墓誌　正書

咸亨三年二月十一日

山東濟南城東北二里許修石圩取土得之（同治丁卯），移置濼源書院碧梧翠竹軒之東壁，今不知所在。

藝一八·五　民國續歷城縣志三一　蒿二之一·二〇　徵二·二三　館·四五　山左冢墓遺文·一二

蘇州崑山縣令張祖墓誌並蓋　正書

咸亨三年二月二十二日

長白端方藏石

陶一八·五　名四·四六　蒿二之一·二〇　徵二·二二　館

·四五　鄴冢二編·三五

陪戎副尉康武通墓誌　正書

咸亨三年二月二十二日

張鈁千唐誌齋藏石

徵二·二三　館·四五　誌初二·一五

平陽路夫人墓誌　正書

咸亨三年二月二十八日

張鈁千唐誌齋藏石

館·四六　徵二·二四

王逸墓誌（館作□君）　正書

咸亨三年二月二十九日

館·四六

斿（游）仁?德為亡妻造像　正書

咸亨三年三月十日

河南鞏縣石窟寺

上國柱王玄墓誌　正書

咸亨三年五月廿四日　舊志改刻

河南洛陽出土，開封圖書館藏石。

名四·四七　徵二·二四　館·四六　蒿二之一·二〇　芒冢四編三·三五　誌初二·一五

畦仁師妻宋願平安造像　正書

咸亨三年六月

河北唐山宣霧山

藝三·二　羅錄上·二五　匯三補遺·三二

佛弟子魏師德妻田姉妹三人為亡父造像　正書

咸亨三年七月十日

河南鞏縣石窟寺

擄七·二五　匯九之四·一四　民國二十六年鞏縣志一九·

三五

王仁軌造像（藝目誤作王朝仁）　正書　有像

咸亨三年七月二十六日

河南滎陽東南二十里興國寺

藝四·一九　攈七·二五　滙九之一·一九

眭義恭潘氏女為產免難造像　正書

咸亨三年八月十日

河北唐山宣霧山

藝三·二　滙三補遺·三二

銀青光祿大夫行揚州大都府長史魏縣子盧承業墓誌　正書

咸亨三年八月十四日

盧思道孫

河南洛陽出土，武進陶氏藏石，今在東北博物館。

名四·四七　蒿二之一·二〇　徵二·二四　芒冢四編三·三六　誌初二·一五　丁戊稿三〇　滿別下·二八

登仕郎行邢州柏仁縣尉周楚仁□太夫人□氏年壽□高歸心正覺造像　正書

咸亨三年九月十五日

河北唐山宣霧山

藝三·二　羅錄上·二五　滙三補遺·三二

金剛經　王知敬正書

咸亨三年十月三日

石斷為二，河南登封少林寺殿後壁。

藝四·一九　竹二·一一　攈七·二五　孫錄三·八四　字三·八　來中·二三　中記二·三〇　萃五八·二　平四·一七　瓊三七·二七　滙九之四·二四　景日昣說嵩一四·一三　天一·六　乾隆登封縣志卅·一九

趙州柏鄉縣丞牛密母張造像　正書

咸亨三年十月九日
河北唐山宣霧山
藝三·二　羅錄上·二五　匯三補遺·三二

河州大夏縣主簿武騎尉張弘墓誌　正書
咸亨三年十月二十七日
河南洛陽出土，開封圖書館藏石。
名四·四七　蒿二之一·二〇　徵二·二四　館·四六　誌初二·一五

處士王甑生墓誌　正書
咸亨三年十一月十五日
館·四六　徵二·二四

處士淳于府君夫人陳恭墓誌　正書
咸亨三年十一月十五日
張鈁千唐誌齋藏石
徵二·二四　館·四六　誌初二·一五

處士張義墓誌並蓋　正書
咸亨三年十一月二十二日
開封圖書館藏石
徵二·二四　名四·四七　蒿二之一·二一　芒冢四編三·三八

處士李子如墓誌　正書
咸亨三年十二月三日
河南洛陽出土，開封圖書館藏石。
蒿二之一·二〇　徵二·二四　名四·四七　誌初二·一六

三藏聖教序記并心經　太宗李世民撰　沙門懷仁集晉王義之行書　諸葛神力勒石朱靜藏鎸字
咸亨三年十二月八日
三截刻，上序，中記，下經。

王澍云：山東新城王氏所藏，唐拓硃砂本，自首迄尾，纖毫無闕。原一冊，重十數斤。

石中斷（嘉靖乙卯地震為塔頂墜壓所損），側有花紋，碑首有七佛像，相傳紛糺，何以顯五字未泐，為嘉靖以前拓本。

陝西西安碑林第三室

黄本驥云：自第一行晉字至末行林字有裂紋一道。竹雲題跋二：嘗於閩中許氏借觀趙文敏臨本，凡此處字皆闕刻，知自元以前蓋已斷矣。明清翻刻本甚多：醴泉茍氏本、清郃陽棗木本，西安滿洲駐城防本，碑林秦人賈甲鑄本。宋楊萬里《誠齋揮麈錄》上（真跡），民國影印羅原曉藏宋拓本有雍正二年王澍跋。

天一·六　虛三·一五　藝四·一九　楊圖五·二〇　東湖叢記四·四　竹二·一二　瓶四·一五　鐫二·六　攈七·二五　字三·一　觀下·三九　史上·一九　庚六·六　字三·七　來下·一一　妙八·一　續錄二·五　雍三·六　潛四·二二　萃四九·四　古墨三·六二　平四·一七　清二·四六　關中·二〇　隋上·二一　退庵金石書畫跋三·一九——二九　寶鴨下·一四　滙一二之一·三　關考一·一七　孫錄三·八四　藪·二　陝九·一五　古緣一七·一八（北宋拓本）　又二七（北宋拓本）　又二八（宋拓本）　又三〇（明初拓本）

咸亨三年十二月等字造像（原作弟子諸王文造像）　正書

河南鞏縣石窟寺

藝四·一五　滙九補遺·三五

孫行基為亡父現存母造像　正書

咸亨四年正月十日

長白端方藏石

陶一八·八　藝續一

德州平原縣丞畢粹墓誌　正書

咸亨四年正月二十二日

館・四六　徵二・二四　誌初二・一六

房州司法參軍事李志墓誌　正書

咸亨四年正月二十二日

館・四六　徵二・二四

張武例為亡父見在母造像　正書

咸亨四年二月四日

山東濰縣陳介祺藏石

藝四・一九

隋金紫光祿大夫淮南郡太守河内公慕容三藏墓誌　正書

咸亨四年二月十八日

河南洛陽出土，張鈁千唐誌齋藏石。

徵二・二四　館・四六　誌初二・一六

故三品孫慕容知禮墓誌並蓋　正書

咸亨四年二月二十八日　卒年十九

河南洛陽出土，開封圖書館藏石。

名四・四七　館・四六　徵二・二四　蒿二之一・二一　芒冢三編三・三四　誌初二・一六

道王府典軍朱遠墓誌　正書

咸亨四年二月二十八日

陝西咸陽出土

藝一八・五　求二・一〇　名四・四七　徵二・二四　蒿二之一・二一　陶一八・八　羅錄上・二五　誌匯二・六　關新三・一一　關考六・八　陝九・一八

左親衛裴可久墓誌　正書

咸亨四年二月二十九日

陝西咸寧出（同治間），歸吳縣吳大澂。

藝一八・五　名四・四七　徵二・二四　蒿二之一・二一　瓊三七・二七　硯一〇・二　績・寅　岷・一〇　羅錄上・二五

誌匯二·六　關新三·一一　關考五·二三　陜九·一七　唐文拾遺六四·一二

度支郎中彭夫人侯氏墓誌　正書

咸亨四年三月十四日

張鈁千唐誌齋藏石

館·四七　徵二·二四

王夫人墓誌　正書

咸亨四年四月五日

開封圖書館藏石

名四·四八　蒿二之一·二一　館·四六　徵二·二四　誌初二·一六

竇大（或釋伏）端為亡父母造像　正書

咸亨四年五月十日

河南鞏縣石窟寺

民國二十六年鞏縣志一九·三八

魏文慶兄弟造像　正書

咸亨四年五月十日

河南鞏縣石窟寺

民國二十六年鞏縣志一九·三九

洛州洛陽縣處士張翌墓誌　正書

咸亨四年五月十七日

開封圖書館藏石

館·四六　徵二·二四

清信女朱妙臺為亡夫李莫立造彌陁像　正書

咸亨四年六月七日

河南洛陽

藝續·一

周夫人成氏墓誌　正書

咸亨四年六月二十三日

河南洛陽出土，張鈁千唐誌齋藏石。

館・四七　徵二・二四　誌初二・一六

上柱國邊真墓誌　正書

咸亨四年六月二十六日

開封圖書館藏石

館・四七　名四・四八　徵二・二四　誌初二・一六

武騎尉韓節墓誌　正書

咸亨四年八月二日

開封圖書館藏石

館・四七　徵・二四

溱州錄事曹澄墓誌　正書

咸亨四年八月十四日

開封圖書館藏石

館・四七　徵二・二五

黃州行參軍韓仁師墓誌　正書

咸亨四年九月二十一日

開封圖書館藏石

名四・四八　徵二・二五　館・四七　蒿二之一・二一　誌初二・一六

齊府直司楊晟墓誌　正書

咸亨四年十月三日

館・四七　徵二・二五

處士王儉墓誌並蓋　正書　李收王佃撰銘

咸亨四年十月四日

開封圖書館藏石

名四・四八　館・四七　蒿二之一・二一　徵二・二五　芒冢四編三・四〇　誌初二・一六

鄭惠王造石塔記 行書 釋洪滿撰

咸亨四年十月八日

山西長子城東南三十里慈林山法興寺內

藝四·一九 孫錄三·八四 竹二·一二 攈七·二五 匯一九·五九 字三·八 石三·二七 光緒八年長子縣志七·六 全唐文九一二·三

韓寶才墓誌 正書

咸亨四年十一月九日

陝西西安出土

有翻本標題大唐，唐字作銘，詞首句然君孝行，然字不可解，咸亨四年歲次癸酉僞作癸巳。

藝一八·五 名四·四八 館·四七 蒿二之一·二一 徵二·二五 平三續上·一三 誌六·一一 續編五·七 瓊三七·二九 攈七·二五 匯一二之一·三 誌匯二·六 趙錄三·四 關考一·一九 萃略一·五五 陝九·一九 唐文拾遺六四·一四 萃目一·一一

張威及夫人賈氏墓誌 正書

咸亨四年十一月二十一日

河南洛陽出土，張鈁千唐誌齋藏石。

徵二·二五 館·四七 誌初二·一六

李法靜造像 正書

咸亨五年正月

處士侯彪墓誌 正書

咸亨五年二月二日

河南洛陽出土

徵二·二五 名四·四八

飛騎尉王則墓誌 正書

咸亨五年二月四日

張鈁千唐誌齋藏石

館·四七　徵二·二五

梓州通泉縣令王君夫人姜氏墓誌　正書

咸亨五年二月四日

名四·四八　蒿二之一·二一　館·四七　徵二·二五　誌初二·一六

故夫人史氏墓誌　正書

咸亨五年二月二十九日

河南洛陽出土，開封圖書館藏石。

名四·四八　蒿二之一·二一　館·四七　徵二·二五　芒冢四編三·四二　誌初二·一六

侯無隱為祖婆重病發願造像　正書

咸亨五年四月八日

河北唐山宣霧山

藝三·二　羅錄上·二五　匯三補遺·三二

黃素墓誌並蓋　正書

咸亨五年四月三十日

開封圖書館藏石

徵二·二五　館·四七

趙世與姊妹等為亡過父母造像　正書

咸亨五年五月八日

河北唐山宣霧山

藝三·二　羅錄上·二五　匯三補遺·三三

比丘尼惠略為亡過父母造像　正書

咸亨五年五月八日

河北唐山宣霧山

藝三·二　羅錄上·二五　匯三補遺·三三

飛騎尉龐懷伯等造此像　正書　四面刻

咸亨五年五月八日

造此像匠手上洛村劉相息龍鳳

河北房山西南七十里上洛村石佛村

藝四·一九　匯一補遺·一〇

趙州柏鄉人魯萬感為外祖父母造像　正書

咸亨五年六月八日

河北唐山宣霧山

藝三·二　羅錄上·二五　匯三補遺·三三

騎都尉張玄景墓誌　正書

咸亨五年七月十四日

開封圖書館藏石

館·四七　徵二·二五

處士張才墓誌　正書

咸亨五年七月二十六日

河南洛陽出土，張鈁千唐誌齋藏石。

徵二·二五　館·四七　志初二·一六

秘閣曆生劉守忠墓誌　正書

咸亨五年七月二十一日卒，即以其年歲次甲戌八月壬寅朔十三日庚寅葬。

右下角斷裂

陝西西安

藝一八·一一　名六·八三　羅錄上·三六　關新三·一二　關考一·一九　續·庚　館·四七　徵二·二五　誌匯二·七　唐文拾遺六四·一七　瓊三八·二　陶一八·一一

劉嶷墓誌　正書

咸亨五年八月二十五日

館·四七　徵二·二五

潞州禮會府果毅王祁墓誌（館作王客，徵作王郎）　正書

咸亨五年十月八日

張鈁千唐誌齋藏石

館·四七　徵二·二五　誌初二·一六

河南□□安邑關君夫人王氏墓誌　正書

咸亨□年二月十六日

張鈁千唐誌齋藏石

館·四七　徵二·二五

上　元

齊大雅尚善會李名高三人同渡滄海造地藏像　正書

上元元年二月十日

河北唐山宣霧山

藝三·二　羅録上·三五　匯三補遺·三三

黄伏魔為亡母尚婆造像　正書

上元元年六月二十八日

河北唐山宣霧山

藝三·二　羅録上·三六　匯三補遺·三三

邢州刺史紀王慎造佛説觀天無星壽經碑　正書　三面刻

前後兩面各四十一行，各行七十四字，側十行七十四字。左側磨滅，額刻像極工。

上元元年七月六日

河北唐山（龍堯）景福村北半里許安樂寺廢址西南隅

求二·一一　藝四·一九　擴七·二五　趙録三·四　匯三補遺·四一　民國堯山縣志料卷一四·金石

比丘□□為亡父現存母造像　正書

上元元年七月七日

藝續一

大德寺造像並建彌勒閣碑　正書

碑陰多磨滅，側題名有證聖元年等字一行。

上元元年□秋之滿月之日

文中有埊𠀑𠥱𡆠等字，是新字，不始於武后時。

河南澠池

藝四·一九　孫錄三·八四　攈七·二五　匯九四·五〇　萃正一·一二　萃五八·三　中記二·三一　全唐文九八九·一

文林郎王君夫人柏氏墓誌　正書

上元元年八月二十九日

陝西西安出土，歸渭南趙乾生。

藝一八·五　泉一·二九　名四·四八　館·四七　徵二·二五　蒿二之一·二一　續·戌　瓊三八·四　硯一〇·三　攈七·二五　匯一二之一·三　趙錄三·四　誌初二·一六　誌匯二·七　關新三·一二　關考一·二一　陝九·二〇　唐文拾遺一八·三

中書令馬周碑　分書

額篆書陽文　許敬宗撰殷仲容書

上元元年十月六日（復齋碑錄）

陝西醴泉北下古村昭陵南十里

竹二·一二　藝四·一八　攈七·二五　孫錄三·八四　匯一二之一·一〇九　寶叢九·一二　鐫二　字三　來中·一七　關二·一〇　雍二·六　存一二·二一　昭下·六　雪跋四·二　關考八·八　陝八·一七　全唐文一五〇·二五　天一·六　民國廿四年修醴泉縣志稿三·一三

洛汭府隊正董軸墓誌　正書

上元元年十月十四日

河南洛陽出土，張鈁千唐誌齋藏石。

館·四七　徵二·二五　誌初二·一六

處士王義墓誌並蓋　正書

上元元年十一月二十五日

河南洛陽出土，開封圖書館藏石。

蒿二之一·二一　名四·四八　館·四八　徵二·二六　芒冢四編三·四四　誌初二·一七

孟神生造像　正書

上元元年

亡宮七品誌文　正書

上元二年二月二十八日

徵二·二五　館·四八

刑部尚書長孫祥墓誌　正書

上元二年二月二十八日

張鈁千唐誌齋藏石

徵二·二五　館·四八

亡宮九品誌文　正書

上元二年二月二十八日

張鈁千唐誌齋藏石

館·四八　徵二·二六　誌初二·一六

滄州東光縣令許行本墓誌　正書

上元二年二月二十八日　舊誌文刻

張鈁千唐誌齋藏石

徵二·二五　館·四八

處士左祐墓誌　正書

上元二年三月十七日

河南洛陽出土，張鈁千唐誌齋藏石。

館·四八　徵二·二六　誌初二·一七

臨川長公主周駙馬（道務）碑　分書　額正書

（上缺）次乙酉三月景□朔二十二日（《京兆金石錄》作上元二年）

存上段，前半又泐三之一，僅後二十行可錄。
續修縣志稿云，今失。
陝西醴泉昭陵
昭補·一二　寶叢九·一二　民國廿四年修醴泉縣志稿三·一四

柏仁縣主簿息張府?□造像（藝作王漢兒造像）　正書
上元二年四月一日
河北唐山宣霧山
藝三·二　羅錄上·三六　匯三補遺·三三

楊□娘造像　正書
上元二年四月八日
長白端方藏石
陶二六·二

程有明姪男簡玄為七世祖父母及明妻亡男亡女造像　正書
上元二年四月二十四日
河南洛陽
藝續·一

霍金剛為亡妻張造像　正書
上元二年六月十五日
河北唐山宣霧山
藝三·二　羅錄上·二六　匯三補遺·三三

騎都尉郭義本墓誌　正書
上元二年七月四日
河南洛陽出土
館·四八　徵二·二五　誌初二·一七

象城縣人王義弘造像　正書
上元二年七月十五日
河北唐山宣霧山

藝三·二　羅錄上·二六　匯二補遺·二三

石佛寺孫智海等七十六人造像　正書

上元二年七月十五日

河南鄭縣城東三十里塚頭街

藝四·一九　攈七·二六　羅錄上·二六　匯九之四·八四　萃目一·九

祠部郎中裴府君夫人皇甫氏權厝誌　正書

上元二年八月十三日

徵二·二五　館·四八

孝敬皇帝德紀　高宗李治撰並行書　額飛白書

上元二年八月十九日

近趺處字多泐，河南偃師城南景山上。

藝四·二〇　竹二·一二　攈七·二六　孫錄三·八四　匯九之四·二　中記二·三一　跋四·二四　偃上·二五　萃五八·四　平四·一八　瓊三八·一一　趙懷玉亦有生齋文抄八·三　全唐文一五·一七　天一·六

右驍衛大將軍薛國貞正公阿那史那忠碑　正書

上元二年十月十五日

陝西醴泉北二十里西下谷村昭陵南十里

藝四·一九　孫錄三·八五　關中·二〇　竹二·一二　攈七·二六　獨殘·六　蒿一·六　昭下·八　匯一二之一·一〇九　瓊三八·一二　平四·一八　橋二·一　萃五八·七　潛四·二三　雍三·六　關二·一一　來中·二〇　字三·九　鐫二·一四　寶叢九·一二　天一·六　民國廿四年修醴泉縣志稿三·一三　金石錄二四·一二　關考八·八　陝八·一七　全唐文九九一·五

劉洪墓誌　正書

上元二年十月二十七日（卒於大業二年）

河北縣

徵二·二六　館·四八　民國獻縣志一八·金石

岐州司户參軍事楊茂道墓誌並蓋（又作楊□哲）　正書

上元二年十一月五日

開封圖書館藏石

徵二·二六　館·四八　名四·四九　蒿二之一·二二　誌初二·一七　丙寅稿四七

丁賓墓誌　正書

上元二年十一月九日

河南洛陽出土，張鈁千唐誌齋藏石。

館·四八　徵二·二六　誌初二·一七

處士張沖兒墓誌　正書

上元二年十一月九日

開封圖書館藏石

徵二·二六　館·四八

陝州司戶張君夫人程大燕墓誌　正書

上元二年十一月九日

開封圖書館藏石

館·四八　徵二·二六

喬難墓誌並蓋　正書

上元二年十一月二十日

開封圖書館藏石

名四·四九　徵二·二六　館·四八　蒿二之一·二二　芒冢三編·三五　誌初二·一七

□壽墓誌　正書

上元二年十一月二十一日

河南洛陽出土，開封圖書館藏石。

館·四八　徵二·二六　芒冢四編三·四六　誌初二·一七

鄭州中牟縣主簿楊軌墓誌　正書

上元二年十一月二十一日

河南洛陽出土，開封圖書館藏石。

館·四八　徵二·二六　名四·四九　蒿二之一·二二　芒冢四編·四五　誌初二·一七

并州晉陽令李君羨夫人彭城劉氏墓誌　正書

上元二年十二月一日

河南洛陽出土，開封圖書館藏石。

徵二·二六　館·四八　蒿二之一·二二　名四·四九　芒冢四編三·四七　誌初二·一七

任智斌為亡父任□造像　正書

上元二年□月二日

四川綿州城西八里西山觀

藝三·一三　匯一六補遺·八

襄州襄陽縣尉陳懷儼墓誌　正書

上元三年正月二十一日

河南洛陽出土，開封圖書館藏石。

名四·四九　館·四八　徵二·二六　蒿二之一·二二　芒冢四編三·四八　誌初二·一七

史夫人趙氏墓誌　正書

上元三年正月二十二日

河南洛陽出土，開封圖書館藏石。

名四·四九　館·四八　蒿二之一·二二　徵二·二六　芒冢三編三·一七　誌初二·一七

上輕車都尉馬懷墓誌　正書

上元三年正月二十二日

河南洛陽出土，開封圖書館藏石。

館·四八　徵二·二六　名四·四九　蒿二之一·二二　芒冢

四編三・四九　誌初二・一七

楊大娘為亡考造像　正書

上元三年四月八日

藝續一

攝山棲霞寺明徵君碑　高宗李治撰　高正目行書　王知敬篆額

上元三年四月二十五日

額篆書　陰刻棲霞二大字

江蘇南京本寺

藝四・二〇　孫錄四・八五　籀・八　竹二・一二　攈七・二五　金石錄二四・七　寶叢一五・一一　獨殘・三　瓊三八・一二　平四・一八　鈔四・一　萃五九・一　潛四・二四　妙七・二二　字三・九　錄續六・六〇　甯二・一　古墨三・六三　筆・二四江蘇三・二六　章鈺四當齋集四・六　全唐文一五・一一　天一・六又三九

處士武懷亮墓誌　正書

上元三年四月二十九日

河南洛陽出土，歸開封圖書館。

名四・四九　館・四八　蒿二之一・二二　徵二・二六　芒冢續編中・二〇　誌初二・一七

王處方為見存父造像　正書

上元三年四月□日

河南湯陰東二十里大性村清涼寺

河目上・七　朔目三・一　河錄三・二

戸部員外郎趙威墓誌　正書

上元三年十月三日

河南洛陽出

徵二・二六　名四・四九　芒冢四編三・五二

巂州邛都丞張客墓誌　正書

上元二年十月八日

徵二・二六　館・四九　蒿二之一・二二　芒冢四編三・五一
志初二・一七

銀青光祿大夫定州刺史上柱國介朱義琛墓誌　正書

上元三年十月十五日

張鈁千唐誌齋藏石

館・四九　徵二・二六

右驍翊衛翟瓚墓誌　正書

上元三年十月二十日

徵二・二六　館・四九

處士封德墓誌　正書

上元三年十一月二日

徵二・二六　館・四九

袁氏故柳夫人墓誌　正書

上元三年十一月八日

河南洛陽出土，張鈁千唐誌齋藏石。

徵二・二六　館・四九　誌初二・一七

左武騎兵曹參軍劉義弘墓誌　正書

上元三年十一月二十一日

張鈁千唐誌齋藏石

徵二・二六　館・四九

儀　鳳

魏州貴邱縣臧弘儉並息心之造像　正書

儀鳳元年三月八日

河北唐山宣霧山

藝三・三　羅錄上・二六　匯三補遺・三三

冠軍大將軍代州都督上柱國許洛仁妻襄邑縣君宋氏善主墓誌

正書

其年五月二十四日（趙之謙考為儀鳳元年）

陝西西安出，第二行並序下刻海昌六舟僧觀並印宋曾昀印，末刻道光紀元宋世犖購自關中，題記男經畬書。

藝一八・五　名四・五〇　白一・三　館・四九　蒿二之一・二五　志六・一五　鬱上・一四　泉一・三一　續編五・八　瓊三八・二六　硯一〇・一八　岷・一〇　陶一八・一四　趙錄三・四　攈七・一九　匯一二補遺・一一　誌匯二・七　關考五・二六　陝一〇・四　唐文拾遺六七・一三　萃目一・一一

揚州都督府長史薛寶積碑　王應璋書（匯作王庭坦）　王處撰

儀鳳元年十月朔（《寶刻類編》云長壽中立）

山西臨晉北四十里平宜村

匯一一・三六　萃六一・八

王愛墓誌　正書

儀鳳元年十一月二十一日

河南安陽出

名四・五〇　蒿二之一・二二　徵二・二六　館・四九

重刻菩提樹髮塔記　僧法立撰並正書

儀鳳元年

明萬曆壬子李冬既望比丘通岸重刻，題記梁子裕刻。

廣東番禺光孝寺

藝四・二　攈七・二六　匯一七・一　翁方綱粵東金石略一・五　平再續・一二

鞏縣令許思言造釋迦像　正書

儀鳳二年四月十日

河南鞏縣石窟寺大殿前檐下

藝四・一五　匯九之四・一四　攈七・二六　石言四・一一

民國二十年鞏縣志一九・二三

牛青磨造像　正書

儀鳳二年五月五日

贈泰師魯國孔宣公碑　正書

崔行功撰　孫師範分書　額篆書　額兩旁有人物畫像

儀鳳二年七月訖功

陰修孔廟詔表，高祖李淵高宗李治詔各一，祭文一，太子宏表一，分書。

儀鳳二年七月一日

金高德裔易礎植碑題記，明昌二年七月二日。

山東曲阜孔廟大成門西南第二樓

竹二・一〇　藝四・一八　擄七・二一　孫錄三・八一　鐫三・一八　字三・五　來中・二一　妙一〇・二四　匯一〇之二・五　平續・六　續錄二・六　錄補一一・一〇四　萃五五・三　阮山一一・一九　跋四・一九　孔一〇・一四　存一二・二四　全唐文一七五・一　天一・六　又三九（陰）東家下・六

杜仁撫為亡妻梁造像　正書

儀鳳元年八月

河北唐山宣霧山

藝三・三　羅錄上・二六　匯三補遺・三三

陪戎校尉趙巨墓誌（館作趙臣）　正書

儀鳳二年九月二十三日

張鈁千唐誌齋藏石

徵二・二七　館・四九　誌初二・一七

贈太尉英貞武公李勣碑　高宗李治撰書　額篆書

儀鳳二年十月六日

陝西醴泉洞村（一作縣北二十里趙村昭陵南十里）

陰游師雄題名　王持正書　元祐四年二月六日

藝四·二〇　攈七·二七　竹二·一二　關中·二一　蒿一·六　昭下·一二　來中·五　孫録三·八六　匯一二之一·一〇九　金石録二四·七　鐫二·二　字三·一〇　録續六·六〇　妙七·六　關二·一一　雍三·七　雍記餘·三　金石二跋一·八　萃五九·五　古墨三·六三　平四·一九　關中·二一　瓊三八·一七　雪跋四·四　退庵金石書畫跋四·一七　關考八·八　陜八·一八　全唐文一五·二二　天一·六　民國廿四年續修醴泉縣志稿三·一四

處士王寶墓誌　正書

儀鳳二年十月十一日

張鈁千唐誌齋藏石

館·四九　徵二·二七

潤州仁静觀魏法師碑　胡楚曠書　張德寧（或釋言）書　東海徐秀昉鐫

額篆書

儀鳳二年十一月十二日（一作十五日）

碑陰題名十七列

江蘇鎮江

藝四·二　攈七·二七　蒿一下·一　孫録三·八六　竹二·一三　寶鴨下·六　江蘇三·三八　匯四·三二

康君夫人曹氏墓誌　正書

儀鳳二年十一月二十六日

河南洛陽出土，張鈁千唐誌齋藏石。

徵二·二七　館·四九　誌初二·一七

侯?元墓誌並蓋　又名并州主簿□元墓誌　正書

儀鳳二年十二月八日

館·四九　徵二·二七　蒿二之一·二二

施州司馬張府君王夫人墓誌　正書

儀鳳二年十二月十八日
開封圖書館藏石
徵二·二七　館·四九

車騎周廣墓誌　正書
儀鳳三年正月十四日
陶一八·一八　徵二·二七　館·四九　中冢·一二　名四·五〇　關一八·一八

通直郎行唐州錄事參軍王烈墓誌　正書
儀鳳三年正月二十七日
河南洛陽出，張鈁千唐誌齋藏石。
徵二·二七　館·四九　誌初二·一七

文法雲為父母造像（羅錄作霍法雲）　正書
儀鳳三年二月五日
河北唐山宣霧山
藝三·三　羅錄上·二六　匯三補遺·三三

封州司馬董力墓誌　正書
儀鳳三年二月八日
張鈁千唐誌齋藏石
徵二·二七　館·四九　誌初二·一七

葉法善設醮記　正書
儀鳳三年三月三日
山東泰安岱嶽觀第一石二段右側
孫錄三·八六　藝四·一二　擴七·二七　匯一〇之一·三八　阮山一一·九

亡宮墓誌　正書
儀鳳三年三月十五日
館·四九　徵二·二七　誌初二·一七

劉通洛等造像　正書

儀鳳三年四月八日

河北唐山縣，歸觀城張人鏡（萃目一・一一有劉通洛刻經記房山列儀鳳二年後）。

畿志一四〇・二〇　藝四・二〇　擴七・二七　羅錄上・二六　匯三之一・三

大唐聖帝感舍利塔銘　又名洛州楚聖寺舍利塔銘　正書　張毅製

儀鳳三年四月八日

山西長治城東北楚境寺，萬曆間發現。瀋定王珵堯為建塔於昭覺東，後夷為平地。同治間為畊者所啓，石甃深固，衆莫測。聞於郡守，守命掩覆。光緒己卯纂修邑志，始掘出之，移置城東官莊寺。

光緒十九年長治縣志四・九　右三・三一　右叢四・二九

洪雲妻孟嗣女大娘造三級浮圖銘　正書

儀鳳三年五月四日

河南孟縣西十里金山寺後門鷄臺

朔目一〇・一

處士司馬道墓誌　正書

儀鳳三年五月十七日

開封圖書館藏石

徵二・二七　館・五〇　名四・五〇　蒿二之一・二二　芒冢四編三・五四　誌初二・一七

佛說彌勒菩薩兜率天下生成佛經碑　正書　四面刻

儀鳳三年七月十五日

比丘超生等造像　正書

儀鳳三年五月十五日

前州都督府史范陽縣張義本張社仁王玄靜等鐫，有陰側。

李萬通及妻徐造彌勒造像　正書

儀鳳三年七月十七日

河南沁陽北四十里清化鎮青蓮寺，今佚。

攈七・二七　河錄一〇・一〇　平三續上・一三　古墨三・六四　萃五九・九　金石二跋一・九　潛四・二四　孫錄三・八六　道光五年河內縣志二〇・一九　竹二・一三

李惠妻孫為亡夫男行敦造像　正書

儀鳳三年七月三十日

河南沁陽，長白端方藏石。

藝四・二〇　攈七・二七　滙九之二・三八

公士陳劼墓誌　正書

儀鳳三年九月六日

陪戎副尉王文曉墓誌並蓋　正書

儀鳳三年十二月二十日

河南洛陽出土，開封圖書館藏石。

館・五〇　徵二・二七　蒿二之一・二二　名四・五〇　芒冢四編三・五四　誌初二・一七

雍州同官縣武定村造阿彌四面像碑　四面刻　張懷志正書　刻像人趙懷悊

儀鳳三年

陝西同官城北黄甫鎮（或云在同官）

藝四・二　攈七・二七　關考八・一四　陝九・二一　滙一二之一・一一五　唐文拾遺六三・一六

左衛率府翊衛王晟墓誌　正書

儀鳳四年正月二十一日

張鈁千唐誌齋藏石

館・五〇　徵二・二七　誌初二・一七

尚書吏部郎中張仁禕墓誌　正書

儀鳳四年正月二十一日

河南洛陽出土，張鈁千唐誌齋藏石。

館・五〇　徵二・二七　誌初二・一七

陪戎尉樂弘懿墓誌　正書

儀鳳四年正月二十五日

河南洛陽出土，張鈁千唐誌齋藏石。

徵二・二七　館・五〇　誌初二・一八

相州臨河縣井李村大像碑頌文　和神劍撰　綦毋道合書

儀鳳四年二月八日

後有□和元年重修□□頭回相州刺史中丞郭仙舟等題名

河南滑縣東北七十里劉小寨清淨寺

河目上・七　民國年滑縣志金石一・二

洛陽縣惟新鄉旗亭里霍王府親事姬恭仁墓誌　正書

儀鳳四年三月十一日

開封圖書館藏石

名四・五〇　館・五〇　徵二・二七　誌初二・一八

冀州武邑縣東昌鄉龍遊里馬君起為亡考妣造石浮圖銘　馬利徵文　馬孝須正書　上方有畫像

儀鳳四年三月二十六日

河北冀縣學宫（清同治十一年桐城吳汝綸訪得）

畿志一五一・一八　藝四・二〇　羅錄上・二六　楊圖五・二二　吳汝綸深州風土記一〇　瓊三八・一七　匯三補遺・二四

舒州司法參軍事□賞墓誌　正書

儀鳳四年四月二十九日

文多剥蝕，延鴻閣藏石。

名四・五〇　蒿二之一・二二　徵二・二七　館・五〇　芒冢上・三七

方與縣栖霞寺講堂佛鐘經碑　朱懷隱撰　徐伯興分書

儀鳳四年四月八日

太原王客師鎸，碑陰有司馬君仁題名。

山東魚臺西北十八里本寺（嘉慶元年孫星衍訪得）

藝四·二〇　擴七·二七　光緒十五年魚臺縣志·四　孫録三·八六　濟州金石志八·九　瓊三八·二　平四·二　阮山十一·二七　匯一〇之二·六四　山訪九·一〇　民國丁卯濟寧直隸州續志一九·四八　全唐文一八九·四　萃目一·一一

慈州□□蕭元善妻公孫氏墓誌　正書

儀鳳四年四月十一日

張鈁千唐誌齋藏石

館·五〇　徵二·二七　誌初二·一八

處士王韜墓誌　正書

儀鳳四年五月五日

河南洛陽出土，張鈁千唐誌齋藏石。

館·五〇　徵二·二七　誌初二·一八

王留墓誌　又名王留生墓誌　正書

儀鳳四年五月五日

河南洛陽存古閣

藝一八·五　名四·五〇　館·五〇　徵二·二七　蒿二之一·二三　平三續上·一三　瓊三八·二五　績·丁　陶一八·二〇　芒冢補遺·四　芒冢上·三七　擴七·二七　匯九之三·五三　趙録三·四　誌匯二·七　萃目一·一一　洛陽存古閣藏石目·二　唐文拾遺六四·一五

亡宮墓誌　正書

儀鳳四年五月十七日

河南洛陽出土，張鈁千唐誌齋藏石。

館·五〇　徵二·二七　誌初二·一八

北京大學圖書館藏歷代石刻拓本草目

（下册）

孫貫文 編著

山西出版傳媒集團
三晋出版社

調　露

弟子卅二人等造像　正書

調露元年三月日

處士李弘裕墓誌　正書

調露元年七月十九日

開封圖書館藏石

館・三七　館・五〇　萬二之一・二三　名四・五〇　芒冢四編三・五五　誌初二・一八

左親衛長上校尉樂玉墓誌　正書

調露元年八月十二日

河南洛陽出土，張鈁千唐誌齋藏石。

館・五〇　徵二・二七　誌初二・一八

亡宮四品墓誌　正書

調露元年八月十二日

河南洛陽出土，張鈁千唐誌齋藏石。

館・五〇　徵二・二七　誌初二・一八

將仕郎王慶墓誌並蓋　正書

調露元年八月十二日

河南洛陽出土，開封圖書館藏石。

名四・五〇　館・五〇　徵二・二七　萬二之一・二三　芒冢四編三・五七　誌初二・一八

右千牛府鎧曹參軍□且墓誌　正書

調露元年八月二十二日

河南洛陽出土，張鈁千唐誌齋藏石。

館・五〇　徵二・二七　誌初二・一八

鄭州管城縣令張曄墓誌　正書

調露元年十月二日

開封圖書館藏石

徵二·二八　館·五〇

平州平夷戎主康續墓誌　正書

調露元年十月八日

開封圖書館藏石

館·五〇　徵二·二八

□□□□都督上柱國□□郡開國公孫管真墓誌　正書

調露元年十月十四日

方若云偽刻，毛鳳枝云石久逸，有重摹本。

藝一八·五　徵二·二八　蒿二之一·二三　名四·五（誤作孫管貞）　館·五〇　瓊三九·二　陶一九·二　匯一二之一·三　羅錄上·二六　誌匯二·八　校　關考三·二〇　陝九·二一

綿州萬安縣令管均墓誌　正書

調露元年十月十四日

藝一八·五　名四·五一　館·五〇　蒿二之一·二三　徵二·二八　瓊三九·一　誌匯二·七

函州都督府參軍事朱憲墓誌　正書

調露元年十月十三日

張鈁千唐誌齋藏石

館·五〇　徵二·二八

營州督上柱國漁陽郡開國公孫管俊墓誌　正書

調露元年十月十四日

卒年十三

藝一八·五　名四·五一　館·五一　徵二·二八　蒿二之一·二三　誌匯二·七

辰州辰溪縣令張仁墓誌　正書

調露元年十月二十三日

陝西西安出土，移置關中書院。

藝一八·五　館·五一　徵二·二八　蒿二之一·二三　名四·五一　關新三　瓊三九·二　羅錄上·二六　誌匯二·八　關考三·二〇　陝九·二二　唐文拾遺六五·一

陪戎副尉羅甑生墓誌　正書

調露元年十月二十三日

張鈁千唐誌齋藏石，河南洛陽出土。

館·五一　徵二·二八　誌初二·一八

王通墓誌　正書

調露元年十一月七日

藝一八·五　館·五一　徵二·二八　誌匯二·八

綿州昌隆縣令馬珍墓誌　正書

調露元年十一月二十日

鐫碑人孫宏秀

名四·五一　館·五一　徵二·二八　陶一九·三　誌匯二·八

亡宮九品贈八品墓誌　正書

調露元年十一月二十五日

館·五一　徵二·二八　誌初二·一八

特進行右衛大將軍兼檢校右羽林軍仗內供奉上柱國卞國公贈并州大都督泉男生墓誌　王德貞撰　歐陽通正書

調露元年十二月二十六日

開封圖書館藏石，民國十一年十一月洛陽出土，歸陶北溟，欲轉賣日人，為張獻臺以千元截回，交館。

河圖·七五　名四·五一　朝考·一六九　館·五一　徵二·二八　海藩·一　芒冢四編補遺·二〇　羅振玉河南圖書館藏石跋·六　誌初二·一八　松翁近稿五五　柳翼謀泉男生墓誌跋（史地學報三卷三號）

張□僧合家造石浮圖銘　正書
調露元年歲次己卯，有側。
藝・四・二〇
柏鄉人孔仁誨妻路造像　正書
調露二年二月八日
河北唐山宣霧山
藝三・三　羅錄上・二六　匯三補遺・三三
安神儼墓誌　正書
調露二年二月二十八日
河南洛陽出土，開封圖書館藏石。
名四・五一　館・五一　徵・二八　蒿二之一・二三　芒冢三編・四〇　誌初二・一八
何摩訶墓誌　正書
調露二年二月廿八日
河南洛陽出土，開封圖書館藏石。
館・二八　徵二・二八　誌初二・一八
洛州洛陽縣記室參軍樂恭墓誌　正書
調露二年四月十七日
徵二・二八　館・五一
李文廉?母張造像　正書
調露二年四月
河北唐山宣霧山
藝三・三　匯三補遺・三三
仙人山邑玉像並畫像銘　正書
調露二年□月二十日
河北曲陽北七十五里高耳溝摩崖
藝四・三〇
孔仁誨妻路造像　正書

調露二年□月二十五日
河北唐山宣霧山
藝二・三　羅錄上・二六　匯三補遺・三三
佛弟子劉同欣為亡父母造像　正書
調露□年二月十日

永　隆

省堂寺殘碑　正書
永隆元年四月
存二十四行
山東莒縣泰山東麓（嘉慶間許紹錦訪得）
孫錄三・八七　攈七・二九　阮山一一・三〇　山訪七・三　匯一〇之二・一三　阮元小滄浪亭筆談三・四三
亡宮墓誌　正書
永隆元年九月一日
張鈁千唐誌齋藏石
館・五一　徵二・二八
嘉州龍遊縣尉索義弘墓誌並蓋　正書
永隆元年十一月二十三日
開封圖書館藏石
館・五一　徵二・二八
闡法寺僧大滿造像　正書
永隆元年十二月十五日
河南縣西南二里浮邱山千佛寺
藝續一　朔目六・二　河錄八・六　攈七・二九　匯一〇之二・二八　羅錄上・二六
君會等造天尊像　正書
永隆元年十二月二十七日

楊三娘為亡父造像　正書

永隆二年正月一日

藝四・二一

佛弟子張□造像　正書

永隆二年正月二十九日

雲騎尉王文義墓誌並蓋　正書

永隆二年二月六日

陝西西安

館・五一　陝九・二三

盧公則弟公意弟件良妹先玉等造像　正書

永隆二年二月八日

寶熙藏石

冀州南宮縣尉武騎尉邢弢墓誌　正書

永隆二年二月九日

河南洛陽出土，張鈁千唐誌齋藏石。

館・五一　徵二・二八　誌初二・一八

大都督王善相夫人祿氏墓誌　正書

永隆二年二月九日

陝西西安出土，渭南趙乾生、長白端方先後藏石。

藝一八・五　徵二・二八　館・五一　名四・五一　蒿二之一・二三　陶一九・六　羅錄上・二六　誌匯二・八　關新三・一四　關考一・二二　陝九・二三　唐文拾遺六五・三

武騎尉李慎墓誌　正書

永隆二年二月廿日

徵二・二八　館・五一

濟度寺故比丘尼法燈法師墓誌　正書

永隆二年三月二十三日

陝西西安出土

藝一八·五　名四·五一　攈七·三〇　匯一二之一·二　誌匯二·八　關新三·一四　關考五·二五　陝九·二五　唐文拾遺六四·一二

濟度寺故比丘尼法樂法師墓誌　正書

永隆二年三月二十三日

陝西西安出土，渭南趙乾生、吳縣吳大澂、長白端方先後遞藏。

藝一八·五　名四·五一　瓊三九·四　陶一九·七　羅目上·二六　誌匯二·八　關新三·一四　關考一·二二　陝九·二四　唐文拾遺六五·三

洛陽縣王氏呂夫人墓誌　正書

永隆二年四月八日

河南洛陽出土，張鈁千唐誌齋藏石。

館·五一　徵二·二八　誌初二·一八

處士王□墓誌　正書

永隆二年四月二十一日

張鈁千唐誌齋藏石

館·五一　徵二·二八

究竟莊嚴安樂淨土成佛銘記　正書

永隆二年四月二十三日

雍州好畤縣強三娘為亡夫及父婆男女眷屬鐫般若多心經　正書　張萬基刻

永隆二年五月四日

陝西乾縣阡道鎮（或云中巨寺），道光己酉毛鳳枝訪得。

萃目一·一一　藝四·二一　攈七·二〇　趙錄三·五　續編五·九　匯二二之二·三一　隋上·二五　瓊三九·六　續·辛　關考九·四三　陝九·二四　張庭濟桂馨堂集內順安詩草卷二　民國三十年乾縣新志一〇·九

王思慎為亡弟思造像　正書

永隆二年六月二十八日

河南濬縣西南一里浮邱山千佛寺

朔目六・二　藝續一　河錄八・六　擴七・二　匯九六二・二八

王明墓誌　正書

永隆二年七月十五日

河南洛陽出土，張鈁千唐誌齋藏石。

徵二・二八　館・五一　誌初二・一八

永隆二年八月十五日殘造像　正書

河北唐山宣霧山

藝三・三　匯三補遺・三三

幽州范陽縣令楊政本夫人韋檀特墓誌　正書

永隆二年八月十八日

陝西咸寧出土（同治間），吳縣吳大澂藏石。

藝一八・五　館・五三　徵二・二九　蒿二之一・二三　續・丁　岷・一一　瓊三九・六　羅錄上・二六　誌匯二・八　關新三・一五　關考五・二五　名四・五一　陝九・二六　唐文拾遺六五・四

傅黨仁道遠仁高三人合家等造彌勒像　正書

永隆二年九月十二日

舊在河南安陽東高穴村槐陰寺，嘉慶八年趙希璜載來揚州，道光十年齊彥槐購自揚州市中，送入焦山定慧寺。

焦山志七・三　藝四・二一　羅錄上・二六　擴七・三〇　續編五・九　安陽三・一三　匯四補遺・一四

李子龍周氏大姊牛氏二姊為亡考妣造像　正書

永隆二年十月十五日

河北唐山宣霧山

藝二・三　羅録上・二六　匯三補遺・三三

鞏縣□□尉女造像　正書

永隆三年十月□日

河南鞏縣石窟寺

石言四・一五

佛弟子趙□□造像　正書

永□二年九月十五日

藝續一

開　耀

開業寺主釋孝信等舍利石函銘　正書

開耀元年十月二十三日

陝西西安出土，歸海豐吳式芬，又歸北京倫貝子延鴻閣、南皮張仁蠡。

藝四・二一　攈七・三〇

上柱國左威衛郊鄜府司馬杜才墓誌　正書

開耀元年十一月七日

河南洛陽出土，張鈁千唐誌齋藏石。

徵二・二九　館・五二　誌初二・一八

司御率府翊衛張敬玄墓誌　正書

開耀元年十二月二十六日

河南洛陽出土，張鈁千唐誌齋藏石。

館・五二　徵二・二九　誌初二・一八

公孫神欽石存古造像　正書

開耀二年二月八日

後刻天寶九載二日二日隨壬阿隊男子進子暉等題名

河南濬縣西南二里浮邱山千佛寺

朔目六・二　藝續一　河録八・六　攈七・三〇　匯九之二・

一八　羅錄上·二七

開業寺李公碑　李尚一撰　蘇文舉正書

開耀二年二月八日

額飛白隸書　碑陰

沙門曇朗等供養題並畫像題名

李致等題名，正書左行，元祐辛未陽月念五日。

孟川等題名，正書，大觀庚寅中春七日，寺主圓仙模刻。

孫明之等題名，正書，崇寧甲申三月望日。

劉子野等題名，正書左行，宣和庚子仲夏辛酉。

鄭昂題名，正書，宣和三年。

河北元氏西二十里封龍山西吳村本寺

畿志一四六·五　藝四·二一　攈七·三〇　孫錄三·八八　寶叢六·二五　字三·一一　萃五九·九　常四·一二　常四·一九　雪跋四·四　瓊三九·一〇　匯三之二·二四　金石錄四·一〇　民國廿年元氏縣志數·九

永淳

處士張師子墓誌　正書

永淳元年三月九日

張鈁千唐誌齋藏石

館·五二　徵二·二九　誌初二·一八

上柱國張和墓誌　正書

永淳元年三月十六日

河南洛陽出土，張鈁千唐誌齋藏石。

徵二·二九　館·五二　誌初二·一八

鄜州司倉參軍事李君亡妻裴氏墓誌　正書　姑夫元萬頃製

永淳元年四月七日

徵二·二九　館·五二

成永師墓誌　徵作成小師　正書
永淳元年五月十日
張鈁千唐誌齋藏石
館・五二　徵二・二九
李辯墓誌　正書
永淳元年五月十七日
徵二・二九　館・五二
秘書省校書郎趙郡李元軌墓誌　正書　馮鴻撰
永淳元年六月二十九日
開封圖書館藏石
徵二・二九　名四・五二　館・五二　誌初二・一八
正議大夫李聞禮墓誌　又名李才仁墓誌　正書
永淳元年七月十八日
中間斷裂
陝西西安出土
藝一八・六　蒿二之一・二三　名四・五二　徵二・二九　館・五二　羅錄上・二七　誌匯二・八　陝九・二七
左威衛洛汭府隊副上柱國韓德信妻程夫人墓誌　正書
永淳元年七月二十四日
張鈁千唐誌齋藏石
館・五二　徵二・二九
雍州美原縣頻陽府校尉上柱國同琋武幹造像　正書
永淳元年七月二十六日
山東濰縣陳介祺藏石
藝四・二一　擄七・三一
處士賈文行墓誌　正書
永淳元年八月十二日
吳大澂得於開封

藝一八·六　右冢上·一四　名四·五二　館·五二　徵二·二九　蒿二之一·二三　誌匯二·八

僕寺廄牧署令蘭師墓誌並蓋　正書

永淳元年八月十四日

河南洛陽出土，歸存古閣。

藝一八·六　名四·五二　蒿二之一·二三　館·五二　徵二·二九　瓊三九·一三　芒冢上·三九　攈七·三一　趙録三·五　誌匯二·八　洛陽存古閣藏石目·二　唐文拾遺六五·八　萃目一·一一

李懷秀造像　正書　四面刻

永淳元年八月二十六日

側有㑥字八荀子外翁和騫

游擊將軍守左清道率頻陽府長上果毅康留買墓誌　正書

永淳元年十月十四日

開封圖書館藏石

徵二·二九　館·五二　名四·五二　蒿二之一·二四　芒冢續編中·二一　誌初二·一九

游擊將軍康摩伽墓誌並蓋　正書

永淳元年十月十四日

河南洛陽出土，開封圖書館藏石。

名四·五二　徵二·二九　館·五二　蒿二之一·二四　芒冢續編中·二　誌初二·一八

楊師度造觀世音菩薩像　正書

永淳元年十月二十三日

貝州司戶參軍杜敏墓誌　正書

永淳元年十月二十三日

徵二·二九　館·五二

文林郎桂國張貴寬墓誌　正書

永淳元年十月二十六日

河南洛陽出土，張鈁千唐誌齋藏石。

館·五二　徵二·二九　誌初二·一九

涼國公府長史上騎都尉張達墓誌　正書

永淳元年十月二十六日

張鈁千唐誌齋藏石

館·五二

蘇州嘉興縣令燕秀墓誌並蓋　正書

永淳元年十一月十三日

開封圖書館藏石

館·五二　徵二·二九

巫州龍標縣令崔志道墓誌　盧獻撰

永淳元年十一月十七日

河南洛陽出土，張鈁千唐誌齋藏石。

館·五二　徵二·二九　誌初二·一九

淄州高苑縣丞趙義墓誌並蓋　正書　王允元撰

永淳元年十一月二十五日

河南洛陽出土，張鈁千唐誌齋藏石。

蓋用任君墓誌改刻

名四·五二　館·五二　徵二·二九　芒冢四編三·三九　誌初二·一九

光祿大夫行太帝卿使持節熊津都督帶方郡王扶餘隆墓誌

《全唐文》卷十五有扶餘隆祭告孔子廟文　正書

永淳元年十二月二十四日

開封圖書館藏石（民國八年北芒出土）

朝考·五四七　海藩·九　徵二·二九　蒿二之一·二四　館·五二　芒冢四編三·六一　誌初二·一九

房州竹山縣主簿楊君夫人杜芬墓誌　正書

永淳二年二月十四日

開封圖書館藏石

名四·五二　徵二·二九　館·五二　誌初二·一九

朝請大夫張懿墓誌　正書

永淳二年二月十五日

陝西西安出土，渭南趙乾生、長白端方先後遞藏。

藝一八·六　名四·五二　館·五二　徵二·二九　蒿二之一·二四　績·丁　硯一〇·八　瓊三九·一五　陶一九·九　攈七·三一　匯一二之一·三　羅錄上·二六　誌匯二·八　關新二·一六　關考一·二六　陝九·二七　唐文拾遺六五·五

僧王寶明造像　正書

永淳二年二月二十六日

河南濬縣西南二里浮邱山千佛寺

朔目六·二　藝續一　河錄八·六　攈七·三〇　匯九之二·二八

諸村史同王方一百餘人造像　正書

永淳二年六月

山東歷城千佛山

藝三·一〇　攈七·三一　匯一〇之一·三　瓊二九·三　萃目二·八

武則天少林寺詩　王知敬書　額篆書

永淳二年九月二十五日

河南登封少林寺

藝四·二一　竹二·一三　攈七·三一　孫錄三·八八　字三·一一　跋四·二五　來中·二二　續錄二·七　錄續六·六一　妙七·九　中記二·三二　授續三·六　萃六〇·一　平四·二　匯九之四·二四　景日珍說嵩一四·一二　天一·六又三九　乾隆登封縣志三〇·二一

孟氏麻夫人墓誌並蓋　正書

永淳二年十一月十七日

河南洛陽出土，開封圖書館藏石。

名四·五二　徵二·三〇　館·五二　蒿二之一·二四　芒冢四編三·六二　誌初二·一九

弘　道

太常寺太樂令暢昉墓誌　正書

弘道元年十二月十七日

張鈁千唐誌齋藏石

館·五三　徵二·三〇　誌初二·一九

嗣　聖

王寶墓誌　又名王信　正書

嗣聖元年二月九日

開封圖書館藏石

徵二·三〇　館·五三

文　明

雍州富平縣人王崇簡為外祖父韓王府參軍閻?山光?□婆娘阿舅徒敬造阿彌陀佛一塔　四面刻　藝目誤作司徒德奴造像　正書有像

文明元年四月十九日

山西鳳臺，刻於六朝舊像司德奴像上。

藝四·二一

張祖□造石浮圖　正書

文明元年四月二十日

河北隆平

魏州昌樂縣令孫義普墓誌　正書

文明元年五月二十一日

陝西高陵出土（或誤作興平）

藝一八・六　徵二・三〇　名・五三　硯一〇・四　攈七・三二　匯一二之一・八五　誌匯二・九　關新三・一七　關考六・二八　陝九・二八　唐文拾遺六五・一一

上柱國成儉墓誌（徵作成倫，志初作成貞固）　正書

文明元年六月五日

河南洛陽出土，張鈁千唐誌齋藏石。

徵二・三〇　館・五二　誌初二・一九

上柱國孫通墓誌並蓋　正書

文明元年七月十二日

河南洛陽出土，開封圖書館藏石。

名四・五二　徵二・三〇　館・五三　蒿二之一・二四　芒冢四編三・六四　誌初二・一九

左驍衛翊衛□義墓誌（館作金義）　正書

文明元年七月二十四日

河南洛陽出土，張鈁千唐誌齋藏石。

徵二・三〇　館・五二　誌初二・一九

師州錄事參軍王岐墓誌並蓋　嗣子神祐書

文明元年八月五日

河南洛陽出土，開封圖書館藏石。

徵二・三〇　名四・五三　館・五三　蒿二之一・二四　芒冢四編三・六四　誌初二・一九

徵士皇甫鏡幾墓誌　正書

文明元年八月五日

張鈁千唐誌齋藏石

館・五三　徵二・三〇

畢文慶為亡父母造像 正書

文明元年八月十六日

上虞羅振玉藏石

藝四·二一

乾陵述聖記 武則天撰 高宗李治正書

文明元年八月

明萬曆間斷，存兩段，今斷為數塊，陝西乾縣西北五里乾陵。

竹二·一四 藝四·三一 關中·二一 攈七·三二 孫錄三·八八 匯一二之二·三一 鐫二·五 來下·一九 關二·一三跋五·四 萃六〇 平四·二〇 關中·二一 瓊三九·一七 關考九·四四 陝九·二八 民國三十年乾縣新志一〇·八

夫人程氏塔銘 正書

文明元年十月五日

左上角缺（民國間為西安翰墨堂段氏所得，共百五十字），陝西西安。石逸北京，有重摹本。

藝一八·六 名四·五三 誌匯二·九 關考三·二一 陝一〇·一

光 宅

處士宋益容墓誌（名誤作宋孟容） 正書

光宅元年三月二十六日

名四·五四 誌初二·十九

常州無錫縣令楊府君夫人王俱叓墓誌 正書

光宅元年九月二十二日

河南洛陽出土

館·五二 徵二·三〇 誌初二·一九

定遠將軍守左鷹揚衛長上折衝上柱國清水縣開國男李墓誌 正書

光宅元年十月十九日
河南洛陽出土
徵二·三〇　館·五三　誌初二·一九

將仕郎呂玄爽墓誌　正書
光宅元年十月二十四日
館·五三　徵二·三〇

銀青光祿大夫尚書左丞盧君夫人李灌頂墓誌　正書
光宅元年十一月十三日
河南洛陽出土
武進陶氏藏石，今在東北博物館。
徵二·三〇　蒿二之一·二四　名五·五四　芒冢四編三·六五　誌初二·一九　丁戊稿

孟君夫人李娘墓誌並蓋　正書
光宅元年十一月二十五日
開封圖書館藏石
館·五三　徵二·三〇

垂　拱

昌平縣開國男天水趙承慶墓誌　正書
垂拱元年正月十三日
河南洛陽出土，張鈁千唐誌齋藏石。
徵二·三〇　館·五三　誌初二·一九

強山監錄事成德墓誌　正書
垂拱元年二月八日
河南洛陽出土，張鈁千唐誌齋藏石。
徵二·三〇　館·五三　誌初二·二〇

洛州河南縣故夫人張貞墓誌　正書
垂拱元年三月十六日

河南洛陽出土，開封圖書館藏石。

名五・五四　蒿二之一・二四　徵二・三〇　館・五三　誌初二・二〇

趙克弼阿彌陁像　正書

垂拱元年四月八日

陝西西安

藝四・二一　竹二・一四　攈七・三二　孫錄三・八九　匯一二之一・四

上柱國龐懷金剛般若經頌　正書

垂拱元年四月八日

河北房山

藝四・二二　匯一補遺・一〇　瓊三九　光緒順天府志一二八・一一

處士柳偘墓誌　正書

垂拱元年七月二十一日

張鈁千唐誌齋藏石

館・五三　徵二・二九

泉州刺史樂平公孫柳永錫墓誌　正書

垂拱元年七月二十一日

河南洛陽出土，開封圖書館藏石。

徵二・三〇　館・五三　蒿二之一・二四　名五・五四　芒冢四編三・六八　誌初二・二〇

八都壇神君實錄　□元質撰　正書　額分書陽文　圭首有穿

垂拱元年十月一日

河北元氏舊城角兒村

民國廿年元氏縣志數・一一　畿志一四六・七　藝四・二二　畿上・六　趙錄三・五　集六・一　寶叢六・二六　常四・二四　瓊三九・二三　匯三之二・二四　陳欽卿唐八都補壇君實錄

（河北月刊三卷七期）　唐文拾遺五二・一

登仕郎丁範墓誌　正書

垂拱元年十月十二日

張鈁千唐誌齋藏石

徵二・三〇　館・五三　誌初二・二〇

宋州録事爾朱旻墓誌　正書

垂拱元年十月十三日

張鈁千唐誌齋藏石

館・五三　徵二・三〇

潁州潁上縣令獨孤守義墓誌　正書

垂拱元年十月十三日

張鈁千唐誌齋藏石

徵二・三・三〇　館・五三　誌初二・二〇

洛汭府旅帥上柱國韓郎墓誌　正書

垂拱元年十二月一日

張鈁千唐誌齋藏石

館・五三　徵二・三一

奉仙觀老君像碑　李審幾撰　沮渠智烈正書

垂拱元年十二月四日　已中斷

陰景雲皇帝析榀記　正書　景雲二年六月

河北濟源西北三里本觀

藝四・二二　孫録三・八九　竹二・一四　攈七・三二　寶叢二〇・二六　中記二・三二　跋四・二　萃六〇・三　鈔續一・二二　古墨三・六四　平四・二一　朔目八・一　續編　河録一一・八　全唐文二五九・七　萃目一・一一　乾隆三十四年懷成府志二六・二七

李真如造阿彌陁像　正書

垂拱元年十二月八日

上柱國張貞墓誌　正書

垂拱元年□月二十八日

文多剝蝕

館·五三　徵二·三一　蒿二之一·二四　芒冢續編中·三三

蔣王府參軍張覽墓誌並蓋　正書

垂拱二年二月二十日

開封圖書館藏石

館·五四　徵二·三一

滏陽縣郭義鄉張玄靜造像　正書

垂拱二年三月十□日

河北磁縣南響堂山

藝四·二二　響·一四　滙三補遺·四三

中嶽隱居太和先生琅邪王徵君（光宗）臨終□授銘　王紹宗甄錄並正書

垂拱二年四月四日

河南登封嵩山老君洞南成仙宮內

藝四·二四　竹二·一四　攈七·三二　楊圖五·三二　孫錄三·八九　字三·一二　來中·二三　中記二·三二　續錄二·七　誌七·二　平四·二一　鈔四·一五　跋五·二　金石二跋一·九　萃六〇·四　古墨三·六四　中冢補·三　名五·五四　滙九之四·二四　貞松老人外集二·一二　景日昣說嵩十四·一七　全唐文二〇〇·五又七　乾隆登封縣志三〇·二一

管基墓誌　正書

垂拱二年六月四日

開封圖書館藏石

徵二·三一　館·五四　名五·五四　蒿二之一·二五　誌初二·二〇

左衛翊衛武騎王行威墓誌　正書　招福寺上座彥琮撰

垂拱二年九月五日

舊志改刻

陝西西安出，歸寧武楊元泗，後歸諸城劉喜海。

藝一八·六　徵二·三一　名五·五四　萵二之一·二五　瓊三九·三三　攈七·三三　趙錄三·三　誌匯二·九　關新三·一七　關考三·二二　陝一〇·一　唐文拾遺四九·八

管思禮墓誌　正書

垂拱二年十月二十三日

張鈁千唐誌齋藏石

徵二·三一　館·五四　誌初二·二〇

大象主紀王造像　正書

垂拱二年十月三十日

後刻□□胡為亡母女造像，范陽盧約題名。

河北唐山宣霧山

藝三·三　匯三補遺·三三

柏仁縣李嘉慶弟嘉璧弟嘉寶弟嘉瑞為亡父造像　正書

垂拱二年十月三十日

河北唐山宣霧山

藝三·三　羅錄上·二七　匯三補遺·三三

處士陳沖墓誌　正書

垂拱二年十二月二十八日

藝一八·六　徵二·三一　東冢·二　萵二之一·二五　誌匯二·九

郢州司馬上輕車郭肅宗墓誌　正書

垂拱三年閏乙月七日

河南洛陽出土

館·五四　徵二·三一　誌初二·二〇

天官文林郎周君故妻公孫平墓誌　正書

垂拱三年閏正月十九日

河南洛陽出，土張鈁千唐誌齋藏石。

徵二・三一　館・五四　誌初二・二〇

處士掌徹墓誌　正書

垂拱三年二月八日

徵二・三一　館・五四

宣州參軍事許堅墓誌　正書

垂拱三年二月十五日

張鈁千唐誌齋藏石

館・五四　徵二・三一

朝散大夫持節邵州刺史長樂縣開男賈守義墓誌　正書

垂拱三年二月十五日

張鈁千唐誌齋藏石

館・五四　徵二・三一

沂州新泰縣令張文珪為二親造像　正書　芮智璨撰

垂拱三年三月八日

山東新泰

陰王□□題名　正書　元和二年上元日

程巽題名　正書　阜昌三年三月中休日　新泰王彥模刻

助緣功德僧題名　正書

藝四・二十四　攈七・三三　羅錄上・二七　匯一〇之一・六八　山訪三・一六　瓊四〇・一

定州中山法果寺碑　姚璹撰　麴處信正書　額篆書

垂拱三年四月八日

河北唐山縣西北十三里嶺士村本寺（或云壽聖寺）

陰將佐題名

側金石臣遷碑題記，正書，天眷元年九月三日。

藝四・二四　攈七・三三　畿上・六　畿志一四二・二〇　寶

叢六·三八　匯二之一·三

上柱國石武衛長史張成墓誌　正書

垂拱三年五月九日

河南洛陽出土，張鈁千唐誌齋藏石。

徵二·三一　館·五四　誌初二·二〇

故樊氏六娘七娘九娘墓誌　正書

垂拱三年十月二十九日

河南洛陽出土，張鈁千唐誌齋藏石。

館·五四　徵二·三一　誌初二·二〇

乾封主簿樊浮丘夫人李氏墓誌　正書

垂拱三年十月二十九日

開封圖書館藏石

徵二·三一　館·五四

樂師夫人張氏墓誌　正書

垂拱三年十月二十九日

河南洛陽出土，開封圖書館藏石。

館·五四　徵二·三一　誌初二·二〇

毌邱海深造像　正書

垂拱三年十月三十日

陶一九·一三

上護軍龐德威墓誌　正書

垂拱三年十一月二十二日

陝西咸寧出土，歸三原北城李氏。

藝一八·六　徵二·三一　徵二·五四　泉一·三二　校名五·五五　蒿二之一·二五　平再續·一二　誌七·四　鬱上·二六　萃目一·一二　續編五·九　瓊四〇·七　攈七·三四　趙錄三·五　誌匯二·九　關考七·一〇　陝一〇·二　唐文拾遺一七·一二

懷州河内縣沐澗夫人祠碑　路敬淳撰　僧從謙行書　喬繼玟書

垂拱四年正月五日　太平興國八年三月重建題字

河南沁陽西北五十里紫金壇本祠

陰張吉甫題名　正書皇裕庚寅九月朔

張子諒等題名　正書左行

潘旦等題名　正書　嘉祐丁酉八月二十三日

修武令張韭等題名　正書左行　元祐辛未元日

金王無競等題名　正書左行　丁己三月十二日

元紫虚元君廟地記　王志希記　□魯正書　至元十九年三月十九日

左側陳崇禱雨感應記　篆書　崇寧癸未五月吉書

藝四・二五　攈七・三四　孫錄三・九〇　朔目七・二　朔錄一〇・六　竹二・一四　中記二・三三　授堂金石一跋四・八　金石二跋一九　萃六〇・五　橋二・一　平四・二一　獨殘・五　匯九之二・三八　道光五年河內縣志卷二十金石志上・一九　乾隆五十八年懷慶府志二六・六

洪州都督府高安縣尉封明府夫人崔氏墓誌　正書

垂拱四年正月十三日

張鈁千唐誌齋藏石

館・五四　徵二・三一

亡宮八品誌文　正書

垂拱四年正月二十三日

張鈁千唐誌齋藏石

徵二・三一　館・五四　誌初二・二〇

朝請大夫陳護殘墓誌　正書

垂拱四年正月二十三日

斷裂為六塊（初出土止缺十一字）

陝西武功出土（道光十二年）

萃目一·一二　徵二·三一　館·五四　校　泉一·三二　蒿二之一·二五　名五·五五　雪跋四·六　瓊四〇·一二　續編五·一〇　誌七·七　攈七·三四　匯一二補遺·一一　趙錄三·五　誌匯二·一〇　關考一〇·一　陝一〇·三　萃略一·六〇　唐文拾遺一七·一五

懷州河内縣丞李善智墓誌　正書

垂拱四年正月二十三日

開封圖書館藏石

館·五四　名五·五五　蒿二之一·二五　徵二·三一　誌初二·二〇

朝散郎守内寺伯飛騎尉成忠墓誌　正書

垂拱四年三月三日

張鈁千唐誌齋藏石

館·五四　徵二·三二

太州仙掌縣從段沙彌造阿彌像碑　又名彌陁寺碑　正書

垂拱四年四月八日

陰段沙彌義堂銘　正書　載初元年九月四日　兩側題名　正書

河南鄢陵西十里漆井村彌陁寺

攈七·三四　藝四·二五　孫錄三·九一　匯九之一·一一

童子順貞造寶塔記　正書

垂拱四年四月八日

山東長清靈巖

藝四·二五　匯一〇補遺·四

美原神泉詩序　韋元旦撰序　賈言淑詩　尹元凱篆書　額篆書

陰美原神泉詩　徐彦伯撰序　溫翁念李鵬詩　裕明子篆書　額篆書

垂拱四年四月戊□

陝西富平美原鎮

藝四·二五　攈七·三四　竹二·一五　關中·二二　孫録三·九〇　楊圖五·二三　關二·一三　匯一二之一·一〇六　雪四·六　平四·二二　古墨三·六五　跋五·三　關二·一三　字三·一二　寶叢十·一六　存四·五　關考七·二九　陜一〇·三　復外三·一四　全唐文二五九·一四

田君亡妻衡氏墓誌並蓋　正書

垂拱四年五月一日

開封圖書館藏石

名五·五五　蒿二之一·二五　徵二·三二　館·五五　芒冢四編三·七〇　誌初二·二〇

韓王府兵曹參軍延陵郡公陵紹墓誌　正書

垂拱四年五月十五日

張鈁千唐誌齋藏石

館·五五　徵二·三二

左金吾引駕陳郡袁景恒墓誌　正書

垂拱四年七月十七日

張鈁千唐誌齋藏石

徵二·三二

韓府法曺參軍息蘭陵蕭洛賓墓誌　正書　弟洛客撰

垂拱四年五月二十七日

開封圖書館藏石

徵二·三三　館·五五

汲郡吕行端墓誌　正書

垂拱四年七月十七日

開封圖書館藏石

館·五五　徵二·三三　名五·五五　蒿二之一·二五

神和府折衝鄭法明夫人李氏墓誌（徵作鄧法明夫人李氏墓誌）正書

垂拱四年九月二十日

河南洛陽出土，張鈁千唐誌齋藏石。

館・五五　徵二・三〇　誌初二・二〇

上柱國故張君弟五息安安墓誌　正書

垂拱四年十月二十四日

陝西西安出，歸長白端方。

名五・五五　蒿二之一・二五　徵二・三二　館・五五　陶一九・一四　誌匯二・一〇　陝一〇・三

左監門衛校尉武騎尉弘農楊寶墓誌　正書

垂拱四年十月二十四日

河南洛陽出土，開封圖書館藏石。

名五・五五　館・五五　徵二・三三　蒿二之一・二五　芒冢四編三・七一　誌初二・二〇

朝議郎行澤王府主簿上柱國梁寺並夫人唐惠兒墓誌　朱賓撰　鄭莊　正書

垂拱四年十一月十七日

陝西西安終南山楩梓谷出土

錄補一一・一〇五　關二・一四　字三・一一　誌七・八　古墨三・六五　鈔四・一八　關考三・三三　名五・五五　館・五五　徵二・三二　攈七・三五　匯一二之一・四　奇觚中・一三　趙懷玉亦有生齋文抄八・四　孫錄三・九〇　蒿二・二五　誌匯二・一〇　竹二・一五　陝一〇・二　全唐文二三四・一〇

郭本墓誌　正書

垂拱四年十一月十七日

山西壺關

徵二・三二　蒿二之一・二五　右冢上・二〇　名五・五五

宮九品墓誌　正書

垂拱四年十二月十八日

徵二・三二　館・五五

冀州刺史武欽載墓誌　正書

垂拱四年十二月廿八日

張鈁千唐誌齋藏石

館・五五　徵二・三二

陁羅尼經幢　蔣撰序　張賁行書

八面刻，三面有武則天新字，存兩段，上段三面，下段八面。

戊子（藝目作戊午）歲三月十五日題記（戊子為垂拱四年）

大順□年二月八日比丘宗肇樹幢題字

陝西西安城南李家村

藝四・二九　孫錄三・九六　攈七・四五　竹二・二〇　匯一二之一・六　關二・一四　雍七・四　萃八八・一　平續・一一　瓊四七・二

譚欽明墓誌　正書

垂拱□年三月二十八日

佛弟子張公義為亡女造像　正書

垂拱□年

河南鞏縣石窟寺

永　昌

宣州刺史陶大舉德政碑　又名陶雲德政碑

僧靈廓撰　陶德甄正書並額

額橫書　有穿

前數行漫漶

永昌元年二月十三日

陰陶世長撰書

安徽當塗東六十里丹陽鎮南禪那院

藝四・二五　攈七・三五　孫錄三・九〇　徵二・二四　江蘇

四・一　續編六・一　平再續・一二　金石二跋一・一〇　跋五・五　集五　寶叢六・二六　滙五・二七　輿一・二四　全唐文九一・六

王預女大娘造像　正書

永昌元年七月十五日

河北唐山宣霧山

藝三・三　羅錄上・三七　滙三補遺・三三

中岳沙門釋（法）如禪師行狀　分書

永昌元年七月二十七日

河南登封少林寺

藝・二五　攈七・三五　滙六至四・二四　硯一〇・九　續編六・二　名五・五五　萃目一・一二　唐文拾遺六七・一六

佛弟子趙則妻袁為聖母神皇帝造盧舍那像　正書

永昌元年九月十五日

左豹韜宿衛陪戎副尉張君妻邢夫人墓誌　正書

永昌元年九月二十四日

河南洛陽出土，張鈁千唐誌齋藏石。

徵二・三二　館・五五　誌初二・二一

載　初

邛州刺史狄知愻碑　正書

載初元年正月

山西太原狄村。按乾隆四十四年河南府志一〇八・二一有邛州刺史狄公碑，在洛陽平樂村北五里，雙碑凹。

孫錄三・九〇　藝四・二六　蒿一・七　跋五・五　授續六・九　橋二・一一　平四・二三　全唐文九九三・一　萃六九・一〇　滙九之三・五三

武騎尉徐登墓誌銘並蓋　正書

載初元年五月九日

徐森玉舊藏，今在北京歷史博物館。

徵二・三二

陪戎副尉前□□□□霍府隊正徐恭墓誌　正書

載初元年五月二十七日

館・五五　徵二・三二（誤作霍恭）

宮九品墓誌　正書

載初元年六月十五日

徵二・三二　館・五五

慕容夫人（稚英）墓誌　正書

載初元年六月十五日

開封圖書館藏石

館・五五　徵二・三二

魏師度等合社人造像　正書

載初元年七月三十日

左領軍衛將軍乙速孤神慶碑　又名乙速孤昭祐碑　苗神客撰　釋行滿正書　額篆書

載初二年歲次庚寅二月十九日

續修縣志稿引舊志云，存二千五百餘字。

陝西醴泉北六十里叱干村

民國廿四年修醴泉縣志稿二一・一四　藝四・二六　攈七・三六　關中・二二　竹二・一五　獨殘・一一　蒿一・六　關二・一四　昭下・一七　瓊四一〇・一五　平四・二二　橋二・二　萃六一・四　薙六・四　集六　鐫二・一七　匯一二之一・一一〇　關考八・一二　陝八・二〇　全唐文二〇一・二

天　授

色義九人等造像

天授元年歲次庚寅二月八日
山東濰縣陳介棋藏石
藝四・二六

法果造像　正書
天授元年歲次庚寅五月二十八日
山東歷城千佛山
藝三・一〇　匯一〇補遺・二

金臺觀主馬元貞齋醮記　正書
天授二年二月十一日
山東泰安岱岳觀第一石陰面首段
藝四・一二　攈七・三六　孫錄三・九一　阮山一一・九　匯一〇之一一・三八

劉懷則造觀世音經塔幢　四面刻
天授元年十月十日
山東肥城東南玉皇山
藝四・二六

項城令邢郭墓誌　正書
天授元年十月二十九日
藝一八・六　館・五六　中冢・一四　名五・五六　蒿二之一・二六　徵二・三二　誌匯二・一一

常州司法參軍柳太夫人杜氏墓誌　正書
天授元年正月十八日
張鈁千唐誌齋藏石
館・五六　徵二・三二

宮八九品墓誌　正書
天授二年正月二十四日
河南洛陽出土，張鈁千唐誌齋藏石。
館・五六　徵二・三三　誌初二・二一

郭許[?]仁男伏愛為亡考造像　正書

天授二年一月日

洛州洛陽縣上東鄉人張養兄弟造七級浮圖並龕像　正書

天授二年二月六日

趙王親事洛州王智通墓誌　正書

天授二年二月七日

河南洛陽出土，張鈁千唐誌齋藏石。

徵二·三三　館·五六　誌初二·二一

河南郡丞格善義妻斛斯氏墓誌並蓋　正書

天授二年二月七日

河南洛陽出土，開封圖書館藏石。

徵二·三三　館·五六　名五·五六　蒿二之一·二六　芒冢四編四·一　誌初二·二一

疊州密恭縣丞楊師善及夫人丁氏墓誌文　正書

天授二年二月七日

浙江吳縣徐森玉藏石

徵二·三三　館·五六　名五·五六　蒿二之一·二六　芒冢四編補遺·二四　誌初二·二一

儒林郎魏州館陶縣主簿皇甫弘玄墓誌　正書

天授二年二月七日

張鈁千唐誌齋藏石

徵二·三三　館·五六

南州刺史杜舉誌文　正書

天授二年二月七日

河南洛陽出土，張鈁千唐誌齋藏石。

徵二·三三　館·五六　誌初二·二一

李吐蕃造像記　正書

天授二年二月八日

陶一九·一四

朝議大夫使持節伊州諸軍事伊州刺史上柱國衡義整墓誌　正書

定撰　董履素書

天授二年二月十八日

張鈁千唐誌齋藏石

徵二·三三　館·五六

溱州司戶崔思古墓誌　正書

天授二年二月二十四日

河南洛陽出土，張鈁千唐誌齋藏石。

徵二·三三　館·五六　誌初二·二一

常州無錫縣令楊陶墓誌　正書

天授二年二月二十八日

河南洛陽出土，張鈁千唐誌齋藏石。

徵二·三三　館·五六　誌初二·二一

願力寺瞻法師影塔記　正書

天授二年四月八日

河南安陽西南六十里寶山西山西

滙九之二·四　攈七·三六　校　朔目二·一〇　河錄二·八

滙九之二·四

上騎都尉掌思明之銘　正書

天授二年四月九日卒

張鈁千唐誌齋藏石

館·五六　徵二·三三

故龐夫人任氏墓誌　正書

天授二年四月二十四日

河南洛陽出土，張鈁千唐誌齋藏石。

徵二·三三　館·五六　誌初二·二一

杜文疆造樂師流離像　四面刻

天授二年五月二十八日

藝四·二六

朝散大夫上柱國行司府寺東市署令張府君妻田雁門縣君墓誌文 正書

天授二年六月三日

陝西咸陽出土，渭南趙乾生、長白端方先後遞藏。

藝一八·六　徵二·三三　館·五六　校　名五·五六　蒿二之一·二六　陶一九·一六　績·癸　瓊四〇·二〇　誌匯二·一〇　關新三·一八　關考一·二九　陝一〇·九　唐文拾遺六五·六

陳崇本墓誌　正書

天授二年六月二十二日

館·五六　徵二·三三

新城郡樊太君墓誌　正書

天授二年七月十六日

張鈁千唐誌齋藏石

館·五六　徵二·三三　誌初二·二一

雍州美原縣扈小沖墓誌　正書

天授二年八月四日

張鈁千唐誌齋藏石

館·五六　徵二·三三

韓景秋直等十三人造像　正書

天授二年八月八日

河北涉縣西北二十里石支山河岸側

朔目四·六

朝散大夫行鳳閣主書皇甫君故妻南陽縣君張夫人墓誌　正書

天授二年九月十八日

河南洛陽出土，張鈁千唐誌齋藏石。

館·五六　徵二·三三　誌初二·二一

觀世音菩薩像銘　正書

天授二年九月□七日

年月下刻河東縣壽昌鄉孝門杜山盛弟山藏合家敬造

陝西出土（許記作洛陽南鄉），歸美國華盛頓博物院。斷為四塊。

石言三·三　許同莘嵩洛遊記附錄·六

宮人六品墓誌　正書

天授二年十月十一日

河南洛陽出土，張鈁千唐誌齋藏石。

館·五六　徵二·三三　誌初二·二一

廉州封山縣令爨古墓誌　正書

天授二年十月十二日

張鈁千唐誌齋藏石

徵二·三三　誌初二·二一

渠州司倉楊紹基墓誌文　正書

天授二年十月十二日

張鈁千唐誌齋藏石

徵二·三三　誌初二·二一

曹王府隊正韓傑墓誌　正書

天授二年十月十二日

館·五六　徵二·三三

宣義郎騎都尉行曹州離狐縣丞高像護墓誌　正書

天授二年十月二十三日

徵二·三三　館·五六

上柱國太原王玄裕墓誌並蓋　正書

天授二年十月二十三日

河南洛陽出土，上虞羅振玉藏石。

徵二·三三　館·五六　　名五·五六　蒿二之一·二六　芒冢編中·二五　誌初二·二一

文林郎焦松墓誌並蓋　正書

天授二年十月二十四日

河南洛陽出土，開封圖書館藏石。

徵二·三三　館·五六　名五·五六　蒿二之二·二六　芒冢編中·二五　誌初二·二一

處士張景之墓誌　正書

天授三年正月六日

湖北襄陽出土（道光間），辛亥軍興，用以砌竈，遂全炸裂。

藝一八·六　館·五七　徵二·三三　藝文·六　襄陽冢墓遺文·二　蒿二之一·二六　湖北金石志四·一二　績·丁　瓊四〇·三〇　岷·一二　攈七·三七　趙錄三·六　誌匯二·一〇　藝風堂文集六·八　石言二·二八　襄陽金石略五·六　唐文拾遺六四·一四　萃目一·一二

孝廉張慶之墓誌並蓋　正書

天授三年正月六日

湖北襄陽出土（道光間），後移襄陽中學，辛亥軍興，用以砌竈，遂全炸裂。

藝一八·六　藝文·六　館·五七　徵二·三三　蒿二之二·二六　襄陽冢墓遺文·二　楊圖·二七　湖北金石志四·一二　硯一〇·一二　瓊四〇·三一　岷·一二　攈七·三七　羅錄上·二七　誌匯二·一〇　藝風堂文集六·八　石言三·二八　襄陽金石略五·六　唐文拾遺四·一三

將仕郎張敬之墓誌並蓋　正書

天授三年正月六日

湖北襄陽出土（道光間），後移襄陽中學，辛亥軍興，用以砌竈，遂全炸裂。

藝八・六　名五・五六　楊圖・二六　襄陽冢墓遺文・三館・五七　徵二・三三　蒿二之二・二六　瓊四〇・三二　岷・一二　攈七・三七　羅錄上・二七　誌匯二・一〇　藝風堂文集六・八　石言三・二八　襄陽金石略五・六　唐文拾遺五二・四

益州大都督府功曹參軍事張玄弼墓誌　正書　子柬之述　李行廉撰銘

永昌三年九月三日（據張景之誌改葬在天授三年正月六日）

湖北襄陽出（道光間），後移襄陽中學，辛亥軍興，用以砌竈，遂炸裂。

藝一八・六　楊圖・二五　名五・五六　襄陽冢墓遺文・一館・五七　藝文六・七　蒿二之一・二六　徵二・三三　瓊四一〇・二三　績・丁　岷・一二　湖北金石志四・七　攈七・三五　趙錄三・五　誌匯二・一〇　石言二・二八　襄陽金石略五・四　唐文拾遺一六・九（錄序）又・七（錄銘）　萃目一・一二

洛州武安縣磁山寺吴旡像重起銘記　行書

天授三年正月十五日

河南武安

河目上・七

承議郎行德州蓨縣令上騎都尉蘇卿墓誌　倪若水文　匠李阿四鎸

天授三年正月十七日

河南洛陽出土

館・五七　名五・五六　徵二・三四　蒿二之一・二六　芒冢中・一

大雲寺彌勒重閣碑　杜登撰　荆師臣書　造碑大匠李檀度

天授三年正月十八日

有陰，大周大雲寺奉為神聖皇帝敬造涅槃變碑像一區，花紋極精。

山西猗氏仁壽寺

右叢五·六

文林郎上柱國董本墓誌 正書

天授三年正月二十九日

河南洛陽出土

館·五七 徵二·三四 誌初二·二二

渭州利爾鎮將上柱國李文疑墓誌 正書

天授三年三月四日

河南洛陽出土，張鈁千唐誌齋藏石。

館·五七 徵二·三四 誌初二·二二

如 意

楊將軍府參軍朱行墓誌 正書

如意元年四月二十日

河南洛陽出土，張鈁千唐誌齋藏石。

館·五七 徵二·三四 誌初二·二二

上騎都尉李瓊墓誌 正書

如意元年六月四日

張鈁千唐誌齋藏石

館·五七 徵二·三四

馬元貞造元始天尊像 正書

如意元年七月十五日

河南濟源西北三里奉仙觀

朔目八·一 藝續一 孫錄三·九一 河錄一二·八

懷州獲嘉縣朱四孃為女張氏造浮圖銘 正書

如意元年七月十五日

河南修武北五十五里百巖寺大殿壁間

藝四·二六 攟七·三七 朔目九·一 河錄一二·六 匯九

之二·六一　全唐文九八八·六　乾隆五十四年懷慶府志二七·三

文林郎楊訓墓誌　正書

如意元年八月十日

河南洛陽出土，張鈁千唐誌齋藏石。

徵二·三四　館·五七　誌初二·二二

飛騎尉申屠義墓誌　正書

如意元年建戌之月（八月）十八日

右冢上·二四　名五·五七　徵二·二四　館·五七　蒿二之一·二六

游擊將軍右豹韜至誠府左果毅都尉何斌碑　正書　有方界格

如意元年十月十一日

解隱為亡父三叔造像　正書

如意二年八月二十九日

河北唐山宣霧山

藝三·三　匯三補遺·三四

長　壽

上柱國劉善寂墓誌　正書

長壽元年九月十五日

張鈁千唐誌齋藏石

館·五七　徵二·三四

上柱國柏玄墓誌　正書

長壽二年正月十八日

河南洛陽出土，張鈁千唐誌齋藏石。

館·五七　徵二·三四　誌初二·二二

南陽白水張貞墓銘　正書

長壽二年一月十九日

河南洛陽出土，張鈁千唐誌齋藏石。

徵二・三四　館・五七　誌初二・二二

朝散大夫行右千牛衛長史上騎都尉高陽郡公士許琮故妻贊皇縣君李氏墓誌　正書

長壽二年正月二十九日

河南洛陽出土，開封圖書館藏石。

徵二・三四　館・五七　蒿二之一・二六　名五・五七　誌初二・二二

朝散大夫行司宮臺奚官局令莫義墓誌　正書

長壽二年臘月十三日

開封圖書館藏石

館・五八

賈隱墓誌（館作唐隱）　正書

長壽二年二月十二日

徵二・三四　館・五七

舒饒二州别駕梁玄敏墓誌　正書

長壽二年三月十二日

河南洛陽出土，張鈁千唐誌齋藏石。

徵二・三四　館・五七　誌初二・二二

騎都尉和錢墓誌　正書

長壽二年四月二日

長白端方藏石

陶二〇・一　館・五七　名五・五七　中冢・一五　蒿二之一・二六　誌匯二・一一

五品亡宫誌銘　正書

長壽二年四月二四日（二、四二字當有一衍）

張鈁千唐誌齋藏石

徵二・三四　館・五七　誌初二・二二

六品亡宮墓誌　正書

長壽二年六月三日

張鈁千唐誌齋藏石

館・五七　徵二・三四

萬州武寧縣令張道墓誌　正書

長壽二年六月二十四日

河南洛陽出土，張鈁千唐誌齋藏石。

徵二・三四　館・五七　誌初二・二二

僧神智造像　正書

長壽二年七月十五日

陝西邠縣大佛寺

藝四・二六　匯一二補遺・一〇　關考九・五二　陝一〇・九

八品亡宮誌銘　正書

長壽二年七月二十二日

館・五七　徵二・三四　誌初二・二二

使持節文州諸軍事文州刺史陳察墓誌　正書

長壽二年八月三日

河南洛陽出土，張鈁千唐誌齋藏石。

徵二・三四　館・五七　誌初二・二二

水衡監丞王貞墓誌　正書

長壽二年八月二十七日

張鈁千唐誌齋藏石

徵二・三四　館・五八　誌初二・二二

絳州稷山縣石豹韜衛石中郎將昝斌墓誌並蓋　正書

長壽二年八月二十八日

河南洛陽出土，開封圖書館藏石。

館・五八　徵二・三四　名五・五七　蒿二之一・二六　芒冢四編四・四　誌初二・二二

處士張元墓誌（徵作張亢）　正書

長壽二年八月二十八日

河南洛陽出土，張鈁千唐誌齋藏石。

徵二·三四　館·五八　誌初二·二二

司宫臺内給事蘇永墓誌　正書

長壽二年十月十七日

張鈁千唐誌齋藏石

館·五八　徵二·三四

王氏劉夫人墓誌　正書

長壽二年十月二十九日

河南洛陽出土，張鈁千唐誌齋藏石。

徵二·三四　館·五八　誌初二·二二

甘陵崔德墓誌（館作處士崔德墓誌）　正書

長壽二年十二月二十五日

河南洛陽出土，張鈁千唐誌齋藏石。

館·五八　誌初二·二二

黨俊重修唐安寺記　正書　四面刻　董訓鎸字

大周癸巳之歲無射月（長壽二年九月）

陜西潼關

藝四·二六　攈七·三八　匯一二之二·四

處士程玄景墓誌　正書

長壽三年正月二十二日

陜西西安出土，歸西安裴氏，又歸渭南趙乾生。

藝一八·六　徵二·三四　館·五八　蒿二之一·二七　名五·五七　萃目一·一二　泉一·三四　陶二〇·四　硯一〇·一三　瓊四四·一　續編六·二　平再續·一三　誌七·一一　隋上·二八　攈七·三八　匯一二之一·四　趙錄三·六　誌匯二·一一　關考一·三〇　陜一〇·一〇　唐文拾遺一七·一六

中散大夫行茂州都督府司馬上柱國張懷寂墓誌　正書

長壽三年二月六日

宣統二年巡檢張清在吐魯番之三堡掘得，舁歸省恒，途中不慎，殘毁數十字。

王樹枏新疆訪古錄二・一二　名五・五七　館・五八　蒿二之一・二七　雪跋四・六　陲・八　誌匯二・一一　天津博物院月刊六八期張宗方跋湖社月刊第十四册河北第一博物院半月刊第六八期

康智墓誌　正書

長壽三年四月七日

張鈁千唐誌齋藏石

館・五八　徵二・三四

中大夫行豳州司馬李丞基造像　正書

長壽三年四月八日

陝西邠縣大佛寺

藝四・二六　匯一二補遺・一〇　陜一〇・九　關考九・五二

孫師政墓誌（徵作孫師岐）　正書

長壽三年四月十四日

張鈁千唐誌齋藏石

館・五八　徵二・三四

朝議大夫上輕車都尉澤州司馬清河張玄封墓誌　正書

長壽三年四月甲寅朔庚午

張鈁千唐誌齋藏石

徵二・三五　館・五八　誌初二・二二

北都石艾縣石艾鄉榆交村郝景（或釋貴）**溫**（或釋興）**善德兄弟二人造像**　正書

長壽三年五月八日

山西平定

藝四・二六　攈七・三八　匯一一補遺・二　右叢五・一〇瓊四四・四

處士劉通墓誌　正書

長壽三年五月十三日

河北磁縣出土

徵二・三五　館・五八

延　載

朝議郎洪高安縣丞上柱國關師墓誌　正書

延載元年五月二十六日

河南洛陽出土

名五・五七　徵二・三五　蒿二之一・二七　芒冢四編四・五

壽元縣上柱國王義和□敬德修橋碑　正書

延載元年八月十五日

藝四・二六　平津館讀碑記四・二三

比丘僧道貞為亡外生造觀世音像　正書

延載元年八月十六日

河南鞏縣石窟寺

匯九之四・一四　攈七・三八　民國二十六年鞏縣志一九・二六　石言四・一四

將仕郎房懷亮墓誌　正書

延載元年十月二十三日

陝西西安出土，歸長白端方。

藝一八・六　徵二・三五　館・五八　名五・五七　蒿二之一・二七　陶二〇・六　羅錄上・二七　誌匯二・二一　陜一〇・一〇

宋過仁妻造彌陁像　正書

延載元年□月二十五日

證　聖

亡宮墓誌　正書

證聖元年正月五日

館・五八　徵二・三五　誌初二・二二

齊朗墓誌　正書

聖曆元年一月十七日（稱卒於臘月二十一日，葬於其年一月十七日，其年疑明年之誤。）

開封圖書館藏石

名五・五九　誌初二・二四

左戎衛右郎將古夫人區妻氏墓誌　正書

證聖元年一月十八日

張鈁千唐誌齋藏石

朝請郎行石州方山縣令騎都尉申守墓誌　正書

證聖元年正月二十九日

張鈁千唐誌齋藏石

館・五八　徵二・三五

滄州東光縣令許行本夫人清河崔氏合葬銘　正書

證聖元年正月二十九日

張鈁千唐誌齋藏石

徵二・三五　館・五八　誌初二・二三

女弟子解知像　正書

證聖元年三月二十三日

陶二〇・八

宣德郎行豳州司戶參軍事元思叡造像　正書

證聖元年四月八日

陝西邠縣大佛寺

藝四・二六　匯一二補遺・一〇

合邑人為皇帝造像　正書

證聖元年四月八日

藝續一

七品宮人墓誌　正書

證聖元年五月二十七日

徵二・三五　館・五九　誌初二・二三

九品亡宮人墓誌　正書

館・五九　徵二・三五　誌初二・二三

都維那楊默合邑卅一人等造像（藝目誤作楊固合村造像）正書

韓東忠撰並正書

證聖元年七月十五日

河北伍縣北楊固村

藝四・二六　匯三補遺・四二

安陽縣田神（聖）妻崔造像　正書

證聖元年九月十日丁卯

河北磁縣南響堂山

藝四・二二　響・九　擴七・三九　匯三之二・七六

比丘尼二娘為亡父造像（響作比丘尼十一娘造像）　正書

證聖元年九月十日

河北磁縣南響堂山

藝四・二二　匯三之二・七六　擴七・三九　響・九

丘道安造像（響作丘進造像）　正書

證聖元年九月十日

河北磁縣南響堂山

藝四・二二　匯三之二・七六　匯三補遺・四三　響一〇

朝議大夫南郭生墓誌　正書

證聖元年十二月十三日

張鈁千唐誌齋藏石

館・五九　徵二・三五

天冊萬歲

飛騎尉連簡墓誌　行書

天冊萬歲元年一月六日

山西襄垣出土（道光間）

右叢五・一一　名五・五八　誌匯二・一一

七品亡宮墓誌　正書

天冊萬歲元年九月二十八日

館・五九　徵二・三五　誌初二・二三

劉基墓誌　正書

天冊萬歲元年十月二十二日

徵二・三五　館・五九　名五・五八

封抱墓誌　正書

天冊萬歲元年十月二十八日

河南洛陽出土，開封圖書館藏石。

名五・五八　徵二・三五　館・五九　蒿二之一・二七　芒冢四編四・八　誌初二・二三

文林郎騎都尉王思訥墓誌　正書

天冊萬歲二年正月十一日

開封圖書館藏石

徵二・三五　館・五九

五品亡宮誌文　正書

天冊萬歲二年正月二十八日

館・五九　徵二・三五　誌初二・二三

處士馮操墓誌　正書

天冊萬歲二年正月二日

館·五九　徵二·三五　蒿二之一·二七　誌初二·二十二

萬歲登封

五品亡宮誌文　正書

萬歲登封元年壹月六日

徵二·三五　館·五九　誌初二·二三

天宮右侍郎第二息所生故夫人馬二娘墓誌並蓋　正書

萬歲登封元年一月九日

開封圖書館藏石

徵二·三五　館·五九

浉谷寺建塔記　正書

萬歲登封元年一月二十六日

有側

河南林縣西南二十五里浉谷山

匯九之二·一四　全唐文九八七·四

左監門長上弘農楊昇墓誌　正書

萬歲登封元年一月二十七日

河南洛陽出土，張鈁千唐誌齋藏石。

館·五九　徵二·三六　誌初二·二三

上柱國李起宗墓誌　正書

萬歲登封元年七月二十一日

河南洛陽出土，張鈁千唐誌齋藏石。

館·五九　徵二·三六　誌初二·二三

封祀壇碑　武三思撰　薛曜正書

萬歲登封元年十二月（《金石錄》）

下截磨泐

河南登封西萬羊岡

藝四·二六　攈七·三九　竹二·一六　孫錄三·九二　金石

錄二五・四　乾隆登封縣志三〇・二三　字三・一五　來中・二三　妙七・二三　中記二・三四　授續三・八　萃六二・一　古墨三・六六　平四・二四　瓊四四・八　匯九之四・二四　景日昣説嵩一四・一五　全唐文二三九・二

萬歲通天

殿中省尚乘局奉乘上柱國彭城劉洪預墓誌　正書

萬歲通天元年五月二日

開封圖書館藏石

館・六〇

亡尼八品墓誌　正書

萬歲通天元年五月十四日

河南洛陽出土

徵二・三六　誌初二・二三

左衛翊衛天官常選梁噉墓誌並蓋　正書

萬歲通天元年五月二十日

開封圖書館藏石

館・五九　徵二・三六　蒿二之一・二七　名五・五八　芒冢中・二

將仕郎宋智亮墓誌並蓋　正書

萬歲通天元年五月二十六日甲時

河南洛陽出

徵二・三六　萬二之一・二七

國子律學直講仇道朗墓誌　正書

萬歲通天元年五月二十六日

陝西西安出土，歸諸城劉喜海，又歸長白端方。

徵二・三六　館・五九　右五・五八　蒿二之一・二七　瓊四四・九　陶二〇・九　攈七・三九　匯一二之一・四　趙錄三・

四　誌匯二・一一　關考三・二五　陝十・一一　唐文拾遺六七・一

張達夫人徐明墓誌並蓋　正書

萬歲通天元年六月十五日

河南洛陽出土，上虞羅振玉藏石。

名五・五八　蒿二之一・二七　芒冢四編四・九　誌初二・二三

崔鋭夫人高柒娘墓誌並蓋　正書

萬歲通天元年七月六日

河南洛陽出土，開封圖書館藏石。

徵二・三六　名五・五八　館・五九　蒿二之一・二七　芒冢四編四・一〇　誌初二・二三

朝請大夫行陳州司馬上輕車都尉成循墓誌　正書

萬歲通天元年十月二十二日

張鈁千唐誌齋藏石

館・五九

萬道安造像（藝作黄□□造像　匯、攈並作董宏道造像）正書

萬歲通天元年十月二十八日

河北磁縣南響堂山

藝四・二二　匯三之二・七六　攈七・三九　響・一〇

中大夫使持節上柱國會州諸事會州刺史公士尉神柩記　正書

萬歲通天二年二月二日

館・五九　徵二・三六

朝散大夫行左春坊藥藏郎上柱國張金才墓誌　正書

萬歲通天二年二月六日

河南洛陽出土，張鈁千唐誌齋藏石。

徵二・三六　館・五九　誌初二・二三

□□義為亡過如造像　正書

萬歲通天二年二月八日

河北唐山宣霧山

藝三・三　羅錄上・二七

瀛州文安縣令王夫人薛氏墓誌　正書

萬歲通天二年二月十七日

張鈁千唐誌齋藏石

館・六〇　徵二・三六

處士楊約墓誌　正書

萬歲通天貳年貳月拾柒日

張鈁千唐誌齋藏石

館・五九　徵二・三六

隴西成紀郡李夫人墓誌　正書

萬歲通天二年二月十七日

張鈁千唐誌齋藏石

館・六〇　徵二・三六

上柱國陳玄墓誌　正書

萬歲通天二年二月十九日

張鈁千唐誌齋藏石

徵二・三六　館・六〇

珍州榮德縣丞梁師亮墓誌　正書

萬歲通天二年三月六日

陝西縣百塔寺

未斷本。後斷為三，又斷為五。

藝一八・六　楊圖五・二七　名五・五八　徵二・三六　萃二之一・二七　獨殘・二　字三・一三　錄補一一・一〇五　跋五・六　金石二跋一・一〇　攈七・三九　匯一二之一・四　誌匯二・一一　竹二・一六　孫錄三・九二　關二・一四　古墨三・

六六　校　王鳴盛西莊始存稿三三・一　闕考一・三〇　陝一〇・一一　全唐文九九四・七

佛弟子王嘉會兄弟為亡妣造像　正書

萬歲通天二年三月十八日

河北唐山宣霧山

藝三・三　羅錄上・二七　匯三補遺・三四

東明觀三洞道士孫文儁造像　正書

萬歲通天二年四月五日

山東泰安岱嶽觀第一石首段右側

藝三・一二　攈七・三九　孫錄三・九二　匯一〇之一・三八　阮山一一・九

廖州大首領左玉鈐衛金谷府長上左果毅都尉員外置上騎都尉校廖州刺史韋敬辦智城碑　又名韋厥碑　韋敬一撰　正書

萬歲通天二年四月七日

廣西桂林四十里智城洞（陳壽祺云在廣西思恩府上林縣東五十里）

藝四・二六　張恩泰粵遊小錄五・六　楊翰粵西得碑記・二四　攈七・三七　陳壽祺左海文集三・四五　求二・一六　瓊四四・一二　輿三・二〇

馮善廓廿餘人等造浮圖銘　趙頲撰　姚璟正書

萬歲通天二年四月十四日

河南長葛陘山書院

藝四・二七　竹二・一六　攈七・三九　孫錄三・九　萃六二・四　道光十八年許州志一三・一

朝請大夫行司禮寺主簿趙睿墓誌　正書

萬歲通天二年四月二十四日

張鈁千唐誌齋藏石

館・六一　徵二・三六

文林郎路巖墓誌　正書

萬歲通天二年五月二十五日

張鈁千唐誌齋藏石

館・六〇　徵二・三六

□州安陸縣□漢兒造像　正書

萬歲通天二年五月十日

河北唐山宣霧山

藝三・三　羅錄上・二七　匯三補遺・三〇

王楚惠為亡妻造像　正書

萬歲通天二年五月二十八日

河北唐山宣霧山

藝三・三　羅錄上・二八　匯三補遺・三四

承務郎行趙州贊皇縣主簿劉含章故夫人李五娘墓誌　正書

萬歲通天二年六月二十一日

河南洛陽出土，開封圖書館藏石。

徵二・三六　館・六〇　蒿二之一・二八　名五・五八　誌初二・二四

文林郎上護軍韓仁惠墓誌　正書

萬歲通天二年八月二十一日

河南洛陽出土，開封圖書館藏石。

館・六〇　徵二・三六　蒿二之一・二八　名五・五八　芒冢四編四・一二　誌初二・二三

常德墓誌　正書

萬歲通天二年八月十七日

張鈁千唐誌齋藏石

處士奚弘敬墓誌　正書

萬歲通天二年八月二十一日

河南洛陽出土，張鈁千唐誌齋藏石。

徵二·三六　館·六〇　誌初二·二三

營繕監左右校署令宣德郎張仁師夫人河東關氏墓誌　正書

萬歲通天二年八月二十七日

張鈁千唐誌齋藏石

徵二·三六　館·六〇　誌初二·二三

朝議大夫上柱國行隆州西水縣宰董希令墓誌　正書

萬歲通天二年十月二十二日

河南洛陽出土，張鈁千唐誌齋藏石。

徵二·三六　館·六〇　誌初二·二三

登智力寺十方題詩　鄭逈撰　正書

萬歲通天二年臘月二十二日

河南武安南四十五里鼓山響堂寺

朔目四·三　河錄五·三　河目上·一一

趙州房子縣馮文安妻王造像　正書

萬歲通天二年□月二十三日

河北唐山宣霧山

藝三·三　羅錄上·二十八　匯三補遺·三十四

主簿張（下缺）為合家造像　藝作□□為合家造像　正書

萬歲通天二年

河北磁縣南響堂山

藝四·二二　匯三補遺·四三

張□禮造像　正書

萬歲通天□年□月十五日

果毅□基造像記　又名濟木薩殘碑　兩石　正書

萬歲通天□年

新疆濟木薩北二十里破城，歸長白端方（匯云在廸化）。

藝四·三五　匯一三補遺·一　孫錄四·一六六

神　功

白州龍豪縣令呼延章墓誌　正書

神功元年十月二十二日

張鈁千唐誌齋藏石

館・六〇　徵二・三七

石翊衛清廟齋郎天官常選王豫墓誌　正書

神功元年十月二十二日

河南洛陽出土，張鈁千唐誌齋藏石。

徵二・三七　館・六〇　誌初二・二四

上柱國張素墓誌並蓋　正書

神功元年十月二十二日

河南洛陽出土，開封圖書館藏石。

名五・五九　徵二・三七　館・六〇　蒿二之一・二八　芒冢四編四・一三　誌初二・二四

中散大夫夏官郎中逯貞墓誌　正書

神功元年十月甲□

徐森玉舊藏，今在北京歷史博物館。

館・六〇　徵二・三七

雍州長安縣弘政鄉游擊將軍王伏生墓誌　正書

神功二年正月五日

河南洛陽出土

徵二・三七　館・六〇　誌初二・二四

大周圀（國）幽州范陽縣魯治村馮公行寶塔頌　正書

神功二年

藝四・二七

處士前兗州曲阜縣令盖暢墓誌　正書

神功二年正月十七日

張鈁千唐誌齋藏石

館・六〇　徵二・三七

聖　曆

行慶州弘化縣尉上騎都尉暢懷禎墓誌　正書

聖曆元年二月十一日

張鈁千唐誌齋藏石

徵二・三七　館・六〇　誌初二・二四

令狐勝[?]為亡兄□造藥師琉離光像　正書

聖曆元年二月二十八日

河北磁縣鼓山

趙錄三・六　匯三之二・七六　擴七・四十

何行感造像　正書

聖曆元年三月十二日

河南新安張鈁千唐誌齋藏石

楊滿為亡女二人造天尊像　正書

聖曆元年四月二日

行幽州新平縣丞高叔□應福寺造埊（地）藏菩薩像　正書

聖曆元年四月八日

藝續一

（上缺十字）**柱國李君修慈悲佛龕碑**　張大忠書　兩面刻　額篆書　上段折缺　下段剝落

聖曆元年伍月拾肆日

隴右石刻錄薦補・七有碑陰右角十一行，第九行已漫漶（首行存自帝顓須高陽之，末行存毅府同上護軍廿字），甘肅敦煌東南四十里鳴沙山東麓雷音寺後。後又得此碑殘文七十餘字，分作六七小方文義不易連綴，今未錄入。

藝四・一七　擴七・三九　陲・一二　匯一三・一四　徐松西

城水道記三·一二　隴二·八　唐文拾遺六三·五　隴補·一七

朝請郎行戎州南溪縣丞上護軍王思惠妻孟大乘墓誌　正書

聖曆元年五月十四日（或作證聖元年）

河南洛陽出土，張鈁千唐誌齋藏石。

徵二·三十七　誌初二·二三

中大夫行蜀州長史鄭知賢墓誌　正書

聖曆元年六月七日

張鈁千唐誌齋藏石

館·六一　徵二·三八

黃岡縣丞陳君夫人諸葛氏墓誌　鄭抱一撰　孤子康書

聖曆元年六月十二日

博思諫墓誌　正書

聖曆元年九月二十八日

河南洛陽出土，張鈁千唐誌齋藏石。

徵二·二七　館·六一　誌初二·二四

渭南令李思古清德碑殘字　正書　馬吉甫撰（集古錄）

聖曆元年（或作二年）十月二日

存五十餘字，為元人改刻，泰寧宮記，文尚隱隱可見。

陝西渭南南門外后土廟

碑蓋上刻　元也先帖木兒等題名　正書左行

孫錄三·九二　藝四·二七　竹二·一六　攈七·四〇　萃六三·五　寶叢一〇·三四　集六·一　匯一二之一·一〇五　關考七·二七　陝一〇·一三

上柱國高邈墓誌　正書

聖曆元年十月二日

河南洛陽出土，張鈁千唐誌齋藏石。

館·六一　徵二·三七　誌初二·二四

使持節河東州諸軍事河東刺史上柱國護軍王仁求碑　閭邱均撰

長子王善寶正書

額正書

聖曆元年十月十日

雲南安寧舊三泊縣南十里大石莊（一作石椿村）嘉慶間王昶訪得

藝四・二七　孫錄三・九二　竹二・一六　攈七・三九　蒿一・六　跋五・八　授三・一〇　平五・一　萃六二・五　阮福滇南古金石錄・一〇　匯一九・二

正議大夫行太子左論德裴咸墓誌　正書

聖曆元年十月己酉

開封圖書館藏石

徵二・三七　館・六一

道士桓道彥等造像　正書

聖曆元年臘月二日

山東泰安岱岳觀第二石首段後高晃等銜名左行

下有長安四年周玄度、景雲三年呂皓仙、大曆七年魏成信等題記

藝四・一二　攈七・四〇　孫錄三・九二　匯一〇之一・三八　阮山一一・九

兄女阿憐造像　正書

聖曆元年臘月八日

河北唐山宣霧山

藝三・三　羅錄上・二八　匯三補遺・三四

鴻慶寺碑（萃作□□寺造雙像記）　□□千撰　宮若驚書

聖曆元年（中州金石考）□月三日

河南澠池

藝四・二八　攈七・四〇　孫錄三・九三　中記・三六　匯九之四・五〇　萃六三・六　續編六・五　瓊四四・一八

正議大夫使持節都督嶲州刺史高陽縣開國男許樞夫人王氏墓誌　正書　邵昇撰

聖曆二年正月四日（志初作久視元年閏七月六日）

張鈁千唐誌齋藏石

館・六一　徵二・三七　誌初二・二五

銀青光祿大夫使持節利州諸軍事利州刺史清河縣子崔公夫人李氏墓誌　正書

聖曆二年正月二十八日

張鈁千唐誌齋藏石

館・六一

龍龕道場銘　陳集原撰

聖曆二年一月二十三日

左下角刻嘉慶八年四月二十四日馮龍官題記五行，嘉慶庚辰六月十八日儀克中題記四行

廣東羅定龍龕巖

藝四・二七　顧千里思適齋集一六　平續・七　瓊四四・二十　續編六・三　馮登府石經閣金石跋文・一六　匯一七・一八　全唐文二〇二・二　萃目一・一二

姚恭墓誌並蓋　正書

聖曆二年一月二十八日

開封圖書館藏石

徵二・三七　館・六一

至孝右率府翊衛崔歆墓誌　正書

聖曆二年一月二十八日

張鈁千唐誌齋藏石

徵二・三七

國子監大學生武騎尉崔韶墓誌　正書

聖曆二年一月二十八日

張鈁千唐誌齋藏石

館·六一　徵二·三七

武隆縣令聞（人）元相為金輪（聖）神皇帝造四面像　正書

陰刻萬曆十年仲春張惟誠撰永清縣重修會福禪林碑記

側刻天順七年二月十七日立碑人楊玉張五劉原書寫人楊紀題記

聖曆二年二月八日

上刻武則天立像

河北永清東南一里塔兒巷會福寺（一作三塔寺）

畿志一四〇·五　藝四·二七　畿上·七　攈七·四〇　孫錄三·九三　滙一·一一　光緒順天府志一二八·一一　萃目一·九　永清文徵三·八

默仙中岳體元先生太中大夫潘師正碣　王適撰序　司馬承禎分書

額篆書

聖曆二年二月八日

陰側均宋人題名

河南登封嵩山老君洞南

藝四·二七　竹二·一七　攈七·四〇　嵩一下·一　孫錄三·九二　中記二·三四　字三·一六　來中·二四　妙八·三一　萃六二·七　瓊四四·二十　平五·一　存一二·三一　滙九之四·二五　乾隆四十四年河南府志一一〇·一六　景日昣說嵩一四·一七　全唐文二八二·二　乾隆登封縣志三〇·二四

相州鄴縣尉王望之墓誌　正書

聖曆二年二月十二日

河南洛陽出土

徵二·三七　館·六一　誌初二·二四

岐州雍縣尉太原王慶祚墓誌　盧撰

聖曆二年二月十二日

河南洛陽出土，張鈁千唐誌齋藏石。

徵二·三七　館·六一　誌初二·二四

貝州清河縣尉柱國房逸墓誌　正書

聖曆二年二月十七日

河南洛陽出土，歸三原于右任。

名五·五九館·六一　誌初二·二四

文林郎貞隱子先生（諱弘則）墓誌　正書　族承烈撰

聖曆二年二月十七日

開封圖書館藏石

徵二·三七　館·六一　名五·五九　蒿二之一·二八　芒冢四編四·一五　誌初二·二四

安邑封明府夫人李氏幽壤記　正書

聖曆二年二月十七日

張鈁千唐誌齋藏石

館·六一　徵二·三七

鼎州涇陽縣尉杜君夫人趙慧墓誌並蓋　正書

聖曆二年二月二十四日

河南洛陽出土

徵二·三七　館·六一　誌初二·二四

姬素墓誌　正書

聖曆二年三月十七日

左上角缺

山西屯留姬村西北里許石佛溝出（道光間）

館·六一　徵二·二八　名五·五九　右叢五·五〇　誌匯二·一二　右三·三六

弘化大長公主李氏賜姓曰武改封西平大長公主墓誌並蓋　正書　姚晷撰

聖曆二年三月十八日

太宗女嫁青海國王勤豆可汗慕容諾賀鉢

甘肅涼州把截山下南鄉出土，民國六年移存孔廟。

徵二·三七　館·六一　隴二·六　石交錄四·一八　陳萬里西行日記·一六九　隴補·一六

滄州東光縣丞公士王進墓誌　正書

聖曆二年三月二十九日

河南洛陽出土，張鈁千唐誌齋藏石。

徵二·三八　館·六一　誌初二·二四

瀛州文安縣令王德表墓誌　薛稷撰　第四子王景書

聖曆二年三月二十九日

張鈁千唐誌齋藏石

徵二·三八　館·六一　誌初二·二四

張慶信為亡母造像（羅錄作張□造像）　正書

聖曆二年四月八日

河北唐山宣霧山

藝三·三　羅錄上·二八　匯三補遺·三四

朝散大夫行澤州長史楊正本夫人韓氏墓誌　正書

聖曆二年六月十九日

張鈁千唐誌齋藏石

館·六一　徵二·三八

昇仙太子廟碑　武則天撰並行書

額飛白書

聖曆二年六月十九日

陰　武則天撰遊仙篇　薛曜正書

梁王武三思等題名　薛稷正書

相王李旦刻石記　鍾紹京正書　神龍二年歲次景（丙）午水捌月壬申金鄧洵武題名　正書　政和元年二月二十九日　朔二十漆（七）日戊戌木緱山杜集詩　鍾國士書　康熙辛酉冬日

登緱嶺詩　鍾國士書　辛酉冬日

側盧功裔題名　正書　宣和四年正月

河南偃師緱山下仙君廟

藝四·二七　孫錄三·九三　竹二·一七　攈七·四〇　中記二·三五　滙三·六六　鈔四·二六　萃六三·一　偃上·三　妙七·一四　來中·二四　金石錄二五·四　鐫二·四　字三·一六　景日昣說嵩一四·一六　復二二·二六

王弘安妻吴?造像　正書

聖曆二年六月二十日

河北磁縣南響堂山

藝四·二二　滙三補遺·四四　響·一一

朝散大夫上柱國安西錄事参軍程瞻墓誌　正書

聖曆二年七月二日

開封圖書館藏石

徵二·三八　館·六一

劉□□妻郭造像　正書

聖曆二年七月十五日

河南鞏縣石窟寺（攈作洛陽存古閣）

攈七·四〇　藝四·一五　滙九補遺·三五

夏官郎中慕容君夫人費婉墓誌並蓋　正書

聖曆二年八月九日

河南洛陽出土，開封圖書館藏石。

徵二·三八　館·六一　名五·五九　蒿二之一·二八　芒冢四編四·一六　誌初二·二四

同州白水縣令下博孔元墓誌　正書

聖曆二年八月二十一日

張鈁千唐誌齋藏石

館·六二　徵二·三八　誌初二·二四

高沖子為征行願平安無災患造像　正書
聖曆二年九月二十日
響·一二　藝四·二二　匯三補遺·四四
滏陽縣詖（鼓）山鄉人王大貞及妻高造觀世音像　正書
聖曆二年九月二十日
河北磁縣南響堂山
響·一二　藝四·二二　攈七·四〇　匯三之二·七六
董智力母陽為亡兒智儼造像　正書
聖曆二年□月
河北磁縣南響堂山
響·一一　藝四·二二　攈七·四〇　匯三之二·七六
蘭陵蕭思一墓誌　正書
聖曆二年十月十六日
河南洛陽出土，張鈁千唐誌齋藏石。
徵二·三八　誌初二·二五
衢州蕭使君男（言思）墓誌　正書
聖曆二年十月十六日
河南洛陽出土，張鈁千唐誌齋藏石。
徵二·三八　館·六二　誌初二·二五
朝請大夫行鄧州穰縣令上護軍南玄暕墓誌　正書
聖曆二年十月二十八日
河南洛陽出土，張鈁千唐誌齋藏石。
徵二·三八　館·六二　誌初二·二五
金花府司馬張達墓誌並蓋　正書
聖曆二年十月二十八日
開封圖書館藏石
徵二·三八　館·六二
銀青光祿大夫使持節利州諸軍事行利州刺史崔宣籍墓誌　正書

聖曆二年一月二十八日
張鈁千唐誌齋藏石
館·六一　徵二·三七
清信佛弟子韓君相妻劉為亡女停越造像　正書
四面刻
聖曆二年臘月□日
藝四·二八　陶二〇·一三
董□□造像（羅錄作董思□）　正書
聖曆二年□月二十三日
河北唐山宣霧山
藝三·三　羅錄上·二八　匯三補遺·三四
比丘尼□□為亡父母造像（原作董□□造像）　正書
聖曆二年□月二十三日
河北唐山宣霧山
藝三·三
田志承墓誌　正書
聖曆三年一月十一日
張鈁千唐誌齋藏石
館·六二　誌初二·二五
夫人袁氏墓碣　正書
聖曆三年正月十五日
陝西西安
藝一八·六　館·六二　徵二·三八　誌八·一　平再續·一四　泉一·三四　續編六·四　瓊四五·一　攈七·四〇　匯一二之一·四　趙錄三·七　誌匯二·一二　關考三·二七　陝一〇·一二　唐文拾遺六五·一三　萃目一·一二
唐州司馬上柱國閻基墓誌　正書
聖曆三年正月二十一日

張鈁千唐誌齋藏石

館・六二　徵二・三八

文林郎彭城劉胡墓誌　正書

聖曆三年正月二十一日

河南洛陽出土，張鈁千唐誌齋藏石。

徵二・三八　館・六二　誌初二・二五

明威將軍右鷹揚衛貴安府折衝都尉上柱國王建墓誌　正書

聖曆三年二月二日

河南洛陽出土，張鈁千唐誌齋藏石。

徵二・三八　館・六二　誌初二・二五

潞州司法秦佾墓誌　正書

聖曆三年二月二日

河南洛陽出土，張鈁千唐誌齋藏石。

館・六一　徵二・三七　誌初二・二四

仙壇山銘　正書　道士周道賜書畫　湯義思鎸　頂刻天尊像

聖曆三年三月十八日

江蘇溧陽南門外四十二里尋仙觀

寶鐵上・六　江蘇四・六　匯四補遺・一五　藝一八・六　集目五・一一

柏仁縣高□□造像　正書

聖曆三年五月八日

河北唐山宣霧山

藝三・四　羅錄上・二八　匯三補遺・三四

王受為亡過男女造像（羅錄作李□愛）　正書

聖曆三年五月八日

河北唐山宣霧山

藝三・四　羅錄上・二八　匯三補遺・三四

郭信則為身造像（匯作郭信恩）　正書

聖曆三年十月十九日

明堂令于大猷碑　正書

額篆書

聖曆三年十一月二日葬

陝西三原北五十里三家店（一作長坳鄉）

關中·二二　竹二·一七　攈七·四〇　獨殘·七　蒿一·六　寶叢一〇·一六　鐫三·一一　字三·一六　來下·一二　錄續六·六二　關二·一四　雍四·三　跋五·八　萃六三·六　平五·二　關中·二二　瓊四五·四　唐錄中·一一　匯一二之一·九四　關考七·一六　陝一〇·一三　全唐文二三七·七

黔州石城縣主簿鄭遷墓誌　正書

聖曆四年五月十二日

張鈁千唐誌齋藏石

館·六二

久　視

司禮寺太醫正直左春坊藥藏局巢思玄神靈　正書

久視元年五月十三日卒

徵二·三八　館·六二　誌初二·二五

夏日遊石淙詩並序　三截刻　薛曜正書

久視元年律中蕤賓（五月）十九日

上截書詩序及武則天詩，中下截書太子李顯相王李旦、武三思、狄仁傑、張易之、張昌宗、李嶠、蘇味道、姚元崇、閻朝隱、崔融、薛曜、徐彦伯、楊敬述、于季子、沈佺期等詩，末有金大定癸卯棲雲攜家再遊十字分書。

李宗顥金石鏡二云，乾隆間拓本全損者五十一字，其張易之、張昌宗姓名康熙間已鑿去。

河南登封石淙平樂澗之北巖

乾隆登封縣志　三〇・二三　藝四・二八　竹二・一七　中記二・三九　攈七・四一　楊圖五・二九　孫錄三・九三　字三・一七　曝四　來中・二四　妙七・九　萃六四・一　鈔四・三四　古墨三・六七　瓊四五・六　平五・二　匯九之四・二五　景日昣說嵩一四・一二　復二二・二八

薛剛墓誌並蓋　正書　冉元一撰

久視元年五月二十四日

陝西西安出土（嘉慶二十年），初歸西安裴亦芬又歸常州陸耀遹、朱卓群、董方立。

藝一八・七　徵二・三八　館・六二　名五・五九　蒿二之一・二八　平再續・一四　誌八・二　續編六・六　瓊四五・七　硯一・一五　攈七・四一　匯一二補遺・一一　趙錄三・七　誌匯二・一二　關考五・二七　陝一〇・一四　唐文拾遺一八・四　萃目一・一二

程基為亡妻王造立釋迦像　正書

久視元年六月十八日

河南鞏縣石窟寺

匯九之四・一四　攈七・四一　民國二十六年鞏縣志一九・二六　石言四・一三

侯慶?（原作度）恪造像　正書

久視元年七月五日

河北唐山宣霧山

藝三・四　羅錄上・二八　匯三補遺・三四

洛州合宮縣交鳳鄉均霜里上柱國秦府君墓誌　正書

久視元年閏七月二十五日

徵二・三八　誌初二・二五

承奉郎吴續墓誌　正書　韓思復撰

久視元年七月二十六日

館·六二　徵二·三八

亡宮墓誌　正書

久視元年八月十五日

河南洛陽出土，張鈁千唐誌齋藏石。

徵二·三八　館·六二　誌初二·二五

鄧州穰縣尉張守素墓誌　正書

久視元年十月五日

名五·五九　館·六二　徵二·三八　誌初二·二五

石衛翊衛褚承恩墓誌　正書

久視元年十月二十二日

河南洛陽出土，歸日本中山襄氏。

名五·五九　徵二·三八　蒿二之一·二九　芒冢中·三　誌匯二·一二　珉·八

幕州刺史洛陽宮總監褚夫人王氏墓誌　正書

久視元年十月二十二日

張鈁千唐誌齋藏石

館·六三

王二娘造石浮圖並像記　正書

久視元年十月二十二日

河南洛陽存古閣

裂存二石

攈七·四一　藝四·二八　匯九之三·五三　洛陽存古閣藏石目·二

武騎尉張大輔段夫人墓誌　正書

久視元年十月二十六日

張鈁千唐誌齋藏石

館·六二　徵二·三九

相州刺史袁公瑜墓誌　狄仁傑撰書

久視元年十月二十八日
張鈁千唐誌齋藏石
館・六二
朝散郎行鄧州司法參軍事袁承嘉墓誌　正書
久視元年十月二十八日
張鈁千唐誌齋藏石
館・六二
冠軍大將軍上柱國褒信郡開國公馬神威墓誌並蓋　正書
久視元年十月二十八日
河南洛陽出土
嵩二之一・二八　徵二・三九
中大夫行并州盂縣令崔哲墓誌　正書　申屠瑒撰
久視元年十月二十八日
河南洛陽出，歸徐森玉，後歸北京歷史博物館。
丙寅稿・五一　徵二・三九　誌初二・二五
石堂山高涼靈泉記　又名魏城高涼泉碑　正書
久視元年十一月三日
四川綿縣西北四十五里魏城驛
藝四・二八　擴七・四一　匯一六補遺・九　瓊四五・一一
唐文拾遺六一・五　苑
上騎都尉李買墓誌　正書
久視元年十一月八日
山西屯留出
右冢上・二九　右五・六〇　嵩二之一・二八　徵二・三九
館・六三
左衛翊衛沈浩禕墓誌　正書
久視元年十一月十六日
張鈁千唐誌齋藏石

館·六三　徵二·三九

左衛翊衛和克忠墓誌　正書

久視元年十一月二十二日

陝西三水出土（光緒乙未八月）

館·六三　徵二·三九　名五·六〇　蒿二之一·二八

上黨郡馮名墓誌　正書

久視元年建亥之月壬申之辰

蒿二之一·二八　徵二·三九　館·六三

右肅政臺主簿路庭禮誌石文　正書

久視元年十二月十七日

河南洛陽出土張鈁千唐誌齋藏石

徵二·三八　館·六三　誌初二·二五

王二娘造像　正書

久視元年十二月二十三日

河南鞏縣石窟寺（攈七·四一：洛陽有久視元年十月二十三日王二娘造石浮圖記　疑即此。）

藝四·一五　匯九補遺·三五　唐文拾遺六一·九

秋日宴石淙序　正書　張易之撰薛曜正書（說嵩）

久視元年

末有：

張掞三陽故宮石淙懷古詩　張仲武分書　皇祐五年十二月

趙士宏等題名　正書　皇祐癸巳為嘉祐題名所掩

范純仁題名　正書　至和二年

題名殘字　正書　嘉祐丁酉二月

李昱題名　正書　嘉祐戊戌　前題下方

田彧題名　正書　嘉祐三截

張瑲弟琬等題名　正書　熙寧庚戌

唐愨等題名　正書　政和三年正月晦

王績詩　正書　宣和甲辰

王仲嶷等題名　正書　宣和乙巳

董榕張漢□劉柱臣題名並詩　正書　庚午重陽

河南尹□□唐照殘題　正書

光祖二字　篆書

河南登封石淙平樂洞之南巖

竹二・一七　景日昣說嵩一四・十三　藝四・二八　孫錄三・九三　攈七・四一　中記二・三九　平五・三　瓊四五・六　萃六四・九三　字三・四一　中記二・三九　續錄二・八　匯九之四・二五　乾隆四十四年河南府志一一〇・一七　全唐文二三九・一四　乾隆登封縣志三〇・二七

神督青元觀主麻慈力齋醮記　正書　馬□麾撰

久視二年正月二日

山東泰安岱嶽觀第一石二段左側

藝四・一二　攈七・四一　孫錄三・九三　匯一〇之一・三八　阮山一一・九　清宋思仁泰山述記六・九

柏仁縣李全住?造像（藝作李□造像　羅作李金玉）　正書

久視二年二月

河北唐山宣霧山

藝三・九　羅錄上・二八　匯三補遺・三四

大　足

趙守訥妻陳四娘為阿翁患造彌陁像　正書

大足元年二月二十四日

河北磁縣鼓山

趙錄三・七　匯三之二・七六　匯七・四一　瓊四五・一三

苑北面監積翠屯主上柱國弘農郡楊府君墓誌　正書

大足元年二月二十九日

未書名字死亡年月及得壽若干
開封圖書館藏石
館·六二　徵二·三九　蒿二之一·二九　誌初二·二五

柏仁縣比丘尼法意造像　正書
大足元年三月八日
河北唐山宣霧山
藝三·四　羅録上·三八　匯三補遺·三四

游擊將軍左武衛永嘉府左果毅都尉長上直營繕監上柱國孫阿貴夫人成都縣君竹須摩提墓誌　正書
大足元年三月十二日
河南洛陽出土，張鈁千唐誌齋藏石。
徵二·二九　館·六三　誌初二·二五

侯足為亡過孫女造像　正書
大足元年三月十五日
河北唐山宣霧山
藝三·四　羅録上·二八　匯三補遺·三四

趙思瑒為亡父母造像（藝瑒作現）　正書
大足元年四月四日
河北磁縣南響堂山
藝四·二二　響·一三　攈七·四一　匯三之二·七六

魏州縣主簿侯□賓使往土門造像　正書
大足元年四月十五日
河北唐山宣霧山
藝三·四　羅録上·二八　匯三補遺·三四

魏州參軍楊曾?為□兵士門造像（原作崔買楊曾造像）　正書
大足元年四月二十日
河北唐山宣霧山

藝三・四　匯三補遺・三四

洺州清漳縣丞息趙□□造像　正書

大足元年四月二十三日

河北唐山宣霧山

藝三・四　羅錄上・二八　匯三補遺・三四

朝議大夫行婺州武義縣令元玄慶墓誌　正書

大足元年四月二十九日

河南洛陽出土，張鈁千唐誌齋藏石。

館・六三　徵二・三九　誌初二・二五

柏善德夫人仵氏墓誌　正書

大足元年五月十二日

張鈁千唐誌齋藏石

徵二・三九　館・六三　誌初二・三五

大雲寺皇帝聖祚碑　賈膺福撰並隸書

睿祖康皇帝孫文林郎太原武盡禮勒上河東姚思義鎸

大足元年五月十五日

下截剝落　陰蕭懷素書　長安二年

河南沁陽城內東南隅塔寺（又名天寧寺）

李宗顥《金石鏡》二云：碑中乃下明制易長壽之前名下，壽字嘉慶時已泐。壽銘云：余親至碑側撫摹再四。其碑陰實係未經磨礱之石，無從刻字，想別有碑。今亦晦廢，無可稽矣。按《寶刻類編》《金石萃編》均錄有蕭懷素所書大雲寺，或因此沿誤耳。方彥聞云親見此碑陰無字。

藝四・二八　攈七・四一又四二　孫錄三・九三　竹二・一七　朔目・七二　河錄一〇・一　中記・二・三九　平五・三　古墨三・六七　金石二五・五　寶叢六・四四　匯九之二・三八　道光五年河內縣志二〇　金石志上・二三　全唐文二五九・二　萃六四・四

趙州柏仁縣文林郎路宋業為亡妻成造像　正書
大足元年五月十八日
河北唐山宣霧山
藝三・四　羅錄上・二八　匯三補遺・三四

氾海造像　正書
大足元年五月
河北磁縣南響堂山
匯三之二・四四　藝四・二二　萃六四・四

洺州來遠縣前左衛翊衛附成均明經天官常選張莊造像　正書
大足元年六月十四日
河北唐山宣霧山
藝三・四　羅錄上・二八　匯三補遺・三五

楊元安為亡父見在母造像（羅作楊□女）　正書
大足元年六月十五日
河北唐山宣霧山
藝三・四　羅錄上・二八　匯三補遺・三五

亡宮墓誌　正書
大足元年七月二日
河南洛陽出土，張鈁千唐誌齋藏石。
館・六三　徵二・三九　誌初二・二五

朝請大夫鼎州三原縣令盧行毅墓誌　蘇頤撰　分書
大足元年八月二十日
張鈁千唐誌齋藏石
館・六三　徵二・三九

相州安陽縣故人蔡亮墓誌文　正書
大足元年十月二十一日
河南安陽出土，河南安陽古蹟保存所藏石。
誌初二・二六　河目上・八　朔目二・一〇

趙行□女三娘等造像（藝作女二娘匯、攈並作趙行輪女三娘）正書

大足二年二月二十四日

河北磁縣南響堂山

藝四・二二　攈七・四一　匯三之二・七六

比丘□道[?]嚴[?]（原作神慶）**為父病除造像**　正書

大足二年□月十五日

河北唐山宣霧山

藝三・四　羅錄上・二八有大足□年比丘尼□□造像，疑即此　匯三補遺・三五

長　安

永州司倉王思墓誌　正書

長安元年十一月十六日

張鈁千唐誌齋藏石

徵二・三九　館・六三

比丘尼思欣為亡父存母造像　正書

長安元年十二月十五日

河北唐山宣霧山

藝三・四　羅錄上・二八　匯三補遺・三五

道士趙敬等齋醮記　正書

長安元年十二月二十三日

山東泰安岱嶽觀第一石陰面二段

藝四・一二　攈七・四一　孫錄三・九四　匯一之一・三八

順陵碑殘石　又名一、孝明高皇后碑；二、唐則天母孝明皇后楊氏碑

存三段

武三思撰　相王李旦正書（寶刻類編）

長安二年歲次壬寅金正月己巳木朔五日癸酉金建

陝西咸陽縣縣署東壁間

石干萬曆四十二年地震，縣令取其碎石修河，原石遂亡。

毛鳳枝引道光戊申咸陽令姚國齡跋云：道光戊申時，其百三十五字一段者，已裂為二，一存六十二字，一存五十二字。其四十八字一段者，今存四十一字，其三為二，一存六十二字，一存五十二字。其四十八字一段者，今存四十一字，其三十六字一段者，今存二十五字。同治丙寅修文廟，咸陽令馬毓華於墻陰又得二石，一、四行共存廿三字，一、六行共存廿九字，並置於署中東壁。李宗顥《金石鏡》卷二毛鳳枝作一石，計廿九字，亦嵌署內東壁。又一石僅存一海字，共六石。

海寧查氏有宋拓全碑摹本（《攈古錄》七）

蘇州虎邱山孫氏祠有宋嘉祐間重刻本

民國九年中華書局景印宋拓本

竹二·一七　藝四·二八　關中·二三　關二·一五　攈七·四一　瓊四五·一四　平五·三　平三續上·一三　萃六四·七　雍四·四　錄續六·六三　字三·一七　來中·一一　寶叢八·四五　鐫四·六　顧炎武求古錄·四〇　匯一二之一·七四　丁戊稿二六　關考六·九　天下　石交錄四·三　石言六、二七引譚復堂日記　陝一〇、一四　全唐文二三九·六　乾隆十六年咸陽縣志五·一六　天一·六　萃目一·一三

田餘烈妻李造像（羅作尹餘造像）　正書

長安二年正月八日

河北唐山宣霧山

藝三·四　羅錄上·二八　匯二補遺·三五

趙義忱妻尹造像　正書

長安二年正月十八日

河北唐山宣霧山

藝三·四　匯二補遺·三五

秦夫人張氏墓誌　正書

長安二年正月二十日

張鈁千唐誌齋藏石

館·六三　徵二·三九

劉忠德造像（攈作劉思德）　正書

長安二年三月十七日

河北磁縣

攈七·四二　匯三之二·七六

博羅令鄔文毅開路記　正書

長安二年三月二十一日

廣東博羅白沙摩崖

藝續一

前羽林郎任玄覽（或釋覽）**奉勅于紫像軍征造像**　正書

長安二年三月二十六日

山東益都駝山北洞石壁

藝四·二八　山訪一二·二　攈七·四二　孫錄三·九四　阮山一一·三四　瓊二九·一〇　益一·三〇　匯一〇之三·二四

京兆男子杜並墓誌　正書

長安二年四月十二日

杜甫之叔，卒年十六。

河南偃師西土樓村人掘井得之（民國五年），知縣毛龍章收存公款局。

館·六三　徵二·三九　蒿二之一·二九　名五·六〇　雪跋四·七　循跋下·八　九鐘乙·四〇　誌初二·二六　石言二·三二　陝一〇·一六

金紫光大夫行營繕大匠上護軍遼陽郡開國公泉男產墓誌並蓋　正書

長安二年四月二十三日

河南洛陽出土（民國十一年），在北大。

海藩・二三　朝考・一五九　名五・六〇　館・六三　徵二・三九　蒿二之一・二九　誌初二・二六

趙義普蒿妻賈造像　正書

長安二年五月二十二日

河北唐山宣霧山

藝三・四　匯三補遺・三五

尹思真（或作貞）**為亡妻張氏造像**　正書

長安二年七月五日

山東益都駝山北洞石壁

孫錄三・九四　藝四・三八　山訪一二・二　攈四・四二　阮山一一・三四　瓊二九・一一　益一・三一　匯一〇之三・二四

皇堂姪女彭城縣主造等身像　正書

長安二年七月十五日

陝西邠縣大佛寺

藝續一　陝一〇・一五

潢忠烈紀信碑　盧藏用纂文並分書

長安二年七月

有陰，分書，紀孔府君樹碑刊頌之事，並列丞尉等名。勒碑人史正勤。工張敬鐫字。

河南汜水

藝四・二八　攈七・四二　竹二・一八　孫錄三・九四　中記二・四〇　寶叢五・一三　存一二・三六　萃六五・一　鈔四・四一　平五・四　寶鴨下・七　古墨三・六八　翁方綱復初齋文集二〇・一一　唐文拾遺二三八・一〇　唐文粹五三・六

□□為亡息超造像（藝、匯並作□□造像）　正書

長安二年八月二十一日

河北唐山宣霧山

藝三・四　匯三補遺・三五

張處恭為亡考見存母造像　正書

長安二年十月八日

河北唐山宣霧山

藝目失載　羅録上・二八　匯三補遺・三五

上柱國馬舉墓誌　正書

長安二年十月二十二日

左上角斷裂，下角缺。

山東歷城華不注東臥牛山下出土（嘉慶二十一年）

藝一八・七　徵三・三九　館・六三　名五・六〇　濟南金石志二　蒿二之一・二九　左冢・一三　攈七・四二　趙録三・四　誌匯二・一二

比丘□元為亡過父母造四面像（藝作馮信舉妻陳婆）　正書

長安二年十月乙未朔

河南滑縣南七十五里莊丘寺

藝續一　朔目六・七　河録九・三　民國十九年滑縣志金石録一・五

亡宮人墓誌　正書

長安二年十一月二日

張鈁千唐誌齋藏石

徵二・三九

柏鄉縣董侍賓為亡兄造像　正書

長安二年十一月九日

河北唐山宣霧山

藝三・五　匯三補遺・三五

金鄉縣垤溝村李弼徽造像

兩截刻，上心經下記。上刻嘉靖九年□孟童修觀音堂記，正書，横列一行。

長安二年十一月十五日

山東金鄉寨里廢寺中

有兩側

藝四・二八　攈七・四二　孫錄三・九四　濟州金石志六・一三　山訪九・六　竹二・一七　阮山一一・三三　匯一〇之二・五五　萃目一・一〇

漢州綿竹縣主簿張廉故夫人樊氏墓誌並蓋　正書

長安二年十二月十日

開封圖書館藏石

館・六三　徵二・三九

李山海妹智相真相為亡父存母造像　正書

長安二年十二月十五日

河北唐山宣霧山

藝三・四　羅錄上・二八　匯三補遺・三五

泗水橋畫像　又名泗水橋十二人造像

長安二年十二月二十二日（刻於左側）

陰正書，有水災浩瀇字，左側，正書。

按，《四當齋集》有跋潢泗水石梁畫像（見《水經・泗水》），疑即此。

山東曲阜顏氏藏石

攈七・四二　孫錄三・九四　山訪六・五　匯一〇之二・五章鈺四當齋集四・一　藝四・二八　萃目一・一〇

長安二年□月廿一日造像　正書

河南鞏縣石窟寺

藝四・一五　匯九補遺・三五

□州參軍辛仲連妻盧八娘墓碣　正書

長安二年□月十九日

河南洛陽
館・六三　名五・六〇　藝一八・七
比丘僧王圀（國）寶為父母亡兄弟造像　正書
長安二年□月八日
河北唐山宣霧山
藝三・四　羅錄上・二八　匯三補遺・三五
比丘僧王圀（國）寶為亡過父母亡過兄弟見在弟造像　正書
長安二年□月一日
河北唐山宣霧山
藝三・四
本願寺僧知悉等造陁羅尼經幢　正書
長安二年月日
河北獲鹿本寺
瓊四・六一　匯三補遺・二二　常七・一
吉州長史劉齊賢墓誌　正書
長安三年正月四日
開封圖書館藏石
徵二・三九　館・六三　丁戊稿三三
處士成惲墓誌　正書
長安三年正月八日卒
張鈁千唐誌齋藏石
徵二・三九　館・六三
張士彥等造舍利塔記　正書
長安三年正月八日
山東滕縣
文林郎王貞墓誌　正書　張秀撰
長安三年二月十四日
河南洛陽出土，張鈁千唐誌齋藏石。

館·六四　徵二·四〇　誌初二·二六

處士張嘉墓誌　正書

長安三年二月十七日

長白端方藏石

徵二·四〇　館·六四　名五·六〇　蒿二之一·二九　誌匯二·一二

昭武校尉右鷹揚衛平原府左果毅都尉上柱國王嘉墓誌　正書

長安三年二月十七日

河南洛陽出土，開封圖書館藏石。

徵二·四〇　館·六四　名五·六一　蒿二之一·二九　芒冢四編四·二一　誌初二·二六

朝請大夫行陳州司馬上輕車都尉公士成君夫人平陽縣君耿慈善墓誌　張元琰撰

長安三年二月十七日

河南洛陽出土，張鈁千唐誌齋藏石。

館·六四　徵二·四〇　誌初二·二六

賈楚墓誌　正書

長安三年二月十七日

河南洛陽出土，張鈁千唐誌齋藏石。

徵二·四〇　館·六四　誌初二·二六

游擊將軍上柱國南陽趙智侃墓誌　正書

長安三年二月二十八日

陝西西安

藝一八·七　徵二·四〇　館·六四　名五·六一　蒿二之一·二九　羅錄上·二〇　誌匯二·一二　關新三·二〇　關考三·二八　陝十·二〇

魏州莘縣尉太原王養及夫人中山成氏墓誌　正書

長安三年二月二十八日

河南洛陽出土，張鈁千唐誌齋藏石。

徵二・四〇　館・四六　誌初二・二六

延州敦化府兵曹參軍事張士龍墓誌　正書

長安二年二月二十八日

河南洛陽出土，張鈁千唐誌齋藏石。

徵二・四〇　館・六四　誌初二・二六

朝議大夫行兖州龔丘縣令上柱國程思義墓誌　正書

長安三年二月二十八日

河南洛陽出土，張鈁千唐誌齋藏石。

館・六四　徵二・四十　誌初二・二六

佛弟子玄恭（藝作奘）**母為念阿彌陁造像**　正書

長安三年三月

河北磁縣南響堂山

響・一四　匯三之二・七六　藝四・二三　擴七・四二

郭友母王造像　正書

長安三年四月八日

河北唐山宣霧山

藝三・五　羅録上・二八　匯三補遺・三五

比丘僧懷義為亡過父母造像　正書

長安三年四月八日

河北唐山宣霧山

藝三・五　羅録上・二八　匯三補遺・三五

亡宮人六品官年七十墓誌文　正書

河南洛陽出土，張鈁千唐誌齋藏石。

徵二・四〇　館・六四　誌初二・二六

揚州大都督府六合縣尉王則墓誌並蓋　正書

長安三年四月十一日

文云：爰開宅兆丙門壬穴克順商音

開封圖書館藏石

徵二・四〇　館・六四

恒州中山縣令史善法墓誌　正書

長安三年四月十八日

館・六四

居士蘆州巢縣令息尚真墓誌（金石續編作尚直）　正書

長安三年歲次癸卯庚申朔戊辰日（徵云是年無庚申朔，惟閏四月為辛酉，殆誤先一日），攈作八月九日。

陝西鄠縣出土（或作西安）

藝一八・七　名五・六一　徵二・四〇　平再續・一四　誌八・五　瓊四九・八　雪跋四・九　續編六・六　攈七・四三　匯一二之一・四　匯一二補遺・一一　趙錄三・七　誌匯二・一二　關考三・二九　陝一〇・一八　唐文拾遺・四九・一四　萃目一・一三

房子縣李才智為亡過耶孃造像　正書

長安三年六月二十三日

河北唐山宣霧山

藝三・五　匯三補遺・三五

高延貴造像記　正書

長安三年七月十五日

陝西西安華塔寺大殿壁間，歸日本早崎氏。

藝四・二九　攈七・四二　關二・一五　竹二・一八　孫錄三・九四　雍四・五　匯一二之一・四　字三・一九　妙八・三一　錄補一一・一〇七　萃六五・四　平五・五　關考一・三三　珉・八　陝一〇・一七　全唐文九八七・六　唐文拾遺一八・五

信法寺真容像碑　又名信法寺張黑刀等造像碑　行書　李□襲纂

長安三年七月十五日

陰與兩側題名

河北元氏城内雲起寺

藝四・二八　常七・四　滙三之二・二四　萃六五・三　瓊四九・一　孫録三・九五　民國廿年元氏縣志數・一三

王璿造阿彌陁像銘　正書

長安三年七月□□七日

陝西西安華塔寺

藝四・二九　竹二・一八　關二・一五　孫録三・九四　跋五・九　授續三・九　萃六五・三　平五・四　瓊四九・六　滙一二之一・四　關考一・三二　陝一〇・一六　全唐文二五九・一

處士張師墓誌　正書

長安三年八月一日

館・六四　蒿二之一・二九　名五・六一　右冢上・三一　徵二・四〇　誌初二・二六

將仕郎宋州虞城縣尉張君表墓誌　正書

長安三年八月十二日

河南洛陽出土，張鈁千唐誌齋藏石。

徵二・四〇　館・六四　誌初二・二六

前成均□□經為亡父造像　正書

長安三年八月二十日

河北磁縣南響堂山

藝四・二三　滙三補遺・四四　攈七・四三　滙三之二・七六

霍神衛母為亡息神□造像（霍，藝作崔，羅作翟）　正書

長安三年八月二十一日

河北唐山宣霧山

藝三・五　羅録上・二九　滙三補遺・三五

柏仁縣録事戎尉石利涉為亡過父母造像　正書

長安三年八月二十一日

河北唐山宣霧山

藝三・五　羅録上・二九　匯三補遺・三五

左衛勲一府勲衛元瑛（思亮）墓誌　正書

長安三年八月二十四日

張鈁千唐誌齋藏石

館・六四　徵二・四〇

通直郎行雍州富平縣丞韋均為慈親不豫造像　正書

長安三年九月三日

陝西西安華塔寺大殿壁間，歸日本早崎氏。

藝四・二九　竹二・一八　攈七・四三　關二・一六　孫録三・九五　字三・一九　瓊四九・七　平五・四　萃五六・五　雍四・五　匯一二之一・四　關考一・三三　珉・八　陝一〇・一七　全唐文二六六・一四

郭方剛為亡父造像　正書

長安三年九月八日

河北磁縣南響堂山

響・一四　藝四・二三　匯三補遺・四四

姚元之造像銘　正書

長安三年九月十五日

陝西西安華塔寺大殿壁間

藝四・二九　竹二・一八　關二・一五　孫録三・九五　攈七・四三　匯一二之一・四　平五・五　萃六五・五　跋五・九　關考一・三三　陝一〇・一七

蕭元昚造像記　正書

長安三年九月十五日

陝西西安華塔寺大殿壁間，歸日本早崎氏。

藝四・二九　竹二・一八　攈七・四三　孫録三・九五　關二・一六　字三・一九　平五・五　萃六五・五　雍四・五　匯一

二之一・四　關考一・三三　海外貞珉錄・八　陝一〇・一七　全唐文九八七・六

李承嗣造為尊親阿彌陁像　正書

長安三年九月十五日

陝西西安華塔寺大殿壁間，歸日本早崎氏。

藝四・二九　攈七・四三　孫錄三・九五　竹二・一五　關二・一五　滙一二之一・四　字三・一九　平五・五　萃六五・五　雍四・三　妙八・三〇　關考一・三三　珉・八　陝一〇・一七　全唐文二六〇・一五

蒲州猗氏縣令高隆基墓誌　正書

長安三年十月三日

張鈁千唐誌齋藏石

館・六四　徵二・四〇

岷州刺史張仁楚墓誌　正書

長安三年十月十二日

張鈁千唐誌齋藏石

館・六四　徵二・四〇　誌初二・二六

司稼寺卿上柱國楊府君杜夫人墓誌　正書

長安三年十月十五日

後半剝泐

陝西西安出土，渭南趙乾生長白端方先後遞藏。

藝一八・七　徵二・四〇　館・六四　蒿二之一・二九　名五・六一　陶二〇・一四　瓊四九・一〇　誌八・六　平三續上・一四　萃六五・六　古墨三・六九　孫錄三・九五　竹二・一八　攈七・三〇　滙一二之一・四　誌滙二・一二　關考一・三三　隋上・三〇　陝一〇・一八　全唐文九九四・六

東宮率府翊衛張茂墓誌　正書

長安三年十月十五日

河南洛陽出土，張鈁千唐誌齋藏石。

徵二・四〇　館・六四　誌初二・二六

并州司功王公故夫人盧氏墓誌　正書

長安三年十月十五日

館・六四

李懷膺為亡過母任及姊九娘見存父造像　高文紀正書

長安三年十月十九日

山東益都駝山北洞石壁

孫錄三・九五　山訪一二・二　藝四・二八　阮山一一・三四　益一・三一　匯一〇之三・二四

智□法師塔記（擴作智法師朗像塔銘　匯作靈泉寺大德智□師像塔銘）　正書

長安三年十月二十五日僧玄晈等造

河南安陽西南六十里寶山西山西

藝三・一二　擴七・四三　河錄二・八　朔目二・一一　匯九之二・四　名五・六一　安陽縣金石錄三・一三

相州安陽縣靈泉寺大德智□禪師像塔銘　正書

長安三年十月二十五日

全唐文作于兢，乃五代時人，恐誤。

河南安陽西南六十里寶山寶山寺

藝四・二九　擴七・四二　河錄二・八　朔目二・一一　匯九之二・四　名五・六一　安陽三・八　全唐文八四一・八　唐文拾遺六二・二

處士董義墓誌　正書

長安三年十一月二十二日

張鈁千唐誌齋藏石

徵二・四〇　館・六四　誌初二・二六

隴西李玄福墓誌　正書

長安三年十二月十日

河南洛陽出土，張鈁千唐誌齋藏石。

館・六四　徵一・四十　誌初二・二六

監門校尉陳叔度墓誌　正書

長安三年十二月十日

河南鄴縣出土，歸吳大澂。

藝一八・七　名五・六一　館・六四　徵二・四〇　嵩二〇之一・二九　誌匯二・一二

潤州刺史王美暢夫人長孫氏墓誌並蓋　正書　王昕撰

長安三年

河南洛陽魏家灣出土，歸存古閣。

藝一八・七　徵二・四〇　館・六四　誌八・三　瓊四九・一二　硯一〇・一六　廎・三二　九鐘甲・六二　芒冢補遺・四　攈七・四三　匯九之三・五三　趙錄三・七　萃目一・一三　誌匯二・一二　洛陽存古閣藏石目・二　唐文拾遺一八・一

岐州雍縣晁多知墓記　正書

長安四年正月十八日

刻造像下方

徵二・四〇　誌初二・二七

雍州參軍侯令璋之銘　正書

長安四年正月二十八日

河南洛陽出土

館・六五　徵二・四一　誌初二・二七

王寶墓誌並蓋　正書

長安四年二月十七日

子思禮招魂合葬

館・六五　徵二・四一

宣德郎李符妻摯墓誌並蓋　正書

長安四年三月五日
開封圖書館藏石
館・六五　徵二・四一
李子翕諸人等造像　正書
長安四年歲次甲辰三月九日
河北磁縣南響堂山
藝四・二三　匯三補遺・四四　鄉・一五
霍（原誤崔）**神鳳造像**　正書
長安四年三月二十四日
河北唐山宣霧山
藝三・五　羅錄上・二九　匯三補遺・三五
尹妃兒尚為亡兄趙師造像（羅作尹光兒）　正書
長安四年三月二十八日
河北唐山宣霧山
藝三・五　羅錄上・二九　匯三補遺・三五
宣州涇縣尉杜府君故夫人孫氏墓誌　正書
長安四年三月晦
河南洛陽出土，張鈁千唐誌齋藏石。
館・六五　徵二・四一　誌初二・二七
長安四年五月十一日殘造像　正書
河北磁縣南響堂山
藝四・二三
薛練石刻殘字　分書
長安四年六月九日
河南陝州（道光癸卯陝州漁人得於河中），貴池劉世珩藏石。
藝四・二九　羅錄上・二九　徵二・二九
尚樂奉御蔣君夫人劉氏墓誌　正書
長安四年七月十九日

張鈁千唐誌齋藏石

館・五六　徵二・四一　岑仲勉續貞石證史（歷史語言研究所集刊十五本・二三二頁）

處士邢彥褒墓誌　正書

長安四年八月七日

河南洛陽出土

館・六五　徵二・四一　蒿二之一・二九　名五・六一　誌初二・二七

正議大夫使持節都督姚宗等卅六州諸軍事守姚州刺史上柱國皇甫文備墓誌　正書

長安四年八月十九日

張鈁千唐誌齋藏石

館・六五　徵二・四一

趙思（藝作田）**瑒**（藝作錫）**造像**　正書

長安四年九月一日

河北磁縣南響堂山

藝四・二三　響・一五　匯三補遺・四四

中岳先生周元度齋醮記　正書

長安四年九月八日

山東泰安岱嶽觀第二石二段

藝四・一二　攈七・四四　孫錄三・九六　匯一〇之一・三八　阮山一一・九

衛州共城縣百門陂碑銘　辛怡諫文　張元琮記　孫去煩行書

額篆書

長安四年九月九日

陰靈跡記　行書　上截祈兩記　下截贈詩

兩側鄉望等題名　行書

河南輝縣西北五里百泉衛源廟壬癸殿廊下

孫錄三·九五　藝四·二九　竹二·一九　中記二·四〇　攈七·四四　朔目五·八　河錄七·六　滙九之二·二四　寶叢六·四九　字三·一九　妙九·二三　錄補一一·一〇八　瓊四九·一四　平五·六　萃六五·六　跋五·一〇　全唐文二六〇·七　又二六〇·一〇　道光乙衛輝縣志一四·二

姚元景光宅寺造像銘　正書

長安四年九月十八日

陝西西安華塔寺大殿壁間，歸日本早崎氏。

藝四·二九　關二·一六　攈七·四四　孫錄三·九六　竹二·一九　平五·六　滙一二之一·四　錄補一一·一〇七　字三·一九　萃六五·六　雍四·三　關考一·三四　珉·九　陝一〇·二一　全唐文九八七·七

壯武將軍行右鷹揚衛翊府右郎將王敏墓誌　正書

長安四年九月二十三日

徵二·四一　館·六五　蒿二之一·二九

法師邢虛應阮孝波等齋醮記　正書

長安四年十一月十五日

山東泰安岱岳觀第一石三段

藝四·一三　攈七·四四　孫錄三·九六　阮山一一·九　滙一之一·三八

定遠將軍上柱國守右玉鈐衛金池府折衝都尉楊亮墓誌並蓋　正書

長安□年十月二十一日

開封圖書館藏石

館·六五

亡宮六品墓誌　正書

長安□年十一月二日

周禮隆造像　正書

□□元秊□逕㉆㉇
河北磁縣南響堂山
藝四・二四　匯三補遺・四五
相州（下缺）**處機造像**（藝作胡處機造像）　正書
大周下缺日
河北磁縣
攈七・四五　藝四・二三　匯三之二・七六
大周神都大白馬寺殘碑　正書
年月泐
河南林縣西南二十五里碪谷寺西小廟壁間
河目上・七　朔目三・五　河錄四・五
清信女宋小兒為金輪聖神皇帝造金剛經碑　正書
陰與兩側並正書
河北房山
藝四・三十五
禪師塔院殘字　正書
中有𠩄埊㉇等字存九行
藝四・三五
大周房府君墓誌蓋　篆書
開封圖書館藏石
大周故趙府君墓誌蓋　篆書
館・六六
大周故賈府君墓誌蓋　篆書
館・六六
大周故張府君墓誌蓋　篆書
館・六六
大周亡宮五品誌文蓋　篆書
大周故寇府君墓誌蓋　篆書

大周故房府墓誌蓋　篆書

館・六六

大周故袁府君合祔銘蓋　篆書

館・六六

大周崔君故夫人墓誌蓋　篆書

館・六六

神　龍

神龍元年正月二十日造像　正書

河北唐山宣霧山

藝三・五　匯三補遺・三六

任縣劉義方妻劉造像（匯作林義方）　正書

神龍元年二月八日

河北唐山宣霧山

藝三・五　匯三補遺・三六

朝議郎行澧州司戶參軍卜元簡墓誌　正書

神龍元年二月二十日

張鈁千唐誌齋藏石

館・六六　徵二・四一

修行寺尼真空造石浮圖銘　行書

神龍元年三月三日

碑陰陁羅尼經呪　正書

河南洛陽石窟寺

藝五・一　攈七・四六　瓊四九・十八　匯九補遺・三五

公士安令節墓誌　鄭休文撰　石抱璧書

神龍元年三月五日

陝西西安出土，長白端方藏石。

藝一八・七　陶二一・一　館・六六　嵩二之一・三〇　名六

·六二　徵二·三一　誌初二·二七　誌匯二·一三　關新三·二一　關考三·二九　陝一〇·二二

亡宮七品銘　正書

神龍元年三月五日

河南洛陽出土

徵二·四一　館·六六　誌初二·二七

朝議郎行司僕寺長澤監王及德墓誌　正書

神龍元年三月六日

張鈁千唐誌齋藏石

館·六六　徵二·三〇　誌初二·二七

趙祖福造像　正書

神龍元年三月二十七日

河北磁縣南響堂山

藝四·二三　響·一六　匯三補遺·四四

□安世為身造像　正書

神龍元年三月二十七日

河北磁縣南響堂山

藝四·二三　匯三補遺·四四

故亡宮七品誌文　正書

神龍元年三月二十七日

徵二·三〇　館·六六　誌初二·二七

阮孝波等齋醮記　劉琇良正書

神龍元年三月二十八日

山東泰安岱岳觀第一石面三段左側

藝四·一二　孫錄三·九八　攈七·四六　匯一〇之一·三八　阮山一一·九

邢（藝作荊）**義振為亡妻造像**　正書

神龍元年四月

河北磁縣南響堂山
藝四·二三　響·一六　匯三補遺·四四

亡宫八品墓誌　正書
神龍元年五月七日
河南洛陽出土，張鈁千唐誌齋藏石。
徵二·四一　館·六四　誌初二·二七

劉四思為亡妻阿王造像　正書
神龍元年六月十九日
藝續一　陶二一·三

國行真浮圖頌　邢施僧撰　魏玄度正書
六面刻
神龍元年八月五日
藝五·一

亡宫六品誌石　正書
神龍元年八月二十五日
河南洛陽出土，張鈁千唐誌齋藏石。
徵二·四一　館·六六　誌初二·二七

天敬村李義節為亡男德潤造像　正書
神龍元年八月
河北磁縣響堂山
響·一七　藝四·二三

岐州大像寺碑銘　正書　鄭郤撰
神龍元年九月十五日

清信士顏文達廿餘人等造子像　匯作顏文資　正書
神龍元年九月
上截題名四列下截記文
山東蒙陰東北六十里南樓社太清觀
藝五·一　匯一之二·七四

王思道兄弟等為亡考造阿彌陁像　正書
神龍元年九月
河北磁縣南響堂山
藝四·二三　匯三補遺·四四

宮七品誌並蓋　正書
神龍元年九月
徵二·四一　館·六六

佛弟子旌表義門太原郭楚璧女十娘為繼母唐亡過造觀音菩薩像　正書
神龍元年十月二十八日
長白端方藏石
陶二一·三

處士郭盛墓誌　正書
神龍元年十一月九日

亡宮九品墓誌　正書
神龍元年十一月十四日
河南洛陽出土
徵二·四一　館·六六　誌初二·二七

處士康悊（哲）墓誌　正書
神龍元年十一月二十六日
河南安陽出土，河南安陽金石保存所藏石。
徵二·四一　名六·六二　朔目二·一一　河錄二·一　河目上·七　誌初二·二七　續安·一〇

故亡宮墓誌　正書
神龍元年十二月十四日
河南洛陽出土，張鈁千唐誌齋藏石。
徵二·四一　館·六六　誌初二·二七

亡宮九品墓誌　正書

神龍元年十二月二十六日
河南洛陽出土
徵二・四二　誌初二・二七

五品亡宮墓誌　正書
神龍元年十二月二十六日
徵二・四二　館・六六

陳神方妻趙（藝作元）**造像**　正書
神龍元年十二月丁丑
河北磁縣南響堂山
藝四・二三　匯三補遺・四四

兄弟二人造像　又名尚□兄弟造像殘字　正書
神龍元年歲次乙巳□月丁丑朔十四日庚寅
山東樂安城東小張淡村土地廟
藝五・一　攈七・四七　匯一〇之三・三八

使持節亳州諸事亳州刺史李憖墓誌　正書
神龍二年正月二十一日
張鈁千唐誌齋藏石
徵二・四二　館・六七

承奉郎雲騎尉行並州錄事朱照墓誌　正書
神龍二年閏正月二十七日
張鈁千唐誌齋藏石
徵二・四二　館・七六

馮神鼎等於陵所浮圖內造像　正書　造像博士田文遠鎸
有側
神龍二年二月八日
劉續錄一一・五

□玄素為男山僧乞壽記　正書
神龍二年二月

山西鳳臺碧落寺

藝五・一　攈七・四七　匯一一・七二　右叢五・二〇

佛弟子韓阿黑為合家平安造像　正書

神龍二年三月二十三日

河北唐山宣霧山

藝三・五　羅錄上・二九　匯三補遺・三六

門下省行尚書省文刻石　又名神龍批制　正書

神龍二年四月六日

藝五・一　陶二一・四　岑仲勉續貞石證史（歷史語言研究所集刊十五本・二三七）

戶部侍郎贈懷州刺史臨都公韋府君夫人河東郡夫人裴氏墓誌　正書

神龍二年四月六日

徵二・四二

宮人九品墓誌　正書

神龍二年四月三九日

河南洛陽出土，張鈁千唐誌齋藏石。

館・六七　徵二・四二　誌初二・二七

上柱國孫惠夫人李氏墓誌　正書

神龍二年五月七日

河南洛陽出土，開封圖書館藏石。

館・六七　蒿二之一・三〇　名六・六二　徵二・四二　誌初二・二七

中大夫上柱國行婺州東陽縣令桑貞墓誌　正書

神龍二年五月十八日

張鈁千唐誌齋藏石

徵二・四二　館・六七　誌初二・二七

贈太子中舍人丹陽甘基墓誌　正書

神龍二年七月一日

張鈁千唐誌齋藏石

徵二・四二　館・六七

亡宫七品墓誌　正書

神龍二年七月一日

河南洛陽出土，張鈁千唐誌齋藏石。

館・六七　徵二・四二　誌初二・二七

平昌孟孝敏妻吴郡陸氏墓誌　正書

神龍二年七月二十日

張鈁千唐誌齋藏石

徵二・四二　館・六七　誌初二・二七

耿君明造地藏菩薩像　正書

神龍二年八月二十七日

亡宫九品誌石　正書

神龍二年九月十九日

河南洛陽出土，張鈁千唐誌齋藏石。

徵二・四二　館・六七　誌初二・二七

范洪恩等造浮圖石像記　正書

神龍二年九月二十五日

山東磁陽城南大馬青村天齊廟壁間

擴七・四七　金石續編六・六　阮山一一・三七　孫錄三・九

八　匯一〇之二・一　山訪六・一

朝議郎行益州大都督府士曹參軍事李延祐墓誌　正書

神龍二年十一月二日

河南洛陽出土，張鈁千唐誌齋藏石。

徵二・四二　館・六七　誌初二・二八

處士騎都尉李通墓誌　正書

神龍二年十一月廿日

張鈁千唐誌齋藏石
徵二・四二　館・六七
潞州銅鞮縣（下缺）劉仁墓誌　正書
神龍二年十一月□日
中斷
山西□縣出土，山西圖書館藏石。
通議大夫使持節興州諸軍事興州刺史上柱國劉寂墓誌　正書
神龍二年十一月三十日
張鈁千唐誌齋藏石
館・六七　徵二・四二
故亡宮九品誌石　正書
神龍二年十二月三日
河南洛陽出土，張鈁千唐誌齋藏石。
館・六七　徵二・四二　誌初二・二八
處士陳泰墓誌　正書
神龍二年十二月二十七日
張鈁千唐誌齋藏石
徵二・四二　館・六七
亡宮八品誌石　正書
神龍二年十二月二十七日
河南洛陽出土
館・六七　徵二・四二　誌初二・二八
内侍省内謁者高仁敬等設祭記　正書
神龍三年肇春
山東泰安岱岳觀
藝三・一四
太原王昕故夫人趙郡李清禪墓誌並蓋　正書
神龍三年四月六日

開封圖書館藏石

館・六七　徵二・四二　名六・六二　萬二之一・三〇　誌初二・二八

亡宮九品墓誌　正書

神龍三年四月二十九日

徵二・四二

洛州滎陽縣令盧正道清德碑　劉穆之撰　王守質分書　李思節刻字

額上有像

碑題作大唐洛州滎陽縣頭陁逸僧議法師上頌聖主中興得賢令盧公清德之文

神龍三年五月八日

盧正道勅　中宗李顯正書　景龍元年十月十七日

側縣尉盧重華移碑題名　天寶八載十一月十八日

縣令張士陵題名　貞元五年正月

縣令王泉移碑題名　貞元十八年二月

縣令闞士約題名　貞元十九年二月

王鑑修碑樓記　天禧五年七月

河南滎陽縣署西偏土地祠内

藝五・一　匯九之一・一九　孫錄三・九九　竹二・二〇　攈七・四七　跋五・一〇　中記二・四一　存一三・一　全唐文二七〇・一一　萃目一・一四　平五・八　萃六八・四　授續三・七

哀子雷普及為亡父母造彌陁像　正書

神龍三年六月五日

李先□□村造觀音像並經碑　行書

神龍三年六月

側有像

河北涿縣東北十六里向陽村西禮寺
藝五·一　匯一補遺·六
中成王府參軍楊承胤墓誌並蓋　正書
神龍三年七月一日
河南洛陽出土
徵二·四二　館·六七　蒿二之一·三〇　名六·六二　芒冢四編五·二　誌初二·二八
宮人九品墓誌　正書
神龍三年七月二日
河南洛陽出土，張鈁千唐誌齋藏石。
徵二·四二　館·六七　誌初二·二六
河間邢君故夫人劉達墓誌　正書
神龍三年七月七日
張鈁千唐誌齋藏石
徵二·四二　館·六七　誌初二·二六
八品亡宮十人墓誌並蓋　正書
神龍三年八月十九日
開封圖書館藏石
館·六七　徵二·四二
本願寺陀羅尼經幢　八面刻　正書
額題應天神龍皇帝順天翊聖皇后十二字
河北獲鹿
藝六·三九　擴六·三九　匯三之二·一五

景　龍

胡國公嫡孫許州鄢陵丞秦利見墓誌　正書
景龍元年十月六日
徵二·四二

比丘尼孫尚兒（原誤之）**為己身及亡兄紹智造像**　正書

景龍元年十一月一日

河北唐山宣霧山

藝三・五　羅錄上・二九　匯三補遺・三六

許州扶溝縣主簿滎陽鄭道妻李夫人墓誌　正書

景龍元年十二月二十六日

河南洛陽出土，張鈁千唐誌齋藏石。

館・六七　徵二・四二　誌初二・二八

易州龍興觀道德經　正書

兩面刻　分兩卷，上卷曰道經，刻於碑陽；下卷曰德經，刻於碑陰。

景龍二年正月

兩側題名　正書

河北易縣本觀

畿志一五一・一三　孫錄三・九九　攈七・四八　跋五・一二　橋二・三　平五・八　績・己　平三續上・二〇　續編六・六　畿目上・八　上谷・一　萃目一・一四

乾封令王幹張懷貞等設醮記　正書

景龍二年二月十二日

山東泰安岱嶽觀第一石陰面四段左側

藝四・一三　攈七・四八　孫錄三・九九　匯一〇之一・三八

申州羅山縣令王素臣墓誌並蓋　正書

景龍二年二月二十四日

河南洛陽出土，開封圖書館藏石。

館・六八　徵二・四二　蒿二之一・三〇　名六・六二　芒冢三編・四九　誌初二・二八

傅（藝作程）**大娘為亡父造像**　正書

景龍二年三月三日

河北磁縣南響堂山

響·十七　藝四·二三　匯三補遺·四四　攈七·四八　匯三之二·七六

蕭（響作黄）**處**（藝作安）**貞為男知誨知紀造像**　正書

景龍二年三月三日

河北磁縣南響堂山

藝四·二三　攈七·四八　匯三之二·七七　響·一八

尚（上）**黨鮑懷坦潁川陳休貞等祭東岳題記**　正書

景龍二年三月十三日

藝三·一四

姚法藏造阿彌陁像　正書

景龍二年三月十八日

比丘尼翟修意為疹患造像

景龍二年三月二十三日

河北磁縣南響堂山

藝四·二三　匯三之二·七七　攈七·四八

忻州定襄縣令杜安墓誌　正書

景龍二年三月二十八日

河南洛陽出土，張鈁千唐誌齋藏石。

館·六八　徵二·四二　誌初二·二八

傳（藝作陳）**□忠造像**（匯、攈作僧忠造像）　正書

景龍二年四月八日

河北磁縣南響堂山

藝四·二三　響·一八　攈七·四八　匯三之二·七七

柏仁縣等字殘造像　原作武頃造像　正書

景龍二年八日

河北唐山宣霧山

藝三·五　羅錄上·二九　匯三補遺·三六

朝議大夫東都苑?陽?□元?府君夫人河南獨孤氏墓誌並蓋 正書

景龍二年九月十三日

館・六八　徵二・四三

洛州登封縣姚二娘為亡夫李玄超造元始天尊像　正書

景龍二年十月六日

河南登封

藝五・一　攈七・四八　匯九補遺・三七

大中大夫泗州刺史趙本質妻晉陽郡溫氏墓誌　正書

景龍二年十月二十六日

開封圖書館藏石

徵二・四三　館・六六

游擊將軍守永嘉府右果毅都尉上柱國于賁墓誌並蓋　正書　張嘉之撰

景龍二年十一月二十七日

開封圖書館藏石

徵二・四三　館・六八

勅東岳祈□□張元□題記　正書

景龍二年□月□一日

山東泰安岱嶽觀

藝三・一四

虢州龍興觀主杜太素等齋醮記　正書

景龍三年三月十九日

山東泰安岱嶽觀第二石陰面第一段

藝四・一三　攈七・四八　孫錄三・九九　阮山一一・九　匯一〇之一・三八

中州寧陵縣令賈思玄造尊勝陁羅尼幢　正書　趙大撰序

景龍三年四月八日

山東萊蕪

攈七・四八　匯一〇之一・六九

比丘尼法琬碑　僧承遠撰　劉欽旦正書

景龍三年五月十日

陝西西安碑林第三室

藝五・一　孫録三・九九　竹二・二一　關中・二三　關二・一六　攈七・四八　蒿一下・一　跋五・一二　古墨四・七一　匯一二之一・五　關考一・三五　瓊四九・二〇散　平五・九　妙四・四五　萃六八・五　雍四・七　録補一二・一一一　金石文字記三　陝一一・三　全唐文九一三・四

武思立妻王氏造像　正書

景龍三年五月十五日

河北磁縣南響堂山

藝四・二三　匯三補遺・四四

諸鄧村造像記　行書

景龍三年五月二十三日

陰郝祖明重建題字　明昌五年三月

山東益都西三十七里阜子頭村東一里小山下福勝院內

藝五・一　孫録三・一〇〇　攈七・四九　山訪九・三　匯一〇之三・二六　阮山一一・三八　平五・九　益一・三五

華陰郡君楊氏合葬志　又名：一、恒州司馬殘墓誌；二、許公夫人楊氏墓誌；三、□府君并夫人楊氏合葬墓誌。

柳紹光撰　李為仁書

景龍三年七月十九日

上截缺右下角斷裂

陝西西安碑林

藝一八・七　徵二・四三　館・六八　名・六三　蒿二之一・三〇　萃略二・一　瓊四九・二三　攈七・四九　匯一二之一・

五　趙録三·八　誌滙二·一三　校　鬬新三·二二　陜一一·四　唐文拾遺一七·一一七

魏國太夫人河東裴覺（字寶真空）墓誌　正書

景龍三年七月十九日

陜西西安出土，歸陜西圖書館。

徵二·四三　館·六八　蒿二之一·三〇　名六·六三　九乙·四二　誌初二·二〇八　陜一一·一

柏仁縣王仁慶妻□為姑三□並身造像　正書

景龍三年八月三日

河北唐山宣霧山

藝三·五　羅録上·二九　匯三補遺·三六

冀州南宫縣尉邢德弼墓誌　正書

景龍三年八月六日

張鈁千唐誌齋藏石

館·六八　徵二·四三　芒冢中·四

朱陽縣開國男和智全墓誌　正書

景龍三年八月十八日

張鈁千唐誌齋藏石

館·六八　徵二·四三

中大夫使持節黎州諸軍事黎州刺史王佺墓誌並蓋　正書

景龍三年八月十八日

館·六八　徵二·四三　蒿二之一·三〇　名六·六三　誌初二·二八

朝散大夫金州西城縣令息梁嘉運墓誌　正書

額篆書

景龍三年十月二日

額西側刻吴氏芬跋云：道光元年杪襄水北岸拆壞得此石，移置鹿門書院

湖北襄陽

藝一八·七　襄陽冢墓遺文·四　湖北金石志四·三六　名六·六三　蒿二之一·三〇　徵二·四三　館·六八　瓊四九·二五　續編六·七　平再續·一五　誌匯二·一三　襄陽金石略五·九　誌八·九　趙錄三·八　唐文拾遺六五·一一　萃目一·一四

中大夫行定州鼓城縣令王玄起墓誌　正書

景龍三年十月六日葬

開元十月年十月十日改葬

開封圖書館藏石

館·七五

雍州美原縣丞王景元墓誌　正書

景龍三年十月二十六日

張鈁千唐誌齋藏石

徵二·四三　館·六八

王行果墓誌　正書

景龍三月十月二十六日

張鈁千唐誌齋藏石

徵二·四三　館·六八

右臺殿中侍御史王齊丘墓誌　路敬潛撰

景龍三年十月二十六日

張鈁千唐誌齋藏石

館·六八　徵二·四三　誌初二·二八

通直郎行鴻臚掌客王感墓誌　正書

景龍三年十月二十六日

河南洛陽出土，張鈁千唐誌齋藏石。

館·六八　誌初二·二八

游擊將軍□隰州雙池府折衝逯府君墓誌　正書

景龍三年十月二十六日

河南洛陽出土，張鈁千唐誌齋藏石。

館·六八　徵二·四三　誌初二·二八

南陽居士韓神墓誌　正書

景龍三年十一月十八日

河南洛陽出土，張鈁千唐誌齋藏石。

徵二·四三　館·六八　誌初二·二八

亡宮九品墓誌　正書

景龍三年十一月三十日

河南洛陽出土，張鈁千唐誌齋藏石。

徵二·四三　館·六九　誌初二·二九

潞州潞城縣申屠行墓誌　正書

景龍三年十二月二日

山西潞城出（道光間）

横斷為二

館·六九　徵二·四三　蒿二之一·三〇　名五·六三　右冢下·一　右薆五·二一　誌初二·一三　石三·三八

吳如來（響作娘）**為父母造像**　正書

景龍四年二月十日

河北磁縣南響堂山

響·一八　藝四·二三　匯三補遺·四四

梓州銅山縣尉楊承福墓誌　正書　寇溆撰

景龍四年二月二十八日

張鈁千唐誌齋藏石

館·六八　徵二·四三

朱懷智墓誌　正書

景龍四年四月十六日

張鈁千唐誌齋藏石

徵二·四三　館·六九　誌初二·二九

洛州合宮縣千金鄉麟德里陳守素故妻李夫人墓誌並蓋　正書

景龍四年五月十日

徵二·四三　館·六九

朝議郎行衛尉寺丞柳順墓誌　正書　何茂撰

景龍四年五月二十二日

張鈁千唐誌齋藏石

館·六九　徵二·四三

并州竹馬府果毅羅承先夫人李氏墓誌　正書

景龍四年六月四日

張鈁千唐誌齋藏石

徵二·四三　館·六九

本願寺題名幢　又名鹿泉令裴元瑤石幢　兩截　八面刻　正書

第一二面刻應天神龍皇帝順天翊聖皇后十二字

第三面刻裴元瑤德政記，餘皆幢主題名。

沈濤考為景龍間

河北獲鹿本寺

藝五·二　攈七·四七　匯三之二·一五　常七·一二

僧玄□為應天皇帝順天皇后造石經頌　正書　三面刻

正面及右側刻經·左側刻頌

河北房山西南六十五里白帶村關王廟

藝五·二　匯一〇補遺·一一

唐隆

石□□妻安□娘造像　正書

唐隆元年六月十八日

河北磁縣南響堂山

藝四·二三　匯三補遺·四四

□□為母造像　正書

唐隆元年六月十□日

河北磁縣南響堂山

藝四・二三　匯三補遺・四四

霍原約為先亡造像　正書

唐隆元年七月二十日

河北唐山宣霧山

藝三・五　羅錄上・二九　匯三補遺・三六

景　雲

波斯國大酋長右屯衛將軍上柱國金城郡開國公阿羅憾丘之銘　正書

景雲元年四月一日

長白端方藏石

陶記二一・九　徵二・四三　蒿二之一・三〇　館・六九　名六・六三　芒冢中・四　誌匯二・一三

智□造像　正書

景雲元年七月四日

河北唐山宣霧山

藝三・五　匯三補遺・三六

海南縣主福昌縣令長孫府君夫人李氏墓誌　正書

景雲元年九月十二日

河南洛陽出土，張鈁千唐誌齋藏石。

徵二・四三　館・六九　誌初二・二九

程乾祐等造像　正書

景雲元年十月十五日

朝議郎行吉州廬陵縣令上柱國李智墓誌　正書

景雲元年十一月二日

張鈁千唐誌齋藏石

館・六九　徵二・四三　誌初二・二九

少府監中尚丞李夫人趙氏墓誌　正書

景雲元年十一月十九日

張鈁千唐誌齋藏石

館・六九　徵二・四四

紀元大造像碑　正書

上截刻像三區，下截刻文十一行，行廿字，文多泐。

景雲元年十一月

山東鄒縣東北二十里土旺村天齊廟

光緒十八年鄒縣續志一〇・九　藝五・二　孫録三・一〇〇　擴七・四九　山訪六・一四　匯一〇之二・二六　阮山一一・三八

齊神廣為亡弟造像（羅録作齊神度）　正書

景雲二年正月初二日

河北唐山宣霧山

藝三・五　羅録上・二九　匯三補遺・三六

中散大夫守荆州大都督府司馬上柱國南陽鄧森墓誌　正書　王紹望撰

景雲二年二月七日

河南洛陽出土，張鈁千唐誌齋藏石。

徵二・四四　館・六九　誌初二・二九

定州恒陽縣□樂村郎正禮等造像　趙録誤作郭正禮　正書

景雲二年二月八日

河北定縣天甯寺

藝五・二　趙録二・一〇　畿目上・八

定州恒陽縣安樂村慕容玄通造像　趙録誤作慕容玄造像　畿目作安樂村造像　正書

景雲二年二月八日

河北定縣天甯寺

藝五・二　趙錄三・九　畿目上・八

吴王府騎曹參軍張信墓誌　正書

景雲二年二月十五日

河南洛陽出土，張鈁千唐誌齋藏石。

館・六九　徵二・四四　誌初二・二九

朝議郎行雍州長安縣丞蕭思亮墓誌並蓋　顔惟貞撰　正書

景雲二年二月十五日

陝西西安出（乾嘉間），光緒乙未歸南海李宗顥。

藝一八・七　館・六九　徵二・四四　蒿二之一・三〇　名六・六三　關考五・二八　獨殘・三　寶叢上・七　誌八・一〇字三　跋五・一五　萃六九・三　鈔四・五一　平五・一〇　古墨四・七一　孫錄三・一〇〇　竹二・二一　攈七・五〇　匯一二之一・五　誌匯二・一三　關二・一七　校　陝一一・五　全唐文二五九・一二

朝議郎行兖州都督府方與縣令上護軍獨孤仁政碑　劉待價撰　劉珉正書　賈行表鎸

額篆書陽文

景雲二年二月二十七日

河南孟縣西三十三里衡澗村出土，後移城内金石保存所。

乾隆五十四年懷慶府志二七・廿一

藝五・二　孫錄三・一〇〇　竹二・二一　攈七・五〇　蒿一上・六　匯九之二・六五　金石二跋一・一二　萃六九・四　平二續上・一五　瓊五〇・一　朔目一〇・二　河錄一三・二　全唐文二七八・一三

尚書左僕射太子少傅贈司空荆州大都督蘇文貞公（瓌）神道碑　張説撰銘　盧藏用撰序並分書

額篆書

景雲二年三月己酉

石已漫漶，可辨識者僅六百餘字。

陝西武功西十三里道旁田中

藝五・二　關二・一七　攈七・五〇　蒿一上・六　跋五・一三　滙一二之二・三三　鐫三・一四　字三　雍四・八　萃六九・一　平五・九　萃正一・一七　陝一一・五　寰記二七・一〇　全唐文二三八・一九　文苑英華八八三・一　陳奕禧州于役記

宣義郎守幽州都督府法曹參軍上輕車都尉貝州王璬造石浮屠銘　甯思道正書　丁處約賈泰山鐫文

景雲二年四月八日

上段磨泐，下段斷裂。

河北房山西峪雲君寺東小塔上西北面

藝五・二　畿志一四一・四　光緒順天府志一二八・一二　房山雲居寺研究二九三　孫錄三・一〇一　攈七・五〇　滙一・一八　瓊五〇・一　平五・一〇　萃六九・九　金石文字記三　畿目上・八　復二四・一二　全唐文三九五・八

亡宮墓誌　正書

景雲二年四月九日

張鈁千唐誌齋藏石

館・六九　徵二・四四

侄上智為女官玄真造像　正書

景雲二年四月□六日

上柱國張冬至故妻趙氏夫人銘記　正書

景雲二年五月四日

開封圖書館藏石

徵二・四四　館・六九　名六・六三　蒿二之一・三〇　誌初二・二九

尹舒明□為男良輔造像 正書

景雲二年六月二十三日

河北唐山宣霧山

藝三·五 滙三補遺·三六

睿宗（李旦）**遣道士楊太希供養嶽靈文**（原作睿宗手敕）正書

景雲二年六月

山東泰安岱岳觀第二石陰面第二段左側

藝四·一三 攈七·五〇 孫錄三·一〇〇 滙一〇之一·三八 阮山一一·九

蒲州崖觀上座呂皓仙等投龍記 正書

景雲二年八月十四日

山東泰安岱岳觀第二石三段

藝四·一三 攈七·五〇 孫錄三·一〇〇 阮山一一·九 滙一〇之一·三八

王屋縣丞白知新妻滎陽鄭氏墓誌 正書

景雲二年十月十九日

河南洛陽出土，開封圖書館藏石。

徵二·四四 館·六九 蒿二之一·三〇 名六·六三 芒冢三編·五〇 誌初二·二九

故少府監織染署令王夫人張氏墓誌 正書

景雲二年十月二十九日

張鈁千唐誌齋藏石

徵二·四四 館·六九

彭州長史任城縣開國男贈持節徐州諸事徐州刺史劉公權厝誌 正書

景雲二年十一月十三日

張鈁千唐誌齋藏石

徵二·四四　館·七〇

孝子朝議郎行大理司直上柱國郭思訓墓誌　正書

景雲二年十二月十五日

河南洛陽出，歸存古閣。

藝一八·七　徵二·四四　館·七〇　名六·六三　蒿二之一·三一　竹二·二一　孫錄三·一〇〇　平記二·四一　跋五·一四　金石二跋一·一四　萃六九·九　平五·一〇　誌八·一四　芒冢中·五　攈七·五〇　匯九之三·五四　誌匯二·一三　洛陽存古閣藏石目·二　全唐文九九四·八

井元□等造像　正書　四面刻

河北淶水東南二十里高村

藝五·二　匯三補遺·一〇

盧文挹神道殘碑　正書　篆額

景雲二年

存二十七行，行字不等。

河南武陟西南四十里岱峰村出土（民國六年），移置城內東街吳公祠中馬神廟。

河目上·七　循跋下·二〇　朔目一·七　河錄一·七

凉州衛大雲寺古刹功德頌碑　劉秀撰　正書　夏侯湛篆額

景雲二年

後人重刻，間有譌字。

甘肅武威

藝五·二　孫錄三·一〇一　攈七·五〇　匯一三·一二　萃九六·七　瓊五〇·一　全唐文二七八·一〇　陳萬里西行日記六四　隴二·一五

綿州刺史孫何師墓誌　正書

景雲三年正月六日

張鈁千唐誌齋藏石

徵二·四四　館·七〇

太　極

李君夫人裴氏墓誌　正書

太極元年正月二十七日

徵二·四四　館·七〇

朝請郎行絳州稷山縣丞何君墓誌並蓋　正書

太極元年二月十日

館·七〇　徵二·四四

柏州安成縣霍行泰浮圖記　又名霍宏泰造浮圖銘　行書

太極元年二月十三日

陰心經　正書

河北房山縣西郎堡圖銘寺（又作安成縣）

畿志一四八·四五　瓊五〇·六　藝五·二　攈八·一　匯一補遺·一〇　匯二之二·七四　畿目上·八

杭州於潛縣尉會稽賀玄道墓誌並蓋　正書

太極元年三月四日

河南洛陽出土，開封圖書館藏石。

名六·六四　館·七〇　徵二·四四　蒿二之一·三一　芒冢四編五·八　誌初二·二九

張法好?造像　正書左行

太極元年三月十九日

河北磁縣南響堂山

藝四·二三　匯三補遺·四四

易州石亭府左果毅都尉薊縣田義起石浮圖頌　王利貞文　正書

太極元年四月八日

年月下刻光緒八年五月盛昱等題名四行

河北房山西峪雲居寺塔上西南面

光緒順天府志一二八・一二　畿志一四一・五　攈八・一　跋五・一五　古墨四・七二　匯一・一八　妙一二・三九　萃六九・九　金石續　瓊五〇・八　平五・一〇　畿目上・八　復二十四・一二　全唐文二八二・二〇

大中大夫隰州司馬慕容思廉墓誌　正書

太極元年十月二十四日

張鈁千唐誌齋藏石

徵二・四二　館・七〇

延　和

將軍柱國史公石像銘　正書

延和元年七月十一日

中間剝蝕

陝西西安終南山

藝一八・七　萃六九・一〇　平三續上・一五　隋唐上・三二　孫錄三・一〇一　竹二・二二　全唐文九八八・八

□十一娘造觀世音像　正書

延和元年七月十五日

游擊將軍上柱國蕭貞亮墓誌　正書

延和元年七月十八日

民國五年河南洛陽出土，開封圖書館藏石。

徵二・四四　館・七〇　名六・六四　蒿二之一・三一　芒冢續編下・一　誌初二・二九

李智明造像　正書

延和元年八月一日

河北唐山宣霧山

藝三・五　羅錄上・二九　匯三補遺・三六

先　天

易州淶水縣遒亭鄉首望劉定國等造石塔記　魏英武正書　四面刻

先天元年八月八日

山主景噪重修題記　正書　重熙六年二月二十三日

河北淶水西北十八里石龜山

藝五・二　匯三補遺・一〇

夫人長孫氏墓誌　正書

先天元年十月十三日

河南洛陽出土，張鈁千唐誌齋藏石。

館・七〇　徵三・一　誌初二・二九

徵士朝散大夫許州司馬楊孝弼墓誌　正書

先天元年十月二十五日

張鈁千唐誌齋藏石

館・七〇　徵三・一

右衛率府親衛上騎都尉王傑墓誌　正書　裘翰撰

先天元年十月二十五日

張鈁千唐誌齋藏石

徵三・一　館・七〇

徐州司馬馬元卿造像　正書

先天元年十月二十八日

藝五・三

亳州錄事參軍事上騎都尉馮本紀孝碑　陶朝隱撰　子敦直分書　供□□□□慎非鐫字

額篆書

先天元年十一月七日

中斷缺五十餘字

陝西高陵西南七里府君廟，後移至城内城隍廟。

藝五・三　孫録三・一〇一　闕考六・三〇　竹二・二二　關中・二四　闕二・一七　攈八・一　跋五・一五　匯一二之一・八五　瓊五〇・八　陝一一・六　字三　來下・一二　萃七〇・一　平五・一一　全唐文二〇七・一二

青州司倉參軍上柱國天水趙克廉墓誌並蓋　正書

先天元年十一月十九日

開封圖書館藏石

徵三・一　館・七〇

大同故鎮軍大將軍行左鷹揚衛大將軍兼賀蘭州都督上柱國涼國公契苾明碑　婁師德撰　殷玄祚正書

額篆書

先天元年十二月十六日

陝西咸陽北五里藥王洞後（或作雙泉洞）

藝五・三　孫録三・一〇一　闕考六・一〇　竹二・二二　關中二・二四　闕二・十八　攈八・一　蒿一上・七　跋五・一六　古墨四・七二　匯一二之一・七四　鐫三・一五　寶叢八・四六　字三　來下・一二　録補一二・一一三　雍五・一　金石二跋一・一四　萃七〇・二　瓊五〇・九　平五・一一　金石續妙一・三一　備　陝一一・六　全唐文一八七・四　乾隆十六年咸陽縣志五・一六

佛弟子□□造像　正書

先天元年

河北磁縣南響堂山

藝四・二四

清信女吴氏?姊?妹為亡尊親造彌勒像　正書

先天二年二月八日

佛弟子蕭□直妻郭仵娘造像（藝作先天造像，攈、匯並做郭

作娘造像）　正書

先天二年四月四日

河北磁縣南響堂山

藝四·二三　匯三之二·七七　匯八·一

比丘尼寶浄造浮圖記　正書

先天二年五月八日

僧定九等造像　或誤作九定　正書

先天二年九月十二日

山東滋陽隆寺壁間，嘉慶間孫星衍移置上元孫忠愍祠。

藝五·三　孫錄三·一〇一　攈八·一　趙錄二·九　山訪六·一　萃目一·一四　匯一〇補遺·一五　平五·一一　阮山一一·三六　江甯金石記二·六

楊太希造元始天尊像　又名秦先觀祭告女　正書

先天二年十一月三十日

河南濟源西北三里奉先觀

藝續一　河錄一一·八　朔目八·一　萃目一·一四

邢州鉅鹿縣三明寺充法師浮圖銘　正書

先天二年

側　僧善琳造像　先天二年

金合寺尼富那造像　天寶二年

開　元

李奉珣妻崔息令暉等為父母造像　正書

開元二年閏二月八日

河北唐山宣霧山

藝三·五　匯三補遺·三六

崇義寺思言禪師塔銘　正書

開元二年間二月十二日

陝西西安出土（光緒初年），歸滿洲倫貝子。

陝一一·九

朝請大夫趙州長史孟貞墓誌　正書

開元二年三月十五日

張鈁千唐誌齋藏石

館·七〇　徵三·一

游擊將軍行華州永豐鎮副張叔子墓誌　正書

開元二年四月十四日

張鈁千唐誌齋藏石

館·七〇　徵三·一

持節宣勞靺鞨使崔忻造井題記　書手王玄貞正書

開元二年五月十八日

後刻光緒乙未山東登萊青兵備道劉含芳題記

旅順黃金山下，日俄戰後歸日本宮内省。

藝五·三　滿洲金石志稿一·一〇　攈八·五　匯二·一　藝林月刊五期　珉·九　民國奉天通志二五四·四六　民國二十二年十二月河北第一博物院畫報五十四期

六度寺侯莫陳大師壽塔銘　正書崔寬撰　書手王玄貞　造塔匠左思仁

開元二年六月十日

河南汲縣西北三十五里檀山陳召村六度寺（俗名羅頭寺）

河目中·八　河錄一·四　名六·六四　朔目一·二　芒冢四編五·一〇　續一一·八

汴州浚儀縣尉梁渙墓誌　正書

開元二年八月十七日

張鈁千唐誌齋藏石

館·七〇　徵三·一　誌新三·一

朝議大夫給事中上柱國戴令言墓誌並蓋　分書　賀知章撰並書

開元二年十二月七日

北京大學藏石

徵三・一　名六・六四　蒿二・一　誌新三・一　芒冢四編補遺・二七

周公祠碑　又名祈兩周公祠碑　賈大義撰　行書　□鳳仙鎸勒　額篆書

開元二年十二月五日

文多漫漶

河南偃師縣學明倫堂

藝五・三　乾隆四四年河南府志一〇八・五　孫録三・一〇一　偃師金石遺文記上・四〇　竹二・二二　跋五・一六　攈八・二　中記二・四二　古墨四・七三　匯九之四・二　萃七〇・四　平五・一二　瓊五〇・一〇　復二四・一　全唐文三〇三・一

右衛中郎將兼右金吾將軍同安郡開國公鄭玄果墓誌　正書

開元二年十二月二十九日

陝西西安出土，長白端方藏石。

藝一八・七　陶二一　蒿二・一　趙録失編・四　攈八・二　誌匯二・一四　匯一二之一・五　瓊五〇・一〇　續・癸　一四　陝一一・九　唐文拾遺・六五・一四

少林寺戒壇銘　三藏法師義淨製　李邕　行書　伏靈芝刻字

開元三年正月十五日

河南登封

河南趙氏翻刻本

趙録三・九　楊圖五・三〇　薙一二・一〇　平三續上・一六　萃七〇　妙八・二四　録補一二・一一四　匯九補遺・三六　復二三・八

蒲州虞鄉縣令劉君（行忠）幡竿銘　劉行忠撰　正書

開元三年正月二十八日

山西虞鄉南三里石佛寺

藝五・三　孫錄三・一〇二　右四・一　竹二・二二　攈八・二　匯一一・三八　右叢五・二三　萃七〇・六　平續・七　民國九年虞鄉縣志九・三　全唐文九八八・八

亡宫誌文　正書

開元三年二月二十日

河南博物館藏石

館・七一

忠武將軍行右領軍衛涇州純德府折衝都尉柱國邢思賢墓誌　正書

開元三年二月二十日

河南洛陽出土，歸北京歷史博物館。

徵三・一　名六・六四　館・七一　蒿二・一　誌新三・一　芒冢四編五・一三

陽平郡路隱並夫人陳氏墓誌　正書

開元三年二月二十日

張鈁千唐誌齋藏石

徵三・一　館・七一

大理寺評事封無遺墓誌　正書

開元三年二月二十一日

張鈁千唐誌齋藏石

館・七一　徵三・一

通直郎守武榮州南安縣令王基墓誌　分書

開元三年三月二十日

張鈁千唐誌齋藏石

館・七一　徵三・一　誌新三・一

處士王頲墓誌　正書

開元三年三月二十四日

河南博物館藏石

徵三·一　館·七一　名六·六五　蒿二·一　誌新三·一　芒冢四編五·一三

相州鄴縣天城山修定寺碑　張佑仁撰　金崇文分書

開元乙卯（三年）三月己未

河南安陽西北六十里清涼山本寺

河目中·一四　擴八·二　安陽一二·一　匯九之二·四　河錄二·一〇　唐文拾遺一九·二

渭州刺史將作少匠孟玄一墓誌　正書

開元三年四月九日

河南洛陽出土

館·七一　徵三·一　誌新三·一

將作監主簿孟友直女墓誌　又名馮貞祐妻孟十一孃墓誌　正書

開元三年四月九日

陝西有覆刻本

陝西寶雞出土（乾隆己卯）

藝一八·七　徵三·一　館·七一　名六·六五　關考一〇·五　蒿二·一　趙錄三·一〇　孫錄三·一〇二　擴八·二　誌匯二·一五　匯一二之二·四十　關三·一　萃七十·八　誌八·一五　古墨四·七三　平五·一二　雍六·一　陝一一·一〇　全唐文三九六·五

幽府士曹參軍孟裕墓誌　正書

開元三年四月九日

張鈁千唐誌齋藏石

徵三·一　館·七一

麟趾觀三洞大德張法真墓誌　正書

開元三年五月十日

張鈁千唐誌齋藏石

館・七一　徵三・一　誌新三・一

桂州都督府倉曹許義誠墓誌　正書

開元三年六月十一日

張鈁千唐誌齋藏石

館・七一　徵三・一一

柏仁縣霍昌運（藝作延）**為亡母造像**　正書

開元三年七月十五日

河北唐山宣霧山

藝三・五　羅錄上・三〇　匯三補遺・三六

前□衛勳衛上護軍楊越墓誌　正書

開元三年八月二十三日

張鈁千唐誌齋藏石

徵三・二　館・七

亳州錄事參軍崔夫人李氏墓誌　正書

開元三年十月十二日

張鈁千唐誌齋藏石

館・七一　徵三・二

嶲州都督贈州都督吏部尚書文獻公姚懿碑　胡晧撰　徐嶠之正書

開元三年十月十三日

河南陝縣張茅鎮西南二里墓前

萃一上・七　藝五・三　孫錄三・一〇二　竹二・二二　跋五・一七　攈八・三　中記二・四二　古墨四・七三　匯九之四・五三　金石錄二六・三　金石二跋二・一　硯一一・一　瓊五〇・一四　平五・一二　橋二・一二　續抄一・四一　備

處士盧調墓誌　正書

開元三年十月十三日

張鈁千唐誌齋藏石

館·七一　徵三·二

齊州章邱縣常白山醴泉寺志公碑　沙門元傘撰　正書

額分書

陰刻志公像

兩側題名

下截斷缺，每行只七十九字斷存五十四字。

開元三年十月十五日

山東章邱東三十里爨堂嶺（或作鄒平）

道光十五年章邱縣志一四·一五　池北偶談一九　藝五·三　濟南金石志三　孫錄三·一〇二　竹二·二三　攈八·二　山訪一·一一　錄補一二·一一五　匯一〇之一·一二　寶叢一·四六　字三　阮山一二·一　萃七〇·七　平五·一三　瓊五〇·二〇　全唐文九九三·三

比丘尼六娘等造像　正書

開元三年十月十八日

陰　兩側均正書

河北平鄉開元寺

藝五·三　攈八·二　匯三之二·六五

中大夫安南都護府長史杜忠良墓誌　正書

開元三年十月二十二日

張鈁千唐誌齋藏石

館·七一　徵三·二

中散大夫并州盂縣令崔府君夫人源氏墓誌　正書　張九齡撰　姚文簡書

開元三年十月二十二日

河南洛陽出土，歸吳徐鴻寶。

羅振玉丙寅稿·五二　徵三·二　誌新三·一

冀州武強縣主簿天水趙保隆墓誌　正書

開元三年十月二十五日

徵三・二　館・七一

陜州夫子廟堂碑　四面刻　田義晊撰並分書　杜元貞鎸

開元四年五月一日（篆書）

河南陜縣縣學明倫堂

藝五・三　擴八・二　匯九之四・五三　瓊五〇・二三

岐州岐山府果毅安思節墓誌　正書

開元四年五月二十七日

館・七一　徵三・二

浄域寺法藏禪師塔銘　田休光撰　正書

開元四年五月二十七日

陜西西安碑林第三室

藝五・三　孫録三・一〇二　竹二・二三　跋五・一七　闕三・一　擴八・三　古墨四・七四　録補一二・一一五　匯一二之一・五　瓊五〇・三〇　妙九・二二　字三　雪跋四・一〇　萃七一・一　平五・一三　名六・六五　徵三・二　誌匯二・一五　陜一一・一一

冠軍大將軍行右衛將軍上柱國河東郡開國公楊君亡妻新城郡夫人獨孤氏墓誌並蓋　正書　王丘撰

開元四年八月二十九日

蓋與志側並刻花紋甚精

高邑縣□□造像　正書

開元四年十月八日

河北唐山宣霧山

藝三・五　匯三補遺・三六

大弘道觀主故三洞法師侯尊墓誌　正書

開元四年十月二十四日

張鈁千唐誌齋藏石

故人高應墓誌　正書

開元四年十一月十九日（卒葬年月日同）

山東益都出土（光緒十六年），長白端方藏石。

藝一八·七　徵三·二　館·七一　萵二·一　光緒三十三年益都縣志　二·二六　羅錄上·三〇　誌匯二·一五　匯一〇補遺·二二　陶二一·一九

朝議大夫使持節密州諸軍事守密州刺史上柱國元希古墓誌　正書

開元五年正月五日

張鈁千唐誌齋藏石

館·七一　徵三·二　誌新三·一　萵續·五

郭方山為合家病造像　正書

開元五年正月二十三日

河北磁縣響堂山

藝三·二四　響·一九　攈八·三　匯三之二·七七

右軍衛沙州龍勒府果毅都尉張方墓誌　正書

開元五年正月二十五日

張鈁千唐誌齋藏石

館·七一　徵三·二

潞州屯留縣令溫煒妻李夫人墓誌　正書

開元五年二月十三日

張鈁千唐誌齋藏石

館·七二　徵三·二

宮人七品墓誌　正書

開元五年二月十九日

張鈁千唐誌齋藏石

館·七二

河南府大衛國寺僧崇惲李希誕等造像　正書

開元五年二月十二日

河北磁縣南響堂山

響·二〇　藝四·二四　滙三補遺·四五　滙三之二·七七

薛宏道為妻張身患得差造像　正書

開元五年二月二十日

河北磁縣南響堂山

藝四·二四　滙三補遺·四四

西國胡僧于闐三藏弟子僧承慶題記　正書

開元五年二月二十二日

河北磁縣南響堂山

響·二〇　藝四·二四　滙三補遺·四五

太府丞兼道事舍人左遷潤州司士參軍源夫人崔氏墓誌　正書

開元五年三月二日

張鈁千唐誌齋藏石

徵三·二　館·七二　誌新三·一

朱貞墓誌　正書

開元五年三月二日

張鈁千唐誌齋藏石

館·七二　徵三·二

有道先生葉國重墓碑　俗名追魂碑、葉有道碑　李邕撰並行書

開元五年三月七日

浙江宣平（俞復跋云毀於元至大四年。太平天國起義後，宣平治署得於老桂下）

民國十五年五月上海文明書局景宋拓本，有乾隆四十一年梁同書、嘉慶庚辰李福癸亥三月俞復等三跋，首有癸亥四月裴景福跋。

民國丁卯濟寧直隸州續志一九·三二（在山東金鄉）　藝五·四　面甲·三二　蒿一下·一　天一閣碑目　孫錄三·一〇二　濟南金石志三·一八　竹二·二三　藪二三　攈八·三　錄續

六・六三　滙七・五四　栝蒼金石志一・六　浙二・一　萃七一・二　妙一〇・七　金石續録二・九　字六　鐫三・九　寶叢一三・二七　平續・八　集古録目六・一　備　輿一・一九　全唐文二六二・一四

關中複刻本

相州安陽縣故大德靈慧法師影塔銘　正書

開元五年三月二十三日

河南安陽寶山

滙九之二・四

正議大夫光禄少卿虢縣開國子吴興姚彝碑　崔沔撰　徐嶠之書（撰書人汹據寶刻類編）

開元五年四月二十七日

河南洛陽許家營

藝五・四　面甲・三四　蒿一上・七　孫録三・一〇三　跋五・一八　攈八・三　中記二・四三　滙九之三・五四　金石二跋二・一　萃七一・四　平五・一三　瓊五一・一

義豐縣開國男崔宜之墓誌　又名義豐縣男崔四郎墓誌　正書

開元五年五月十日卒

張鈁千唐誌齋藏石

徵三・二　館・七二

信安縣主元思忠墓誌　正書　歐陽植撰並書

開元五年八月五日

張鈁千唐誌齋藏石

徵三・二　館・七二　誌新三・一

宗聖觀主銀青光禄大夫天水尹尊師碑　員半千撰　隸書

額篆書

開元五年十月二日

元大德元年三月聶志真摹刻題記（左下角）

陝西盩厔樓觀臺

藝五・四　蒿一下・一　關考七・二五　孫錄三・一〇三　關中・二五　竹二・二三　跋五・一八　攈八・三　古墨四・七四　匯一二之一・九八　存一三・九　平五・一四　瓊五一・四　萃七一・五　雍五・四　錄補二二・二一三　鐫四・九　備陝一一・一二　全唐文一六五・九

通議大夫行廣州都督府長史上柱國朱齊之墓誌　正書　許景先撰

開元五年十月七日

館・七二　徵三・二

贈游擊將軍董嘉斤墓誌　上官珪正書

開元五年十月十九日

張鈁千唐誌齋藏石

徵三・二　館・七二

大理卿崔昇故夫人滎陽縣君鄭氏墓誌　馬懷素撰　侄鏐正書

開元五年十月二十五日

河北獲鹿出土，藏新城村三官廟。

名六・六五　常七・二八　光緒七年獲鹿縣志一三　匯三之二・一五　唐文拾遺一八・一〇

陪戎副尉趙敬玄墓誌銘　正書

開元五年十一月六日

河南博物館藏石

徵三・二　館・七二　蒿補・七

相州安陽縣李山弘常師□□王伏?仁一十二人等造像　正書

開元五年

河南安陽西南六十里寶山

匯九之二・四　河錄二・八　朔目二・一一

正議大夫行光祿寺少卿太原王子麟墓誌銘並蓋　分書

開元六年正月十四日

河南博物館藏石

徵三·二　館·七二　誌新三·一

燕紹墓誌銘　正書

開元六年五月三日

河南博物館藏石

館·七二　徵三·二　名六·六五　誌新三·一

前崇文生吏部常選蔣楚賓夫人于氏墓誌銘並蓋　正書

開元六年七月十日

河南博物館藏石

館·七二　徵三·三　名六·六五　誌新三·一　芒冢三編·五二　遼居稿·四〇

幽栖寺尼正覺浮圖銘　正書

開元六年七月十五日

左方道光建元重五汜水令邵堂等同觀題記

河南汜水多寶院，後歸長白端方。

藝五·四　孫錄三·一〇三　竹二·二三　跋五·一九　攈八·四　中記二·四三　匯九之一·二五　陶二一·二一　瓊五一·四　萃七一·七

銀青光祿大夫衛尉卿扶陽縣開國公護軍韋項墓誌並蓋　正書　蘇晉撰

開元六年七月二十九日

陝西咸陽李王村墓中出土（宣統二年），陝西博物館藏石。

名六·六五　徵三·三　館·七二　蒿二·一　誌新三·二　陝一一·一四　遼居稿·三五

萊州長史王府君妻橋氏墓誌並蓋　正書

大足元歲經十八載（開元六年八月六日）

河南博物館藏石

徵三·三　館·七三　誌新三·二　蒿補·七

女弟子張貓造像　正書

開元六年八月八日

江蘇海州南城

藝五·四　羅錄上·三〇　滙四補遺·一六　江蘇四·一四　面甲·三三

右衛左中侯上柱國任明墓誌　正書

開元六年八月十一日

張鈁千唐誌齋藏石

徵三·三　館·七二　誌新三·二

滎州長史薛君夫人河東君柳墨墓誌　正書

開元六年八月二十九日

河南洛陽出土

藝一八·七　蒿二·一　名六·六五　羅振玉面城精舍雜文甲編三四　館·七二　徵三·三　羅錄上·三〇　誌滙二·一五　滙九補遺·一五　芒冢中·七　唐文拾遺六五·一七

朝議大夫行聞喜縣令上柱國臨淄縣開國男于光庭請移置唐寺碑　許景先撰　僧師元分書

開元六年九月二日

山西聞喜東卅里本廟

藝五·四　孫錄三·一〇三　光緒六年聞喜縣志補三·一〇　民國七年聞喜縣志上·一〇　竹二·二四　攈八·四　滙一一·五〇　右叢五·二八　平五·一五　薤一五·四　存一三·一三　全唐文二六八·一三

柏梯寺碑　徐彥伯文　胡輔之分書

額篆書

開元六年十月六日

山西虞鄉西南三里石佛寺

藝五·四　孫錄三·一〇三　竹二·二四　攈八·四　滙一一·三八　右叢五·三一

廣府兵曹賈黃中墓誌並蓋　正書

開元六年十月二十四日

長白端方藏石

陶二一·二二　徵三·三　館·七二　名六·六五　蒿二·一　誌新三·二　誌滙二·一五

鄭州長史鉅鹿魏慤墓誌　正書

開元六年十月二十四日

張鈁千唐誌齋藏石

徵三·三　館·七二　誌新三·二

儀州遼城府左果毅劉元超墓誌銘並蓋　正書

開元六年十一月十九日

河南博物館藏石

徵三·三　館·七二　誌新三·二

朝議郎行睦州建德縣令柱國王君墓誌　正書

開元六年十一月二十五日

河南洛陽出土

徵三·三　館·七二　誌新三·二

海州錄事文林郎李彥枚夫人朱氏墓誌　正書

開元六年十二月十四日

紹興范壽銘藏石

東海縣鬱林觀東巖壁記　崔逸文　分書　額篆書

開元七年正月庚寅朔

江蘇海州雲臺·二

藝五·四　孫錄三·一〇三　竹二·二四　跋五·一九　攈八·四　滙四·三五　存一三·一六　瓊五一·五　江蘇四·一五　全唐文三〇四·四

衛州衛縣奉國閻洪簡造浮圖記　正書

開元七年二月八日

河南濬縣西五十里鉅橋村内西街小廟前

朔目六·二　河錄八·八　攈八·四　匯九之二·二八

中書令贈州大都督清河崔知溫妻齊國太夫人杜德墓誌　正書

開元七年二月二十五日

館·七三　蒿二·二　誌新三·二

光禄大夫太子□保贈秘書監元有芝家廟碑　顏真卿撰並正書　李陽冰篆額

開元七年二月

衛州新鄉縣臨清驛長孫氏造彌勒石像碑　正書

開元七年四月八日

陰　題名二列　嘉祐丁酉□月（朔目）

河南新鄉西南四十五里西石碑村關帝廟外路旁

攈八·四　朔目五·二　河錄六·二　匯九之二·二二　全唐文九八九·八

恒州鹿泉縣崇善鄉望五十人等造金剛經碑　孫文儁書東面　杜嘉旭書兩面　正書

額正書

開元七年四月八日

陰金剛般若石經讚，僧了空文。三截刻：上截王公漸刊石題記。草書；中截贊，正書，僧了空撰；下截經主題名，正書。唐文拾遺四九·二四

河北獲鹿本願寺

藝五·四　畿志一四五·三　趙錄三·一〇　攈八·四　匯三之二·一五　常八·一　求二·一九　畿目上·九

魏州參軍裴迥故夫人李氏墓誌　正書　蔣洌撰

開元七年四月二十七日

張鈁千唐誌齋藏石

館・七三　徵三・三

處士李強友墓誌　正書　從兄積文

開元七年五月二十三日

張鈁千唐誌齋藏石

徵三・三　館・七三

兗州都督于知微碑　姚崇撰　分書

額篆書

開元七年六月三日

陝西三原北五十里三家店

藝五・四　蒿一上・七　關考七・一六　孫錄三・一〇三　關中・二五　竹二・二四　跋五・二〇　關三・一　攈八・四　古墨四・七四　錄續六・六五　匯一二之一・九四　寶叢一〇・一七　字三　來下・一三　雍五・三　萃七一・八　平三續上・一六　瓊五一・八　唐錄中・一五　陝一一・一五　全唐文二〇・一五　瓶四・九

左威衛洛汭府兵曹參軍呂文倩墓誌　正書　妻程氏立

開元七年六月十八日

長白端方藏石

徵三・三　名六・六六　蒿二・二　館・七三　誌匯二・一六　陶二二・三　芒冢中・八

衛元玠造陁羅尼經幢　八面刻　正書

前有佛相　後刻嘉慶十五年七月七日崇仁甘揚聲觀男思軾侍分書一行

開元七年七月八日

河南澠池廨院寺

藝五・四　攈八・四　匯九之四・五〇

張趙村李嘉慶等十二人造陁羅尼經幢　又名彌勒寺石幢

八面刻　先經後頌記

元易脩撰記　蘇裕撰頌並正書

開元七年七月十五日

山東益都

藝五・四　攈八・五　匯一〇之三・二六

朝議郎行魏州司法參軍事上柱國元素墓誌　正書

開元七年閏七月二十八日

張鈁千唐誌齋藏石

徵三・三　館・七三

宣威將軍驍衛河南府永嘉府折衝都尉上柱國王元墓誌　正書

開元七年九月五日

張鈁千唐誌齋藏石

館・七三　徵三・三　誌新三・二

王馬生李大娘等造像　正書

開元七年十月六日

有側

斷為二

修孔子廟碑　李邕撰　張庭珪分書

額篆書（《小滄浪亭筆談》引何夢華云：碑額間尚有元人題名墨跡數行。）

開元七年十月十五日

陰　赫犹題名　正書　明昌辛亥十月二十七日

王萬慶詩　正書　乙未歲二月二十二日（元太祖十年）

左側

王純臣題名　正書　嘉祐癸卯正月二十三日

呂升卿題名　正書　熙寧六年十月六日

李子易題名　正書　大定十七年四月九日

范陽王肩元題名　正書　明昌二年十二月四日

中山趙充題名　正書　承安改元之明年秋二十四日

于欽祝文　正書　藍民信志　延祐庚申三月

右側

杜兼題名　正書　貞元七年二月八日

陳知存題名　正書　政和改元季秋二十八日

程振題名　正書　政和元年九月二十六日

程振再題名　正書　政和二年四月十二日

陳國瑞題名　正書　政和丙申浴沂之月

李幾説題名　正書　名昌二年十月七日

劉宗煥題名　正書　至元六年八月十二日

山東曲阜大成門西南第二樓

藝五・五　孫録三・一〇三　竹二・二四　擴八・四　山訪六・七　古墨四・七五　菉二・一三　滙一〇之二・五　存一三・一八　阮山一五　續抄一・四七　萃七二・一　備　孔一一・一　阮元小滄浪亭筆談三・四四　文苑英華八四六・一　全唐文二六二・二〇　唐文粹五一・四　東家下・六

開府儀同三司贈太尉益州大都督上柱國祁國昭宣王公（仁皎）**碑**　張説撰　玄宗李隆基分書　末行正書

額篆書

開元七年十一月乙丑朔□□□

全碑漫漶，存三百餘字。

陝西大荔羌白鎮

藝五・五　孫録三・一〇三　關考八・二三　關中・二六　竹二・二四　跋五・二〇　關三・一　擴八・五　滙一二之二・二　平五・一五　萃七二・三　萃正一・二〇　陜一一・一六

張氏故郭夫人墓誌　正書

開元七年十一月七日

長白端方藏石

陶二二·四　館·七三　名六·六六　徵三·三　蒿二·二　朔目二·一一

河南府洛陽縣東海郡太君鮮于氏墓誌　正書

開元七年十一月十九日

河南博物館藏石

徵三·三　館·七三

鄴縣修定寺傳記碑　分書　兩面刻　律師僧玄昉建

額題寺記之碑

開元七年

河南安陽縣西北六十里清涼山本寺後，移村中趙希昌家。

河目中·一四　朔目二·一一　攈八·五　河錄二·一一　趙錄三·一〇　安陽一二·五　匯九之二·四　唐文拾遺五〇·一　萃目一·一四

朝議郎京兆府功曹上柱國韋希損墓誌　又名韋又損墓誌　正書　子璞玉撰

開元八年正月八日

長白端方藏石

藝一八·七　館·七三　徵三·三　關考一·四〇　續·丁　名六·六六　關新三·二四　羅錄上·三〇　誌匯二·一六　瓊五一·八　岷·一三　陶二二·七　陝一一·一七　唐文拾遺一八·一五

處士王則墓誌　正書

開元八年二月一日

張鈁千唐誌齋藏石

徵三·三　館·七三　誌新三·二

優婆夷阿劉為亡過夫亡過男造石浮圖記　正書

開元八年二月八日（在側）

山東肥城幽棲寺韋陀殿

藝五・五

正議大夫使持節武州諸軍事行武州刺史上柱國公孫思觀墓誌

正書　歐陽檀撰

開元八年三月十九日

張鈁千唐誌齋藏石

徵三・三　館・七三　誌新三・二

開元刻經　三段　正書

開元八年三月二十二日

河南鞏縣石窟寺（擴作陀羅尼咒，在洛陽。）

藝四・一五　擴八・五　匯九補遺・三五

錦屏山摩崖石刻　王翼記　分書

開元八年三月癸未朔

斷存下截

山西吉縣南半里錦屏山（又名掛□山）

孫錄三・一〇五　擴八・七　匯一一・二七

華嶽精享昭應碑　咸廙撰　劉升分書　李休光題額隸書

開元八年三月

陝西華陰周天和華嶽頌碑陰

蘇敦等題名　正書　大曆中

上官沼題名　正書　大曆十三年七月二十九日

崔漢衡等題名　盧倣分書　興元元年十二月二十二日

崔頌鄭齊聃題名　正書左行　貞元元年二月六日

崔賁等題名　正書

劉陶竭祠記　正書左行　元豐五年正月十九日

薛俅祭奠嶽祠記　正書　元祐元年十一月十日

席旦題記　正書　政和壬辰二月十三日

左側

謁金天王神祠記　顏真卿書　乾元元年十月十一日　關考八・

三五

右側

李憺題名　正書　開元二十四年六月六日

蘇頲題名　正書　開元二十六年八月二十七日

孫廣等題名　正書　廣德二年六月

李仲昌等題名　韋瀞正書　廣德三年三月

裴士淹題名　正書左行　大曆五年六月六日

賈竦謁廟詩　正書左行　元和元年十月二十八日　後有大和六年四月二十六日賈淑重修題名

郭豐等題名　崔釴正書左行　元和元年七月十日

關考八・三一　藝五・五　孫錄三・一〇三　關中・二六　竹二・二四　潛跋五・二一　關三・二　攈八・五　古墨四・七五　錄補一二・一一六　匯一二之二・一四　存一三・二一　寶叢一〇・四〇　鐫三・一九　求二・一九　清二・五〇　鈔四・七三　平五・一七　萃七二・六　金石二跋二・二　雍五・四　妙九・一四　來下・一四　金石錄續二・一二　備　陝二・一六　乾隆五十九華陰縣志一六・四九

居德寺碑　僧崇志書　裴庭□撰

開元八年四月八日

河南修武西五十里嘉禾屯東里許本寺大殿西

朔目九・一　河錄一二・三　河目下・一八

雲麾將軍右武衛大將軍贈秦州都督彭國公謚曰昭公李思訓碑　族子邕撰並行書

開元八年六月二十八日葬

羅振玉考為開元二十七年以後

陝西蒲城西北二十五里橋陵下

存上截，下截磨泐殘佚。（明楊慎《丹鉛總錄》云：碑已斷裂。正德中劉遠夫御史謫為蒲城主簿，訪出以鐵束之，復為完物。)

關考九·四一　藝五·六　萵一上·七　清風室文抄四·一四　述學別錄·五　四當齋集四·六　月四·二九　孫錄三·一〇四　弗堂類稿序跋丁·一三　楊圖五·三一　關中·二六　竹二·二四　藪·三　匯一二之二·三〇　跋五·二一　關三·二　攟八·五　菉三·一三　集目六·二　寶叢一〇·三五　鐫三·八　雪跋四·一〇　清二·四八　平五·一六　萃七二·四　雍五·四　字三　來下·一四　妙八·二〇　瓶四·一九　備　全唐文二六五·八

内給事梁師陀等題記（匯作梁思陀）　正書

開元八年七月二十日

山東泰安岱岳觀第二石陰面三段

藝四·一三　攟八·五　孫錄三·一〇四　匯一〇之一·三九

魯思欽妻賈造石浮圖願文　王洪節撰

開元八年十月一日

陰　佛像上下題名四段

側　佛像題名字全泐

河南新鄉北十五里魯堡百官寺山門外

河目上·八　朔目五·二　河錄六·三

洪州都督府兵曹參軍黃承緒墓誌　正書

開元八年十月六日

張鈁千唐誌齋藏石

館·七三　徵三·四　誌新三·二

陶悳墓誌　正書

開元八年十月十八日

藝續　徵三·四　右冢下·三　名六·六六

梁處士（方）張夫人墓誌　正書

開元八年十月二十三日

長白端方藏石

徵三·四　館·七三　蒿二·二　名六·六六　羅錄上·三〇　誌匯二·一六　朔目二·一一　陶二二·五

朝議郎行鄭州管城縣令上柱國楊璡墓誌　正書

開元八年十月三十日

張鈁千唐誌齋藏石

徵三·四　館·七三

國子生李夫子（魚）墓誌　正書

開元八年十一月五日卒

張鈁千唐誌齋藏石

徵三·四　館·七四

正議大夫上柱國巢縣開國男邕府長史周利貞墓誌　孫浩然撰　賈庭芝書

開元八年十一月十八日

張鈁千唐誌齋藏石

徵三·四　館·七四

襄州穀城縣主簿路玄墓誌　正書

開元八年十一月二十三日

張鈁千唐誌齋藏石

徵三·四　館·七四

本願寺僧智秀造陁羅尼經幢　又名願寺造舍利塔並北堂石像碑

八面刻

上截刻經文　中截佛相、經主題名，下截刻頌並經主題名　行書

開元九年二月十五日

河北獲鹿本寺

畿志一四五·四　藝五·八　孫錄三·一〇四　攈八·六　匯三之二·一五　鐫四·六　妙一二·二五　萃七三·一　平五·

一七　常八·八　瓊五一·一一　萃目一·一二

大龍寺崇福法師塔銘　正書

開元九年二月二十四日

一石刻心經，一石刻塔門，一石刻民國六年平縣長陳龍奎丁巳邑人徐懷璋二跋。

陝西平杏花村出土，移置縣署。

陜一一·一七

北嶽府君廟碑　韋虚心撰　陳懷志行書

開元九年三月二十六日

河北曲陽

陰

高述題名　正書左行　元和三年四月三日

周載題名　正書　元和十年三月十四日

鄭志等題名　正書左行　元和十一年十月八日

薛鍛等題名　正書左行　大和五年九月二十四日

薛嗣立等題名　正書左行　大和七年九月十七日

薛嗣立等再題名　正書左行　大和八年九月二十七日

薛襄等題名　正書　開成五年八月二十六日

陳去疾題名　正書　會昌四年仲春月二十一日

鄭放等題名　正書　會昌四年八月七日

李夐詩　正書

梁競題名　正書　宣和壬寅臘月望日

左側

仇文義等題名　正書　大和八年十月七日

薛廖等題名　正書左行　開成元年九月十九日

右側　李潛等題名　正書左行　開成二年十月一日

崔元藻等題名　正書左行　會昌四年九月十七日

内侍高品朱允宗北嶽設醮記　正書　大中祥符二年四月丙戌朔

惠價等題名　正書　大中祥符三年八月十五日

畿志一五三・六　藝五・六　孫錄三・一〇四　竹二・二五　攈八・五　菉三・一三　匯三之二・四八　寶叢六・二七　字三　妙八・二八　萃七三・一　平五・一七　瓊五一・一三　畿目上・九　全唐文二六九・一三

陳婆為亡男思禮造心經石浮圖像記　正書　文刻左側

開元九年四月八日

河南淇縣南十三里良鄉村天寧寺

河目上・八　朔目五・五　河錄六・五

雲居寺石經山頂石浮圖記　又名劉玄望造石浮圖銘　釋玄英詞　正書

開元九年四月八日

碑後涿州司法參軍韋可大題名　正書　元和四年六月十一日

匯云碑陰有王文善等題名。丙午四月似是金元之刻。下截刻永樂時易英等詩。

河北房山暴經臺

房山雲居寺研究・三一七　畿志一四一・六　光緒順天府志一二八・一三　萃目一・一四　藝五・七　羅錄上・三〇　攈八・六　匯一・一九　畿目上・九

賈明墓誌　正書

開元九年四月八日

乃為銘曰下以石盡未刻銘文，或云銘詞在側。

山西上黨出土

徵三・四　館・七四　蒿二・二　右冢下・三　名六・六六

營州平遼鎮副上柱國賈感墓誌銘並蓋　正書

開元九年中呂月（四月）九日

河南博物館藏石

館・七四　徵三・四　蒿補・七

幢主長平府兵曹（下泐）造幢記　正書

開元九年五月十六日

藝續一

鄧州刺史封公故夫人趙國贊皇郡君李常墓誌　正書

開元九年五月二十日

河南洛陽出土

館·七三　徵三·三　誌新三·二

龍寺陁羅尼經幢　八面刻　分書　施主題名　正書

開元九年六月二十六日

幢後天祐題名　正書

山東淄州城內本寺

藝五·七　又六·三九　孫錄三·一〇四　攈八·六　山訪一·一三　滙十之一·一三　阮山一二·一三

楚州司馬桓歸秦墓誌銘　正書

開元九年七月十六日

河南博物館藏石

館·七四　徵三·四　誌新三·二

雅州名山縣尉王大義墓誌　正書

開元九年八月九日

張鈁千唐誌齋藏石

徵三·四　館·七四　誌新三·二

南陽縣開國男行貝州司兵參軍張思道墓誌並蓋　正書

開元九年十月十日

斷為三塊

蓋右側刻咸豐庚寅長武縣（或作永壽，誤），鄉人掘土得石，汾陽韓鈐載歸，珍藏二行。

長白端方藏石

藝一八·七　徵三·四　館·七四　名六·六六　關新三·二

五　關考一·四二　羅録上·三〇　攈八·六　誌匯二·一六　匯一二補遺·六　陶二二·九　陜一一·一九　唐文拾遺六五·一八

銀青光禄大夫和州刺史上柱國瑯琊縣開國伯顔謀道墓誌　正書

開元九年十月十日

張鈁千唐誌齋藏石

徵三·一〇　館·七四

晉州霍邑縣令楊純墓誌　正書

開元九年十月十一日

張鈁千唐誌齋藏石

徵三·四　館·七四

通議大夫瀛州東城縣令上柱國張景旦墓誌　正書

開元九年十月十一日

張鈁千唐誌齋藏石

徵三·四　館·七四

安平縣君贈安平郡夫人王氏墓誌　分書　族孫頌撰　徐珙書

年十三，歸崔暄。

兩面刻今存陽面

開元九年十月二十二日

河南洛陽出土

徵三·四　館·七四

鎮軍大將軍□文碑　俗名半截碑　又名福寺碑

僧大雅集王羲之行書

翁方綱云：所云公碑諱文者已失其姓，不知者因其上句惟大將軍吳字上半行書似口形，遂誤為吳文碑。

側有花紋

開元九年十月二十三日

後有羽林郎直將作監徐思忠等刻字，菩提像一鋪居士張愛造二行。

上截缺佚

陝西西安碑林第三室（萬曆末浚城壕得於土中，王堯惠語郡守，舁置碑林。）

藝五·七　關考一·四二　萃一上·七　孫錄三·一〇四　關中·二七　竹二·二五　跋六·一　關三·二　攈八·六　古墨四·七五　錄補一二·一一七　匯一二之一·五　鐫二·七　字三　來下·一五　金石續錄二·五　妙一二·二六　授續三·一二　萃七三·五　平五·一八　半下·五　陝一一·二〇　復二三·一五　全唐文九九三·六

正議大夫使持節相州諸軍事相州刺史上柱國河南賀蘭務溫墓誌　正書　李昇期撰

開元九年十月二十三日

張鈁千唐誌齋藏石

徵三·四　館·七四　誌新三·三　羅振玉車塵稿六三

左千牛衛長史樊覽墓誌銘並蓋　正書

開元九年十月二十八日

河南博物館藏石

徵三·四　館·七四　誌三·三

通議大夫使持節寧州諸軍事寧州上刺史上柱國裴撝墓誌　正書

開元九年十月二十九日

張鈁千唐誌齋藏石

館·七四　徵三·四

嶽領事副使王修福墓誌　正書

開元九年十一月三日

山西臨汾城內姜家池出土（道光間），歸洪洞董氏。

右叢五·三六　館·七四　名六·六七　寫禮廎讀碑記·三四　誌匯二·一六　瓊五一·一八　寶鴨下·七

朝議郎行登州司馬上柱國王慶墓誌　正書

開元九年十一月六日

橫石

山東掖縣（道光癸未城東姜家疃村人滿姓掘得）

藝一八·七　顧廣圻思適齋集一六·一五　名六·六七　蒿二·二　館·七四　徵三·四　趙錄三·一〇　誌匯二·一六　匯一〇之三·五九　左冢·一四　續·丁　硯一一·五　唐文拾遺二二·一〇　萃目一·一四

游擊將軍上護軍坊州思臣府左果毅都尉暢善威墓誌　正書

開元九年十一月六日

張鈁千唐誌齋藏石

徵三·四　館·七四

常選龐胤珪姑比丘尼如意等造彌陀像　正書

開元九年十一月十三日

河北淶水南三里郭下村石佛寺

藝五·七　匯三補遺·一〇

蘇州常熟縣令孝子太原郭思謨墓誌　正書　孫翌撰

開元九年十一月十七日

河南洛陽，存古閣藏石。

藝一八·八　名六·六七　蒿二·二　徵三·四　館·七四　竹二·二五　孫錄三·一〇四　擦八·六　誌匯二·一六　匯九之三·五四　芒冢中·八　瓊五一·二〇　平五·一八　誌九·七　中記二·四四　金石二跋二·二　全唐文三〇五·一五

處士上柱國夏侯法寶墓誌　正書

開元九年十一月二十九日

形如碣，兩面刻。

徵三·四　蒿二·二　名六·六七　中冢補·五　誌新三·三

上柱國李景祥墓誌　正書

開元九年十二月十七日
張鈁千唐誌齋藏石
徵三・四　館・七四　誌新三・三

□四從伯中散大夫檢校太子左贊善大夫李文獎墓誌　正書
開元九年十二月二十三日
張鈁千唐誌齋藏石
徵三・五　館・七四　誌新三・三

故人荀懷節墓誌　正書
開元九年十二月二十四日
河南衛縣出土
藝一八・八　館・七四　徵三・四　蒿二・二　名六・六七　誌匯二・一六

曹州寃句縣令李敬瑜墓誌　正書
開元九年十二月二十九日
張鈁千唐誌齋藏石
館・七四　徵三・五　誌新三・三

九龍寺石浮圖記　王元一記　正書　文刻於兩側
開元九年十二月
河南淇縣西北四十里朱小河本寺
河目上・八　朔目五・五　河錄六・六

彭景宣為亡妣郭氏造像　正書
開元十年二月八日
四川廣元千佛巖
藝五・八　趙錄三・一一　擴八・六　匯一六補遺・一二　瓊五一・二〇　唐文拾遺一八・一七　苑　民國廿九年重修度元縣志三・六九

朝議郎行將軍作監中校署丞上柱國趙懷哲墓誌　正書
開元十年二月十二日

張鈁千唐誌齋藏石

徵三・五　館・七四　誌新三・三

優婆姨張常求塔誌銘　正書

開元十年二月二十五日

延鴻閣藏石

名六・六七

易州新安府折衝都尉李文安石浮屠銘　梁高望撰並行書

開元十年四月八日

河北房山雲居寺塔上東北面

光緒順天府志一二八・一三　房山雲居寺研究三〇八　畿志一四一・六　藝五・八　孫録三・一〇五　竹二・二五　攈八・六　古墨四・七六　匯一・一九　瓊五一・二〇　續抄二・一　萃七三・七　畿目上・九　復二四・一三　全唐文九八八・七　全唐文三〇五・一四　孫録澤春明夢餘録六七・九

大通禪師碑　張説撰　盧藏用分書並額

額正書

開元十年四月（《寶刻類編》）

後半漫漶

湖北當陽西二十三里楞伽峯北度門寺

藝五・八　湖北金石詩・八　孫録三・一〇五　攈八・七　匯一四・一三　全唐文二三一・一　寶類二・五七　文苑英華八五六・六　唐文粹六三・一

大聖真觀楊法師生墓誌　正書　袁暉撰

開元十年五月既望

張鈁千唐誌齋藏石

徵三・五　館・七五

朝議郎并州清源縣令張妻蕭墓誌　正書

開元十年五月二十一日

徵三・五

朝散大夫綏州别駕劉君夫人范陽縣君張十一娘墓誌　正書

開元十年五月二十六日

張鈁千唐誌齋藏石

徵三・五　館・七五　誌新三・三

劍南道按察使益州長史韋抗功德碑　正書

開元十年六月□七日（分書）

校書郎段文昌等題名　正書　元和二年四月

李景讓題名　正書　大中十一年（劉喜海考）

鄭愚題名　正書　大中十三年六月三日

□卯歲六月四日題字　正書

縣志有楊永福題名，疑即此。

左弼為女郎君子敬造　正書

四川廣元千佛崖

藝五・八　趙録三・一一　攈八・六　匯一六補遺・一二　瓊五一・二一　苑　民國廿九年重修廣元縣志三・六六

萊州刺史唐貞休德政碑　沙門重閏分書

額篆書

開元十年七月（《金石録》）

陰有施主等人姓名，疑是磨去舊碑改刻。

文字磨泐，下截殘佚。

山東萊州縣署大門東側

藝五・四　孫録三・一〇三　羅録上・三〇　跋六・二　攈八・四　山訪一一・二　匯一〇之三・五九　阮山一一・三九　橋二・一三　平五・一五　續編六・九　瓊五一・二五　金石録五・一二　萃目一・一四

上騎都尉劉公張夫人造像贊銘　正書

開元十年八月十六日

樊仵（伍）郎造像　繆誤作樊維□　攈誤作樊維楷　正書
開元十年九月二十三日
河南登封
藝五・九　攈八・七　滙九之四・二六
左羽林軍長上果毅都尉董虔運誌石文　行書
開元十年九月二十九日
河南洛陽出土
徵三・五　名六・六七　蒿二・二　芒冢四編五・一四
鹿明澄為亡父母造像　正書
開元十年十月十三日
山東濰縣陳介祺藏石
藝五・九
冠公次女墓誌　正書
開元十年十二月九日
張鈁千唐誌齋藏石
館・七五　徵三・五
滕王府記室參軍田嵩墓誌銘並蓋　正書
開元十一年正月二十八日
河南博物館藏石
徵三・五　館・七五　蒿二・二　名六・六七　誌新三・三　芒冢續下・四
左衛賓泉府左果毅都尉董守貞墓誌銘並蓋　正書
開元十一年二月一日
河南博物館藏石
徵三・五　館・七五　蒿二・三　名六・六七　芒冢四編五・一六
鄭州管城縣令上柱國楊夫人李氏墓誌　正書
開元十一年二月六日

張鈁千唐誌齋藏石

徵三·五　館·七五　蒿二·三　誌新三·三

中書侍郎贈衛尉卿河南司馬夫人范陽郡君盧氏墓誌　正書

開元十一年二月十三日

張鈁千唐誌齋藏石

館·七五　徵三·五　誌新三·三

下管令上柱國康威墓誌　正書

開元十一年二月十三日

河南洛陽出土

徵三·五　蒿二·三　名六·六七　館·七五　誌新三·三
芒冢四編五·一五

柏鄉縣李德純造像　正書

開元十一年三月八日

河北唐山宣霧山

藝三·六　匯三補遺·三六

孔方造像　正書

開元十一年三月二十日

河北磁縣南響堂山

藝四·二四　匯三補遺·四五

宋州虞城縣令樊晉客墓誌銘並蓋　正書

開元十一年四月二十一日

河南博物館藏石

館·七五　徵三·五

雍張墓誌　正書

開元十一年四月二十六日

山西屯留出土

藝續　館·七五　右冢下·六　徵三·五

老子孔子顏子贊　睿宗李旦撰　玄宗李隆基正書　顏子贊玄宗

李隆基撰　額篆書

開元十一年八月十六日

山東金鄉

藝五・九　孫錄三・一〇五　攈八・七　存一四・一　阮山一二・一三　寶叢一二・二　續編六・一〇　匯一〇之二・五五　萃目一・一五

楚州淮陰縣婆羅樹碑　李邕撰　行書　東海元省己刻

開元十一年十月二日

隆慶壬申陳文燭知淮安府，得吳承思藏舊拓本（剪裱本），屬吳從道重刻於郡齋。

《輿地碑紀目》云：碑陰刊上海州李使君狀，張松質書。

江蘇淮安縣署

同治劉年木刻本存一五六字

藝五・九　天一閣碑目　孫錄三・一〇五　竹二・二六　跋六・四　藪・一九　攈八・七　古墨四・七七　備　字三　來下・一六　妙八・二七　萃七三・八　平續・九　羅振玉淮陰金石僅存錄・一　匯四・三四　輿二・九　寰記九六・一〇　全唐文二六三・一

河南府河南縣丞龐夷遠妻李氏墓誌　正書　毋煚撰

開元十一年十月五日

張鈁千唐誌齋藏石

館・七五　徵三・五

三十姓可汗貴女賢力毗迦公主雲中郡夫人阿那氏墓誌　正書

開元十一年十月十日

陝西西安出土，歸甯武楊元泗，後歸閩侯陳氏。

藝一八・八　名六・六七　關考三・三四　泉一・三六　蒿二・三　徵三・五　館・七五　攈八・七　誌匯二・一七　匯一二之一・五　瓊五二・二　平三續上・一七　誌九・一三　萃略二

·四　閩略一四·五　陝一一·二二　唐文拾遺六六·一　福志僑刻二·一　萃目一·一五

王府君夫人故贊皇郡太君趙郡李氏墓誌銘　杜昆吾撰　正書

開元十一年十月十日

河南博物館藏石

館·七五　徵三·五　誌新三·三

冀州堂陽縣尉楊瓊墓誌　正書　徐大亨撰

開元十一年十月十七日

張鈁千唐誌齋藏石

徵三·五　館·七六

銀青光錄大夫守工部尚書贈荆州大都督清河郡開國公上柱國崔泰之墓誌　崔沔撰　李廸書　分書

開元十一年十月五日

張鈁千唐誌齋藏石

羅振玉丙寅稿·五四　徵三·五　館·七五　蒿補·七

張敞墓誌　正書

開元十一年十月十七日

張鈁千唐誌齋藏石

徵三·六　館·七五

鄉貢明經上谷寇釗墓誌　正書

開元十一年十月二十七日

張鈁千唐誌齋藏石

徵三·五　館·七六　誌新三·四

朝散大夫守沁州（或作池州，誤）**刺史馮仁□碑**　郭謙光分書　崔尚撰

額篆書

□□十一年十一月十日（考為開元十一年《寶刻類編》作開元二十二年立）

陝西咸陽東四十里漢長陵西下五里許野中

藝五・九　孫錄三・一〇五　竹二・二六　關考六・一〇　關三・三　攈八・七　錄補一三・一二一　備　寶叢八・四七　鐫三・一一　妙九・六　萃七四・八　跋六・一一　全唐文三〇四・一〇　乾隆十六年咸陽縣志五・一六　匯一二之一・七四　陝一二・七

曹氏譙郡君夫人墓誌　又名折府君夫人曹氏墓誌　正書

開元十一年十一月二十三日

陝西西安出土（嘉慶二十五年）

藝一八・八　徵三・六　館・七六　蒿二・三　關考三・五五　名六・六七　隋唐上・三三　趙錄三・一一　攈八・七　誌匯二・一七　匯一二之一・五　瓊五二・一〇　續編六・一〇　志一〇・一　萃略二・七　閩略一四・九　陝一一・二三　唐文拾遺六五・二〇　福志僑刻二・三　萃目一・一五

老子孔子贊　正書

開元十一年

山東金鄉

襄州刺史靳恒遺愛頌　八面刻　張九齡撰　高恒慈正書

文見《唐丞相曲江張先生文集》卷十九，靳恒見御史臺精舍題名碑中。

開元十一年（趙錄）

湖北襄陽羊杜祠

藝五・九　趙錄三・一一　寶叢三・一四　瓊五二・一五　湖五・二　匯一四・一五　襄陽金石略五・一三　寶類三・八一　萃目一・一三

普濟橋碑　正書

開元十一年

御史臺精舍碑　崔湜撰　梁昇卿分書　趙禮鐫

額篆書

陰御史題名　正書

額陰　有大中三年重陽□殿中韋□等題名

兩側　題名　正書

開元十一年

陝西西安碑林第三室

清趙鉞榮格唐御史臺精舍題名考三卷（《月河精舍叢抄》本）

清趙魏御史臺精舍題名一卷（《讀書齋叢書》本）

藝五·九　存一三·二四　關考一·四三　孫錄三·一〇五　竹二·二六　跋六·四　攈八·八　古墨四·七六　萃三·一四　備　集六　廣七·九　鐫四·四　字三　來下·一六　妙一〇·一　金石續錄二·一〇　雍六·二　萃七四·二　抄五·一　平五·一九　瓊五二·二〇　匯一二之一·五　陝一一·二〇　全唐文二八〇·六

肥鄉縣丞田靈芝墓誌銘　正書

開元十一年

河南博物館藏石

名六·六七　蒿二·三　館·七六　徵三·六　誌新三·四　芒冢四編五·一七

同州華池府別將李琦墓誌　正書

開元十二年正月二十一日

張鈁千唐誌齋藏石

館·七六　徵三·六

中大夫守內侍上柱國渤海高福墓誌　又名高延福墓誌　行書　孫翌撰

開元十二年正月二十一日

乾隆辛丑五月畢沅得於陝西咸寧，嘉興張廷濟、吳縣蔣敬臣、長白端方先後遞藏。

字三・二四　平五・二二

有覆刻本

藝一八・八　徵三・六　館・七六　奇觚中・九　蒿二・三　關考五・三〇　名六・六七　羅振玉淮陰金石僅存錄補遺・三　竹二・二六　孫錄三・一〇六　攈八・八　誌匯二・一七　關三・四　萃七五・一　平五・二〇　誌一〇・二　清二・六四　鈔五・一八　古墨四・七七　陶二二・一一　汪中述學別錄・六　王鳴盛蛾術編　陜一一・二四　全唐文三〇五・一八

吏部常選夏侯瓊（或釋璿）前妻樊後妻董合葬墓誌　正書

開元十二年正月二十四日

張鈁千唐誌齋藏石

館・七六　徵三・六　誌新三・四

錦州刺史趙潔墓誌　正書

開元十二年二月一日

張鈁千唐誌齋藏石

館・七六　徵三・六

徐州錄事參軍太原王君夫人博陵崔金剛墓誌　正書

開元十二年二月十三日

張鈁千唐誌齋藏石

館・七六　誌新三・四

開業寺石佛堂碑　孫義龍撰並正書

開元十二年三月

河北元氏吳村本寺，劉寶楠移置文清書院。

畿志一四六・九　藝五・九　趙錄三・一一　攈八・八　字三　平五・二二　常八・一五　瓊五二・二〇　河北月刊三卷六期　全唐文三〇六・一　民國廿年元氏縣志數・一三

閬州司馬鄧寶誌石銘　正書　齊澣撰

開元十二年四月二十日

徵三·六　館·七六　羅振玉車塵稿·六四

京兆府宣化府折衝攝右衛郎將軍横野軍副使樊庭觀墓誌　正書　宋務靜撰

開元十二年五月二日

館·七六　徵三·六　誌新三·四

朝散郎行薛王府國令上柱國張嘉福墓誌　正書

開元十二年五月十一日卒

張鈁千唐誌齋藏石

館·七六　徵三·六　誌新三·四

右金吾衛翊衛宋運夫人王氏墓誌　正書

開元十二年五月十四日

長白端方藏石

藝一八·八　徵三·六　館·七六　蒿二·三　名六·六八　誌匯二·一七　陶二二·一六　陝一一·二五

龍大德香積寺主浄業法師靈塔銘　正書　畢彦雄文

開元十二年六月十五日

陝西西安

關考三·五五　名六·六八　徵三·六　誌匯二·一七　孫錄三·一〇六　鐫四·一二　字三·二四　錄補一三·一二一　獨殘·四　瓊五二·二九　平五·二〇　古墨四·七七　萃七五·二　跋六·六　來下·一六　妙一二·二六　雍六·三　關三·五　攈八·八　匯一二之一·五　全唐文三〇六·一

殿中少監唐昭女端墓誌　正書

開元十二年六月廿六日

陝西咸寧出土（嘉慶二十一年五月），歸常州董祐誠。

藝一八·八　關考五·三一　名六·六八　泉一·四一　隋唐上·三五　蒿二·三　館·七六　徵三·六　趙錄三·一一　攈八·八　誌新三·四　誌匯二·一七　匯一二補遺·二　平再續

·一五　誌一〇·四　續編七·一　瓊五二·二六　岷·一四　陝一一·二六　唐文拾遺六六·二　萃目一·一五

安衆寺上座僧智空造陁羅尼經幢　八面刻　正書

開元十二年七月十五日

河北元氏開化寺

藝五·九　畿志一四六·九　攈八·八　瓊四六·二五　常八·二〇

中散大夫使持節潞州諸事守潞州刺史上柱國李懷讓墓誌　正書

開元十二年八月二十七日

張鈁千唐誌齋藏石

館·七六　徵二·六　誌新三·四

處士賈黑闥等造石浮圖記　正書

開元十二年九月十八日甲戌中旬翌日

楊將軍（思勗）新莊像銘　又名虢國公楊花臺銘　正書　申屠液撰文

開元十二年十月八日

陝西西安華塔寺，歸日本原富太郎。

藝四·二九　孫錄三·一〇六　竹二·二六　關三·五　珉·九　匯一二之一·五　古墨四·七六　錄補一三·一二一　關考一·四五　跋六·七　字三　雍四·三　鈔續二·三　陝一一·二七

王無競墓誌　正書　孫逖撰（《文苑英華》）

開元十二年十月二十三日

文多漫滅，存後半十行。羅振玉云分刻二石，前石佚。

山東掖縣出土

藝一八·八　名六·六八　誌匯二·一七　匯十之三·五九　跋六·六　授續三·一三　阮山一二·一五　誌一〇·五　孫錄三·一〇六　蒿二·三　萃目一·一三　全唐文三一三·一〇

文苑英華九四〇・七

吴善墓誌並蓋　正書

開元十二年十一月二十六日

長白端方藏石

藝一八・八　陶二二・一九　徵三・六　館・七六　蒿二・三

名六・六八　畿冢中・一　誌匯二・一七

定遠將軍守左衛嬀泉府左果毅都尉陳秀墓誌　正書

開元十二年十一月二十六日

張鈁千唐誌齋藏石

館・七六　徵三・六

雍州明堂縣丞紀茂重墓誌　正書

開元十二年十一月二十八日

河南博物館藏石

徵三・六　館・七七　蒿二・三

夫人張氏墓誌　正書

開元十二年十一月二十八日

館・七六　徵三・六

涼國長公主神道碑　蘇頲撰　玄宗李隆基書　分書

額篆書

開元十二載仲冬壬午葬

明嘉靖乙卯地震斷裂

陝西蒲城東北十五里橋陵

藝五・一〇　關考九・四一　孫録三・一〇五　竹二・二七

關中・二八　關六・五　藪・四　攈八・八　蒿一上・七　備

金石録二六・五　雍六・三　古墨四・七八　寶叢一〇・三五

鐫二・一七　字三　妙七・二一　存一四・三　萃七五・四　平

五・二一　瓊五二・二九　匯一二之二・三〇　陝一一・二八

全唐文二五八・九　文苑英華九三三・四

朝散大夫守吉州長史上柱國匹婁思墓誌　正書

開元十二年十二月五日

張鈁千唐誌齋藏石

館・七六　徵三・六　誌新三・四

莊州都督李敬墓誌　正書

開元十二年十二月十一日

張鈁千唐誌齋藏石

館・七八　徵三・六

狄玄植為亡過耶娘造彌勒下生像　正書

開元十二年十二月十六日

五品子趙思忠墓誌　正書

開元十二年閏十二月二十一日

張鈁千唐誌齋藏石

館・七七　徵三・六

比丘尼智玉造像　正書

開元十二年

河北唐山宣霧山

藝三・六　羅錄上・三〇　匯三補遺・三六

古義士伯夷叔齊二公碑　梁昇卿撰並分書　額篆書　衛鶴趙檀范謙刊字

開元十三年惟一月既望

側　節度押衙丁約題名　正書　同光元年五月

元王惲謁二賢林墓詩　正書　無年月

山西永濟城五十里首陽山二賢祠

孫錄三・一〇七　存一四・九　攈八・八　竹二・二七　薤一七・九　字三・二六　錄補一三・一二二　妙八・二六　萃目一・一三　金石二跋二・四　右叢六・一　匯一一・三一　右一〇・一一　全唐文三五七・一　寶類三・七二

賜張敬忠勅　又名常道觀勅並還就秦　勅行書　題款年月分書甘遺榮勅字及題　晉原吳光遠刻

開元十三年正月一日

陰張敬忠謝表　甘遺榮勅字並書　吳光□刻　開元十三年正月十七日

四川灌縣青城山天師洞《灌縣志》六·二五：清又重刻，在青城常道觀，高六尺，廣二尺九寸。

右側　開元十八年十一月，甲子韋縚《投龍壁記》。

左側　皇甫承恩等題名。見《灌縣志》。

藝五·一〇　趙錄三·一一　攈八·八　平三續上·一七　泉一·四二　續編七·一　瓊五二·一　匯一六之一·一九　全唐文二七七·六　苑　民國廿一年灌縣志六·藝文書·二三　萃目一·一五

忠武將軍行左領軍衛郎將裴沙墓誌　正書

開元十三年正月二十五日

張鈁千唐誌齋藏石

館·七七　徵三·六　誌新三·四

右武大衛將軍上柱國乙速孤行儼碑　劉憲撰　白義晊分書　渤海徐元禮鐫

額篆書

開元十三年歲次乙丑二月景辰朔十六日辛未（據《金石存》）

今存二百餘字

陝西醴泉北六十里叱干村

關考八·一三　藝五·一一　孫錄三·一〇六　竹二·二七　關中·二八　跋六·七　關三·六　攈八·八　顧千里思適齋集一六·一六　蒿一上·七　古墨四·七八　備　鐫二·一八　字三　昭下·二三　來中·二〇　存一四·一二　雍六·四　萃七五·五　鈔五·二一　橋二·一三　獨殘·一四　瓊五三·五

平五・二二　乾隆四十八年醴泉縣志一一・二五　滙一二之一・一一〇　陜八・二〇　全唐文二三四・三　民國廿四年續修醴泉縣志度三・一五（全文）

朝請郎行司農寺太倉丞劉慎墓誌　正書

開元十三年四月七日

張鈁千唐誌齋藏石

館・七七　徵三・七

河南府新安縣丞崔諧字貞本墓誌　正書　宋華撰

開元十三年四月二十三日

張鈁千唐誌齋藏石

館・七七　徵三・七

前任游擊將軍京兆府折衛尹伏生塔銘　正書

開元十三年四月二十六日

長白端方藏石

藝續　徵三・七　名六・六八　誌新三・四　陶二三・一

中大夫楚州刺史鄧君夫人太原王氏太原君之銘誌　正書

開元十三年五月二十七日

張鈁千唐誌齋藏石

館・七七　徵三・七　誌新三・四

帝陵光業寺大佛堂碑　又名開業寺大佛堂碑　楊晉文　行書

額行書

陰韋元祚等題名　行書

兩側王淮陁等題名　行書

開元十三年六月二日

河北隆平城南十五里王尹村北本寺

崇禎二年隆平縣志卷一・古跡・萬曆十六年教諭楊同春辨正成女截藝文志

畿志一五二・二六　藝五・一〇　孫錄三・一〇七　竹二・二

七　畿目上・九　攈八・九　匯三之二・四一　萃目一・一五

述聖頌　達奚珣撰序　吕向撰頌並正書

額正書

開元十三年六月九日（在碑陰額上）

陝西華陰嶽廟

張懷彬題名　正書　天寶九載蓋春十日　在額上

王子文題名　正書　元豐乙丑戊寅曰　在額上

王弘嘉觀　正書　在額左

碑陰上截：

告華嶽府君文　韓賞撰　韓擇木分書　天寶元年四月十日

關考八・三五　民國廿一年華陰縣續志七・九二云民國十八年失　乾隆五十九年華陰縣志一六・一四

陰額：

劉繼元題名　正書

韓翺題名　正書

太州别駕題名　正書

碑陰下截：

盧朝徹謁華嶽文　正書　大曆九年季春　關考八・四二

裴潾等題名　正書　貞元九年七月二十五日　在告華岳文正中

鄭晞鄭全濟等題名　正書左行　貞元十三年三月十四日　在左方

碑左側：

張惟一祈雨記　李權分書　乾隆二年二月十日　關考八・三五　乾隆五十九年華陰縣志一六・五二

碑右側：

王宥等題名　李樞分書　上元元年十一月十一日（篆書）

關考八・三二

藝五・一〇　孫録三・一〇七　竹二・二七　關中・二九　關

三・七　擴八・九　集目六・三　寶叢一〇・三八　鐫三・一九
　字三　來下・一九　雍五・七　金石二跋二・三　萃七五・八
　匯一二之二・一四　民國二十一年華陰縣續志七・九二云民國
十八年失　陝一一・三〇　乾陰五十九年華陰縣志一六・四六

開元十三年六月十三日造像　正書

河北唐山宣霧山

藝三・六　匯三補遺・三一

中岳東開居寺珪和尚功德幢　八面刻

嚴智撰　陸去泰分書

開元十三年六月十五日

河南洛陽

藝五・一〇　竹二・二五　擴八・九　匯九之四・二六

開元十三年六月十□日造像　正書

河北唐山宣霧山

藝三・六　匯三補遺・三六

登州司倉杜濟墓誌　正書

開元十三年七月四日

河南洛陽出

徵三・七　蒿二・三　名六・六八　誌新三・四　芒冢中・
一二

都總監丞張公夫人吉氏（檀波羅）墓誌　正書

開元十三年七月二十一日

河南洛陽出土

館・七七　徵三・七　誌新三・四

朝議郎德州司倉鄭元璲墓誌　正書　韋良嗣製

開元十三年九月既望

張鈁千唐誌齋藏石

館・七七　徵三・七

銀青光祿大夫湖州刺史朱崇慶墓誌　分書
開元十三年九月十七日
張鈁千唐誌齋藏石
館・七七　徵三・七
太原王待徵墓誌　正書
開元十三年十月二十三日
張鈁千唐誌齋藏石
館・七七　徵三・七
處士王慶墓碣　石形八棱七面刻字　如幢柱
并府北崇福寺沙門邈文並書及題牓　常思恩鐫
額題唐處士王君之碣
開元十三年古辛（十一月）月十一日
山西黎城尊經書院（乾隆間黎城小坂村出土）
右冢五・四　緣督廬日記抄九・一三
太子舍人敬昭道墓誌　正書
開元十三年十一月二十二日
張鈁千唐誌齋藏石
館・七七　徵三・七
靈泉寺殘塔記　又名開元僧人殘塔銘　正書
開元十三年
河南安陽寶山
河錄二・八　攈八・九　朔目二・一一　滙九之二・四
國子進士寇堮墓誌　正書　父泚撰
開元十四年正月丙申
張鈁千唐誌齋藏石
館・七七　徵三・七
尚舍直長薛府君夫人裴氏墓誌　正書　族孫良述
開元十四年二月二十三日

河南洛陽存古閣

藝一八・八　徵三・七　蒿二・三　甘泉鄉人稿一〇・五　泉一・四三　名六・六八　館・七七　趙録三・一二　攈八・九　誌匯二・一七　匯九之三・五四　誌一〇・五　瓊五三・一〇　芒冢中・一二　洛陽存古閣藏石目・二　唐文拾遺一九・一〇　萃目一・一五

陀羅尼經幢　八面刻　正書　有像

開元十四年三月三日

江蘇丹陽城内

藝五・一一　匯四補遺・一五

釋迦寺西聖容□□院碑　兩面　一面心經有像　一面碑銘　均正書

開元十四年三月二十八日

河南長葛圓覺堂

藝五・一一　趙録三・一二　攈八・九　匯九之一・四八　萃目一・一五

陁羅尼經幢　正書

開元十四年四月二十二日

江蘇句容

江蘇金石志四・一六

劉夫人墓誌　正書

開元十四年五月十九日

張鈁千唐誌齋藏石

徵三・七　館・七七

潭州衡山縣令鄭戎墓誌銘並蓋　正書

開元十四年五月十九日

河南博物館藏石

館・七七　徵三・七　蒿二・三　名六・六八　誌新三・五

八品亡宮墓誌　正書

開元十四年六月十四日

河南洛陽出土

館・七七　徵三・七

右監門衛大將軍李懷吳興郡大夫人何氏墓誌　行書

開元十四年六月十五日

館・七七　徵三・七

朔方軍總管忠武將軍右武衛翊府左郎將青山縣開國男食邑三百戶李信墓誌　正書

開元十四年六月二十四日

河南洛陽出土

徵三・七　館・七七　誌新三・五

紀泰山銘　玄宗李隆基製並分書

額分書

開元十四年九月十二日（正書）

銘後從臣題名　分書　為明人加刻所掩

山東泰安岱頂大觀峰東嶽廟後

右傍有蘇頲東封朝觀頌，明閩人林焞以忠孝廉節四大字刻其上以致損壞。

聶劍光《泰山道里記》引明王世貞云：其下三尺許為拓碑者冬月熢火蝕之，遂不全。又引《濟南府志》云：碑下截剝落，葉彬補書百八字。吳錫麒云：碑下截剝落凡一百八字。

陸繼輅《合肥學舍札記》四十三云：文與《舊唐書・禮儀志》不合者二十餘字。

清宋思仁泰山述記・六一　雲三・二八　藝五・一一　道一四九・五一　孫錄三・一〇七　民國十八年泰安縣志一三　竹二・二八　攈八・九　古墨四・八〇　備　鐫二・四　庚六・九　字三　曝四　妙七・一五　存一四・一八　授續三・一七　阮山一

二・一六　萃七六・三　抄五・二九　阮元小滄浪亭筆談三・四四　平五・二二　匯一〇之一・四〇　全唐文四一・一八　明查志龍岱史八・一〇　唐文粹一九・一至四　吳錫麒游太山記（有正味齋駢體文一五・一二）

七品亡宮誌文　正書

開元十四年九月二十二日

張鈁千唐誌齋藏石

館・七七　徵三・七

右威衛將軍董懷義墓誌　正書

開元十四年十一月十日

張鈁千唐誌齋藏石

館・七七　徵三・七

沁州安樂府別將上騎都尉張詮墓誌銘　正書

開元十四年十一月十日

河南博物館藏石

徵三・七　館・七七　名六・六八　蒿二・三　誌新三・五　芒冢四編五・一八

太子賓客陳憲墓誌　分書

開元十四年十一月十六日

右下角缺，錢大昕考為姓柴。

河南偃師出土，移置縣學。

藝一八・八　徵三・七　蒿二・三　東冢・三　名六・六八　竹二・二八　孫錄三・一〇七　偃師金石遺文記上　攈八・九　誌匯二・一八　匯九之四・二　誌一〇・七　跋六・八　萃七七・一　鈔五・三四　古墨四・八〇　平五・二三　全唐文九九五・五

薦福寺大德思恒律師誌文並蓋　正書　常東名撰（據《全唐文》）

開元十四年十二月十五日

陝西咸寧出，歸長白端方。

藝一八·八　徵三·七　關考三·五五　名六·六八　竹二·二八　孫錄三·一〇七　攈八·九　誌匯二·一八　蒿五·三　匯一二之一·五　古墨四·八一　誌一·八　雍六·五　鈔五·三六　陶二二·一　平三續上·一八　關三·八　錄補一三·一二三　陝一一·三〇　全唐文三九六·一二

太原王曉夫人崔淑墓誌　正書

開元十四年十二月十七日

張鈁千唐誌齋藏石

館·七八　徵三·七　誌新三·五

棲霞寺司馬處璧殘碑　正書　存下截

開元十四年

山東魚臺棲霞寺佛殿西山墻

匯一〇之二·六四　攈八·一〇

徐仕通等建寺碑　正書

開元十四年（刻在右側）

山東蘭山

右側有朱欽智造像　開十四年　乾興　年月　天聖元年正月二十三日題記

攈八·一〇　匯一〇之二·六六

□州司馬上柱國辛仲□墓誌　正書

開元十四年

洺州清漳令秦獻造彌勒像並石浮圖記　正書

開元十五年正月五日

可辨者十行，末行剝蝕。

河北肥鄉東三十里大寨村（一作十五里清漳村，明天啟元年村人掘井得之）

畿志一四五·二七　藝五·一一　光緒二十年廣平府志三五·二六

七品亡宮誌文　正書

開元十五年正月二十四日

徵三·七　館·七八

右金吾將軍魏靖墓誌並蓋　劉升撰　男少游書

開元十五年正月二十四日

誌新三·五

游擊將軍左領軍衛京兆府折衝尉長上内供奉宋莊墓誌　正書

開元十五年正月二十四日

張鈁千唐誌齋藏石

徵三·七　館·七八

端州石室記　李邕撰並正書

開元十五年正月二十五日

左上角中間缺一圓孔

陶定題名　正書　乾道己丑九月乙丑日

全文三八〇字，可辨者三百五十餘字。

廣東高要北七星巖下

藝五·一一　孫錄三·一〇七　楊圖五·三二　陳澧東塾集四·九　竹二·二八　彭泰來高要金石略一·三　攈八·十　萘三·一四　錄補一三·一二三　集跋·六　集目六·四　寶叢一九·三一　字六·一三　萃七七·二　平五·二三　東洲草堂文抄一·六　獨殘·二四　瓊五三·一三　匯十七·九　輿三·一五　郭麐唐文粹補遺一七·一　寰記一五九·八　全唐文二六二·一　日人森清太郎廣東紀勝·一七〇

定州北平縣長豐鄉章丘里侯村合道俗等造陀羅尼經幢　藝作大幢主唐任等造陁羅尼經幢　上下兩層　均八面刻　正書

開元十五年正月二十八日

河北完縣十五里陳侯村稽古寺

藝五・一一

朝議郎行中書主書段萬頃墓誌　正書

開元十五年二月六日

張鈁千唐誌齋藏石

館・七八　徵三・七

鄭玄泰石浮圖銘　又名雲居寺石浮圖頌　王大悅撰　正書

開元十五年仲春八日

天津羅□□等題名　民國八年　在年月後

河北房山

畿志一四一・七　光緒順天府志一二八・一三　房山雲居寺研究三一二　藝五・一一　孫錄三・一〇八　竹二・二八　畿目上一〇　攈八・一〇　備　滙一・一九　復二四・一三　全唐文三六一・一　孫錄澤春明夢餘錄六七・九　瓊五三・一五

并州陽曲縣主簿朱行斌墓誌並蓋　正書

開元十五年二月十六日

河南博物館藏石

徵三・七　館・七八　蒿二・三　名六・六九　誌新三・五　芒冢四編五・一九

高士朱君信墓誌　正書

開十五年二月十七日（開元天寶二紀年在墓誌中或省作開、作天）

張鈁千唐誌齋藏石

館・七八　徵三・七　誌新三・五

大理寺正喬夢松夫人長樂馮氏墓誌　正書　李系撰

開元十五年二月二十九日

張鈁千唐誌齋藏石

館・七八　徵三・八　誌新三・五

梁郡喬崇敬墓誌　正書

開元十五年二月二十九日

張鈁千唐誌齋藏石

館・七八　徵三・八　誌新三・五　蒿續・七

陪戎校尉太原王勔墓誌　正書

開元十五年二月二十九日

張鈁千唐誌齋藏石

館・七八

大理寺評事梁郡喬崇隱墓誌　正書　李系撰

開元十五年二月二十九日

張鈁千唐誌齋藏石

館・七八　徵三・八　誌新三・五

朝議郎周君夫人南陽趙璧墓誌　正書

開元十五年二月三十日

張鈁千唐誌齋藏石

館・七八　徵三・八　誌新三・五

方律師（寶手）**像塔銘**　正書

開元十五年三月一日

河南安陽六十六寶山（或作萬佛溝）

藝五・一一　擴八・一〇　徵三・八　名六・六九　誌匯二・一八　朔目二・一一　河錄二・八　匯九之二・四　安陽三・九　唐文拾遺六二・五

袁州參軍事李和墓誌銘並蓋　正書

開元十五年六月十三日

河南博物館藏石

徵三・八　蒿二・三　名六・六九　館・七八　芒冢四編五・二〇

徐惠造陀羅尼經幢　八面刻　正書

開元十五年六月十八日

山東新泰

藝五·一一　擴八·一〇　匯一〇之一·六八

徵士平昌孟俊墓誌　正書

開元十五年七月十二日

張鈁千唐誌齋藏石

館·七八　徵三·八

寧州豐義縣令鄭温球墓誌　正書　盧兼愛文

開元十五年七月二十七日

陝西鄠縣出土（嘉慶間），歸常州陸氏，咸豐庚申以後失所在。

藝一八·八　蒿二·四　名六·六九　徵三·八　趙録三·一二　擴八·一〇　誌匯二·一八　匯一二之一·八七　平再續·一五　誌一〇·一二　續編七·三　瓊五三·一八　唐文拾遺一八·一七　陝一二·一

汾州崇儒府折衝滎陽鄭仁頴墓誌　從弟鄭處撰　張勔書

開元十五年七月二十七日

張鈁千唐誌齋藏石

館·七八　徵三·八　誌新三·五

膚施縣令上柱國于士恭墓誌　又名于履楫墓誌　正書

開元十五年七月乙酉

右上角缺

陝西咸寧出土

藝一八·八　徵三·八　蒿二·四　關考五·三一　名六·六九　館·七八　趙録三·一二　擴八·一〇　誌匯二·一八　匯一二補遺·二　志一〇·一一　平續·一〇　隋唐上·二五　續編·七三　瓊五三·一五　陝一二·一　萃略二·一三　全唐文九九五·六　萃目一·一五

花塔寺玉石佛座題名　又名恒州刺史蕭譲為九忌日造玉石像座題字

四面刻　正書

開元十五年七月（或作開元十六年）

刻唐諸帝后忌辰

貞元移石題字　正書　貞元十一年三月二十八日

河北正定城內華塔寺（亦名廣惠寺）

藝五·一三　趙錄三·一二　攈八·一一　畿目上·一〇　常八·二三　匯三之二·九

睦州參軍王公女十八娘殯記　正書

開元十五年八月九日

河南博物館藏石

館·七八　徵三·八　蒿補·七

恆山祠碑　張嘉貞撰並行書　李克嗣題額　額篆書陽文

開元丁卯歲（十五年）仲秋望立

河北曲陽

碑陰

孟暤題名　王士則行書　大曆元年二月六日

趙融等題名　正書左行　貞元十六年十月十二日

趙融等再題名　正書左行　貞元十八年十月四日

范希朝題名　正書　元和五年二月六日

兵曹參軍□□題名　正書　元和七年三月十四日

劉璠題名　正書　長慶三年九月二十六日

劉璠再題名　邢博正書　寶曆元年

劉璠三題名　正書左行　寶曆　為宣和題字所掩

劉賞題名　正書左行　大和元年十月望

劉賞再題名　正書左行　大和二年九月二十八日

劉賞三題名　正書左行　大和三年十月二日

張異等題名　正書　大和四年十月二十三日

張述等題名　正書　會昌元年□月九日

張中慶等題名　正書　會昌元年閏九月十五日

張周等題名　正書　大中九年九月十九日

鄭懿等題名　正書左行

王潭題記　正書　宣和庚子歲庚辰月日

王氏題記　因□□丞相張公所述□數字剥落，恐其□就訛缺，乃將完本召刻工以碑泐所有字補足之，庶古跡□□復完云

藝五·一一　畿志一五三·一〇　光緒三十年重修曲陽縣志一一·二七　孫録三·一〇八　竹二·二八　畿目上·一〇　攈八·一〇　菉三·一四　備　字三　萃七六·六　平續·一〇　瓊五三·二五　求二·二一　唐文粹五〇·三　匯三之二·四九　全唐文二九九·一五

朝散大夫行郢州司馬盧思莊墓誌　正書

開元十五年九月三日

張鈁千唐誌齋藏石

館·七八　徵三·八

維州刺史焦淑平吐蕃刻石　正書　施恩書

開元十五年九月十九日

四川茂縣出土

藝林旬刊六十二期

平陽郡敬覺墓誌　正書

開元十五年十月五日

張鈁千唐誌齋藏石

徵三·八　館·七八

朝議郎行楚州安宜縣令太原王晉夫人劉氏等合葬誌銘　正書　閻玄亮文

開元十五年十月五日

陜西西安出土，歸諸城劉喜海。

藝一八·八　徵三·八　萬二·四　名六·六九　館·七八　羅錄上·三〇　擴八·一〇　誌匯二·一八　瓊五三·二二

興州司馬王游藝墓誌　正書　姚景山撰

開元十五年十月五日

張鈁千唐誌齋藏石

館·七八　徵三·八

朝議郎行蓬州宕渠縣令王思齊墓誌　正書

開元十五年十月五日

張鈁千唐誌齋藏石

館·八八　徵三·八　誌新三·五

朝議郎上柱國豪州定遠縣令楊高仁墓誌　崔岑撰　王有志書

開元十五日十月二十三日

河南洛陽出土

徵三·八　館·七九　誌新三·五

崔守約墓誌　正書　韋隱之撰

開元十五年十月二十八日

館·七九　徵三·八　誌新三·五

崔嚴墓誌　正書

開元十五年十月二十八日

館·七九　萬二·四　右冢補·四　名六·六九　徵三·八

道安禪師碑　額分書　宋儋撰並行書　李鎬題額　（撰題人洲據《金石錄》補）

□元十五年十月二十八日

明萬曆間雷轟為兩截下截，三尺許模糊不可讀。

河南登封會善寺廢戒壇西南

說嵩一四·二二　藝五·一二　孫錄三·一〇八　竹二·二八　擴八·一〇　古墨四·八一　中記二·四五　錄補一三·一二

四　備　雪跋四・一〇　瓊五三・二四　平五・二四　萃七七・三　妙八・二九　來上・二五　字三　金石續錄二・一〇　乾隆登封縣志三〇・二九

河間邢均墓誌　正書

開十五年十月庚午朔

張鈁千唐誌齋藏石

館・七九　徵三・八　誌新三・五

朝請大夫尚書思勳郎中吉渾墓誌　正書　康堯臣撰

開元十五年十一月二十八日

或云有兩側

張鈁千唐誌齋藏石

徵三・八　蒿續・七

□□翊衛陳思墓誌　正書

開元十五年十二月十七日

張鈁千唐誌齋藏石

館・七八　徵三・八

朝散大夫行吉州長史婁君夫人西河縣君靳氏墓誌銘　正書

開元十六年二月日

河南博物館藏石

館・七九　徵三・八　誌新三・五

卜素墓誌　正書

開元十六年三月十三日

天津姚貴昉藏石

徵三・八　名六・六九　蒿二・四　館・七九　誌新三・五

相州河陽縣日觀鄉杜□墓誌　正書

開元十六年月六日

地獄真言幢　八面刻　正書

開元十六年六月

藝五・一二

敦煌范崇禮墓誌　正書

開元十六年七月三日

張鈁千唐誌齋藏石

館・七九　徵三・八

嵩岳少林寺碑　裴漼撰並行書

開元十六年七月十五日

碑額　秦王告少林寺主教　行書　武德四年四月三十日

碑陰　柏谷塢莊碑　玄宗李隆基正書　開元十一年十一月四日

碑陰額　少林寺賜田勅　正書　貞觀六年六月二十九日　開元十一年十二月書

河南登封少室山

藝五・一二　說嵩一四・一四　竹二・二八　孫錄三・一〇八　中記二・四五　古墨四・八一　錄補一三・一二四　藪・一〇　跋六・八　攈八・一〇　蕹一二・一　鐫二・八　字三　來中・二五　金石・一七　平五・二四　萃上七・四　滙九之四・二六　全唐文二七九・一六　乾隆登封縣志三〇・三〇

越州諸暨縣主簿崔齊榮墓誌　正書

開元十六年七月二十六日

館・七九

河南府河清縣毛鳳敬墓誌　正書

開元十六年十月八日

張鈁千唐誌齋藏石

館・七九　徵三・八　誌新三・六

鼎州三原縣令盧君夫人辛氏墓誌　正書

開元十六年十月二十三日

張鈁千唐誌齋藏石

徵三・八　館・七九

瀧州汧源縣丞楊淡造陁羅尼經幢　八面刻　止書
開元十六年十一月八日
譙國簡夫題記　正書　紹聖丙子孟看念五日
陝西隴縣城北一里開元寺
關考一〇・一四　藝五・一三　竹二・二九　孫錄三・一〇八　關三・八　擴八・一〇　滙一二之二・四六

香泉寺比丘法明造佛頂尊勝陁羅尼經幢　正書　張承福述　書手崔慧琮
開元十六年十二月十五日
河南汲縣西北四十里落霖山本寺佛塔上
朔目一・三　河錄一・五　河目上・八

李思訓為亡父母及見在姊嫘等造像　正書
開元十七年二月十四日

朝議郎行忻州定襄縣令上柱國張楚璋墓誌　正書
開元十七年二月二十四日
張鈁千唐誌齋藏石
館・七九　徵三・九　誌新三・六

薛道實碑　分書
開元十七年三月
山西臨晉北四十里平宜村北
滙十一・三六

朝議郎行蘇州嘉興尉談昕墓誌　正書
開元十七年四月十三日
張鈁千唐誌齋藏石
館・七九　徵三・九　誌新三・六

孔桃栓墓誌　分書
開元十七年四月二十四日
張鈁千唐誌齋藏石

館·七九　徵三·九　誌新三·六

襄（《全唐文》作衆）**義寺大德敬節法師塔銘**　正書　處玉瓆撰（《全唐文》）

開元十七年七月十五日

陝西咸寧杜永村出土，咸豐間毀於火，存殘石三片約百餘字。

藝一八·八　徵二·九　關考五·三一　名六·六九　竹二·一九　孫錄三·一〇八　誌匯二·一八　蒿五·三　匯一二之一·五　字三·二七　求二·二四　瓊六三·二七　續編七·三　平五·二四　古墨四·八四　授續三·一九　關二·八　陝一二·三　全唐文九一三·一　萃目一·一五

龍角山慶唐觀紀聖銘　玄宗李隆基撰並分書　御題一行　張說正書　年月一行　呂向正書　篆額　銘後刻一千一百七十字

開元十七年九月三日

碑陰皇太子鴻及諸臣銜名　呂向正書

李寰題名　正書　長慶三年三月十八日

山西浮山縣南三十五里羊角山麓本觀内

藝五·一三　孫錄三·一〇八　右四·八　攈八·一一　金石錄二六·七　字三　金石二跋二·四　筆·二四　瓊五三·二九　右叢六·五　求二·二五　匯一一·二三　萃正一·二三　全唐文四一·一四　萃目一·一五

軒轅廷盈為亡妻孔十二娘造像　正書

開元十七年九月二十四日

藝續一·陶齋藏石

寧州羅川府折衝劉龍樹墓誌銘並蓋　正書

開元十七年十一月十六日

河南博物館藏石

徵三·九　館·七九　誌新三·六

商州司馬楊珹墓誌　正書

開元十七年十一月十六日

張鈁千唐誌齋藏石

徵三·九　館·七九

聖寺尼法澄塔銘　正書　李志暕撰並書　刻字朱曜先

開元十七年十一月二十二日

陝西咸寧出土（光緒十五），歸黃子壽。

攈八·一一　名六·六九　關考一·五三　徵三·九　竹二·二九　孫錄三·一〇八　匯一二之一·五　藝一六·八　平五·二五　萃七八·一　潛跋六·八　雍六·六　關三·七　字三·二七　妙九·一

開元十八年正月一日殘造像　正書

河北磁縣南響堂山

藝四·二四　匯三補遺·四五

興隆寺陀羅尼幢　八面刻　正書

開元十八年正月□□日（篆書）

河南沁陽西北三十里王范村隆寺

藝五·一三　朔目七·二　攈八·一一　平三續上·一八　匯九之二·三八　河錄一〇·五　道光五年河內縣志二〇·三〇

滑臺居士樂安林上騎都尉孫客奴造石浮圖銘　正書

開元十八年四月十三日

兩側題名

河南滑縣城內福明寺大殿西　民國庚辰十月移南門內靈光庵後國民學校

藝續一　朔目六·七　河錄九·一　河目上·八　民國十九年滑縣志，金石一·六

大中大夫定州長史上柱國李謙墓誌　正書

開元十八年四月十六日

張鈁千唐誌齋藏石

館・七九　徵三・七九　誌新三・六

王道元為先娉宋二娘造像　正書

開元十八年閏六月二十日

長白端方藏石

陶二三・五

朝散大夫上柱國潁州汝陰縣令史待賓墓誌　正書

開元十八年閏六月二十三日

張鈁千唐誌齋藏石

徵三・九　館・七九

宋欽讓造樂師像　正書

開元十八年七月四日

山東樂安隋氏藏石

攈八・一一　匯一〇之三・三六

銀青光祿大夫行太子□□鍾紹京妻越國夫人許氏墓誌　正書

開元十八年九月九日

張鈁千唐誌齋藏石

館・七九　徵三・九

麓山寺碑　又名嶽麓寺碑　李邕文並行書　江夏黃仙鶴刻

額篆書陽文

開元十八年九月十一日

碑文為明人加刻所掩，右下邊缺一小塊，後段殘佚數行，康熙初及嘉慶七年皆遭火焚。

湖南長沙嶽麓書院（今為湖南大學）半學齋後

碑陰：

錄事參軍□守□等題名並贊　正書

醴陵今李仁瓚等題名並贊　正書

□城宰張守旮等題名並贊　正書

程皞等題名　正書左行　政和癸巳四月十一日

王仁甫等題名　牛元若正書　歲在庚申五月望日

沈時等題名　分書　淳熙□□

梁全等題名　分書　皇慶元年

米芾題名　正書　元豐庚申元日

襄陽曾思等題名　分書　紹興八年三月晦

《甘泉鄉人餘稿》一·十八云：三十年前拓本較《萃編》缺七十餘字。孫退谷藏本較《萃編》多一百七十餘字，比近拓多二百五十餘字。

道光乙年陶澍摹刻本（在嶽麓書院）

《清儀閣金石題識》云：碑多裂痕，土人作亭覆之，碑嵌亭壁，故碑陰拓本流傳極罕。又云：嘉慶七年以前拓左方一角，乃嚴成道至開元十八年之九十四字獨未斷裂而嵌立小碑另拓也。

張廷濟藏宋拓本存一千四百餘字

光緒《湖南通志》云：碑石近趺處殘缺，縱約八寸，橫約三寸，左方斷裂尤甚，上半截雙字不存，下半截尚存九十字。原無大唐開元四字，缺裂處猶存德允二字之半，蓋祖上計於京以下四十三字列於年月後也。沈廷瑛以殘石嵌立小碑，列於左方之前，此碑共一千四百十三字，斷裂漫漶者二百七十一字。

鄧顯鶴《沅湘耆舊集》湘潭秦偉士文超涵村詩集北海碑詩自註云：吳門勞澂字在茲……寓嶽麓寺時，李碑周圍茀草夜值山火延燒，在茲同僧彌嵩率人運水救熄而碑已焚，毀落石三片，上有十七字在茲，以飾囊盛之，視為至寶。

《湖南通志》云：嘉慶七年，碑左方斷裂，襄陽題名遂不復見。溈山黃本驥遊關中，得米芾題名并曾思恩等題名舊拓本，遂於咸豐四年上石，嵌石嶽麓書院御書樓壁間。

藝五·一三　竹二·二九　孫錄三·一〇八　東湖叢記三·二六　楊圖五·三一　息柯雜著六·一四　天一閣碑目　菉三·一四　古墨四·八二　藪·二八　跋六·九　攈八·一一　鐫三·

九　庚六·一四　字三　來下·一六　金石續錄二·一三　妙八·二六　金石二跋二·四　萃七八·一　平六·一　清二·五〇　泉二·一　退庵金石書畫跋四·二五　東洲草堂文抄一〇·四　瓊五四·三　寶鴨下·七　陳運溶湘城訪古錄·五　匯一五·一　光緒湖南通志二·六二藝文一八及金石三　萃目一·一五　全唐文二六三六　唐文拾遺一六·二三（錄陰）

朝散大夫守巴州別駕上柱國朱庭瑾墓誌　正書

開元十八年十月四日

張鈁千唐誌齋藏石

徵三·九　館·八〇

上柱國兵部常選廣平宋守一墓誌　正書

開元十八年十月十六日

館·七九　徵三·九

忠武將軍河南府懷音府長上折衝上柱國河間郡劉庭訓墓誌銘　正書

開元十八年十月十六日

河南博物館藏石

館·八〇　徵三·九　誌新三·六　芒冢三編·五三

柏處玉墓誌　正書　馬光淑撰

開元十八年十月十六日

張鈁千唐誌齋藏石

館·八〇　徵三·九　誌新三·六

陪戎尉孟頭墓誌　正書

開元十八年十月二十八日

河南河陰劉溝南橫湝北出土

蒿二·四　徵三·九　名六·七〇　中冢·二三　誌新三·六　民國七年河陰縣志金石考一·五

朝散大夫行申州長史上柱國劉如璋墓誌　正書

開元十八年十一月十日

徵三·九　館·八〇

宣議郎行涇州陰盤縣尉騎都尉周義墓誌　弟敬友撰　孫良弼書

開元十八年十一月十日

張鈁千唐誌齋藏石

館·八〇　徵三·九

襄州長史韋麟墓誌　正書

開元十八年十一月二十二日

張鈁千唐誌齋藏石

館·八〇　徵三·九　誌新三·六

石亭記千秋亭記　趙演詞　郭延瑾行書

開元十八年月應大呂（十二月）日御戊辰

崔文邕詩　正書　開元十九年五月五日　唐文拾遺一八·二四

四川中江

藝五·一四　趙錄三·一二　攈八·一一　匯一六之二·三六　唐文拾遺一八·一八　苑

左領軍衛執戟李偘墓誌　正書　崔珪璋撰

開元十八年十二月二十九日

張鈁千唐誌齋藏石

館·八〇　徵三·九　誌新三·六　蒿續·七

大忍寺門樓碑　沙門釋具撰　裴抗分書（撰書人據《金石錄》）孫錄作楊邈撰

額分書

開元十八年（一作開元二十一年）丁紹基據文段公崇簡云云。又據定州刺史段公《祈嶽降雨頌》云：公以申戌（開元二十二年）歲莅，斷此碑非十八年，並非二十一年。

碑陰

紀功頌　正書　額正書　困敦歲太簇月上旬六日

河北深澤城內縣署西化寺大殿左

藝五·一四　竹二·二九　孫錄三·一〇九　畿目上·九　攈八·一三　萃七八·三　求二·二七　寶叢二〇·四一　匯三之二·五九　畿志一五三·八六　全唐文九一四·一一

守利州刺史屈突季將造像　正書

開元十八年

縣志云千佛洞額每行四字，前二行大唐開元十八年七字存，後只存勝因佛當四字，餘皆崩圮。

四川廣元千佛巖

藝五·八　趙錄三·一二　攈八·一一　匯一六補遺·一二苑　民國廿九年重修慶元縣志三·六九

銀青光錄大夫行太子少卿上柱國渤海郡開國公高徽墓誌　次子寬書

開元十八年

張鈁千唐誌齋藏石

徵三·九　館·八〇

登仕郎行河南府洛陽縣錄事呂君夫人李氏墓誌　正書

開元十九年二月五日

張鈁千唐誌齋藏石

館·八〇　徵三·九　誌新三·六

華州鄭縣主簿李景陽墓誌　正書

開元十九年二月十七日

張鈁千唐誌齋藏石

館·八〇　徵三·九　誌新三·六

劉嗣縣造石浮圖記　藺休祥撰並正書　鎸勒人皇甫思忠

開元十九年二月二十日

陶二〇·二

韓?秀弟妹等造像（韓原作釋）　正書

開元十九年三月八日
河北唐山宣霧山
藝三・六　羅錄上・三〇　匯三補遺・三六
朝議郎歙州北野縣尉上騎都尉程逸墓誌　正書
開元十九年三月十三日
徵三・九　館・八〇
監門衛長史安定皇甫慎墓誌　正書
開元十九年四月七日
張鈁千唐誌齋藏石
館・八〇　徵三・一〇　誌新三・六
汝州魯陽府別將胡明期母曹夫人誌銘並蓋　正書　騫國俊撰
開元十九年四月七日
河南博物館藏石
徵三・一〇　館・八〇　名六・七〇　蒿二・四　誌新三・六
懷州司戶參軍陳氏故賈夫人墓誌　正書
開元十九年五月十四日
館・八〇　徵三・一〇
江王息故澧州刺史廣平公夫人楊氏墓誌　正書
開元十九年六月十九日
館・八〇　徵三・一〇
廬山東林寺碑　李邕撰並行書
開元十九年七月十五日
石中斷，上截一石又裂為二，下截左右角均缺佚。
蔣之奇題名　正書　在碑首
米芾題名　元豐四年□月十六日　在碑首
錢大昕據張又新記考：開元中此文初未刻石，仍在會昌之世。
沙門慶哲重刻石題記　正書　至元三年四月八日
何紹基云：近年修寺橋，忽得片石，餘五十餘字，今仍剝落矣。

延祐七年，寺火碑壞，住山古智禪師復取李碑重摹刻之，立於虎溪三笑橋。

萬曆丁酉為醉僧所斷，毀去全文四十七字，僧自貞以票木鑲嵌移槭神運殿中，又以所藏碎石十五字補之（張申《棣園隨筆》）。

江西星子本寺

藝五·一四　竹二·二九　天一閣碑目　孫錄三·一〇九　跋六·九　攈八·一二　集目六·六　字三　萃七八·三　瓊五四·一八　匯六·三四　東洲草堂文抄一〇·一〇　繆荃孫江西金石目·六　輿二·五　全唐文二六四·三

趙氏子殯記　又名趙氏子汝南塔記　正書

開元十九年八月十三日

藝一八·八　徵三·一〇　名六·七〇　蒿五·三　芒冢中·一三

雲門山功德記　唐級撰　韋諫正書

開元十九年八月十五日

山東益都雲門山山陽洞西佛龕內

藝五·一四　孫錄三·一〇九　光緒益都縣志二七　攈八·一二　瓊五四·一八　平六·一　益一·三七　阮山一二·二四　匯一〇之三·二六　全唐文三五三·一　萃目一·一五

三尊真容像支提龕銘　蔡景撰　正書

開元十九年九月二十五日

石方蔡景撰述二大德道行記　正書

河南林縣西南二十五里洪谷寺東三里

萃七八·五　攈八·一二　朔目三·五　河錄四·五　竹二·二九　孫錄三·一〇九　河目中·一六　匯九之二·一五　中記二·四六　錄補一三·一二五　集目六·五　字六·二五　全唐文三九八·九·一〇

吏部常選滎陽鄭公夫人宋氏墓誌　正書

開元十九年十月二十二日

張鈁千唐誌齋藏石

館・八〇　徵三・一〇　羅振玉車塵稿六四

左率府長史王元朝造陀羅尼經幢　八面刻　正書

開元十九年十一月十五日

河南鞏縣石窟寺大殿前檐下

僧太初再立題記　正書　大中八年正月二十六日

穆暹重立題記　正書　乾祐初歲次涒灘月建辛酉五日辛巳

藝五・一四　竹二・二九　孫錄三・一〇九　中記二・四七　攈八・一二　金石二跋二・五　平六・一　瓊四六・二五　匯九之四・一四　石言四・一三　民國二十六年鞏縣志一九・五　萃目一・一二

延州都督府士曹參軍長孫眪墓誌　正書

開元十九年十一月二十五日

張鈁千唐誌齋藏石

徵三・一〇　館・八〇

薛王府上柱國司馬銓墓誌　張修文撰　門客搖寶珪書

開元十九年十一月二十七日

館・八〇　徵三・一〇

弘道觀主張遊霧題記　正書

開元十九年十一月

山東泰安岱嶽觀第二石陰面第二段右側

藝四・一三　攈八・一二　孫錄三・一〇九　阮山一一・九　匯一〇之一・三九

朝議郎行薛王府兵曹參軍上柱國太原王令墓誌　陳利見撰　唐逸書

開元二十年二月十一日

張鈁千唐誌齋藏石

徵三・一〇　館・八一

左領軍衛河南府折衝都尉王崇禮墓誌　正書

開元二十年二月十七日

張鈁千唐誌齋藏石

館・八一　徵三・一〇

栝州遂昌縣令張先墓誌　鄭稷撰　正書

開元二十年如月（二月）壬寅

張鈁千唐誌齋藏石

徵三・一〇　館・八一

內侍省內謁者監胡寂題記　正書　左行

開元二十年二月

山東泰安岱嶽觀第二石陰面段右側

藝四・一三　攈八・一二　匯一〇之一・三九　阮山一一・九

萬州司法參軍王韶墓誌　正書

開元二十年四月

張鈁千唐誌齋藏石

館・八一　徵三・一〇　誌新三・七　蒿續・七

太廟齋郎吏部常選郭懌墓誌　正書

開元二十年五月十九日

河南洛陽出土

徵三・一〇　館・八一　誌新三・七

郯王文學趙夏日墓誌　正書

開元二十年六月十一日卒

張鈁千唐誌齋藏石

館・八一　徵三・一〇

棣王府戶曹參軍清河張㠾故妻鉅鹿魏夫人墓誌銘並蓋　正書

開元二十年七月二十五日

河南博物館藏石

徵三・一一　蒿二・四

亡宫八品誌文　正書

開元二十年八月二十日

館・八一　徵三・一〇

上柱國趙法□（字南山）**墓誌並蓋**　正書

開元二十年九月二日

河南博物館藏石

館・八一　徵三・一〇

朝散郎行潞州長子縣尉太原王怡墓誌銘　正書　雍惟良撰

開元二十年九月二日

河南博物館藏石

館・八一　名六・七〇　蒿二・四　徵三・一〇　誌新三・七　芒冢四編五・二〇

朝議郎行幽州會昌縣令上柱國賈元恭墓誌　正書

開元二十年九月二日

張鈁千唐誌齋藏石

館・八一　徵三・一〇　誌新三・七

鄭州刺史源公夫人鄭氏墓誌　鄭惠津撰　正書

開元二十年九月二日

張鈁千唐誌齋藏石

徵三・一〇　館・八一

上柱國趙去感墓誌銘　正書

開元二十年九月二十日

河南博物館藏石

益州都督府戶曹參軍姚遷墓誌　正書　鄭乾詞

開元二十年九月二十日

張鈁千唐誌齋藏石

館·八一　徵三·一〇　誌新三·七

朝議郎行蒲州桑泉縣丞輕車都尉路惲墓誌　正書

開元二十年九月三十日

張鈁千唐誌齋藏石

館·八一　徵三·一〇　誌新三·七

闕特勤碑　正書　額分書　玄宗李隆基撰並分書

開元二十年十月七日

陰　突厥文

兩側　突厥文

突厥文爲 YoLij 撰

陰與側民國初年陳毅始為拓出

末行下刻宣統三年庫倫使者三多觀並建亭覆之一行

蒙古三音諾顏部之哲里

光緒十五年俄國伊爾庫次克城地理學會 N. YaHLinezeff 在鄂爾渾河畔始發現此碑。

廎·三八　和林金石錄·一　新西域記下四七二　羅振玉車塵稿·五〇　輔仁美術月刊二期陸和九闕特勤碑跋　石言一·二六　盛昱意園文略一·八

元陳宜甫《秋巖詩集》下和林域北當闕特勤墳詩云：大唐碑碣秋風里，猶是開元二十年。元耶律鑄《雙溪醉隱集》卷二取和林樂府小注。清光緒十九年志伯愚（鋭）初拓本，宣統二年四月三多拓本陳毅拓本，志本八行，撐梨二字，九行永言二字，十行無連二字，俱未泐，三多本九行永字金了，十行無連二字半泐。

三多闕特勤碑跋（《文藝雜誌》八期掃葉山房印本），六橋闕特勤碑跋（一九二九年七月十六日天津《益世報》藝術週刊），黃仲琴再談闕特勤碑，中央研究院語言歷史研究所《週刊》十集一〇二期），韓儒林突厥文闕特勤碑譯註（民國二十四年北平研究院《院務匯報》），岑仲勤跋突厥文闕特勤碑（《輔仁學志》六卷一·

二期），釋特和林三唐碑跋（《亞洲學術雜誌》二號），樂嘉藻和林三唐碑紀略（河北第一博物院半月刊四〇、四一、四二期）。

汾州抱腹寺碑 楊蔓撰 張伯曜分書 檢校造碑僧思本

開元二十年十月十五日

山西介休綿山

藝五·一四 右叢六·一七 匯一一補遺·六 石九·五

左側：

皇甫韶題名並五寺詩 元祐九年 李策題名 貞祐三年

右側：

庚辰歲首十二日（開元二十八年）賀知章詩 賀詩上方有嵒缺萬曜泚秀二十六年九字，左側下方有（王）彥齡連年游抱腹寺，皆自雲梯歸字，資甫按兩側見《山右金石記》。

泗州司馬苗善物墓誌 正書 侄延嗣撰

開元二十年十一月十日

張鈁千唐誌齋藏石

館·八一 徵三·一〇

靜塞軍司馬杜孚墓誌 正書

開元二十年十一月二十一日

張鈁千唐誌齋藏石

館·八一 徵三·一一 誌新三·七

揚州揚子縣令崔光嗣墓誌 正書

開元二十年十一月二十一日

張鈁千唐誌齋藏石

館·八一 徵三·一一

秘書丞攝侍御史朱公妻太原郡君王氏墓誌 分書 賀知章纂

開元二十年十一月二十一日

徵三·一一 館·八一 誌新三·七

宋定方楊元禮等造陁羅尼經幢 又名觀音堂陁羅尼幢 甯思簡

正書　王庭訓鐫

開元二十年十二月二日

後刻乾隆三十三年馮敏昌補記題字一行

河南孟縣北三里梧桐村白衣庵

河錄一三・九　朔目一〇・二　滙九之二・六五　攈八・一二　乾隆五十四年懷慶府志二七・一九

靈巖山一字王呪　僧智海記　歷城縣令皇甫詮寫

開元二十年十二月

山東長清靈巖寺西廊下朗公洞（咸豐二年曲阜顏平泉訪得）

攈八・一二　攀一二　滙一〇之一・二三

亳州譙縣令梁璵墓誌　正書

開元二十一年二月十六日

張鈁千唐誌齋藏石

館・八一　徵三・一一

京兆府渭南縣尉張時譽墓誌　侄翃撰　正書

開元二十一年三月五日

張鈁千唐誌齋藏石

館・八一　徵三・一一　誌新三・七

苑西面副監孝子房惠琳墓誌　正書

開元二十一年三月十二日

陝西咸寧長安二縣境出土，歸大荔李氏。

館・八一　徵三・一一　關新三・二六　名六・七〇　關考八・二〇　誌滙二・一九　陝一二・五

宣化寺比丘尼堅行禪師塔誌　正書

開元二十一年閏三月十日（志文誤刻為六月）

陝西西安城南

孫錄三・一〇九　名六・七〇　竹二・三〇　關三・九　雍六・七　萃七八・六　平三續上・一九　關考三・五六　攈八・一

二　匯一二之一·五　全唐文九九七·七

左羽林軍長史姚重曒墓誌　正書

開元二十一年閏三月十七日

張鈁千唐誌齋藏石

館·八一　徵三·一一　誌新三·七

白馬寺碑　正書

開元二十一年閏三月

山東泰安西南五十里下張莊東

藝五·一四　攈八·一二　匯一〇之一·四〇

冠軍大將軍行右威衛將軍上柱國金城郡開國公李仁德墓誌　正書

開元二十一年四月十三日

仁德樂浪人

陝西西安出，歸閩縣陳氏澂秋館。

藝一八·八　徵三·一一　館·八一　蒿二·四　名六·七〇　關考三·五六　關新三·二七　趙錄三二　攈八·一二　誌匯二·一九　續·丙　硯十一·一〇　瓊五四·二三　閩略一四·一〇　陝一二·六　唐文拾遺六六·三　福志僑刻三·四

處士王公夫人程氏墓誌　正書

開元二十一年四月十三日

張鈁千唐誌齋藏石

館·八一　徵三·一一　誌新三·一一

河南府溫縣尉房君故夫人崔順墓誌銘並蓋　崔鎮撰　子寬書

開元二十一年四月十三日

河南博物館藏石

徵三·一一　誌新三·七　蒿補·七

新城府別將張翼墓誌　分書

開元二十一年七月十八日

張鈁千唐誌齋藏石

館・八一　徵三・一一　誌新三・七

監察御史杜公故夫人張氏墓誌銘　正書

開元二十一年八月八日

河南博物館藏石

徵三・一一　館・八二

鄧夫人墓誌　正書

開元二十一年十月十日

徵三・一一　館・八二

通議大夫鄂州刺史上柱國盧翊墓誌　正書

開元二十一年十月十六日

張鈁千唐誌齋藏石

館・八二　徵三・一一　誌新三・七

河南府參軍范陽張軫墓誌並蓋　正書　呂巖說撰

開元二十一年十月十六日

湖北襄陽出土

藝一八・八　徵三・一一　館・八二　蒿二・四　藝文六・一〇　名六・七一　楊五・三七　趙錄三・一三　攈八・一三　誌匯二・一九　匯一四・一五　瓊五三・三九　續・丁　湖北金石志四・一八　襄陽冢墓遺文・五　襄陽金石略六・一　唐文拾遺一九・一九　萃目一・一六

秀士張點墓誌　正書　兄顒撰

開元二十一年十月十六日

湖北襄陽出土

藝一八・八　名六・七〇　襄陽冢墓遺文・四　楊　五・三三　蒿二・五　徵三・一一　館・八二　羅錄上・三〇　攈八・一三　誌匯二・一九　匯一四・一五　瓊五四・三一　硯一一・一三　湖北金石志四・一九　襄陽冢墓遺文・四　襄陽金石略六・

一　唐文拾遺一八·一九

給事郎行太平公主邑司錄事上柱國韓思墓誌　正書

開元二十一年十月十六日

張鈁千唐誌齋藏石

館·八二　徵三·一一

襲容城伯盧君夫人隴西李氏墓誌　正書

開元二十一年十月十六日

張鈁千唐誌齋藏石

館·八二　徵三·一一

承議郎行慈州呂香縣令趙元瓌墓誌　正書

開元二十一年十月二十一日

徵三·一一　館·八二

朝議郎守邛州司馬楊瑤墓誌　正書

開元二十一年十月二十七日

張鈁千唐誌齋藏石

館·八二　徵三·一一　誌新三·七

冀州棗強縣令贈隨州刺史裴同墓誌　正書

開元二十一年十月二十七日

張鈁千唐誌齋藏石

館·八三　徵三·一一

朝散大夫國子司業開休元墓誌　正書　郭虛己撰

開元二十一年十一月九日

張鈁千唐誌齋藏石

館·八二　徵三·一一　蒿補·七

慶王府典軍江璀墓誌　正書

開元二十一年十一月二十二日

河南博物館藏石

徵三·一一　館·八二　誌新三·七

揚州海陵縣令李貞墓誌　郭幹書
開元二十一年十一月二十七日
張鈁千唐誌齋藏石
館·八二　徵三·一一　誌新三·七
孟暉墓誌　正書
開元二十二年正月十日
張鈁千唐誌齋藏石
館·八二　徵三·一一　誌新三·七
將師舉文武及第前振威副尉守右府衛蒲州永安府左果毅都尉崔澤夫人張氏墓誌　正書
開元二十二年正月二十八日
張鈁千唐誌齋藏石
館·八二　徵三·一一
定州唐縣丞柳正確墓誌　正書
開元二十二年三月九日
徵三·一二　館·八二
左千衛鎧曹源府君夫人薛淑墓誌　正書
開元二十二年三月十一日
河南洛陽出土
徵三·一二　蒿二·五　芒冢四編五·二三　遼唐稿·三七
宣德郎守潞州大都督府參軍事裴肅墓誌銘　正書　洪孝昌撰
開元二十二年三月二十四日
河南博物館藏石
徵三·一二　館·八二　誌新三·七
同州河西主簿李君夫人蘇氏墓誌　正書
開元二十二年四月六日
張鈁千唐誌齋藏石
館·八二　徵三·一二

翊麾副尉澤州太行鎮將騎都尉安孝臣墓誌　正書

開元二十二年四月九日

張鈁千唐誌齋藏石

館・八二　徵三・一三　誌新三・七

冠軍大將軍行□□□翊府中郎將幽州經略軍節度副使翟墓誌　正書

開元二十二年七月十四日

館・八二　徵三・一二

幢主李劉生造陁羅尼經幢　八面刻　正書

額篆書

開元二十二年七月二十二日

藝五・一四

吏部常選遼西段貞墓誌　正書

開元二十二年八月十四日

河南博物館藏石

徵三・一二　館・八二　名六・七一　誌新三・八　蒿補・七

贈綿州司馬白義寶墓誌　正書

開元廿二年十月十九日卒

張鈁千唐誌齋藏石

館・八二　徵三・一二

清夷軍倉曹兼本軍總管張休光墓誌銘　分書　万俟餘慶撰　張若芬書

開元二十二年十月二十二日

河南博物館藏石

徵三・一二　館・八三　蒿二・五　名六・七一　誌新三・八　芒冢四編五・二二

代國長公主碑　鄭萬鈞撰　子聰行書

開元二十二年十二月三日

陝西蒲城西北三十里橋陵

闞考九・四一　藝五・一四　竹二・三〇　孫錄三・一〇九　古墨四・八二　關中・二九　跋六・一〇　關三・九　金石錄二六・一一　蒿一上・七　獨殘・一〇　攗八・一三　寶叢一〇・三六　雍六・七　萃七八・六　平六・二　瓊五五・一　求二・二八　匯一二之二・三〇　陝一一・二四　全唐文二七九・二

太原府太原縣丞蘭令臣墓誌并蓋　正書

開元二十三年二月十日

長白端方藏石

藝一八・九　陶二三・八　館・八三　徵三・一二　名六・七一　蒿二・五　羅錄上・三〇　誌錄上・三〇　誌匯二・一九　芒冢中・一四

右威衛將軍上柱國王景曜墓誌　正書

開元二十三年二月二十三日

張鈁千唐誌齋藏石

館・八三　徵三・一二　誌新三・八

大中大夫使持節青州諸軍事青州刺史上柱國滎陽鄭諶墓誌銘　楊宗撰　元光齊書　鐫工陳須達

開元二十三年二月二十三日

河南博物館藏石

徵三・一二　館・八三　蒿二・五　名六・七一　誌新三・八　芒冢四編五・二四

吏部常選譙郡夏侯眕墓誌　正書　宋杞撰

開元二十三年三月四日

徵三・一二　館・八三　誌新三・八

兗州瑕丘縣主簿馬君夫人董氏墓誌　正書　徐占撰

開元二十三年三月二十九日

張鈁千唐誌齋藏石

館·八三　徵三·一二

左監門衛將軍白知禮墓誌　正書

開元二十三年三月二十九日

張鈁千唐誌齋藏石

館·八三　徵三·一二

成安縣人賈元貞妻皇甫五娘造觀世音像（藝作蕭五娘）正書

開元二十三年四月二十三日

河北磁縣南響堂山

藝四·二四　攈八·一三　匯三之二·七七

鄭處題名殘刻　分書　史子華刻

開元二十三年四月二十三日

陝西華陰華嶽廟

存字不及三十，惟主簿常冀尉、元撝二名及史子華刻可識，餘不可句讀。

藝五·一四　竹二·三〇　孫錄三·一〇九　錄補一三·三六　攈八·一三　闕考八·三四　瓊五五·二　萃七九·一　匯一二之一·一五　陝一三·一九

莫州泛龍觀三洞道士靈寶投龍設醮記　正書左行

開元二十三年七月一日

山東泰安紀泰山銘之側（趙錄三·一二河北肅甯一種，立於開元二十一年。）

藝五·一七　孫錄三·一一〇　攈八·一三　匯一〇之一·三九

董靜志為父董智超母齊景雲造像　正書

開元二十七年七月三十日

長白端方藏石

陶二三·一〇

中大夫行太子内直監白羡言墓誌　正書
開元二十三年八月十九日
張鈁千唐誌齋藏石
館・八三　徵三・一二　誌新三・八
大中大夫使持節房州諸軍事房州刺史上柱國魏縣開國子盧全操墓誌　正書
開元二十三年九月十八日
張鈁千唐誌齋藏石
館・八三　徵三・一二　誌新三・八
朝議大夫上柱國杭州長史姚珝墓誌　正書
開元二十三年十五日
張鈁千唐誌齋藏石
館・八三　徵三・一二　誌新三・八
滄州司法參軍張文珪墓誌　正書
開元二十三年十月二十七日
張鈁千唐誌齋藏石
徵三・一二　館・八三
石門張釗爲刺史孫希莊造像　正書
開元二十三年十一月十五日
四川合川
藝五・一七
劉巨龍馬妻張造像　正書
開元二十三年閏十一月二日
河北完縣西北七十里神南鎮千佛寺
藝五・一七
梁義方墓誌　正書
開元二十三年閏十一月三日
河南林縣出土

徵三·一二　館·八三　名六·七一

北嶽神廟碑　鄭子春撰　崔鐶分書　李逖篆額

歲次乙亥閏十一月二十三日（開元二十三年）

碑陰

定州刺史殷使君（愔）德政並頌　崔鐶詞並分書及額

弍年歲乙亥閏十一月二十三日

別駕符子珪等題名　正書　左下截

河北曲陽

藝五·一七　竹二·三四　孫錄三·一一〇　畿目上·九　錄補一三·一二六　攈八·一三　字五　妙一三·一〇　授續三·二一　瓊五五·八　平六·二　萃八一·一　匯三之二·五〇　光緒三十年重修曲陽縣志一一·三四　畿志一五三·一二　萃目一·一六

趙壽墓誌　正書

開元二十三年閏十一月

文多漫滅

長白端方藏石

藝一八·九　徵三·一二　館·八三　蒿二·五　名六·七一　誌匯二·一九　陶二三·一一

秦望山法華寺碑　李邕撰並正書　伏靈芝刻

開元二十三年十二月八日（翻刻本誤作十一年二月二十八日或作十年）

明萬曆刻本（菉作泰和翻刻）

光緒三年左宗棠重摹王霞仲藏本（係木刻，在新疆）

咸豐間何紹基重摹韓崇摹宋拓本，在濟南。

浙江紹興秦望山天衣寺

藝五·一七　菉三·一五　寶叢一三·五　浙二·六　平再續·一六　萃略二·九　瓊五五·八　續編七·四　匯七·三四

東洲草堂文抄一〇·六　石言一·三〇　嘉泰會稽志一六·一九　全唐文二六二·一七　輿一·一二　越一·一五

崇化鄉周村卅餘家造像（碑趺）

劉仙經正書

開元二十四年正月十八日

河南修武西南十二里周劉村東南法明寺後殿前檐（碑身麟德元年六月周村十八家造像　右側皇統七年重修古佛碑幢記）

藝五·一七　羅錄上·三〇　擴八·一四　朔目九·一　河錄一二·一　續編七·四　匯九之二·六一

唐令長新誡　王良輔　正書

額分書

開元二十四年二月七日

有光緒甲申（十年）二月七日知州事周銘旗跋

陝西乾縣縣署（光緒間周銘旗訪得），後移民衆教育館。

按此誡洛陽趙州安陽皆有之

關考九·四四　藝五·一七　民國三十年乾縣新志一〇·九

元氏縣令龐履溫清德碑　邵混之撰　蔡有鄰分書

額篆書

開元二十四年律中夾鐘（二月）

碑陰：

崔仲海記　行書　上護寶符建元之十有四載冬孟哉生魄

盖士龍移碑記　鄭陶記　正書　劉義刊　熙寧十年七月一日

河北元氏開化寺水陸殿前

藝五·一八　畿志一四六·一〇　常九·九　金石錄六·八　竹二·三四　馮浩孟亭居士文集四·二一　孫錄三·一一〇　萃三·一四　擴八·一四　畿目上·一〇　寶叢六·二七　字三　金石續錄二·一一　妙九·一　存一四·二一　瓊五五·二〇　平六·三　萃八一·四　匯三之二·二五　吳騫拜經樓文抄五·

五　全唐文三六四·一六　唐文拾遺二一·二五（錄陰）　萃目一·一七（陰）　民國廿年元氏縣志數·一四

曲阿縣高陵寺僧法深檀越殷棠等造陀羅尼經幢　正書

開元二十四年三月三日

江蘇丹陽北門清真寺後

藝續一　江蘇四·一七

白鹿泉神君祠碑　兩面刻　韋濟文　裴抗分書　元諒監勒

額篆書　碑陽十五行　碑陰十二行

開元二十四年三月

左側　三川野七絕詩　正書左行

右側　白鹿泉神主杜神泉等題名　分書

東京沙門湛□詞　正書

范文甫等題名　正書　政和壬辰四月九日

河北獲鹿西南十里泉子村

畿志一四五·五　光緒七年獲鹿縣志一三　藝五·一八　常九·一　趙錄三·一三　攈八·一四　畿目上·一〇　瓊五五·一四　寶叢六·二七　匯三之二·一五　唐文拾遺一八·二一

仙州別駕張仁方墓誌　正書

開元二十四年四月十八日卒

張鈁千唐誌齋藏石

館·八三　徵三·一二

劉秦客及夫人楊氏墓誌　正書

開元二十四年五月十七日

張鈁千唐誌齋藏石

館·八三　徵三·一二　誌新三·八

慈州刺史光祿卿鄭曾碑　梁昇卿撰並分書（《寶刻類編》）

開元二十四年五月

河南滎陽河陰城東北四里

萃八一·五　攈八·一四　孫錄三·一一〇　竹二·三四　寶叢二〇·四二　中記二·四七　阮山二·二二　平六·三　匯九之一·一九　民國七年河陰縣志金石考一·一二　全唐文九九三·八

亡宮墓誌　正書

開元二十四年六月□五日

張鈁千唐誌齋藏石

館·八三　徵三·一二

大智禪師（姜義福）**塔銘**　正書　杜昱撰

開元二十四年七月六日

河南洛陽存古閣藏石

藝一八·九　徵三·一三　名六·七一　趙錄三·一三　攈八·一四　誌新三·八　誌匯二·二〇　蒿五·三　匯九之三·五四　金石續編七·一七　瓊五五·二七　硯一一·一六　芒冢補遺·六　洛陽存古閣藏石目　萃目一·一六　全唐文二八〇·一二　唐文拾遺一九·七

皇甫賓妻楊麗墓誌　正書

開元二十四年八月二十六日

張鈁千唐誌齋藏石

館·八三　徵三·一三　志新三·八

大智禪師碑　嚴挺之撰　史惟則分書並篆額　史子華刻

《舊唐書·方伎傳》有傳

開元二十四年九月十八日

碑陰：

記　陽伯成撰　史惟則分書　開元二十九五月十八日

呂文仲題名　正書左行　淳化四年三月

崔承業題名　正書　淳化四年十月月

王雲等題名　行書　宣和四年春

馬烜題名　正書　大定十八年九月八日

長公令王公二等題名　行書　貞祐五年二月

李贊題名　正書　弘治壬戌四月十一日

陝西西安碑林第三室

藝五·一八　跋六·一一　關中·二九　關三·一一　金石錄六·九　竹二·三四　孫錄三·一一〇　關考一·五四　菉三·一五　攈八·一四　古墨四·八二　鐫四·二　存一四·二五　雍六·八　妙九·三〇　金石續錄二·一二　來下·一六　字三　芒家補遺·六　硯一一·一六　瓊五五·二七　平三續上·二〇　平六·四　金石二跋二·六　萃八一·七　鈔五·三九　滙一二之一·六　陝一二·八　藝八·一六（陰）

齊州神寶寺碑　李寰撰並分書　（或作□子寰　按天寶二年龍角山慶唐觀金籙齋頌碑陰有李寰題名。）

額篆書

開元二十四年十月五日

側　佛說密多心經一卷　行書

山東長清東南九十里靈巖山北本寺

藝五·一八　跋六·一二　竹二·三四　橋二·一五　孫錄三·一一〇　攈八·一四　阮山一二·二五　平六·四　瓊五五·三〇　滙一〇之一·二三　山訪一·一九　阮元小滄亭筆談三·四六　全唐文九五九·一三　萃目一·一六　民國廿三年長清縣志一五·六

金明縣令張惠則墓誌　正書

開元二十四年十月九日

張鈁千唐誌齋藏石

館·八三　徵三·一三

相州林慮縣故士邵真及馬夫人墓誌並蓋　正書　孤子庭瑤造

開元二十四年十月二十六日

長白端方藏石

陶二三・一二　館・八三　徵三・一三　蒿二・五　名六・七一　誌滙二・二〇

開元殘石　正書

□□二十四年歲□景子十月□未朔二十□□

濰縣陳介棋藏石

藝五・一九

左輔頓賚西嶽廟中刻石記　又名盧奕等謁祠記

權倕文　杜繹書　分書

開元二十四年十月（《金石録》）

石裂為四，存三塊，凡一七七字。

陜西華陰

華八一・八　勞格讀書雜識六・九　孫録三・一一〇　攈八・一四　竹二・三四　關考八・三三　滙一二之二・一五　陜一三・一九　全唐文三九七・一

德州安陵縣宰徐令名墓誌　正書　嗣子易撰

開元二十四年十一月七日

張鈁千唐誌齋藏石

徵三・一三　館・八三

通議大夫開州刺史鄭訢墓誌　正書

開元二十四年十一月七日

張鈁千唐誌齋藏石

館・八三　徵三・一三

漢州刺史獨孤炫墓誌　季子乘撰　孫縯書

開元二十四年十一月二十七日

張鈁千唐誌齋藏石

館・八三　徵三・一三

侍中兼吏部尚書裴光庭碑　張九齡撰　玄宗李隆基行書　李林

甫題額（據《集古録》目）

開元二十四年十一月

山西聞喜

藝五・一八　趙録三・一三　攈八・一四　集跋六　集目六・七　寶叢一〇・四六　萃八一・九　平六・五　瓊五六・一　右叢六・二五　匯十一・五〇　右四・一四　民國七年聞喜縣志二〇・一六（録全文）　文苑英華八八四・七

薛氏女夫孫神問造九級浮圖並像　正書

開元二十四年十二月四日

河北冀縣

藝五・一八

宣德郎杭州監官主簿潁川陳敬忠墓誌　正書

開元二十五年正月二十一日

張鈁千唐誌齋藏石

館・八四　徵三・一三　蒿續・七

泉州龍溪縣尉李君墓誌　正書

開元二十五年二月二十八日

張鈁千唐誌齋藏石

館・八四　徵三・一三　誌新三・八

程冬笋墓誌　崔願撰　劉崑書

開元二十五年四月十六日

張鈁千唐誌齋藏石

館・八四　徵三・一三

臨高寺重修葺碑　常允之撰　常演之行書

開元二十五年四月二十八日

河南閿鄉東南二十里本寺

萃八二・一　孫録三・一一一　攈八・一五　竹二・三五　中記二・四八　跋六・一二　瓊五六・三　匯九之四・五七　全唐

文三九六・一四

深州司戶參軍武幼範墓誌　正書

開元二十五年五月十二日

張鈁千唐誌齋藏石

館・八四　徵三・一三　誌新三・八

吳弘簡精舍石浮圖銘　呂茂浩書

開元二十五年七月十五日

河南滎陽龍泉寺

武億疑為宋人重刻，錢大昕王昶疑為偽刻。

攈八・一五　匯九之一・一九

吏部常選楊偘墓誌　正書

開元二十五年八月十日

張鈁千唐誌齋藏石

館・八四　徵三・一三

嵩山會善寺景賢大師身塔石記　羊愉撰　僧溫古行書

開元二十五年歲次乙亥八月十二日（按二十五年歲次丁丑）

文字磨泐，下截尤甚。

河南登封本寺

藝五・一七　說嵩一四・二三　孫錄三・一一一　中記二・四八　古墨四・八二　名六・七一　中冢補・六　徵三・一三　攈八・一三　匯九之四・二七　全唐文三六二・四　平六・五　泉二・五　獨殘・四　瓊五五・六　鈔五・四五　萃七八・九　金石二跋二・六　來中・二五　字三・二九　乾隆登封縣志三〇・三二

西山廣化寺無畏不空法師塔記　正書

開元二十五年八月

每段終了加○以為起訖

陝西咸陽東三十里瑤店鎮寺壁

孫錄三·一一一　攈八·一五　徵三·一三　關考六·一一　名六·七一　萃八二·二　妙一·二〇　錄補一四·一三一　平六·五　古墨四·八三　授續三·二二　跋六·一二　關三·九

乾隆十六年咸陽縣志五·一六

柏鄉縣比丘尼妙意（原作空）**造心經**　正書

開元二十五年九月十八日

河北唐山北十五里宣霧山（又名堯山）

藝三·六　藝五·一九　攈八·一五　滙三之二·六七　滙三補遺·三六

崔使君石龕像銘　崔無詖撰　正書

開元二十五年十月十四日

四川南江

藝五·一九　攈八·一五　滙一六之一·五一　唐文拾遺一八·二〇　苑

姚處璡墓誌　正書　胡像撰

開元二十五年十月二十七日

張鈁千唐誌齋藏石

館·八四　徵三·一三　誌新三·八

亡宮墓誌並蓋　正書

開元二十五年十月二十七日

河南博物館藏石

徵三·一三　館·八四　誌新三·八

榼山浮圖讚　正書　張不矜撰　解莊書

開元二十五年十月二十九日

山西沁水端氏鎮大雲寺

孫錄三·一一一　攈八·一五　竹二·三五　右一〇·一二　滙一一·七八　萃目一·一六

相州臨漳縣令盧曒墓誌　正書

開元二十五年十一月三日
張鈁千唐誌齋藏石
館・八四　徵三・一三

開州録事參軍渤海李勲夫人南陽鄧氏墓誌銘　正書　滕少逸撰
開元二十五年十一月十四日
河南博物館藏石
徵三・一三　館・八四　名三・七一　蒿二・五　誌新三・八
芒冢四編五・二七

臨清郡君夏侯婆表謝並經幢　八面刻　先經後表　行書
開元二十五年十一月二十四日
山東陵縣
藝五・一九　匯一〇補遺・四

吏部常選内供奉竹思敬墓誌　正書
開元二十五年十二月三日
張鈁千唐誌齋藏石
館・八四

李素墓誌　正書
開元二十六年正月十三日
徵三・一三　蒿二・五

居士李知誌石文　正書
開元二十六年正月二十七日
張鈁千唐誌齋藏石
館・八四　徵三・一三　蒿二・五

大安國寺惠隱禪師塔銘　正書
開元二十六年二月六日
後段斷裂
河南洛陽存古閣
擴八・一五　名六・七二　珉・一七　硯一一　洛陽存古閣藏

石目・二　徵三・一三　芒冢補遺・七　匯九之三・五四　藝一八・九　續編七・八　唐文拾遺六六・五　萃目一・一六

元子上妻滎陽鄭八娘墓誌　正書

開元二十六年二月十六日

張鈁千唐誌齋藏石

館・八四　徵三・一三　誌新三・八

周太師蜀國公尉遲迥廟碑　閻伯璵撰序　顏真卿撰銘　蔡有鄰分書

額分書

開元二十六年二月二十一日

碑陰　分書　額分書　元孫士良述　開元二十六年二月二十五日

河南安陽城内西北隅尉遲公廟

藝五・一九　跋六・一四　金石錄六・一〇　竹二・三五　孫錄三・一一一　攈八・一五　中記二・四八　古墨四・八三　集目六・九　寶叢六・三一　廣七・一〇　字三　金石續錄二・一二　安陽四・一　萃八二・五　鈔續二・五　平六・五　瓊五六・五　匯九之二・四　朔目二・一二　河錄二・四　藪・九　河朔訪古記中・一五　全唐文三九六・六（錄碑陰）

蘇堵波塔記殘石二塊　分書

開元二十六年三月十一日

山東歷城東南一百里九塔寺

藝五・一九　匯一〇補遺・二

鹿泉本願寺銅鐘銘　正書　中山劉傳璡刻字　東京大福寺沙門□□撰行書（《唐文粹》作獨孤及撰）

開元二十六年三月十六日

碑陰　分書

左側　分書　田垂棘造像記

河北獲鹿本寺

常八·一七　藝五·一九　唐文粹　孫錄三·一一二　擴八·一六　續目上·一〇　錄補一四·一三二　萃略二·一五　瓊五六·七　匯三之二·一五　岑仲勉續貞石證史（歷史語言研究所集刊十五本·二四六）全唐文三八九·一三　唐文拾遺六三·二〇（錄陰）　唐文粹六七·四

開元造陀羅尼經幢　八面刻　正書　柳希□造

開元二十六年三月（下缺）

江蘇宜興北門外靜山堂

藝五·一九　孫錄三·一一一　擴八·一五　匯四·三一

邢州内丘柏仁兩縣黄金合村三□老幼等造佛頂尊勝陁羅尼經幢　正書

開元二十六年四月八日

河南府兵曹何最墓誌　正書　裴泓撰

開元二十六年四月十一日

河南洛陽出土

徵三·一三　館·八四　誌新三·九

薛氏故夫人實信優婆夷未曾有功德塔銘　杜昱撰書　張乾愛刻

開元二十六年五月十五日

徵三·一三　名六·七二　羅錄上·三〇　誌匯二·二〇　嵩五·三　唐文拾遺一九·六

河南□氏夫人墓誌銘　或作元氏夫人墓誌

開元二十六年五月十七日

河南博物館藏石

徵三·一三　館·八四　名六·七二　誌新三·九　蒿補·七

功德主陳留生妻張造陀羅尼經幢　六面刻　正書

開元二十六年八月十三日

留守□□題記　正書　乾化五年四月四日

河南洛陽存古閣

藝五・一九　攈八・一五　洛陽存古閣藏石目・二　滙九之三・五四

任城縣橋亭記　游芳纂文　王子言分書　王曰雲篆額

開元二十六年閏八月五日

山東濟寧縣學

藝五・一九　民國丁卯濟寧直隸州續志一九・三〇　金石錄六・一一　竹二・二六　孫錄三・一一二　全祖望鮚埼亭集三七（名陽門橋亭碑）　張劭張亟齋集　濟州金石志三・三　蒃三・一五　攈八・一六　古墨四・八四　瓊五六・一八　鈔五・四八　萃八三・一　阮山一二・二九　金石二跋二・七　存一四・三〇　字三　妙九・一三　滙一〇之二・四八　山訪九・二　全唐文三六五・一

忠王府文學上柱國瑯琊王固己墓誌銘　正書

開元二十六年閏八月六日

河南博物館藏石

徵三・一三　館・八四　名六・七二　蒿二・五　誌新三・九　羅振玉遼居稿三十九　芒冢四編五・二七

漢天師張公洞五大字　篆書

開元二十六年秋（正書）

江蘇宜興張公洞

藝五・一四　滙四補遺・一三　江蘇四・一七

京兆府好畤縣尉裴夫人河南元氏權殯墓銘　正書

開元二十六年九月十一日

藝一八・九　名六・七二　館・八四　誌滙二・二一　陝一二・一三

開元聖文神武皇帝御注道德經　八面刻　玄宗李隆基正書（錢大昕疑是蘇靈芝書）易州刺史田仁琬立

開元二十六年十月八日　三層刻嘉慶十九年翁方綱題記三行

畿目上云：後有宋修石山口記。

河北易縣龍興觀前（同治十二年斷為三截，知州趙烈文重建並刻同觀諸人姓名）

畿志一五〇・二八　藝五・一九　跋六・一五　竹二・三六　孫録三・一一二　攈八・一六　畿目上・一〇　古墨四・八五　録補一四・一三二　授續三・二三　萃八三・二　鈔五・一五　平六・六　匯三之一・六　上谷・一

太原王忌墓誌　正書

開元二十六年十月二十日

藝續　名六・七二　徵三・一四　誌新三・九

景福寺尼靈覺塔銘　正書

開元二十六年十月

河南洛陽

匯九之三・四〇　攈八・一六　名六・七二

張起墓誌　正書

開元二十六年十一月十四日

藝續　徵三・一四

朝議郎行尚書都事上柱國夏侯思泰墓誌　正書　女聟（壻）申諫臣書

開元二十六年十一月八日

河南洛陽出土

館・八四　徵三・一四　名六・七二　蒿二・五　誌新三・九　芒冢三編・五四

押渾副使忠武將軍右監門衛中郎將員外置同正員檢校閤甄府都督攝左威衛將軍借紫金魚袋代樂王上柱國慕容明墓誌　正書

開元二十六年十二月七日

甘肅武威出土，移存涼州孔廟。

徵三·一四　館·八四　蒿二·五　石交録四·一九　陳萬里西行日記·一七〇　隴二·二二

都督楊公紀德頌　正書

額篆書

開元二十六年十二月七日

斷為二

甘肅敦煌孔廟

隴二·五二　匯一三補遺·三

吏部常選隴西李敬固吳興朱夫人墓誌銘　侄再昌撰書

開元二十七年正月四日

河南博物館藏石

徵三·一四　館·八四

濟州司戶參軍鄭撝墓誌　正書　蔣溢撰　寇巒書

開元二十七年正月二十八日

張鈁千唐誌齋藏石

館·八五　徵三·一四

楚州鹽城縣令太原王惠忠墓誌　正書

開元二十七年二月二十二日

徵三·一四　館·八四

大房山投龍璧記　張湛詞　正書

開元二十七年三月

河北房山，繆荃孫、劉世珩遞藏。

畿志一三八·卅　藝五·二〇　攈八·一六　畿目上·一〇録補一四·一三二　徵三·三一　唐文拾遺五十·二六

補修古廟記　正書　額正書

開元二十七年三月

河北正定

藝五·二〇　攈八·一六　匯三之二·九

恒州真定縣丞姚如衡墓誌　正書

開元二十七年四月九日

張鈁千唐誌齋藏石

館・八五　徵三・一四　誌新三・九

易州鉄像碑頌　王端撰　蘇靈芝行書　鐫人王希貞解崇光

開元二十七年五月三日

河北易縣署東土神祠内

畿志一五〇・四〇　王鳴盛西莊始存稿三二・二　藝五・二〇　跋六・一五　金石錄六・一二　竹二・三六　楊圖五・三三　孫錄三・一一二　攈八・一六　畿目上・一〇　古墨四・八　五平六・六　鈔五・五三　金石二跋二・七　妙一〇・一二　字三　寶叢六・六六　匯三之一・六　上谷・二　全唐文三六二・三

韋必復墓記磚　正書

開元二十七年五月二十一日

長白端方藏石

誌匯二・二一　陶二三・一三

昭成觀大德張若訥墓誌　正書

開元二十七年五月二十三日

張鈁千唐誌齋藏石

館・八五　徵三・一四

開元聖文神武皇帝注道德經　上九面　下十二面　玄宗李隆基正書　邢州刺史李質造

額篆書

開元二十七年月中南呂（八月）五日

重修道德經臺記　何續撰　盧華正書　端拱元年三月二十五日

河北邢臺濟養院後

藝五・二〇　畿志一四七・二　畿目上・一〇　求二・三三

寶叢一三·一八　集跋一〇　匯三之二·六〇

通議大夫鄂州刺史上柱國盧君夫人清河郡君張氏墓誌　正書

開元二十七年八月十二日

張鈁千唐誌齋藏石

館·八五　徵三·一四

滎陽鄭寶妻博陵崔氏墓誌　正書

開元二十七年八月二十日

河南洛陽出土

藝續　徵三·一四　館·八五　名六·七二　誌新三·九　芒冢編·五五

衛尉寺主簿趙庭墓誌　正書

開元二十七年八月二十四日

河南洛陽出土

徵三·一四　名六·七二　蒿二·五　誌新三·九

汴州封丘縣令白知新墓誌銘並蓋　正書

開元二十七年十月十四日

河南博物館藏石

館·八四　徵三·一四　蒿二·五　誌新三·九　芒冢三編·五六

朝議郎行通事舍人京兆杜元穎夫人臨清縣君崔氏墓誌　正書

開元二十七年十月十四日

張鈁千唐誌齋藏石

館·八五　徵三·一四　誌新三·九

天水縣君趙氏墓誌　正書

開元二十七年十月十四日

張鈁千唐誌齋藏石

館·八五　徵三·一四

造彌陀像　正書

開元二十七年十月二十一日

四川合州

藝五・二〇　匯一六補遺・二二

常來墓誌　行書

開元二十七年十月二十五日

河北唐山東關帝廟西墻下土中掘出（光緒六年）

藝續　畿冢中・二　徵三・一四　館・八五　誌新三・九　民國堯山縣志料卷一四・金石

邛州司馬楊君夫人張氏墓誌　正書

開元二十七年十月二十五日

張鈁千唐誌齋藏石

館・八五　徵三・一四　誌新三・九

朝散大夫檢校尚書比部員外郎博陵崔玄隱墓誌　正書

開元二十七年十月二十六日

左上俑斷損五字

河南濬縣宮堂村出土，歸長白端方。

徵三・一四　館・八五　中冢・二五　名六・七三　嘉慶六年濬縣志金石志上　蒿二・五　誌匯二・二一　陶二三・一四　擴八・一七　匯九之二・二八

宣義郎上輕車都尉前行台州司倉參軍趙庭秀墓誌並蓋　正書

開元二十七年十月二十六日

河南博物館藏石

徵三・一四　館・八五　蒿二・六　誌新三・九　芒冢三編・五八

和州歷陽縣主簿張易墓誌　正書

開元二十七年十一月二十六日

藝一八・九　徵三・一四　館・八五　名六・七三　蒿二・六　誌匯二・二一

孝廉李泉墓誌　正書　向遷喬撰
開元二十七年十二月二十七日
張鈁千唐誌齋藏石
館・八五　徵三・一四　誌新三・九
李興為亡過父見存母杜造像　從翁李季良文　從翁李璲書
開元二十八年正月
河北永年
宗子李思逸為亡過小女造像　正書
開元二十八年二月戊午朔
南齊隨郡王曾孫蕭紹遠墓誌　正書　馬異撰
開元二十八年二月己卯
張鈁千唐誌齋藏石
館・八五　徵三・一四
給事郎行化城縣主簿張令該造像　正書左行
開元二十八年仲春
四川巴州南龕
藝五・二五　攈八・一七　匯一六補遺・一五　唐文拾遺一九・一〇　苑
周元漢造陀羅尼經幢　八面刻　正書　劉元亮正書
開元二十八年三月十四日
山東沂水南三里火神廟
藝五・二〇　孫錄三・一一二　匯九之二・六五　河目下・二一　朔目一〇・二　河錄一三・九
江州長史趙知慎墓誌　正書
開元二十八年三月十六日
河南洛陽出土
徵三・一四　館・八五　名六・七二　蒿二・六　誌新三・九
陳氏造心經幢　八面刻　張晏撰　正書

開元二十八年四月八日
江蘇江陰石燈庵
藝五・二〇　瓊四六・二七　江蘇四・一七　匯四補遺・一三

山頂石浮圖後記　王守泰行書
開元二十八年四月八日
吉逾等題雲居上寺詩　行書
范惟清題名　正書　元和四年四月
河北房山曝經臺
畿志一四一・九　藝五・二〇　房山雲居寺研究三二二　孫錄三・一一二　擴八・一九　錄補一四・一三三　字三　萃八三・七　平續・一〇　匯一・一九　復二四・一三

滄州清池縣尉張仲臣墓誌並蓋　正書
開元二十八年四月十四日
河南洛陽出土
徵三・一四　名六・七三　蒿二・六　誌新三・九　芒冢編五・二八

南陽齊夫人墓誌　正書
開元庚辰（二十八年）五月丙申
延鴻閣藏石

豫州郾城縣丞張孚墓誌　正書　姪縡撰
開元二十八年六月二十八日
湖北襄陽出土
藝一八・九　徵三・一四　館・八五　蒿二・六　藝六・一〇　楊圖五・三四　名六・七三　襄陽冢墓遺文・六　擴八・一七　志匯二・二一　匯一四・一五　芒冢四編五・二八　瓊五六・一九　硯一一・二〇　績・丁　湖北金石志四・二〇　襄陽金石略六・二　唐文拾遺一九・一　萃目一・一六

尚輦直長崔夫人滎陽鄭敏墓誌　正書

開元二十八年八月十八日

張鈁千唐誌齋藏石

館·八六　徵三·一五　誌新三·九

正議大夫使持節易州諸軍守易州刺史兼高陽軍使賞紫金魚袋上柱國田仁琬德政碑　徐安貞撰　蘇靈芝行書　太原王希貞刻

額篆書

開元二十八年十月十六日

先斷為三，後斷為十二，修治完好。

河北易縣，後移保定府學明倫堂。

畿志一四二·一　藝五·二〇　大瓢偶筆五　跋六·一六　金石錄六·一四　竹二·三六　孫錄三·一一二　菉三·一五　攈八·一七　畿目上·一〇　古墨四·八五　錄續六·六五　集目六·一〇　寶叢六·六六　鐫三·一六　妙一〇·一八　金石二跋二·八　萃八三·八　鈔五·五六　瓊五六·二〇　平六·七　匯三補遺·七　全唐文三〇五·五

右威衛翊府左副將郎康庭蘭墓誌　行書

開元二十八年十月十七日

河南博物館藏石

徵三·一五　館·八六

朝議大夫遂州刺史張光祐墓誌　正書　王利器撰

開元二十八年十月二十日

徵三·一五　館·八六

化城縣尉黨守業為亡考妣造像　正書　左行

開元二十八年十二月一日

四川巴州南龕

藝五·二〇　趙錄三·一三　攈八·一七　匯一六補遺·一五　苑

清河張彥昇造陀羅尼經幢　**八面刻**　正書

開元二十九年正月十八日

藝五・二〇

朝議郎行尚書祠部員外郎裴積墓誌　又名裴道安墓誌

族叔撰書

開元二十九年二月二十日

陝西西安出土

館・八六　徵三・一五　蒿二・六　名六・七三　關考三・五九　平續・一一　孫錄三・一一二　誌匯二・二一　竹二・三六　誌一一・四　攈八・一七　雍六・九　授續三・二四　關三・一一　匯一二之一・六　全唐文三九七・一　萃八四・一

果毅都尉裴坦墓誌並蓋　正書

開元二十九年二月二十日

河南博物館藏石

徵三・一五　館・八六　名六・七三　蒿二・六　誌新三・九　芒冢四編五・二九

朝議郎行郴州義章縣尉上柱國張守珍墓誌　陳眾甫撰　侄孫有隣書

開元二十九年二月二十日

張鈁千唐誌齋藏石

徵三・一五　館・八六

特進莒國公唐儉碑　正書　從孫唐瑾撰　額分書

開元二十九年二月二十□日

殘毀存二百餘字

陝西醴泉北二十里大陽村

道光二年唐仲冕據新舊拓與列傳足成文句可二千一百餘字重刻之

彭蘊章歸樸龕叢稿一一・二五有校字

關考八・一二　藝五・二一　跋六・一七　關中・三〇　關三

·一一　金石錄二七·三　又六·一四　嵩一上·七　竹二·三六　橋二·一六　攈八·一八　萃八四·五　孫錄三·一一二　古墨四·八六　隋上·三七　平六·七　金石錄二七·三　鐫二·一三　雍四·一　瓊五六·二一　昭下·二六　獨殘·四　匯一二之一·一一〇　陝八·二〇　全唐文九九一·一四　民國廿四年續修醴泉縣志稿三·一七

亳州臨渙縣尉趙瓊琰墓誌　趙翌撰　張明憲正書

開元二十九年三月

張鈁千唐誌齋藏石

館·八六　徵三·一五　誌新三·九

杜哲墓誌　正書

開元二十九年四月十一日

藝續

寧遠將軍右領軍衛同州襄城府折衝上柱國關楚徵墓誌　正書

開元二十九年閏四月五日

徵三·一五　館·八六

多寶塔銘　正書　郭楚貞造

開元二十九年閏四月十八日

陝西西安碑林第三室

藝一八·九　關考一·五四　趙錄三·一三　攈八·一八　誌匯二·二一　雪跋四·一一　績·戊　瓊五六·二四　續編七·八　平再續·一六　陝一二·一三　唐文拾遺六二·六　萃目一·一六

觀音堂陀羅尼經幢　六面刻　正書

開元二十九年五月五日

藝五·二一

大唐真容應見貞石碑　又名易縣夢真容碑　牛仙客奏　蘇靈芝正書並篆額　雁門鮮□光刻

開元二十九年六月一日

碑陰官吏題名　正書　額正書

河北易縣龍興觀

畿志一五〇·四三　藝五·二一　跋六·一八　竹二·三七　孫錄三·一一三　勞格讀書雜識六·一〇　攈八·一八　畿目上·一〇　古墨四·八六　寶叢一三·二一四　雋三·一六　字三　妙一〇·一八　來下·一八　平六·八　鈔五·六二　萃八四·二　岷·一七　匯三之一·六　上谷·二　全唐文三〇〇·三

夢貞容碑（周至）　張九齡撰　蘇靈芝行書

開元二十九年六月一日　天聖六年重摹本

陰側有宋金人題名（匯目）

文字與易縣本悉同，行款不同。錢大昕疑後人惡牛仙客磨去，妄易以張九齡

陝西周至南卅里樓觀臺

碑首有重模蘇靈芝書唐老君應見碑十二字

岷·一七　藝五·二一　跋六·一八　關中·二九　關三·一一　金石錄六·一四　竹二·三六　攈八·一八　雍六·一〇　寶叢六·六三　雋三·一六　金石二跋二·八　匯一二之一·九八　陜一二·一五　全唐文三〇〇·五

石壁寺鐵彌勒像頌　林諤撰　房嶙妻高氏行書　蘇僙書額

開元二十九年六月二十四日

泰和四年四月七日題記　清水李元甫模

元祐五年石燬於火，政和間寺主道修重刊，大定二十六年又燬，泰和四年寺主元釗重刻，萬曆間又燬（《攀古小廬雜著》）。

山西交城西北二十里石壁山永寧寺

藝五·二一　跋六·一八　金石錄六·一四　孫錄三·一一三　攈八·一八　寶叢六·六六　字三　曝四　妙一〇·二　金石二跋二·七　鈔五·五三　古墨四·八五　平六·六　匯一一·

九　右四·一九　右叢六·三六　攀一二·七又·九　光緒八年交城縣志卷二輿地　全唐文三六三·二　萃八四·四

大洞法師齊國田仙寮墓誌　李華撰　盧肅正書

開元二十九年六月甲寅卒

張鈁千唐誌齋藏石

館·八六　徵三·一五　誌新三·九　岑仲勉續貞石證史（歷史語言研究所集刊一五本·二四六）

李府君夫人嚴氏（真如海）**墓誌**　正書　馬異撰

開元二十九年七月一日

藝續　徵三·一五　名六·七三　館·八六　誌新三·一〇　芒冢三編·五八

忠武將軍攝右金吾衛郎將上柱國豆善富墓誌並蓋　正書

開元二十九年八月十八日

河南博物館藏石

徵三·一五　館·八六　誌新三·一〇

尚書省郎官石記序　陳九言撰　張旭正書

開元二十九年十月二日

陝西西安

宋龔明之《中吳紀聞》卷一云：承平時在學舍中堂之後（蘇州），已漸刓缺，兵火後不復存矣。今所傳止序文爾。

摹刻本　顧沅據明王敬美藏本重摹上石，立於蘇州府學尊經閣。

藝八·一八　繆荃孫藝風堂文漫存乙丁稿·二九　金石錄六·一五　九乙·四四　續·戊　曾鞏元豐金石跋尾　廣七·一二　蘇·五一　全唐文三六三·一　復外三·一五　復二三·六　寶類三·一〇四·二九（宋拓本）

翟文才造像　正書

開元二十九年十月五日

河南溫縣

相州林慮縣尉邢超墓誌　正書

開元二十九年十月八日

張鈁千唐誌齋藏石

館・八六　徵三・一五　誌新三・一〇

中散大夫行汾州長史沈浩豐墓誌　正書

開元二十九年十一月十四日

張鈁千唐誌齋藏石

館・八六　徵三・一五

壯武將軍判左威衛將軍上柱國平陵縣開國男東都留守蘇咸墓誌　劉鍠撰　子廣文書

開元二十九年十一月二十三日

張鈁千唐誌齋藏石

徵三・一五　館・八六

右監門衛兵曹參軍張景陽墓誌銘　張楚金序　馬巽撰銘　正書

開元二十九年十一月二十五日

河南博物館藏石

徵三・一五　館・八六　蒿補・七

河南府洛陽縣錄事樂安蔣敏妻清河張氏墓誌　正書　閻琪撰

開元二十九年十一月二十六日

張鈁千唐誌齋藏石

館・八六　徵三・一五　誌新三・一〇

文宣王廟頌　李良撰　李彬隸書

開元二十九年□月二十日

公孫庭訓造石浮圖頌　□行書

開元二十九年

贈博州刺史鄭進思墓誌　正書

開元闕年月二十八日

上半漫漶

河南河陰出土

藝續　名六・七三　徵三・一五　民國七年河陰金石考・一・一九　誌新三・一〇

騎都尉張□□造像　正書

開元□□年四月二十三日

本願寺三門碑　又名□本願寺三門樓碑　沙門遡文　宜□行書

年月泐（沈濤考為開元十三年後）

河北獲鹿本寺

藝五・一一　畿志一四五・四　匯三之二・一六　常八・二〇　瓊五六・二七　唐文拾遺四・二一　萃目一・一四

金仙長公主碑　徐嶠之撰　玄宗李隆基行書

開元年（王昶考為二十年前後）

陝西蒲城橋陵（或作縣北二十里賈堡）

關考九・四一　藝五・二一　潛跋六・一九　關中・三〇　金石錄二七・三　竹二・三七　孫錄三・一一三　攈八・一八　古墨四・八七　來中・一五　字三　寶叢一〇・三八　金石二跋二・八　雍七・一　萃八四・一二　平六・八　瓊五六・三一　獨殘・一六　匯一二之二・三〇　陜一二・一六　全唐文二六七・九

□□先師龕記　正書

開元□□四月二十三日

藝五・二一

京兆府新安縣通靈寺碑　沈宇撰　行書

額篆書

開元年

比丘尼阿妙等造像　正書

開元□年十二月十九日

河北唐山宣霧山

藝三·六　羅錄上·三〇　匯三補遺·三六

韓信力魏令忠等為開元皇帝造陀羅尼經幢　八面刻　正書　額正書

藝五·二一

上為開元皇帝造陁羅尼經幢　八面刻　行書　額正書

藝五·二一

天　寶

梵字尊勝經幢　正書

天寶元年正月三日

雲麾將軍李秀碑殘石　李邕撰並行書　逸人太原郭卓然模勒並題額

天寶元載正月丁未朔十□日

明范大澈云：嘉靖己酉（廿八年）……余送至良鄉，往覓此碑，已分為二，作明倫堂柱礎，四圍琢去成圓形，而二柱下尚有百餘字……隆慶改元，重修學宮，起出更得零石。黎中翰（民表）言之李宛平（蔭），輦至京師，余因拓之……今石置宛平縣。黎君另書跋語一石，談遷《國榷》聖集：萬曆六年，河南李蔭宰宛平……可辨者百八十有九，首篆存者故雲三字。

舊在河北良鄉。石斷後，為良鄉學博士某鑿為柱礎。後重修學宮，棄礎瓦礫間。嘉靖間，閩人董生訪得，言於宛平令李蔭。蔭令人輦致署中，嵌置壁間，名其齋曰古墨。九六礎可辨者百八十九字，額存唐故雲。其後移入京兆少尹署。萬曆末，王京兆惟儉攜四礎歸汴，淪於黃河，止存二礎。康熙卅一年，府丞吳涵移置文信國祠中。圓礎徑皆一尺七寸強，一存五十四字，一存百六字。

宋拓本　——　明范大澈藏宋拓全文本

摹本　——　清錢泳《履園叢話》卷九全文本有二，一藏吳門蔣春皋，一藏歙人羅養芝。相傳俱是唐拓。余猶疑其翻本，殆宋元物也。嘉慶元年六月，余雙勾蔣本。越四年，毘陵胡惠麓（遜）為宛平令，即據以刻石署壁，仍書李蔭舊題曰古墨齋。

明《戲鴻堂法帖》本（存四百餘字），嘉慶十年翁方綱摹楊介坪藏本，凡四段，在北京法源寺。道光六年，朱為弼屬蔣策摹陳崑瑜藏宋拓全本（凡一五二九字，在北京法源寺）。

畿志一三八・三〇　光緒順天府志一二八・一五　藝五・二二　孫錄三・二〇　攈八・一九　楊圖五・三四　竹二・三七　蒿一上・七　古墨五・八九　錄續六六・六　畿目上・一　匯一・一　范大澈碑帖紀證・四　字四・一　金石錄二七・四　寶叢六・六五　金石續錄二・一二　妙八・二二　全唐文二六八・二二　復二三・六　石言一・二五　萃八五・一　瓊五七・一　九乙・四六　平六・九　孫承澤春明夢餘錄六・七

冀州參軍張本墓誌　正書

天寶元年正月二十六日

張鈁千唐誌齋藏石

館・八六　徵三・一五

左威衛兵曹參軍王冷然墓誌　分書

天寶元年正月三十日

張鈁千唐誌齋藏石

館・八六　徵三・一五　誌新三・一〇

鄂州刺史盧正道碑　李邕撰並行書（《寶刻類編》）

額分書

天寶元年二月八日

河南洛陽許家營

藝五・二二　孫錄三・一一四　竹二・三七　蒿一上・七　乾隆四十四年河南府志一〇八・一六　攈八・一九　匯九之三・五四　金石二跋四・一三　寶叢四・九　中記三・五三　萃八五・

二　平六・一〇　全唐文二六五・一　萃目一・一七（側・三段）

褒封四子勅　正書

天寶元年二月二十日

陝西盩厔樓觀臺

攈八・一九　竹二・三八　孫錄三・一一四　關考七・二六　字四・一　萃八五・三　雍七・一　關三・一二　錄補一四・一三四　匯一二之一・九九　陝一二・一九

像主張五娘?（或釋妞）**造像**　正書

天寶元年四月四日

河北永年（同治十三年臨洺關人濬井得之），後歸江陰夏氏。

畿志一四八・二〇　光緒二十年廣平府志三五・三七　藝五・二二

潁州陳令望造般若波羅密多心經　正書

額正書

天寶元年四月八日

上截自左角至右斜斷，約缺四十字。

陰　中都大興府永清縣合村劉天南等施錢題名　正書　大定十四年四月十五日

兩側　賈得妻史氏題名　正書　咸雍二年三月六日

河北房山石經洞之右，歸長白端方。

畿志一四一・七　光緒順天府志一二八・一五　藝五・二二　趙錄三・一四　攈八・二〇　畿目上・一　陶二四・一　瓊五七・一　續編八・一　萃目一・一一　藝林月刊期（民二十五年二月）

兗公頌　張之宏撰　包文該正書

額分書

天寶元年四月二十三日

側　大和九年張咸題名　大中八年鄭繁等題名

山東曲阜孔廟同文門下

藝五・二二　孫錄三・一一四　竹二・三八　攈八・二〇　古墨五・八九　錄續六・六六　匯一〇之二・六　山訪六・五　雋三・一八　字四・一　來中・二二　妙九・二三　金石二跋二・九　跋六・二〇　阮山一二・三〇　萃八五・四　抄五・六五　平六・一〇　瓊五七・一　東家下・六　孔一一・四

朝散大夫登州司馬趙巨源墓誌銘並蓋　正書

天寶元年四月二十三日

河南博物館藏石

徵三・一五　館・八七　名六・七四　誌新三・一〇　萵補・七

兗州瑕丘縣令崔府君夫人吳縣君朱氏墓誌銘並蓋　正書

天寶元年四月二十三日

河南博物館藏石

名六・七三　萵二・六　徵三・一五　館・八七　誌新三・一〇

右龍武軍翊府中郎將高德墓誌　正書

天寶元年四月二十三日

張鈁千唐誌齋藏石

館・八七　徵三・一五　誌新三・一〇

吏部常選滎陽鄭瑨墓誌　正書

天寶元年五月十二日

張鈁千唐誌齋藏石

館・八七　徵三・一五　誌新三・一〇

饒州鄱陽縣尉李公之女墓誌　正書

天寶元年七月四日

張鈁千唐誌齋藏石

館・八七　徵三・一五

馬韶造金剛經幢　八面刻　正書

天寶元年七月十一日

河南孟縣北三里梧桐堂佛殿前

藝續一　朔目一〇・二　河錄一三・一〇　乾隆五十四年懷慶府志二七・二九

開元天寶聖文神武皇帝夢玄元皇帝靈應頌　戴璇撰　劉同升撰頌　戴伋分書　史榮刊

額分書

天寶元年七月十五日

刻於武德九年宗聖觀記之陰

陝西盩厔樓觀大殿前

藝五・二二　孫錄三・一一四　竹二・三八　關中・三一　攈八・二〇　古墨五・九〇　錄補十四・一三五　跋六・二一　關三・一二　匯一二之一・九八　關考七・二七　平三續上・二一　鈔六・一　萃八六・一　雍七・二　存一五・二　來下・一八　字四・二　鐫二・九　陜一二・一七

左威衛倉曹參軍廬江郡何簡墓誌　正書　妻隴西辛氏撰

天寶元年七月三十一日

河南洛陽出土，歸日本大倉氏。

徵三・一五　館・八七　名六・七四　珉・九　蒿二・六

隴西李賓墓誌　正書

天寶元年八月二十四日

張鈁千唐誌齋藏石

館・八七　徵三・一六

創建清真寺碑　正書　王鐵撰並書　擺都而的立石　關中萬年縣石公刻

天寶元年八月

陝西西安四院門街化覺寺

乃偽刻。清劉智天方至聖實録年譜卷卅有嘉靖五年仲秋李時榮撰勅諭。張星烺《中西交通史料匯編》第三册·八一。

清韓泰華《無事為福齋隨筆》上，陳回回教入中國史略（明時所造）。

足玄喜六《長安史跡考》楊錬譯（商務印書館出版）　羅振玉松翁賸稿二·三

上殤姚氏墓誌　正書

天寶元年八月晦

張鈁千唐誌齋藏石

館·八七　徵三·一五　誌新三·一〇

為國敬造陀羅尼經幢　八面刻　正書

天寶元年九月四日

藝五·二二

東京大弘道觀三洞先生張乘運玄宮誌　正書

天寶元年九月二十八日

張鈁千唐誌齋藏石

館八·七　徵三·一六　誌新三·一〇

吏部南曹石幢　八面刻　先頌後經　左光胤撰序　尹匡祚撰頌行書　經正書　彭城劉承恩專心勾摩

天寶元年九月

後有梁貞明年七月十一日討鞏使張雯斌為太尉生日造尊勝陀羅尼幢題記

陝西鄠縣草堂寺後移入西安圖書館

藝五·二二　關考六·三八　孫録三·一一四　竹二·三八　攈八·二〇　關三·一二　匯一二之一·八七　來中·四六　平六·一〇　萃六六·二　陝一二·一八　全唐文四〇三·一

李元福妻鞏為身患造像　正書

天寶元年十月二日

藝續一

南海郡番禺縣主簿樊夫人田氏墓誌　正書

天寶元年十月乙酉

張鈁千唐誌齋藏石

館・八七　徵三・一六

處士潁川郡陳懿夫人漁陽郡甯氏墓誌　正書

天寶元年十月丁酉

張鈁千唐誌齋藏石

館・八七　徵三・一六

靈巖寺碑　李邕撰並行書

天寶元年十一月十五日

斷為三塊

山東長清

許瀚云：咸豐二年，鄒縣拓工劉姓於長清靈岩寺西廊下朗公洞訪得二十一行，石斜斷，上截僅存首行，存十格，次行至四行，存十九格，五行至十一行，存二十格，十二行至十四行，存二十一格，末行存二十二格。

藝五・二二　楊圖五・三五　攀一二・一一　竹二・三八　攈八・二〇　匯一〇之一・二三　山訪一・一九　寶叢一・三六　阮山一二・三三　瓊五七・二　全唐文二六三・九　民國廿三年長清縣志一五・二八

正議大夫行袁州别駕上柱國苑玄亮墓誌銘　正書　梁晉撰

天寶元年十一月十九日

河南博物館藏石

徵三・一六　館・八七　萬二・六　名六・七四　志新三・一〇

□智□墓誌　藝作王智成墓誌　正書

天寶元祀

文多漫漶

藝一八·九

李宗墓誌　又作趙郡李君墓誌　正書

前題下接書誌文，銘復刻葬後二千七百年有張大安所發。

天寶二年正月二十日

藝一八·九　名六·七四　畿冢中·二　蒿二·六　館　徵三·一六　誌新三·一〇　誌匯二·二二

任四郎妻姚為身患願得除損又願莫見智（婿）征行造天尊像　正書

天寶二年四月八日

魯郡乾封縣令徐元隱墓誌　正書

天寶二年四月二十一日

張鈁千唐誌齋藏石

館·八七　徵三·一六　誌新三·一〇

清正觀三洞女官陳昇仙侄女當意為亡師兄澤淨觀三洞道士陳悟玄造石仙宮銘　正書

天寶二年四月二十三日

山西芮城柴村真常宮出土（民國六年）

弘農楊瓚為亡妻趙氏造浮圖頌　正書

天寶二年四月

山東益都段村

東京□□道門威儀使聖真玄元兩觀主清虛洞府靈都仙臺貞玄先生張尊師遺烈碑　又名：一、張探元碑；二、靈都觀張尊師碑。

蔡瑋撰　韓贇行書　李興刊

天寶二年六月三日

河南濟源西二十里李八莊靈都宮

右側　張雲□等題名　太和七年十月一日　閻忠曾題名　皇祐三年五月（朔目·河錄）

藝五・二三　孫錄三・一一五　竹二・三八　攈八・二〇　古墨五・九一　朔目八・二　河錄一一・四　滙九之二・四九　中記三・五四　橋二・一七　績・戊　續編八・一　平六・一一　河目下・一一　全唐文九二七・七　萃目一・一六

國子直監張敬己夫人王氏墓誌　正書　馬沓言撰書

天寶二年七月十二日

張鈁千唐誌齋藏石

館・八七　徵三・一六　誌新三・一〇

陳北朗妻戴氏造像　正書

天寶二年七月十八日

山東魚臺馬友泉藏

攈八・二〇　滙一〇之二・六四

平陽郡龍角山慶唐觀大聖祖玄元皇帝金籙齋頌　崔明允纂　史惟則分書

額篆書

天寶二年十月十五日

碑陰　李寰題名　正書左行　考為長慶三年

山西浮山龍角山

藝五・二三　孫錄三・一一四　竹二・三六　攈八・二〇　羅錄上・三一　右四・二三　滙一一・二一三　字四・二　萃八六・二　平六・一一　求二・二五　右叢七・一　全唐文三〇三・二五

朝散郎行臨海郡樂安縣尉姚暅墓誌銘　正書　四兄通琿撰

天寶二年十月二十日

河南博物館藏石

徵三・一六　館・八七　誌新三・一一

朝散大夫譙郡司馬王秦客墓誌　正書

天寶二年十月二十日

張鈁千唐誌齋藏石

館·八七　徵三·一六　誌新三·一〇

奉義郎行洪州高安縣令護軍崔府君夫人河南獨孤氏墓誌　長子李良撰並行書

天寶二年十一月二日庚時

中間斷裂，左側刻專檢校塋事外孫隴西李曙。

陝西西安出土

藝一八·九　徵三·一六　館·八七　蒿二·六　關考一·五五　名六·七五　館新四·二　羅錄上·三〇　誌匯二·二二　岷·一五　陝一二·二〇　唐文拾遺一九·二一

五品孫陳周子墓誌　正書　父齊卿述

天寶二年十一月十四日

長白端方藏石

陶二四·五　館·八七　蒿二·六　名六·七五　東冢·四　徵三·一六　誌匯二·二二

朝請郎行河南府河清縣主簿左光胤墓誌　張楚金撰　李新正書

天寶二年十二月七日

張鈁千唐誌齋藏石

館·八七　徵三·一六　誌新三·一一

郴州司士參軍王公度墓誌　正書

天寶二年十二月壬申（七日）

河南洛陽出土

館·八七　徵三·一六　誌新三·一一

實際寺故主懷惲奉敕贈隆闡大法師碑　正書　思莊撰（據全唐文）

天寶二年十二月十一日

側有花紋　陰　陰符經　郭宗恕三體書　乾德三年四月

陜西西安碑林第三室

碑題下有懷惲及書四字（乃後刻）

藝五·二三　關考一·五八　孫録三·一一五　竹二·三八　關中·三一　蒿一下·一　攈八·二〇　古墨五·九一　録補一四·一三六　關三·一二　匯一二之一·六　蕐一五·八　鐫四·三　字四·三　來下·一八　妙九·二五　金石二跋二·一〇　瓊五七·五　平六·一一　萃八六·三　東一〇·九　陜一二·二〇　全唐文九一六·一　瓶四·一八　虚五·四

藏公鑿井造像記　藝作天寶造像記　正書

天寶二年歲維鶉火月在□□庚申

山東甯陽西關

藝五·二二　孫録三·一一五　攈八·二一　匯一〇一二·二二

嵩陽觀紀聖德感應頌　李林甫撰　徐浩分書　裴迥篆額

天寶三載二月五日（篆書）

陰　張琬題名　熙寧辛亥十月　盧漢傑題名　宣和己巳改元

上下方有明人題名多種

河南登封嵩陽宫遺址

乾隆登封縣志三〇·三四　説嵩一四·一八　藝五·二三　勞格讀書雜識六·一一　孫録三·一一五　竹二·三九　攈八·二一　古墨五·九一　跋六·二二　匯九之四·二七　中記三·五四　平六·一二　鈔六·六　萃八六·五　金石二跋二·一〇　存十五·六　妙一〇·二九　金石録二七·四　鐫三·二一　字四·三　來中·二六　金石續録二·一四

佛頂尊勝陁羅尼呪　正書

後刻《佛説無垢浄大光陁羅尼神呪》

天寶三載二月十五日

陜西涇陽杜樹堡姚氏藏石

羅錄上・三一　趙錄失編・四　攗八・二一　匯一二之一・六續編八・三　陝一二・二一　萃略二・二一

汝南郡袁君墓誌　正書

天寶三載二月二十六日

河南開封出土（光緒三年），歸項城袁氏。

中冢・二十七　名六・七四　徵三・一六　館・八八　蒿二・六　光緒廿四年祥府縣志二二・五

東平縣君呂夫人墓誌銘並蓋　正書

天寶三年閏二月三日

河南博物館藏石

館・八八　徵三・一六　名六・七五　蒿二・六　誌新三・一一　芒冢四編五・三一

處士皇甫政墓誌　正書

天寶三載二月八日

張鈁千唐誌齋藏石

館・八八　徵三・一六　誌新三・一一

朝散大夫使持節唐州刺史張思鼎墓誌　正書

天寶三載閏二月八日

張鈁千唐誌齋藏石

館・八八　徵三・一六

司農主簿范陽盧友度墓誌銘　正書　鄭齊敷撰

天寶三年三月九日

河南博物館藏石

徵三・一六　館・八八

左春坊錄事郭藥師墓誌　王去奢正書

天寶三年七月十二日

徵三・一六　館・八八

大中大夫邕府都督陸君夫人元氏墓誌　正書

天寶三載八月十二日
張鈁千唐誌齋藏石
館·八八　徵三·一六

左清道率忠武將軍敦煌索思禮墓誌　正書
天寶三載十月十二日
長白端方藏石
藝一八·九　徵三·一六　館·八八　萵二·六　名六·七五　羅録上·三一　誌匯二·二二　陶二四·七　陜一二·二三

河南宇文琬墓誌並蓋　正書　周珍撰　曹惟良書
天寶三載十月二十日
陜西萬年縣出土，李慎訪得，移置關中書院，後移師範學堂。
藝一八·九　名六·七五　徵三·一六　館·八八　萵二·七　關新四·二　羅録上·三一　誌匯二·二二　關二·六五　瓊五七·五　陜一二·二二　唐文拾遺二一·三

孫法□一千五百餘人造像　正書
[天寶]三載歲次甲申十一月八日
有側
山東滕縣

楊令暉墓誌　正書
天寶三載十一月十三日
張鈁千唐誌齋藏石
館·八八　徵三·一六

河東裴鎬墓誌　正書
天寶三載十一月三十日
張鈁千唐誌齋藏石
館·八八　徵三·一七　誌新三·一一

法昌寺主圓濟和尚身塔銘　韓詮撰　董光朝正書　趙嶠鎸
天寶三載十二月二十八日

山西芮城延慶寺佛殿前
名六・七五　右冢七・五
鶴臺府果毅扶風馬延徽墓誌　正書
天寶四載正月十四日
張鈁千唐誌齋藏石
館・八八　徵三・一七
吏部常選王元墓誌　正書
天寶四載二月十四日
張鈁千唐誌齋藏石
館・八八　徵三・一七
王府庫真元景墓誌　正書　裴眺撰
天寶四載二月二十一日
館・八八　徵三・一七　誌新三・一一
桂陽郡臨武縣令王訓墓誌銘　正書
天寶四載二月廿一日
河南博物館藏石
徵三・一七　館・八八　名六・七五　蒿二・七
王襲綱造陀羅尼經鐵塔　分書　陽文　四面刻
天寶四載四月八日
四川閬中東門内鐵塔寺
藝五・二三　攈八・二一　瓊四七・一七　匯一六之一・四四
苑
上谷郡司功參軍張肅珪墓誌　王寰撰　左光巖書
天寶四載四月二十二日
張鈁千唐誌齋藏石
館・八八　徵三・一七
雲麾將軍行左龍武軍翊府中郎將李懷墓誌　正書　楊坦撰
天寶四載四月廿二日

張鈁千唐誌齋藏石

館·八八　徵三·一七

河南府偃師縣令王府君夫人滎陽鄭氏墓誌　正書　陽陵撰

天寶四載六月廿八日

河南洛陽出土

徵三·一七　館·八八　誌新三·一一

朝議郎洪府法曹參軍滎陽鄭君夫人河南万俟氏墓誌　正書

天寶四載七月五日

張鈁千唐誌齋藏石

館·八八　徵三·一七　誌新三·一一

上柱國司馬元禮墓誌　鄭老萊撰　李鈞　正書

天寶四載八月十七日

司馬元禮業酒肆

山東海豐吳式芬藏石

藝一八·九　館·八八　蒿二·七　名六·七五　誌匯二·二三　芒冢中·一八

石臺孝經　四面刻　玄宗李隆基撰序並注及分書　太子李亨題額

額篆書

天寶四載九月一日

李齊古表　正書

批答　行書

諸目題名　正書

陝西西安碑林第一室

藝五·二三　關考一·五八　孫録三·一一五　竹二·三九　關中·三二　攈八·二一　古墨五·九二　關三·一三　匯一二之一·六　存一五·九　萃八七·一　續抄二·一二　平六·一二　菉三·一五　陝一二·二五　字四·五　妙七·一七　雍七

·三　續錄二·一二　來中·一四　鎸二·四　寶叢六·一四

東京大奉國寺上座高守忠龕塋記　石鎮撰　崔英　正書

天寶四年九月二十五日

河南洛陽存古閣

藝一八·九　徵三·一七　名六·七五　羅錄上·三一　擄八·二一　誌匯二·二三　蒿五·三　匯九之三·五四　芒冢補遺·九　洛陽存古閣藏石目·二

太子右庶子任城縣開國男劉升墓誌銘　行書　李翊撰

天寶四載十月十三日

河南博物館藏石

徵三·一七　館·八八

中大夫使持節江華郡諸軍江華郡太守上柱國和守陽墓誌　毛肅然撰並書

天寶四載十月十三日

張鈁千唐誌齋藏石

館·八八　徵三·一七　誌新三·一一

宣德郎通事舍人高備墓誌　正書　竇蘭撰

天寶四載十月十三日

張鈁千唐誌齋藏石

館·八九　徵三·一七　誌新三·一一

皇四從姑故正議大夫使持節鄴郡諸軍事守鄴郡太守上柱國賀蘭府君夫人金城郡君隴西李氏墓誌　正書　蔣渙撰

天寶四載十月二十五日

徵三·一七　館·八九

廣陵郡海陵縣丞張俊墓誌　趙推撰　從侄同晏書

天寶四載十月廿五日

張鈁千唐誌齋藏石

館·八九　徵三·一七　誌新三·一一

杜福墓誌　正書　賈恖撰並書
天寶四載十月廿五日
張鈁千唐誌齋藏石
館・八九　徵三・一七

汝陰郡汝陰縣令裴琨墓誌　蔣思之撰　嗣子有信書
天寶四載十月廿五日
張鈁千唐誌齋藏石
館・八九　徵三・一七　誌新三・一一

故人諸葛明哲夫人韓氏墓誌　正書
天寶四載十月廿五日（卒葬同一日）
長白端方藏石
藝一八・九　徵三・一七　館・八九　名六・七五　蒿二・七　羅錄上・三一　誌匯二・二三　朔目二・一二　陶二四・一〇

潁川郡夫人三原縣令盧全善故夫人陳照墓誌並蓋　崔藏曜撰銘　沈修祐分書
天寶四載十月二十五日
河南洛陽出土
徵三・一七　蒿二・七

泗州刺史琅邪王同人妻河東裴郡君夫人墓誌　子渙撰　正書
天寶四載十月廿五日
陝西西安出，歸北京倫貝子。
藝續　徵三・一七　陝一二・二四

檢校安東副都獲□州刺史王永墓誌　正書
天寶四載十月□五日
陝西三原出土
關考七・一六　名六・七五　誌匯二・二三

朝散大夫守太子右庶子任城縣開國男息劉穎墓誌　行書　薛綦撰

天寶四載十月癸丑

張鈁千唐誌齋藏石

館・八九　徵三・一七　誌新三・一一

隴關道游奕使任令則神道碑　李邕文并行書

天寶四載十二月二十八日

上截磨泐下截完好，陽刻宋大觀聖作碑，後刻嘉慶己卯吳榮光題記。

陝西武功縣學（嘉慶二十年七月段嘉謨在武功文廟内訪得）

藝五・二三　趙録三・一四　蒿一上・七　顧廣圻思適齋集一六・一八　攈八・二二　匯一二之二・三三　續・丁　關考九・四七　瓊五七・九　續編八・三　隋上・四三　關中・二六　陝一三・一　唐文拾遺一六・二〇　萃目一・一六

優婆夷張鸞鳳妻儀為亡父母造尊勝陁羅尼經幢　杜希友正書

天寶四載

山西芮城西關外路旁杏樹下發現，已改為牛橛（民國五年）。

趙郡司戶參軍庾若訥墓誌　正書

天寶五載二月三十日

張鈁千唐誌齋藏石

館・八九　徵三・一七

處士陪戎副尉雷詢墓誌並蓋　正書

天寶五載降婁次諏訾月

蓋刻十二生肖，每一生肖旁刻夜半子雞鳴丑平旦寅日出卯食時辰禺中巳正南午日昳未晡時申日八酉黄昏戌人定亥。

陝西郜陽出土，歸西安段氏。

藝一八・九　徵三・一七　名六・七五　館・八九　蒿二・七　趙録失編・四　攈八・二二　誌匯二・二三　匯一二之一・六　陝一三・二　唐文拾遺二一・一七

清淨寺僧元藏灰身塔銘　正書

天寶五載三月十五日
河南安陽寶山
藝五・二三　名六・七六　朔目二・一三　河目二・八

密雲郡錄事參軍武功蘇君夫人呂氏墓誌　正書
天寶五載三月三十日
館・八九　徵三・一七　誌新三・一一

大安國寺讃律師護葬石幢　八面刻　先經後記　正書
天寶五載四月一日
河南洛陽龍門老君堂
藝五・二三　擴八・二二　匯九之三・五五

杜福隱等造像　杜令瓌撰　正書
天寶五載四月八日
山西芮城張家巷村壽聖寺塔下出土（民國五年八月）

順義郡錄事參軍事飛騎尉上谷侯方墓誌　正書
天寶五載四月十五日
徵三・一七　館・八九

吴昌郡胙城縣觀臺鄉小徐村徐仙客造像　正書
天寶五載四月十八日
河南滑縣南七十里牛屯村東周莊崇興寺
藝續一　朔目六・八　河錄九・二　民國十九年滑縣志金石錄一・一一

權澈琵琶泓詩並序　王紓正書
天寶五載五月二十日
山西鳳臺（或作浮山）東南十五里洞子巖（亦名聖浤）
藝五・二三　孫錄三・一一五　竹二・三九　擴八・二二　跋七・一　右九・七　匯一一・七二　平六・一二　右叢七・六　萃目一・一六　光緒鳳臺縣志一九・輯録

餘杭郡司戶參軍趙仙童墓誌　正書

天寶五年八月十六日

徵三·一七　館·八九

長安縣興聖寺尼決定造陀羅尼經幢　八面刻　正書

天寶五載九月十五日

石裂為二

陝西西安十五里田家灣出土，歸黄正誼。

藝五·二三　關考五·三二　孫録三·一一六　隋下·三二　竹二·三九　攈八·二二　匯一二之一·六　萃六六·二　陝一三·一

趙郡昭慶縣令王璠德政碑　李大亮撰　宋□□行書（或作朱□□）

天寶五載九月

側宋毛繼宗題名　篆書

河北隆平西思賢堂

畿志一五二·二七　藝五·二三　孫録三·一一五　竹二·三九　攈八·二二　畿目上·一　匯三之二·四一　萃目一·一六

嵩山壽龍寺浄藏禪師身塔銘　行書　慧雲撰

天寶五載十月二十六日

河南登封會善寺西

藝五·二三　孫録三·一一六　竹二·四〇　攈八·二二　名六·七六　東冢·五　匯九之四·二七　中記三·五五　岷·一六　平六·一三　萃八七·四　全唐文九九七·六　唐文拾遺五〇·三

張友用為身患造救苦觀世音菩薩像　正書　磚製

天寶五載十月二十八日

沔陽陸和九舊藏

右衛倉曹參軍攝監察御史太原郭密之故妻京兆韋氏墓誌　郭密之撰並正書

天寶五載十一月七日

河南洛陽出土

徵三·一八　館·八九　誌新三·一二

廣平程府君故夫人郭氏墓誌並蓋　正書

天寶五載十一月二十九日

卒年十五

龍溪二大字（羅作禾山石壁龍溪二字石刻）　正書　傳顏真卿書

天寶五年（羅錄）

江西永新西北六十里禾山下龍門溪石壁上

藝五·二四　攈八·二二　羅錄上·三一　繆荃孫江西金石目·一〇　匯六·七二

燕郡侯文琬兄弟造石浮圖銘　吳謙撰　閭濟正書

天寶五載

河北

攈八·二二

河内郡武德縣令楊岌墓誌　正書　崔潛撰

天寶六載正月廿六日

張鈁千唐誌齋藏石

館·八九　徵三·一八　誌新三·一二

王迴山造石浮圖銘　三面刻　正書

天寶六載正月三十日

後刻道光二十五年仲秋沈淮題記

山東陵縣北門外曠地中

藝五·二四　攈八·二二　羅錄上·三一　匯一〇之一·二二　瓊五七·一六

臨淄縣李要妻王十二娘造像　正書

天寶六載正月

山東臨石門房山

藝五·二四　孫錄三·一一六　匯一〇之三·三九　阮山一二·三五

尊勝經幢　郭少逸正書

天寶六載二月五日

逸人竇居士神道碑　又名竇天生碑　李邕撰　段清雲行書　范岌題額

額分書

天寶六載二月八日

後至元六年四月二十七日涇陽縣尹姚達禮重立題記

陜西涇陽橋頭鎮（或作三原）

藝五·二四　孫錄三·一一六　關考七·三　關中·三二　嵩一上·七　攈八·二二　古墨五·九二　跋七·二　關三·一三　匯一二之一·九四　雍七·三　字四·六　瓊五七·二〇　平六·一三　萃八七·五　全唐文二六五·三　宣統辛亥涇陽縣志二·金石·二二（全文）

宣威將軍守右武衛中郎將隴西董昭墓誌　正書

天寶六載二月十四日

山西芮城出土

名六·七六　右冢下·一二　徵三·一八　誌匯二·二三　右蘐七·八

通議大夫守太子詹事上柱國源光乘墓誌　正書　柳芳撰

天寶六載二月癸酉

張鈁千唐誌齋藏石

館·八九　徵三·一八　誌新三·一二　羅振玉車塵稿五五

潾山郡流江縣丞朱光宙墓誌　正書

天寶六載三月六日

張鈁千唐誌齋藏石

館·八九　徵三·一八　誌新三·一二　蒿續·七

廣饒鄉盧大娘女四娘為有滕造像　正書左行

天寶六載三月二十九日

山東臨朐石門房山

藝五·二四　孫錄三·一一六　攈八·二三　匯一〇之三·四〇　阮山一二·三五　瓊五七·二二

為身染時患造像　正書

天寶六載三月二十九日

山東臨朐石門房山

藝五·二四

王守志造像　正書左行

天寶六載三月二十□日

山東臨朐西二十里石門房山

藝五·二四　孫錄三·一一六　攈八·二三　匯一〇之三·三九　阮山一二·三五　瓊五七·二二

朝請大夫□□造太乙真武像碑　正書

天寶六載四月一日

碑陰　宋禧遊青帝觀詩　正書　皇祐四年正月二十二日　朱演刊

左側　畫像並傔人趙進超等題名　蔣予蒲移石題記　嘉慶二年五月

右側　鄭居中題名　正書　政和丁酉四月二十一日

不詳　銀青光祿大夫等字　正書

重修青帝觀記　正書　額篆書

劉誼等題名　正書　元祐丙寅三月二十七日

殘勑二段　正書

山東泰安青帝觀門內左側

藝五·二五　攈八·二三　孫錄三·一一七　匯一〇之一·四

○　山訪三・一　平六・一三

孟五□造像（繆誤作孟士）　正書

天寶六載五月四日

山東臨朐石門房山

藝五・二四　孫錄三・一一六　攈八・二三　匯一〇之三・四

○　阮山一二・三五　瓊五七・二二

（上泐）**拏兒造像**　正書

天寶六載九月十七日

山東臨朐石門房山

藝五・二四

河南府參軍張軫及邵氏合葬誌　正書　丁鳳撰

天寶六載十月十二日

湖北襄陽出土

藝一八・一〇　徵三・一八　館・九〇　名六・七六　蒿二・七　趙錄三・一四　攈八・二三　誌匯二・二四　匯一四・一五　襄陽冢墓遺文・七　瓊五七・二四　硯一一・八　績・丁　湖北金石志四・二一　襄陽金石略六・六　唐文拾遺二一・五　萃目一・一七

太原府少尹盧明遠墓誌　正書　崔至撰

天寶六載十月十九日

張鈁千唐誌齋藏石

館・九〇　徵三・一八

振威副尉左金吾衛新平郡宜祿都尉成君墓誌　正書

天寶六載十月二十八日

前段斷為二缺右下角，後刻李殿淳李僎二跋，末斷本無跋。

陝西西安出土（道光九年）

藝一八・一〇　徵三・一八　館・九〇　關考七・一七　名六・七六　蒿二・七　趙錄三・一四　攈八・二三　誌新三・一二

誌匯二・二四　匯一二之一・六　瓊五七・二七　續編八・四泉二・六　誌一二・二　陝一三・二　唐文拾遺六六・八　萃目一・一七

杜二郎妻阿張為亡女造像（或誤釋杜二朗）　正書

天寶六載十一月十日

山東臨朐石門房山

藝五・二四　孫錄三・一一七　攈八・二三　匯一〇之三・四〇　阮山一二・三五

趙郡李迪墓誌　正書

天寶六載十一月二十五日

河南博物館藏石

徵三・一八　館・九〇　名六・七六　誌新三・一二　芒冢四編五・三四

寧遠將軍守左衛率府中郎嗣曹王李戢墓誌　李庭堅撰　駱從悊書

天寶六年十二月二十日

河南洛陽出土，今在東北博物館。

羅振玉松翁未焚稿

徵三・一八　館・九〇　名六・七六　蒿二・七　誌新三・一二　滿別下・三八

弟子李玄?賓妻田氏胡廣妻張氏造像　正書

天寶六載十二月三十日

山東臨朐石門房山

藝五・二四　孫錄三・一一七　攈八・二四　匯一〇之三・四〇　阮山一二・三五　瓊五七・二三

宴濟瀆序　達奚珣撰　薛希昌分書　額篆書

天寶六載十二己未

已斷為三

碑陰　游濟瀆記　達奚珣撰　薛希昌分書

左側　洛陽令尉汾等題名　正書　元和十四年八月廿三日

監察御史鄭轅詩　正書

右側　范陽主簿張蕆言等題名　正書　貞元四年三月二十日

朝散郎李珙題名　正書　貞元七年六月十一日

張載言題名　正書　貞元九年正月十七日

濟源縣尉李坦等題名　正書　貞元九年二月八日

河南濟源西北五里濟瀆廟，後移農業學校。

藝五·二六　攈八·二四　孫錄三·一一七　中記三·五六　竹二·四〇　朔目八·二　河錄一一·九　匯九之二·四九　寶叢五·二五　萃八七·六　平六·一四　金石二跋四·一三　獨殘·一八　藪·一一　河目下·一三　乾隆二十六年濟源縣志一五·藝文·一　乾隆五十四年懷慶府志二六·二八

上黨郡大都督府長史宋遙墓誌　宋鼎撰　鄭長裕書

天寶七載正月十一日

張鈁千唐誌齋藏石

館·九〇　徵三·一八　蒿續·七　羅振玉車塵稿·六一

開元寺陀羅尼經幢　八面刻　上經　下題名　正書

天寶七載二月

駱齊休修幢題字　正書　天寶十一載二月

陝西西安開元寺

藝五·二六　攈八·二四　孫錄三·一一七　關考一·五八　關三·一四　匯一二之一·六　萃六六·二　陝一三·五

李令璋妻李妻呂為身患不能可造像　正書

天寶七載二月

山東臨朐石門房山

藝五·二四　攈八·二四　匯一〇之二·四〇　阮山一二·三五

佛說施燈功德經幢　宋默正書

天寶七載三月五日

陝西岐山萬壽寺

攈八・二四　匯一二之二・三九　陝一三・五

宣議郎行鄭州文安縣尉程思慶墓誌　薛成撰　張瑨　正書

天寶七載三月十二日

張鈁千唐誌齋藏石

館・九〇　徵三・一八

李家村金剛經幢　八面刻　先經後記　蔣圖撰　張賁行書　楊子嵒刻　程進刻序

天寶七載三月二十八日

後有寶曆、開城、會昌移置重修題名，斷為二。

陝西西安駐防關帝廟（光緒甲午歸南海李宗顯）

藝五・二六　攈八・二四　關考五・三三　孫錄三・一一八　關三・一四　竹二・四〇　匯一二之一・七　瓊四七・二　平續・一一　萃八八・一　雍七・四　陝一三・五　全唐文四〇六・一

兵部常選上柱國韓嘉昕為妻李氏□身造像　正書

天寶七載三月

山東臨朐石門房山

藝五・二四　孫錄三・一一六　攈八・二四　匯一〇之三・四〇　阮山一二・三五

崔夫人王氏墓誌　又作王夫人墓誌　正書

天寶七載五月三日

徵三・一八　館・九〇

崇仁寺內侍王尚客等六十人造陀羅尼呪幢　八面刻　上有七佛像　張少悌行書

天寶七載五月十五日

下截左角缺，同治間寺災石佚。

陝西西安城西五里崇仁寺經堂前

藝五·二六　攈八·二四　孫錄三·一一八　關考三·六〇　錄補一五·一三八　關三·一四　竹二·四〇　匯一二之一·七　字四·六　曝四　妙一〇·二三　來中·四七　雍七·五　萃六六·三　平再續·一七　陝一三·五

博陵郡北岳恆山封安天王銘　李荃撰　戴千齡分書並篆額　杜甫金韓休烈刻字

天寶七載五月二十五日

河北曲陽

碑陰　賈太守謁祠記　康傑撰　戴千齡分書

監廟馬若水縣尉馬澤題名　正書左行　癸巳九月廿三日（天寶十二載）

縣尉馮澤再題名　正書左行　癸巳九月二十三日

東京員寮右直副指揮使□□題名　正書　咸平五年二月二十七日

左側　李暨題名　正書左行　會昌二年七月二十五日

宋□□題名　正書　咸平五年二月三十日

右側　大中殘題名　正書

王處直祭北岳題記　正書　天祐三年十月二十二日

王利題名　正書　景德丙午四月十九日

王震致岳祠題名　正書左行　慶曆六年十月一日

王震李競雨題名　正書　慶曆六年十月一日

藝五·二六　攈八·二四　孫錄三·一一八　菉三·一六　錄補一五·一三九　跋七·三　畿目上·一〇　竹二·四〇　匯三之二·五〇　寶叢六·二八　字四·六　曝四　金石錄續二·一五　存一五·一四　萃八八·一　平六·一四　求二·三六　求三·三七　全唐文三六四·一四　（金唐文四〇八·一七八碑陰）

萃目一・一七

劉京召劉令璋等造井闌頌　四段　正書

天寶七載七月十五日

後刻定州望都縣翟城鄉□藻村劉緒造石井闌頌　淳化五年正月二十六日

藝五・二七

清河崔石墓誌　正書

天寶七載八月八日

山西屯留出土，天津王氏藏石。

藝續　右冢下・一二　名六・七六　誌新三・一二

沮瓊瑤為染患造像　正書

天寶七載九月

山東臨朐右門房山

藝五・二四　攈八・二五　匯一〇之三・四〇

寧遠將軍行左威衛左司階上柱國太原王元泰墓誌　郭懷琰撰並正書

天寶七載十月十二日

張鈁千唐誌齋藏石

館・九〇　徵三・一八　誌新三・一二

贈東平太守韋仇元素碑額　篆書

碑文一字不存（韋述撰蔡有隣分書篆額），斷裂為三。

天寶七載十月二十日

山東濟寧北三十里耿務村南道旁

藝五・三〇　攈八・二五　竹二・四一　孫錄三・一一八　民國丁卯濟寧直隸州志一九・二六　張澍養素文集一九・八　雪跋四・一一　山訪九・二　濟州三・五　平六・一五　寶叢七・二八　阮山一二・二八　萃八八・五　錄補一五・一三九　匯一〇之二・四八　全唐文三〇二・一二

處士河東裴君夫人祖氏墓誌　正書
天寶七載十月二十三日
張鈁千唐誌齋藏石
館·九〇　徵三·一八

延王府戶曹丁韶墓誌　正書
天寶七載十月二十三日
張鈁千唐誌齋藏石
館·九〇　徵三·一八　誌新三·一二

杜昆吾石龕像銘　張□撰　武鶯遷正書
天寶七載十月
四川南江
藝五·二七　攈八·二五　趙錄三·一四　匯一六之一·五一又一六補遺·一八　苑

大慈禪師墓誌並蓋　正書
天寶七載十一月十八日
陝西咸寧出土
徵三·一八　名六·七七

李秀墓誌並蓋　正書
天寶七載十一月二十四日坤時

漢中郡都督府西□縣李少府公夫人扶風竇氏墓誌並蓋　正書　盧撰
天寶七載十一月二十四日
河南博物館藏石
徵三·一八　館·九〇　名六·七七　蒿二·七　誌新三·一二

濟陽郡盧縣令王同福並夫人裴雍熙墓誌銘　正書　孤子稷撰　息稅書
天寶七載十一月三十日

河南博物館藏石

徵三・一八　館・九〇

丹陽郡陶元欽夫人王氏墓誌　正書

天寶七載十一月三十日

張鈁千唐誌齋藏石

館・九〇　徵三・一八　誌新三・一二

廣平郡太守恒王府長史上谷寇洋墓誌並蓋　正書　姪女婿賀蘭弼撰　姪埴書並篆額

天寶七載十一月三十日

張鈁千唐誌齋藏石

館・九〇　徵三・一八　誌新三・一二　羅振玉車塵稿五七

史庭墓誌　正書

天寶七載十一月□日

張鈁千唐誌齋藏石

館・九一　徵三・一八

新定郡遂安縣尉李夫人博陵崔氏墓誌並蓋　正書　楊綰撰

天寶八載正月十一日

徵三・一八　館・九一　羅振玉車塵稿六一

靈泉寺玄林禪師道碑　行書　陸長源撰　兩面刻

天寶八載二月十五日

右側　李智平建碑亭記　大觀元年四月望僧福澄記

左側　大定十四年題字

河南安陽寶山本寺

萃目一・一七　攈八・二五　河錄二・七　朔目二・一三　趙錄二・一四　河目中・一一　安陽四・一五　平・一一　匯九之二・五　全唐文五一〇・五

左金吾衛翊衛兵部常選張孝節墓誌　正書

天寶八載三月八日

徵三・一八　館・九〇

李擬官為亡父見存母造彌陀像　正書

天寶八載三月二十六日

丁思禮妻朱氏造心經碑　四截刻　上截像　次截經　三截記行書

天寶八載七月二十一日

治平建大殿題記　正書　治平二年二月十五日

崇甯修造記　正書　崇甯元年二月丁酉日

側　夏侯贇題記　行書　貞元十五年孟春

江蘇沛縣夏鎮崇聖寺

藝五・二七　江蘇四・一九　攈八・二四　孫錄三・一一八　趙錄三・一四　竹二・四〇　滙四・三八　瓊五八・一　寶鐵上・七　平六・一五　萃九九・二　萃目一・一一

冠軍大將軍行左龍武軍大將軍員外置同正員上柱國薛義墓誌　正書

天寶八載七月二十八日

陝西西安出土，歸長白端方。

徵三・一九　館・九一　蒿二・七　名六・七七　誌滙二・二四　壬癸・四五　陶二四・一六　陝一三・五

酋長康國大首領因使入朝檢校折衝都尉康公夫人汝南上蔡郡翟氏墓誌銘並蓋　正書

天寶八載八月十日

河南博物館藏石

徵三・一九　館・九一　誌初三・三二

安定郡參軍陸曹妻胡夫人墓誌　正書

天寶八載八月十四日

張鈁千唐誌齋藏石

館・九一　徵三・一九　誌新三・一二

南充司馬高琛墓誌　正書　邢宙撰
天寶八載八月廿二日
張鈁千唐誌齋藏石
館・九一　徵三・一九　誌新三・一二　蒿續・七
天寶造像殘銘　正書左行
天寶八載九月二日
四川南江
藝五・二七
下殤崔氏子墓誌　正書
天寶八載九月二十三日
張鈁千唐誌齋藏石
館・九一　徵三・一九
劉元勲浮圖銘　劉華撰　正書
天寶八載十月七日
河南武安西南五十里北叢井村龍興寺
朔目四・三　河目上・九　河録五・四　民國二十六年武安縣志一三・九
將作監左校丞吴福將墓誌　正書　周頎撰
天寶八載十一月十一日
張鈁千唐誌齋藏石
館・九一　徵三・一九　誌新三・一二　蒿續・七
國子監丞李濟墓誌　正書　劉去奢撰
天寶八載十一月十八日
張鈁千唐誌齋藏石
館・九一　徵三・一九
太子舍人贈尚書兵部郎中李峰神道碑　郭納撰　顧誠分書
天寶八載十一月二十九日
河南洛陽龍門山後

藝五・二七　攈八・二六　匯九之三・五五

大莊嚴寺莊嚴石燈臺銘　正書

天寶八載

張惠貞造天尊像　正書

天寶八載□月十二日

陝西西安

李經墓誌　正書

天寶九載二月一日

徵三・一九　館・九一　名六・七七　右冢補・五　蒿二・七

譙郡城父縣尉盧復墓誌銘　正書　杜昚言撰

天寶九載二月十三日

河南博物館藏石

徵三・一九　館・九一　蒿二・八　名六・七七　誌新三・一二

詹事府司直張椅墓誌　正書

天寶九載二月十四日

張鈁千唐誌齋藏石

館・九一　徵三・一九

上柱國王□□妻張氏造像（繆誤作王道成）　正書

天寶九載三月

山東臨朐右門房山

藝五・二四　孫錄三・一一九　攈八・二六　匯一〇之三・四〇　阮山一二・三五

少林寺靈運禪師功德塔銘　崔琪撰　僧勤□行書

天寶九載四月十五日

邵項刻寺西石塔靈運師墳即梁帝皇嗣者也十五字。

陰　尊勝陀羅尼呪　高岑書

兩側　畫像並河尹辛祕題名　正書　元和十二年閏五月

河南登封少林寺

說嵩一四・一七　孫録三・一一九　攈八・二六　竹二・四一　安陽四・九　瓊五八・三　平六・一五　金石二跋二・一一　中記三・五六　妙一〇・二五　薤一二・七　字四・六　來中・二六　金石續録二・一六　録補一五・一三九　匯九之四・二七　藝一八・一〇　全唐文三〇三・一八　乾隆登封縣志卅・三六

濟南郡張?行廉造像（繆作□行廉）　正書

天寶九載六月

藝五・二四　孫録三・一一九　攈八・二七　匯一〇之三・四〇　阮山一二・三五　瓊五七・二三

故夫人崔氏墓誌　張恒撰　李封　行書

天寶九載七月二十三日

張鈁千唐誌齋藏石

館・九一　徵三・一九　誌新三・一三

朝議郎行新安郡婺源縣令上柱國范仙嶠墓誌　正書

天寶九載八月四日

張鈁千唐誌齋藏石

館・九一　徵三・一九　誌新三・一三

孟崇仙石浮圖銘　正書

天寶九載八月十八日

河南林縣南七十里臨淇鎮北五里陽臺寺

朔目三・六　河目上・九　河録四・三

河西郡平遙縣尉慕容夫人源氏墓誌　正書

天寶九載八月廿八日

張鈁千唐誌齋藏石

館・九一　徵三・一九

清河張伷先墓誌　又作張敖墓誌　正書　張偉撰　崔續書

天寶九載八月廿八日

館·九一　徵三·一八

清河張超並妻劉氏造陀羅尼經幢　八面刻　楊憤行書

天寶九載八月二十九日

二幢，此乃西幢

河南登封永泰寺

說嵩一四·二四　藝五·二七　攈八·二七　孫錄三·一一九　中記三·五六　竹二·四一　匯九之四·二七　來中·二六　萃六六·四　平六·一五　瓊四七·三　乾隆登封縣志三〇·二〇

裴公夫人韋氏墓誌　正書

天寶九載十月六日

江蘇揚州出土

館·九一　江蘇四·二〇　陶二十四·一八

薛侍伊造石浮圖頌　正書

天寶九載十月十八日

側　正書　阜昌八年五月八日劉漢重立題記

山東濟寧西三十五里大張翟村關帝廟

藝五·二七　孫錄三·一一九　匯一〇之二·四八　山訪九·二　阮山一二·四一　全唐文九六二·二　萃目一·一七

涼王府功曹參軍于偃墓誌　正書

天寶九載十一月四日

張鈁千唐誌齋藏石

館·九二　徵三·一九　誌新三·一三

汝州刺史李君夫人韋氏墓誌　高蓋撰　陳絢書

天寶九載十一月十一日

張鈁千唐誌齋藏石

館·九一　徵三·一九

隴西李係墓誌　正書　成撰

天寶九載十一月十七日
缺左上角
河南洛陽出土，歸長白端方。
名六・七七　蒿二・八　徵三・一九　館・九一　誌匯二・二
四　陶二四・一九　芒冢中・一九

濟南郡禹城縣令李庭訓墓誌　正書　子婿杜鎮撰
天寶九載十一月十七日
張鈁千唐誌齋藏石
館・九一　徵三・一九

鄴郡司倉參軍張貞昚墓誌　王伯倫撰　正書
天寶九載十一月十七日
張鈁千唐誌齋藏石
館・九二　徵三・一九

開方府右果毅都尉李沖墓誌　正書
天寶九載十二月六日
徵三・一九　館・九二

東京國子監大學進士上騎都尉李華墓誌　正書　竇公衡撰
天寶九載十二月十七日
徵三・一九　館・九二　誌新三・一三

靜王?等字造像（繆作彭王□□造像）　正書
天寶九載
山東臨朐石門房山
藝五・二四

石佛閘劉氏等造像　正書
天寶九載（匯作三載）
陰　重立石佛記　秦本正書　至正七年七月
山東濟寧
藝五・二七　匯一〇之二・四八　山訪九・二

鄴郡安陽縣宰趙佺墓誌　正書　鄭蓁撰
天寶十載正月一日
張鈁千唐誌齋藏石
館・九二　徵三・一九　誌新三・一三

清河郡房光庭墓誌　正書
天寶十載三月十七日
張鈁千唐誌齋藏石
館・九二　徵三・二〇　誌新三・一三

陪戎副尉崔虞延墓誌並蓋　正書
天寶十載三月二十二日
徵三・二〇　館・九二　右冢下・一三　蒿二・八　藝續

慕容氏女神護師墓誌　正書
天寶十載四月十八日
徵三・二〇　館・九二

為合家平安殘造像　正書
天寶十載四月
山東臨朐石門房山
藝五・二四

潁王府士曹參軍崔傑（伯雄）墓誌　正書　鄭涉撰
天寶十載五月二日
徵三・二〇　館・九二

榆林郡督府長史王承裕墓誌　張瑗撰　趙少堅書
天寶十載五月二日
張鈁千唐誌齋藏石
館・九二　徵三・二〇　誌新三・一三　蒿續・七

中散大夫行滎陽郡長史上柱國賞魚袋清河崔湛墓誌　正書　閻伯璵撰
天寶十載八月十日

河南洛陽出土

羅振玉丙寅稿・五三　徵三・二〇　誌新三・一三

中郎將獻陵使張府君夫人太原郭班臨淄縣君墓誌　正書

天寶十載八月二十二日

河南博物館藏石

徵三・二〇　館・九二　蒿補・七

房有非墓誌　正書

天寶十載八月二十二日

張鈁千唐誌齋藏石

館・九二　徵三・二〇

南充郡司馬高琛夫人杜蘭墓誌　正書

天寶十載十月十一日

張鈁千唐誌齋藏石

館・九二　羅振玉丁戊稿・四〇　徵三・二〇　誌新三・一三　羅振玉遼居稿三〇

潞府參軍裴肅夫人北平陽氏合祔墓誌銘並蓋　正書　承祧子婿陽寬撰

天寶十載十月二十四日

河南博物館藏石

館・九二　徵三・二〇

長安縣尉左授襄陽郡穀城縣尉又移南陽郡臨瑞縣尉瑯琊王志悌祔葬墓誌銘並蓋　正書

天寶十載十一月五日

河南博物館藏石

館・九二　徵三・二〇　蒿二・八　名六・七七　誌新三・一三　芒冢四編五・三七

襄州襄陽縣尉同州馮翊縣丞王鴻祔葬墓誌　正書

天寶十載十一月五日

張鈁千唐誌齋藏石

館·九二　徵三·二〇　誌新三·一三

孝廉盧憕墓誌　正書

天寶十載十一月十一日

張鈁千唐誌齋藏石

館·九二　徵三·二〇　誌新三·一三

濟陰郡參軍崔義邕墓誌　正書

天寶十載十一月二十七日

張鈁千唐誌齋藏石

館·九二　徵三·二〇　誌新三·一三

中大夫守晉陵別駕千乘倪彬墓誌　分書

天寶十載十二月十一日

張鈁千唐誌齋藏石

徵三·二〇　館·九二

監察御史趙郡李府君夫人博陵崔氏墓誌　正書

天寶十載十二月十一日

長白端方藏石

徵三·二〇　館·九二　蒿二·八　陶二四·二〇　遼居稿·四二

□山□為亡女造像　正書

天寶十載

山東臨朐石門房山

藝五·二四

縉雲郡司馬賈崇璋夫人陸英墓誌　正書

天寶十一載二月廿四日

張鈁千唐誌齋藏石

館·九二　徵三·二〇　誌新三·一三

王屋山靈都觀劉尊師碑　正書

一、中記作某尊師碑；二、王屋山劉若水碑。

劉齊莊撰（嚴可均據碑文齊莊乃立碑者撰文者乃縣主簿）翟灝行書（或作翟顥）　檢校覆鐫字侄劉玄覺　刻石人李崇絢

天寶十一年二月二十八日

側　胡遨靈都觀修復故渠記　正書　大和五年二月

張雲翹等題名　正書　大和七年十月

李□張□同?題名　正書　開成二年十月

李□崔言等題名　正書　會昌元年十二月

文字磨泐，首數行尤甚。

河南濟源西三十里李八莊靈都觀

藝五·二八　攈八·二七　孫錄三·一二〇　中記三·五六　古墨五·九三　竹二·四一　朔目八·二　河錄一一·四　匯九之二·五〇　二·一七　平六·一六　續編八·六　河目下·一一　全唐文九九三·七　萃一·一七

順節夫人墓誌　夫張之續撰　李湊正書

天寶壬辰（十一載）二月壬申

徵三·二〇　館·九二

草書杜甫秋興八首　僧懷素草書

天寶十一載三月二日

僞　託

浮圖主比丘尼貞因造像　又名殷審續造石浮圖記　正書

天十一載三月二十八日（天下原無寶字）

河北元氏開化寺

畿志一四六·一一　藝五·二八　攈八·二七　趙錄三·一五　畿目上·一一　匯三之二·二五　常九·二八　唐文拾遺六一·六

中嶽永泰寺碑頌　沙門靖彰撰　荀望正書

天寶十一載閏三月五日

河南登封

說嵩十四・二五　藝五・二八　攈八・二七　孫錄〇・一二〇　中記三・五六　錄補一五・一四〇　錄補五・九四　竹二・四一　匯九之四・二七　字四・七　來中・二六　金石續錄二・一七　妙九・一三　萃八九・一　鈔六・一二　平六・六六　瓊五八・六　古墨五・九三　全唐文九一五・二　乾隆登封縣志卅・三七

金鄉郡君蘇夫人韋氏墓誌　正書

天寶十一載閏三月癸酉

張鈁千唐誌齋藏石

徵三・二〇

千福寺多寶塔感應碑　岑勛撰　顏真卿正書　徐浩分書題額　史華刊

天寶十一載四月二十二日

陰　楚金禪師碑　沙門飛錫撰　吳通微行書　貞元十一年七月二十五日

側　金蓮峰真逸題名

劉仲游詩　行書　明昌五年二月八日

康熙中碑斷，銘詞缺佛知見法為五字，空王可託本願同七字，損歸我無空四字，末行缺大夫行內侍趙思七字。

焦循《憶書》云：宋拓多寶塔，江秋史侍御所藏也。巴慰祖得之漢皋，以贈江蔗畦太守。後有梁巘跋，惜碣文不全其化期室界創精論刻等字俱模糊，而鑿字獨完好。

陝西西安碑第三室（明世秦藩由興平移置西安）

關考一・五八　楊圖五・三七　雪跋四・一一　孫錄三・一二〇　甘泉鄉人八稿一〇・三　攈八・二七　竹二・四一　匯一二之一・七　金石錄二七・六　薤一一・一　鐫三・四　庚六・一

七　字四·七　來中·二七　妙一一·二七　金石續錄二·一六　關三·一四　雍七·五　跋七·四　關中·三三　平六·一七　古墨五·九四　萃八九·二　藪·二　石言五·二三　陝一三·七　全唐文三七九·一　文苑英華八五七·七　清焦循憶書六·一一（宋拓本）

夫子廟堂碑　程浩撰　徐浩篆額　顏真卿正書

天寶十一載四月二十三日

藝五·二八

嚴可均《鐵橋金石題跋》二·一七云：大曆中又刊於湖州，今華州王氏藏有殘石七十一字。近山西新護（陽曲）顏碑行列字次與華州殘石悉合，蓋即從彼本翻刻者。

吳式芬《攈古錄》八·二七云：案此碑為後人增三百字，大曆二年刻之扶風。《唐文粹》錄之。此則原文止二百四十六字，前後題署六十八字。有元至正元年，太平路總管賈度重摹本可證。此華州殘石僅存七十一字。

明范大澈《碑帖紀證》四云：在杭州府臨安縣，碑頗小，尚無恙。

宣聖兗公小影並夫子廟堂記　上影下記　程浩撰　顏真卿正書　徐浩篆額

天寶十一載四月廿三日

皇慶二年良月廣州路學重刊　文不全

廣東廣州府學

藝五·二八　匯一七·一　同治十年番禺志六·九　宣統庚戌南海縣志一二·七

蘭陵蕭夫人（博）墓誌　正書

天寶十一載五月八日

張鈁千唐誌齋藏石

館·九三　徵三·二〇　誌新三·一三

雲麾將軍齊子墓誌　正書　臧華刻字
天寶十一載五月十五日
張鈁千唐誌齋藏石
館・九三　徵三・二〇　誌新三・一三
曹文玉造尊勝陁羅尼經幢　八面刻　行書
天寶十一載五月
河南洛陽
藝五・二八　攈八・二八　匯九補遺・一六　瓊四七・四
河内郡修武縣孝廉鄉蔣勸里孫村皇甫遠容昆季造像　正書
天寶十一載七月六日
釋迦牟尼佛阿彌陁佛等讚　高子玠行書
天寶十一載七月十五日
陰刻心經　左側刻書人姓名
山西絳縣（道光中）出土　歸縣人張鶚舉
右蘐七・一三　右一〇・一四
趙圓智七十四人等造心經幢　八面刻　先經後記　行書
天寶十一載七月十五日
藝五・二八
石燈臺頌幢　八面刻　有像　張尹撰　男希雅正書
天寶十一載七月十五日
河北元氏開化寺水陸殿後
常九・二九　藝五・二八　攈八・二八　趙錄三・一五　畿目上・一一　匯三之二・二五　瓊五八・六　唐文拾遺二一・二六
李舍那上輕車都尉為亡父母造像　又名李舍造像　正書
天寶十一載七月二十四日
山東歷城九塔寺
藝五・二八　匯一〇補遺二
京兆府三原縣尉崔澄墓誌　正書　□源撰書

天寶十一載八月十日

張鈁千唐誌齋藏石

館・九三　徵三・二〇　誌新三・一三

董信古董日進等造石浮圖記　行書

天寶十一載八月十三日

河北欒城，道光間太守攜至正定城内崇聖寺。

藝五・二八　擴八・二八　趙錄三・一五　畿目上・一一　匯三之二・九　瓊五八・九　常九・三一　唐文拾遺六一・六　同治十一年欒城縣志一四・七

普照寺董生等造像兩側　正書　正面刻佛像

天寶十一載八月二十八日

山東濟寧玉露庵

藝五・二八　擴八・二八　孫錄三・一二〇　濟州三・一三　匯一〇之二・四九　山訪九・二　阮山一二・四二

朝議郎行弋陽郡定城縣尉上柱國屈澄墓誌　正書

天寶十一載九月三日

張鈁千唐誌齋藏石

館・九三　徵三・二〇　誌新三・一三

河東郡張謙墓誌　正書　從弟蕭撰

天寶十一載九月卅日

徵三・二〇　館・九三　蒿二・八

房陵郡太守盧君夫人弘農郡君楊氏墓誌　行書

天寶十一載十月二十九日

張鈁千唐誌齋藏石

館・九三　徵三・二〇　誌新三・一三

順義郡錄事參軍侯智元妻魯氏墓誌　正書

天寶十一載十一月三日

徵三・二一　館・九三

彭城劉君夫人王光贊墓誌並蓋　正書
天寶十一載十一月廿七日
河南博物館藏石
館・九三　徵三・二一　誌新三・一三
雲門山投龍詩　趙居貞撰　吳□行書　李元莊鐫
天寶玄黓歲辜月己巳（天寶十一載十一月）
左上角右下角並缺，字徑寸許。
山東益都山陽洞西關帝廟後碑壁
藝五・二七　擴八・二五　孫録三・一一八　益都金石記二・一　跋七・六　匯一〇之三・二六　山訪一二・三　平六・一八二・一七　阮山一二・四三
滎陽郡滎陽縣為聖文神武皇帝造尊勝陀羅尼經幢　正書
天寶十一載　大中七年重建
河南滎陽城北十里定覺寺
擴八・二八　匯九之一・一九
房府君夫人耿氏墓誌　正書
天寶十二載正月卅日
張鈁千唐誌齋藏石
館・九三　徵三・二一　誌新三・一三
清信士□□像　正書
天寶十二載二月二日
後截有□□羅為亡父母造定光像七行
山東益都雲門山
藝五・二八　孫録三・一二〇　匯一〇之三・二七
清河張瓚墓誌　正書　張婁撰
天寶十二載二月十二日
陝西興平出土（同治間），歸長白端方。
藝一八・一〇　徵三・二一　館・九三　蒿二・八　關考六・

二三　名六・七八　關新四・三　羅錄上・三一　誌匯二・二五
岷・一六　陶二五・一　陝一三・一〇　唐文拾遺二一・七

中散大夫滎陽郡長史崔夫人王氏墓誌　正書
天寶十二載二月十二日
張鈁千唐誌齋藏石
徵三・二一　館・九三

李棲梧造像　正書
天寶十二載二月十五日
後有大中祥符九年題記
山東益都雲門山
攈八・二八　孫錄三・一二〇　阮山一二・二四　益二・三
山訪一二・三　匯一〇之三・二七

門徒惠玉等為道莊法師造陀羅尼經幢　正書　八面刻
天寶十二載二月十五日
藝五・二九　瓊四七・五

天寧寺佛像龕經石刻　正書
天寶十二載二月十五日
河南安陽城内天寧寺東院呂祖閣（民國元年范壽銘訪得）
藝續一　朔目二・一三　河錄二・三

高士通直郎賈隱並夫人京兆杜氏墓誌　正書　杜芳撰
天寶十二載二月二十四日
河南博物館藏石
徵三・二一　館・九三　誌新三・一四

李□□為亡姑李謝兒姑夫劉仁信等造心經　正書
天寶十二載四月八日

車諤妻侯氏墓誌　夫車諤撰　正書
天寶十二載四月壬申
張鈁千唐誌齋藏石

館·九三　徵三·二一

滎陽鄭夫人墓誌　正書　崔衆甫撰

天寶十二載五月廿日

張鈁千唐誌齋藏石

館·九三　徵三·二一　誌新三·一四

吴興郡長城縣尉李夫人河東裴氏墓誌　正書　鄭謍撰

天寶十二載五月二十六日

張鈁千唐誌齋藏石

館·九三　徵三·二一　誌新三·一四

感炁文　正書

天寶十二載六月庚寅

河北房山

攈八·二八　房山雲居寺研究·三五四　光緒順天府志一二八·一六　匯一·一九

張崇超妻劉氏造陁羅尼經幢（藝作張超，誤）　八面刻　正書

天寶十二載六月（下缺）

河南登封永泰寺西

藝五·二九　攈八·二八　瓊四七·五　匯九之四·二七

楊□仙造陁羅尼經幢　八面刻　正書

天寶十二載七月十五日

山西鳳臺天慶觀

光緒鳳臺縣志一九·二七　藝五·二九　右叢七·一三　右九·二三　匯一一補遺·六

潁川郡司戶韋元逸夫人李氏墓誌　正書

天寶十二載八月五日

張鈁千唐誌齋藏石

館·九三　徵三·二一

劉靈光建石橋記　正書

天寶十二載八月十五日

存殘石二方

山東益都雲門山，歸長白端方。

藝五·二九

贈武部尚書楊珣碑　玄宗李隆基撰並分書　太子李亨題額（篆書）

額題恒農先賢積慶之碑

天寶十二載□□癸巳八月十六日

碑後　李行之題名　行書　紹聖二年四月望

陝西扶風北崇正鎮北二里（一作城東北二十里舊美陽城北）

下截漫漶，上截清晰。

關考一〇·六　王鳴盛西莊始存稿三三·二　藝五·二九　攈八·二八　竹二·四一　雪跋四·一一　孫錄三·一二〇　關中·三三　金石錄二七·六　雍七·五　平六·一九　萃八九·四　授續四·二　關三·一四　匯一二之二·四二　陝一三·九　全唐文四一·二一

太中大夫新定郡太守張朏墓誌並蓋　正書

天寶十二載八月二十六日

湖北襄陽出土（道光二十二年席介石訪得）

藝一八·一〇　徵三·二一　館·九三　蒿二·八　名六·七八　襄陽冢墓遺文·九　藝文六·一三　趙錄三·一五　攈八·二九　誌匯二·二五　羅振玉遼居稿三五　匯一四·一五　萃目一·一七　湖北金石志四·二四　瓊五八·一一　襄陽金石略六·八　唐文拾遺一九·一六

東平郡壽張令盧含墓誌　正書　崔泉撰

天寶十二載十月六日

張鈁千唐誌齋藏石

館·九三　徵三·二一

弘農楊處士（信）墓誌　正書　王回撰

天寶十二載十月六日

高士哲人裴處璡墓誌　正書

天寶十二載十月六日

張鈁千唐誌齋藏石

館·九三　徵三·二一

河南元舒溫墓誌　正書

天寶十二載十月十七日

張鈁千唐誌齋藏石

館·九三　徵三·二一　誌新三·一四

沂州丞縣令賈欽惠墓誌　蕭穎士撰　姪棲梧書

天寶十二載十月十七日

張鈁千唐誌齋藏石

館·九三　徵三·二一　誌新三·一四　羅振玉車塵稿五二　岑仲勉續貞石證史（歷史語言研究所集刊一五本·二四七）

雲麾將軍左龍武軍將軍彭城劉感墓誌　李震撰　席彬　行書

天寶十二載十月三十日

光緒初年右上左方已裂，又上橫斷泐三十一字。

陝西咸甯出土

藝一八·一〇　名六·七八　關考七·一八　隋上·三六　校館·九三　徵三·二一　蒿二·八　竹二·四一　孫錄三·一二〇　攈八·二九　誌匯二·二五　匯二之一·七　誌一二·七　平續·一二　授續四·三　萃八九·六　鈔六·一六　古墨五·九四　陝一三·一一　全唐文三七一·一二

汝陰郡司法參軍姚希直墓誌　正書　王邕撰

天寶十二載十月三十日

張鈁千唐誌齋藏石

館·九三　徵三·二一

銀青光禄大夫行内侍員外置同正員上柱國張元忠夫人雁門郡令狐氏墓誌　行書

天寶十二載十一月四日

陝西西安碑林

藝一八·一〇　徵三·二一　館·九四　蒿二·八　關考一·五九　名六·七八　羅録上·三一　趙録三·一五　擴八·二九　誌匯二·二五　匯一二之一·七　平三續上·二一　誌一二·九　硯一二·一　萃目一·一七　瓊五八·二〇　續編八·七　陝一三·八　唐文拾遺六六·一一

博陵崔銲墓誌並蓋　正書

天寶十二載十一月九日

河南博物館藏石

館·九四　徵三·二一　誌新三·一四

左清道率府録事參軍于公夫人裴氏墓誌　行書　辛稷撰

天寶十二載十一月□五日

館·九四　徵三·二一　誌新三·一四　羅振玉車塵稿六〇

王元?恭造像（藝作王武慕）　正書

天寶十二載十一月二十一日

山東益都雲門山

藝五·二九　擴八·二九　山訪一二·三　瓊五八·一八　匯一〇之三·二七

淮南道採訪支使河東縣尉滎陽鄭宇墓誌　正書

天寶十二載十二月二十四日

張鈁千唐誌齋藏石

館·九四　徵三·二一

法澄建出家功德幢　正書

天寶十二載□月

河南溫縣城内東街高等小學校講堂内壁閣

藝五·二九　擴八·二九　匯九之二·七二　朔目一〇·九　河錄一四·一

優婆姨段常省塔銘　正書

天寶十二載

陝西西安出土，歸長白端方。

藝一八·一〇　關考一·五九　名六·七八　徵三·二一　趙錄三·一五　擴八·二九　蒿五·三　匯一二補遺·二　陶二五·六　瓊五六·一三　績·甲　平三續上·二一　硯一二·一　萃略二·二三　陝一三·一一　唐文拾遺六二·七

河南府湨梁府折衝都尉李渙墓誌　行書

天寶十三載正月二十五日

張鈁千唐誌齋藏石

館·九四　徵三·二一　誌新三·一四

彭城郡蘄縣令安邑衛憑墓誌　正書　趙宮撰

天寶十三載正月二十五日

張鈁千唐誌齋藏石

館·九四　徵三·二一　誌新三·一四

太子左贊善大夫裴公夫人隴西縣君李氏墓誌　李翼撰並正書及篆額

天寶十三載二月十八日

張鈁千唐誌齋藏石

館·九四　徵三·二一　誌新三·一四

清河張毖墓誌銘　趙曇撰　褚湊書

天寶十三載五月七日

河南博物館藏石

館·九四　徵三·二一　誌新三·一四

棲巖寺智通禪師塔銘　沙門復珪撰　行書　河東張伽刻字

天寶十三載六月三日

山西永濟本寺

名六·七八　右叢七·一四　徵三·二一　右一〇·一四　瓊五八·二三

內侍省內常侍孫誌廉墓誌　申堂構撰　韓獻之行書

天寶十三載六月八日

陝西西安南十五里田家灣出土（乾隆丁丑）　歸畢沅　復歸張廷濟

藝一八·一〇　徵三·二一　館·九四　蒿二·八　名六·七八　竹二·四二　孫錄三·一二一　攈八·二九　誌匯二·二五　關三·一五　雍七·六　跋七·四　授續四·四　萃九〇·一　古墨五·九四　平續·一二　清二·六三　誌一二·一〇　瓊五八·二四　關考五·三三　陝一三·一二　全唐文四〇五·一三

左龍武軍將軍彭城劉玄豹夫人高氏墓誌　正書　李漸撰

天寶十三載七月之望

張鈁千唐誌齋藏石

徵三·二一　館·九四

延王府戶曹參軍李望夫人韋氏墓誌　正書

天寶十二載八月三日

張鈁千唐誌齋藏石

徵三·二三　館·九四

釋慧沼等造石橋記　正書

天寶十三載八月

長白端方藏石

陶二五·七

安鄉郡長史黃撝夫人彭城劉氏龕銘　正書　劉廷玲文

天寶十三載八月十日

河南洛陽存古閣藏石

藝一八·一〇　徵三·二二　名六·七八　館·九四　誌匯二·二五　蒿五·三　瓊五八·二四　芒冢中·二一　洛陽存古閣藏石目·二　唐文拾遺二一·一六　萃目一·一七

原城府別將裴銑墓誌　正書

天寶十三載閏十一月十一日

張鈁千唐誌齋藏石

館·九四　徵三·二二　誌新三·一四

永平府錄事參軍盧自省墓誌　正書　房由撰

天寶十三載閏月（十一月）十一日

張鈁千唐誌齋藏石

館·九四　徵三·二二

高乾式為亡考妣造像　正書

天寶十三載閏十一月二十四日

側　題名

山東濟寧城北三十里鐵佛寺

民國丁卯濟寧直隸州續志一九·三一　藝五·二九　攈八·三　竹二·四二　濟州三·一三　山訪九·二　阮山一二·四六　萃九〇·二　匯一之二·四九

臨淮郡錄事參軍李諂墓誌　或作李諂　正書

天寶十三載閏十一月二十九日

徵三·二二　蒿二·八　館·九四　名六·七八　誌新三·一四

東方先生畫像讚　四面刻　晉夏侯湛撰　顏真卿正書　額篆書

天寶十三載季冬辛卯朔

碑陰　記　顏真卿撰並正書　額分書　跋七·五　授續四·二　鈔六·一九　平三續上·二一

《輿地碑紀目》二四江西撫州亦有一本引《臨川志》云：晉侯

湛作初碑，在德州，天寶十三載，平原太守顔真卿作大字，勒之他石，今在宜黄富民家，凡為石六丈，高一丈五尺。

山東陵縣東北二十五里神頭店祠内

明安世鳳《墨林快事》云：此碑久毁，東明穆先生得古拓重刻之……字多譌。王澍竹雲題跋云：較《文選》所載原文，惟棄俗作弃俗，神交作神友，此外絕無譌字。

周密《雲煙過眼録》下：京兆府所刻《東方畫贊》比之今本字稍大。

藝五·二九　攈八·三〇　竹二·四二　雪跋四·一二　孫録三·一二一　楊圖六·一　藪·一三　菉三·一六　古墨五·九五　録續六·六七　金石録七·一一　山訪一·一八　集目七·七　集七·二　寶叢六·一六　鐫三·四　庚六·一五　字四·七　來中·二八　金石録續三·七　妙一一·八　阮山一二·四七　萃九〇·三　平六·二〇　清三·一六　匯一〇之一·二二　寰記六四·四　輿二·四（撫州大字本）　寶類二·四六（在浙江）　雲四·一

夫人韓貞瓚女二娘為故夫造像　正書

天寶十四載正月三十日

河南博物館藏石

雲麾將軍行右龍武軍將軍上柱國開國侯南陽張安生墓誌　正書

天寶十四載二月十二日

陝西西安出土（道光閣），歸山西寧武楊元泗，後歸閩縣陳氏澂秋館。

藝一八·一〇　名六·七八　關考四·一　隋上·三八　萃九一　竹二·四二　孫録三·一二二　攈八·三〇　誌匯二·二六　匯一二之一·七　誌一二·一五　平三續上·二二　萃九一·一　閩略一四·一三　陝一三·一七　全唐文九九五·一〇　福志僑刻二·五

定州都尉知隊使崔克讓墓誌　正書

天寶十四載二月十六日

江蘇揚州出土，歸長白端方。

館・九四　名六・七八　誌匯二・二六　陶二五・九　藝續

朝散大夫龍溪郡太守梁令直墓誌　郭懷琰撰並正書

天寶十四載三月一日

張鈁千唐誌齋藏石

館・九五　徵三・二二

武部常選韋瓊墓誌　正書　范朝撰

天寶十四載五月十三日

陝西西安出土，歸長白端方。

藝一八・一〇　徵三・二二　館・九五　蒿二・八　關考一・五九　名六・七八　關新四・四　趙錄三・一五　攈八・三〇　誌匯二・二三　瓊五八・二七　九甲・六三　陝一三・一六　唐文拾遺二一・四

少林寺還神王師予勑　正書　額分書

天寶十四載八月十五日

河南登封本寺東壁

藝五・二九　攈八・三〇　竹二・四二　孫錄三・一二三　中記三・五七　字六・二六　萃九一・一　半下・五　平六・二〇　匯九之四・二七　全唐文九八七・五　乾隆登封縣志二〇・三七

隴西尹公浮圖銘　辛敖撰並書

天寶十四載八月二十七日

河南濬縣金石錄上・一四　匯九之二・二八　朔目六・二　河錄八・八　唐文拾遺二一・四　萃目一・一七

盧夫人崔氏墓誌並蓋　正書

天寶十四載九月十七日

河南博物館藏石

徵三・二二

北平軍使張萬頃題名　分書

天寶十四載十月十六日

藝五・二九　錄補一五・一四一

元功臣冠軍大將軍右龍武軍大將軍張登山墓誌並蓋　正書　申參撰

天寶十四載十月二十三日

陝西西安出土，歸西安段氏。

館・九五　陝一三・一四

定遠將軍守左武衛將軍員外置同正員上柱國內長史供奉張毗羅墓誌　行書

天寶十四載十一月十七日

陝西西安出土

藝一八・一〇　館・九五　徵三・二二　蒿二・九　名六・七八　關考四・一　誌匯二・二六　陝一三・一六　唐文拾遺六六・一一

故陳氏夫人墓誌　正書

天寶十四載□月十九日

河南洛陽出土

黃龍寺佛龕銘　又名范陽張公□造像記　正書

天寶十五載二月二十一日

四川達縣

藝五・三〇　攈八・三〇　趙錄三・一五　匯一六之二・二五範

游擊將軍守左衛馬邑郡尚德府折衝都尉左龍武軍宿衛上柱國張希古墓誌　田穎　行書

天寶十五載四月一日

西安拜古齋有翻本

陝西西安出土，畢沅、張廷濟、蔣清翊先後遞藏。

藝一八·一〇　徵三·二二　館·九五　蒿二·九　關考五·三四　名六·七九　羅振玉淮陰金石僅存録補遺·一　竹二·四三　孫録三·一二二　攈八·三　誌匯二·二六　關三·一五　雍七·八　金石二跋二·一二　萃九一·二　鈔六·二二　古墨五·九五　平六·二一　清二·六四　誌一三·一　陝一三·一八　全唐文九九五·一二

比丘僧廣行為亡考妣造地藏菩薩像　正書　左行

天寶十五載五月十五日

四川廣元千佛巖

藝五·八　民國廿九年重修廣元縣志三·六九

劉智合葬墓誌　行書　張遘撰

天寶十五載五月九日

翻刻有二：一添刻蘇靈芝書本（除去進士張遘文五字）；二缺右上角九字本。

陝西西安出土

藝一八·一〇　關考四·二　名六·七九　館·九五　徵三·二二　蒿二·九　關新四·五　趙録三·一五　攈八·三〇　誌匯二·二六　匯一二補遺·二　瓊五八·二九　陝一三·一八

王日新造像　正書

天寶□載

山東臨朐西二十里石門房山石壁

藝五·二五　匯一〇之三·四一

李□□妻韓造像　正書

□□□載二月

山東臨朐西二十里石門房山

藝五·二四

燕·聖武

聖武觀女道士馬淩虛墓誌　正書　李史魚撰　劉太和書

聖武元年正月二十二日（至德元年）

張鈁千唐誌齋藏石

館·九五　徵三·二二　誌新三·一五

范陽盧氏女歿後記　正書

聖武元年三月六日

張鈁千唐誌齋藏石

館·九五　徵三·二二

左威衛左中侯内閑廄長上騎都尉陳牟少墓誌　正書　陳亢撰

聖武元年五月十三日

張鈁千唐誌齋藏石

館·九五　徵三·二二　誌新三·一五

渤海李玢墓誌　王良輔撰　胡涀書　左行

聖武元年十二月五日

河南博物館藏石

徵三·二三　館·九五

應天觀尊師太原王清墓誌並蓋　沈子良撰

聖武二年九月二十四日卒其年十六日窆。按十下當脫月字

河南博物館藏石

處士徐懷隱墓誌　正書

聖武二年十月十六日（至德二年）

陝西三原于右任藏石

徵三·二三　館·九五　名六·七九　誌新三·一五

長孫氏夫人陰堂文　正書　左行

聖武二年十月十七日

長白端方藏石

陶二三·二〇　徵三·二三　館·九五　名六·七九　蒿二·九

杭州司戶參軍呼延君夫人張氏墓誌　正書

聖武二年十二月二十四日

張鈁千唐誌齋藏石

館·九五　徵三·二三　誌新三·一五

大燕贈右贊大夫段公夫人河内郡君溫城常氏墓誌　行書

十一月二十一日

缺左下角

北京出土，歸祥符常氏。

藝續　徵三·二三　畿冢中·四　蒿二之二·九　匯九之一·一

燕·順天

李崇珣造像　正書　左行

順天元年五月二日

河北唐山宣霧山

藝三·六　羅錄上·三〇　匯三補遺·三七

柏鄉縣禮部常選上柱國李曠為男出課造像　正書

順天二年三月二十八日

河北唐山宣霧山

藝三·六　羅錄上·三〇　匯三補遺·三七

齊州禹城縣令李夫人崔氏墓誌　正書

順天二年十一月十日（乾元二年）

張鈁千唐誌齋藏石

館·九五　徵三·二三

燕·顯聖

朝議郎前行大理寺丞司馬望墓誌　鄭齊冉撰　柴閟書

顯聖元年六月十九日（當上元二年）

張鈁千唐誌齋藏石

館·九六　徵三·二三　誌新三·一五

太常寺主簿孫逖墓誌　正書

顯聖二年十月六日（當寶應元年）

張鈁千唐誌齋藏石

館·九六　徵三·二三

至　德

□□大夫洛交郡長史上柱國趙懷璡墓誌　正書

至德元年九月季旬之二日

徵三·二二

河南府壽安縣尉明希晋墓誌　或作胡希晋　正書　楊諤撰

至德二載十一月十日

河南洛陽出土

徵三·二二　誌新三·一五

三洞弟子文紹?□造像　正書

至德二年三月八日

四川綿州城西八里山觀

藝三·一三　匯一六補遺·八　瓊五九·一

范陽郡憫忠寺御史大夫史思明奉為大唐光天大聖文武孝感皇帝敬造無垢淨光寶塔頌　張不矜撰　蘇靈芝　行書　左行

至德二載十一月十五日（全德載三字乃聖武年三字改刻。朱彝尊謂碑建於史思明未降唐之先，降附以後命靈芝改書。）

前後有數十字磨去重刻

北京宣武門外法源寺東偏廊内東壁

藝六·一　畿志一三八·三三　竹三·一　孫錄四·一二五　畿目上·二　攈八·三二　跋七·六　古墨五·九五　錄補一五·一四二　庚七·五　字四·七　妙一〇·一四　金石二跋三·一　授續四·五　平七·一　鈔六·二三　萃九一·三　曝四　匯一·三　光緒順天府志一二八·一七　復二四·一一　全唐文三六三·五　孫承澤明夢餘錄·六七　瓶四·四二

北峰塔院銘殘碑　正書　王文撰

考為至德二載

乾　元

河東慕容曉墓誌　正書

乾元元年三月十三日

河南洛陽出土

徵三·二二　館·九五　誌新三·一五

青州參軍都知兵馬使陸振威夫人太原王氏墓誌　正書

乾元元年十月五日

江蘇揚州出土，長白端方藏石。

名六·七九　陶二五·一七

神威寺大德思道禪師墓誌並蓋　正書　沙門義宣撰

乾元元年十二月二日

山西夏縣寺後村神威寺

藝一八·一〇　萃九一·五　誌一三·二　右叢七·一六　右四·二八　右冢下·一三　名六·七九　誌匯三·一　蒿五·三　羅錄上·三一　孫錄四·一二五　攈八·三二　匯一一·四三　全唐文九九七·四

救苦觀世音菩薩像銘　正書　韓濟撰　嚴武書

乾元二年正月十三日

四川巴州

藝六·一　趙錄三·一六　攈八·三二　滙一六之一·四八　唐文拾遺二二·七　苑

兖州鄒縣尉盧仲容墓誌　正書　徐崐撰

乾元二年二月十二日

河南洛陽出土

徵三·二二　誌新三·一五　館·九八

華州刺史張惟一祈雨記　又名金天王廟祈雨記　李權分書

乾元二年二月十日

陝西華陰岳廟刻於開元十三年述聖碑左旁

藝五·一五　錄補一五·一四三　來下·一九　跋七·七　關中三·一八　萃七九·二　鈔六·二九　古墨五·九七　平三續下·二　關中·三四　字四·九　孫錄四·一二五　竹三·一　華嶽志四·一二　陝一三·二一　全唐文四〇六·一　天一·八

佛弟子遇緣為國王帝主大地苦眾生造像　正書

乾元二年三月五日

山東歷城東南三十里佛峪寺西北懸崖下

藝六·一　攈八·三三　滙一〇之一·四

通微道訣碑　行書　唐肅宗李亨撰書　蒲志常刻

乾元二年六月十五日　毛致靜重立　楊思聰記　行書　戊午人日（考為元延祐五年）

陝西三原大化觀

藝六·一　竹三·一　關考七·二〇　孫錄四·一二五　攈八·三三　關中·三四　古墨五·九七　錄補一五·一四二　萃九一·五　鈔六·三〇　瓊五九·四　滙一二之一·九四　陝一五·一〇　全唐文四一·二〇

宣義郎行左衛騎曹參軍攝監察御史賜緋魚袋四鎮節度判官崔夐墓誌　正書　裴穎撰

乾元二年七月十八日

河南洛陽出土

徵三·二三　館·九五　誌新三·一五

縉雲縣城隍廟碑　李陽冰篆書

乾元二年八月

宣和五年十月朔縉雲今吳延年丞史長翰主簿費季文尉周明重刻。

錢泳《履園叢話》卷九云：嘉靖壬戌刑曹杞山鄭公刻，邑人徐栻有記，在常熟城隍廟戲樓下。

長生禪寺僧本智塔銘　正書

乾元二年十月八日

江蘇揚州出土，長白端方藏石。

名六·七九　誌匯三·二　陶二五·二一

濮州錄事參軍陳公故夫人趙郡李氏墓誌並蓋　正書　乾元二年十月十六日

徵三·二二　名六·七九　中冢補·七　蒿二之二·九

朝議郎行忻州司馬柳真名墓誌　正書

乾元二年十二月二十九日

山西忻縣

右叢七·一七　瓊五九·四　右四·二八　徵三·二二　館·九六　右冢補·七　名六·七九　誌匯三·一　蒿二之二·九

陳成合為亡父母造阿彌陁像

乾元二年十二月

河南鞏縣石窟寺

利州長史陳琰墓誌　正書　楊霽撰

乾元三年正月十日

巴州光福寺額勅刺史嚴武奏　又名巴州佛龕記　正書

乾元三年四月十三日

四川巴州城南二里

藝六·一　趙録三·一六　攈八·三三　瓊五九·六　滙一六之一·四八　輿四·三三　唐文拾遺二二·六　苑

寶　應

張琛墓誌　正書

寶應元年二月四日

張鈁千唐誌齋藏石

館·九六　徵三·二三

鮮于氏離堆記殘石　正書　顔真卿撰書

寶應元年四月十五日（據《顔魯公文集》卷十三·二）

現行拓本只有三石：一石二十二字；一石十二字；一石八字共四十二字。《攈古録》云：今存殘石五段。

四川南部縣東離堆山

藝六·一　趙録三·一六　攈八·三三　金石録七·一六　瓊五九·一〇　滙一六之一·四五　輿四·三五　苑（殘石五段）萃目一·一八

冀州都尉崔府君夫人清河郡張氏墓誌　正書

寶應元年十月六日

江蘇揚州出土

江蘇四·二八　館·九六　名六·八〇　陶二六·三

將仕郎守邠州蜯川府長史焦璀墓誌　正書

寶應元年十二月二十七日

陝西三水出土（光緒初年），初歸渭南趙乾生，後歸長白端方。

藝一八·一〇　瓊五九·一六　績·丁　闕考二·一　陶二六·三　誌滙三·二　徵三·二三　館·九六　蒿二之二·九　羅録上·三一　闕新四·六　攈八·三三　滙一二補遺·一三　唐

文拾遺六六・一二

空寂寺大福和上碑　陸海撰　沙門惟景行書

寶應二年（寶刻類編）建丁日五日辛丑（萵作貞元六年閏四月五日）

陰　地界四至記正書　三載刻　上記　中縣令題名　下僧衆題名

寶應二年五月九日

宋僧寶玉重立碑題記　行書　元祐二年二月初五日

陝西藍田

藝六・一　攈八・三三　萵一上・一　關考六・三九　關中・三二　寶叢八・四〇　匯一二之一・九〇　陝一五・一一

鄭陳澤潞等州節度行軍司馬殿中侍御史丘據題名　正書

寶應二年六月八日

陝西華陰華嶽廟

藝五・一五　關三・一八　跋七・九　授續四・五　平七・一　萃七九・二　關考八・三六　攈八・三三　孫錄四・一二六　竹二・三〇　華嶽志四・二一　陝一三・二二　乾隆五十九年華陰縣志一六・五七

廣　德

前藍田縣尉劉士深等題名　正書

廣德元年三月

陝西華陰華嶽廟

藝五・五　萃七九・三　關三・二〇　授續四・六　關考八・二七　攈八・三四　孫錄四・一二六　竹二・三〇　華嶽志四・二二　陝一三・二二　乾隆五十九年華陰縣志一六・五八

京兆府美原縣丞元復業墓誌並蓋　行書　陳翊撰

廣德元年八月十四日

陝西三原出土（光緒乙未）

藝一八・一〇　館・九六　名六・八〇　徵三・二三　誌匯三・二　萵二之二・九　陝一五・一二

右武衛將軍贈工部尚書上柱國上蔡縣開國侯臧懷恪碑　正書　顏真卿撰書　李秀嚴題額

廣德元年十月（錢大昕考為大曆三年後）

文見《顏魯公文集》五・三

陝西三原九陂城墳上

藝六・一　萵一上・七　竹三・二　孫錄四・一二六　楊圖六・三　關考七・二〇　萵一上・七　攈八・三四　跋七・二一　關三・一八　藪・五　關中・三四　古墨五・九八　錄續七・七八　集目八・三　蕺一〇・一　鐫三・四　庚六・一五　字四・一〇　來中・三一　雍七・六　金石二跋三・二　萃九五・六　平七・二　瓊六三・二　唐錄下・一　匯一二之一・九四　陝一四・一〇　天一・九

銀青光祿大夫守太常卿使持節延州都督侍御史上柱國岐陽縣開國男韋勝題名　正書

廣德二年二月十七日

陝西華陰嶽廟

藝五・一五　萃七九・三　關三・二〇　關考八・三八　攈八・三四　孫錄四・一二六　竹二・三〇　華嶽志四・二二　陝一三・二二　乾隆五十九年華陰縣志一六・五六

太尉兼侍中臨淮武穆王贈太保李光弼神道碑　行書　顏真卿撰　張少悌書　額行書

廣德二年十一月二十七日

文見《顏魯公文集》四・一三

陰　楊□碑　中有金之年號

陝西富平　（嘉靖間在縣西三十五里覓子店）

藝六·一〇　竹二·二　關考七·二九　孫録四·一二六　雪跋四·一二　面甲·三四　攈八·三四　關三·二一　藪·五　關中·三六　録續六·六八　金石録七·一六　寶叢一〇·一九　鐫三·一二　字四·一〇　妙一〇·三〇　雍七·八　萃九二·五　平續一二　瓊五九·一八　雪跋四·一二　天一·九　匯十二之一·一〇六　陝一五·一六　嘉靖三十六年耀州志三·二二　又一一·三

與郭僕射（英奕）書　又名爭座位帖　顔真卿行書

廣德二年十二月

一種兩截：上截三十二行，旁添一行；下截三十二行，旁添三行。一種殘石四方。

文見《顔魯公文集》一一·三

明隆慶三年重陽穀原蘇叔子漢立石

陝西西安碑林第三室

竹三·二　孫録四·一二六　攈八·三四　跋七·九　關三·二一　關中·三五　菉三·一八　古墨五·九九　金石録二八·一〇　薙一一·七　鐫三·六　庚六·一八　字四·一七　來中·三六　續三·八　平七·二　清四·三九　寶鴨下·一七　東五·一六　梁章矩退菴金石書畫跋四·三五　萃九三·一　雍八·五　妙一二·一　匯一二之一·七　陝一五·一五　瓶四·三六

贈太保郭敬之家廟碑　顔真卿撰並正書　唐肅宗李亨分書題額

廣德二年十二月二十一日

文見顔魯公文集七·一

陰　行書

藝六·一〇　竹三·二　關考二·二　孫録四·一二六　攈八·三四　關三·二一　藪·四　關中·三五　古墨五·九九　録補一五·一四四　集目八·一　金石録七·一六　寶叢七·二

妙一一・二三　續三・一　來中・二九　字四・一〇　庚六・一五　鐫三・一　瓊五九・一七　平七・三　鈔六・三五　萃九二・一　授續四・六　金石二跋三・一　雍七・九　匯一二之一・七　陝一五・一三　光緒壬午三續華州志一二・六　瓶四・三三　天一・九　虛七・一

永　泰

周七奴施山田記　正書左行　額正書

永泰元年三月一日

宋重修諸巖佛像記　正書左行　嘉泰二年重九日

四川簡州

藝六・二　趙錄三・一六　攈八・三四　匯一六補遺・二　苑

左武衛大將軍贈太子賓客白道生碑　于益撰　摯宗正書並篆額

永泰元年三月二十四日

碑題下刻道光二年重九日陶仲冕重立題記

陝西西安府學

藝六・二　竹三・二　關考二・三　孫錄四・一二六　獨殘・七　蒿一上・七　攈八・三四　跋七・一〇　關三・二二　關中・三六　古墨五・一〇〇　寶蕺八・一七　雍八・一　萃九三・三　鈔六・四五　平七・三　瓊五九・二二　匯一二之一・八　全唐文三七一・一　文苑英華九〇八・三　退四・三九

前大理司直焦鍰等題名　正書

永泰元年春

陝西華陰華嶽廟

藝五・一五　萃七九・三　關三・二二　攈八・三四　關考八・三九　孫錄四・一二七　竹二・三一　華嶽志四・二三　陝一三・二三　乾隆五十九年華陰縣志一六・五九

怡亭銘並序　序李陽冰篆書　銘李莒分書　裴虬撰

永泰元五月十一日（元下無年字）

李筥下有分書十二字云：亭石直上西南□□□□之石。

湖北武昌北觀音巖

藝六·二　黄彭年陶樓文抄一〇·二九　竹三·二　孫録四·一二七　楊翰息柯雜著意·一〇　楊圖六·四　擴八·三四　跋七·一一　橋二·一九　古墨五·一〇〇　金石録七·一七　存四·一〇　湖五·二八　瓊五九·二二　授續四·九　鈔六·四八　平七·三　續編八·七　匯一四·一　集七·一五　輿三·六　復二四·六　全唐文四八二·一二　萃目一·一八

東平郡鉅野縣令李璀墓誌　正書　韋應物撰

永泰元祀十二月九日

張鈁千唐誌齋藏石

徵三·二二　館·九六　誌新三·一六

高士滎陽鄭忠碑　胡會撰　成巖分書並篆額　龐庭滿刻

乙巳歲癸亥月丁戊丑日（永泰元年）

河北武清（光緒八年武清令蔡壽臻訪得）

藝六·二　光緒順天府志一二八·二〇　藝文六·一七　蒿續·一　唐文拾遺二二·一三

豐樂寺界碑　正書

永泰二年三月二十五日

藝六·二

陽華巖銘　元結撰　瞿令問三體書　序分書　年月篆書

永泰二年五月十一日

年月下刻廬陵龍津趙子拜觀一行

湖南道州

光緒湖南通志二六六·藝文二二·金石八　藝六·二　楊圖六·四　孫録四·一二七　擴八·三五　橋二·一九　藪·二八　瓊六〇·一　平七·四　集七·一三　匯一五·六三　輿三·一

九　全唐文三八二·九　天一·九　萃目一·一八

寒亭記　元結撰　瞿令向分書

永泰丙午（二年）夏

湖南江華東南十里回山下（又名蔣家山）

藝六·二　光緒湖南通志二六六　藝文二二·金石八　瓊六〇·九　匯一五·補遺·三　輿二·一九　全唐文三八二·二　文苑英華八二四·四

舜廟置守戶狀並牒　又名舜廟狀　元結撰　瞿令向分書

永泰二年五月二十六日

湖南道州元山下大石之陰

光緒湖南通志二六六·藝文二二·金石八　藝六·二　瓊六〇·四　輿一·一九　全唐文三八一·二

成德軍節度使開府儀司檢校尚書右僕射兼御史大夫恒州刺史充管內度支營田使清河郡王李寶陳紀功載政頌　俗名風動碑　王佑撰　王士則　行書　額篆書

永泰二年七月一日（吳士鑑考為建中二年）

陰　王縉撰　行書

河北正定城內

又有斷碑，止存上半截，鑿為石槽，埋土中。咸豐間啓土得之。郡守徐鏞移郡署。

《河朔訪古記》上·十云，有二碑：永泰二年立，一大曆三年立，今在居民房屋土底，常有人掘見云。

畿志一四四·三〇　藝六·二　求三·一　馮浩孟亭居士文集四·二九　光緒三年正定縣志卷一四　孫錄四·一二七　畿目上·二　攈八·三五　跋七·一一　橋二·一九　菉三·一七　錄補一五·一四四　九申·六四　萃目一·一八　瓊六〇·一〇　常一〇·一　平七·四　萃九三·五　妙一〇·九　字四·一〇　匯三之二·九　唐文四四〇·一　天一·九

鄭守訥墓誌並蓋　正書　甯□撰

永泰二年十一月八日

徵三·二三　館·九六　蒿二之二·九

窊尊銘　元結撰　瞿令向篆書

永泰二年十二月二十日

湖南道州報恩寺西（石久湮沒，嘉慶甲戌州人黄如轂訪得。明年雷震石僕，又明年游擊張大鵬扶起。）

藝六·二　光緒湖南通志二六九　藝文二二·金石八　潘鐘瑞香禪精舍集二〇·二〇　萃目一·一八　趙録三·一六　攈八·三五　藪·二八　瓊六〇·二〇　清四·四六　泉二·七　匯一五·六三　輿二·一九　全唐文三八二·一三

元次山朝陽巖銘　分書

永泰丙午（二年）湖南零陵朝陽巖

甲寅中秋陵邑復學田山玉書石（田山玉康熙間人）。田刻已佚，咸豐戊午楊翰重刻之，鄧傅密篆書。

藝六·二　息柯雜著三·一　光緒湖南通志二六　藝文二〇·金石六　攈八·三一九　瓊六〇·一四　萃九九·七　匯一五·三六　輿二·一八　全唐文三八二·一四

大　曆

兵部尚書上柱國王府君次夫人何氏合葬墓誌殘石　正書

大曆元年六月二十一日

存右上段六行半

長白端方藏石

陶二六·六　藝續　誌匯三·二　徵三·二三　名六·八一　畿冢中·七

懷素草書千字文

大曆元年六月

一、宋劉獻靖饒聚弘模本浮塢李寧鎸；二、明成化間刻。

孫録四・一三六　藪・二　滙一二之一・九　寶叢一・三〇　鎸四・一三　來下・三一　續録三・一三　雍九・一　泉二・三三　關中・四四　録補一八・一六三

承天軍城記　行書　胡伯成撰

大曆元年（下缺）

山西平定東九十里娘子關坡底老君堂

藝六・二　孫録四・一二七　畿目上・二　攈八・三五　岷・一九　録補一五・一四五　右四・三〇　妙一〇・八　右叢七・二八　滙一一・一一　續編八・八　萃目一・一八

鐵元始讚　正書　胡伯成撰

在承天軍城記之後

山西平定東北九十里娘子關坡底老君堂

藝六・二　攈八・三五　録補一五・一四五　右一〇・一四　右叢七・二六　續編八・八　滙一一・一一　萃目一・一八

峿臺銘　元結撰　瞿令向篆書

大曆二年六月十五日

湖南祁陽浯溪

藝六・二　竹三・三　光緒湖南通志二六五・藝文二一・金石七　楊圖六・五　孫録四・一二七　攈八・三五　跋七・一一　集目八・一　金石録八・一　瓊六一・一　泉二・一一　平七・四　萃九四・一　金石二跋三・三　存四・一五　續三・一　集七・一三　字六・二六　滙一五・五〇　輿二・一八

光禄卿王訓墓誌　嗣澤王李溓撰並正書

大曆二年八月七日

左下角有裂紋

陝西西安東十五里田家灣出土

藝一八・一〇　關三・二二　雍八・七　七・一三　金石二跋

三·三　誌一四·三　關考五·三五　芒冢四編五·三二　平續·一三　古墨五·一〇一　續抄二·二二　萃九四·二　館·九六　徵三·二三　誌匯三·二　名六·八一　蒿二之二·一〇　攈八·三五　趙懷五亦有生齋文抄八·六　孫錄四·一二七　匯一二之一·八　陝一五·一八

陽摩山功德銘　正書左行

大曆二年八月

山西壽陽雙鳳山（一作城北六十里陽摩洞）

藝六·二　羅錄上·三一　攈八·三五　右四·三一　右叢七·三二　匯一一·十六

中書省主事樂安孫進墓誌並蓋　正書

大曆二年十一月三日

館·九六

會善寺戒壇敕牒　三截刻　上牒中沙門乘如表　正書　下批答行書　額正書

大曆二年十二月一日

陰　戒壇記　陸長源撰　陸郢八分書並篆額　貞元十一祀七月

側　李仔肩等題名　正書　考為元符庚辰

三堂味仝甘棠浄　正書　味浄二字篆書　明昌壬子仲春

河南登封本寺

藝六·三　竹三·三　孫錄四·一二七　攈八·三五　中記三·五七　字四·一一　來中·二六　萃九四·三　平七·四　瓊六二·一　萃九五·一　匯九之四·二七　全唐文九一六·一四（止錄表文）　天一·九　萃目一·一八　乾隆登封縣志卅·三八

李氏遷先塋記　嗣子李卿述　從子陽冰篆書　栗光刻

大曆二年

碑中斷損二十餘字

大中祥符三年九月十四日姚宗蕚重開　武威安刻

陰　□□禪師偈　僧靜己行書　省中篆額　大中祥符三年正月

側　大和□□□□月十一日獨孤密題記　正書三行

陝西西安碑林第三室

藝六・三　竹三・三　籀膏・八　闕考二・四　孫錄四・一二七　雪跋四・一三　攈八・三五　鐫四・八　闕三・二三　藪・二　關中・三六　古墨五・一〇〇　金石錄八・二　寶叢七・二　字四・一一　雍八・一　存四・一一　金石二跋三・四　萃九四・六　續抄二・一七　平七・五　匯一二之一・八　陝一五・二〇　全唐文五四八・九　天一・九

古衍禪師墓誌　正書

大曆三年三月五日

瓊六二・一九　徵三・二三　名六・八一　誌匯三・二　蒿五・三

營州都督李楷洛碑　楊炎撰　史惟則分書並篆書

大曆三年三月十七日

陝西富平西北三十里覓子店

藝六・三　闕考七・三〇　孫錄四・一二八　攈八・三六　闕三・二四　萃目一・一八　關中・三七　瓊六一・二　泉二・一三　寶叢一〇・二〇　匯一二之一・一〇七　陝一五・二一　全唐文四二二・六　文苑英華九〇八・七　唐文粹五七・一〇

唐廎銘　元結撰　袁滋篆書　左行　林雲刻

大曆三年閏六月九日

湖南祁陽浯溪

石韞玉獨學廬三稿四・八　潘鍾瑞香禪精舍集二〇・一〇　沈濤十經齋文二集・三四　光緒湖南道志二六五・藝文二一・金石七　藝六・三　孫錄四・一二八　攈八・三六　跋七・一三　平七・六　瓊六一・四　硯一二・九　泉二・二二　字六・二六　匯一五・五〇　萃目一・一八

張禪師（義琬）墓誌 正書

大曆三年八月十九日

河南洛陽乾元寺東壁

藝續 金石二跋三·四 萃九五·二 平七·五 誌一三·六 瓊六二·二〇 陶二六·六 跋七·一三 中記三·五七 徵三·二三 名六·八一 東冢·一〇 誌匯三·二 蒿五·三 竹三·三 孫錄四·一二八 擴八·三六 匯九之三·五五 全唐文九九七·四

北海郡守贈秘書監李邕墓誌 正書 族子昂撰

大曆三年十一月二十日

張鈁千唐誌齋藏石

徵三·二三 館·九六 誌新三·一六 車塵稿·五九

金紫光祿大夫試太子詹事兼晉州刺史上柱國隴西郡開國公李良金墓誌 正書

大曆三年十一月二十六日

缺左下角

山西臨汾

藝一八·一〇 右叢七·一九 績·丁 徵三·二三 名六·八一 誌匯三·二 蒿二之二·一〇 趙錄三·一六 匯一一·二一 唐文拾遺二三·六

李氏三墳記 李季卿撰 李陽冰篆書 栗光刻

大曆三年

中斷 碑經重開

陝西西安碑林第三室

藝六·三 竹三·三 孫錄四·一二八 關考二·四 楊圖六·六 擴八·三五 跋七·一二 關三·二三 藪·二 關中·三六 菉三·一七 古墨五·一〇〇 集目八·一 金石錄八·二 存四·一三 寶叢七·二 鐫四·八 庚七·六 字四·一

一　來下・二一　雍八・一　萃九四・四　平七・五　續抄二・二〇　匯一二之一・八　陝一五・一九　全唐文五四八・八　天一・九

浯溪銘　元結撰　李康篆書（或作李庚）

顧炎武考為大曆三年

河南祁陽南五里

光緒湖南通志二六五・藝文二一・金石七　藝六・七　孫錄四・一二八　擴八・三六　橋二・二〇　匯一五・五〇

東京大敬愛寺大德大證禪師碑　王縉撰　徐浩書　李陽冰篆額　額篆書　河南屈集臣鎸

大曆四年三月二十四日

河南登封嵩嶽寺後

藝六・三　竹三・四　孫錄四・一二八　擴八・三六　中記三・五七　古墨五・一〇二　金石錄八・三　字四・一二　來中・二七　續錄三・二　授續四・一一　萃九四・三　匯九之四・二八　文苑英華八六二・八　天一・九　乾隆登封縣志三〇・三九

同州河西縣丞贈虢州刺史太常卿趙叡沖碑　邵說撰　王瑀分書並篆額

大曆四年五月十五日

碑陰　邵說撰　王瑀分書並篆額　大曆四年十月十六日

山西虞鄉西南十里方山五老原（道光時出土）

藝六・三　竹三・四　孫錄四・一二八　蒿一上・七　擴八・三六　右四・三一　萃九五・二　右叢七・三四　匯一一・三八　全唐文四五二・一一　萃目一・一八

攝楚州長史元貞墓誌　正書

大曆四年七月八日

張紡千唐誌齋藏石

徵三・二四　館・九六　誌新三・一六

杭州錢唐縣尉元真墓誌　正書
大曆四年七月八日
張鈁千唐誌齋藏石
誌新三・一六　館・九六
杜□詮為男希逸惠朗造像（匯作來□詮）　正書
大曆四年八月二十五日
河北唐山宣霧山
藝三・六　羅錄上・三一　匯三補遺・三七
濮州臨濮縣尉竇叔華故夫人崔緼墓誌並蓋　季父祐甫述　正書
大曆四年十月二十日
河南開封圖書館藏石
徵三・二四　館・九六　遼居稿・二九　蒿續・八
濮州雷澤縣令太原郭邕墓誌　季弟湜撰　沙門慧雲正書
徵三・二四　館・九七
魏州冠氏縣尉盧招夫人崔嚴愛慕誌　正書
大曆四年十一月二十日
張鈁千唐誌齋藏石
誌新三・一六　徵三・二四　館・九六
李處子琰墓誌　崔陽元撰　正書
大曆四年
張鈁千唐誌齋藏石
館・九四
瀛洲樂壽縣丞隴西李湍墓誌　邵說撰　正書
大曆四年十二月甲寅
張鈁千唐誌齋藏石
徵三・二四
逍遙樓三大字　顏真卿正書
大曆五年正月一日

郭□題記　正書　紹興十七年六月十六日

四川梓潼武連驛覺苑寺（又名普濟寺）

藝六・三　攈八・三六　平再續・一七　萃九五　匯一六之一・五三

逍遙樓三大字　顏真卿正書

大曆五年正月一日

四川劍州亦有此刻，見《金石苑》。

陰　湘南樓記　李彥弼撰　周㒄正書　陳篆額　崇甯元年四月辛丑廣西桂林

藝六・三　孫録四・一二八　攈八・三六　粵西金石略一・五　匯一八・一

潤州上元縣福寺碑　許登撰　張從申行書並題額　陽城炅光道刊

□□□□歲次庚戌六月一日壬辰（復齋碑録作大曆五年）

上截磨泐　有陰

江蘇南京南八十里銅並村本寺

江蘇四・二一　藝六・四　孫録四・一二九　攈八・三六　萃目一・六　跋七・一四　録補遺六・一四八　寶叢一五・一六　平七・七　績・戊　瓊六二・二〇　嚴觀江寧金石記二・一二　匯四・二　全唐文四四一・二

儲潭神頌　又名儲潭廟祈雨感應頌　正書　裴諝撰

大曆五年六月甲午

陰　儲潭祈雨感應頌　裴諝撰　裴弘　正書　嘉祐癸卯重勒　樊宗奭書

江西贛縣（或云嘉慶丙子廟災石燬）

竹三・四　孫録四・一二九　全祖望鮚埼亭集卷三七　攈八・三七　匯六・七三　江西金石目・一〇　天一・九　萃目一・一八

何南府開國男羊賁造像　正書　左行

大曆五年七月十五日

四川蘭州大佛崖

藝六·四　瓊六三·一　匯一六補遺·二

龔丘縣令庾公（賁）德政頌　篆書　李陽冰撰並書

大曆五年九月三日

陰　正書　金貞元間官吏題名

金貞元三年五月一日縣令宋佑之訪得於廳事後土中，斷壞散亡，僅存其半，復於邑人彭鼐家得舊本，重刻於石並跋。鄉貢進士卜儒卿跋。

《山東通志》卷一五〇云：明世已横斷，康熙間寧陽令劉漢修縣志載此碑文，缺誤十數字。今下段殘破幾去全數之半，據乾嘉本多字六七十數。據國初本多字百餘。明初本文略備矣，猶少年字八九……今殘碑尚存二百餘字。

山東寧陽縣署壁間

孫録四·一二九　竹三·四　匯一〇之二·二二　獨殘·六平七·八　萃九五·五　存四·一六　跋七·一四　授續四·一三　全唐文四三七·一〇　王士禎蜀道驛程記　天一·九　萃目一·一八

左金吾衛將軍臧希晏碑　張孚撰　韓秀弼分書　額篆書

大曆五年十月十五日葬

磨泐存四百餘字

陝西三原九陂城（一作長坳鄉）

藝六·四　竹三·四　孫録四·一二九　關考七·二一　蒿一上·七　攈八·三七　跋七·一五　關三·二五　藪·五　關中·三七　録補遺六·一四七　瓊六三·二　平七·八　萃九五·八　存一五·一七　雍七·八　妙一〇·一〇　來下·二一　字四·一〇　寶叢一〇·二〇　唐録下·四　匯一二之一·九四

陝一五・二三　全唐文三六四・一八

北巖詩　正書

大曆五年

四川合州

藝六・四　匯一六補遺・二二

將仕郎守閿鄉縣尉盧綸等題名　正書　左行

大曆六年二月二日

陝西華陰華嶽廟

藝五・一五　萃七九・四　關三・二五　關考八・四〇　瓊五五・二　平三續下・二　授續四・一四　攈八・三七　孫錄四・一二九　竹二・三一　華嶽志四・二五　陝一三・二四　乾隆五十九年華陰縣志一六・六一

侯門為見在母造像　正書

大曆六年閏三月二十日

河北唐山宣霧山

藝三・六　羅錄上・三一　匯三補遺・三七

右堂銘　元結撰　高重明正書

大曆六年閏三月十五日

湖南祁陽峿臺之上勝異亭後

藝六・四　光緒湖南遺志二六五　藝文二一・金石七　趙錄三・一七　攈八・三七　金石錄八・四　瓊六一・一三　泉二・二三　匯一五・五〇　輿二・一八　萃目一・一八

徐泳等題靈泉寺詩　正書

大曆六年四月十五日

河南安陽西南六十里寶山靈泉寺內東浮圖左側

趙錄三・一六　攈八・三七　安陽四・一九　匯九之二・五朔目二・一三　河錄二・六　萃目一・一八

撫州南城縣麻姑山壇記　正書　顏真卿撰書

大曆六年四月

文見《顔魯公文集》十三

仙壇記有大小字二本，大字本在臨川縣，為雷所破，石佚。郡守梁伯達重刻之。小字本在建昌麻姑山，石佚。《金石録》卷二十八云：小字本乃慶曆十一（年）學佛者所書。

江西南城

摹刻大字本

竹三・四　弗丁・一五　孫録四・一二九　攈八・三七　跋七・一五　藪・二六　古墨五・一〇二　録續六・六九　金石録二八・五　集七　集目八・三　來中・三二　妙一一・一四　寶鴨下・一八　東五　庚六・一八　萃九六・一　平再續・一八　蘇・五四　匯六・四四　輿二・八　寶類二・四七　虚七・五

資州刺史叱干公三教道場文　李去泰撰　任惟謙正書　額有佛像　雍慈順鎸

大曆六年孟夏月十五日

四川簡州

藝六・四　孫録四・一三〇　攈八・三七　萃九六・二　雪跋四・一四　瓊六三・三　匯一六補遺・二　全唐文四四四・二苑

大理評事王晉俗墓誌　分書　崔儒撰

大曆六年五月乙未

張鈁千唐誌齋藏石

徵三・二四　館・九七

少林寺同光禪師塔銘　郭湜撰　僧靈迅　正書　延州金明府別將屈集目刊　造塔博士宋玉

大曆六年六月二十七日

河南登封寺後東墻外

藝六・四　孫録四・一三〇　攈八・三七　瓊六三・三　續編

八·九　滙九之四·二八　全唐文四四一·一　授續四·一四

中興頌　元結撰　顔真卿正書　左行

大曆六年六月刻

湖南祁陽浯溪東北

光緒湖南通志二六五·藝文二一·金石七　藝六·四　楊圖六·七　孫錄四·一三〇　攈八·三七　菉三·一七　古墨五·一〇二　金石錄八·五　獨殘·一八　泉二·二五　集七　廣八·一　鐫三·五　字四·一二　來中·三三　續三·二　妙一一·一　萃九六·一　鈔六·四九　平七·九　滙一五·五〇　輿一·一八　唐文　一九中·一　瓶四·二八　天一·九

中興頌　元結撰　顔真卿正書

上元二年八月撰　大曆六年六月刻

黄少南跋　紹興初吳旴重摹本　滙云乃慶曆中知州陳宗凱摩崖重刊

四川劍閣東二里鶴鳴山頂

藝六·四　竹三·五　攈八·三七　菉三·一八　滙一六之一·五三　集七·三（乃永州本）　苑　王士禎蜀道驛程記　同治癸酉劍州志二·一

中興頌　正書

東巖本　有剝泐

四川資州

明何宇度《益部談資》卷：資縣有唐顔魯公《中興頌》刻於廢寺磨崖上，石理甚粗，字半漫滅。

藝六·四　趙錄三·一七　攈八·三七　滙一六之一·二七　輿四·一五　苑　蜀中名勝記八·二二

中興頌　正書

北巖本，有剝泐。

四川資州

藝六·四　趙錄三·一〇　攈八·三七　輿四·一五　苑

河南府新安縣令張炅墓誌　正書　孫子婿李繫撰

大曆六年八月十九日

張鈁千唐誌齋藏石

徵三·二四　館·九七　誌新三·一六

曹州成武縣丞博陵崔文修改葬墓誌　嗣子玭敘文　正書

大曆六年八月二十九日

河北曲陽平樂社出土

藝一八·一一　誌匯三·三　徵三·二四　畿冢中·八　名六·八一　光緒曲陽縣志一一·七四　蒿二之二·一〇

前潞州黎城縣尉曹秀臻為亡女造陀羅尼經幢　八面刻　先銘後經　僧昔真撰　康玢　行書　額篆書　左行

大曆六年十月十四日

陝西富平六井寺

藝六·四　竹三·五　孫錄四·一三〇　攈八·三七　關七·三六　萃六六·五　匯一二之一·一〇七　陝一五·二四　全唐文九一六·一三

相州成安縣主簿張倜墓誌　正書　子壻李繫撰

大曆六年十月十九日

張鈁千唐誌齋藏石

徵三·二四　館·九七

衢州別駕王守質墓誌　正書　張造撰

大曆六年十月二十一日

河南洛陽出土

徵三·二四　誌新三·一六　館·九六

京兆府美原縣永仙觀碑　又名田尊師德行頌

蕭森撰並集晉王羲之行書

大曆六年十月十六日

碑前刻　清淨智慧觀身經銘　田名德集王羲之行書　陳初鎸

碑陰刻　内供奉惟光行書並題額

陝西富平美原鎮

關考七・三六　藝六・四　孫錄四・一三〇　竹三・五　攈八・三七　關三・二六　關中・三七　錄補一六・一四八　字四・一三　雍八・二　授續四・八　萃九・六　瓊六三・六　平・一三　匯一二之一・一〇七　陝一五・二五　全唐文四四一・五又九九〇・一三

浄住寺智悟律上人墓誌並蓋　裴適時撰　正書

大曆六年十二月二十日

陝西藍田

藝一八・一一　關考六・三九　名六・八一　關新四・七　徵三・二四　誌匯三・三　蒿五・四　陝一五・二四

内侍魏成信等題記　正書

大曆七年正月二十三日

山東泰安岱嶽觀第二石四段

藝四・一三　攈八・三八　孫錄四・一三〇　匯一〇之一・三九

博城縣丞公孫杲贈諸法師詩　正書

大曆七年正月二十五日

山東泰安岱嶽觀趺石側三段

藝四・一三　攈八・三八　孫錄四・一三〇　匯一〇之一・三九

黨曄等香山題名　正書

大曆七年二月十二日

河南洛陽龍門

趙錄三・一七　攈八・三八　匯九之三・五五　萃目一・一八

窖澗谷肅上人禪房記　正書　宋叔鈞撰

大曆七年姑洗月（三月）

陰　僧肅然造像　正書左行　建中元年二月十日

河南沁陽西北五十里沐澗後山窄澗谷貞谷寺側東北壁石上

道光五年河内縣志二〇・三三　藝六・五　萃目一・一九　趙録三・一七　攗八・三八　古墨五・九五　瓊六三・一〇　匯九之二・三九　朔目七・二　河録一〇・九

宋州官吏八關齋會報德記　正書　顔真卿撰書　田浼撰額

石凡八面

大曆七年七月

文見《顔魯公文集》一四・一

大中五年正月一日宋州刺史崔倬以舊本補續

河南商丘南門開元寺

孫録四・一三　竹三・五　孫録四・一三一　楊圖六・一〇　攗八・三八　菉三・一八　古墨五・一〇五　録續七・七三　金石録八・七　平七・一〇　鈔六・五七　萃九八・一　妙一一・四　字四・一三　庚六・一六　鐫三・六　匯九之一・四九　全唐文七五九・四（崔倬敘）　天一・九

開府儀同三司行尚書右丞上柱圖太尉廣平宋文貞公（璟）**神道碑**　兩面刻　顔真卿撰並正書

大曆七年九月二十五日

陰　孫儼追建　大曆□年壬子九月

側　顔真卿撰並正書　大曆十三年三月

明正德丁丑大水，方思道為令碑已斷沒，出之土中，鎔二百斤鐵貫而續之（《歸震川集》卷五）。

崇寧五年范致君効顔書重立，與原碑字多異。乾隆十五年《順德府志》十六藝文下十七：沙河知縣方豪續宋文貞公神道碑記》。

河北沙河西北八里留客村

乾隆十五年順德府志一六　畿志一四七·一五　藝六·五　楊圖六·九　孫錄四·一三〇　畿目上·二　蒿一上·八　攈八·三八　顏魯公文集四·六（四部叢刊本）　跋七·一五　藪·七　古墨五·一〇三　錄續七·七二　集目八·四　金石錄二八·六　雪跋四·一四　瓊六三·一四　平七·九　光緒十九年南和縣志一一·七　萃九九·一　金石二跋三·五　妙一一·二三　來中·三四　字四四　復二四·二　郭麐唐文粹補遺一二·六（止錄碑側）　天一·九

醴泉縣令韋凴題名　正書

大曆七年十月二十八日

陝西華陰華嶽廟

藝五·一五　萃七九·四　關考八·四二　關三·二六　攈八·三八　孫錄四·一二九　竹二·三一　華嶽志四·二六　陝一三·二五　乾隆五十九年華陰縣志一六·六二

容州都督兼御史中丞本管經略使元結墓碑　四面刻　正書　顏真卿撰並書

大曆七年十一月壬寅葬

文見《顏魯公文集》五·九（《四部叢刊》本）

河南魯山孔廟

武億魯山縣志卷一七　藝六·七　竹三·七　孫錄四·一三三　雪跋四·一四　楊圖六·一三　蒿一上·八　攈八·三八　跋七·二〇　中記三·五八　古墨五·一〇五　集目八·　金石錄二八·一一　集八　寶叢五·三九　續三·三　字四·一三　妙一二·一〇　授續四·一二　萃九八·四　鈔六·五二　平七·一〇　瓊六三·一四　匯九之四·八一　唐文粹補遺一三·六　天一·一〇

般若臺題記　李陽冰篆書　著作郎兼監察御史李貢造

大曆七年

題記在山高處，乾隆二十四年冬孟超然始拓數十本。

福建侯官烏石山華嚴巖

藝六·五　竹三·五　孫錄四·一三一　攈八·三八　金石錄八·六　寶叢一九·一八　字六·二五　萃九八·三　獨殘·八　馮登府閩中金石記一·一三　退·四一　滙八·一　閩略一·一　福志二·三　瓶四·四〇　天一·九

黄石公祠記　李卓撰（《全唐文》誤作李栖筠撰）　裴平分書　額陰及碑題撰八均篆書

大曆八年七月十五日

陰　裴平書十三行

側　明人題字

山東東阿城北里許穀城山黄石公祠門外東墀下

藝六·五　竹三·六　孫錄四·一三一　通一四九·五五　攈八·三八　跋七·一六　金石錄八·七　萃九九·一　寶叢二〇·四六　授續四·一五　阮山一三·一　平七·一一　滙一〇之一·六六　全唐文三七〇·七　全唐文五四九·一二（錄陰）

内侍省魏成信等齋醮記　正書　左行

大曆八年九月二十八日

山東泰安岱嶽觀第一石第四段

藝四·一三　孫錄四·一三一　攈八·三八　滙一〇之一·三九

吏部常選中山張顏墓誌　分書　外生趙植述

大曆八年閏十一月十九日

河南洛陽出土

徵三·二四　誌新三·一六　館·九七

鄂州永興縣主簿張願墓誌　正書　外生趙植述

大曆八年閏十一月十九日

張鈁千唐誌齋藏石

徵三・二四　館・九七　誌新三・一六

文宣王廟新門記　分書　裴孝智撰　裴平下丹並篆額

大曆八年十二月一日

下截末二字為趺所掩，世所傳拓本多失拓。

陰　李子景等題名　分書

側　敬叔度題名　正書　貞元十五年孟春二十三日

鄭漢璋題名　正書左行　咸通九年八月二十九日

畢叔建題名　正書　咸通十年九月十四日

六十四代孫孔宗翰等題名　正書　皇祐五年六月

山東曲阜孔廟同文門

藝六・五　存一五・二一　竹三・六　孫錄四・一三一　攈八・三九　跋七・一七　萃九九・二　阮山一三・四　妙一〇・一一　來中・二二　字四・一四　寶叢二〇・四六　滙一〇之二・七　全唐文四五八・三　天一・九

尚書虞部員外郎兼殿中侍衛史元澄等題名　正書　左行

大曆八年十二月三日

陝西華陰華嶽廟

藝五・一五　萃七九・四　關三・二六　授續四・一七　平七・一一　關考八・四二　攈八・三九　孫錄四・一三〇　竹二・三一　華嶽志四・二六　陜一三・二四　乾隆五十九年華陰縣志一六・六二

大曆八年殘字　又名王大等桃源峪題名　正書

為劉太和三字所壓

山東泰安桃源峪

藝六・五　萃目一・一九

干禄字書　兩面刻　正面五截　陰面六截

顏元孫撰　顏真卿正書

大曆九年正月庚字

宋談遷《吳興志》十八云：一在墨妙亭，一在魯公祠，乃開成四年楊漢公重摹本。

大曆九年本久亡，開成四年楊漢公模本亦亡，今所見者多為摹本。

紹興十二年八月既望宇文時中刻本句詠跋

寶祐五年衡陽陳蘭孫模本

雍正間吳門翻寶祐模本

揚州馬曰璐翻宋刻本多謬誤

四川三臺（《輿地碑紀目》云：在蓬州郡治蓬萊堂）

藝六・一二　雪跋四・一五　孫錄三・一三一　集七・三　攈八・三九　竹三・六　平七・一二　瓊六三・五　陸心源吳興金石記三・九　萃九九・三　跋七・一七　金石二跋三・七　續三・三　集目八・五　觀下・二　寶一四・二五　鐫三・六　字四・一四　輿四・三五　苑　瓶四・三五

淨土堂新造五十二菩薩讚文　正書

大曆九年甲寅歲正月庚子朔

太中大夫太常寺丞兼江陵倉曹張銳墓誌　錢庭篠撰　父張慆正書　姊夫李西華題諱

大曆九年三月四日

陝西西安出土，長白端方藏石。

藝一八・一一　徵三・二四　陶二六・一〇　關考二・八　績・丁　瓊六五・二五　關新四・七　名六・八一　館・九七　誌匯三・三　嵩二之二・一〇　羅錄上・三一　關新四・七　面甲・三四　陝一五・二六　唐文拾遺二二・二〇

竹山堂聯句　正書　顏真卿書

大曆九年三月

乾隆甲寅濟南知府吳人驥倩桂未谷從墨跡手摹上石　真定梁氏秋碧堂刻本

山東濟南

復二四·五　岑仲勉《續貞石證史》云：偽刻（歷史語言研究所集刊十五本·二五三頁）　盧六·九

朝散大夫前鄭州陽武縣令韋涚題名　藝作李韋說　誤　正書左行

大曆九年四月二十二日

陝西華陰華嶽廟

藝五·一五　萃七九·四　隋下·一　關考八·四二　攈八·三九　陝一三·二六　孫錄四·一三一　竹二·三一　華嶽志四·二六　乾隆五十九年華陰縣志一六·六二

皇五從叔祖衢州司士參軍李濤墓誌　獨孤及撰　正書

大曆九年四月二十八日

張鈁千唐誌齋藏石

館·九七　徵三·二四　全唐文三九一·二

趙州刺史何公德政碑陰記　齊論撰並行書

大曆九年七月二十七日

陰刻宋八行八刑碑

河北趙州孔廟

畿志一五一·四〇　藝六·六　趙錄三·一七　畿目上二　攈八·三九　橋二·二一　瓊六三·二七　平七·一二　匯三之二·三七　全唐文四四三·七

滑臺新驛記　李勉詞　李陽冰篆書

大曆九年八月

河南滑縣

乾隆間平江貝鏞得宋拓元吾邱衍跋本，刻於磚上，咸豐庚申毀於火。

唐鷦安藏宋拓本殘本凡三一二字，今在北京科學院考古研究所。

殘石前有同治辛未宋祖駿刻記云：存三十一字，咸豐辛酉東平鄉葦子河土人築圩掘得之。

衎石齋記事稿四・一九　趙錄三・一七　金石錄二八・七　集目八・五　寶叢五・一七　廣八・二　民國二十五年九月中華書局影印雙勾本　禪一九　萃一・一九　光緒七年東平州志二二・金石・九

前鳳翔府司錄參軍李謀李融題名　正書

大曆九年十月十三日

陝西華陰華嶽廟

藝五・一五　萃七九・四　關三・二七　授續四・一一　雪跋四・一五　攈八・三九　孫錄四・一三二　竹二・三一　華嶽志四・二六　陝一三・二六　乾隆五十九年華陰縣志一六・六二

山陽村張進玉母為亡妹法林造業道象　藝作張進　誤　正書

大曆九年

河北唐縣東北十五里靈源寺

藝六・六

河東節度都押衙兼征馬使特進前行右千牛衛大將軍蘇日榮妻武氏墓誌　正書

大曆十年二月九日

徵三・二四　誌新三・一六　館・九七

朔方河東西隴西右節度御史大夫贈兵部尚書太子師清源公王忠嗣神道碑　元載撰　王縉行書　趙惎篆額

大曆十年四月三日

陰　陳繹題名　熙寧三年九月　王臨題名　行書　熙寧三年十一月

陝西渭南鄉賢祠

藝六・六　關考七・二七　孫錄四・一三二　獨殘・一五　蒿一上・八　攈八・二九　跋七・一八　關三・二七　關中・三八

萃三・一八　古墨五・一〇四　錄續七・七五　金石錄八・九　寶叢一〇・四〇　鐫三・一六　字四・一五　史下・六　來下・二二　妙一二二二　雍八・二　金石二跋三・七　萃一〇〇・一　陝一五・二六　全唐文三六九・八

真化寺多寶塔院寺主臨壇大德尼如願律師墓誌　沙門飛錫撰　秦昊　正書　程用元刻

大曆十年七月十八日

陝西咸陽出土，西安李如蓮藏石。

藝一八・一一　關考四・三　獨殘・九　誌一三・八　平七・一三　萃一〇四・四　關三・二七　徵三・二四　誌匯三・三　名六・八一　蒿五・四　孫錄四・一三二　攈八・三九　匯一二之一・七四　陝一五・二八　全唐文九一六・一〇

試光祿卿曹閏國墓誌　正書

大曆十年八月六日

河北靈壽出土

藝續　徵三・二四　名六・八二　畿冢中・九　誌新三・一六　蒿二之二・一〇

崔昭遠墓誌　正書

大曆十年十一月二十四日

山西屯留出土

藝續　右冢下・一六

左金吾衛大將軍高如詮墓誌　正書

大曆十一年二月二十四日

張鈁千唐誌齋藏石

誌新三・一六　徵三・二四　館・九七

金紫光祿大夫守尚書□□□□□□□東部貞孝公贈司空裴遵慶神道碑

楊綰撰　盧曉分書並篆額　額篆書

額及文中姓名皆椎去
大曆十一年二月二十□日葬
河南洛陽
存一五・二三　藝六・六　竹三・七　孫錄四・一三二　蒿一上・八　攈八・三九　中記三・五八　金石二八・八　瓊六四・一　平七・一三　萃一〇〇・四　金石二跋三・七　匯九之三・五五

妬神頌　正書　李諲撰
大曆十一年五月十六日巳時建
陰　正書
山西平定東北九十里娘子關介子推廟
藝六・六　竹三・八　孫錄四・一三二　攈八・三九　跋七・一八　橋二・二二　錄補一六・一五三　石四・三三　曝四　平七・一三　續編八・一〇　右叢七・四三　瓊六四・四　匯一一・一二

恒王府典軍賜紫金魚袋上柱國太原王景秀墓誌　正書
大曆十一年八月二十九日
第十六行空隙刻常山李氏成蹊家藏寶臺書刻二行
河北劉縣出土，長白寅氏、長白端方先後遞藏。
藝一八・一一　陶二六・一二　瓊六四・一〇　平三續・三　徵三・二四　館・九七　名六・八二　畿冢中・九　光緒順天府志一二八・二一　誌匯三・三　萃目一・一九　蒿二之二・一〇　趙錄失編・四　攈八・三九　匯一補遺・一八

太原府司錄盧濤墓誌　第二子杞謹撰書
大曆十一年一十一月十六日
河南洛陽
名六・八二　誌匯三・三　趙錄三・一七　攈八・三九　匯九之三・五五　萃目一・一九

朝散大夫鄭王府諮議隴西李太賓修功德記　正書　陰庭誡書　額篆書

大曆十一年龍集景辰□月十五日辛未

陰　李氏再修功德碑　乾寧元年

蔣斧據卷子本首行題曰楊授述誠殆書丹人

甘肅敦煌莫高窟

隴二・三五　藝六・六　西域水道記三・一四　沙州文錄・三　攈八・四〇　陲・二〇　匯一三・一五　唐文拾遺二二・一六

法雨寺僧昭空等讚慶題名　沙門之廣　正書　鐫人勾海朝

大曆十二年二月十五日

四川簡州

藝六・六　趙錄三・一七　攈八・四〇　匯一六補遺・二　苑

同朔方節度副使王履清碑　正書　侯冕撰　額篆書

大曆十二年二月二十日

下截缺佚

陝西高陵奉正原

藝六・六　關考六・三一　孫錄四・一三二　蒿一上・八　攈八・四〇　跋七・一九　關三・二八　關中・三八　瓊六四・一一　平七・一三　雍八・二　金石二跋三・八　萃一〇〇・六　匯一二之一・八五　陝一五・二八　全唐文四四三・五

董黯孝子碣殘石　行書　崔殷撰　徐浩書

大曆十二年二月

存左側上段

建炎三年八月十四日縣令林叔豹立

金石錄八・九　叢一三・一九　集目八・八　名六・八二

鮮于氏里門碑　韓雲卿撰　韓秀實分書　額篆書

大曆十二年五月十日

四川南部

藝六·六　岷·一九　孫錄四·一三二　攈八·四〇　萃目一·一九　金石錄八·一〇　瓊六四·一三　滙一〇六之一·四六　輿四·三五

贈揚州大都督高力士碑　行書　額篆書

大曆十二年五月十一日

中斷，失其下截，每行止存廿餘字。

陝西蒲城

藝六·六　關考九·四二　竹三·七　孫錄四·一三二　攈八·四〇　跋七·一九　關三·二八　關中·三九　錄補一六·一五二　字四·一六　續三·四　雍八·三　萃一〇〇·六　瓊六四·一二　平七·一四　授續四·一八　滙一〇二之二·三〇　陝一五·二八　全唐文九九三·一二

平蠻頌　韓雲卿撰　韓秀實書　李陽冰篆書

大曆十二年五月二十五日

廣西桂林北鎮南峯摩崖

楊翰粵西得碑記·一一　羅錄上·三二　攈八·四〇　錄補一六·一五四　瓊六四·一四　續編八·一一　寶叢一九·三六　謝啟昆粵西金石略一·五　滙一八·一　嘉慶六年廣西通志二一五·金石一·六　全唐文四四一·七

茅山玄靖先生廣陵李含光碑　正書　顏真卿撰書　渤海吳崇休鐫

大曆十二年五月

文見《顏魯公文集》九·一一

沈作舟豎碑題記　紹興丁巳五月十四日

江蘇南京茅山王晨觀

原石四面刻，陰陽各十九行，兩側各四行，各卅九字。紹興丁巳為大風所折。（汪志伊重勒本後有紹興七年五月十四日沈作舟扶起顏碑題記。）嘉靖三年玉真觀火，碑石碎糜。錢大昕《遊茅山記》云（乾隆己亥十月六日），尚存廿一片（一千五百餘字）。乾隆癸丑汪志伊司皋江蘇，以錢言札句容縣學廣文徐彬俞獻搜尋殘石，得廿三片。蘇州府學教授汪佑煌，訓導丁斯盛，築石臺以置殘石，識云：得二十五片。（計全字七六六，殘字八三九。）汪又於賈人得宋拓本，付姚東樵以缺字勾勒上石。又另編小字勒於碑旁。（見張廷濟《清儀閣金石題識》卷二）

《虛舟題跋》云：今茅山所有原乃是複刻，筆畫細瘦，且字之譌者七十餘字。

汪志伊識云：屬徐彬俞獻訪得廿二片，存一千四十餘字，經辛楣（錢大昕）訂加考訂，其完全之字僅得七百六十有六，其殘缺者正面三百六十一字，右側八十六字，背面三百三十三字，左側五十九字，共計殘缺字八百卅有九。

莫繩孫云：同治丙寅，趙崧於句容訪獲是碑碎石，大小凡十五通，計全半字百九十七字。又逸去三小石，計十五字；壬申，張肇岑又蒐獲二石，移入句容學宫，共二百七十九字。

張廷濟藏宋拓足本　吳趨俞祥元縮臨小字本　文明書局影印李宗翰藏宋拓本。

藝六·六　竹三·五　孫録四·一三二　楊圖六·一二（殘石十六方）　蒿一上·一　筆·二六　蘇四·卅七　攈八·四〇　藪·一九　古墨五·一〇〇　録續七·七五　集目八·七　金石録八·一〇　寶叢一五·一七　薙一〇·一〇　字四·一五　萃一〇〇·七　平七·一四　寧二·一五　雪跋四·一五　清二·六〇　匯四·七　虛六·一五

王楚賓造像　正書

大曆十二年五月

陝西郃縣大佛寺

藝四·二六　匯一二之二·三五　攈八·四〇

定遠將軍守右領軍衙潞州八諫府折衝都尉馮術墓誌　正書

大曆十二年十月二十八日
河北滿城縣南外出土，存城内第一高小。
民國滿城縣志卷一四
前京兆藍田縣丞竇公夫人弘農楊瑩墓誌　正書　丁翥撰
大曆十二年十一月二十二日
河南洛陽出土
藝續　芒冢三編・六〇　誌新三・一六　館・九七　徵三・二四　蒿二之二・一〇
京兆尹兼中丞杭州刺史劍南東川節度使杜濟墓誌　正書
大曆十二年十一月二十四日
方若《校碑隨筆》云僞作
陝西西安出土，歸西安段氏。
誌一三・一二　館・九七　名六・八二　集目八・八　寶叢八・二〇　金石錄二八・七　誌匯三・三　集七・七　陝一四・一
衢州司士參軍李濤夫人河南獨孤氏墓誌　正書
大曆十二年□月十七日
張鈁千唐誌齋藏石
徵三・二五　館・九七
明覺寺尼心印記　又名一切如來心真言並記　正書　前真言後記
大曆十三年正月二十七日
後刻同治四年跋二行
陝西西安貢院明遠樓壁間（同治四年出土）
藝六・六　羅錄上・三二　關考四・四　寶叢七・三〇　續・丁　瓊六四・二五　硯一二・一一　關考四・四　名六・八二　匯一二補遺・二　陝一・二九　唐文拾遺六一・八
薛公造石阿彌象讚　侯總撰　楊夐正書
大曆十三年二月二十一日

四川富順羅浮洞

藝六·六　瓊六四·二五　滙一六補遺·二〇

西明寺智明造陀羅尼經幢　八面刻　先經後記　劉濟撰記

大曆十三年三月七日卯時

陝西西安

藝六·七　攈八·四〇　瓊四七·八　滙一〇二之一·八

朝散大夫行秘書省著作佐郎崔眾甫墓誌　正書　從父弟祐甫撰

大曆十三年四月八日

張鈁千唐誌齋藏石

館·九七　徵三·二五

崔渾夫人盧氏墓誌　正書　崔沔撰

大曆十三年四月九日

張鈁千唐誌齋藏石

徵三·二五　館·九八

無憂王寺大聖真身寶塔碑銘　張彧撰　楊播正書　刻字□秀

大曆十三年四月二十五日

下截字跡磨泐

陝西扶風北二十里崇正鎮法門寺

藝六·七　關考一〇·七　竹三·七　孫録四·一三三　攈八·四〇　跋七·二〇　關三·二八　關中·三九　古墨五·一〇四　金石録八·一一　雍八·三　萃一〇一·一　平再續·一八　瓊六四·二七　滙一二之二·四二　陝一四·三　張貞二·七　全唐文五一六·五　天一·九　扶上·五

殿中監李國清墓誌並蓋　正書

大曆十三年四月二十七日

山東益都出土（光緒三十三年），長白端方藏石。

陶二六·一五　藝續　左冢·一五　徵三·二五　館·九八　名六·八三　光緒益都縣志卷二七　誌滙三·四　蒿二之二·

一〇

朝議郎守尚書工部郎中寇錫墓誌　崔祐甫撰　寇京書

大曆十三年四月二十七日

張鈁千唐誌齋藏石

館·九八　徵三·二五

贈秘書少監李休墓誌　正書

大曆十三年七月十七日

河北密縣東出土（民國九年），歸紹興周肇祥。

藝續　徵三·二五　畿冢中·一〇　名六·八二　館·九八　誌新三·一七　藝林旬刊58期

衢州司士參軍李濤墓誌　梁肅撰　正書

大曆十三年七月二十三日

張鈁千唐誌齋藏石

館·九八　徵三·二五

河東節度使檢校尚書左僕射同中書門下平章事金城郡王辛公妻隴西郡夫人贈肅國夫人李氏墓誌　獨孤愐撰　韓秀實　分書

大曆十三年七月二十四日

長白端方藏石

藝一八·一一　陶二六·一九　徵三·二五　館·九八　名六·八二　誌匯三·四　蒿二之二·一〇　陜一五·二九

慈州文城縣令王府君並仲子楚州縣丞墓碣　正書

大曆十三年八月

山西臨晉

孫錄四·一三三　竹三·七　攈八·四〇　匯一一·三六

信王府士曹崔傑墓誌　正書　蕭倫撰　袁真書

大曆十三載十月十二日

張鈁千唐誌齋藏石

館·九四　徵三·二二

李嘉珍墓誌　正書

大曆十三年十月二十五日

館·九八　徵三·二五　陶二六·一九　名六·八二　畿冢中·一〇　誌匯三·四　蒿二之二·一〇　羅錄上·三二

賀州長史趙府君妻河東裴婉墓誌　李老彭撰　正書

大曆十三年十一月七日

河南洛陽出土

徵三·二五　名六·八二　蒿二之二·一〇　誌初三·一六　芒冢四編六·一

承務郎守許州司戶參軍郭瑤墓誌　從兄從志撰並正書　匠高倩鐫

大曆十三年十一月十七日

館·九八

淄州（原作川）刺史王圓等題名　正書

大曆十四年二月二十七日

山東泰安岱嶽觀第二石陰面四段左側

後刻驅使館樂環題記

藝四·一三　攈八·四〇　孫錄四·一三三　匯一〇之一·三九　阮山一一·九　字六·一

贈揚州大都督殷行琛碑　張增　正書　李同系篆額

大曆十四年閏五月十三日

陝西汧陽西北六十里段氏墓前

關考一〇·一三　藝六·七　李嘉績汧陽述古編·二　竹三·八　孫錄四·一三三　獨殘·一五　蒿一上·八　攈八·四一　關三·二八　關中·三九　古墨五·一〇四　錄補一七·一五四　鐫三·一五　史下·八　庚七·九　字四·一六　來下·二五　妙一二·三二　雍八·三　平七·一四　金石二跋三·八　萃一〇一·三　續抄二·二四　匯一二之二·四六　陝一四·九

顏真卿書誥　正書

大曆十四年七月十二日

扶風郡王馬璘新廟碑　程浩撰　顏真卿正書　韓秀實額

大曆十四年七月

陝西西安（光緒庚寅重出土凡殘石五塊）

藝六・七　集目八・九　金石錄八・一二　寶叢七・四　匯一二補遺・二

河南府洛陽縣尉竇寓墓誌　正書

大曆十四年八月二十三日

張鈁千唐誌齋藏石

徵三・二五　館・九八

改修吴延陵季子廟記　篆書　殷仲容摹

碑下段　蕭定重刊題記　張從申正書　大曆十四年八月二十七日

篆左右題字　滎陽鄭播謁廟題記　正書　貞元三年五月二十八日

守令盧國等建堂記　正書　建中元年八月十二日

知潤州楊傑乞封疏　行書　元祐三年九月

喬宇題名　正德四年四月八日

碑陰改修吴延陵季子廟記　蕭定記　張從申　正書　李陽冰篆額

魏清海鎸　大曆十四年八月二十七日

文字完好，惟每行末一字殘。

宋崇寧間知常州朱彥橅刻本，有桓自跋，在江陰申港李子墓。明正統八年知府莫愚橅刻，有湅敬宗跋，常州城内右廂。

江蘇丹徒南五十里九里鎮季子廟

藝六・七　江蘇四・三五　竹三・八　孫錄四・一三三　楊圖六・一四　攈八・一　寶鐵上・七　萃三・一九　古墨五・一〇

五　錄續七・七六　金石錄八・一二　寶叢一四・一八　字六・二六　來下・二六　妙九・四　鈔七・一　寶鴨上・八　續編八・一二　瓊六四・二八　萃目一・一九　滙四・三四　集八・二

全唐文四三四・二　唐文拾遺二二・二二（張從申題記）　唐文粹七一・三　明寰宇通志一六・鎮江府・七　況周頤蘭雲菱夢樓筆記・一〇　明姚堂潤州先賢錄一・四

秘書省著作郎夔州都督府長史上護軍顏勤禮神道碑　正書　曾孫顏真卿撰書

大曆十四年，中斷，每行一二字。

四面刻，陽十九行，陰二十行，右側五行，左側磨平。

《金石錄》云元祐間有守長安者後圃建亭榭，多輦取境内古石刻以為基址，此碑或毁而存，然已磨去其銘文。

陝西西安出土（民國十一年舊藩廨庫堂後出土），移置碑林。

集目八・一〇　金石錄二八・一〇　寶叢七・四　集七・八　周貞亮顏勤禮碑跋（木齋圖書館季刊一期）　陝一四・四

萧俱興墓誌　正書

大曆十五年正月十六日

河南安陽出土，長白端方藏石。

陶二七・一　藝續　名六・八二　徵三・二五　誌滙三・四　館・九八　蒿二之二・一〇　朔目二・一三

建　中

郴州刺史贈持節都督洪州諸事洪州刺史張翃墓誌　正書　嗣子士源述

建中元年二月十四日

張鈁千唐誌齋藏石

館・九八　徵三・二五　誌新三・一七

資陽縣法雨寺北巖釋迦牟尼佛龕頌　又名左巖龕銘

趙德説撰　郭□□正書　額正書

建中元年二月十五日

四川資州左巖

趙録三・一七　匯一六補遺・二　唐文拾遺二三・一九　苑

朝議郎行殿中侍御史賜緋魚袋安定張翔墓誌　獨孤良弼撰　女壻獨孤願正書

建中元年二月十四日

張鈁千唐誌齋藏石

誌新三・一七　徵三・二五　館・九八

墓誌殘石　正書

建中元年二月二十五日

存後下段九行

藝一八・一一　名六・八三　誌匯三・四

敬謇?呂滔等題名　正書

建中元年二月二十九日

山東泰安岱嶽觀第一右側下段

藝四・一三　孫録四・一三三　攈八・四一　阮山一一・九　匯一二之一・三九

舜廟碑　韓雲卿撰　韓秀弼分書　李陽冰篆書

建中元年三月二日（或作大曆十一年）

碑文凡五百餘字，泐七十餘字，中央為嘉靖間楊銓詩刻，磨毀十三行，每行七字，今可辨者三百數十字。

廣西桂林虞山

楊翰粵西得碑記・九　藝六・六　孫録四・一三四　羅録上・三二　攈八・四一　跋七・二四　平再續・一九　續編九・一瓊六五・一　匯一八・一　輿三・一七　全唐文四四一・一〇萃目一・一九

通議大夫行薛王友柱國贈秘書少監國子祭酒太子少保顔惟貞廟

碑　又名顏氏家廟碑

四面刻　顏真卿撰并正書　李陽冰篆額

建中元年七月

碑陰額上題字（或名齋堂記）　顏真卿正書　凡十行　唐文拾遺一九・二四

碑石李延襲移碑題記　夢英篆書　太平興國七年八月廿九日

陝西西安碑林第三室

藝六・七　竹三・八　雪跋四・一六　孫錄四・一三四　關考二・一〇　楊圖六・一六　攈八・四一　跋七・一三　關四・一藪・三　關中・四〇　萃三・一八　古墨五・一〇六　錄續七・七七　集目八・一〇　集七・九　寶叢七・五　鐫三・五　薤二〇・四　庚六・一五　字四・一七　來中・三七　續三・七妙一一・二二　雍八・五　金石二跋三・九　萃一〇一・六　平七・一五　雪跋四・一六　匯一二之一・八　陝一四・一二　天一・一〇　虛六・一六

獨秀山新開石室記　正書　鄭叔齊撰

建中元年八月二十八日

廣西桂林獨秀山讀書巖

藝六・八　楊翰粵西得碑記・七　趙錄三・一七　攈八・四一瓊六五・五　續編九・一　平再續・二〇　謝啟昆粵西金石略一・八　匯一八・一　嘉慶六年廣西通志二一五・金石一・一〇萃目一・一九

鴻臚少卿□偃等題名　題名

建中元年

山東泰安岱嶽觀第二石五段連陰面五段

藝四・一四　匯一〇之一・三九

景教流行中國碑　僧景淨撰　呂秀巖正書　額正書

建中二年歲作噩太簇月（正月）七日大耀森文日

張星烺《中西交通史料匯編》第一册一七九
兩側　諸僧題名　兼有敘利亞文　咸豐己未韓泰華題名
陝西西安崇聖寺（天啟五年長安人鋤得之），今在碑林第三室。
藝六・八　竹三・九　孫録四・一三四　楊圖六・一九　雪跋四・一六　關考四・四　攈八・四一　跋七・二四　關四・九　關中・四〇　古墨五・一〇八　録補一七・一五四　庚七・一一　字四・二一　來下・二六　妙九・一四　雍八・八　萃一〇二・一　鈔七・一〇　平七・一五　瓊六・五七　匯一二之一・八　馮承鈞景教碑考　唐風・五一　陜一四・二〇　全唐文九一六・一四　天一・一〇

宣州宣城縣尉李君妻賈嬪墓誌　從子文則撰
建中二年三月二十三日
銘後刻一千三百年為劉黄頭所發
附同治庚午張衍度跋
河北元氏出土（道光八年鄉民劉黄頭掘得）
藝一八・一一　寶鴨下・九　誌一三・一四　泉二・三六　常一〇・一九　瓊六五・七　岷・一七　名六・八三　畿冢中・一二　衎石齋紀事稿四・二二　徵三・二五　館・九八　誌匯三・四　誌新三・一七　蒿二之二・一〇　趙録三・一七　攈八・四二　匯三之二・二五　唐文拾遺二十四・一七　萃目一・一九　民國廿年元氏縣志藪・一六

清河房有非及夫人尚氏墓誌　正書
建中二年十月二十四日
張鈁千唐誌齋藏石
館・九八　徵三・二五

易州刺史張孝忠山亭再葺記　王璿撰並行書　額篆書
建中二年十月

已斷，每行下二字陷入碑趺，後七行剝蝕。

河北易縣縣署花園內

畿志一五〇・四六　藝六・八　鄧嘉績上谷訪碑記　孫錄四・一三四　畿目上・三　攈八・四二　跋七・二五　瓊六五・一三　匯三之一・六　萃目一・一九

大興善寺大德大辨正廣智三藏和尚碑銘　又名不空和尚碑

嚴郢撰　徐浩正書　額正書

建中二年十一月十五日

右側大中八年四月十五日再立

中斷右上角斜裂

陝西西安

藝六・八　竹三・九　孫錄四・一三四　關考二・一一　楊圖六・一七　蒿一上・一　攈八・四二　關四・九　關中・四一　古墨五・一〇八　集目八・一〇　金石錄二八・一二　寶叢七・五　平七・一六　鈔七・一七　萃一〇二・四　雍八・八　史下・一三　字四・二一　來下・二七　續三・七　匯一二之一・八　陝一四・一八　全唐文三七二・一〇　唐文粹六二・三　瓶四・四四　天一・一〇

涇王故妃韋氏墓誌　張周撰　李綎書

建中三年二月庚申

陝西西安出土（嘉慶二十五年陸紹聞購得轉貽南海吳榮光）

藝一八・一一　關考二・一一　績・戊　瓊六五・一八　平再續・二〇　誌一三・一三　隋下・二　泉三・七　續編九・二　徵三・二五　誌匯三・四　萃目一・一九　名六・八三　蒿二之二・一〇　趙錄三・一七　攈八・四二　匯一二補遺・二　匯一七・一　陝一四・二一　唐文拾遺二四・三

贈戶部郎中太原王士林墓誌　劉常撰　正書

建中三年五月二十日

河北定縣出土

藝一八·一一　畿冢中·一五　名六·八三　誌匯三·四　徵三·二六　館·九八　蒿二之二·一一

浯溪韋武題名　正書

建中三年八月二十三日

湖南祁陽西南五里

藝六·八　瓊六一·一六

疊玉二大字　顏頵　正書

建中三年

江蘇句容茅山

藝六·八　江蘇五·一　匯四補遺·四

朝議郎守楚州長史賜緋魚袋源溥墓誌　正書　蔣鉥撰

建中四年二月二日

張鈁千唐誌齋藏石

館·九八　徵三·二六

平陸主簿杜錫芮城主簿杜梅題名　正書

建中三月三日

陝西華陰華嶽廟

藝五·一五　萃七九·四　關考八·四二　竹二·三一

雲麾將軍守左金吾衛大將軍試鴻臚卿上柱國宋儼墓誌並蓋　正書

建中四年四月廿七日

河北昌平出，歸長白端方。

藝一八·一一　陶二七·五　館·九八　徵三·二六　畿冢中·一六　光緒順天府志一二八·二三　名六·八三　誌匯三·五　光緒壬辰昌平外志四·二　蒿二之二·一一　岷·二〇　唐文拾遺二四·二

登仕郎行魏郡冠氏縣尉雲騎尉盧招墓誌　正書　崔祐甫撰

建中四年八月七日合祔

興　元

袁高題名　正書

興元甲子（元年）三春十日

浙江長興顧渚山

藝六・八　攈八・四二　趙錄三・一八　浙二・二一　匯七・二八　興三・一四

東都聖善寺臨壇大德真堅幢銘　正書　八面刻

興元元年五月十五日

河南洛陽

吳嶽祠堂記　于公異撰　冷朝陽行書並篆額

興元元年十月十日

陝西隴縣州南七十里西鎮吳山廟

藝李・八　關考一〇・一四　攈八・四二　孫錄四・一三四　竹三・九　字四・二四　瓊六五・二五　關中・四一　平七・一六　古墨五・一〇五　萃一〇二・八　錄補一七・一五六　雍八・九　授續五・二　關四・一〇　匯一二之二・四六　陝一四・二二　全唐文五一三・一三

貞　元

魏文侯師段干木廟銘　盧士牟撰　趙彤正書　左行

貞元元年八月七日

山西芮城東十里東張村宗聖觀東壁

攈八・四三　孫錄四・一三四　跋八・二　平七・一六　右叢八・一　右一〇・一六　匯一一・四六

陳夫人京兆杜氏墓誌　正書

貞元元年十一月十七日

芒冢中・二四　徵三・二六　蒿續・八　蒿補・八

蘇君殘誌　正書

貞元二年五月六日

前段殘缺

關考四・四　誌匯三・五　徵三・二六　名六・八四

大伾山銘功碑　李沛撰　陳□卿　正書

記平李希烈事

貞元二年五月

河南縣大伾山東崖

攈八・四三　孫錄四・一三五　竹三・九　平七・一七　萃一〇二・一〇　中記三・六二　匯九之二・二八　全唐文五一六・八

贈尚書左射嗣曹王故太妃滎陽鄭氏墓誌　穆員撰　張勸正書馬瞻刻

貞元景寅（二年）七月己酉

河南洛陽出土，歸東北博物館。

徵三・二六　名六・八四　誌新三・一七　蒿二之二・一一　全唐文七・五八　文苑英華九六六・八　滿別下・四〇　羅振玉松翁未焚稿

梁州城固縣令封揆墓誌　張勸撰並正書

貞元二年十一月二十日

張鈁千唐誌齋藏石

館・九九　徵三・二六

華陽三洞景昭大法師碑　陸長源撰　竇泉正書並篆額　清河張伯倫刻字

額下有穿

貞元三年正月上元之辰

側　錢端英題名　紹興壬午閏月　又淳熙甲辰四月

江蘇句容茅山北十里許玉晨觀西壁

藝六・八　蒿一下・一　攈八・四三　孫録三・一三五　竹三・九　寶叢一五・一八　録補一七・一五八　甯二・一九　鈔七・二三　古墨六・一一一　寶鐵上・一〇　平七・一七　續編九・二　江蘇五・二　匯四・七　全唐文五一〇・七　萃目一・一九

沈岫題名　正書左行

貞元三年正月二十日（匯作元□二年□月）

浙江杭縣定山恩德洞

藝六・八　吳慶坻蕉廊脞録卷六　匯七・一

汝州魯山縣丞司馬齊卿墓誌　劉震撰　張文哲正書

貞元三年二月十七日

張鈁千唐誌齋藏石

誌新三・一七　徵三・二六　館・九九

汝州司戶參軍張偭墓誌　從侄孫文哲撰書並篆蓋

貞元三年四月十九日

館・九九　徵三・二六

河南府汜水縣丞邢倨夫人景氏墓誌　邢倨撰　正書

貞元三年七月二十一日

河南洛陽出土，張鈁千唐誌齋藏石。

誌新三・一七　館・九九　徵三・二六

淮南節度討擊副使光祿大夫試殿中監兼泗州長史上柱國北平開國伯田侁墓誌並蓋　桑叔文撰　儲彥琛正書

貞元三年八月四日

蓋右邊刻包世臣跋

前題下刻道光壬寅（二十二年）六月江都梅植之獲石題記一行

蓋左側刻道光丙申（十六年）七月包世臣題記四行

江蘇揚州灣頭出土（道光十五年冬），道光丙申歸揚州梅植之。

藝一八·一一　江蘇五·五　續·壬　廣·一　硯一三·一　瓊六六·五　寶鴨上·一〇　東湖一·二五　梅植之嵇庵石刻考誌匯三·五　徵三·二六　館·九九　名六·八四　楊圖六·二〇　蒿二之二·一一　趙錄三·一八　攈八·四三　匯四·三六　唐文拾遺二三·一三

張延賞殘碑　分書　趙贊撰　歸登書（撰書人據金石錄）

貞元三年十月乙酉

存十六行，斷為二。

跋八·二　偃上·四八　萃一〇二·一一　陶二七·九　金石錄八·一五　名六·八四　全唐文五二六·六一二　又九九三·一六（錄陰）　萃目一·一九

源夫人墓誌　正書　陶戴撰

貞元四年五月十九日

張鈁千唐誌齋藏石

誌新三·一七　館·九九　徵三·二六

游擊將軍行蜀州金隄府左果毅都尉張暈妻吳興姚氏墓誌　甘伷撰　麋寬正書並篆蓋

貞元四年八月九日

銘下刻凡八百六十七言小字一行

陝西西安南十里出土（民國十七年），歸翰墨堂段氏。

陝一四·二四

趙州司法參軍鄭晃墓誌　正書

貞元四年八月十五日

河北趙縣出土

館·九九　徵三·二六　名六·八二　畿冢中·一七　民國己卯趙縣志卷一五　蒿補·八

幽州盧龍節度觀察等使工部尚書御史大夫幽州大都督（下闕）使劉公新置文宣王廟碑 韋稔撰 張濬正書並篆額

貞元五年二月十七日

河北涿縣

光緒順天府志一二八·二五 畿志一四〇·四七 藝六·九 攈八·四四 竹三·九 字四·二四 錄補一七·一五八 妙九·二八 平續·一三 匯一·一七 全唐文四八〇·三 天一·一〇 萃目一·二〇

劉元佐碑殘字 正書

貞元三年三月

河南開封出土，河北宛平史氏藏石。

藝六·一二 瓊六六·五 攈九·四二

詹事府司直孫公夫人李氏墓誌，侄公輔撰並正書。

貞元五年五月二十日

張鈁千唐誌齋藏石

徵三·二六 館·九九 誌新三·一七 蒿續·八

奉先縣懷仁鄉敬母村宿老郭令什等造尊勝陁羅尼經幢 八面刻 郭謂正書

貞元五年八月六日

政和五年八月六日

陝西乾縣聖母寺（或云作蒲城）

攈八·四四 竹三·一〇 孫錄四·一三五 關考九·四二 關四·一一 匯一二之二·三一 陝一四·二六

潼關鎮國軍隴右節度使檢校尚書右僕射兼御史大夫華州刺史武康郡王李元懋功昭德頌 張濛撰 韓秀弼分書 李彝篆額

貞元五年八月十一日

萬曆六年十一月二十一日石元麟重建

陝西華州州署大門內

關考八·二九　藝六·九　攈八·四四　孫錄四·一三五　竹三·一〇　關四·一一　寶叢一〇·二一　雋三·二一　史下·一八　字四·二四　來下·二九　雍八·九　萃一〇三·一　鈔七·二八　獨殘·六　瓊六六·九　關中·四二　平三續下·三　古墨六·一一一　錄續七·七七　匯一二之二·一一　陝一四·二六　全唐文六一七·五　光緒壬午三續華州志一二·一〇

朗州武陵縣主簿桑嵦墓誌並蓋　劉震撰　正書

貞元五年八月二十一日

河南洛陽

藝一八·一一　瓊六六·七　績·寅　芒冢中·二五　徵三·二六　名六·八四　館·九九　蒿二之二·一一　羅錄上·三二　攈八·四四　匯九之三·五五　唐文拾遺二四·二二

甘露陁羅尼呪幢　六面刻　正書

貞元五年十月十七日

藝六·九

興龍山開山題字　又作臥龍山題字　正書

貞元五年十一月九日

楊傑等題名　分書　元祐三年　《越中金石記》三·一三

呂昇卿等題名　正書　紹聖二年十二月《越中金石記》三·一九

浙江山陰城內興隆山望海亭摩崖

攈八·四四　浙二·二四　越一·二二　匯七·三四　萃目一·二〇

華州下邽縣丞京兆韋端夫人王氏墓誌　哀子績撰書

貞元六年二月二十三日

陝西西安出土（道光初）

徵三·二六　平三續下·四　誌一四·四　泉二·三七　續編九·三　瓊六六·九　關考二·一四　求三·三　館·九九　名

六・八四　萃目一・二〇　誌匯三・五　蒿二之二・一一　趙錄三・一八　攈八・四四　匯一二之一・八　陝一四・二八　唐文拾遺二三・二

張氏三世佛像讚　許琳撰　高述　行書　田自英刻

貞元六年五月一日

光緒庚子為洋兵所毀

河北曲陽南二十里黃山

光緒曲陽縣志一一・八〇　藝六・九　岷・三二　求三・四

中大夫守桂州刺史兼御史中丞充桂州本管都防禦經略招討觀察處置等使上柱國樂安縣開國男賜紫金魚袋孫成墓誌　仲兄絳撰侄□否書

貞元六年五月壬申

河南洛陽出土

徵三・二六　館・九九　誌新三・一七

左千牛京兆府折衛右率府郎將李萼夫人楊氏墓誌　正書　侄皇甫翰撰

貞元六年七月十八日

張鈁千唐誌齋藏石

徵三・二六　館・九九　誌新三・一七

法界寺比丘尼正性墓誌並蓋　正書

貞元六年十月八日

長白端方藏石

藝一八・一一　陶二七・一一　名六・八四　徵三・二六　誌匯三・五　陝一四・二七　蒿五・四

宣議郎曹州乘氏縣尉薛懋殘誌　正書

貞元六年十月二十八日

張鈁千唐誌齋藏石

館・九九　徵三・二六

柳均夫人李氏墓誌 正書 柳頫撰

河南洛陽出土

館·九九 誌新三·一七 徵三·二六

齊州豐齊縣令程俊墓誌並蓋 王顏撰 李同系書 兩面刻

貞元六年十月二十八日

張鈁千唐誌齋藏石

館·一〇〇 徵三·二六

姜嫄公劉廟碑 高郢撰 張誼 正書 張琯篆額

貞元六年十一月九日

斷為二

左方刻崇禎六年七月夕西川范文光題名一行

陝西邠縣城南本廟，民國廿四年十二月移存縣署。

關考九·五四 藝六·九 攈八·四五 孫錄四·一三六 竹三·一〇 跋八·二 關四·一三 古墨六·一一一 萃一〇三·三 雍九·一 妙一二·八 錄續七·七八 字四·二五 鐫三·一七 薙一七·五 寶叢一〇·四五 獨殘·一〇 平七·一七 關中·四二 匯一二之二·三五 陝一四·二八 全唐文四四九·一五 天一·一〇

宋州宋城縣尉閻士熊墓誌 正書 喬融撰

貞元六年十一月十日

張鈁千唐誌齋藏石

徵三·二六 館·一〇〇 誌新三·一七

銀青光祿大夫尚書兵部侍郎壽春郡開國公黎幹墓誌 正書 字文邈撰

貞元六年十一月二十八日

徵三·二六 館·一〇〇 車塵稿·五六

靈山寺大德禪師塔銘 正書 比丘潭衍撰

貞元七年正月

河南淇縣西二十里靈山寺後河北峁塔上

河目上·九　朔目五·五　河錄六·六

舒州太湖縣丞楊頌墓誌　正書

貞元七年四月十九日

張鈁千唐誌齋藏石

徵三·二七　館·一〇〇

東都敬愛寺法玩禪師塔銘　李充撰　馬士瞻　正書　張文湊等刻字

貞元七年十月廿八日

河南登封少林寺西塔院

藝六·九　攈八·四四　孫錄四·一三六　瓊六六·一五　授續五·三　匯九之四·二八　萃目一·二〇

給事郎守永州司馬賜緋魚袋范陽盧嶠墓誌　趙佶撰　李謙正書

貞元八年二月癸卯

河南洛陽出土，長白端方藏石。

館·一〇〇　徵三·二七　名六·八五　壬癸金石跋·四六　蒿二之二·一一　誌匯三·六　陶二七·一四　芒冢中·二六

汝州梁川府折衝都尉張石墓誌　前題作張都尉墓誌　行書

貞元八年二月二十七日

山西潞城

右冢下·二〇　徵三·二七　蒿二之二·一一

開府儀同三司兼左羽林大將軍知軍事文安郡王贈工部尚書張惟岳碑　邵說撰　□膺　正書

貞元八年三月十日

中斷缺佚下截

陝西高陵（道光間出土）

關考六·三一　藝六·九　攈八·四五　趙錄三·一八　瓊六六·一七　平三續丁·四　關中·四二　績·丁　匯一二之一·

八三　陝一六・一　萃略二・二四　唐文拾遺二四・五　萃目一・二〇

湖州刺史于頔題名　正書

貞元八年三月十日

浙江長興顧渚山

藝六・八　攈八・四五　浙二・二五　興三・一六　匯七・二八

南陽張公故太原郡太夫人王氏墓誌　又名張突母王氏墓誌　正書　楊自政撰

貞元八年三月二十二日

陝西西安出土，長白端方藏石。

藝一八・一一　瓊六六・二二　陶二七・一七　館・一〇〇　徵三・二七　名六・八五　績・戍　誌匯三・六　蒿二之二・一一　羅錄上・三二　關新四・九　攈八・四五　匯一二補遺・二　陝一四・二八　唐文拾遺二三・一六

清河張夫人墓誌　楊暄撰　外孫子（婿）劉釗正書　外孫太清刻字

貞元八年五月十八日

末行下刻道光丙戌四月海昌六舟觀分書一行　郭協實觀於倦知山館正書一行

陝西西安出土，歸浙江臨海□□犖。

藝一八・一一　平再續・二一　誌一四・六　續編九・四　台州金石録一・八　隋下・三　關考四・六　徵三・二七　誌匯三・六　名六・八五　蒿二之二・一一　趙錄三・一八　攈八・四五　匯一二補遺・二　萃目一・二〇　陝一六・三　湖社月刊第十七册

朝議郎行曹州司法參軍李宏墓誌　弟寧撰　正書

貞元八年十二月十五日

張鈁千唐誌齋藏石

徵三・二七　館・一〇〇

賈琁墓誌　正書

貞元九年正月二十九日

張鈁千唐誌齋藏石

徵三・二七　館・一〇〇　誌新三・一七

虢州金門府折衝都尉張公夫人太原王氏墓誌　正書

貞元九年二月二十四日

浙江紹興周肇祥藏石

徵三・二七　藝林月刊一〇七期　蒿二之二・一一

東陵聖母帖　又名重修東陵聖母宮碑

僧懷素草書

貞元九年五月

嚴可均云：是刻俗稱聖母帖，余讀其文，知是重修東陵聖母宮碑，前為序後爲銘。其碑久毀，宋時得殘拓本，摘其完字，重勒橫石，取便臨仿，俗因謂之帖也。

元祐戊辰（三年）仲春上石江陵劉獻靖跋

後有裴休等題名

陝西西安碑林

攈八・四五　東湖叢記三・二六　孫錄四・一三六　關考二・一四　竹三・一〇　橋二・二二　跋八・三　關四・一三　鐫四・一三　史下・一七　字四・二三　來下・三〇　續三・一三　錄補一八・一六二　雍九・一　平三續下・五　清四・三五　泉二・三二　關中・四三　續編九・五　匯一二之一・八　陝一六・四　全唐文九九〇・一

唐東都安國寺臨壇大德塔下銘並蓋　梁肅撰　侄皇甫閱正書

貞元九年八月癸酉

徐森玉藏石

永州司馬盧嶠夫人崔氏墓誌並蓋　正書　子婿再從侄延贄撰

貞元九年十月三日

河南洛陽出土，長白端方藏石。

壬癸金石跋·四七　陶二七·一八　名六·八五　誌匯三·六志三·二七　館·一〇〇　遼居稿·三〇　蒿二之二·一一

朝散大夫太子左贊善大夫南陽樊沇墓誌　正書　從孫宗師撰

貞元九年十月丁未朔哉生明之吉時

張鈁千唐誌齋藏石

徵三·二七　館·〇〇　岑仲勉續貞石證史（歷史語言研究所集刊十本·二五八）

太子司議郎盧寂墓誌　子壻柳寥撰　正書

貞元元十月廿六日

河南洛陽出土

徵三·二七　名六·八五　蒿二之二·一一　遼居稿·四一芒冢續編下·七

呂思禮墓誌　正書　任皓撰

貞元九年十二月二十七日

館·一〇〇　徵三·二七

李抱真德政碑　董晉撰　班宏書　韓秀弼篆額

貞元九年（《金石録》）

斷為二

至正五年潞州知州張埜仙重建州泰題記

陰　貞元九年九月　行書

山西長治府學

攈八·四五　光緒十九年長治縣志四·二三　孫録四·一三七竹三·一〇　跋八·三　萃一〇三·四　字四·二五　匯一一·五六

楚州長史源公夫人蔣氏墓誌　子晉撰　正書

貞元十年九月二日

張鈁千唐誌齋藏石

館・一〇〇　徵三・二七

諸葛武侯新廟碑　沈迴撰　元錫正書

貞元十一年正月十九日

陳奕禧云石邑稍新，疑為後人重鎸，而碑陰則有宋人題字五行。

陝西沔縣東五里本廟

藝六・九　關考一〇・三四　攈八・四五　孫錄四・一三七　竹三・一〇　關四・一五　關中・四四　瓊六六・二六　獨殘・七　萃一〇三・六　古墨六・一一二　匯一二之二・五二　輿四・三一　陝一六・六　全唐文四四四・一　王士禎蜀道驛程記　陳奕禧益州于役記　天一・一〇

大理評事鄭夫人盧氏墓誌　正書　鄭易撰

十一年乙亥二月乙亥朔二十二日庚申（貞元十一年）

張鈁千唐誌齋藏石

館・一〇〇　誌新三・一七　館・二七

朝散大夫河南府戶曹參軍陳諸墓誌　正書

貞元十一年四月十二日

河南洛陽出土，長白端方藏石。

藝一八・一二　陶二八・一　芒冢續編下・八　館・一〇〇　徵三・二七　名六・八五　誌匯三・七　蒿二之二・一一

嵩山會善寺戒壇記　陸長源撰　陸郢分書並篆額　楊誠刻

貞元十一祀大火西流之月（七月）

刻于大曆二年會善寺戒壇勅牒之陰

河南登封

說嵩一四・二三　瓊六六・二七　平七・一八　古墨六・一一二　鈔七・三五　萃一〇三・七　金石二跋三・一一　存一五・

二七　中記三・六二　續三・八　字四・二五　滙之四・二七　全唐文五一〇・三

泗州長史試殿中監京兆田侁墓誌並蓋　蓋題故田府君夫人冀氏合祔墓誌　正書　田益撰

貞元十一年八月二十七日

銘下刻道光壬寅江都梅植之獲石題記一行

左邊刻光緒壬午儀徵張丙炎購藏榕園

江蘇揚州出土

徵三・二七　楊圖六・二一　名六・八五　館・一〇〇　東州草堂文抄一〇・一四　劉毓崧通義堂文集八・八　蒿二之二・一二　梅植之嵇庵石刻考　況周頤阮盦筆記　誌滙三・七　瓊六六・二七　硯一三・五　續・壬　江蘇五・八　廣冢・二　東湖一・二九　唐文拾遺二三・一七

金州刺史鄭公夫人盧氏墓誌　正書　鄭易撰

貞元十二年三月二十九日

張鈁千唐誌齋藏石

徵三・二七　館・一〇一　誌新三・一八

鴻臚少卿貶明州司馬陽濟墓誌　正書　劉長孺撰

貞元十二年七月十三日

張鈁千唐誌齋藏石

館・一〇一　誌三・二七

越州大都督府餘姚縣令李汲墓誌　正書

貞元十二年十一月二十二日

張鈁千唐誌齋藏石

館・一〇一　徵三・二七

李伯成等題名　正書　左行

貞元十三年二月廿六日

山東長清靈巖寺功德頂佛座題刻

藝六・九　匯一補遺・五

僧省躬等題名　正書　左行

貞元十三年二月□六日

山東長清靈巖寺功德頂佛座題刻

藝六・九　匯一〇補遺・四

監察御史裹行太原王仲堪墓誌　族叔平述

貞元十三年四月六日

北京廣渠門安慶義地内出土（乾隆己酉），歸翁樹培嘉慶中翁氏贈徐松，道光丁酉移置崇効寺壁間。

橋二・二三　平七・一九　志一四・一三　續編九・五　徵三・二七　館・一〇一　名六・八六　光緒順天府志一二八・二六　畿志一三八・三九　徐星伯先生小集・二五　畿冢中・二〇　志匯三・七　蒿二之二・一二　孫録四・一三七　沈濤交翠軒筆記一・九　擴八・四六　匯一・三　復二四・一五　全唐文六一四・一一

河東鹽池靈公神祠碑　崔敖撰　韋縱正書並篆額

貞元十三年八月二十日

陰　靈慶公神堂碑陰記　劉宇撰書　貞元十三年七月二日

元蘇之純等題名　至元二十七年八月二十日　正書

亢澤等重立題記　至元二十七年八月二十日　正書

側　宋鄭惟幾等題名　正書治平三年八月

董宗師等題名　正書大觀元年四月

山西安邑

藝六・一一　擴八・四六　孫録四・一三七　竹三・一一　跋八・四　寶叢一〇・四七　録續七・七八　授續五・五　瓊六七・一　萃一〇三・八　平七・一八　右叢八・四　右四・四二　匯一一・四二　全唐文六・四・九

來治安故夫人京兆田氏墓誌　正書

貞元十三年九月十二日

江蘇揚州出土

名六·八六　誌匯三·七　陶二八·四

聖善寺證禪師玄堂銘　姚公素撰　正書

貞元十三年十月二十六日

山東海豐吳式芬藏石

趙郡李氏幼子侯七墓誌並蓋　兄將順撰　正書

貞元十三年十一月三日

河南緱氏出土，長白端方藏石。

藝一八·一二　陶二八·五　誌匯三·七　名六·八六　東冢·一六　徵三·二七　館·一〇一　蒿二之二·一二

朔方節度十將游擊將軍臧曄墓誌　正書　布衣楊遂撰

貞元十三年十一月二十一日

張鈁千唐誌齋藏石

館·一〇一　徵三·二七

太原王公妻侯僧娘墓誌　兄造撰並正書

貞元十三年十一月二十九日

張鈁千唐誌齋藏石

館·一〇一　徵三·二八　誌新三·一八

龍花寺尼實照墓誌　正書　陳叔向撰　前題作龍花寺墓誌

貞元十三年十二月十九日

陶二八·六　徵三·二八　誌匯三·七　名六·八六　蒿五·四

濟瀆廟北海壇二所新置祭器沈幣雙舫雜物銘　張洗撰　分書

貞元十三年

陰　祭器名數　正書

左側　曾布題名　正書　元祐庚午年五月乙巳

張徵題名　正書　元祐八年八月二十九日

葉俊題名　正書　甲戌歲四月二十六日

右側　毛繼宗題名　正書兼篆書

河南濟源西北五里濟瀆廟

藝六·一〇　面乙編·二九　集八·七　攈八·四六　雪跋四·一七　孫錄四·一三七　竹三·一一　萃一〇三·一〇　金石二跋三·一一　乾隆五十四年懷慶府志二六·二八　中記三·六二　平七·一八　集目八·一三　寶叢五·二五　蕹一七·三　字六·二六　曝四　妙一二·二八　匯九之二·五〇　全唐文六三三·一二　乾隆二十六年濟源縣志一五　藝文·二　朔目八·二　河錄一一·一〇

同州澄城令鄭叔敖德政碑　陳京撰　鄭雲達書（據《金石錄》）姜元素篆額　姜濬摹勒並刻字

貞元十四年正月二十五日

陰　紀功頌　正書　中有天寶三載及十四年字末書困敦歲太簇月

側　高有□殘詩　正書　明昌壬子十月

陝西澄城南門外鄭公祠

關考八·二七　藝六·一一　攈八·四六　孫錄四·一三七　竹三·一一　關四·一五　獨殘·二　求三·五　瓊六七·一　關中·四四　雍九·二　金石二跋三·一三　萃一〇四·一　平七·一九　古墨六·五　陝一六·八　全唐文五一五·二

特進行虔王傅扶風縣開國伯上柱國兼英武軍右廂兵馬使蘇日榮墓誌　正書　房次卿撰　嗣子進□書

貞元十四年八月七日

徵三·二八　館·一〇一　誌新三·一八

宋州錄事參軍魏君墓誌　正書

貞元十四年十一月四日

張鈁千唐誌齋藏石

誌新三・一八　館・一〇一　徵三・二八

朝散大夫試恒王府長史前守瀛州司馬行德州安陵縣令上柱國宋遏墓誌　正書

貞元十四年十一月二十七日

徵三・二八　館・一〇一　蒿二之二・一二

行涿州司馬金紫光祿大夫彭城郡劉建墓誌　正書　郭洪撰

貞元十四年十二月八日

陝西潞城出土（或作河北通縣）

藝一八・一二　平三續下・六　館・一〇一　徵三・二八　誌匯三・八　名六・八六　右冢下・二一　光緒順天府志一二八・二七　畿志一四〇・三〇　蒿二之二・一二　趙錄失編・四

東平呂秀夫人霍氏合祔墓誌　侯造撰書

貞元十四年十二月十五日

河南洛陽出土

徵三・二八　館・一〇一　誌新三・一八

兗州刺史任要等題名並詩　正書

貞元十四年臘月二十二日

山東泰安岱嶽觀第一石陰面三段右側

藝四・一四　攈八・四七　孫錄四・一三八　匯一〇之一・三九　唐文拾遺二三・六

任要等祭嶽記並詩　正書

貞元十四年十二月

山東泰安岱嶽觀第一石陰面四段左側

藝四・一四　匯一〇之一・三九　清宋思仁泰山述記六・二四

大德智力禪師遺德碑　沙門靈曜撰　□□則行書　僧大悟題額

貞元十五年正月十日

河北曲陽北四十里柏林院慧炬寺

光緒曲陽縣志一一・八三　藝六・一一　匯三補遺・二八

朝散郎太子文學汝州長史崔契臣墓誌　正書

貞元十五年四月十日卒

張鈁千唐誌齋藏石

館・一〇一　誌新三・一八　徵三・二八

山南東道節度使贈尚書右僕射嗣曹王李皐墓誌　樊澤撰　徐項書並篆額

貞元十五年六月二十四日

張鈁千唐誌齋藏石

館・一〇二　徵三・二八　遼居稿・二八

嗣曹王妃崔氏墓誌　張文哲書

貞元十五年六月二十四日

張鈁千唐誌齋藏石

徵三・二八　館・一〇一

河南府河南縣主簿崔程墓誌　陸復禮述　季稅正書

貞元十五年八月甲申

河南洛陽出土，長白端方藏石。

徵三・二八　館・一〇一　陶二八・七　名六・八六　蒿二之二・一二　遼居稿・三三　誌匯三・八　誌初三・一八　芒冢中・二七

銀青光祿大夫彭王傅上柱國會稽郡開國公贈太子少師東海徐浩碑　張式撰　男峴正書並篆額　河南屈賁吳郡□潤刻字

貞元十五年十一月二十四日

碑亡其下截，每行上存三十九字。

河南偃師縣學

藝六・一一　獨殘・二二　蒿一・八　攈八・四七　孫錄四・一三八　竹三・一一　跋八・四　續抄二・二九　古墨六・一一三　平七・二〇　瓊六七・二　萃一〇四・四　偃上・四九　授續五・六　中記三・六三　匯九之四・二　全唐文四四五・一〇

前衛尉卿賜紫金魚袋張公夫人太原郡君郭儀墓誌　正書　張滂撰

貞元十五年□月二十八日

徵三·二八　館·一〇一

皇帝降誕日為國建無垢浄光塔銘　庾承宣撰　正書　篆額

貞元十五年

福建侯官城西南石塔寺僧寮複壁内（乾隆四十五年秋閩學使朱竹思為閩金石志時始訪得）

藝六·一一　攈八·四七　趙録三·一九　跋八·五　閩中金石志一·二七　萃一〇四　寶叢一九·一八　閩略一·一　全唐文六一五·五　福志二·一二　瓶四·五〇　龔景瀚石塔碑刻記

宣武軍節度副大使知節度事管内支度營田汴宋亳潁等州觀察處置等使金紫光禄大夫檢校尚書左僕射同中書門下平章事隴西郡開國公贈太傅董晉碑　權德輿撰　王平行書　篆額

貞元十五年二月丁丑卒

有陰

河南偃師

藝六·一一　攈八·四七　孫録四·一三八　集目八·一四　寶叢四·一一　偃上·五五　萃一〇四·二　匯九之四·三　全唐文四九九·一　文苑英華八八六·七

太原王平墓誌　正書　沙門溫雅

貞元十六年十月十九日

張鈁千唐誌齋藏石

館·一〇一　徵三·二八

清河郡夫人張氏墓誌　正書　裴同亮撰

貞元十六年

陝西西安

藝一八·一二　陶二八·一〇　瓊六七·八　續·戒　館·一

〇一　名六·八六　徵三·二八　誌匯三·八　蒿二之二·一二
　羅録上·三二　擴八·四八　匯一二補遺·二　陜一六·八
唐文拾遺二四

軒轅黄帝鑄鼎碑銘　王顔撰　袁滋篆書　額篆書

貞元十七年歲次辛巳正月九日

陰　三截刻　上釋文　中表　下從官題名　李覿撰　裴宣簡書

王雅刻　貞元十七年二月十日

河南閿鄉南十里本廟，後移達紫營。

藝六·一一　擴八·四八　楊圖六·二二　孫録四·一三　竹三·一一　瓊六七·一〇　平七·二〇　萃一〇四·八　授續五·七　中記三·六四　録補一八·一六四　集目八·一三　廣八·八　寶叢一〇·四九　匯九之四·五一　全唐文五四五·九　天一·一〇

監察御史太原王永墓誌　正書

貞元十七年二月十日

館·一〇一

京兆府三原縣尉鄭淮墓誌　郭儒立撰　正書

貞元十七年五月五日

長白端方藏石

陶二八·一三　名六·八六　徵三·二八　館·一〇一　蒿二之二·一二　遼居稿·三八　誌匯三·八　芒冢補遺·一四

中大夫戶部侍郎兼御史大夫諸道監鐵轉運等使張滂墓誌　李灞撰　侄孫嶷正書

貞元十七年九月二十六日

張鈁千唐誌齋藏石

徵三·二八　志新三·一八　館·一〇一

追樹十八代祖晉司空河東太守猗氏侯太原王卓碑　裔孫顔撰　韋縱正書　□滋篆額

貞元十七年十月二十日

《全唐文》引《蒲州府志》此碑非唐人作。

山西臨晉東城二十里城西村

擴八·四八　孫錄四·一三八　竹三·一二　跋八·五　平七·二〇　萃一〇四·六　右叢八·一二　獨殘·二三　右四·四六　全唐文五四五·九

河南密縣丞薛迅墓誌　正書　外甥杜密撰

貞元十七年十一月十二日

張鈁千唐誌齋藏石

誌新三·一八　館·一〇一　徵三·二八　車塵稿·六三

左衛率府兵曹參軍李進榮墓誌　正書　沙門靈沼撰

貞元十七年十一月二十六日

張鈁千唐誌齋藏石

徵三·二八　館·一〇二

處士元襄墓誌　楊必復撰並正書

貞元十七年十一月二十七日

張鈁千唐誌齋藏石

館·一〇二　徵三·二八　誌新三·一八

黃梅縣令姚為亡姊比丘尼體寂造陀羅尼經幢　又名安國寺姚律師造陀羅尼經幢　八面刻　先經後記　正書

貞元十七年十一月二十七日

河南洛陽郭家窪

藝六·一一　匯九補遺·一六

趙郡李氏殤女墓石記　父李藩撰　從父淳正書

貞元十七年十二月三日

陝西西安

藝一八·一二　陶二八·一四　關考二·一六　續·寅　瓊六七·一一　館·一〇二　徵三·二八　名六·八六　關新四·九

誌匯三·八　遼居稿·四〇　蒿二之二·一二　羅錄上·三二　陜一六·八　唐文拾遺二三·二二

大德演公塔銘　楊葉撰　劉鈞　正書　焦獻直鐫

貞元十八年正月二十二日

河南鞏縣北石窟寺大殿前檐下左壁

芒冢補遺·一五　岷·一八　瓊六七·一四　誌匯三·八　徵三·二八　名六·八六　誌新三·一八　蒿五·四　竹三·一二　孫錄四·一三八　攈八·四八　匯九之四·一五　民國二十六年鞏縣志一九·金石四·一九

清河張氏女殤墓誌　兄安時撰　正書

貞元十八年正月二十七日

河南洛陽出土，長白端方藏石。

館·一〇二　徵三·二八　陶二八·一五　名六·八六　蒿二之二·一二　遼居稿·三九　誌匯三·八　芒冢中·二九

宣議郎京兆府藍田縣尉孫嬰墓誌　正書　第廿姪保衡撰

貞元十八年二月九日

張鈁千唐誌齋藏石

徵三·二八　館·一〇二

藍田縣尉孫君（嬰）幼女墓誌　正書　再從兄保衡撰

貞元十八年二月九日

張鈁千唐誌齋藏石

徵三·二八　館·一〇二　蒿續·八

王忠信等造陀羅尼經幢　兩截　八面刻　元惟清正書　廣平郡程元輔刻字

貞元十八年五月十七日

下有元和十三年移立題字

陜西西安

藝六·一一　攈八·四八　關考四·六　孫錄四·一三八　竹

三・一二　萃六六・七　匯一二之一・九　陝一六・九

朝散大夫試大理司直兼曹州考城縣令柳均靈表　外孫李師稷撰書　左行

二石分刻

貞元壬午（十八年）七月癸酉

徵三・二八　館・一〇二　車塵稿・五三

張鈁千唐誌齋藏石

雲麾大將軍焦篪神道碑殘石　從弟鬱撰　朱獻能行書（金石錄）

貞元十八年七月

存下段廿二行

陝西盩厔終南鎮（舊誤作興平或西安）

關考六・一二　匯一二補遺・四　藝六・一一　藝文六・二〇　寶叢八・四九　陝一六・九　寶類四・一三四

相州臨河縣尉張遊藝墓誌並蓋　正書　高弘規撰

貞元十八年十二月一日

河南開封博物館藏石

徵三・二八　館・一〇二　名六・八七　蒿二之二・一二

李氏故夫人劉氏墓誌　正書　趙南華撰

貞元十八年十二月七日

張鈁千唐誌齋藏石

徵三・二九　館・一〇二

朔方節度掌書記殿中侍御史昌黎韓弇夫人京兆韋氏墓誌　正書

貞元十九年正月辛酉

韓愈堂嫂

河南陳留

藝一八・一二　硯一三・八　瓊六七・一六　館・一〇二　名六・八七　誌匯三・九　攈八・四八　匯九之一・一一

畢遊江墓誌　行書

貞元十九年七月一日

後刻道光九年八月九日石出於白雀寺主持趙正方立於本寺

河北正定出土，長白端方藏石。

藝一八・一二　平三續下・六　誌一五・二　常一〇・二一　硯一三・一二　陶二八・一七　徵三・二九　館・一〇二　右冢補・六　名六・七八　誌匯三・九　蒿二之二・一二　趙錄三・一九　匯三之二・一〇　唐文拾遺六六・一四　萃目一・二〇

睦州建德縣尉蔡浩夫人段氏墓誌　行書　趙南華撰

貞元十九年八月二十四日

張鈁千唐誌齋藏石

館・一〇二　誌新三・一八　徵三・二九

登仕郎常州司士參軍襲武城縣開國伯崔千里墓誌　正書　孤子崔恕撰

貞元十九年十月二十日

張鈁千唐誌齋藏石

館・一〇二　徵三・二八　誌新三・一八

京兆府涇陽縣主簿王郊墓誌　嗣澤王李潤撰並正書

閏十月七日（考為貞元十九年）

陝西西安出土，長白端方藏石。

岷・二二　名六・八七　闕考二・一八　館・一〇二　徵三・二九　雪跋四・一七　蒿二之二・一二　九甲・六五　陶二七・二　陝一六・一〇　唐文拾遺一二・七

左威衛和州香林府折衝都尉朝議大夫試大理評事賜紫金金魚袋上柱國陶英夫人張氏墓誌　義侄成公羽撰並正書

貞元十九年十一月五日

張鈁千唐誌齋藏石

館・一〇二　徵三・二九　誌新三・一八

許州扶溝縣令天水趙季康隴西李夫人合祔墓誌　正書　外孫朱子元撰書

貞元十九年十一月二十九日

中散大夫使節台州諸軍事台州刺史上柱國賜紫金魚袋陳皆墓誌　崔芃撰　正書

貞元二十年二月十五日

張鈁千唐誌齋藏石

李隱芝等四人題名　正書　左行

貞元二十年三月十三日

江蘇宜興

藝六・一二　匯四補遺・一三

太原府都知兵馬使兼慶州行營使試殿中監賜紫金魚袋武珍夫人裴氏墓誌　正書

貞元二十年七月一日

銘下刻張氏藏石方印

江蘇揚州出，長白端方藏石。

藝一八・一一　江蘇五・一　陶二九・一　名六・八七　楊圖六・二三　誌匯三・九　徵三・二九　館・一〇三　蒿二之二・一二

銀青光祿大夫檢校太子賓客上柱國范陽郡開國子兼察御史盧翊墓誌　正書　呂周任述

貞元二十年八月十八日

河南洛陽出土

徵三・二九　館・一〇三　誌新三・一八

劍州長史太僕少卿汝州刺史李廣業神道碑　鄭雲達撰並行書篆額

貞元二十年十一月壬申日

陝西三原北五十里三家店

藝六・一二　蒿一上・一八　攈八・四九　孫錄四・一三九　關考七・二一　竹三・一二　跋八・六　關四・一五　寶叢一〇・二二　鐫三・一〇　字四・二七　東下・三一　錄補一八・一四六　雍九・四　萃一〇四・一〇　古墨六・一一三　平續・一四　關中・四四　瓊六七・二五　唐三家碑錄上・八　匯一二之一・九四　陝一六・一一　全唐文四九七・三

左武衛翊衛中郎將賜紫金魚袋上柱國兼試殿中監李君夫人榮脩墓誌　正書　韋少輯撰

貞元二十年十一月二十五日

張鈁千唐誌齋藏石

徵三・二九　館・一〇三　誌新三・一九

高彥墓誌　正書

貞元二十年十二月十三日

山東益都出土，歸濰縣郭恩裕。

光緒濰縣志卷二七　名六・八七　山東通志卷一五一　徵三・二九　館・一〇三　蒿二之二・一二　誌匯三・九　左冢・一六

貞元廿甲申年修塔題字　正書

藝續

試左武衛率府兵曹參軍張惟夫人王氏合祔墓誌　屈賁述並正書

貞元二十一年二月二十日

湖北襄陽出土（光緒丁酉）

藝一八・一二　襄陽冢墓遺文・一〇　徵三・二九　名六・八七　誌匯三・九　蒿二之二・一二　襄陽金石略七・三

處士元濬墓誌　元京撰　元章正書

貞元二十一年三月四日

張鈁千唐誌齋藏石

館・一〇三　徵三・二九

同經略副使承務郎滄州魯城縣令劉談墓誌　正書

貞元二十一年四月二十一日

徵三·二九　畿家中·二一　名六·八七　蒿二之二·一二

國師千福寺多寶塔院法華楚金禪師道碑　沙門飛錫撰　吳通微正書　廣平宋液模刻

貞元二十一年七月二十五日

刻於多寶塔碑之陰

陝西西安碑林

蒿一下·一　攈八·四九　關考二·二〇　孫錄四·一三九　竹三·一二　跋八·七　關四·一五　瓊六七·二六　關中·四五　平七·二〇　古墨六·一一四　授續五·八　萃一〇四·一一　鈔七·三七　匯一二之一·七　陝一六·一二　全唐文九一六·八　天一·一〇

永　貞

雲麾將軍河南府押衙張詵夫人上黨樊氏墓誌　沙門至咸撰正書

永貞元年十月二十日

河南洛陽

藝一八·一二　中記三·六五　金石二跋三·一四　萃一〇五·一　芒冢補遺·一七　平七·二一　誌一五·八　館·一〇三　徵三·二九　名六·八八　誌匯三·九　誌新三·一九　蒿二之二·一三　竹三·一二　孫錄四·一三九　趙懷玉亦有生齋文鈔八·四　攈八·四九　匯九之三·五五　全唐文九一六·一七

桂州刺史兼御史中丞孫府君夫人范陽郡君盧氏墓誌　裴氏甥垍撰　第二子保衡正書

永貞元年十一月五日

張鈁千唐誌齋藏石

館·一〇三　徵三·二九

千家寨張居士建陀羅尼呪幢　八面刻　正書

永貞元年十一月十三日

藝六·一二

開府儀同三司使持節隴州諸軍事隴州刺史上柱南陽縣開國伯張道昇墓誌並蓋　正書　李良伯撰

永貞元年十一月二十五日

左下角金泐

河北良鄉西門外出土（民國十二年縣人王懷掘土得之），歸紹興周肇祥。

民國十三年良鄉縣志八　藝文·五六　藝村月刊一〇六期　徵三·二九

恒嶽故禪師影堂紀德碑　沙門良說撰　比丘貴道正書並篆額　馮惟政鄭重等鎸

永貞元年十二月十八日

河北陽曲北四十里柏林院慧炬寺

藝六·一二　匯三補遺·二八

昭武校尉守左驍衛將軍上柱國陳義墓版文　侯撰　邱頵正書

永貞元年十二月二十五日

陝西西安出土，歸山東諸城劉喜海。

藝一八·一二　關考四·六　徵三·二九　誌匯三·九　關新四·一一　誌新三·一九　蒿二之二·一三　趙錄三·一九　擴八·四九　匯一二補遺·二　陝一六·一五　唐文拾遺二三·二〇

慶州長史趙郡李肅墓誌並蓋　正書　從弟茂正撰

永貞元年十二月

河南開封博物館藏石

徵三·二九　館·一〇三

元　慶

翟慶題名　正書

元慶元年三月十八日（元慶為德宗不用年號）

山東嘉祥石龍庵

攈九·一一

元　和

崔氏十六女墓誌　正書

元和元年正月二十日

張鈁千唐誌齋藏石

徵三·二九　館·一〇三

寧遠將軍守左金吾□□軍試太常卿尉旻題名　正書

元和元年正月三十日

陝西華陰華嶽廟

藝五·一五　萃八〇·一　關四·一五　關考八·四四　攈八·四九　孫錄四·一三九　竹二·三一　華嶽志四·二七　陝一三·二九　乾隆五十九年華陰縣志一六·六四

天德軍攝團練判官太原府參軍蕭鍊墓誌　正書　從兄榮撰

元和元年二月二日

張鈁千唐誌齋藏石

館·一〇三　誌新三·一九　徵三·二九

河南府氾水縣尉鉅鹿魏和墓誌並蓋　正書　房寘撰

元和元年二月十五日

長白端方藏石

陶二九·三　芒冢中·三〇　名六·八八　誌匯三·一〇　徵三·二九　館·一〇三　蒿二之二·一三

刑部員外郎孟簡題名　正書

元和元年三月三日

廣西桂林讀書巖

藝六・一二　攈八・四九　孫錄四・一三九　瓊六四・六　粵西金石錄一・九　滙一八・一　嘉慶六年廣西通志二一五・金石一・一一

永州員外司馬柳宗元馮敘等題名　柳宗直　正書

元和元年三月八日

湖南零陵華嚴巖

孫錄四・一三九　光緒湖南通志二六四藝文二十金石六

毛公故夫人魯郡氏墓誌　正書

元和元年六月二十二日

江蘇揚州出

藝一八・一二　廣冢・四　江蘇五・一二　誌滙三・一〇　名六・八八　徵三・二九　誌新三・一九　蒿二之二・一二

左屯營進奏判官游騎將軍守左武衛中郎將左龍武軍宿衛楊擇文墓誌　張莒撰　正書

元和元年七月二十九日

張鈁千唐誌齋藏石

館・一〇三　徵三・二九

試左衛兵曹參軍裴孝仙墓誌　正書

元和元年八月十二日

張鈁千唐誌齋藏石

館・一〇三　徵三・三〇

南陽張夫人墓誌　正書

元和元年八月二十五日　後刻光緒壬午儀徵張丙炎題記

江蘇揚州出土

徵三・三〇　館・一〇三　楊圖六・二四　名六・八八　陶二九・五　蒿二之二・一三　江蘇五・一三　瓊六八・一　廣・四

誌滙三・一〇　羅錄上・三二　唐文拾遺二六・一九

裴氏子（成章）墓誌　于方撰　正書

元和元年十一月二十六日

銘曰下刻閩縣陳氏澂秋館藏石印

藝一八・一二　關考四・七　續・丁　誌新三・一九　館・一〇三　徵三・三〇　誌滙三・一〇　名六・八八　關新四・一一　蒿二之二・一三　趙錄失編・五　攈八・五〇　閩略一四・一五　陜一六・一七　福志僑刻二・七

睦州刺史李幼清題名　正書　左行

元和元年十二月二十九日

浙江杭縣定山恩德洞（或云風水洞）

藝六・八　攈八・五〇　羅錄上・三二　吳慶坻蕉廊脞錄卷六　浙二・二六　匯七・一　萃目一・二一

武儒衡題名　正書　左行

元和二年二月七日

浙江杭縣定山恩德洞

藝六・八　攈八・五〇　吳慶坻蕉廊脞錄卷六　匯七・一

昭成寺尼大德三乘墓誌　又名李昕妻姜氏墓誌　神兮尼姜氏墓誌　正書

元和二年二月八日

長白端方藏石

藝續　徵三・三〇　名六・八八　蒿五・四　陶二九・六　羅錄上・二二　誌滙三・一〇　關新四・一二　陜一六・一七　唐文拾遺五二・七

朝散大夫鄭伸碑　正書　韓皐撰

元和二年二月二□日

趙魏云：碑文一曰婉順貞和，又曰淑德，曰貞柔，銘曰像軒雉服，應是新鄭郡君鄭氏碑也。

河南洛陽許家營東十里許家莊

孫錄四·一四〇　中記三·六五　瓊六八·二

饒州刺史李夷簡題名　正書　左行

元和二年四月十二日

浙江杭縣定山恩德洞

藝六·九　攈八·五〇　羅錄上·三二　吳慶坻蕉廊脞錄卷六　浙二·二六　匯七·一　萃目一·二一

殿中侍御史內供奉鄭敦禮題名　正書　左行

元和二年五月七日

浙江杭縣定山恩德洞

藝六·九　羅錄上·三二　吳慶坻蕉廊脞錄卷六　匯七·一　浙二·二六　萃目一·二一

乘廣禪師碑　又作楊岐山禪師乘廣碑文　劉禹錫撰書　劉申錫篆額

元和二年五月二十七日

陰　正書　大曆九年六月二十六日　題名　捨田畮數

江西萍鄉北七十里楊岐山

藝六·一二　蒿一下·一　攈八·五〇　孫錄四·一四〇　竹三·一二　跋八·八　集目九·一　金石錄二九·三　授續五·一〇　萃一〇五·二　江西金石目·九　匯六·六六　輿二·四　石言一·三三　文苑英華八六七·二　全唐文六一〇·四　顧燮光袁州石刻記·一

許州長葛縣尉鄭錬亡室孫氏墓誌　仲兄保衡撰　弟審像正書

元和二年八月十一日

張鈁千唐誌齋藏石

誌新三·一九　館·一〇三　徵三·三〇

朝散郎前太子左贊善大夫高岑墓誌　正書　從侄岳撰

元和二年八月十七日

河南開封博物館藏石

芒冢四編六·五　名六·八八　徵三·三〇　館·一〇三　誌新三·一九　蒿二之二·一三　藝續

盧挺等題名　正書

元和二年九月二十九日

刻於開元十五年恆山祠碑陰

河北曲陽北嶽廟

藝六·一二　攈八·五〇　匯三之二·四九

曹又墓誌　郭璠撰　正書

元和二年十月十九日

徵三·三〇　館·一〇三

盧永題名　正書　左行

元和三年三月十二日

刻於開元十五年恆山祠碑陰

河北曲陽北嶽廟

藝六·一二　攈八·五〇　趙錄三·一九　匯三之二·五〇

韋南康紀功碑　德宗（李適）撰　太子李誦正書

元和三年四月二十五日勒（《金石錄》、《寶刻類編》皆作貞元二十年十一月）

陰　謝表批勅　表正書　勅行書　貞元二十年十二月

四川簡州北門外

石韞玉獨學盧三稿四·八　藝六·一二　攈八·五〇　孫錄四·一四〇　竹三·一三　瓊六八·九　平七·二一　萃一〇五·三　匯一六之一·二三　輿四·六　復二四·九　寶類一·八　金石錄九·六　苑　全唐文五五·二一　蜀中名勝記八·七

河南少尹裴復墓誌　正書

元和三年四月壬寅

河南洛陽

平三續下·六　誌一五·一一　瓊祛僞·二三　館·一〇三　誌匯三·一〇　萃目一·二一　名六·八八　趙錄三·一九　攈八·五〇　匯九補遺·一六

大盈庫染坊等使雲麾將軍左監門衛將軍員外置同正員上柱國賜紫金魚袋孟再榮造象銘　正書

元和三年七月十一日

陝西西安

藝六·一三　攈八·五一　關考四·七八　孫錄四·一四〇　竹三·一三　古墨六·一一四　平七·二一　隋下·四　萃一〇五·五　匯一二之一·九　陝一六·一八

撫州法曹參軍員外置李匯墓誌　正書　女婿韋謨撰

元和三年七月二十九日

張鈁千唐誌齋藏石

徵三·三〇　館·一〇四

右領軍衛左果毅都尉樊□言墓誌　正書

存右上角上段九行

元和三年八月十日

陝西西安出土，山東濰縣陳介祺藏石。

徵三·三〇　誌匯三·一〇　名六·八八　蒿二之二·一三　藝一八·一三　館·一〇七　趙錄三·一八　攈八·五〇　匯一二補遺·二

左拾遺内供奉贈使持節舒州諸軍事舒州刺史竇叔向神道碑　羊士諤撰　竇易直正書

元和三年十月五日

存上截二百餘字

河南偃師縣學

藝六·一三　求三·七　乾隆四十四年河南府志一〇八·五　蒿一上·八　攈八·五一　孫錄四·一四〇　竹三·一三　跋八

·九　瓊六八·一二　平七·二二　中記三·六五　古墨六·一一四　全唐文六一三·五　滙九之四·一三

龍泉記　張鑄述　裴少微書　裴勣書額

元和三年月在高叢十日

山西芮城城北五里龍泉村廟内東園壁上

攈八·五一　孫錄四·一四〇　跋八·九　右叢八·一六　平七·二二　右一〇·一六　滙一一·四六

殿中侍御史淄州長史知軍州事崔澹墓誌　正書　王嗣之撰

元和四年正月□日

山西河陰出土

民國七年河陰金石考一·三四　徵三·三〇　誌新三·一九　蒿二之二·一三

諸葛武侯祠廟碑　裴度撰　柳公綽正書　鎸字人魯建

元和四年二月二十九日

陰　《集古錄》云：崔備撰，筆致與碑陽同，蓋亦公綽書，為明人磨去，僅存殘字數十加刻。

黄溥詩　正書　景泰壬申十一月長至日

李賢詩　正書

武元衡等題名　正書

楊嗣復等題名　正書　（大和）九年八月八日

楊嗣復汝士倡和詩　正書　丁巳寅辰仲夏中澣

左側　張子定等題名　安臨正書　慶曆四年十一月

李審言等題名　正書　熙寧□年

右側　曹頴叔等題名　華參正書　皇祐庚寅仲春二十六日

立之等題名　正書　辛卯秋望日（皇祐三年）

吳仲復等題名　分書　熙寧辛亥九月

成化中蜀府承奉滕蒿訪得舊本，補鎸缺文，有弘治十年御史榮華跋

四川成都本祠

藝六・一三　攈八・五一　孫錄四・一四〇　竹三・一三　跋八・一〇　來下・三三　字四・二八　錄補一九・一六九　史下・九　金石二跋三・一四　萃一〇五・七　鈔七・四二　古墨六・一一五　平七・二二　平續・一四　瓊六八・一四　滙一六之一・一　集目九・一（有陰無陽）　輿四・三　文苑英華八七七・一　全唐文五三八・三　唐文粹五五上・四　苑　天一・一〇　萃目一・二一（陰）　藪・二九　冷盧雜識卷六

崔文公（融）魏成縣靈泉記　沈超撰　正書　堯叟刻

元和四年三月三日

四川縣舊魏城三里石堂院巨石上

藝六・一四　攈八・五一　趙錄三・二〇　滙一六補遺・九　唐文拾遺二六・一五　苑　民國廿二年綿陽縣志九・七

大悲心陁羅尼經幢　八面刻　正書

元和四年三月

河南洛陽

攈八・五一

高涼泉記　李汭撰　雍繼先正書

元和四年閏三月十二日

後刻乾隆五十年中秋邑人汪廣猷跋

四川綿陽石堂院巨石上

藝六・一四　攈八・五一　趙錄三・二〇　瓊六八・二三　滙一六之一・三五　唐文拾遺二六・一七　苑　民國廿二年綿陽縣志九・七

亡妣楊夫人墓銘　正書　孤子苗讓述

元和四年八月十七日

張鈁千唐誌齋藏石

館・一〇四　徵三・三〇　誌新三・一九

司勳員外郎薛存等題名　正書　左行

元和四年九月十九日

《授堂金石跋》云：薛存下缺字，當作誠字，舊唐薛存誠傳云云。

陝西華陰華嶽廟

藝五・一五　萃八〇・一　關考九・一　授續五・一二　雍五・九　攈八・一五　孫錄四・一四一　竹二・三二　華嶽志四・二八　陝一三・二九　乾隆五十九年華陰縣志一六・六四

山南東道節度右廂步軍使行左金吾衛大將軍員外置同正員試殿中監上柱國食邑二千戶王大劍墓誌　正書

元和四年十月十三日

湖北襄陽出土

襄陽冢墓遺文・一一　徵三・三〇　館・一〇四　名六・八九　蒿二之二・一三　襄陽金石略七・五

河南府戶曹參軍陳府君夫人河南縣君隴西獨孤氏墓誌並蓋　正書　陳訥撰

元和四年十月二十四日

徵三・三〇　芒冢補遺・一八　陶二九・八　藝一八・一二　館・一〇四　徵三・三〇　名六・八八　誌匯三・一一　蒿二之二・一三

盧績題名　正書

元和四年十月二十五日

浙江杭縣定山恩德洞

藝六・九　攈八・五二　吳慶坻蕉廊脞錄卷六　匯七・一　浙二・二七

樂安孫素朱壙誌　正書　或云磚刻

元和四年十一月十八日

長白端方藏石

陶二九・一〇　名六・八九　誌匯三・一一　館・一〇　藝續

處士吳興施昭墓誌　正書　華□撰　京兆□□□刻字

元和四年十二月一日

左上角刻嘉慶四年得此涇川趙杞

安徽涇縣出土（嘉慶四年五月），歸縣人趙杞。

趙紹涇川金石記・六　三・一　續抄二・三七　古墨六・一一五　誌一五・一五　徵二・三九　名六・八九　趙錄三・二〇　攈四・五二　匯五・一七　全唐文九五九・一七　萃目一・二一

左威衛丹州通化府折衝都尉陳郡袁秀巖墓誌並蓋　正書　李播撰

元和五年二月二日

河南開封圖書館藏石

芒冢三編・六一　徵三・三〇　名六・八九　館・一〇四　誌匯三・一九　蒿二之二・一三　藝續

銀青光祿大夫檢校工部尚書秘書監上柱國滎陽縣公食邑一千戶盧神道碑　歸登撰　鄭餘慶正書

□□□□三月辛丑（考為元和五年）

山西河津東北三十五里張吳村

蒿一上・八　右四・五〇

韓烈等構藏經記碑　□展撰　行書

元和五年律中仲呂（四月）

上截缺

河北房山小西天下接待寺

藝六・一四　匯一補遺・二

朝散大夫賜緋魚袋守同州長史京兆韋公夫人樂安縣君孫娩墓誌　正書

元和五年八月十六日

張鈁千唐誌齋藏石

徵三·三〇　館·一〇四　誌新三·一九

深州下博縣尉承務郎試泗州長史高平畢夫人天水趙氏墓誌　正書

元和五年八月二十二日

館·一〇四　徵三·三〇　畿冢中·二五　名六·八九　蒿二之二·一三

李夫人彭氏墓誌　又作彭夫人墓誌　正書

元和五年九月十二日

後刻光緒戊子張丙炎藏石

長白端方藏石

陶二九·一二　江蘇五·一四　徵三·三〇　名六·八九　館·一〇四　誌匯三·一一　蒿二之二·一三

僧惠言造陁羅尼經幢　四面刻　正書

元和六年正月十三日

河南洛陽吳家寨祖師廟

藝六·一四　匯九補遺·一六

為國建陀羅尼經幢　八面刻　先經後讚　衛洵述　正書

元和六年二月二十四日

大中六年二月八日再立

陝西西安城西五臺

藝六·一四　擴八·五二　關考四·八　孫錄四·一四一　竹三·一四　匯一二之一·九　陜一六·一八　全唐文七九〇·一一

靈嵩寺新造功德唐記　正書

元和六年三月二十□日

山西壽陽

藝六·一四　擴八·五二　羅錄上·三三　匯一一·一六

沙門澄觀造井闌偈　正書　郭通撰

元和六年五月十五日

江蘇溧陽報恩寺（嘉慶十八年吳縣鈕玉樹訪得）

藝續　攈八・五二　羅錄上・三三　藝文續八・一〇　寶鐵上・九　趙錄三・二〇　江蘇五・二一　匯四・三四

壽陽縣大樂山重修古楞伽寺碑　正書　僧道明撰

元和六年六月甲子撰

山西壽陽東北四十里大樂山

藝六・一四　續編九・六　攈八・五二　羅錄上・三三　右叢八・一七　右一〇・一六　匯一一補遺・二

任氏夫人墓誌　李仲殷撰並正書

元和六年十月十八日

張鈁千唐誌齋藏石

徵三・三〇　館・一〇四

潁川陳夫人南氏墓誌　弟卓撰　正書

元和六年十一月六日

張鈁千唐誌齋藏石

徵三・三〇　館・一〇四

右千牛衛長史王公夫人薄氏墓誌並蓋　杜義師撰　侄弘人正書

元和六年十一月十二日

河南開封圖書館藏石

館・一〇四　徵三・三〇

台州隋故智者大師修禪道場碑　梁肅撰　徐敖　陳修古篆額

元和六年十一月十二日

陰　正書

浙江天臺大慈寺壁間

攈八・五二　孫錄四・一四一　竹三・一四　跋八・一三　寶叢一三・二五　浙二・二七　萃一〇六・一　台州金石考一・一一　匯七・四八

晉故散騎常侍新平廣漢二郡太守尋除楚內史御史中丞持節大都督塗中京下諸軍事平西將軍孝侯周處碑　舊題陸機撰王羲之行書　華明素撰額

元和六年十一月十五日　陳從諫重立　黃□書　承仕榮鎸

有二本：一本吳馭得宋拓本屬周天球摹刻乃正書；一本萬曆九年重摹本，乃行書。

江蘇宜興本廟

藝六·一六　攈八·五二　孫錄四·一四一　筆·五　萃一〇六·二　寶鐵上·九　寶叢一四·四二　錄補一九·一七一　匯四·三一　江蘇五·一四

南巖亭記　李蕃撰　正書　左行

元和七年正月

崩缺漫漶凡二十餘字

廣東英德南二里南山（同治間汪兆鏞訪得）

栗香室四筆一五·一　藝六·一四　求三·九　寶叢一九·三三　集目九·三　匯一七·二六　張心泰粵遊小志五·一二　輿三·一四

保唐寺毗沙羅天王燈幢贊　八面刻　柳澈撰並書

元和七年五月十五日

陝西西安歸南海李宗顯（光緒甲午十二月）

藝六·一四　攈八·五二　孫錄四·一四一　關考五·三六　竹三·一四　關四·一六　萃一〇六·四　平七·二三　雍九·三　匯一二之一·九　陝一六·一九　全唐文七一七·一

天水尹夫人墓誌　史群撰　趙損正書　大雲寺僧談寂鎸

元和七年五月二十五日

銘後刻同治元年蒼邑濬濠得石，移置李公祠，柳宗芳題記二行。

藝一八·一二　瓊六八·三〇　徵三·三〇　館·一〇四　名

六・八九　誌匯三・一一　蒿續・八

橫海軍經略副使樂安孫公墓誌　正書　李玄慶撰

元和七年七月十日葬

河北滄縣蘭植藏石

名六・八九

亡妻李氏墓誌　孤子荇載述並正書

元和七年八月十日

陝西鳳翔出，歸長白端方。

藝一八・一二　陶二九・一三　瓊六八・三一　硯一三・六　續・丁　關考二・二一　誌匯三・一一　名六・八九　徵三・三〇　館・一〇四　蒿二之二・一三　羅錄上・三三　攈八・五三　匯一二之一・九　陝一六・一八　唐文拾遺二八・二

何夫人邊氏墓記　沙門文皎撰並正書

元和七年八月二十八日

張鈁千唐誌齋藏石

徵三・三〇　館・一〇四

魏府狄梁公祠堂碑　馮宿撰　胡證正書並篆額

元和七年十月五日

河北元城城南五賢祠

藝六・一四　攈八・五三　寶叢六・四　來下・三四　求三・九　匯二之二・七九　文苑英華八七七・三　全唐文六二四・一〇

李景逸墓誌　正書　孫仲幹撰並書

元和七年孟冬之月二十四日

湖北襄陽

藝一八・一二　名六・八九　誌匯三・一一　襄陽金石略七・八

河陽軍節度左馬軍虞候秦士寧夫人太原王氏墓誌　正書

元和八年二月二十五日

河南汜水出土，長白端方藏石。

徵三·三一　名六·八九　中冢·三五　館·一〇四　蒿二之二·一三　誌匯三·一二　陶二九·一四

成德軍節度使麾屬平原郡大將冠軍大將軍守右（下泐）將軍試太常卿上柱國秦擇信夫人張氏墓誌　正書

元和八年二月壬寅

窆於安德縣

成德軍節度下左金吾衛大將軍試殿中監石神福墓誌　正書

元和八年二月十八日

末殿下缺二行約十字

河北獲鹿古石邑東十一里（或作正定）

藝一八·一二　常一〇·二四　平三續下·七　誌匯三·一二　光緒七年獲鹿縣志·一三　趙錄三·二〇　攈八·五三　匯三之二·九　唐文拾遺·六六·一五　萃目一·二一

石壁禪寺甘露義壇碑　李逢吉撰　正書

元和八年三月十九日

至順三年三月初三日重建題字

山西交城石壁山永甯寺

藝六·一四　攈八·五三　孫錄四·一四一　竹三·一四　右叢八·二七　字四·二九　妙一二·一五　續編九·七　瓊六九·一　石五·五　匯一一·九　全唐文六一六·六　天一·五〇　萃目一·二一

太子通事舍人博陵崔□題名　正書

元和八年四月二十九日

河南武安南四十五里鼓山響堂寺南堂外

藝四·一一　響·二二

女弟子羅延造尊勝陀羅尼呪　正書

在陝西西安碑林

藝六・一四　擴八・五三　關考二・二四　孫錄四・一四一　竹三・一四　關四六　萃六六・九　平續・一五　雍九・三　匯一二之一・九　陝一六・一九

劉通墓誌並蓋　正書

元和八年十月十八日

蓋題劉府君張夫人墓誌銘

右下角刻光緒壬午張丙炎藏石題記一行

江蘇揚州出（光緒丁丑），歸長白端方。

藝一八・一二　陶二九・一七　瓊六八・五　廣冢・五　江蘇五・二二　楊圖六・二五　名六・八九　徵三・三一　館・一〇四　誌匯三・一二　蒿二之二・一三　羅錄上・三二　匯四補遺・一七　唐文拾遺二六・一八

徐清墓誌　正書

元和八年十月三十日

浙江紹興出土

九乙・四六　徵三・三一　蒿二之二・一三

故文貞公曾孫穀城縣令張曛墓誌銘並蓋　崔歸美撰　屈賁正書篆額

元和八年十一月二十三日

湖北襄陽出土

藝一八・一三　瓊六九・六　湖六・一八　襄陽冢墓遺文・一二　雪跋四・一七　誌匯三・一二　徵三・三一　楊圖六・二四　名六・九〇　館・一〇四　蒿二之二・一四　羅錄上・三三　擴八・五三　匯一四・一五　襄陽金石略七・七　唐文拾遺二六・一二

□□和尚塔銘　侄潾文

元和八年十二月二十六日

長白端方藏石

陶二九·二一　徵三·三一　誌匯三·一二　名六·九〇　蒿五·四

左千牛衛長史渤海高公（承金）合祔（夫人蘇氏）墓誌　李說復撰並正書

元和八年十二月景申

葬於昭義縣（河北磁縣）

館·一〇四　徵三·三一　畿冢中·二六　名六·九〇　蒿二之二·一四　誌初三·二〇　誌匯三·一二　陶二九·一八　藝一八·一三

故叔氏（李術）**墓誌**　正書　李翶撰書

元和九年正月十九日

陝西西安　僞刻

誌一六·二　續編九·七　硯一三·一九　瓊祛僞·二五　誌匯三·一二　趙錄三·二〇　攈八·五三　匯一二之一·九　萃目一·二一

滑州酸棗縣建福寺界場記　僧契真正書

元和九年二月十一日

河南延津西北二十五里塔兒鋪廣唐寺内東廡外南墻上

河目上·九　朔目六·一　河錄八·二　綴跋·七　天一·一〇

慧炬寺僧玄清修象記　正書

元和九年三月二十二日

藝六·一四

興元元從正議大夫行内侍省内侍知省事上柱國賜紫金魚袋

朝散大夫絳州曲沃縣令鄭夫人趙氏墓誌　盧載撰　正書

元和九年五月三日

張鈁千唐誌齋藏石

館・一〇五　徵三・三一　誌新三・二〇

亡妻清河崔氏墓誌　夫裴簡撰　正書

元和九年七月二十八日

張鈁千唐誌齋藏石

徵三・三一　館・一〇五　誌新三・二〇　車塵稿・六一

大理評事左贊善大夫李翹墓誌　正書　嗣子正卿撰

元和九年七月二十一日

張鈁千唐誌齋藏石

徵三・三一　館・一〇五

涿州范陽縣永樂村敦義里喬進臣買地券　正書

元和九年九月二十七日

或云甎製

河北涿縣

名一四・二三　蒿四・一

朝散大夫唐州長史兼監察御史彭城劉密故夫人崔氏墓誌並蓋

外甥辛劭撰　正書

元和九年十月六日

湖北襄陽出土

藝一八・一三　襄陽冢墓遺文・一三　湖六・二三　名六・九〇　徵三・三一　蒿二之二・一四　襄陽金石略七・一一

贈特進左武衛大將軍李輔光墓誌　崔元略撰　巨雅正書

元和十年四月二十五日

斷裂為五

陝西高陵（或作成陽）東北五十里王氏圃中

藝一八・一三　鐫四・一〇　字四・三〇　來下・三四　平七・二三　古墨六・一一六　鈔七・四六　萃一〇六・六　授續五・一三　跋八・一〇　雍九・五　關四・一八　誌一六・七　瓊六九・一八　關考六・三五　雪跋四・一七　誌匯三・一二　館

·一〇五　名六·九〇　蒿二之二·一四　竹三·一四　孫録四·一四二　攈八·五四　滙一二之一·八五　陜一六·二一　全唐文七一七·七　天一·一〇

附　錄

孫貫文先生金石研究論著

金文札記三則

近讀《考古》及《考古通訊》，看到一些新出土的金文資料，復閲有關金文著録，偶有所見，作札記三則，書此以見教於讀者。

一

1956 年，在四川成都北郊洪家包清理的西漢墓中，出土了一件有銘文的銅戈，原作者謂該戈“長胡，刃内及側闌上有方穿。内上有文字，銹蝕不能認識，當是漢初或秦的遺物”。並發表了銅戈照片及銘文拓本（見《考古通訊》1957 年 2 期 4 頁圖三及圖版貳，3）。

今據拓本，戈銘爲：

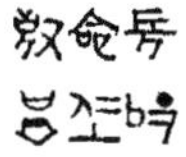

第一字不識，乃地名。第二字爲命，假爲縣令之令。第三、四字爲縣令姓名，姓長名某。長姓多見於古璽。第五字爲工匠職稱，近人或釋冶。第六字爲匠人之名，字不識。據此戈銘文字及文例，當非漢初或秦的遺物，而應屬戰國。戰國兵器銘文與此近似者有如下四例：

1. 三年[illegible]余[illegible]命[illegible]韓[illegible]帀[illegible][illegible][illegible]戟（《三代吉金文存》二〇・二五・一，以下簡稱《三代》）。

2. 十六年喜命戟猖左軍帀司馬裕空何戟（《三代》二〇・二七・二）。

3. 卅二年𥫗𩈛⿱左軍帀自𨿽山戟（《三代》二〇・二三・一）。

4. □年汪陶命富反下軍帀王𠷈□𢦏戟（《三代》二〇・二四・二）。

由以上諸例，更可證該戈爲戰國時物。

二

1956年，在河南陜縣上村嶺虢國墓地的發掘工作中，出土兩件銅戈，戈銘均爲：

虢大子

元徒戈

戈銘拓本見於《一九五六年秋河南陜縣發掘簡報》中（見《考古通訊》1957年4期6頁圖二），以後出版的考古學專刊《上村嶺虢國墓地》中，除銘文拓本外，更發表了銅戈的照片（見該報告圖版叁伍，2、3及圖二三）。

戈銘中之徒字，乃徒卒、徒兵之徒，猶今言步兵。與此相同的戰國兵器銘文，有以下諸例：

1. 陳子𤕌徒戈（《三代》一九・四一・一）；

2. 㲋斤徒戈（《三代》二〇・七・一）；

3. 陳子山徒戈（《貞松堂集古遺文》一二・二）。

徒兵見《左傳》隱公四年：“諸侯之師，敗鄭徒兵”；又見襄公元年：“敗其徒兵於洧上。”及昭公二十年：“興徒兵以攻萑苻之盜。”徒卒見哀公十一年傳：“冉有以武城人三百爲己徒卒。”或單稱徒，如隱公九年傳：“北戎侵鄭，鄭伯禦之患戎師曰：彼徒我車，懼其侵軼我也。”昭公元年傳：“魏舒曰：彼徒我車。”

至於當時戈銘言戈之用塗者，除徒戈以外，尚有車戈及田戈，如：

1. [illegible]山彊氏車戈（《攈古録金文》二之一・一九）；

2. 陳[illegible]車戈（《巖窟吉金圖録》下）；

3. 雟雝之田戈（《商周金文録遺》一〇二頁，五六五）。

三

1957 年，在北京市朝陽門外呼家樓出土了大批戰國時代貨幣，已有簡報發表（見《考古》1962 年 5 期 254—255 頁）。出土貨幣中，有[illegible]字布與咎奴布。

（一）[illegible]字布

[illegible]舊釋郛（虢）或郛，今按此字左旁之[illegible]與梁正當金當[illegible]及梁充金五十二當[illegible]之[illegible]同。[illegible]舊釋爰（鍰），此布之[illegible]當隸定爲鄖，其[illegible]作[illegible]者，乃戰國時文字附加文飾之通例，如璽印文字[illegible]之作[illegible]同。

鄖乃地名，過去已見之例有：

1. 元年[illegible]夜[illegible]上軍帀[illegible]戟《商周金文録遺》一一一頁五八二・一）；

2. [illegible]司寇（官璽，明王常《集古印譜》六・二五）。

又疑鄖即《漢書・地理志》《後漢書・郡國志》中雁門郡之埒。從土從邑，古通。如《玉篇》上部埒字注云：正作郛。

（二）咎奴布

原文作咎如布，未附拓片。據錢譜，咎奴作[illegible]、[illegible]、[illegible]、[illegible]等，舊釋咎如，當從清翁樹培釋咎奴，咎字省口，據《説文》咎字從人各。

咎奴即高奴，《漢書・地理志》《後漢書・郡國志》並以高奴屬上郡。據《史記・秦本紀》，惠文王五十年魏納上郡十五縣與秦，則此布鑄地應屬魏。

又咎奴一名見於戰國兵器者，有以下諸例：

1. 四年□□□命□□□□疾□問戟（《三代》二〇・二五・二）；

2. 廿五年上郡守廟造高奴工幣竈丞申工薪詘戟（《周漢遺寶》）。

據戰國之貨幣及兵器銘文，知高奴戰國時作咎奴，秦作高奴。又以奴名地者，除高奴外尚有雍奴、狐奴、盧奴等，並見於兩漢書地志中。至於奴字之涵義，據《水經・滱水注》云："水不流曰奴。"

原載《考古》1963年第10期

由出土印章看兩處墓葬的墓主等問題

在墓葬發掘中往往有印章出土。於是，出土印章便成爲斷定有關墓葬年代和墓主的重要根據之一。所有印章基本上均可以根據其文字、形制判斷出它的大致年代。秦代改用小篆和隸書，使戰國與秦漢的文字形體出現根本差别，戰國璽印與秦漢印章也因之可以明確地區分開來。如果忽視這種差别，不注意印章本身特有的體例，就容易造成錯誤，影響對墓葬年代的判斷。今就發掘報告中因對出土印章判斷不確而誤定墓葬年代及墓主者，選出二例，加以説明。

一、石家莊市北郊“西漢張耳”墓

《考古》1980 年 1 期發表的《河北石家莊市北郊西漢墓發掘簡報》一文（以下簡稱“簡報”），文中稱：該墓中棺内墓主頭骨附近發現有一方銅印（圖一）。橋紐陰文，長、寬各 1.2 厘米。“簡報”作者釋印文爲“長耳”，認爲張、長通用。因此斷定該墓爲西漢初年趙王張耳之墓。

圖一

可以看出：“簡報”作者主要是依據這方銅印確定墓葬年代和墓主的。那麽，這方銅印印文的釋讀就是至關重要的了。細審印文後，我們認爲不能將其釋爲“張耳”二字。從形制和字體上看，這方銅印不屬西漢初年，而屬於戰國時期，自然也不是西漢初年趙王張耳的印章了。現從四個方面加以説明：

銅印的文字和形制

綜觀戰國秦漢印章，類似這方銅印的有邊界陰文小形璽印絶大部分屬於戰國至秦代。《十鐘山房印舉》將這類璽印均列入“古璽”和“周秦”兩部分。此印字體爲典型戰國文字，從而排除了屬於秦代的可能。

印文首字應釋爲長。從圖二所列甲骨文、金文及戰國璽印可證。

秦漢印章中使用小篆，書體如圖三。先秦與秦漢兩個時期的兩種形體截然不同。此印文“長”字的書體正是戰國時的寫法。

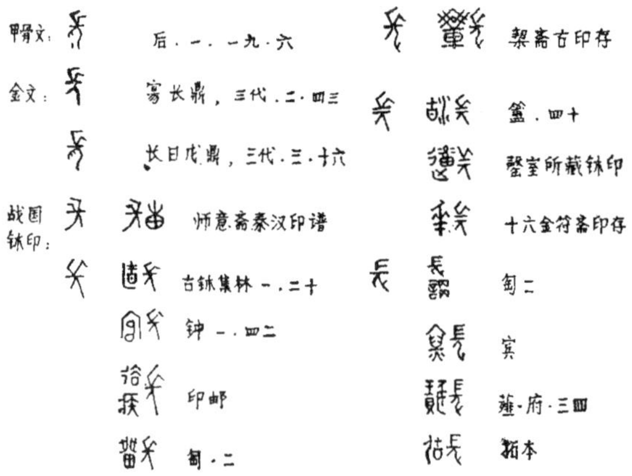

圖二

印文第二字不能確釋，但不是耳字。耳字象形。甲骨文、金文和先秦盟書、陶文鉢印中的耳字如圖四，漢印中耳字書體如圖五。則可以看出，且與以上各種耳字寫法均不相同，決非耳字，仍以闕疑爲是。

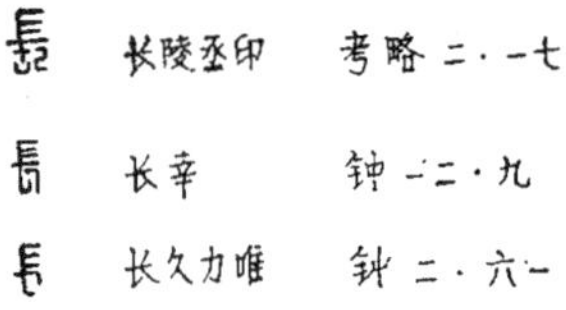

圖三

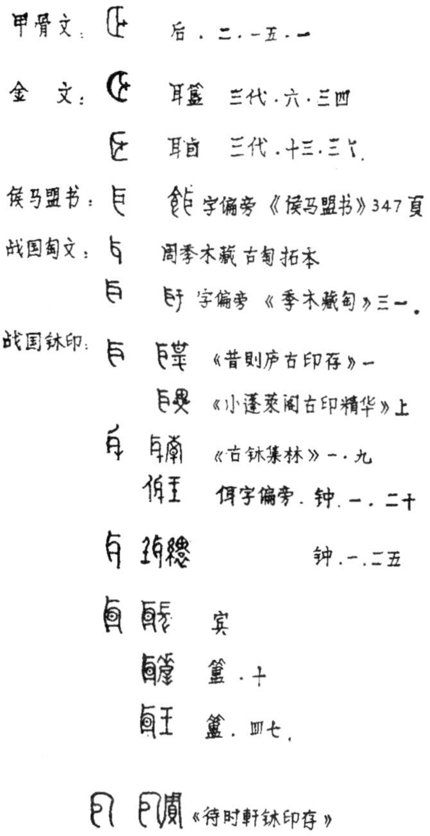

圖四

璽印姓氏中張、長不通用

“簡報”稱：“李學勤同志在《戰國題銘綜述（中）》一文中，將長雚、長武釋爲張雚、張武。黄茂琳同志在《新鄭出土戰國兵器中的一些問題》一文中將‘長朱’釋爲‘張朱’……通過以上分析，我們認爲在戰國秦漢之際，作爲姓氏，‘長’‘張’二字是通用的。”而實際上在戰國秦漢之際璽印姓氏中“長”“張”二字是不通用的。

長、張二姓起源不同，是兩個不相通的氏姓。長姓據北宋邵思《姓解》卷一彭十三：“長，《姓苑》云：‘長沮之後’。”南宋鄧名世《古今姓氏書辯證》（下平十陽）長姓：“春秋衛大夫長牂之後，有長武子，戰國時長息爲費惠公臣。”明陳士元《姓觿》卷三·二二陽：“長，《姓譜》云：孑姓，殷人之後。《千家姓》云：河内族。《左傳》晋有長克魯死知伯之難，《論語》有長沮，《孟子》有長息，《左傳》有晋大夫長武子、衛有長牂，後漢有邛人長貴。”

圖五

張姓據王符《潛夫論·志氏姓》：“《詩·頌·宣王》，始有張仲孝友。至春秋時，宋有張伯蔑矣。惟晋張侯，張老，實爲大家。張孟談相趙襄子以滅智伯，遂逃功賞，耕於有山。後魏有張儀、張丑……”應劭《風俗通·姓氏篇》：“張氏，黄帝第五子揮始造弦，實張網羅，世掌其職，後因氏焉。”趙萬里《漢魏南北朝墓誌集釋》五册三〇八頁大業九年《張盈墓誌》：“其先出自黄帝第廿五子，弦木爲弧，以利民物，食邑於張，因斯命氏。”明宋濂《宋文憲公全集·鑾坡前集·張氏譜圖序》：“張以字爲氏，出於晋之公族有解張者，其字曰張侯，故晋國世有張氏。而譜象（按疑爲家誤字）謂少昊第五子揮爲弓正，賜姓爲張，則非也。”經以上考證，可知“長”“張”是兩個不同的姓氏，不能通用。

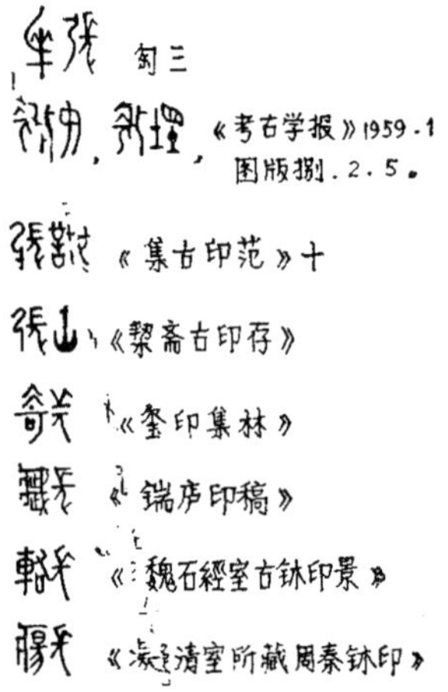

圖六

在出土品與傳世品中可以看到同屬戰國時期的“長”“張”兩個姓氏的璽印，書體見圖六，及上文已列舉的大量長姓璽印。秦漢印章中有張倉印（《漢銅印叢·卷十頁八），張耳（《待時軒鉥印存》張服、妾服（兩面印，《十鐘山房印舉》册六頁四七）等大量張姓印章，又有長猜、長長孺（兩面印，《十鐘山房印舉》册五頁十九），《璽印姓氏征》（下平聲十陽）中也收有長恁、長猪、長廣德等漢代長姓印章。

“簡報”中引用戰國兵器刻辭來説明“長”“張”二姓相通。現將有關的兵器刻辭匯集於下，予以説明：

（1）戈：“四年奠命韓□司寇長朱武庫工師弗悉冶肴敀造。”《文物》1972 年 10 期第三五頁）

（2）戈：“五年奠命韓□司寇張朱右庫工師春高冶肴𥫗造。”（同上）

（3）矛：“五年奠命韓□司寇長朱左庫工師陽偭冶肴弨皾”。《三代》二〇，四〇）

（4）戈：“八年兹氏命吴庶下庫工師長武。”（《考古學報》，1974 年 1 期，第二八頁）

（5）矛：“（十）五年相邦春平侯邦左糹（佼）㕧工師長㕧冶㕧執齊。”（《周金文存》六，八〇）

（6）劍：“十五年相邦春非侯邦左代㕧工師長雚冶㕧執齊。”《遺》六〇〇）

（7）劍：“十七年相邦春平侯邦左佼㕧工師長雚冶朝執齊。”《考古學報》1974 年 1 期第二二頁）

（8）劍：“十七年相邦春平侯邦左佼的工師長雚冶㝐執齊。”（背文：“大攻肴韓耑”）（同上）

以上兵器中，八年戈銘文有工師長武，十五年矛及三件劍銘文並有工師長雚，尚未見到同時同地的兵器銘文中有工師張武、工師張雚。我們認爲此二工師只能是長姓。黄盛璋同志在《試論三晋兵器的國别和年代及其相關問題》一文中釋之爲長雚，是很正確的。

長、張互用的唯一例證是“五年奠命戈”銘文中的“司寇張朱”在“四年奠命戈”與“五年奠命矛”銘文中並寫作“司寇長朱”。我們認爲這並非長、張互通，而是張簡省寫作長。姓氏省寫通例，盡爲形聲字省去形符，存其聲符，決非如王引之所云“咸減古字通”，亦非如李富孫所云“咸減聲之轉”（李富孫《春秋三傳異文釋》卷九“咸黜不端”條）。姓氏省寫在古代文獻中不乏其例，如《春秋左傳》僖公四年“轅濤涂”，《公羊傳》《穀梁傳》並作“袁濤涂”，《春秋左傳》襄公二十九年“裨諶”，《漢書古今人表》《後漢書・皇后紀下》梁皇后紀附虞美人傳注引應劭《風俗通》並作“卑諶”；《春秋左傳》襄公三十年“駟帶”，唐石經作“四帶”。《春秋左傳》昭公三十年“伍子胥”，《吕氏春秋・異寶》《漢書古今人表》並作“五子胥”；《春秋左傳》哀公五年“張柳朔”，《墨子・所染》並作“長柳朔”；《吕氏春秋・過理》《越絶書外傳・記寶劍》《淮南子・齊俗訓》並有“歐冶子”，《淮南子・覽冥訓》作“區冶”；《戰國策・秦策三》“淖齒”；《韓非子・姦劫弑臣》《吕氏春秋・正名》並作“卓齒”，《史記・孟子荀卿列傳》“趙有劇子之言（《集解》徐廣引應劭氏姓注云即處子）”，《漢書・藝文志》“法家處子九篇（師古曰：趙有處子）”。案：漢隸“劇”書體如圖七，處作虡，故劇省作處。《史記・萬石君列傳》中“咸宣”，服虔注曰：“咸音減省之減。”可知咸爲減之省寫。以上例證正可用來説明戰國兵器銘文中張省寫爲長這一現象。

而在璽印中，這種省寫現象從未出現。璽印是印主的信物，憑證，爲了不造成混淆，決不會採用音同、音近的字來代替自己本來的姓氏。故此印中的“長”姓不能釋爲“張”姓。

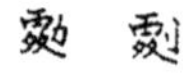

圖七

墓葬中的戰國器物

可確定爲戰國器物的有銅印和銅鏡。

（1）銅印見於墓坑填土中。“簡報”稱“上有二字，已模糊不清”。審閱原印拓本，可以辨認出印文爲“馬是疟”三字（圖八，上左）陽文，印長寬各 1.2 厘米。形制、字體均符合戰國璽印特征。同姓“馬是”的戰國璽見圖八，2。

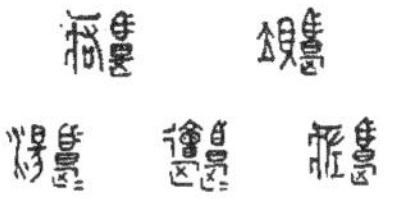
均見于《钵印文字类编》

圖八

與此姓氏類似的尚有馬師、馬矢、馬適、馬史諸姓。羅振玉《璽印姓氏徵》卷下上聲五旨，收有馬矢喜等六印，同卷上聲六止有馬史校等三印，卷上上平聲六脂有馬師閭等五印。以上馬矢、馬史、馬師諸印據原印證明均爲漢印，目前所見漢印中尚未見“馬是”這個姓氏。

銅鏡已殘，雲雷地紋，龍鳳主紋（“簡報”稱蟠螭紋）邊緣飾以連弧紋，三弦紐。這些紋樣、紐式均爲戰國銅鏡所特有。李正光同志《略談長沙出土的戰國時代銅鏡》（《考古通訊》1957 年 1 期）一文中認爲：雲雷紋“可能是由商周銅器上的雷紋演變而來，以后它就作了龍鳳紋鏡和弧連紋鏡的地紋”。雲紋地弧連紋鏡“可能是漢代内行花紋鏡的前身”。我們可以列舉一些戰國墓中的銅鏡爲證。如陝西出土戰國末年細雲雷地紋三獸内向連弧鏡（《巖窟藏鏡》第一集第二十九頁）全鏡紋式與此殘鏡相似；湖南長沙裕湘紗廠工地 M012 出土雲紋地鳳紋鏡（《考古通訊》1957 年 1 期，圖版貳壹），淮河流域出土雲雷紋地蟠夔八連弧紋鏡（《巖窟藏鏡》第一集第二十七頁），主紋、紐式與此殘鏡近似；長沙棺材塘 M011 出土雲紋鏡（《考古通訊》1957 年 1 期，圖版拾玖）壽縣出土雲雷紋鏡（《巖窟藏鏡》第一集第三頁）與此殘鏡地紋一致。

關於張耳墓的文獻史料

據文獻記載，張耳墓已有五處：

（1）長安。《史記·張耳列傳》正義曰：“張耳墓在咸陽縣東三十三里。”《大清一統志》卷一七九西安府陵墓條：“張耳墓在高陵縣西,《史記正義》在咸陽縣東三十三里。《通志》在高陵縣西十餘里李趙村。"

(2)開封。《魏書·地形志》:"陳留郡浚儀(開封)有張耳冢。"《太平寰宇記》卷一東京開封縣條:"張耳墓在縣東七里。"《大明一統志》卷二十六開封府陵墓條:"張耳墓在祥符縣母寺保,其側有廟。"《大清一統志》卷一五〇開封府陵墓條:"張耳墓在祥符縣東北。"

(3)安陽。《大明一統志》卷二十八彰德府陵墓條:"張耳墓在府城東白璧里。"《大清一統志》卷一五七彰德府陵墓條:"漢張耳墓在安陽縣東二十里,周一百二十步,土人曰常山陵。"

(4)成安。《大清一統志》卷二十一廣平府陵墓條:"漢張耳墓,在成安縣東北三十里。"民國《成安縣志》卷二地理條:"漢趙王張耳墓在縣東北三十里東珠村,東没於漳,志石尚存,字剥蝕不盡辨。"民國《河北通志》古跡篇陵墓條:"張耳墓(在)成安東北三十里諸村東,有志石;一在冀縣舊城南門外,亦有碑。"

(5)冀縣。《周書·齊煬王憲傳》:憲至信都,"登張耳冢以望之。"(《北史》本傳同)《寰宇通志》卷四真定府陵墓條:"張耳墓在冀州城下。"《大明一統志》卷三真定府陵墓條:"張耳墓在冀州城下,舊有祠。"《大清一統志》卷三十一冀州陵墓條:"漢張耳墓,在州舊城南門外左,城下有祠。"民國《冀縣志》卷四沿襲此説,並謂:"今冀州城南十餘里有雙冢村,當即其遺址也。"

以上各處,究竟哪一處是真正的張耳墓,尚需考古發掘來證實。從《周書》《北史》等記載來看,冀縣一處可能性最大。

二、曲阜九龍山漢墓

《文物》1972年5期發表的《曲阜九龍山漢墓發掘簡報》云:該墓區三號墓中"發現有四枚銅印,印文爲:□王(案:應釋爲王慶忌)，□□大吉（二枚）（案：應釋爲“出入大吉”），王未央”。“簡報”中認爲：“從三號墓中的宮中行樂錢，封門石上刻有‘王陵塞石廣四尺’的字樣、銀縷玉衣殘片，‘駟馬安車’和‘王未央’銅印等實物來判斷，可能是魯王之墓。”有的同志進一步把出“王慶忌”銅印的三號墓，斷爲宣帝甘露三年魯孝王劉慶忌之墓。

以上二説均將出土印章做爲斷定墓主和年代的重要根據。對於“簡報”中的説法，我們認爲：“王未央”印和“王陵塞石廣四尺”的刻辭不能作爲確定墓主爲魯王的根據。至於三號墓是魯恭王劉慶忌墓一説，更可商榷。論述如下：

四方銅印的釋文和形制問題

“簡報”與北大教材均將印章“王某某”中的“王”字認爲是冠於名字上的諸侯王自稱。這種看法並不符合當時禮制和印章體例。據《史記》《漢書》等文獻記載，諸侯王拜見皇帝、太后時，僅稱臣某。對其他諸候、官吏、百姓則稱“吾”“寡人”，或自稱其名。如需在名字前冠以爵位時，則用爵名全稱。如《史記·吴王濞列傳》引吴王濞致諸侯書即作：“吴王劉濞敬問膠西王……”絶無自稱王某某者。現所見到的漢印中，諸侯王璽均用爵名全稱。如淮陽王璽（《十鐘山房印舉》2，1）、河間王璽（《封泥考略》21）、菑川王璽（同上，2，2）等等。從未見有“王某某璽”。即使在戰國璽印中也是如此，如圖九所示諸印。現存戰國、秦漢璽印中，王某、王某某之印可上千數。倘若依照以上兩種看法，則將全部被誤認爲諸侯王之印了。故此二印章之“王”爲王氏之王，並非魯王之王。

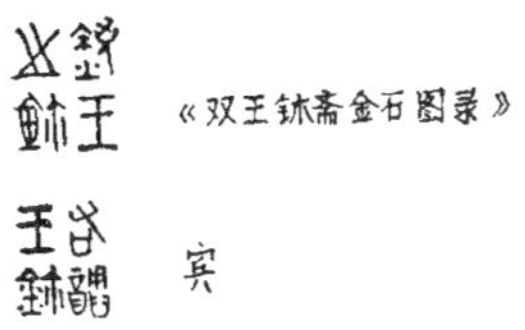

圖九

據《漢書·百官公卿表》《漢宮儀》《漢舊儀》等文獻記載：皇帝、皇后爲玉璽，丞相、太尉等官員爲金印紫綬。諸侯王璽亦應爲金或玉質。傳世淮陽王璽爲玉質，陝西發現的皇后之璽亦爲玉質。以上兩璽印與西漢初年的軑侯利蒼、中山王后竇綰姓名印均爲正方形印，邊長2厘米以上。印文排列規整，由上至下，從右向左順讀。而這四方印章均爲銅質，邊長在1.4厘米以下。“王未央”一印爲小型條印，“王慶忌”一印印文三字横列，這些都不符合諸侯王璽印的規格。

“王未央”一印爲長方形條印，長1.3厘米、寬0.6厘米。王字陽文，未央二字陰文，字體爲漢代小篆，從形制字體上看應屬西漢早期。長沙出土的秦漢之際印章“黄建”與此印形制字體相類，可作參考（《考古》1978年4期，第二七二頁）。王慶忌一印方形陽文，長寬各1.4厘米，爲戰國時所常見的小型陽文璽印。印文三字横列，見圖一〇，字體與其他戰國文字相同。

戰國文字中，王、慶、忌三字書體應如圖一一、一二、一三。

同出的“出入大吉”亦爲戰國吉語印（圖一四，1）。《匋齋藏印》四集收有一方印與此相同，鄂君啓節中的出入二字亦與此相近（圖一四，2）。漢代“出入大吉”印文如圖一四後四方印：

圖一〇

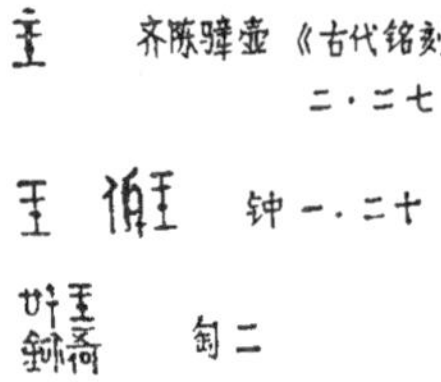

圖一一

墓石刻辭的釋讀及其他

墓石刻辭“王陵塞石廣四尺”，字體爲漢代隸書。依照漢代墓石刻辭體例，王陵應是制石者的姓名。西漢墓石刻辭罕見著録。東漢墓石刻辭較多。《匋齋藏石記》中收有“永建五年二月□日，董黄石廣三尺，厚尺五，長三尺”。“（禹伯石廣三尺，厚二尺，長三尺三寸。弟（第）□。陽嘉元年省”等刻石。《居貞草堂漢晋石影》中收有“樊陽石廣三尺，厚尺五寸，長三尺二寸。弟（第）十。”“路伯石廣三尺，厚尺五寸，長三尺。永建四年二月省，弟（第）八”等刻石。以上各刻辭中除年月、墓石尺寸外，位於句首的董黄、禹伯、路陽均爲匠人姓名。河北定縣北莊東漢前期墓葬中出土的墓石刻辭有“望都石唐工章伯［石］二尺二［寸］”。“望都曲逆李次孫石二寸”。“段次義石”等（《考古學報》1964 年 2 期一五五頁）。據此，九龍山三號墓的這方墓石刻辭中的“王陵”亦應爲匠人姓名，漢惠帝右丞相王陵與之同姓名。《隸續》卷一永壽三年魯相韓敕造孔廟禮器碑陰上有“故從事魯王陵少初二百”是另一個王陵。《十鐘山房印舉》六册第一頁收有兩方不同的王陵印，都説明王陵是漢代常見的姓名，並非魯王陵墓之意。

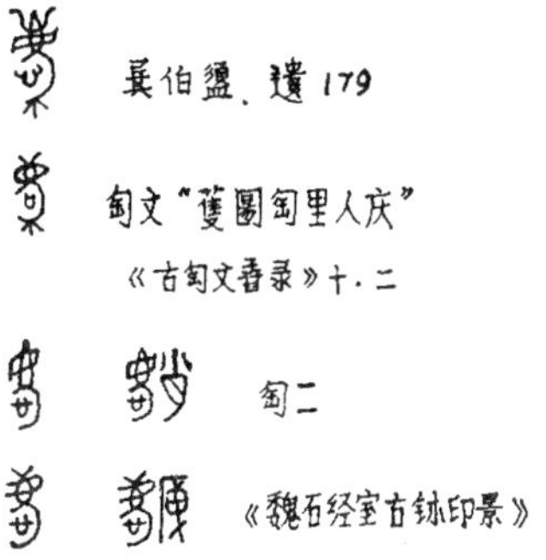

圖一二

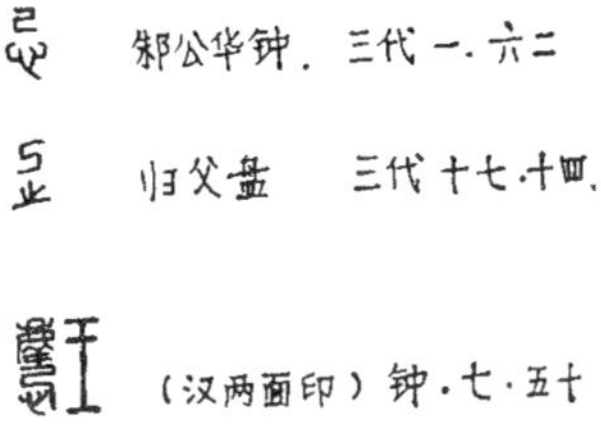

圖一三

該墓中還發現有玉衣殘片。近人往往認爲玉衣始於西漢，但據文獻記載，早在春秋時期就已有以玉衣裝殮屍體這一葬儀存在了。《吕氏春秋·節喪》“壙含珠鱗施”，高誘注：“含珠，口實也。鱗施，施玉於死者主體如魚鱗也。”《淮南子·齊俗訓》“含珠鱗施”，許慎注：“鱗施，玉紐也。”《吴越春秋·闔閭内傳》：吴王有女自殺，“珠襦之寶，皆以送女。”《後漢書·張奂傳》“奢非晋文”，李賢注引《鄴中記》曰：“永嘉末，發齊桓公墓，得水銀池金蠶數十箔，珠繻，玉匣，繒綵不可勝數。”賀次君《括地志輯校》卷三：晋永嘉末，人發齊桓公墓，“得舍（金）蠶數十薄，珠襦、玉匣、軍器不可勝數。”以上引文中所提到的玉匣、珠襦、鱗施就是漢代所謂玉衣。由此可見玉衣殘片並不是一件足以協助斷代的證物。

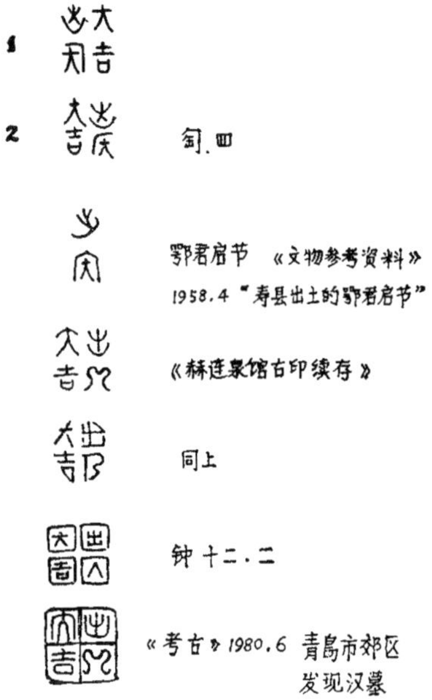

圖一四

綜上所述，“王慶忌”等三方璽印是明顯的戰國器物，不能把它看作漢宣帝時期的魯恭王劉慶忌印章。“王未央”印和“王陵塞石廣四尺”刻辭也不能用以證明墓主爲諸侯王身份。玉衣殘片僅可説明墓主具有較高身份，但不能協助斷代。因此，我們認爲：尚無確實證據可以説明九龍山三號墓是西漢魯王劉慶忌的陵墓。

本文引用書目全、簡稱對照：後 = 殷虚書契後編　三代 = 三代吉金文存　鐘 = 十鐘山房印舉　匋 = 匋齋藏印　簠 = 簠齋手拓古印集　賓 = 賓虹草堂鉥印釋文　薤 = 金薤留珍　考略 = 封泥考略　遺 = 商周金文録遺

原載《考古》1981 年第 4 期，此文爲孫貫文先生與趙超先生合作

薌他君石祠堂考釋

一、著録

柯昌泗《漢晋石刻略》云："甲戌（公元 1934 年）出山東東阿西南廿里鐵頭山，四面畫像，題字在正面上層，石柱凡二。其一無字，但有畫像。同出尚有畫像若干石。"

石刻出土即爲柯氏所得，後歸陶伯溟，今在故宫博物院。

二、釋文

東郡厥縣東阿西鄉常吉里薌他君石祠堂。

永興二年七月戊辰朔廿七日甲午，孤子薌無患、弟奉宗頓首頓首。家父主吏年九十，歳（歲）時加寅五月中卒（猝）得病，飯食衰少，遂至掩忽不起。母年八十六，歳（歲）移在卯，九月十九日被病，卜問奏解，不爲有差（差），其月廿一日，況（怳）忽不愈。旬年二親蚤（早）去明世，弃（棄）離（離）子孫，往而不返。帝王有終，不可追還。内外子孫，且至百人，抱持啼呼，不可奈何。惟主吏夙（夙）性忠孝，少失父母，喪服如禮，修身仕宦，縣諸曹、市掾、主召、廷掾、功曹、召府，更離（罹）元二，雍養孤寘（寡），皆得相振，浹教兒子書計，以次仕學。大子伯南，結偅（僮）在郡，五爲功曹書佐，設（數）在門閭上計，守臨邑尉，臨監脩舊案獄，賊决史、還縣廷掾、功曹、主簿，爲郡縣所𨺅（歸），㘴（坐）席未竟，年卌（四十）二，不𡴘（幸）蚤（早）終，不卒子道，嗚呼悲哉！主吏蚤失賢子。無患、奉宗克念父母之恩，思念忉怛，悲楚之情。兄弟暴霑（露）在冢，不辟（避）晨夏，負土成墓（墓），列種松柏，起石祠堂，兾（冀）二親魂零（靈）有所依止。歲腊（歲臘）拜賀，子孫懽（歡）喜。堂雖小，徑（經）日甚久，取石南山，更逾（踰）二年，迄（迄）今成已。使師（師）操（操）親（冢）山陽蝦（瑕）丘榮保，畫師（師）高平代盛、邵强生等十餘人，賈（價）錢二萬五千，朝莫（暮）侍防（師），不敢失懽心，天恩不謝，父母恩不報，兄弟共居，其於親在，財立小堂，示有子道，差（差）於路食。唯觀者諸君，願（願）勿販（犯）傷，壽得萬年，家富昌。

此上人馬，皆食大倉。

三、考釋

東郡東阿：

《漢書·地理志上》《後漢書·郡國志三》："東阿並屬東郡。"

石祠堂：

（1）又名祠堂。宋洪適《隸釋》卷七頁十三永康元年《馮緄碑》云："不造祠堂。"《漢書·張湯傳》云："起冢祠堂。"《漢書·文翁傳》云："吏民爲立祠堂。"《後漢書·馬援傳》云："更修封樹，起祠堂。"

（2）又名祠室。《漢書·張禹傳》云："自治冢塋，起祠室。"《後漢書·清河孝王慶傳》云："猶當應有祠室。"

（3）又名食堂。《漢代畫像全集》初編圖版九四：天鳳三年路公食堂畫像題字。清端方《陶齋藏石記》卷一頁十一永元八年二月十日食堂畫像題字。清張德容《金石聚》卷五頁七十、《漢代畫像全集》二編圖版五：永建五年三月廿三日食堂畫像題字云："立此食堂。"《金石聚》卷四頁四六、《陶齋藏石記》卷一頁十六、《漢代畫像全集》初編圖版二〇〇：建康元年八月十九日壽貴里文叔陽食堂畫像題字。

（4）又名石堂。《漢代畫像全集》二編圖版五：延平元年十二月十□日魯北鄉侯陽三老石堂畫像題字云："石堂畢成。"

（5）又名石廟。《隸釋》卷一頁十三：初平五年《高朕修周公禮殿記》："獨留文翁石廟。"《水經注》卷八"濟水"："濟水又東經漢平狄將軍扶溝侯朱鮪冢。墓北有石廟。"《水經注》卷廿二"洧水"：漢弘農太守張伯雅墓云："庚門表二石闕，夾對石獸於闕下。冢前有石廟，列植三碑。"《水經注》卷廿三"獲水"："徑虞縣故城北……城東有漢司徒盛允墓……延熹中立墓。中有石廟。宙宇傾頹，基構可尋。"《水經注》卷卅一"滍水"："彭水徑其西北，漢安邑長尹儉墓東。冢西有石廟。"

（6）又名廟堂。《水經注》卷廿三"陰溝水"："曹嵩冢，冢北有碑，碑北有廟堂。"

石堂立於墓前，俾死者魂靈有所依止（《後漢書·清河孝王慶傳》），供歲時祭祀（《漢書·文翁傳》）。

厥縣：

《隸釋》卷四頁三楊孟文《石門頌》（貫文案：建和二年立）云："司隸校尉楊君厥字孟文。"《水經注》及歐陽修《集古録》、趙明誠《金石録》皆謂之《楊厥碑》。蜀中晚出《楊淮碑》（見《隸續》卷十一頁十一，熹平二年立）云："司隸校尉楊君厥諱淮字伯邳，司隸孟文之元子也。"始知兩碑皆以厥爲語詞。厥縣之厥與厥諱、厥字之厥同，語詞，猶其也。

薌他君：

薌即鄉，姓也。《廣韵》下平聲十陽、鄉字注，北宋邵思《姓解》卷一、邑卅一，南宋鄧名世《古今姓氏書辯證》卷十三、下平聲十陽並云：鄉姓，出《姓苑》。漢印姓氏有加艸之例，鄉之作薌，如霍之作藿，次之作茨，介之作芥，弗之作茀等（漢印姓氏中長與萇，祭與蔡，刑與荆，樂與藥，乃另一姓，與此不同）。漢碑中所見鄉姓：《隸釋》卷七頁五：延熹七年《孔彪碑》陰題名，門生館陶鄉瑱字仲雅。漢印中所見鄉姓：鄉佀，《齊魯古印攈》卷三、《魏石經室古璽印景》。鄉窯，《伏廬選藏璽印匯存》卷八、《伏廬璽印》卷七。鄉宫，《璽印集林》第三册頁九。鄉齕，《續封泥考略》卷六頁九。《隸續》卷三頁七：龍門禹廟宗季方等題名有桃他郡。與薌他君不知是否同名？

薌無患：

無患又作毋患，爲漢人常用名。例如：賈毋患，徐茂齋藏印，明《秦漢印範》卷二頁十七，又見《碧葭精舍印存》，今在故宫博物院。王毋患，《伏廬考藏璽印》卷八。

薌奉宗：

奉宗爲漢人常用名。例如：封奉宗，光緒十四行鈐印本《十六金符齋印存》。江奉宗字少伯，乾隆二年吴子厚藏《秦漢印集》元集、《澄賞齋秦漢古銅印存》、《二百九十漢印存》。李奉宗，《匪石居秦漢宫私印存》。夫夷頃侯劉奉宗，《漢書·王子侯表上》。陳祇字奉宗，《三國志·蜀志·董允傳》。

主吏：

主吏即功曹。宋葉夢得《避暑録話》卷上："劉貢父言：杜子美詩所謂功曹非復漢蕭何，今日見王洋舍人云：《漢書》高紀言：蕭何主吏，孟康曰：主吏功曹也。"宋張邦基《墨莊漫録》卷三云：劉貢父詩話云：（與《避暑録話》同，不再引）。清洪頤煊《讀書叢録》卷三云："《漢書·文紀》，遣都吏循行，如淳曰：律説督吏今督郵是也。案漢制太守屬官，凡外事循行，督捕盜賊，皆督郵主之，故稱都吏。都，總也。内事考課遷除皆功曹主之，故稱主吏。《高帝紀》：蕭何爲主吏。孟康曰：主吏，功曹也。"主吏見於漢簡，如《居延漢簡甲編》頁卅一、七一四號簡云："建始二年十二月戊子朔戊子，呑遠候長湯敢言之……主吏十人，卒十八人。"主吏見於漢碑，如《隸續》卷十一頁六：延熹七年都鄉孝子嚴舉碑陰："向主吏諱曼字孝聖，趙主吏諱齊字伯盛……"

永興：

永興爲漢桓帝第四次改元年號。

歲時加寅：

漢桓帝即位改元，河平元年庚寅。羅振玉《石交録》卷一頁廿：鎮墓石銘爲："熹平二年四月己卯朔十九日丁酉時加午。"

歲移在卯：

漢桓帝第二次改元元嘉元年辛卯。

遂至掩忽不起：

掩忽猶倏忽，漢人習用語。掩或作晻，奄，闇；忽或作曶。《隸續》卷三頁五和平元年《嚴訢碑》云："掩忽摧藏。"《隸釋》卷九頁一，建寧五年《郭仲奇碑》云："掩忽徂亡。"晻忽：《隸釋》卷六頁十一建和元年《武班碑》云："晻忽徂逝。"《隸續》卷一頁二、延熹六年平輿令薛君碑云："晻忽薨徂。"《隸續》卷十九頁三三光和三年《冀州從事郭君碑》云："晻曶而終。"奄忽：《隸釋》卷六頁九漢安二年景君銘云："奄忽不□。"清徐渭仁《隨軒金石文字》册四（據明朱卧庵、清顧雲美塔影園藏宋拓本）建安十年《樊敏碑》云："奄忽藏形。"《漢書·田延年傳》云："奄忽如神。"《陶齋藏石記》卷六頁十二延昌三年《司馬景和妻孟敬訓墓誌》："奄忽薨於壽春。"闇忽：景宋九卷本《古文苑》卷八河間相《張平子碑》云："闇忽遷徂。"（《隸釋》卷十九頁十九《張平子碑》乃另一碑）清吴玉搢《金石存》卷十四三開元十二年《凉國長公主碑》："何闇忽之難（《金石萃編》卷七五作誰）忍兮，痛明珠（《金石萃編》作靈）之不借。"

被病：

猶被疾、遭疾、遘疾、遘疴。《隸釋》卷六頁四元初四年《鄭令景闕銘》云："被病喪身。"《金石萃編》卷八頁二建和元年《武氏石闕銘》云："被病关（夭）没。"《隸釋》卷十一頁十八《費鳳碑》云："被病遜位。"《漢書·龔勝傳》："加以年老被病，命在朝夕。"被疾：《隸釋》卷六頁一《隨軒金石文字》第四册延熹三年《樊敏碑》云："被疾不幸蚤終。"《隸釋》卷十一頁八《隨軒金石文字》第四册初平元年《圉令趙君碑》云："會被疾去官。"遭疾：《隸釋》卷六頁十五元嘉二年平都相蔣君碑云："遭疾不豫。"《隸釋》卷六頁十七永興二年《孔謙碣》云："遭疾不禄。"《隸釋》卷六頁十三元嘉元年《武梁碑》："遭疾隕靈。"《隸釋》卷十二頁七《武榮碑》："遭疾隕靈。"遘疾：《隸釋》卷六頁十一建和元年《武斑碑》："遘疾不□。"《隨軒金石文字》第二册（晋府舊藏雙鈎宋拓）建寧元年《楊統碑》云："遘疾而卒。"遘疴：《隸釋》卷十頁二四中平二年《高彪碑》："遘疴不永。"

卜問奏解：

《急就章》："卜問譴祟父母恐。"顔師古注："卜問而疾病不解除。"《隸釋》卷十二頁十一《戚伯著碑》云："不蒙禱卜，奄遂殞殁。"《漢書·外戚傳下·孝元馮昭儀傳》云："太后自養視，數禱祠解。"

奏解：

奏，《漢書·金日磾傳》云："日磾奏厠。"顔師古注："奏，向也。"解，《儀禮·大射禮》："司馬正命退福解綱。"鄭玄注："解猶釋也。"《後漢書·皇后紀下·安思自皇后紀》："北鄉侯疾不解。"奏解，猶言趨向解除。

不爲有差：

差即差字。《説文》七下廣部："瘥，愈也。"《方言》卷二："差，愈也。南楚病愈者謂之差。"

況忽不愈：

《廣雅》五下“釋言”：“謊，忽也。”王念孫疏證云：“老子無狀之狀，無像之像，是謂忽況，況與謊通。”

蚤去明世：

蚤借爲早。《漢代畫像全集》二編圖版五、永建五年二月廿二日食堂畫像題字云：“蚤去明世。”《漢魏南北朝墓誌集釋》第三册圖版卅二、正光二年《魏故宫御作女尚書馮女郎（迎男）墓誌銘》云：“奄辭明世。”同書第二册頁三九二、大業八年《宫人典樂姜氏墓誌》：“奄違明世。”

弃雝子孫：

弃即棄字，陸墨庵師藏清初曹倦圃藏明拓本漢安二年《北海相景君銘》、景印孫退谷藏宋拓永壽二年《韓敕造孔廟禮器碑》，棄均作弃。雝即離字，漢至唐多如此作。顔之推《顔氏家訓·書證篇》：“離則配禹。”（宋宋祁《宋景文筆記》卷上、《隸釋》卷十三頁五《清河相張君墓道》、明楊慎《丹鉛總録》卷二引並同《顔氏家訓》。唐陸德明《經典釋文》條例、張守節《史記正義·論字例》引並作：“離邊著禹。”宋婁機《漢隸字源》上平聲農字注引作：“離側配禹。”）《龍龕手鑒》隹部廿八：“雝，雝注，一音離。”《武威漢簡》摹本四甲本特牲一，離作雝。《尊古齋古印存》三集卷三：雝。《衡齋藏印》：孫雝（今歸故宫博物院）。

往而不反（返）：

《隸釋》卷十頁八光和四年《逄盛碑》：“嘘噏不反。”《隸釋》卷十二頁二六《李翊夫人碑》：“逝而不反。”《漢魏南北朝墓誌集釋》第三册頁一〇七建義元年《元端墓誌》：“往而不返。”《陶齋藏石記》卷十三頁三武平四年《高僑爲妻王江妃衣物券》云：“祛（去）如（而）不返（祛，陶誤釋往。如，誤釋爲知）。”

内舛（外）子孫：

《居延漢簡甲編》圖版一四、七五號簡云：“元康四年二月乙巳……卒舛人。”又圖版一一四一五三七號簡云：“卒魯侯舛人。”

圖版一三四一八二五號簡云："甲申侯卒望見塞死東死。"

抱持啼呼，不可奈何：

延熹六年《□臨封父記》云："痛當奈何。"《隸釋》卷九頁三熹平元年《吴仲山碑》云："子孫飲泣，呼招不能還。與世壐（彌）爾，感痛奈何。"《隸釋》卷十頁八光和四年《逢盛碑》云："命有悠（修）桓（短），無可奈何。"

玐性忠孝：

玐即夙字。《後漢書·郭伋傳》："伋知盧芳夙賊。"《後漢書·劉虞傳》："遠近豪俊夙僭奢者。"李賢並注云："夙，舊也。"

喪服如禮：

喪即喪字。《隸釋》卷十七頁十永壽元年《益州太守無名碑》，又卷六頁十五，光和二年平《都相蔣君碑》，《隸續》卷一頁六《司馬季德碑》，《金石存》卷七頁十二建寧元年《衡方碑》並作喪。喪服如禮者，謂爲父母行三年之喪也。漢自文帝始，行短喪之制，君臣上下，遵行不變，間有明詔恢復，亦旋行旋廢。臣下偶有行三年之喪者，多蒙褒揚，或增封户。（詳見《隸釋》卷九頁四《魯峻碑》，卷十頁七《北海相景君碑陰》。萬斯同《群書辨疑》卷四"短喪"條云："然則三年之制，自春秋至漢，久已盡廢，特前此無定制，於是始爲定制耳。"又見梁玉繩《瞥記》卷二、左暄《三餘偶筆》卷五漢文帝遺詔條及周壽昌《漢書補注》卷四十《公孫弘傳》。）"喪服如禮"見於銘刻者：如方若藏建初四年《少子侵磚》云："行喪如禮。"《山東肥城漢畫像石墓調查》："建初八年八月孝子張文思哭父而（如）禮。"（《文物參考資料》1958年4期）《隸釋》卷二頁三《延熹元年郭旻碑》："三載禮闋。"又卷九頁十八嘉平六年《費鳳碑》："喪以（已）備於禮制。"

元二：

元二謂災厄。《隸釋》卷四頁三建和二年《楊孟文石門頌》："中遭元二，西夷虐殘。"又卷五頁五光和五年《孔耽神祠碑》：

"遭元二轗軻，人民相食。"按陸墨庵師舊藏吴大澂石門訪碑時拓本與一九七九年上海書畫出版社影印《明拓石門頌》，以及《金石聚》卷五頁九《石門頌》雙鈎本均作"中遭元二"，二字作 =（上下兩畫等齊），碑中重文烝烝，明明、蕩蕩、世世等重文符號均作二，不作 =。《後漢書·陳忠傳》曰："帝即位以後，頻遭元二之厄，百姓流亡，盗賊并起。"《後漢書·鄧騭傳》："時遭元二之災。"李賢注："元二即元元也。古書字當再讀者，即於上字之下爲小二字，言此字當兩度言之。後人不曉，遂讀爲元二。或同之陽九，或附之百六，良由不悟，致斯乖舛。"《隸釋》卷六頁五永建六年《袁良碑》："册曰：頃者連遇運害，灾條備至，陰陽不和，寒暑不節。昔孔子制義承奉，則有興盛之福，慢期即致來咎之變。朕以妙（眇）身，襲位繼業，二九之戒，今直（值）其際。"又卷十一頁十四建安廿一年《熊君碑》："陽九府會。"宋洪邁《容齋續筆》卷六："疑所謂元二者，即入元之二會，當所謂陽九者爾。東漢讖緯之説盛行，元二之灾，正當時慣語。"（清黄生《義府》卷下司隸楊君《石門頌》，即用洪説。）清左暄《三餘偶筆》卷八："余按：二乃指運數之灾厄而言……元二謂一元之中，次二之厄也。"沈欽韓《後漢書疏證》卷一頁廿一《鄧騭傳》"時遭元二之災"，引畢憲曾語云："元二乃無妄之譌。京房《周易章句》：無妄大旱之卦，萬物皆死，無所復生。"按《谷永傳》注亦云，遭無妄之卦運。

雍養：

《漢書·揚雄傳》："雍神休。"師古曰："雍，聚也。《隸釋》卷一頁一永康元年《孟鬱修堯廟碑》："雍徒帶衆。"雍養，猶收養。清吴玉搢《金石存》卷十八中平二年《曹全碑》："收養季祖母。"《隸釋》卷九頁三《吴仲山碑》："收禬（贍）遺孤。"《漢書·景帝紀》："收恤孤獨。"

寘：

即寡字。《隸釋》卷六頁九漢安二年《北海相景君銘》作“寡”。又卷六頁二一延熹三年《樊安碑》作“寡”。又卷四頁八建寧四年《李翕西狹頌》作“寡”。

皆得相振：

《説文》十二上手部：“振，舉救也。”（《説文》六下具部：“賑，富也。”）唐顔師古《匡謬正俗》卷七：“振，許慎《説文解字》曰：‘振，舉救也。’諸史籍所云振給、振貸，其義皆同。盡當爲振字。今人之作文書者，以其事涉貸財，輒改振爲賑。”《廣韵》去聲二一震：“振，舉也，救也。”“賑，贍也。”《漢書·文帝紀》元年：“其論所以振貸之。”師古曰：“振，起也。爲給貸之，令其存立也。諸振救，振贍，其義皆同。今流俗作字從貝者非，自别有訓。”清徐渭仁《隨軒金石文字》册二（晋府雙勾宋拓本）熹平三年《繁陽令楊君碑》：“運谷萬斛，助官振貧。”《隸釋》卷十六頁一《武梁祠堂畫像》：“神農氏因宜教田，辟（闢）土種穀，以振萬民。”據初出土精拓本。延熹八年《鮮于璜碑》：“周無振匱。”

浢教兒子書計：

浢字音義不詳。《漢書·東方朔傳》云：“教書計相馬射御。”《居延漢簡甲編》四三頁一〇一四號簡云：“……累路人……能書會計。”又二三五 A 號簡：“蓬亡長富……能書會計。”浢疑濁，假爲獨。《周禮·秋官·大司寇》壺涿氏注：“故書涿爲獨。鄭司農云：獨讀爲濁。”《助字辨略》五：“獨，唯也。”《史記·荆燕世家》：“今營陵侯澤，諸劉爲大將軍，獨此尚觖望。”

結偅（僮）在郡：

《文選》卷廿九蘇子卿詩：“結髮爲夫妻，恩愛兩不移。”李善注：“結髮，始成人也。謂男年廿，女年十五時，取笄冠爲之也。”《隸釋》卷十三頁九沛相范君墓闕專文云：“結僮孳，履踐聖門。”（又見宋劉昌詩《蘆浦筆記》）《越絶書》外傳記范伯第八：“其爲結僮之時。”或謂之結髮。《隸續》卷十一頁四延熹七年《嚴舉碑》云：“結髮治身。”文獻中亦常見，例如：《史記·李廣傳》：“且臣少，結髮而與匈奴戰。”《史記·主父偃傳》：“臣結髮遊學，四十餘年。”《後漢書·班固傳》：“結髮修身，白首無違。”

嗀在門閭上計：

嗀當讀作數。《説文解字》三下殳部：“嗀，相擊中也，如車相擊，故從殳，從軎。”《居延漢簡甲編》圖版六十、六八〇號簡云：“地節三年八月辛卯械毄。”《隸釋》卷六頁九漢安二年《北海相景君銘》：“或毄（吏）頌於管弦。”《隸釋》卷八頁十四建寧四年《孔彪碑》：“易建八卦，揆肴（爻）嗀辭。”嗀在此借爲繫。《漢書·景帝紀》元年正月詔：“無所農桑嗀畜。”師古曰：“嗀，古吏字。”

守臨邑尉：

守即試守，未真除曰試。臨邑，《漢書·地理志上》《後漢書·郡國志三》並屬東郡。《戰國策·秦策五》：“趙以爲守相。”高注：“相，假也。”姚本作：“守，相假也。”鮑本曰：“守，假官也。”《昭陵碑録》卷中顯慶元年《崔敦禮碑》：“守兵部尚書……尋正除兵部尚書。”《隸釋》卷九頁九熹平三年《婁壽碑陰》：“故守長史掾夏光淵，故守葉令終文勝。”《隸釋》卷十一頁十二建安十四年《高頤碑》：“試守廣漢屬國都尉，試守益州太守。”《隸釋》卷九頁二十《費鳳别碑》：“試守故鄣長。”《十六金符齋印存》有試守陰密令印。《六書通》續集去聲二寘有試守東陶長印。又去聲十九宥收有試守軍候楊戎印。

臨監𠊎舊案獄：

《隸釋》卷五頁十四中平五年《張納碑陰》：“中部案獄閬中弧有。”《漢書·王尊傳》：“除補書佐署守屬臨獄。”顏師古注：“署爲守屬令臨獄主囚也。”

𩮜：

《武威漢簡》摹本十、甲本有司三，摹本二、甲本服傳一中歸字並作𨺅；《隸釋》卷六頁一元初四年《郊令景君闕銘》，又卷一頁十五永興元年孔廟置守廟百石《孔和碑》中歸字並作𨺅。

卌二：

宋洪邁《容齋隨筆》卷五："今人書二十字爲廿，三十字爲卅，四十字爲卌，皆《説文》本字也。卌，音先立，僅數名。今直以爲四十字。"《隸釋》卷六頁十八延熹元年《鄭固碑》："乃遘凶愍，年卌二。"

不奎（幸）蚤（早）終：

《金石萃編》卷十六頁一熹平四年《韓仁銘》："不𡴘挔（短）命喪身。"《隸續》卷二十頁一《斥彰長田君斷碑》："不奎早終。"

不卒子道：

延平元年十二月十九日魯北鄉侯陽三老石堂題字："子道未反。"（據光緒壬寅端方頭跋本，録文見《陶齋藏石記》卷一頁十一。）《隸釋》卷六頁十三元嘉元年《武梁碑》："躬修子道。"

克念父母之恩：

至廉生藏初出土拓本延熹六年《□臨封父記》云："追殺父恩，不可稱陳。"

思念忉怛：

《隸釋》卷六頁九漢安二年《景君銘》："故吏忉怛。"同書卷八頁九建寧三年《夏承碑》："忉怛傷摧。"又卷十頁十一光和四年《孫根碑》："忉怛有感。"《吴越春秋·王僚使公子光》："（伍）尚曰：'父繫三年，中心忉怛。'"又《吴越春秋·闔閭内傳》十年："吴王哀痛，忉怛垂涕，舉兵伐齊。"《文選》卷四一《李陵答蘇武書》："祇令人悲，增忉怛耳。"李善注曰："忉，憂也；怛，痛也。"

暴露：

《晏子春秋·内篇諫上》："晏子曰：君誠避宫殿暴露，與靈山河伯共憂，其幸而雨乎？於是景公出野居（《説苑·辨物》引無居字），暴露三日，天果雨（《説苑·辨物》引作大雨）。”《韓非子·初見秦》：“是故兵終身暴露於外。”《戰國策·燕策二》：“爲將軍久暴露於外。”《韓詩外傳》五：“於是兵作而火起，暴露居外。”

大子伯南：

《隸釋》卷二頁十五光和四年《殽阬君神祠碑》：“有秩長史田亮字伯南。”又卷二十頁五《宗俱碑陰》：“梁國睢陽李邵字伯南。”

不辟（避）長夏（夜）：

光緒壬寅陶齋題跋本延平元年十二月十九日魯北鄉侯陽三老石堂題字云：“晨夜哭泣。”《漢書·谷永傳》亦云：“數離深宫之固，挺身晨夜。與群小相隨，烏集雜會，飲醉吏民之家。”

負土成墓（墓）：

墓即墓字，東漢石刻文字中可見，例如：“（河平元年）使者持節中郎將莫（幕）府奏曹史西河左表字元異之墓。”（左表石柱拓本）負土成墓，或負土起墳爲漢代習俗，如：《後漢書·祭遵傳》：“喪母，負土起墳。”《後漢書·桓典傳》：“國相王吉以罪被誅，故人親戚莫敢去者，典獨棄官收斂歸葬，服喪三年，負土成墳，爲立祠堂。”《風俗通》五十反孟獻高條：“負土成墳，立祠。”《太平御覽》卷四一六《孝子傳》：“宗承字世林，父資喪，葬舊塋，負土作墳，不役僮僕。”

起石祠堂：

《廣雅》四上釋詁：“起，立也。”《漢書·張湯傳》：“起冢祠堂。”

列種柗（松）柏：

《西京雜記》卷三：“杜子夏葬長安北四里，墓前種松柏五株，至今茂盛。”《太平御覽》卷九五四引《風俗通》云：“墓上樹柏，路頭石虎。《周禮·方相氏》：入壙敺魍象。魍象好食亡者肝腦，人家不能常令方相立於墓側以禁禦之。而魍象畏虎與柏。”（今本《風俗通》無。）《隸釋》卷六頁十五元嘉二年《平都相蔣君碑》：“瞻望墳塋，徘徊松柏。”又卷五頁五光和五年《孔耽神祠碑》：“增土種柏。”《漢書·龔勝傳》：“勝因勑（敕）以棺斂喪事……勿隨俗動吾冢，種柏作祠堂。”《潛夫論·浮侈篇》：“造起大冢，廣種松柏。”枀即松字，漢代隸書，從厶之字或從口，如治作沿（《隸釋》卷一頁一永康元年《孟鬱修堯廟碑》）；品作叧（《隸釋》卷一頁五熹平四年《帝堯廟碑》）；參作曑（《隸釋》卷八頁一建寧元年《衡方碑》）；儉作僉（《隸釋》卷九頁十二熹平三年《繁陽令楊君碑》）；弘作弨（《隸釋》卷五頁七光和四年《唐扶頌》）；始作始（《隸釋》）卷十二頁十一《戚伯著碑》）。

魂零（靈）有所依止：

《隸釋》卷九頁三熹平元年《吴仲山碑》：“神零有知。”《史記·五帝本紀》：“零陵。”《論衡·偶會》作靈陵。《後漢書·清河孝王慶傳》：“猶當有祠室，庶母子並食，魂靈有所依庇。”

嵗（歲）臈（臘）拜賀：

《説文解字》四下肉部：“臘：冬至後三戌，臘祭百神。”（《玉篇》肉部八一臘：“冬至後三戌爲臘，祭百神也。”）《隸釋》卷十頁一延熹元年《鄭固碑》，又卷二頁一延熹六年《西嶽華山碑》：“歲作嵗。”臘：《廣韵》入聲二八盍：“俗作臈。”《集韵》入聲二八盍或作臈。膓劆，見明王常《集古印譜》卷五、明刊《秦漢印範》卷五頁七，《十鐘山房印舉》册六頁卅又册七頁三九。膓張，見《十鐘山房印舉》册五頁六一。《居延漢簡甲編》一八六二A號簡：“……獨賜臈貲……”《金石存》卷九頁四中平三年張遷表：“臈正之傑（際）。”《漢魏南北朝墓誌集釋》册四頁二〇九大寧二年《法勤禪師塔銘》作臈。《論衡·四諱》：“古禮廟祭，今俗墓祀。”《後漢書·明帝紀》永平元年正月注引《漢宫儀》：“古不墓祭，秦始皇起寢於墓側。漢因而不改，諸陵寢皆以晦望廿四氣三伏社臘及四時上飯。”《史記·留侯世家》：“留侯死，並葬黄石，每上冢伏臘祠黄石。”（《漢書·張良傳》同）《意林》引《風俗通》又見《太平御覽》卷三六一又八八三：“周霸翁仲爲北海相，吏周光者能見鬼，署爲主簿，使還致敬於本縣（《太平御覽》作郡縣），因告光曰：事訖。臘日（《太平御覽》無臘日二字）可與吾兒（《太平御覽》作小兒）俱上冢。”

侄（經）日甚久：

徑假經，詳見《經義述聞》卷十七“昔趙襄子以壺飧徒，徑餒而弗食”條注。《隸釋》卷十五頁十一光和元年《金廣延母徐氏紀産碑》：“雍直徑管，叔駿勞來。”

取石南山：

《隸釋》卷六頁十三元嘉元年《武梁碑》：“選擇名石，南山之陽。”

迄（迄）今成已：

《詩經·大雅·生民》：“以迄於今。”傳：“至也。”《禮記·表記》：“以迄於今。”鄭注：“至也。”《禮記·檀弓上》：“吾得正而斃焉斯已矣。”賈疏云：“已，猶了也。”《金石存》卷八頁十二建寧五年《郙閣頌》：“自古迄今。”又卷八頁十九熹平四年《韓仁銘》竪石：“訖（迄）成。”又卷八頁二十、熹平六年《尹宙碑》：“迺迄於周。”卷一頁十三初平五年高眹《修周公禮殿記》：“迄斯十有三載。”

帀：

《隸釋》卷六頁十一建和元年《武斑碑》，卷一頁一永康元年《孟鬱修堯廟碑》，卷一頁八建寧五年《成陽靈臺碑》等師字並作帀。

掾家：

即操家。《姓解》一、手部六：操，《姓苑》載之。

操郭，見《十鐘山房印舉》卷九頁十八。操丘、操大兩面印，衡齋藏印，今在故宫博物院。操師乞，見新舊《唐書·林士弘傳》。豪即豕字。《説文解字》七下宀部：古文家作[illegible]。據陸墨庵師舊藏明洪武三年跋本永興元年《孔廟置守廟百石孔和碑》："牛羊豪鷄。"《隸釋》卷六頁十七永興二年《孔謙碣》："禮（祖）述豪業。"《説文解字》九下"豕部"："豪，豕也。從彑從豕，讀曰弛。"《漢魏南北朝墓誌集釋》册四圖版三五〇保定九年《賀屯植墓誌》："戮河橋之封豪。"張豕，印章，見《十鐘山房印舉》册九頁十四。原豕，印章，見明王常《集古印譜》卷二頁廿八。女豕，印章，見明刊《秦漢印範》。封豕，見《春秋左氏傳·僖公廿六年》。

代盛：

《隸釋》卷五頁四延熹七年《廣漢屬國辛仲達李仲曾造橋碑》："荷（苛）吏代誦。"《隸續》卷二一頁三某碑陰："北部勸農掾陰代諍公密。"《急就篇》有代焉于。羅振玉《石交録》卷二頁二咸寧四年《辟雍碑陰》第二列："禮生高平代綽康廉仲。"《元和姓纂》去聲十九代："代君翟國也，在常山之北。趙襄子所滅。其遺族以代爲氏。《史記》趙有代舉，漢有京兆代武。"《姓解》三弋部所言與《元和姓纂》同，但"爲趙襄子所滅"句中，《元和姓纂》脱"爲"字，"京兆"下有"尹"字。又明陳七元《姓觽》頁十一引《千家姓》云："常山族，《史記》趙有代舉，漢有代武。《宋史》有進士代淵，《宋史·瀛國公紀》德祐元年有代德。"

叚錢：

叚即叚字，假爲價，即價錢。

財立小堂：

《隸續》卷十一頁十一熹平二年《楊淮表》云："故財表紀。"《漢魏南北朝墓誌集釋》三册圖版二晋永平元年《徐君夫人管氏墓碑》："財立墓碑。"《經義述聞》二："以財成天地之道。"《讀書雜志》卷十《荀子》第二："財萬物。"二書將財並訓成。

唯觀者諸君，顊（願）勿販（犯）傷，壽得萬年：

顊，《隸釋》卷一頁廿七建寧元年《史晨饗孔廟後碑》；又卷八頁九建寧三年《夏承碑》；又卷三頁九，《仙人唐公房碑》，並作顊。漢隸作顊。顊源於漢篆，如：顋畢，顥張，顯向，自顧发君，並見《璽印文字類編》。

販，曾有人釋作“敗”，《山東肥城漢畫像石墓調查》介紹畫像石銘：“建初八年八月成、孝子張文思哭父而禮。石直三千，王次作。母販（敗）頃。”（《文物參考資料》1958 年第 4 期）。《金石索·石索》卷一頁一四一始建國天鳳二年《萊子侯刻石》：“後子孫毋壞敗（《漢碑録文》卷一頁二天鳳三年刻石作販、《金石聚》卷一頁二四作眅）。”當讀作“犯”。《金石索·石索》卷五頁三五北魏大基山鄭道昭題字：“……巖山頂上嵩岳先生鄭道昭掃石置五處仙壇，其松林草木，有能修奉者，世貴吉昌，慎勿侵犯，銘告之知也。”

此上人馬，皆食大倉：

《隸續》卷十三頁十一《路君闕》：“……馬皆食……”《山東安丘漢墓畫像題字》：“以上人馬，皆□食□大倉。”（《文物參考資料》1953 年 3 期封底）。羅振玉《雪堂所藏金石文字簿録》頁四九、又卷一頁廿九：開封白沙鎮漢畫像石銘文亦云：“以上人馬，皆食大倉。”

原載《考古學研究》第六期

明拓孤本大相國寺碑叢考

大相國寺爲北宋開封最大之寺院，最有名之建築。係出内帑所修，與皇室關係至密。

舉凡祈禱雨雪，祝延聖節，上元觀燈，北郊肆赦，進士題名①，民間廟會，以及正月二日遼使行香等②，均於寺中舉行。

大相國寺碑，在北宋先後所立有二通，一爲至道三年，一爲咸平四年，並爲宋白撰文，吴郢書篆。本文所述，乃屬後者。咸平碑拓本罕見，已成孤本。舊爲北京中央文史館館員沈稚友所藏，今歸北京圖書館金石拓片部。碑文完整無缺，紙、墨、拓、裱均極精工，神采奪目，實明拓之至佳者。據明李濂《汴京遺跡志》所述，則此册應屬正德九年以前所拓，惜爲剪裱本，無從見其行款原式。原有額，失拓。

今則以碑文爲主，取群書所述，以類排比，摭拾成文。

一、碑文校勘

前人抄録咸平碑文，來源有二：一據原碑，爲《永樂大典》（影印本卷一三二二二寘寺條），康熙三十四年《開封府志》（卷一九寺觀一）所從；一爲乾隆己未《祥符縣志》（卷九祠祀志·寺觀），文字間有增删改易，不詳所自。今據碑拓録文，並將各書録文有所别異者附注於下。

大宋新修大相國寺碑銘並序

翰林學士承旨通奉大夫禮部尚書知制誥修國史上柱國廣平郡開國侯食邑一千九百户實封貳佰户賜紫金魚袋臣宋白奉　敕撰

翰林待詔宣德郎守秘書丞同正兼御書院祇候賜緋魚袋臣吴郢奉敕書並篆額

臣供職禁（《永樂大典》誤作業）林，伏膺典策。伽藍故事，緗素預聞。按大（《祥符縣志》無大字）相國寺，本北齊建國寺也。唐室睿宗（《祥符縣志》唐字上有大字）改賜今名（《永樂大典》作額）。大凡有土地，然後置國城，有國城，然後興棟宇（大凡有土地以下《祥符縣志》作曠廓不能自立也，然後置國城，有國城，露處不可暫安也，然後修棟宇）。

恭承

制旨，願畢其辭，謹再拜而揚言曰（《祥符縣志》作於是謹拜手稽首而揚言曰）：天生蒸民，樹之司牧，創業垂統（《祥符縣志》創業此句上有文經武緯四字），建邦設都（《祥符縣志》此句下有風雨所會四字），上古已還，弗常厥所（《祥符縣志》此句下有粤稽載述四字），堯都平陽，舜都蒲坂，周都酆（《祥符縣志》作豐）鎬，漢都長安。咸以爲天下之君，保域中之大，乃睠梁國，古屬豫州（《祥符縣志》保域中之大以下作若乃眷視梁國，在古實屬豫州）。主於斗極之三，度人房星之五（《祥符縣志》五下誤衍度字）。無名山大川之阻，冲四通五達之郊。梁開平中升（《開封府志》升字誤作生，《祥符縣志》升作置）爲京闕。晋漢有周，三代因之。嘻，天道玄（《祥符縣志》作元）遠，有開必先，惟周之興，爲　宋經始。遷宗社於斯，築新城於斯。太祖皇帝，潛陽在下，玄（《祥符縣志》作元）德升（《永樂大典》作升）聞。百姓與能，三靈改卜。爰遵（《祥符縣志》作尊））禪讓，方陟元後。以爲必躬必親，所以康世，難破澤潞，惟揚之祆（《永樂大典》襖作祆，《祥符縣志》祆作隩）。不壯不麗，何以威外夷（《祥符縣志》作彝）。辟（《祥符縣志》誤作闢）皇居應門之象。國之大事，在祀與戎。增嚴禋上帝之壇，大禁衛連營之制（祩本誤作增上帝之壇大禁嚴禋衛連營之制。今據《永樂大典》改）。由是荆湖内附，吴蜀一統。向明而治，十有七年。太宗皇帝德後天地，明齊日月。肇膺顧命，一委長君，恢張四維，奮迅獨斷。盛哉吴越，享國百齡，我以尺一而召之；蕞爾并汾，不庭二紀，我則（《永樂大典》作以）一戎衣（《祥符縣志》無衣字）而下之。攻成制禮，治定作樂。新集仙秘閣之署，草籍田東封之儀，既而麟鳳效祥，草木呈瑞，垂衣端拱，二十二祀。

崇文廣武聖明仁孝皇（《祥符縣志》誤作黄）帝之應運也，紫氣充庭，黄雲作蓋。壽邸通三之貴，震宫明兩之朝，歷數在躬，大寶曰位，以　至誠奉六廟，以　純孝尊　萬安。接盤維（《祥符縣志》盤維二字作宫府）以　雍睦，御臣民以公正。禮無違者（《祥符縣志》者字作舉），文思化成。六合無不獲之夫，四海多來賓之國。

皇猷既以（《永樂大典》以字作已）彰矣，昌期亦以（《永樂大典》以字作巳）隆矣。一旦負　黼扆語侍臣曰：朕荷九天眷命，襲　二聖丕基。寅畏奉行，弗敢失墜（《祥符縣志》墜作隳）。人熙（《永樂大典》缺熙字）有慶，時汔小康。行大中之道，吾無閑然；存方外之教，意有（《永樂大典》有字作無）所闕（《祥符縣志》闕字作闢）。

太祖革封禪爲開寶之號，太宗錫龍興以太平之名。别開啓聖之梵宫，實作上都（《永樂大典》都字作帝）之壯觀。唯相國寺敕建三門。御書賜額，餘未成就，我當修之。乃宣内臣，餝（《祥符縣志》餝字作飭）大臣，百工麇至，衆材山積。嶽立正殿，翼舒長廊。左鐘曰樓，右經曰藏，後拔層閣，北通便門。廣庭之内，花木羅生；中廡之外，僧居鱗次。大殿晬容，即慧雲師所鑄彌勒瑞像也；前樓衆聖，即潁川郡所迎五百羅漢也。其形勢之雄，制度之廣，剞劂之妙，丹青之英，星繁高手，雲萃名工。外國之希奇，八方（《永樂大典》缺此二字）之機（《祥符縣志》機字作異）巧。聚精會神，争能角騰，極思而成之也。偉夫！觚稜鳥跂，梅梁虹伸。綉栭文楣，璇題玉砌。金碧輝映，雲霞失容。筝（《祥符縣志》作琤）鐸玲瓏，咸韶合奏。森善法於目前，飄樂音於耳界。若乃（《永樂大典》作能）龍華春日，然燈月夕，都人士女，百億如雲。綺羅繽紛，花鬘瓔珞，巡禮圍繞，旃檀衆香。仰而駭之，謂兜率廣嚴，攝歸於人世。又若天仗還都，鳳樓肆赦；千乘萬騎，流水如龍。旌旗簮空，歌吹沸渭。憑欄四顧，佳氣榮光。俯而望之，疑蘂（《永樂大典》作蕋）珠閬苑，風神化於海上。猗宏麗也，殊勝也（《祥符縣志》作殊超勝也），皆不可稱不可量。大矣哉！維大雄氏，真大聖人，佐佑大君，興隆　大化。受記（《祥符縣志》作託）付囑，爲世外護。故將以法王能仁，兼帝王要道，參而行之。經言廣大，則無思不服。經言慈悲，則視民如傷。經言忍辱，則國君含垢。經言利益，則我澤如春。德惟日新，精進也；畏於天命，持戒也。如是知見，如是信解。然由造有相之功德，廣無邊之福田；固皇圖如泰山，躋蒼山於壽域。冀灾沴不作，僭賊不生，風雨咸若，寰區謐寧者歟。古云登高能賦，作器能銘。彼皆小者，尚以文爲。昔簡栖（《祥符縣志》作棲）抒頭陁之碑，江總紀栖（《祥符縣志》作棲）霞之跡，庾信述鳳林之景，王勃演牛頭之詞。鴻筆遺妍，龜趺盡在。矧夫夷門巽位，汴水陽涯。旁連北斗之城，近對蒼龍之闕（《祥符縣志》闕下有哉字）。構此大壯，宜揚頌聲（《祥符縣志》無構此以下兩句）。臣久玷鰲山，榮瞻鳳扆，學微睹奥，文愧非工（《祥符縣志》無學微以下兩句）。捧詔惕然，抽毫銘曰：地象爲輿，天形如（《祥符縣志》作若）笠。四序循環，三辰出入（《祥符縣志》無四序以下兩句）。吁嗟五代，日不暇給，祖宗耿光，神祇降祥。受天永命，得人者昌（《祥符縣志》無受天以下兩句）。崛起大宋，祚踰皇唐。赫赫太祖，聰明神武。櫛風沐雨，披攘（《祥符縣志》作壤）九土；握機踏矩，炳文如虎（《祥符縣志》無握機以下二句)。明明太宗，寬仁肅恭，務材訓農，萬方來同（《祥符縣志》無務材以下二句)，蕆帝禋（《開封府志》禋字作禮）宗，神德猶龍，重熙累洽，慶流三葉。玉塞櫜兵，銅梁獻捷，文物葳蕤（《祥符縣志》作蕤)，禎符（《祥符縣志》作苞笭）雜遝。信及豚魚，混一車書，儒通墳索，道講玄（《祥符縣志》作元）虛。勒行二教，諦奉真如，隋堤（《永樂大典》作是)之側，寺名相國。仿佛天宫，光（《祥符縣志》作先）華日域，下福蒸人，上延聖歷。輪焉奂焉，五（《永樂大典》作立）色相宜，春陵寶馬，許史雲軿。争趨勝地，如會諸天，不可思議，嘆未曾有。悦懌群心，歡呼萬口。千劫受塵，一時斗藪（《永樂大典》斗藪作抖擻，《祥符縣志》無千劫以下二句)。揆日占（《開封府志》、《祥符縣志》并作卜）皇，揚於紫庭。黄麻钖（《祥符縣志》作賜）詔，翠琰刊銘，金田寶刹，萬祀千齡。(《祥符縣志》在此句下尚有凡一千三百七十七字)

咸平四年歲次辛丑十二月十四日建。

御書院臣王欽臣王餘慶鎸字。

供備庫副使銀青光禄大夫檢校右散騎常侍兼御史大夫興平縣開國伯食邑七百户勾當西八作司監修相國寺臣藍繼宗

祗候内侍高班勾當在京寺務司監修相國寺臣黄進誠

入内内侍殿高品勾當内衣庫權監修國寺臣任文慶

吴郢習柳誠懸書，登堂入室，直可並駕。此碑刻於北宋，歷金、元、明皆完整，至崇禎而毀損。後此再建，便非復故我矣。此拓精美完好，如新出於铏，純非明後期拓本。拓自明初，抑拓自金元，尚待細考。若以拓擬於柳書，則可作唐拓《玄秘塔》觀矣，唐拓《玄秘塔》安可得也。

1959 年國慶日稚友校後漫記

拓本收藏印記：

崇蘭館。　在首題上側（明華亭莫如貴館名）。

會稽章氏。　在撰人宋白奉敕撰之下。

宛委山館。

鑒藏金石書畫之印。

雲自在龕。　在碑文省行“臣供職禁林”上側。

繆荃孫。　在章氏藏印之下。

阮元經眼，裴廬居士，江陰繆荃孫鑒。

以上三印在碑末任文慶題名之下。

藏書籍金石印。

二、碑目著録

前人著録《大相國寺碑》多不標紀年，撰書人又相同，因之二碑每多混淆。今於有紀年之著録外，另附無紀年著録一項。

（一）至道碑

1. 宋熙寧四年集賢校碑王君玉（瓘）《北道刊誤志》卷二云〔清陸心源《十萬卷樓叢書》宋晁載之（伯宇）抄《續談助》引〕：“大相國寺，至道中增修；修寺記，宋白撰。”

2. 明嘉靖二十五年李濂《汴京遺跡志》卷二〇（《三怡堂叢書》本）相國寺條云：“余少時嘗讀書相國寺僧舍中，凡大殿前有古碑廿餘，多可觀者，四十年矣。昨偶至寺游覽，止見三二碑，剥落漫漶，皆不可誦。餘不知所在。”

《明史》卷二八六李濂傳云：“舉正德八年鄉試第一，明年成進士。嘉靖五年以大計免歸，年才三十有八……里居四十餘年，著述甚富。”

李濂爲開封人，正德九年進士。少時所見，當爲正德九年以前。所見之三二碑，當有至道碑在内，以其後明末清初無名氏

《如夢録》所記至道碑固尚在也。

3. 明末清初無名氏《如夢録》第45頁云（民國八年河南省立圖書館重刊本，首有清咸豐二年常茂徠序）："東丹墀有宋重修相國寺碑，高二丈餘，至道二年翰林學士承旨宋問撰。"文下有常茂徠附注云："碑毀無存。"按宋問當是宋白之誤。至道二年，《中州金石考》《中州金石目》並作三年。常氏碑毀之語，當指康熙二年相國寺灾，與明張平山畫布袋佛像同爲灰燼[③]。

4. 清乾隆六年黄叔璥《中州金石考》卷一云（乾隆六年自序，其子守謙刻本）："大相國寺碑，至道三年宋白撰。吴郢書並篆額。"後附明王世貞《弇州山人四部稿》跋語。按王跋見於《弇州山人四部稿》卷一三六，乃咸平碑，黄氏誤合爲一。

5. 嘉慶十五年姚晏《中州金石目》卷二云（據該書姚覲元跋，書成於嘉慶十五年）："大相國寺碑銘，至道三年立。"

綜上所述，知至道碑立於三年，康熙三十一年爲火所毀，未見拓本與録文，内容不詳。

（二）咸平碑

1. 明范懋敏《天一閣碑目》（附《天一閣書目》後）"大相國寺碑，宋白撰，吴郢書，咸平四年十二月。"

2. 王世貞《弇州山人四部稿》卷一三六大相國寺碑銘跋云（萬曆五年刻本）："右寺碑在大梁，爲翰林學士承旨宋白撰，待詔吴郢書，完好若新立者。白亦頗有文學名，而辭蕪雜不工，不敢與江總持作奴，何論簡栖。郢雖不能脱祗候習，頗遒勁自賞，殆類集誠懸書，聊爲存之。"按王跋具載撰書人，而獨遺紀年，以王氏不滿宋文。稱其不敢與江總持作奴，何論簡栖二語，正用碑文，因知王跋爲咸平碑。

3. 李濂《汴京遺跡志》卷一〇相國寺條記述相國寺建築有"宋真宗咸平四年增建翼廊三門，前樓迎取潁川郡銅羅漢五百尊置於閣上”等語，亦用碑文，知爲咸平碑。

4. 清全祖望《鮚埼亭集》卷三八（《四部叢刊》初編本）《宋重修大相國寺碑》跋云：“是碑在真宗咸平四年，宋學士白之文，吴秘丞鄂之書。時值宋承平極盛之時，披其卷，康阜之象，盎然行墨之間，而書亦雄渾，不愧大家。”按全跋吴郢誤作吴鄂。所見之本，疑出天一閣。全爲鄞人，所見書帖，多爲閣中物。閣藏碑帖據同治甲子（三年）人日趙之謙跋摹刻天一閣藏《漢劉熊碑》跋云：“天一閣所有，自咸豐辛酉（十一年）賊據郡城，閣中碑版盡爲臺州游民取投山澗，爛以造紙。迨鄞人亦有聞而急求者，至則溪水已墨矣。”趙跋閣藏咸平碑拓本，或即亡於此時。

5. 姚晏《中州金石目》卷二（北京大學圖書館藏原稿本）：“大相國寺碑銘，宋白撰，吴郢書並篆額，咸平四年立。”

上文已述：北京圖書館藏咸平碑拓本後有沈稚友跋云：“此碑刻於北宋，歷金、元、明皆完整，至崇禎而毁損，後此再建，便非復故我矣。”按沈氏所謂毁損，語亦失實。不知嘉靖間李濂所見尚存三二碑，業已剥落漫漶，皆不可誦矣。再建之語，未詳所據。

綜上所述，各家皆未言咸平碑亡於何時，文獻不足，留待後考。

附無紀年著録

1. 明周弘祖《古今書刻》第416頁（上海古典文獻出版社排印本，周爲嘉靖三十八年進士）：“開封府，相國寺碑，在府城内東南隅。”

2. 明汪珂玉《珊瑚網》卷二二：“吴郢大相國寺碑。”

3. 萬曆己未九月趙均序《寒山林金石時地考》上卷：“宋相國寺碑，吴郢書，開封府。”

4. 于奕正《天下金石志》卷五〔顧氏《金石輿地叢書》本，首有崇禎壬申（五年）自序〕：“宋大相國寺碑銘，吴郢書。”

5. 來濬《金石備考》（抄本）：“河南開封府，宋大相國寺碑銘，吴郢書。”

6. 清初孫承澤《庚子消夏記》卷八寓目吴道玄地獄變相條云：“圖在開封相國寺。余爲令時，曾向寺僧借至署中……殿前有宋白碑，又府學石經，今皆沉没深泥矣。”

7. 孫承澤《春明夢餘録》卷六七石刻條：“余向在汴梁，搜閱舊碑，止相國寺宋白一碑。張孝廉民表云：國初欲建都於此，悉取燒灰築城。”按孫氏所謂爲令時及向在汴梁，乃指崇禎八、九、十年間爲祥符縣令時④。所謂沉没深泥，指崇禎十五年相國寺爲河水淤没⑤。

三、碑文雜考

碑文内容，有可考者，列其目於下：

（一）北齊建國寺

（二）唐睿宗賜額

（三）宋太宗敕建三門並賜額

（四）正殿

（五）鐘樓

（六）後閣

（七）大殿佛像

（八）前樓五百羅漢

（九）制度之廣

（一〇）丹青之英

（一一）上元觀燈

（一二）冬至北郊肆赦

（一三）撰書、刻、監修人

（一）北齊建國寺

1. 宋王瓘《北道刊誤志》卷二云：“本北齊建國寺，後廢爲歙州司馬鄭審之宅，因疾施爲招提坊復置寺。睿宗以舊封相王，改曰相國寺。見《汴州記》，一云鄭景之宅。”

2. 宋高承《事物紀原》卷七引宋敏求《東京記》（《惜陰軒叢書》本）云：“本北齊建國寺，後廢。唐爲鄭審之宅。因病，捨爲招提坊。神龍二年僧惠雲建爲寺。”

3. 宋劉道醇《五代名畫補遺》塑作門第六王温條（《王氏書畫苑》卷六）：“先是，有唐中宗大和昭孝皇帝神龍二年丙午歲有汴州安業寺沙門惠雲（安業寺，即今大相國寺也）往濮陽成寺，得彌勒瑞象樣，高一丈八尺。歸寺後鑄成，欲於安業寺安置，乃爲本寺僧衆嫉而拒之。惠雲乃於安業寺東偏别營建國寺而安之。睿宗興孝皇帝延和初，建國寺被毁，其象將遷入安業寺，有瑞光。會官吏敷奏，尋敕改建國寺爲大相國寺。後賜御書額，乃省安業寺屬焉，則今之京師左街大相國寺是也。又云：天保二年置建國寺……延和元年壬子歲王志暗爲汴州採訪使，奉詔毁拆治内無額祠廟，建國寺尋被毁拆，其金象爲安業寺所遷。”

4. 宋魏泰《東軒筆録》卷一五（湖北《先正遺書》影印嘉靖刻本）云：“舊傳東京相國寺乃魏公子無忌之宅，至今地屬信陵坊。”

5. 明李濂《汴京遺迹志》卷一〇相國寺條：“（相國寺）在縣治東，本北齊建國寺，天保六年創建，後廢。唐爲鄭審宅園。景雲初，游方僧慧雲睹審後園池中有梵宫影，遂募緣易宅。”

由上述可知，建國寺有建於天保二年、六年之異，安業寺有建於神龍二年、景雲初之説。傳聞殊辭，適從殊難，聊爲並存，以俟後考。

（二）唐睿宗賜額

1.《文苑英華》四五三一頁（中華影印本）引李邕大相國寺碑文云：“延和初載，奉詔改爲大相國寺，後復置額焉。先天中，內府降財，御書題額。”

2. 宋郭若虛《圖畫見聞志》卷五相藍十絶條（四部叢刊》續編本）：“睿宗皇帝親感夢於延和元年七月廿七日，改故建國寺爲大相國寺。睿宗御書碑額爲一絶。”

3.《北道刊誤志》卷二云：“大相國寺，唐延和元年立額。”

4.《事物紀原》卷七引宋敏求《東京記》云：“延和元年，睿宗以舊封相王，因改爲相國寺。”

5.《如夢録》第45頁有：“内墻匾書大相國寺，唐睿宗御筆（抄校本《如夢録》無唐睿宗御筆五字）。”

上引宋人著録皆稱延和元年賜額，而李邕獨謂先天中。意者，延和元年乃改額之時，先天中乃賜額之時。雖前後相距不過數月（延和元年八月，玄宗改元先天）然有延和與先天之異。李文本自明白，宋人誤混爲一談。其額至崇禎時尚存，惟不知是原物或復製耳。

（三）宋太宗敕建三門並賜額

1. 碑文云：“（太宗）别開啓聖之梵宫，實作上都之壯觀。唯相國寺，敕建三門，御書賜額。”

2.《北道刊誤志》卷二：“重樓三門，至道元年造。”

3.《事物紀原》卷七引《宋會要》云：“至道中，太宗御題額，易曰大相國寺。”

4. 宋王栐《燕翼詒謀録》卷二（《百川學海》本）云：“太宗皇帝至道二年命重建三門，爲樓其上，甚雄。宸墨親填書金字額曰大相國寺，五月壬寅賜之。”

5. 宋邵博《邵氏聞見後録》卷二八（商務印書館排印夏敬觀校勘本）：“太祖下南唐，所得李廷珪父子墨，同他俘獲物，付主藏籍收，不以爲貴也。後有司更作相國寺門樓，詔用黑漆，取墨於主藏，車載以給，皆廷珪父子之墨。至宣和年，黄金可得，李氏之墨不可得也。”

6. 吴曾《能改齋漫録》卷一三（《守山閣叢書》本）大相國寺額條：“大相國寺舊榜、太宗御書寺十絶之一。政和中改爲宫，御書賜額舊榜，遂爲高麗使乞歸，其後復改爲寺，御書仍賜今額。”

（四）正殿

宋代正殿建築，不見宋人記述，無從知其形制。僅知元初寺僧柴某奉聖旨重加修葺[6]。匾曰聖容殿。而《汴京遺跡志》《如夢録》二書所見，乃爲元時舊制，今録於後。

1.《汴京遺跡志》卷一〇相國寺條：“後累經黄河入城，廊廡僧舍，多被淹塌。今所存者聖容殿，結構奇絶，蓋舊殿也。”

2.《如夢録》頁四五：“大殿地基大六畝三分，純木攢成，不用磚灰，九明十一暗。四六槅扇，上蓋一片琉璃瓦，脊高五尺，獸高丈許。銅寶瓶高大無比。匾曰聖容殿，元時不花丞相親筆……此殿正上六梁，前後柱共七十八根。結構奇巧，傳爲神工，中原一寶也。”

（五）鐘樓

《如夢録》第45頁：“鐘樓内懸大銅鐘一穎，霜天聲聞最遠，所謂相國霜鐘，汴梁八景之一也。”按鐘樓與銅鐘不知是否仍爲宋時舊製；相國霜鐘之説，亦不詳起於何時。

（六）後閣

1.《北道刊誤志》卷二：“正殿北資聖閣。”按寺内舊有重閣，高三百尺，敵揚州西靈塔。唐大順初灾。後唐長興二年復修構。咸平中改曰資聖。

2.《事物紀原》卷七引《宋會要》云：“咸平五年名後閣曰資

聖。”《東京記》則云：“景德五年賜名也。”神宗熙寧間重修飭之。

3. 元代白珽《湛淵静語》卷二（《知不足齋叢書》本）引《使燕日録》[⑦]云：“後一閣（原作間，誤）參云，凡三級。榜曰資善之閣，上有銅羅漢五百尊。”按資善即資聖，宋徽宗自大觀後禁用天、王、君、聖等字，如承天寺改爲能仁寺[⑧]。此處資聖易曰資善，當在徽宗時所改。至宣和七年七月庚子始詔解禁[⑨]，此閣仍而未改。

4.《永樂大典》引《周草窗先生記》（按周草窗即周密）云：“樓閣最高而見者，相國寺資聖閣，朝元宫閣，登雲樓。資聖閣最雄麗，五檐滴水，廬山五百銅羅漢在焉，國初曹翰所取者也。”

5. 日僧成尋《參天臺五臺山記》卷四第七十四頁云：“次登大殿高閣上，禮五百羅漢，金色等身象，中尊釋迦等身像。”

綜上可知，碑文所稱“後拔層閣”，即指資聖閣，命名在立碑之后，據王惲《汴梁路相國寺化工疏》云：“杰閣巋存，猶是李唐遺構。”是此閣在元初尚在也。

（七）大殿佛像

碑文稱大殿晬容，即慧雲師所鑄彌勒瑞像也。乃指唐中宗神龍二年汴州安業寺僧惠雲往濮陽成寺，得彌勒瑞像樣，高一丈八尺，歸寺後鑄成。五代時經名匠王温重裝，稱爲一絶者也[⑩]。又據成尋《參天臺五臺山記》云：“先禮彌勒大殿，丈六佛也。西彌陀，東千百億釋迦。”是彌陀像外，尚有釋迦像。未審爲何時何人所鑄。

（八）前樓五百羅漢

1. 宋代葉夢得《石林詩話》卷中云：“相國寺羅漢，本江南李氏物，在廬山東林寺。曹翰下江南，盡取城中金帛寶貨，連百餘舟，私盜以歸。無以爲之名，乃取羅漢，每舟載十許尊獻之。詔因賜於相國寺，當時謂之押綱羅漢云。”

2. 《宋史·曹翰傳》云："平江州……所掠金帛以億萬計，僞言欲致廬山東林寺鐵羅漢五百頭於京師，因調巨艦艘載以歸。"

3. 《永樂大典》引《周草窗先生記》云："資聖閣雄麗，五檐滴水，廬山五百銅羅漢在焉，國初曹翰所取者也。"

4. 《汴京遺迹跡》卷一〇云："前樓迎取潁川郡銅羅漢五百尊置於閣上。"

碑文所稱："前樓衆聖"，即潁川郡所迎取五百羅漢也。與上述諸説不同。一云江州廬山東林寺所取，一云潁川郡所迎；一云置於資聖閣，一云前樓衆聖。未詳其故，存以俟考。

（九）制度之廣

1. 宋代王林《燕翼貽謀録》卷二云："中庭兩廡，可容萬人。"

2. 宋代魏泰《東軒筆録》卷一五云："寺基舊極大，包數坊之地，今南北講堂巷，即寺之講院，戒身即寺之戒壇也。"

3. 葉夢得《石林燕語》卷三云："郭進守雄州，太祖令有司造第於御街之東……太平興國中，始别賜進宅。或以爲因展修相國寺，並入爲寺基也。"

4. 宋代周輝清《别志》（《知不足齋叢書》本）卷中云："大相國寺，舊有六十餘院……檐廡相接，各具庖爨，每虞火灾，乃分東西爲兩禪兩律。"

5. 元代白珽《湛淵静語》卷二引《使燕日録》云："其寺舊包十院，今存其八，右偏定慈，廣慈，善慈，律院三，智海禪院一。東偏寶梵、寶嚴，寶覺，律院三。慧林（原作休，誤）禪院一。"

6. 清代周城《東京考》卷一四引《續文獻通考》云："東京慧林宗本圓照禪師，無錫管氏子。元豐中，詔辟相國寺六十四院爲八禪八律，召慧林爲一祖。"

7.《如夢録》云："此寺舊基周圍五頃四十畝，南至祥符縣治東街，北至鼓樓西街，東西至兩馬道。"抄校本《如夢録》有咸豐八年常茂徠附記相國寺條云："地基周圍大五頃四十晦，南至祥符縣治東街，北至鼓樓西街，東西兩馬道，東馬道北抵鼓樓，西馬道鄰縣署馬廐。"

8. 成尋《參天臺五臺山記》卷一四云："四面廊各二百間許。"

（一〇）丹青之英

碑文稱丹青之英，乃指相國寺壁畫。北宋一代，共畫三次。第一次畫於咸平四年；第二次畫於咸平四年以後、治平二年以前，第三次畫於熙寧九年。第一次所畫，即碑文所稱丹青之英者。其餘兩次，皆在其後，亦附及之。今將三次畫人名氏及内容分期列舉於下。

1. 第一次畫，畫師及内容。

《圖畫見聞志》卷三："高益，涿郡人，工畫佛道鬼神，蕃漢人馬，太祖朝，潛歸京師……時太祖在潛邸，外戚孫氏喜畫，因厚遇益，請爲圖畫。未幾，太宗龍飛。孫氏以益所畫搜山圖進上，遂授翰林待詔。後被旨畫大相國寺行廊阿育王等變相暨熾盛光九曜等，有位置小本，藏於内府。後寺廊兩經廢置，皆飭後輩名手，依樣臨仿。"

宋代劉道醇《聖朝名畫評》卷一（《王氏書畫苑》卷五）："高益，本涿郡契丹人，太祖時遁來中國……敕畫相國寺廊壁，會上臨幸，見益寫阿育王戰象，詔問：'卿曉兵否？'對曰：'臣非知兵者，命意至此。'上善之。"又卷二："相國寺東壁，阿育王所乘，及戰士鹿馬等，皆益之筆，雖經模寫，格制猶在。"

沈括《夢溪筆談》卷一七書畫："相國寺舊畫壁，乃高益之筆，有畫衆工奏樂一堵最有意，人多病擁琵琶者誤撥下弦，衆管皆發四字，琵琶四字在上弦，此撥乃掩下弦，誤也。余以謂非誤也。蓋管以發指爲聲，琵琶以撥過爲聲，此撥掩下弦，則聲在上弦也。益之布置尚能如此，其心匠可知。”

《周草窗先生記》云：“相國寺佛殿後壁，有咸平四年高待詔畫大天王，尤雄偉。”

《聖朝名畫評》卷一：“燕文貴……太宗朝駕舟來京師，多畫山水人物，貨於天門之道，高益見而驚之，遂售數番，輒聞於上，且曰：‘臣奉詔寫相國寺壁，其樹石非文貴不能成也。’上亦賞其精筆，遂詔入圖畫院。”

綜上所述，知第一次畫師，有高益、燕文貴二人。據郭書知有位置小本，藏於内府。後寺廊兩經廢置，皆飭後輩名手，依樣臨仿。是高益畫壁，自咸平四年後，曾經兩次復製也。

2. 第二次畫，畫師及内容。

《圖畫見聞志》卷三：“高文進……後以攀附，授翰林待詔。未幾重修大相國寺，命文進效高益舊本，畫行廊變相……相國寺大殿後擎塔天王，如出墻壁，及殿西降魔變相，其跡存今。”又卷六近事相國寺條：“西門之北，高文進畫大降魔變相。”

《圖畫見聞志》卷三：“高懷節，文進長子。太宗朝爲翰林待詔，頗有父風，嘗與其父同畫相國寺壁。”

《聖朝名畫評》卷一：“高文進，蜀中人，太宗時進入圖畫院爲祗候……相國寺壁畫，經時圮剥，上惜其精筆，將營治之。詔文進曰：‘丹青誰如益者？’對曰：‘臣雖不及，請以蠟紙模其筆法，後移於壁，毫髮較益無差。’遂與李用及李象坤翻傳舊本於壁，盡得益之骨氣。文進自畫後門里東西二壁，五臺、峨嵋，文殊、普賢變相。”

《圖畫見聞志》卷三；“李用及、李象坤，並工畫佛道人馬，尤精鬼神。嘗與高文進、王道真同畫相國寺壁，並爲良手。殿東畫牢度叉斗聖變相，其跡見存。”又卷六近事相國寺條：“東門之北，李用及與李象坤合畫牢度叉斗聖變相。”

《聖朝名畫評》卷一：“李用及，京師人，能畫天廄馬，深得韓幹筆法。”《北道刊誤志》卷二：“又有玉階，石鑒（檻?），李邕書，韓幹畫，亦皆絶倫。”因疑相國寺壁畫有李用及臨韓幹馬在焉。

《圖畫見聞志》卷三：“王道真……太宗朝，因高文進薦引，授圖畫院祇候。嘗被旨畫相國寺並玉清昭應宫壁。今相國寺殿東畫給孤獨長者買祇陁太子園因緣，並殿西畫志公變十二面觀音象，其跡並存。”又卷六：“東門之南，王道真畫給孤獨長者買祇陁太子園因緣……西門之南，王道真畫志公變十二面觀音像。”

《聖朝名畫評》卷一：“王道真，字干叔，新繁人……太宗朝，待詔高文進甚有聲望。一日，上問民間誰如卿者？文進曰：‘新繁人王道真者，尤出臣上。’遂召入圖畫院爲祇候，與文進等傳移相國寺畫壁，及於大殿西偏門南面東壁畫志公化十二面觀音相。又與文進等畫北門東面大神，遷待詔。”

由此可知第二次畫師有高文進、高懷節、李用及、李象坤、王道真等五人，同翻高益舊本於壁。當在咸平四年以後，治平二年以前。

3. 第三次畫，畫師及内容。

《圖畫見聞志》卷三：“李元濟，太原人，工畫佛道人物，精於吴筆。熙寧中，召畫相國寺壁，命官較定衆手。時元濟藝與崔白爲勁敵。議者以元濟學遵師法，不妄落筆，遂推之爲第一，其間佛鋪多是元濟之繪也。”

又卷六近事相國寺條：“治平乙巳歲（二年）雨患，大相國寺以汴河勢高，溝渠失治，寺庭四廓，悉遭淹浸，圮塌殆盡。其墻壁皆高文進等畫……其餘四面廊壁皆重修復，後集今時名手李元濟等，用内府所藏副本小樣重臨仿者。然其間作用，各有新意焉。”又卷三：“王易，鄜州人，亦工畫佛道人物，學鄰元濟，時同畫相國寺壁。"

又卷四："崔白……然於佛道鬼神、山林人獸無不精絶……相國寺廊之東壁，有熾盛光十一曜坐神等，廊之西壁有佛一鋪，圓光透徹，筆勢欲動。"

綜上所述，知三次畫師有李元濟、崔白、王易等三人。其時在熙寧中。復據郭書卷六高麗國一條云："丙辰冬（熙寧九年），復遣使崔思訓入貢。因將帶畫工數人，奏請模寫相國寺壁畫。詔許之，於是盡模之持歸。因知三人所畫在熙寧九年冬以前也。"

（一一）上元觀燈

碑文稱："若乃龍華春日，然燈月夕。都人士女，百億如雲。綺羅繽紛，花鬘瓔珞，巡禮圍繞，旃檀衆重，仰而駭之。謂兜率廣嚴，攝歸於人世。"指上元車駕幸相國寺及官民游相國寺觀燈。《宋史·禮志》及《東京夢華録》二書，猶可見其梗概。

《宋史·禮志》卷六六禮一六游觀條："天子歲時游豫，則上元幸集禧觀、相國寺，御宣德門觀燈。"又，"三元觀燈，本起於方外之説。自唐以後，常於正月望夜，開坊市門燃燈。宋因之，上元前後各一日。城中張燈，大内正門，結彩爲山樓影燈，起露臺，教坊陳百戲。天子先幸寺觀行香，遂御樓，或御東華門及東西角樓飲從臣。四夷蕃客，各依本國歌舞，列於樓下。東華、左右掖門、東西角樓、城門大道、大宫觀寺院，悉起山棚，張樂陳燈。皇城雉堞，亦遍設之，其夕，開舊城門達旦，縱士民觀。後增至十七、十八夜。"

宋代孟元老《東京夢華録》卷六第三十六頁（上海古典文學出版社排印本）云："十六日車駕不出，自進早膳訖，登門樂作，卷廉，御座臨軒，宣萬姓。先到門下者，猶得瞻見天表，小帽紅袍，獨卓子，左右近侍，簾外傘扇執事之人。須臾下簾，則樂作，縱萬姓游賞……西朵樓下，開封尹彈壓幕次，羅列罪人滿前，時復决遣，以警愚民。樓上時傳口敕，特令放罪。於是華燈寶炬，月色花光，霏霧融融，動燭遠近。至三鼓，樓上以小紅紗燈球緣索而至半空，都人皆知車駕還内矣。須臾，聞樓外擊鞭之聲，則山樓上下，燈燭數十萬盞，一時滅矣。於是貴家車馬，自内前鱗動，悉南去游相國寺。寺之大殿前，設樂棚，諸軍作樂……資聖閣前安頓佛牙，設以水燈，皆繫宰執戚里，貴近占設看位，最要鬧：九子母殿及東西塔院，惠林，智海，寶梵，競陳燈燭，光彩争華，直至達旦。”

（一二）冬至北郊肆赦

碑文稱：“又若夫天仗還都，鳳樓肆赦。千乘萬騎，流水如龍。旌旗聳空，歌吹沸渭。”指冬至北郊，還詣相國寺恭謝，及御宣德樓肆赦。《東京夢華録》言之最詳。《宋史·禮志》卷七〇禮二〇條舉赦禮過簡，在此不録。

《東京夢華録》卷一〇第六十頁郊畢駕回條云：“而法駕儀仗鐵騎，鼓吹入南薰門。御路數十里之間，起居幕次，貴家看棚，華彩鱗砌，略無空閑去處。”下赦條云：“車駕登宣德樓，樓前立大旗數口，内一口大者，與宣德樓齊，謂之蓋天旗。旗立御路中心不動。次一口稍小，隨駕立，謂之次黄龍。青城，太廟，隨逐立之，俗亦呼爲蓋天旗。亦設宫架，樂作。須臾，擊柝之聲。旋立鷄竿，約高十數丈，竿尖有一大木盤，上有金鷄，口銜紅幡子，書皇帝萬歲字。盤底有彩索四條垂下，有四紅巾者，争先緣索而上，捷得金鷄紅幡，則山呼謝恩訖。樓上以紅綿索通門下一彩樓上，有金鳳銜赦而下，至彩樓上，而通事舍人得赦宣讀。開封府大理寺排列罪人在樓前。罪人皆緋縫黄布衫，獄吏皆簪花鮮潔，聞鼓聲，疏枷放去，各山呼謝恩訖。樓下鈞容直樂作，雜劇舞旋，御龍直裝神鬼，斫真刀倬刀。樓上百官賜茶酒。諸班直呈拽馬隊，六軍歸營，至日晡時禮畢。”

（十三）撰、書、刻、監修人

1. 撰人，宋白

《宋史》卷四三九文苑一有傳，稱年十三善屬文。又云：咸平四年拜禮部尚書。與碑同。王世貞跋稱蕪雜不工，正與傳文謂白學問宏博，屬文敏贍，然辭意放蕩少法度之語合。白有集百卷（《宋史·藝文志七》有録），不傳。宋白撰文，除本碑外，尚有墓誌二，見《國立北平圖書館藏碑目》（一九四九年上海開明書店排印本）第一百二十八頁，乾德四年四月十八日《弘農楊光贊墓誌》，其結銜爲承奉郎前守澶州衛南縣令宋白撰；第一百二十九頁，太平興國八年五月五日廣平郡君宋夫人殘墓誌。僅存宋白撰三字，結銜缺。

2. 書人、吴郢

吴郢事跡無考，書學柳公權，直入其室。而王世貞跋稱雖不脱祗候習，頗遒勁自賞，殆類誠懸集書，殊非確論，不若全祖望之“雄渾不愧大家”之爲得也。考宋人書條，多以二王（羲之、獻之）、歐（陽詢）、虞（世南）、顔（真卿）、柳（公權）爲法。見宋趙彦衛《雲麓漫抄》卷二宣和書畫學之制條；《宋史·選舉志》卷一一〇選舉三陸游亦有“學書當學顔”之語[11]。然學顔多於學柳。若韓琦、蔡襄、張孝祥等，皆其著者。學柳除郢外，見於石刻者有大中祥符三年七月一日，昭文館習柳書孟得一書並篆額之《梅山崇明院碑》[12]。

郢書尚有别二石傳世，一端拱二年正月十五日行書“大宋重修鎮州龍興寺大悲象並閣碑”。銘文見王昶《金石萃編》卷一二五，沈濤《常山貞石志》卷一一。其結銜爲翰林待詔將仕郎試少府監主簿御書院祗候賜緋魚袋臣吴郢。一咸平二年十月三十日，行書檢校太傅安定郡公安守忠墓誌[13]，其結銜爲翰林待詔宣德郎守秘書丞同正兼御書院祗候賜緋魚袋吴郢書並篆。

3. 刻人，王欽、王余慶

王欽又刻大中祥符七年九月七日中岳中天崇聖帝廟碑[14]。其結銜爲中書省玉册宫文林郎守高州司馬御書院祇候臣王欽刻字。

王餘慶又刻大中祥符九年七月一日太清宫崇真橋記（北京大學圖書館藏拓本），結銜爲玉册官御書院祇候王餘慶鎸字。

4. 監修人，段允政、藍繼宗、黄進誠、伍文慶

監修四人，皆爲宦者，僅一藍繼宗見於《宋史》，餘三人無考。《宋史》卷四六七宦者傳云："藍繼宗字承祖，廣州南海人。事劉鋹爲宦者。"又云："累遷西京作坊使勾當内東門，監修玉清昭應宫，景靈宫。"碑作西京作坊副使，史無監修相國寺事，此其小異。

附録：大相國寺石刻著録目

唐　六通

汴州安業寺碑。殷仲客書，見黄叔璥《中州金石考》卷一。據《五代名畫補遺》王温條已有神龍二年汴州安業寺僧沙門惠雲，則碑當在其前後。又云安業寺即今大相國寺。

窣堵波幢銘。見宋代趙明誠《金石録》目録卷七，劉仲邱撰，薛希昌八分書，天寶四載七月。宋朱長文《墨池編》云："在東京相國寺。"

金剛般若石經記。《永樂大典》引《文苑英華》，釋真言撰，元貞元年，在相國寺。

唐東平王寫真院記。見宋代陳思《寶刻叢編》卷一，李嵘撰，大順元年立，在相國寺。

李邕大相國寺碑。《永樂大典》引《文苑英華》。

房僚石幢記。宋代高承《事物紀原》卷七。

宋　十六通

相國寺金剛經并心經。趙安仁書，太平興國二年十月八日王能刻。見清代孫星衍著《寰宇訪碑録》卷六，姚晏《中州金石目》卷二，吴式芬《金石匯目分編》卷九之一。一云："在城南三里繁塔内。"貫文按，當是由相國寺移置於繁塔。

裴休十善業道經要録。書人、年月、著録並與上同。

大相國寺碑銘。宋白撰，吴郢書，至道三年。著録見前文。

大宋新修大相國寺碑銘。宋白撰，吴郢書，咸平四年十二月十四日。著録見前。

大相國寺額石。仁宗摹太宗書，吕夷簡撰記，慶曆二年正月辛未立。見《北道刊誤志》卷二，清代黄叔璥《中州金石考》卷一。

蘇子瞻、子由，孫子友，秦少游觀晋卿墨竹題名。蘇軾書，元祐三年八月五日。見《永樂大典》引《周草窗先生記》，元代周密《癸辛雜識》。

相國寺加句陁羅尼真言。元祐五年二月二十六日。見《中州金石目》卷二，《金石匯目分編》卷九之一第六頁云："字多磨滅，在相國寺右廊。"又見《如夢録》附記。

真宗制法音集箋注題名記。晁文莊公撰，見《北道刊誤志》卷二。

佛牙碑。太宗、真宗、仁宗制頌偈贊。賈昌朝書御製，韓琦立石，趙概篆額，王珪撰序並書。見《北道刊誤志》卷二。

針灸圖經。仁宗篆，夏竦撰序。見《北道刊誤志》卷二。

仁宗飛白書。車得象篆額，晏殊撰記。見《北道刊誤志》卷二。

設粥院記。宋綬撰，見《北道刊誤志》卷二。

資聖閣新院記。李淑撰，見《北道刊誤志》卷二。

浴堂記。吴育撰，見《北道刊誤志》卷二。

東坡草書哨遍。見《永樂大典》引《周草窗先生記》，元代周密《癸辛雜識》。

十絶碑。《王氏書畫苑》卷六、宋代劉道醇《五代名畫補遺》塑作門第六王温條，宋代郭若虛《圖畫見聞志》卷五相藍十絶條、大相國寺碑稱寺有十絶云云。

元　二通

大相國寺聖旨碑。至元三年二月，見《中州金石目》卷二。

大相國寺建圍墻記。宋衜撰並正書，至元十一年十一月，見《中州金石目》卷二。

明　一通

張平山畫布袋佛（正面），觀音象（背面）李夢陽題贊，左國璣書。《如夢録》常茂徠按語云：康熙間碑毁於火，郭世寧重刻。

清　五通

重修相國寺碑記。賈漢復撰，順治十八年，見光緒《祥符縣志》卷二二金石部。

重修相國寺碑記。劉昌撰，順治十八年，同上。

重修相國寺碑記。艾元徵撰，康熙七年，同上。

重修相國寺碑記。阿思哈撰，乾隆三十三年十月，同上。

御制重修相國寺碑詩。乾隆三十三年，同上。共計三十通。

注釋

①見宋代龎元英《文昌雜録》、王瓘《北道刊誤志》，《宋史》卷一一三禮志十六游觀。

②見宋代孟元老《東京夢華録》卷六元旦朝會。

③參見《如夢録》張平山畫像條下常氏附注，抄校本《如夢録》後附咸豐八

年常茂徠附祀繁塔寺條。

④見乾隆《祥符縣志》卷一一宫室志。

⑤見康熙《開封府志》卷一九。

⑥見元王惲《秋澗居士大全集》卷七〇汴梁路相國寺化工疏。

⑦該書中稱紹宗癸巳北朝（元）遣王檝來通好。朝廷劄京湖制司就差官鄒沖（案當作伸）之等六員使北朝審，於次年六月（端平元年）回抵汴京云云。

⑧見宋代洪邁《容齋隨筆》卷四。

⑨見宋代李心傳《舊聞證誤》卷三。

⑩見《圖畫見聞志》,《五代名畫補遺》。

⑪見《劍南詩稿》卷七〇自勉。

⑫見《安徽通志稿·金石古物考》卷三。

⑬見《國立北平圖書館藏碑目》129 頁。

⑭見《金石萃編》卷一三〇。

原載《出土文獻研究》續集

重建禮拜寺記碑跋

録文：重建禮拜寺記　碑額篆書二行

重建禮拜寺記

大元至正二年普公奉命統領中山府兵馬，甫一禩，士卒馴習，百廢俱舉。時天下晏然，乃謂衆曰：今有司建學以祀先聖，殫厥職知所尊也。吾獨無所尊乎？吾回回人拜天，其事也，不知此地亦有吾屬而知所以拜天者乎？左右對以：回回之人遍天下，而此地尤多，朝夕亦不廢禮，但府第之兑隅，有古刹寺一座，堂宇止三間，名爲禮拜寺，乃教衆朝夕拜天，祝延聖壽之所。其創建不知昉於何時，而今規模狹隘，勢難多容，衆欲有以廣之，而力弗逮者數十年。今公之來鎮兹土也，其將有以拓之乎？公遂慨然以改築之事爲己任。乃首捐俸金百兩，並諭教之同志者備出貲以營治之。於是鳩工度材，大其規制，作之二年，正殿始成。但見畫棟雕梁，朱扉藻棁，而壯麗華綵，有不可以言語形容者。殿宇既成，行將晋禮，乃屬予爲文以記之。予唯天下之教儒教爲尚矣，下此而曰釋與老，虚無寂滅，不免於妄，且其去人倫、逃租賦，率天下之人而入於無父無君之域，則其教又何言哉。惟回回之爲教也，寺無像設，惟一空殿，蓋祖西域天方國遺制。其房四面環拜，西向東、東望西、南面北、北朝南，中國在西域之東，是教中拜者則咸西向焉。考之輿圖曰：默德納國即回回祖國也。初國王謨罕驀德生而神靈有大德，臣服西域諸國，諸國尊號爲别諳拔爾，猶華言天使云。其教專以事天爲本，而無像設。其經有三十藏，凡三千六百餘卷。其書體旁行，有真草篆隸之法，今西域諸國皆用

1. 重元修禮拜寺記碑

之。又有陰陽星曆醫藥音樂。隋開皇中，國人撒哈伯撒哈的斡葛思始傳其教入中國。是知祖宗以萬國爲家，録善不遺。其曰以事天爲本而無像設，今近而京城，遠而諸路，其寺萬餘，俱西向以行拜天之禮，而殿則空焉。蓋造物之主不可以形跡求，若擬之像則類物，殆亦瀆矣。惟有想無像，以表其誠，其遺風流俗之美，蓋可知也。况其奉正朔、躬庸租，君臣之義無所異，上而慈、下而孝，父子之親無所異；以至於夫婦之别，長幼之序，朋友之信，舉無所異乎？夫不惟無形無像，與周雅無聲無臭之旨脗合；抑且五倫且備，與周書五典五惇之義文符契，而無所殊焉，較之釋老不大有間乎？且其拜天之禮，一日五行，齋戒之事，每歲一舉，與夫沐浴無嗣於寒暑，施與不問其親疏，則又其篤信力行而無所訾議焉者也。予因普公之請而嘉是教之真且純也，乃爲之記。

大元至正八年歲在戊子春二月之吉，承務郎真定路安喜縣尹兼管諸軍奥魯楊受益撰文並書丹。

碑陰　二字正書一行

功德主　奉

詔統領衛兵□御中山府都督普顔帖睦兒

助工善官指揮禿堅赤　張□順　都失里　李體兒　李堅　別不花

千户萬家奴　吴□□　□古思

百户也里不花　□□迷失　□有聲

助功教衆哈孫　阿魯朱　張佩　李□　沙的斤　忽里臺吉

朱平　王　著　脱脱臺　羅源　王靖　月禿失里

哈八兒孫　燕帖古里　張志　不兒古　李言拜延收

馬恒安　吕誠　阿剌帶　楊玄　劉因　白付鍾明

金右　必不列　田得明　忽都赤

卜羅　王金

副教楊美

掌教滿制金洪
副教秃失

重建禮拜寺記拓本（圖 1、2）北京大學圖書館藏（舊爲繆荃孫藝風堂物，見《藝風堂金石文字目》卷十七）。據繆目原碑在河北定縣城内清真寺，據 1933 年《定縣志》卷廿金石篇下云："石文並佚。"前於繆目著録的，有吴式芬《金石匯目分編》（見卷三補遺），此外再未見有第三家著録。

伊斯蘭教碑刻傳世極少，目前所能見到的共有四種：一爲西安天寶元年王鉷撰《剏建清真寺碑》；二爲此碑；三爲廣州至正十年八月郭嘉撰《重建懷聖寺記》；四爲泉州至正十年吴鑒撰《重修清真寺碑記》。唐碑，清人韓泰華《無事爲福齋隨筆》卷上，及近人陳垣《回回教入中國史略》等書，都考爲僞作。元碑三種，以此碑爲較早，記述伊斯蘭教諸問題，也較詳確，常爲元明兩代石刻和明清以來文獻所引用，只是文字上少有異同而已。因此可以説此碑爲記述伊斯蘭教最早最詳的記録。今舉出碑中關於伊斯蘭教諸問題，加以注釋。

一、"回回人遍天下"　成吉思汗西征後，帶回不少阿剌伯降人，有很多阿剌伯人在元朝作高官、掌大權。同時，隨着軍事的勝利，中西交通大開，阿剌伯商人大量來華，並且可以自由居住，不似以前止限於幾個通商口岸。當時還有不少在華的阿剌伯學者，對於天文、歷法、醫藥、音樂等科學，都有很大的貢獻。前於此碑，有宋末元初周密《癸辛雜識續集》卷上回回沙磧條所記"今回回皆以中原爲家，江南尤多"；後於此碑，有《明史·西域傳》撒馬兒罕國所記"元時回回遍天下"；默德那國所記"迄元世其人回回遍於四方"。由此可知碑文所説"回回人遍天下"，乃是當時的實情，决非誇大其辭。

二、"寺無像設"　宋岳珂《桯史》卷十一番禺有海獠條云：

2. 元《重修禮拜寺記》碑（碑陰）

"平居格日，相與膜拜以祈福，有堂以祀，名如中國之佛而實無像設。"郭嘉《重建懷聖寺記》云："且其不立像教，惟以心傳……今覘其寺宇空洞，闃其無有像設。"（道光十五年《南海縣志》卷二十九《金石略》三，1921年日人森清太郎《嶺南紀勝》頁四十四）吴鑒《重修清净寺碑記》云："其敬以萬物本乎天，天一理無可像，故事天至虔而無像設。"（近人吳文良《泉州宗教石刻》頁二十二，明何喬遠《閩書》卷七引，文字有刪易。）

三、天方國　天方又作天房、天堂，即阿剌伯麥加之克爾白（禮拜寺），稱其地遂以名其國。（明馬歡《瀛涯勝覽》，明鞏珍《西洋蕃國志》，明《寰宇通志》卷一一八，明鄧球《皇明泳化類編》卷一二九，《明史・西域傳》。）

四、"其房四面環拜"　明費信《星槎勝覽》下天方國云："其寺分爲四方，每方九十間，共三百六十間。"（明嚴從簡《殊域周咨録》卷十一，明羅曰褧《咸賓録》卷六，《明史・西域傳》皆引費文）明黄省曾《西洋朝貢典録》卷下天方國云："其禮拜之寺曰天生堂，其堂四方而高廣，謂之愷阿白。"

五、默德納　默德納今譯爲美地那，是阿剌伯半島上一大城市。

六、別諳拔爾　白壽彝《中國伊斯蘭史綱要參考資料》頁二六〇《跋吴鑒清净寺碑記》云："別諳拔爾爲波斯字，劉鬱《西使記》作癖顔八兒，郭嘉碑作擗奄八而，《元史・賽典赤傳》作別庵伯爾，《天方聖教序》作賠昂伯樂，義爲先知者，即所謂天使也。"（羅曰褧《咸賓録》卷六作別諳援爾。援，乃拔之譌。）

七、經文及書體　碑云："其經有三十藏，凡三千六百餘卷，其書體旁行，有真、草、篆、隸之法。"白壽彝《中國伊斯蘭史綱綱要參考資料》頁二六三《跋吴鑒清净寺碑記》云："藏實爲册，部實爲篇，卷則系節也。"馬以愚《中國回教史鑒》頁一七云："回教經典爲阿拉伯文，右行，古來氏語也，字母二十有八，分七音，凡百十有四章，計六千三百三十六節。”按此碑所舉書體，獨多隸體一種，與各種記載只有三體者不同，不知是否筆誤。關於卷數，有三種說法，一即此碑之三千六百餘卷，《大明一統志》卷九十、明鄭曉《四夷館考》卷下、明鄧球《皇明泳化類編》卷一二九、明嚴從簡《殊域周咨録》卷十一、明人《四夷館考》卷上、明陳仁錫《皇明世法録》卷八一、陳仁錫《潛確類書》卷十三、《明史·西域傳》、清傅繼麟《明書》卷三六七，都從之。一爲吴鑒《重修清净寺碑記》所記計一百三十四節，凡六千六百四（明何喬遠《閩書》卷七引四作六）十六卷。《寰宇通志》卷一一八作六千六百餘卷，清俞正燮《癸巳存稿》卷十三作六千六百六十章，似從吴説，而去其尾數。一爲近人馬以愚《中國回教史鑒》頁十七作百十有四章，計六千三百三十六節。

六、關於陰陽星曆醫藥音樂　元、明、清三代文獻與石刻，都提到阿剌伯人精於陰陽、星曆、醫藥、音樂等事，近人納子嘉譯埃及哈桑曼蘇爾教授等原著《伊斯蘭》上卷頁三云：“伊斯蘭教不但尊重理智，並且竭力擁護理智，承認觀察自然的形象，是最高的功德……由所造物，發現造物主及其法度與學識，如心理學、物理學、化學、解剖學、醫學、天文學等，都是能使人成爲有信心的學者，對於這些學問愈有心得，離真宰愈近。”馬堅《穆罕默德的寶劍》頁四九云：“阿拉伯人用實驗和觀察爲治學的方法，故對於自然科學，特别是醫學、化學和天文學，曾有輝煌的成績，把自然科學大大地提高了一步。”二書都對此問題，作了很好的説明。

九、伊斯蘭教傳入中國與傳教之人　伊斯蘭教係何時由何人傳人中國，在阿剌伯人記載中都未提及，據文獻與石刻，不外隋唐兩代。

（甲）隋開皇七年説

吴鑒撰《重修清净寺碑記》云：“至隋開皇七年，有撒哈達阿的干葛思者，自大食航海至廣東，建祠拜天於廣州，賜號懷聖寺。”清劉智《天方至聖實録年譜》卷七、丁澎《天方聖教序》（前書卷卅）、嘉慶廿年胡長慶撰《重修先賢賽爾德墓寺記》（《嶺南紀勝》頁四六），都從此説。

（乙）隋開皇中説

始於此碑，《寰宇通志》《大明一統志》《皇明泳化類編》《四夷考》《殊域周咨録》《咸賓録》卷六、《皇明世法録》《潛確類書》《四夷館考》《明史》等書都從此説。《嶺南紀勝》頁四四郭嘉《重建懷聖寺》云：“至者其弟子撒哈八，以師命東來興教，歲計殆八百。”似亦指在開皇中。

（丙）唐武德説

明何喬遠《閩書》卷七《方域志》靈山條云：“默德那國有瑪喊哈德聖人，門徒有大賢四人，唐武德中來朝，遂傳教中國。”

（丁）唐貞觀二年説

始於“回回原來”，金吉堂《中國回教史研究》從之。

（戊）唐貞觀三年前後説

許崇灝《伊斯蘭教志略》頁五三云：“回教是在西紀六二九年（貞觀三年）前後，由於阿拉伯商人傳到中國來。”

（己）唐貞觀六年説

咸豐二年藍煦譯《西方正學》卷七《旺各思（斡葛思）大人墓誌》云：“西方聖人之母舅也，奉使護送天經而來，於唐貞觀六年行抵長安。”

（庚）唐永徽二年説

始於陳垣《回回教入中國史略》，金吉堂《中國回教史研究》從之。白壽彝《中國回教史》、許崇灝《伊斯蘭教志略》，都不取此説，認爲永徽二年乃朝貢使之始至，不一定爲傳教之事。

（辛）唐肅代二宗朝

丁謙《明史西域傳地理考證》云：“其教傳入中國，當在唐肅代二宗朝，隋開皇時初刱新教，安能遠至數萬里。”

關於傳教之人撒哈伯撒哈的斡葛思：

《明史·西域傳》云：“撒哈八，義爲大宗師。”白壽彝《中國伊斯蘭教史綱要參考資料》頁二七三《跋郭嘉重建懷聖寺記》云：“撒哈八本爲馬合麻從者之稱，其意爲友人或伴侣。撒阿的爲阿拉伯普通人名。”馬以愚《中回教史鑒》頁卅一：“撒哈、撒阿的，斡葛思猶言聖人之徒。”

以上諸説，恐多出於傳聞。如主開皇説者，不知伊斯蘭教創興於大業六年，《可蘭經》乃在穆罕驀德死後（卒於貞觀六年）三年，始由歐墨爾搜集成册，如何能在開皇時有人帶着經文東來傳教？唐代可能性爲大，但也難以確定其爲哪一紀年。至於有稱斡葛思爲穆罕驀德的母舅，更是無稽之談。

原載《文物》1961 年第 8 期

趙州大石橋史料類考

河北趙州大石橋，爲現存最古之單拱發券石橋（一千三百餘年）。雖經後代修補，大體尚仍舊制。其工程之偉大，設計之科學，壘甃之堅致，雕鏤之精巧，久爲國内外建築學家、考古學家所重視。關於研究該橋之論文，就目前所見，已有三篇。工程方面，有梁思成《趙縣大石橋》（見 1934 年《中國營造學社匯刊）第五卷第一期，以下簡稱梁文）；發掘情況，有余哲德《趙州大石橋石欄的發現及修復的初步意見》（見《文物參考資料》1956 年第 3 期，以下簡稱余文）；石刻考釋，有俞同奎《安濟橋的補充文獻》（見《文物參考資料》1957 年第 3 期，以下簡稱俞文）。本篇目的在於搜集史料。凡歷代文獻與石刻之有關該橋史料者，悉予收録，分類編集，以供研究大石橋歷史之參考。

本文分上下二篇。

上　篇

（一）遺跡重修

（二）建橋年代

（三）橋名沿革

（四）石橋描述

（五）歷代修補

（六）工程影響

（七）舊聞逸事

下　篇

石刻著録及考釋

大事年表

上　篇

一、遺跡重修

大石橋由唐至今，多認爲隋匠李春所造，已成定論。惟嘉慶十四年王履泰撰《畿輔安瀾志》[①]，對此始有異議。其説見於該書“寧晋泊、橋渡、安濟橋”條内：“謹案《太平寰宇記》（貫文案：見卷六十）趙州平棘縣下引汶水《水經注》云：‘汶水又東逕平棘縣南，有石橋跨水，闊四十步，長五十步，橋東有兩碑。’[②]汶當洨字之訛[③]。其所引《水經》，今本無之。豈向本有橋，而李春因遺跡而重修之歟?”

今據王説，參以己見，認爲李春因遺跡重修，似屬可能。其理由有二：

甲、由《水經注》逸文所記與大石橋相似推斷爲重修。

宋樂史《太平寰宇記》卷六十[④]引《水經注》逸文云：“汶水又東經平棘縣南，有石橋跨水，闊四十步，長五十步，橋東有兩碑。”所記方位、石制，均與隋之石橋相合。至於長闊，則因古今步之大小不同，測量之準確性有異，（如南宋周輝《北轅録》作南北長十三丈，闊四丈一尺。元陳孚詩作三百尺[⑤]。《嘉慶一統志》作廣四十步，長五十餘步。《畿輔安瀾志》作高二丈五尺，廣二丈八尺，長十五丈。吴燾《游蜀日記》[⑥]引舊志作闊四十步，長五十丈。據吴氏實測，闊不足二十步，長近之。梁思成作37.47米，約十二丈。）實難一致也。

乙、由修橋主題名推斷爲重修。據新出修橋主蘇道□等題名一石、修橋主李彦□等題名一石、修橋主蘇阿名等題名一石（見俞文第十五頁所附圖版），觀其書體人名，皆屬隋代特徵（說詳下篇）。再就題名稱修橋主，尤爲因遺跡重修之證。因一般俗語及文例所謂修，即因舊物重新修理加工之意[7]。更徵之隋代造橋碑題名例，有“大橋主”（大橋主見民國五年《臨沂縣志》卷十二密洪範等橋像殘存）、“營橋人”之分。所謂橋主即出錢造橋之人，大橋主即出錢較多或資望較重之人，營橋人即經營造橋之人。（營橋人見於開皇廿年十二月十五日密長盛等造橋碑。該碑文第五行云：“故今諸營橋卌（下缺）”貫文按故下六字，今拓本缺。此據許瀚《攀古小廬雜著》卷十[8]録文）第十二行云：“諸營橋人等，故能用功（下缺）。”碑陰有“營橋人密金堆”等題名十三行四十三人。（據許瀚《攀古小廬雜著》卷十，係據道光十八年拓本，與今拓本完缺不同。）可見題名名稱極有分別。今大石橋題名三石，不曰“造橋主”“營橋主”，而曰“修橋主”，其故可知。

由此兩點推斷，王履泰“遺跡重修”之說，當可信從。就其基址言，雖屬重修，就其工程言，仍是新創也。

二、建橋年代

大石橋建築年代，綜合古今，共有四說：

甲、隋代

唐開元十三年至十七年（說詳下篇），張嘉貞《石橋記》云：“隋匠李春之跡也。”

乙、隋大業初年

俞文考爲大業初年，其所持理由，據修橋主題名殘石中之人名、書法等特徵，官名之設置興廢（如校尉、驍騎尉、雲騎尉等）斷爲興修當在隋文帝開皇九年至隋煬帝大業三年内。因在此前後此種官職皆不存在。（櫽括大意，詳見原文。）

丙、隋大業

元初郝經《郝文忠公陵川集》[9]卷十《趙州石橋》詩云："大業至今七百年。"

明嘉靖四十二年孫人學撰《重修大石橋記》拓本第二行云："隋大業間石工李春所造也。"

清同治元年陳鍾祥《趙州石刻全録序》[10]云："橋爲隋大業時建修。"

丁、隋大業二年前

宋人《寶刻叢編》卷六《隋欒州使君江夏徐公碑》，郭士威撰，侯彦直分書。大業二年丙寅七月十五日立在汶（洨）河石橋前。宋人《寶刻類編》卷一作郗士威撰，大業三年七月十五日立。越。（越即越郡，當爲趙州之訛。）《金石録目》卷三、第五百廿一：《隋欒州使君江夏公碑》，侯彦直書。大業二年十月。據《寶刻叢編》所言，大石橋當在大業二年七月前已存在。

戊、隋大業三年季春

清洪良品《北征日記》[11]云："同治十一年正月初九日……入趙州界，過大石橋……有兩碑，叙言此橋爲隋大業三年季春建。……其碑明嘉靖時題記。"

以上五家所言，張文僅稱隋代，未舉年號。郝詩始提出大業，惜未説明系大業某年。據《郝文忠公陵川集》此詩之前後有干支可考者，知當作於憲宗八、九年之間。集中此詩之前數首爲乙卯（憲宗五年）九月十九日登泰山太平頂，戊午（憲宗八年）清明大城南讀金太祖睿德神功碑。其後爲東坡先生畫像，題下原注："曹州教授王安仁所藏，己未（憲宗九年）六月一日題。"郝氏所處時代既早，見聞自必真切，其説可從。孫碑與陳序大業之説即出自郝詩，或别有所據，今不可知。俞考與郝、孫、陳、洪四家之説，不謀而合，最爲精審。洪氏大業三年季春之説，係據嘉靖時碑文所記，並未説明系嘉靖某年何人所撰，不知所見是否即嘉靖四十三年翟汝孝《重修大石橋記》中之"嘉靖己未（廿八年），郡守沈公應元勒文於石”之碑。其所據碑文來源雖不明，然俞文據官名之興廢，考此橋興修當在開皇九年至大業三年之間，則洪氏所見碑文中大業三年之説，似不爲無因。

今綜合衆説，斷爲大業元年或二年七月十五日之前所建，而暫不取季春之説。因季、李二字形易相混，尚有待於他日新材料之發現，方能解决此一疑問。明朱國楨《湧幢小品》卷六橋：“趙州石橋成唐大足間。默啜破定州，南奔石橋。馬伏地不進，見橋上青龍獰攖奮怒，虜恐遁去。”引用有謬誤，不足據。

三、橋名沿革

宋以前橋名，有“通名”與“專名”之别。凡屬石製之橋，皆名爲石橋或石梁。專名者，即冠以名詞、形容詞等之謂也[12]。通名其例最多，今略不舉；專名雖有其例，尚未普遍，至宋始盛。知在隋、唐、宋、金四朝，實各有其不同之名稱。隋、唐兩代，僅有通名，至宋始賜專名。現説明如下。

甲、隋代

隋代大石橋原名，據隋以前與當時造橋碑碑題，可以推得之。今所見者，其例有二：

通名例，如某人等造橋像碑：河南沁陽縣東魏武定七年武德於府君（子建）造義橋石像碑[13]。碑額刻浮雕天宫像，右側有“民望碑像主樂僧、天宫像主馬輔國”等題名。碑文第十九行云：“運石立碑，敬鎸圖像。”山東鄒縣隋開皇六年兖州高平縣石里村仲思那等造橋碑[14]。碑額浮雕一佛二菩薩像，額左上方有“佐（左）箱（厢）菩薩主仲義機，上坎（龕）像主仲子業”等題名。額右上方有“右箱菩薩主周伯奇”題名。碑文第十二行云：“漏佛兩坎，相得百工。左右侍衛，八部備足。藉此橋像，福及那等。”山東臨沂縣隋開皇九年《兩村法義廿一人造橋殘碑》[15]，碑文第十五行云：“合敬造交龍碑像一區，瑩飾真容。”山東臨沂縣隋開皇廿年《密長盛等造橋殘碑》[16]。碑額浮雕佛像，碑文上端有“大齋主密長盛、大橋主逢盡望”等題名。山東臨沂縣《密洪範等造橋殘碑》[17]。碑額上端有“大橋主李欽貴、大齋主密誕、左箱菩薩主師三妃、右箱菩薩主高敬侍”等題名。

以上五例中，除第一例明標爲《武德于府君等造義橋石像碑》外，其餘四例，據碑題、碑文、碑額刻像，以及題名中有大齋主、像主、菩薩主等，可推知爲橋像碑。所謂義橋者，以出資造橋，在世俗爲義舉。橋像者，以造橋在像教爲功德，故每於額上刻佛像，以邀福佑。此風至宋以後始泯[18]。專名例，如某水石橋碑：山東東平縣在唐時有仁壽二年造之清水石橋，見於唐李吉甫《元和郡縣圖志》卷十[19]須昌縣、東平，河北南和縣有開皇十六年以前大隋洺州南和縣澧水石橋碑，開皇十八年大隋邢州南和縣澧水石橋纍文碑[20]。由以上例證推測，大石橋在當時仍無專名，只具通名，似應名爲洨水石橋，或洨河石橋。復據新出土之題名三殘石盡屬修橋主等題名，而不見齋主、碑像主、菩薩主等名稱，又可知其非某人等造某水橋像碑也。

乙、唐代

大石橋在唐代似只名“石橋”，由張鷟《朝野僉載》默啜破趙定條有欲南過至石橋、張嘉貞柳渙合著之《石橋記》、崔恂《石橋詩》刻、劉超然《新修石橋記》等例可證。至張彧之《趙郡南石橋銘》、李翺之《趙州石橋銘》，所謂趙郡、趙州，乃指所在地而言，仍非“石橋”之專名也。

丙、宋代

南宋初，周輝《北轅録》云：“元祐間賜名安濟。”（明初陶宗儀《説郛》引作安濟橋。）據此，可知安濟橋之名實始於北宋元祐間。至清康熙、光緒二《趙州志》《藝文志》録唐人張嘉貞、柳渙、李翺、張彧四家之《石橋銘》，悉改爲《安濟橋銘》，當由於未見《周書》，故有此誤。

丁、金代

元廼賢《河朔訪古記》[21]上云：“趙州西門外平棘縣境有永通橋，俗謂之‘小石橋’，方之南橋（貫文按：指南門外之石橋）差小，而石工之製，華麗尤精。清洨兩水，合流橋下。此則金明昌間趙人裒錢而建也。建橋碑文，中憲大夫致仕王革撰。左後有小碣刻橋之圖。金儒題咏並刻於下。”由廼賢所記可知“小石橋”者，乃對“大石橋”而言。以一地而有形制相同之二橋，易滋混淆，故於南門外之石橋加大字以别之。是大石橋之名，乃始於金明昌間。

四、歷代描述

關於大石橋之描述，據歷代文獻與石刻所載，雖各據所見，片段不全，然合而觀之，猶可仿佛見其大概。今按時代先後，列舉於下：

甲、唐代

崔恂《石橋咏》石刻拓本，第十三、十四兩句云：“寧營浮柱設，詎假造舟爲？”第廿一至廿四句云：“□鎸起花葉，模寫躍蛟螭。□矗平如砥，下穹圓甚規。”第廿七、廿八句云：“仙鶴臨華表，辭人訪古碑。”按崔恂等人詩刻凡二石：一石爲劉義□酬崔詩，剥泐不成句。詩後有□元八年九月等字。俞文據《舊唐書·德宗本紀》有貞元八年七月天下大水災事，考爲開元八年可能性大。其所持理由爲：“但貞元八年七月河北方鬧大水災，石橋且被冲毀。崔恂決不能於八年九月過此橋，只見其壯麗，而不見其被破壞的道理。”今復據崔恂父崔玄籍墓誌記載其葬於聖歷二年，第五子益州參軍恂等語[22]，以其父葬年崔恂已出仕下推至開元八年，崔恂至少應在五十歲左右，情事正合。如認爲屬貞元八年，則崔恂已達百歲之上，恐無再出行至趙州之理，今亦斷爲開元八年之事。

唐人描述石橋以此詩爲最早，亦以此詩爲較詳。“浮柱”一句指爲無柱之券橋。“花葉”“蛟螭”指橋欄板之雕飾。考隋代造橋碑中亦有對形制的描述。如山東鄒縣隋開皇六年兗州高平縣石里村仲思那等造橋碑拓本第十一行云：“又採石荆山，訪匠周隨。福力自天，名師忽至。圖龍者看若乘虛，模花衆蜂競集。”河北南和縣開皇十八年《大隋邢州澧水石橋纍文碑》拓本第廿五行云：“□雕寶柱，楯鏤花□。”皆爲此類例證。

崔詩中所述雕龍欄板多已不存。今所見者，係出後代配補，多非原物。據余文載，自1953年以來在河床中挖出大小橋石凡1200多塊。其中有少數較精較古之石刻，爲各式雕龍欄板（余文分爲四類：龍頭、奔龍、交龍、絞龍等）七塊，“大都是打破了的”，證以余文所附欄板圖版，盡屬斷碎，最多有碎爲七塊者。而所雕龍形，並無剥損殘缺，仍精致如新。似其破壞出於人爲，並非天然。考其致毀之由，恐與宋徽宗大觀年間禁令有關。據宋人記載，自大觀以後，“忌諱日廣”。民間禁用君、主、皇、王、天、上、玉、龍、聖、萬年、萬壽、萬載等字[23]，凡士庶名字[24]、寺觀[25]有犯以上等字者，悉皆改易，犯則重加之罪[26]。於是橋梁有雕龍者鑿去之[27]，壁畫塑像儀仗之類用龍飾者圬墁改易[28]。地名有龍字者另更新名[29]。甚至藏經中有犯上述字者，亦皆剪去[30]。所禁之字既多，施禁之時不一[31]。大抵由大觀以迄宣和三年，至宣和七年七月一日始詔解禁[32]。因疑大石橋雕龍欄板之被毁當在此十餘年間。

“下穹圓甚規”，乃描述券洞之辭。

“仙鶴臨華表”，謂上下橋口兩旁華表上端之立鶴。考古代橋口兩旁每立華表。此制常見於文獻、石刻、古畫中，舉例如下。

文獻中之華表

《永樂大典》卷一一一三三，《水經注》洹水（建春門石橋）橋首建二石柱。橋之右柱銘曰……馬市石橋，南有二石柱，並無文刻[33]。（貫文按：此石柱疑即華表。）東魏楊衒之《洛陽伽藍記》

卷三永濟橋條："南北兩岸有華表，舉高二十丈。華表上作鳳凰，似欲沖天勢。"[34]（《元河南志》卷三："洛陽門外四里，至洛水浮橋，號永濟。神龜中，常景爲銘。南北兩岸，有四華表，舉高二丈，上作金鳳凰。"[35]）按此華表疑是木制，上作鳳凰，與後代作仙鶴者不同。僅此一例，不知是否誤以鶴爲凰。明陶宗儀《説郛》卷五二隋杜寶《大業雜記》云："上有通仙橋五道，時人亦謂之五橋。橋南北有華表，長四丈，各高百餘尺。"[36]

《禮記·檀弓下》："三家視桓楹。"唐孔穎達疏云："《説文》：桓，亭郵表也。謂亭郵之所，而立表木謂之桓。即今之橋旁表柱也。"

《文苑英華》卷四十六：唐閻伯嶼《河橋賦》云："華表上征，殊馬援之標界。"又唐陸肱《萬里橋賦》云："揭華表以相效，刻仙禽而對立。"[37]唐杜甫《杜工部詩集》卷十《陪李七司馬皂江上觀造竹橋即日成，往來之人，免冬寒入水，聊題短作，簡李公二首》其一云："天寒白鶴歸華表，日落青龍見水中。"[38]唐白居易《白氏長慶集》卷七十一《和李相公留守題漕上新橋六韵》云："影定欄杆倒，標高華表齊。烟開虹半見，月冷鶴雙栖。"[39]查劉宋劉敬叔《異苑》卷三："晋太康二年冬大寒，南洲人見二白鶴語於橋下曰：'今兹寒不減堯崩年也。'於是飛去。"[40]杜詩、白詩或引此典。

石刻中之華表

河南沁陽縣武定七年《武德于府君等義橋石像碑》拓本第十六行云："修柱揭以插泉，華表鬱而軼漢。"山東濟寧縣開元二十六年任城縣橋亭記拓本第三行云："夾以末欄，揭以華柱。"[41]山西靈石縣咸通十三年《河東節度使高壁鎮新建通濟橋記》拓本第二十行云："創置門屋，立鎖鑰，安華表柱。"[42]陝西藍田縣萬曆四十五年郭漱六重摹宋郭忠恕臨王右丞《輞川圖》，其中輞口莊園内，上下橋口兩旁各有二華表。[43]

古畫中之華表

故宫藏宋張擇端《清明上河圖》、近人王徵藏元王應鵬《金明池圖》[44]、故宫藏元人《龍舟奪標圖》[45]，上下橋口兩旁各有二華表，上端皆刻立鶴。

現存古橋之華表。

今北京宛平縣之盧溝橋，上下橋口兩旁各有八棱形石刻二華表，高約一丈五尺，上刻立獅（據吕遵諤先生代爲調查）。按此橋爲明昌三年建，明、清兩代屢經重修。此四華表是否原制，待考。

由上述諸例，可知古代橋旁本有建立華表之制。其制有木與石，上端有刻鶴與獅。趙州大石橋橋旁之華表，至元和郝經趙州石橋詩尚有"摩挲華表空泫然"之句。惟不知亡於何時。據崔恂詩僅知其上刻立鶴，爲木爲石，形制若何，皆無從考見。

辭人訪古碑，謂大石橋附近之古碑。此古碑爲何？據《水經注》佚文，則有橋南二碑。據宋陳思《寶刻類編》卷六[46]引《復齋碑録》：趙州，則有隋欒州使君江夏徐公碑（郝士威撰，侯彦直分書）大業二年丙寅七月十五日立，在汶（貫文按，當爲洨）川石橋前。復據古代造橋通例言，則大石橋當時應有造橋碑；再就新出之修橋主題名言，亦更應有造橋碑，今獨無者，恐是亡佚不傳耳。古代造橋立碑，其例如河南沁陽縣武定七年《武德于府君等義橋石像碑》拓本第十九行云："乃運石立碑，敬鎸圖像。"山東鄒縣隋開皇六年《兖州高平縣石里村仲思那等造橋碑》碑文第十二行云："藉此橋像，福及那等。"山東臨沂縣隋開皇九年《兩村法義廿一人造橋殘碑》碑文第十九行云："恐今名滯墜，舊字難存，故勒碑刊文，寄傳（下缺）。"河北南和縣開皇十六年以前大隋《洺州南和縣澧水石橋碑》拓本第二十一行云："於是立碑路側，以彰厥庸。"山東臨沂縣隋密洪範等造橋殘碑云："建立華碑。"又頌曰："橋碑畢願，刊石題名。"

由上述諸例觀之，是造橋立碑，本爲彰功留名計。如此精工之巨橋，何能例外。崔恂詩中所訪之古碑，今無從知其究指何碑。

開元十三年至十七年張嘉貞《石橋記》云：“制造奇特，人不知其所以爲。試觀乎用石之妙，楞平碣鬬，方版促鬱，緘穹隆崇，豁然無楹。吁，可怪也。又詳乎義插駢坒，磨礱致密，甃百象一，仍糊灰璺，腰鐵栓，蹙兩涯，嵌四穴。蓋以殺怒水之蕩突，雖懷山而固護焉，非夫深智遠慮，莫能創是。其欄檻華柱，錘鑿龍獸之狀，蟠繞拏踞，睢盱翕欻，若飛若動，又足畏乎！”

張文對於李春之工程設計備極推崇，觀其所述與今所見之大石橋形制，誠爲所言。非夫深智遠慮，莫能創是。據張文所記，該橋之特點有三：

（一）豁然無楹。謂爲憑虛無柱之券橋。

（二）糊灰璺。謂石之縫隙用灰糊之。腰鐵栓。謂兩石銜接處用鐵錠固之。《營造法式》卷三十記載有：“木艮錠”“暗鼓卯”，即此種鐵栓。《清明上河圖》中的橋墩上也畫有這類鐵栓。

（三）嵌四穴。謂大券兩旁各開有兩個小券。

以上三點中，第一點，梁文引《水經注》谷水，（晋）太康三年十一月旅人橋有“悉用大石，下圓以通水”等句爲證，疑是最早之券橋。復證以漢代畫像磚、畫像石中之橋，亦僅有平背之拱橋，而未見圓背之券橋[47]。是券橋之制，恐始於漢以後。第三點，大券旁之小券，除用以殺怒水之冲擊外，尚有减少材料，减輕荷載之作用。至武則天時，李昭德重修洛陽利涉橋，壘石代柱，後鋭其前，以分水勢[48]，開今日分水金剛墻之先河，其作用正同。此種嵌四穴之制，在近代橋梁建築上名爲敞肩拱。趙州大石橋使用敞肩拱早於歐洲九百餘年。至第二點，求之隋以前文獻與石刻，尚未之見。惟自宋以來造橋，每有用“糊灰璺，腰鐵栓，嵌四穴”之制，當受李春影響無疑。《説郛》卷五七隋杜寶《大業雜記》：“南臨石瀉口……並有青大石，長七八尺，厚一尺，自上至下，積三重，並用大鐵爲細腰，互相鉤牽，亦非常之牢固。”1955 年第

11 期《文物參考資料》郭瑞恒《在參加趙縣安濟橋修繕工程中的幾點體會》一文中記載："拱背上發現各圈之間有腰鐵相連，防止横向移動。西側外向主拱上有四根鐵條頭外露。四小拱頂各一根。東側亦有鐵條痕跡，想系東西相連，以防移動。"

開元間張鷟[49]《朝野僉載》云："趙州石橋甚工，磨礲密致如削焉。望之如初月出雲，長虹飲澗。上有勾欄皆石也。勾欄並爲石獅子。龍朔年間，高麗諜者盗二獅子去。後復募匠修之，莫能相類者。"今就新出土橋欄望柱頭所雕之立體獅子觀之，極爲精巧生動，宜其仿製之莫能相類。所稱爲高麗諜者盗二獅子，恐出訛傳。或者即出於當地人之所爲而諉責於高麗諜者耳。

建中三年張彧《石橋銘》云："敞作洞門，訝爲石竇；窮睬莫算，盈紀方就。"文中所謂"洞門""石竇"乃指大券與小券而言。最重要者即"盈紀方就"一語，是此橋用功至十二年始成也（由大業三年上推十二年，當興工於開皇十六年）。如此巨橋，原非短期可成。徵之石刻，亦有此例。如河北南和縣開皇十六年以前《大隋洺州南和縣澧水石橋碑》拓本第十六行云："以開皇十六年龍集於淵獻，月纏於降婁，爰共經始，數年方就。"即造橋碑用功歲月之例。

乙、宋代

宋人記載大石橋形制，多見於南宋使臣使金之記録中，時趙州已淪陷於金，爲出使往返必經之路，故其所記多翔實可信。

洪皓《鄱陽集》卷一《洨河石橋》詩云："洨河建石橋，可但驢馬渡。長耳留蹄涔，嗟我來何暮。四隅柱干霄，停驂俯一顧。上鏤過客名，旁鐫海怪怖。開元雙柱折，隸畫尚堅固。神物久護持，趙人速（晦木齋校本疑誤）驚謼。泉南應伯仲，松江無説處。引領渺烟波，恨不奮飛去。"[50]此詩未標紀年，據宋李心傳《建炎以來系年要録》卷廿三云："建炎三年五月乙酉，起復朝散郎洪皓爲徽猷閣待制，假禮部尚書，充大金通問使。"[51]《宋史·高宗紀》亦云：建炎三年五月乙酉，起朝請郎洪皓爲大金通問使（文字簡略）。朝散郎作朝請郎，未知孰是。其子洪適在《鄱陽集》後跋語云："先君以建炎己酉（三年）出疆（使金），時年四十有二矣。"復據集中紀行詩之地名次第考之[52]，則此詩可確知爲使金途中所作。

長耳留蹄涔，謂張果老驢蹄跡。四隅柱干霄，謂上下橋口兩旁之各二華表。上鏤過客名，謂華表柱上之題名。此類題名，今皆不存。旁鎸海怪怖，謂橋欄板上所鎸之海怪，今亦不可見。開元雙柱折，疑俞文中之赫赫張公殘石柱可能即洪詩所見之開元雙殘柱之一。此柱俞文據文意似歌頌張姓宰相，字兼古隸變體，又多别體，不等邊八棱刻石等特徵，疑爲頌揚張嘉貞之作。更有一特徵，可補俞説未備者，即檢校僧釋長樂六字，刻柱之正面小方塊上。按檢校爲六朝唐人習用語，猶今言照料、辦理之意，常見之石刻中，如山西長治縣存儀鳳三年《大唐聖帝感舍利銘碑》題下又檢校官人司馬戴安本[53]，浙江宣平縣存開元五年《贈歙州刺史葉慧明碑》碑末有檢校樹碑侍者洪州翊真觀主盧齊物[54]，山西介休縣開元廿年《汾州抱腹寺碑》碑末有檢校造碑僧思本[55]等。其例皆與此相同。或有以此殘柱乃正書，而非隸書爲疑者。不知自六朝以來，即自魏晋以後之正書爲隸書也（説詳下篇）。

泉南應伯仲，謂此橋可與福建泉州嘉祐四年所建長三千六百尺之萬安橋相伯仲[56]。松江無説處，指江蘇蘇州慶曆八年所建，治平三年重修長千餘尺之吴江長橋[57]。

洪適《盤洲集》卷五《次韵趙州石橋》云："訪古汶河上，聊忘道路遥。仙踪嘗策蹇，海怪或鎸鰲。濟遠徒杠小，憑虚亂石穿。何時冠蓋集，一洗犬羊臊。"[58]此詩據《宋史·孝宗紀》，知爲隆興二年十二月出使賀金主生辰途中所作。

仙踪嘗策蹇，謂張果老騎驢過大石橋事。海怪或鎸鰲，謂欄板雕飾，與其父洪皓詩中所言相同。憑虚亂石穿，謂憑虚架石爲橋。

乾道五年樓鑰《北行日録》卷上云：“十二月十八日，去趙州五里，使副以下觀石橋。橋有石欄，高三尺（武英殿聚珍本作二尺）餘，上分三道，下爲洞橋。兩馬頭又各爲二洞。旁爲小亭，板閣以入。石理堅致，題刻甚衆，多是昔時奉使者。有云連鵬舉使大金至絶域，實居首選宣和六年八月。亦有天會中回謝大齊使人留題（略），不能盡讀。橋上片石有張果老驢跡四。”[59]樓氏所記，有可注意者六點：

（一）上分三道。語簡而意不明。證以范成大《攬轡録》“（燕京玉石橋）橋上分三道，皆以欄隔之，雕刻極工。中爲御路，亦攔以杈子。”元柳貫《柳待制文集》卷十四、《瑞州新修仁濟橋記》云：“（泰定四年）列樹兩柵，分爲三逵（道），節東西行者不得方軌並駕，以撼振致害。”[60]又梁思成實地調查所記，橋面有三股道，正中走車馬，兩旁行人，方始明顯，與今之交通規則正同。而柳貫所言防止“撼振致害”一説，則是已經認識到共振作用對於建築物，特别是對橋梁的破壞，值得科學技術史研究者予以注意。

（二）兩馬頭又各爲二洞，謂橋之兩端旁岸處，大券之旁，各開兩小洞。

（三）旁爲小亭。此亭今不存。據范成大《攬轡録》：“（燕京玉石橋）兩旁有小亭。”繆荃孫藝風堂舊藏大石橋題刻，其中元初鎮守邢臺等字殘石拓本第五行，有“此亭盤桓少憩”句。如此則此亭元初尚在。按古代橋亭有兩種，一建於橋上正中間，即所謂橋亭；一建於橋旁。此二種皆爲休憩行人、遮蔽風雨而設。樓記中之亭爲何時所建，今不可考。元程鉅夫《雪樓先生文集》卷十一《建昌路重建太平橋記》云：“郡東舊有橋，横江之壘十，有跨梁之楹七十有三。中爲亭，東西爲門。至元丙子毀”。[61]（四）板閣，據宋、元人建橋碑記載，知橋上或橋梁旁有建祠祀神佛之制，未詳起於何時。如宋潛説友《咸淳臨安志》卷廿一馮檝《北關中興橋記》云：“於橋之東建一小閣，屋二厦，安諸天聖像。下接待雲游僧道。”[62]洪邁《夷堅支癸》卷三蔡七得銀器條：“即開橋上小佛堂。”[63]元程鉅夫《雪樓先生文集》卷十三《升平橋記》：“又爲庵其涯，以祠石佛。廩道者守之。”虞集《道園學古録》卷九《興雲橋記》云：“植欄楯，表門闕，飾神祠。”[64]陶宗羲《輟耕録》卷廿六重修吴江長橋條：“經始於泰定乙丑（二年）二月間，期年而後成。後九年，州守的斤海牙作鉅閣，奉觀音像於上。”[65]嘉慶十五年《灤州志》卷八藝文萬曆知州張元慶（十四年任）《承流橋記》云：“復建關帝廟於橋南，春秋祀。”近人高淙迂叟《汾陽縣金石類編》卷十五崇禎十五年《汾陽攀龍橋記》云：“橋西建閣爲文昌閣。”[66]今大石橋南端岸上有關帝閣，梁文據其手法，斷爲元末明初所建。

（五）宣和、天會兩題名（説詳見下篇）。

（六）橋上片石有張果老驢跡四。據余文插圖六，衹有驢跡二，與此不合。

又樓氏《攻媿集》卷七十跋安光遠所藏祖廉訪詩跋云：“某（武英殿聚珍版作鑰）頃以假吏過趙石橋，色深碧而累甃堅致，中爲出洞跨水，兩旁橋基，多爲小洞三，若品字。洞中多前良題刻，不能詳記。”

樓氏此跋與《北行日録》所記大致相同。色深碧，似指石橋所用石料之色。小洞三，三當是二之訛。若品字，謂由橋之一端自上下視，一大洞二小洞若品字形。洞中多前良題刻，謂宣和、天會諸題名。

范成大《石湖居士集》卷十三《趙州石橋題下》原注云：“在城南洨河上，以鐵筍卯貫石，卷篷不類人工。”該詩云：“石色如霜鐵色新，洨河南北尚通津。不因再度皇華使，誰洗奚車塞馬塵。”[67]

據宋韓淲《澗泉日記》卷上[68]、范成大《攬轡録》及《宋史

・孝宗紀》，知范詩作於乾道六年九月使金途中。《宋會要輯稿》第九十册職官五一國信使："乾道六年閏五月九日詔起居舍人范成大假資政殿大學士醴泉觀使充奉使金國祈請國信使。"又據《宋史》所載，范成大無再次使金之行，此詩之第三句再度皇華使，乃指回程所言。鐵筍卯，即張嘉貞文之鐵栓。石色如霜，與樓記色深碧不同。據余文所記，發現之橋欄板皆是石灰石。色帶青潤或灰白，豈其由於石橋各部所用石料不一，又各就所見，故其所記亦不一歟？鐵色新，謂鐵筍卯，其色如新。此事恐與英宗時鑿取橋鐵有關。《宋史・方伎傳・僧懷丙傳》："趙州洨河石橋，鑿石爲橋，镕鐵貫其中，（略）歲久，鄉民多盜鑿鐵。"據此，鄉民既鑿取鐵，自必另易新鐵。由英宗治平元年（宋吴曾《能改齋漫録》卷十三、河中府浮橋條：英宗時有真定僧懷昺[69]。按吴氏未言系英宗治平某年，英宗在位四年，僅一改元，今姑定爲元年。）由英宗治平元年至乾道六年，爲時一百零六年，故尚能有鐵色之咏。若中間不經更易，由大業三年至乾道六年爲時五百六十三年，鐵既不能歷久不壞，更不可能色澤如新也。

周輝[70]《北轅録》云：至趙州（略）未至城五里，渡石橋。石橋從空駕起，工極堅致，南北長十三丈（梁文約十二丈），闊四之一，（據《歷代小史》本卷六四[71]、《續百川學海》本[72]、《古今説海》、《説選》卷十八[73]、清錢曾藏舊抄本[74]作闊四丈一尺）實隋人李春所造（"歷代小史"本作實隋匠人李春所造）。元祐間賜名安濟，有張果老驢跡。周輝《清波雜志》三載，周輝淳熙丙申（三年）從使節出疆，回程當三月中下旬[75]。

上文中所記橋之長、闊與賜名安濟等爲其他各書所無，僅見於此。

丙、元代

郝經《郝文忠公陵川集》卷十《趙州石橋》云："輪囷太古緑玉月，半播水面不挂天。一矼一段數十丈，大業至今七百年。深銜密匝無罅隙，嵌磨妥帖堅且圓。仰視壓面勢飛動，勁欲拔起疑墜顛。鬼功神力古未有，地維欲絶還勾連。蛟龍辟易洚水伏，細致參錯如新鎸。彩虹不散結元氣，海捧縹緲纏蜚烟。冲風倒景鯨背摇，金瀾滉瀁青環偏。乾坤壯觀全趙雄，幾回笑殺秦人鞭。往來細讀張相碑，直與北嶽相輊軒。先君有詩不忍看，摩挲華表空泫然。”考此詩作於憲宗八、九年間。

郝詩極爲詳盡重要。緑玉月，形容石橋之狀與色。“一矼一段數十丈”，據宋周輝所見（十三丈）及今人梁思成所測（約十二丈），實失之厚誇。大業至今七百年，由大業三年至蒙古憲宗八、九年，實爲六百五十一、二年，言七百年，舉其成數也。由“深銜密匝無罅隙”至“幾回笑殺秦人鞭”諸句，多爲贊美石橋工程之堅致，形勢之雄壯，設計之工巧，直疑鬼功神力，誠屬亘古未有之創製。往來細讀張相碑，乃指張嘉貞之《石橋記》。此刻見於宋鄭樵《金石略》卷中《石橋記》，張嘉貞文、柳讀銘，邢州[76]；宋陳思《寶刻叢編》卷六引訪碑録、趙州、唐《石橋記》，唐張嘉貞撰，柳識書，可知本刻石至元初尚存。“先君有詩不忍看”，謂經父思温。《郝文忠公陵川集》卷卅六《先公行狀》云：“先父諱思温，字和之。（略）初成童，與河東元好問從先大父（天挺）學。先父生平喜爲歌詩，徜徉跌宕以自樂，而多散逸，得遺稿一百廿篇。”又據“行狀”，思温卒於戊午（憲宗八年）十一月廿八日。今郝思温詩已不存。摩挲華表，知大石橋華表至元初尚存。

王惲《秋澗先生大全集》卷十七趙州石梁云：“華表亭亭擁石麟，車書萬里此通津。天垂螮蝀蜷千尺，月吐蟾蜍隱半輪。片石鞭來能濟海，大臣當用合横身。征鞍歸路明年事，一片春風柳色新。”[77]

按王惲集爲其子公儒按年類編[78]。此詩之前三首爲觀光三首，題下原注云：“十三年都下作。”卷十八第一首爲《哭節齋陳公》五詩，題下原注有“至元丁丑（十四年）歲九月七日”語。復據子公儒撰王惲神道碑有十三年奉命同陳節齋考試河南五路儒士事[79]，與此詩末兩句合觀，知該詩作於至元十三年按試河南，途經趙州時作。《秋澗先生大全集》卷四十三《雪庵裕公和尚語録序》中亦載："至元丙子夏，余考試河南，由汝抵洛。"

"華表亭亭擁石麟"，與唐崔恂詩中所稱"仙鶴臨華表"所見不同。據唐代詩人杜甫、白居易等詩，陸肱賦，宋張擇端《清明上河圖》，元王應鵬《金明池圖》，元人《龍舟奪標圖》等可知橋梁華表上端皆刻立鶴，而未見所謂獸形之麟，若非王氏誤記，則出自後代配補。今宛平縣盧溝橋華表上端刻立獅，與此爲近。或謂華表擁石麟指橋望柱上之蹲獅。獅與麟，縱有相似，然華表與望柱實不容不辨。

陸友《硯北雜志》云："趙州石橋，色深碧，而累甃堅致。中爲大洞跨水，兩旁橋基各爲小洞三，若品字，多前人題刻。"[80]書首有陸氏自序云："元統元年冬還自京師，索居吴下。（略）明年春二月丁卯平江陸友序。"可知此記載作於元統初。此記載全轉録宋樓鑰《攻媿集》卷七十跋安光遠所藏祖廉訪詩跋中語。統觀陸友全書多屬轉録舊文，以彼例此，恐陸氏足跡實未至趙州。

迺賢《河朔訪古記》卷上云："趙州城南五里平棘縣境，通津有大石橋曰安濟。長虹高跨通衢，上分作三道，下爲環洞，而堍復爲兩洞。製作精偉，闌楯刻蹲獅，細巧奇絶。華表柱上宋臣使金者題刻甚多，不能盡讀。有刻曰連鵬舉使大金，至絶域，實居首選，宣和八年八月壬子題。橋上片石有驢蹄跡四，世所（各本作所世，從《粤雅堂叢書》本改）傳神仙張果老之跡。或云當時匠者之戲。匠者曰李春，隋時人也。張果老，《列仙傳》云（今本《列仙傳》無此文）：果老，真定蒲吾人，隱封龍山。唐高宗召不起。明皇迎入禁中，賜號通玄先生，後不知所終。今真定平山縣東十三里有蒲吾古城，即果老居也。"按此記據《乾坤正氣集》卷一三四元劉仁本《羽庭集》。"《河朔訪古記》序云：乃至正五年挈行李，出浙渡淮，溯大河而濟，歷齊、魯、陳、蔡、晋、魏、燕、趙之墟，（略）乃歸之日，黄河南北已有賈魯畚鍤之擾。”[81]賈魯於至正十一年以工部尚書總治河防使，發軍民十七萬治黄河。事見《元史·賈魯傳》《元史·順帝紀》《元史·河渠志》等，可知廼賢出游河朔始於至正五年，止於十一年。

記中所云“上分作三道”與宋樓鑰、今人梁思成所記並同。“闌楯刻蹲獅”，知原雕刻護欄在元至正年間尚存。稱“細巧奇絶”，證以今日出土材料，誠非溢美。又知宋臣使金者題名，多刻於華表柱上。至張果老蹄跡四“或云當時匠者之戲”，亦是廣異聞。

丁、明清

明清兩代記載，多沿襲舊文，僅舉數例，以見一斑，不求備也。

明景泰七年《寰宇通志》卷四云：“安濟橋在趙州城南五里洨河上，一名大石橋。李春造。相傳唐人張果老嘗騎驢過此，驢跡尚存。有元杜瑛詩：人世變更仙跡在，水獸畏避浪頭低。”[82]

明天順五年《大明一統志》卷三云：“安濟橋在趙州南五里洨河上，即大石橋。相傳昔張果老嘗騎驢過此橋，所踏跡尚存。”[83]

明弘治六年《趙州志》卷一云：“橋名安濟，在城南五里，即大石橋也。隋人李春所造。規制奇妙。世傳張果老騎驢過此。有遺跡在石上，故名。”[84]

明隆慶元年《趙州志》卷二云：“安濟橋在州南五里洨河上，一名大石橋，乃隋匠李春所造。奇巧固護，甲於天下。上有獸跡，相傳是張果老倒騎驢處，未知是否。按果老隱中條山，往來邠晋間，得長生秘術，又常見於恒山中，則其偶過於此，亦或有之。而後人欲神其事，因爲之傅會云。”[85]

清康熙十二年《趙州志》卷八明萬曆廿五年冬州人張居敬《重修大石橋記》云：“余趙城南距五里有洨河。河有橋名安濟，一名大石，乃隋匠李春所造云。橋跨截河流，抵北長二十丈。石甃磨礱，備極固護。翼以扶欄，爲其長之數而兩之。其制穴竇嵌空，不擾而駕。中一空如斷環，可十五丈。兩脅二大穴，摩頂二小穴，用以殺怒水蕩突。昔人謂爲初月出雲、長虹飲澗。此得橋之概者也。"[86]該記較以上各志記載爲詳。所云兩脅二大穴，摩頂二小穴，描述極正確，爲前人所未道。

清康熙十二年《趙州志》卷二，文録同隆慶《趙州志》。

清乾隆廿九年《大清一統志》云："安濟橋在州南五里洨河上，俗名大石橋。隋建，廣四十步，長五十餘步。唐張嘉貞、李翺皆有銘。"[87]

清嘉慶修《大清一統志》卷五一，文録同乾隆《大清一統志》。

清嘉慶十四年王履泰《畿輔安瀾志》寧晋泊條云："安濟橋，俗名大石橋，在趙州南五里。甃石，高二丈五尺，廣二丈八尺，長十五丈。相傳隋匠人李春所建。唐張嘉貞、李翺、柳渙、張彧皆有銘。"[88]此處於長度外兼記高度，爲各書所無。

清光緒廿三年《趙州志》卷一，文録與康熙《趙州志》同。

戊、民國

梁文云："橋之東面，亦於乾隆年間崩落，至今尚未修葺。落下的石塊，還成列地卧在河床下。"按此梁氏於民國廿三年左右所見橋之破壞情況。（梁文刊出於廿三年）

民國廿八年重印光緒《趙州志》前附廿八年七月印製《趙縣古跡一覽表》云："大石橋一名安濟橋，長廿丈，係屬一孔，駕於洨河之上，爲隋匠李春所造。縣城南五里，橋基鞏固，現無大損壞，惟東邊石欄，久已破壞，現所存者，系用洋灰所製。"

五、歷代修補

大石橋"累甃堅致"，故能由隋至唐，尚有"代久隄維固，年深砌不隳"之咏。由唐迄舊中華民國雖屢有修補，多屬局部，大體尚存舊制。

甲、唐代

貞元九年四月十九日劉超然《新修石橋記》云："□人建石梁幾二百祀。壬申（貞元八年）七月，大水方割，陷於梁北之左趾，下墳岸以崩落，上排簉（步廊）又嵌欹，則修之爲可。成德節度參謀侍御史知趙州事盧公，慮在往來利濟爲事，速攻石其葺復，仍累土□負兹，補欄植柱，靡不永固。俾壯名不墜於遠近，敢書之。"按"排簉"即張彧銘中之簇簉。此次所修用土石修補橋基堤岸及補欄植柱。

乙、宋代

《宋史·方伎傳·僧懷丙傳》云："僧懷丙，真定人，巧思出天性，非學所能至也。（略）趙州洨河，鑿石爲橋，镕鐵貫其中。自唐以來，相傳數百年，大水不能壞。歲久，鄉民多盜鑿鐵，橋遂欹倒，計千夫不能正。懷丙補役衆工，以術正之，使復故。（略）轉運使張燾以聞，（《宋史·張燾本傳》不言懷丙，攫爲己功。）賜紫衣。尋卒。"

按懷丙爲英宗時人。宋吴曾《能改齋漫録》卷十三作懷昺。宋費衮《梁溪漫志》卷八作懷炳。明仿宋本《梁溪漫志》卷二、稱象出牛條又作懷丙。光緒十二年《永濟縣志》卷三蒲津橋條引舊志作懷炳。唐張鷟《龍筋鳳髓判》卷三將軍任季狀稱："蔚州飛狐口累石墻，灌以鐵汁，一勞永逸，無北狄之憂。"[89]是古代石工縫隙中有镕灌鐵汁之制。

《趙州石刻全録》卷下：州學大成殿神厨前東柱下石柱題名五段。其中一段爲"趙州龍興寺安聖院講經律/賜紫沙門師安□以□□力□/畢功時大安（安當作宋）元祐四年九月/押兼在城巡檢/"。一段爲"趙州禪定院講經律論□化□□石橋功德主賜紫/同勾當典座僧□資□□"。一段爲"柏鄉縣進德鄉西/維那□友平/王卞/功德維那/"。一段爲"楊村/天張趙村李/"。另一段爲"紹聖丙子九月旦/巖中行吴明叔游/”。此五段題名文字殘缺不完。據一段有“畢功”等字，一段有“□化□□石橋功德主”等字，一段有“維那□友平”等字，一段有“楊村”等字，可知其爲元祐四年九月修補石橋僧俗題名。其中三段雖無紀年，但以情事度之，當亦同時。至紹聖丙子（三年）一段，乃後此七年之游覽題名。

又州學大成殿神厨前西柱下石柱題名五段。其中一段爲：“北韓村馮柏馮二翁/郝小夫等衆人□樂施此石/住（柱）一條載至橋各家人永智移（永智移可能是永增福壽之訛誤）/”。一段爲“司□□□□李德固昨天德改元十二月二十有一/汴京平章行臺尚書省事道過趙郡今已罷省/平府總管乃本鄉也欣然回歸復過是橋節使度/柱今重記耳時天德辛未仲春中旬後一日紀/”。按此石柱題名五段，文字殘缺不完。據“郝小夫等衆人□樂施此石柱一條”一段，知有更换石柱事。據“天德辛未仲春”（即天德三年，宋紹興廿一年）一段，知郝小夫等施石柱雖無紀年，當在天德辛未以前，恐亦屬宋代。其餘四段，均是過往題名。

丙、金代

余文有“大定二年四月，本州西關劉皐等衆開否維那，另構勾欄二間，黄山石匠楊志造。”按此爲大定二年更换勾欄題記。二間之義未詳。

藝風堂舊藏拓本：“懷遠令行沃州平棘縣令白霫高國忠重建南北二洞時承安二年六月望題。”（見於《藝風堂金石文字目》卷十一頁廿九）據此題記，知承安二年曾修南北二洞，惟語欠明晰，所謂南北二洞，不知是指“兩脅之二大穴，抑或“摩頂之二小穴”而言。

丁、明代

康熙十二年《趙州志》卷八張居敬《重修大石橋記》云：“世廟（世宗）初，有鬻薪者，以航運置橋下，火逸延焚，致橋石微隙。而腰鐵因之剥削，且上爲輜重穿敝。先大夫（據州志名時泰，嘉靖四十三年舉人）目擊而危之，曰：弗葺，將就頹也。以癸亥歲（嘉靖四十三年）率里中杜鋭等肩其役。垂若干年，石敝如前。余兄弟（弟名居仁，萬曆十七年焦竑榜進士、膠州知州）復謀諸（光緒《趙州志》作請）李縣等，規工而董之。令僧人明進緣募等若干緡。而郡守王公實先爲督敕。經始於丁酉秋（萬曆廿五年），而冬告竣。勝規（光緒《趙州志》作地）飛梁，依然如故。”據張文知張時泰於嘉靖四十二年修橋石，至萬曆廿五年張居敬兄弟又重修之。

嘉靖四十三年翟汝孝撰《重修大石橋記》云：“嘉靖己未（卅八年）郡守沈公應元（光緒《趙州志》卷五官師表：知州沈應元，常熟人，嘉靖卅八年在任）勒文於石。注意郡人修緝。魏中丞子太學生，遂緝其橋之中路八尺許。嘉靖甲寅（卅三年），郡人御用太監西漳趙公芬，祗奉敕命，賫香幡赴武當，道經此橋，見其圮壞，志欲重修。甫歸，即使朝鮮。事完還京，復有守備鳳陽之命。暇日與兄東瀛公談及梓里事，聞魏君竭力，遂捐賞賚及田産之貲，卜嘉靖壬戌（四十一年）冬十一月興工，至次年癸亥（四十二年）四月十五日告成。所修南北馬頭及欄檻、柱脚、錐斲龍獸，□如舊制，且增崇故事，形象備極工巧，焕然維新，境内改觀矣。”據翟文，知嘉靖卅八年魏中丞子太學生（名賓）曾修葺橋之中路八尺許。至嘉靖四十一年，因太監趙芬動議，遂有較大規模之修緝。

嘉靖四十三年孫大學撰《重修大石橋記》云：“橋上之轍跡深處，積三十餘年，爲一易石。”又云：“生員田錦、張時泰，鄉人魏賓、馮蒼等俾僧悟成募緣，重爲修飾。”按孫文中“橋上之轍跡深處，積三十餘年，爲一易石”。似指張文中之“上爲輜重穿敝”，張時泰另易橋石之事。

戊、清代

梁文云：現在橋之東面已毁壞，西面石極新。據鄉人説，橋之西面於明末壞崩。按當在萬曆重修之后若干年而於乾隆年間重修，但並無碑記。光緒廿三年《趙州志》卷十一人物・孝義・王元治傳云："王元治，西章佀村庠生。（略）道光元年城南修大石橋。州守李命其董役。元治先捐錢數十緡爲倡。工竣，賜急公好義匾額。"

己、民國

民國廿八年重印光緒《趙州志》前附廿八年七月印製《趙縣古跡一覽表》云："橋基鞏固，現無大損壞，惟東邊石欄久已破壞。現所存者係用洋灰所製。"按梁文有云："橋之東面，亦於乾隆年間崩落，至今尚未修葺。"知此次所修在梁氏調查之後。唐寰澄《中國古代橋梁》頁四七趙州橋："拱券共以廿八道券砌成。西五道券於明末崩塌。東三道券於清乾隆五年並毀。"

民國廿五年《藝林月刊》八十期藝苑珍聞云："趙縣石橋跨汶（應作洨）河之上，長廿丈，寬三丈，下爲五孔，大小不一。相傳隋時所造，年久失修，現在坍圮。冀察政務委員會訓令河北省政府，轉飭建設廳核修，係據趙縣縣長所請也。"按此當屬一紙具文，未必見諸行事。因是史料，故附於此。

庚、時代無考石刻題記

一、"在州南城厢，故通引高貴妻王氏施此勾欄一間。合家同增福壽。"余文據 1953 年馬衡先生考證云：通引爲官名，只見於《五代史》。五代以后未見此官名。字的筆法亦爲唐末的風格。貫文按：通引官晚唐即有，《舊唐書・昭宗紀》載天祐元年七月朱全忠怒，笞通引官何凝。又見於《新五代史・寇彥卿傳》中（《舊五代史》作通贊官）。至宋代尚存。徵之文獻、石刻，數見不鮮。（説詳下篇）所謂"字的筆法亦爲唐末的風格"亦不盡然。唐末至宋代，所謂民間俗書，多相承不變。此刻爲五代抑爲宋代，實未易定。

二、"平棘縣西（下泐）村李佐李（下泐）李施此勾欄一間，各家永增福。"按《趙州石刻全録》卷中，大定七年大金沃州柏林襌院三千邑衆碑記碑陰題名中平棘縣有西吕津村、西楊户村，光緒《趙州志》卷一里社：城東有楊户村。此石刻中“西（下泐）”村疑屬其中之一。此石刻字跡與前一石相似，又平棘縣省於明代。《明史·地理志》：趙州，“洪武元年以州治平棘縣省入”。故此石刻或與前一石同時。

三、“□浦社男善人侯勛男侯□等布施勾欄一間合家永增福壽”。按首泐一字，據康熙《趙州志》卷一里社廿四社名後有云：明洪武初止十七社，後增七社。社名有棘浦社，知泐棘字。此石刻鄉村組織有社名，疑屬元代。“勸農立社”始於元世祖至元七年，見於《元史·食貨志》。

四、《趙州石刻全録》卷下：“□石/石匠人趙/□臣/□□元堯山鎮□/□乙丑記/人趙卞□□刊/。”該石刻原據乙丑二字考爲隋煬帝大業二年，不確。今據堯山縣於熙寧六年廢爲鎮，元祐元年復，恐屬北宋。（説詳下篇）以上四段，三爲施勾欄題記，一爲石工題名。

六、工程影響

大石橋之工程設計，歷代一致推許，稱其“深智遠慮”“神功鬼力”“製造奇特”等等。惟此橋是否爲李春所獨創，就事物發展規律言，恐不能不有所承襲與變化。今據“文獻”與“石刻”所記，知類似此橋之橋，在大石橋之前尚有‘清水石橋’，至宋、金兩代造橋，每仿其制，是此橋在橋梁建築史上實具有承先啓後之功也。唐寰澄《中國古代橋梁》頁四七稱：“趙州石橋對各地橋梁建造的影響很大，各處修建弧拱叠券的石橋現在已發現的有山西崞縣普濟橋、來萓橋，晋城景德橋，周村石橋，河北趙縣永通橋、濟美橋，欒城古丁橋、凌空橋，井陘縣隋代的橋樓殿，浙江餘杭苕溪橋，貴州四興木卡橋，河北望都堂橋等十二座之多。當時效仿趙州橋建造的恐尚不止這幾座橋。”又乾隆辛未（十六年）《滿城縣志》卷三橋梁：“方順橋在縣南五十里，石券雕闌，堅致雄偉。州橋、徐河橋皆隋開皇匠人李春作。嘉靖年間圮壞。僧人德印募緣重修，有記。”按徐河橋在徐水（舊名安肅）南三十五里，創自大定庚子，落成於明昌乙卯。明崇禎二年知縣王之晋重修，有碑記。見於乾隆四十三年《安肅縣志》卷二建制。光緒《保定府志》卷廿輿地略津梁徐河橋條小注云：“徐河久湮。橋遺址在村中，甚宏敞。同治間滹河改道，毁橋。”方順橋據康熙十九年《保定府志》卷六古跡云：“在滿城縣南五十里，石券雕闌，堅致雄偉。隋開皇時建。”按方順橋是否弧拱叠券今不可知。要之後人乃見堅致雄偉之橋，皆推出李春之手，足見影響之大。

甲、隋代

唐李吉甫《元和郡縣圖志》卷十鄆州須昌縣（今山東東平）：“清水石橋在縣西三里，隋仁壽元年造。石作華巧，與趙州石橋相埒，長四百五十尺（光緒八年金陵書局刻本作四千五百尺，恐誤）。”

宋樂史《太平寰宇記》卷十三亦有此條，文字悉同，當是轉録李書。據《元和郡縣圖志》所載，清水石橋長四百五十尺（四十五丈），已逾趙州大石橋三倍半以上（梁文記趙州大石橋長約十二丈）。石作華巧亦復相埒。雖未言其爲券橋、柱橋，抑拱橋，及出自何人之手，然前後相距不過七年。或亦出自李春建造，或李春受其影響而創製大石橋，均未可知。

乙、宋代

宋、金兩代造橋，多用大石橋之無楹、灰璺、腰鐵、嵌四穴等制。前於隋代或在隋時，均未見有此種之設計。後代製作當受李春影響無疑。宋、金二代不僅橋仿隋制，碑亦多襲唐文，似張嘉貞、柳渙、李翱、張彧等文。如下文所舉泰和二年趙秉文之《磁州石橋記》，即其例也。

《宋會要輯稿》第一九三册方域十三之十九：“宋太祖建隆二年四月（又一九四册方域之十之一無四月二字）西京留守向拱辰

（一九四册無辰字）言：重修天津橋成（一九四册無成字）。甃石爲脚（一九四册甃下有巨字，此句上有“洛水貫西京，多暴漲，壞橋梁拱”十二字），高數丈，鋭其前以疏水勢，石縫以鐵鼓絡之，其制甚固。降詔（一九四册作詔書）褒美。”[90]按向拱修天津橋，見《宋史·河渠志》洛河條，惟作單石拱。《宋史》本傳亦然。此橋所謂鐵鼓，即李誡《營造法式》卷卅記載之暗鼓卯[91]，范成大詩序中之鐵筍卯，亦即張嘉貞文中之鐵栓。

元豐八年七月十五日馬宜之撰《成德軍天成軍石橋記》拓本第十六行云：“橋乃遼陽石匠張安之所作也。觀君用心之□□礲鬭版灰璺栓鐵雕鏤禽獸曲盡飛走之狀（下泐）”。末行有造橋刻字張安一行[92]。此碑在河北井陘，文載雍正八年《井陘縣志》卷八藝文内，文多删易，不可信據。民國廿三年《井陘縣志料》第二編地理：“通濟橋在縣北五里石橋頭村，即天威軍石橋。通濟橋係後人更名。今橋尚完好。碑石存於東岳廟中。”第十四編金石，碑之下段繪有石橋圖。碑陰刻布施人姓名，字跡大半模糊。

《宋會要輯稿》第一九三册方域十三之十九：“政和四年八月十日，京西路計度都轉運使宋升奏：河南府天津橋依仿趙州石橋修砌（下略）。”

宋羅濬等《寶慶四明志》卷十四奉化縣志一橋梁·惠政橋云：“縣東北三里（略），開禧初，令趙彦綰（略）易之以石，下爲雙洞，又有小洞，以瀉怒水。”[93]按此橋下有雙洞，又有小洞。小洞乃受大石橋影響。雙洞則與梁文所引《趙州志》卷一宋村石佛寺明萬曆廿二年花馬營貞孀元王氏重修之濟美橋相似。該橋建於嘉靖廿八年，見梁文。

丙、金代

清張金吾《金文最》卷七十二大定廿二年三月十五日王藏器撰《濟源縣創建石橋碑》云：“瀧水自西北來，稍折而東，因高走下，湍流悍急。而縣治適當其冲，瀰漫衍溢，嚙城隅，漱石瀨至於東門之下。（略）大定十五年（乾隆志有春字），淇川夏公（乾隆志有提字）來宰是邑。視事之初，問民所苦，（略）乃攻山石，用圖長久。渠渠岳岳，以雕以斲；穹穹隆隆，以磨以礱；（康熙卅四年《懷慶府志》無此八字。）屹爾巨鎮，矗如崇墉。（康熙卅四年《懷慶府志》崇墉作長虹）嵌兩竇以防怒瀉，植危欄以固重險。華表（乾隆志作標）岌嶪，神獸睚（乾隆志作睢）盱。實天下（康熙卅四年《懷慶府志》作一方）之雄勝也。蓋經始於十七年十月，而告成於廿二年三月（康熙卅四年《懷慶府志》無蓋經始以下二句）。"光緒八年雅粤堂刻本。此碑在河南濟源西北五里濟瀆廟。碑文亦載康熙卅四年《懷慶府志》卷十三，乾隆廿六年《濟源縣志》卷十五。

按乾隆《濟源縣志》卷三："望春橋，舊名通濟，在縣東門外，金大定十七年縣令夏提創建，明萬曆十二年知縣王芳重修。本朝康熙五十八年邑紳段志熙重修。"（卷十五有段志熙子景文《重修望春橋記》。）嘉慶十八年《續濟源縣志》卷四有邑令何荇芳《重修望春橋記》二篇。一記嘉慶八年邑令黄國銓因橋腹木焚毁重修，易木爲石；一記嘉慶十六年秋因瀧水暴溢橋傾，至十七年興工重修。由此二縣志所載可知該橋至明清兩代屢經重修。形制若何，上述三記均未述及。據民國二十五年劉敦楨調查記中所附圖版可知爲券橋[94]，兩旁各嵌一圓竇，與金碑文中"嵌兩竇"相合，因知雖經重修，似仍沿金制。至舊名通濟，當在萬曆十二年重修之前。因《大明一統志》卷廿八、《明寰宇通志》卷八十九中均名通濟橋，望春之名，恐起於康熙五十八年重修時。若溯其原名，據金碑碑題，僅有通名，尚未另標專名。羅英《中國石橋》中稱，該橋"清康熙五十八年改用鐵梁，上鋪石板，改名爲望春橋。乾隆六十年易爲木梁，不久亦毁。嘉慶九年仿舊制重建石橋，至於十八年完成"。

1954年出版《山西文物介紹》一書有晋城景德橋。其説明云：

"在縣城西關，全部石砌。橋下券石上有題記。金大定廿九年創始，明昌六年落成。其構造是先造單孔大弧券，跨度五丈餘，再在大券背上兩端加小券各一。（略）規模雖不如河北趙縣安濟橋之大，但其形制基本上是相同的。可能是仿大石橋做法。"該橋圖見《中國古代橋梁》圖版五九。雍正十三年《澤州府志》卷七、津梁："景德橋，城西關，一名沁陽橋。金大定中守知州黄仲宣建。"又云："考西橋券石所記，始工於金大定己酉（廿九年），告成於明昌辛亥（二年），四百餘年屹立如故，信非庸工所能。成化壬辰（八年）大水，塞川而下，橋毁而遺石尚存。"乾隆甲辰《鳳臺縣志》卷三津梁一節文與此同。明《寰宇通志》卷八一：景德橋在州城西。又聞古代建築修整所余工程師云：此式橋在山西不止一處。

元迺賢《河朔訪古記》卷上云："趙州西門外平棘縣境有永通橋，俗謂之小石橋，方之南橋差小，而石橋之制，華麗尤精。清洨二水，合流橋下。此則金明昌間趙人裒錢而建也。建橋碑文，中憲大夫致仕王革撰。橋左復有小碣，刻橋之圖。金儒題咏並刻於下。"按宋嘉定四年程卓《使金録》云："嘉定五年正月十二日至趙州。北門亦一石橋。水極清駛。"[95]恐即指永通橋，惟作北門不合。此橋今在西門外，惟橋碑與橋圖不存。其形制描述則見於康熙十二年《趙州志》載萬曆廿七年王元翰《重修永通橋記》。記云："橋名永通，俗名小石。蓋郡南五里隋匠李春所造大石橋，有仙跡焉，聲施海内者久。而是橋因以小名，遜其靈矣。橋不楹而聳，如駕之虹；洞然太虚，如弧之月。旁挾小竇者四，上列倚欄者三十二。締造之工，形勢之巧，直足頡頏大石，稱二難於天下。"該橋之高、廣、長則見於清嘉慶十四年王履泰《畿輔安瀾志》寧晋泊條："永通橋，俗名小石橋，在趙州西門外，甃石，高二丈，廣二丈，長十三丈。"

金趙秉文《滏水集》卷十三《磁州石橋記》云："我惟識覺公

和尚戚之，乃伐木以石，易脆以堅。踵洨水之制（洨河大石橋）而梁之。臨終以命其徒善仙，俾鳩厥工。仙日而不笠，毳而不褐，風經雨營垂四十年，僅克有成。凡用石若工以億計。其締構隆崇，礱嵌致密。如山斯屹，如月斯彀。力拔地掠，勢與空鬥。忽兮無楹，何其壯也。廣容兩軌，高以十丈。旁鑿兩空（《四部叢刊》影印汲古閣抄本空作室），以瀉水怒。下洞九泉，以鎮地脈。堊以白灰，製以鐵鍵，標以華柱，護以崇欄。物鬼獸怪，蹲伏騰擲，變態百出，屹若飛動。噓，可駭也！（略）而是橋也，蓋經始於世宗龍飛遼東之初（大定元年），而斷乎於聖上鳳集鼓山之年（《金史·章宗紀》《金史·五行志》並云：泰和二年八月丙申，鳳凰見於磁州武安縣鼓山石聖臺）……銘之曰：於繹工妙，天造地設，窅神功兮。杈（四部叢刊本作權）插駢比，楞平嵌斗，僦穹崇兮。超崖截壑，躡趙跨衛，亘長虹兮。憧憧往來，天下有道，津梁通兮。"[96]此文多用唐人張嘉貞、柳涣等文原句。按宋嘉定四年程卓《使金録》云："十二月廿四日，（略）至磁州，將入城，過滏陽河，有石橋，如趙州式。"即指此橋。《大明一統志》卷廿八、《寰宇通志》卷九一並云："滏水石橋在磁州，跨滏水，大定初建。趙秉文記。"是此橋與橋碑在景泰間尚存。據民國三十年《磁縣志》知此橋在今南關外里許。金以後名偃月，清名利涉，民國名滏陽，屢經修治。其經過之詳具見修橋碑中，見於康熙四十二年《磁州志》卷十七藝文上明邑人郭樸《重修偃月橋記》云："橋在州城南一里許，跨河爲梁。厥始久遠，蓋自金、元至於明朝屢修之。嘉靖癸丑（卅二年）夏六月，山水暴漲，忽壞其半。後漸頹圮殆盡，歲逾一紀。修建之議，莫有倡者。隆慶戊辰（二年），河南僉憲廣平申公佐，分按兹土，力任其事。（略）撤舊石而增新之，會以遷去，泰安蕭公大亨來代，方事督作，未幾亦遷。嗣任者洪洞晋公應槐，綜理俞密，克底於成。中爲大券一，兩端翼以耳券，築堤上流，遠殺怒悍，壘石旁岸，預防潰嚙，敷以砥石，衛以植楯。制仍舊貫，功同創作。”又明邑人僉都御史李已《重修偃月橋記》云：“南關距城里許，舊有石橋一所，以通往來，靡稽起自何代。其制南北楗石爲崖，中壘石爲券，高約二丈五尺，闊三丈，長四倍。兩頭耳券各二，狀如蛾眉。當金太（當作泰）和、元至正迄明正德間，屢加修治，蓋徵諸往石云。廼嘉靖癸丑（三十二年）六月大水，橋頹大半，不可以車，行者告難，積有旬歲。（略）隆慶己巳（三年）兵憲永年申公，節鉞甫莅，（略）計縣徵夫，開山伐石，而以羽衣趙得秀領其事。（略）功半及緒，申公廼以升任去。（略）而洪洞晋公復代之，駐節旬日，首重其事。（略）廼命橋之南北，各石其岸，氏（按當作秖）之齒木，堅之鍵鐵，架石成梁，窿然雄峙。（略）雖崇、廣、高、袤，悉如舊制，而欄楹鳳藻，牙竇螭文，蟠繞拏踞，睚（按當作睢）盱翕欻，燦然華彩，迥異昔時。（略）隆慶辛未（五年）九月，績用告成。溯經始歲時，僅卅又一朔耳。（略）。”民國卅年《磁縣志》第三章營建滏陽橋云：“道光十年地震坍塌。光緒廿四年州牧許之軾，（略）從事修建。年餘工竣，改名利涉。（略）除去四耳圈，改建三大圈。（略）民國廿九年縣長孫公振邦（略）於是年四月動工，將原橋拆去重建。高度比原橋低減一丈有奇，仍建三大圈，經四月而工竣。共需洋七百餘元，更名曰滏陽橋。”

光緒八年《崞縣志》卷二建置志橋梁：“來宣石橋在縣北門外，金泰和三年義士游完建。歷代修補。國朝乾隆十六年知縣金潢糾衆募貲，補築石壩。道光廿年邑紳糾衆重鋪石道並橋上闌干。邑人亢光斗紀石。同治六年知縣萬啓鈞糾衆捐貲重修石道。邑人任垍紀石。光緒五年，橋上南牌坊傾毁。知縣趙冠卿倡捐重修。”“普濟石橋在縣南門外，金泰和三年（略）建，歷代補修。國朝乾隆廿年雨塌七洞，知縣邵豐鍭倡捐糾衆補修。教諭王瑒九紀石。道光十年六月復塌。知縣李衡捐倡糾衆修築。邑人范起紀石，張震題額。光緒二年邑紳糾衆捐貲重修。光緒五年知縣趙冠卿又倡捐重修，益鋪道築堤。”又卷七藝文上：《新修建南橋碑記》，清邑人范起撰：“道光十年六月十九日夜，普濟橋崩。橋即南關石橋也。其高距水應三丈，其濶容水道七丈六尺。其上容車乘六轍。考其創始與北橋名來宣者皆金義士游完所建。少損復完，石碣爲紀。”

明《寰宇通志》卷七八：“普濟橋在崞縣南二里，來宣橋在崞縣北門外。”康熙廿一年《山西通志》卷五山川上：“來宣橋在城北門外，舊名北石橋，金泰和三年修。明洪武間重修，改今名。”

乾隆八年《大清一統志》卷十四正定府：“凌空橋在欒城東門外，一名東橋，長十丈。金太和年中建。”同治十二年《欒城縣志》卷一橋梁：“凌空橋，在東門外，一名東橋，高三丈五尺，長卅丈，金泰和中建。明弘治十一年安玉重修。大學士石寶爲之記。”又同書卷十四碑碣：石寶重修凌空橋碑。碑立於弘治十四年三月。

丁、元代

李庭《寓庵集》卷五《創建灞石橋記》云：“制以鐵鍵，堊以白灰。”[97]張養浩《張文忠公集》卷十四《安西府創建霸橋記》云：“（至元三年興工，廿五年完工）其源則錮以銅鐵。”[98]許有壬《至正集》卷卅七《彰德路創建鯨背橋記》云：“甓灰鐵鋌，靡不畢具。”[99]按此橋，據嘉慶廿四年《安陽縣志》卷十三古跡所載即舊安陽橋。民國廿二年《續安陽縣志》卷六云：在縣北五里，並引許有壬文：“其長亘十五尋，碇基於淵，兩端礙岸，中作三墩，析水爲四。而鋭刃其西，以劈水怒。四環順列，一脊穹起，植欄兩翼，其度可以行四車。”但據所附模糊不清之照片，似有七孔，而無三墩，恐係後代重修，而非原制。以上三文所舉之“鐵鍵”“鐵鋌”“甓灰”即“鋤灰壘，腰鐵拴”之制。

戊、明代

梁文引州志卷一（按當爲光緒《趙州志》）云：“濟美橋在宋

村東北里許洨水上。萬曆廿二年花馬營貞孀元（按當作亢）王氏捐貲重修名濟美者，所以成先夫志也。”梁文又云：“但是我們在橋券如意石底面發現，却是嘉靖廿八年的刻字。橋的布局甚爲奇特，共四孔，兩大兩小。大者居中，小者在兩端。大券的净跨約當小券四倍左右。而兩大券之間，復加小券，伏於大券之上。其原則與大石橋上小券相同，無疑的是受了大橋的影響。”濟美橋的發券法與大石橋、小石橋一樣，也是用大券一道，上加伏一層。券面之上起綫兩道，但不用腰鐵。大券也是由多數單券排比而成，但因券短橋狹，所以没有特爲聯絡各道單券而施的構材。大券撞券上的河神像、券面上的背馳圖，都是雕刻中之上品。橋上欄杆欄板内的浮雕也頗有趣。

按康熙《趙州志》卷十一人物志孝義傳云：“亢鳳，花馬營人。日者驅車至宋村北，臨洨見橋楹奄忽圮敝，心竊憂之。（略）於是獨立捐貲，經營累歲，刻期興工。無如天壽不永，有志未遂而卒。其妻王氏，煢煢一婦人，不資鄰里，不憚工費，命其子迪糾工董役，克成夫事，是女中之慷慨丈夫也。名曰濟美，一以見鳳之好義，一以見迪之善述，所謂‘世濟其美’也。（略）故掇橋之碑記而略述之。”據州志，亢鳳生前，見“橋楹奄忽圮敝”。梁文稱發現有嘉靖廿八年刻字，是此橋之建可能即在其時。州志又稱“掇橋之碑記而略述之”，是橋舊原有碑，在光緒廿三年修志時尚存也。

己、清代

劉敦楨《石軸柱橋述要》圖版九之乙爲浙江餘杭縣苕溪橋[100]。據圖版，該橋爲三大券，在中券之兩脅各嵌一小券。考其設計亦受李春影響。按此橋即《餘杭縣志》中之通濟橋，始建於東漢，屢經五代吴越、宋、元、明、清重修。橋址雖依舊，至其形制及名稱，則屢經更易。今録《浙江通志》《杭州府志》《餘杭縣志》諸書，所記該橋史料於後。

光緒廿五年重刊乾隆元年《浙江通志》卷卅四云："通濟橋在縣治，東漢熹平中建，舊名隆興。五代時錢武肅王重建，改名安鎮。宋紹興十二年復建，改今名。元至正十八年山寇縱火焚之。明洪武元年縣令魏本初重建，通易以石。袤廿五丈餘，廣三丈五尺餘，甲於境内，俗名大橋。正統間縣丞邱熙岳加石欄於兩旁。"

乾隆四十九年《杭州府志》卷六通濟橋："隆興橋，跨大溪，本名北溪橋，在縣東半里。漢熹平間建，名隆興。五代錢武肅王重建，改名安鎮。宋紹興十二年復建，改今名。元末毁。明洪武元年令魏本初重建。袤廿五丈，廣三丈五尺餘，甲於境内，俗呼大橋。國朝康熙五年知縣宋士吉重修。"嘉慶戊辰重修《餘杭縣志》卷三云："在縣東，跨苕溪，其旁有安鎮廟，宋紹興十二年建，以木爲梁。元至正十八年山寇縱火焚之。明洪武元年重建，通易以石。正統間縣丞邱熙岳加石闌於兩旁。今皆架屋成市。國朝乾隆廿二年邑人宋文瑞重修。嘉慶初年，搶水石圮。在城紳士重修，鞏固倍於舊。"光緒廿八年《杭州府志》卷八通濟橋云："按是橋在餘杭南門外。舊志並云在縣東。"

按通志、府志、縣志諸書所記，互有詳略歧異。苕溪橋一名爲諸書所無，當起於後來，以其跨苕溪之上，故取此名。所謂"架屋成市"，今據圖版所見相同；又謂"鞏固倍於舊"，可能自嘉慶初年至劉敦楨所見時即未再修治歟？

庚、時代未詳

乾隆甲辰《鳳臺縣志》卷三津梁："長橋在縣西周村鎮。"即《中國古代橋梁》圖版60山西晋城周村石橋。《中國石橋》一書中介紹："其中間砌一大拱，兩端各築一小拱。小拱與大拱分開，並不伏在大拱上。天旱時用以通行人，大水時可以瀉洪水。"

民國卅七年《貴州通志》建置志普安縣："木卡橋在縣城歹蘇塘南之木卡河上。"《中國古代橋梁》圖版68，貴州義興木卡橋，建於十八世紀。《中國石橋》一書中介紹："木卡橋，在貴州義興縣南歹蘇塘南之木卡河上，（略）在兩端拱圈上各有一直徑三公尺的圓洞，用以减輕橋身自重。”

民國廿三年《井陘縣志料》第二册地理：“福慶寺在縣治東南七十里蒼巖山。山中有石泉。相傳隋妙陽公主久疾，浴此泉遂癒，因建福慶寺。”《中國古代橋梁》圖版67橋梁殿，云建於隋。《中國古代橋梁》圖版65河北欒城古丁橋。

七、舊聞逸事

梁文引《小放牛》歌詞有“趙州石橋魯般爺修，玉石欄杆聖人留。張果老騎驢橋上走，柴王爺推車軋了一道溝。”四件事中，惟玉石欄杆與柴王爺推車未知所出。魯般與張果老則載籍有徵，説明於下。

魯般即魯班，亦作魯斑，爲春秋時魯公輸般之族（見《禮記·檀弓》），魯之巧人（見《孟子·離婁篇》漢趙岐注）。後世每有製造，多托之於班。（唐段成式《酉陽雜俎》續集卷四貶誤條：“今人無睹棟宇巧麗，必强謂魯班奇功也。至兩都寺中，亦往往托爲魯班所造。”[101]）見於橋者，如陝西略陽縣，建寧五年李翕析里橋郙閣頌[102]云：“於今乃造挍，致攻□工巧，雖昔魯班，亦莫儗像。（上海藝苑真賞社影印羅兩峰、徐紫珊舊藏本作：“於今乃造挍，致攻堅之□工巧，雖昔魯斑，亦其儗象。”今拓本於“今乃”以下僅存左旁半字，亦模糊不清。工巧以下完好，與洪適所見本同。）《水經注·汾水》載介休縣有魯班橋。《三輔黄圖》卷一、都城十二門條：“覆盎門外，有魯班輸所造橋，工巧絶世。”[103]民國廿一年《綿陽縣志》卷二云：“治北五十里，交彰明高峰鎮南有魯班橋。”北京大學圖書館藏拓本有山西靈石縣咸通十三年河東節度高壁鎮新建通濟橋記，其第廿二行云：“南有古之魯氏石橋。”雖未舉名，恐亦必指魯班。

張果老，兩《唐書》有傳，未言其騎驢事。至唐鄭處海《明皇雜録》云："張果者，隱於恒州中（原無中字，據别本補）條山，常往來汾、晋之間，（略）果常乘一白驢，日行數萬里，休則重叠之，其厚如紙，置於巾箱中，乘則以水潠之，還成驢矣。"[104]此僅言其乘白驢，並未言其過趙州橋。降及宋代，始有騎驢過趙州橋事。如宋曹勛《松隱集》卷九：《張果先生贊》云："趙州驢跡，入石何驚。"[105]即指此事。

玉石欄杆，據余文云："這些欄板所用石質不一樣，但都是石灰石，色帶青潤或灰白，與我們原來所想大概是漢白玉石的玉石欄杆不一樣。"

此外，又有默啜遁去、橋洞苦修、橋下手痕三事，可補小放牛歌詞所未備者。

默啜遁去。唐張鷟《朝野僉載》云："至天后大足元年（别本無大足年三字），默啜破趙、定（别本無定字）州，賊欲南過（别本過作下），至石橋，馬跪地不進。但見一青龍卧橋上，奮迅而怒。賊（别本作默啜）乃遁去。"[106]按突厥默啜破定、趙事，見兩《唐書·武后紀》及《資治通鑒》卷二零六，並作聖曆元年九月戊辰。復據《資治通鑒》，默啜至十月始離趙州。此作大足年，與史不合。史載破定州在八月。此作破趙、定州，張鷟《龍筋鳳髓判》卷三："兵部奏默啜賊入趙、定。"[107]是破趙在其前矣。

橋洞苦修。北京大學圖書館藏藝風堂舊藏大石橋南券南壁甲申季秋殘刻云："本路□□□□□□/崇恪[?]題安濟□□/時甲申季秋旦□/從南第一虹下□/僧居焉曰澄心□/謙甫/安濟橋通官道□□/心洞里有閑人長流/不斷東西水□□□/馳南北。"俞文引余鳴謙工程師説：鄉人至今仍稱每道拱圈爲虹。第一道拱圈南端，第二小拱内部，似有隔斷墻的痕跡。當時和尚或即住在小拱内，因叫作洞。古代僧人在橋洞下修行之事亦有史載。如元好問《遺山先生集》卷卅五《太古觀記》云："全真師郝君（貫文按：名大通，王喆弟子）初自海寧來趙州，坐州南石梁下六年。"[108]《甘水仙源録》

卷二《太古真人郝宗師道行碑》云："（大定）十五年坐於沃州（貫文按：天德三年改趙州爲沃州），方悟重陽（貫文按：王喆號重陽），緘口不語。河水泛濫，身不少移，水亦弗及。人饋之食則食，無則已。雖祁寒盛暑，兀然無變。身槁木而心死灰。如是者六年。"[109]《金蓮正宗紀》卷五廣寧郝真人條："乙未歲（大定十五年）乞食於沃州，方悟重陽密語，涣然開悟，遂往橋上，默然静坐，（略）如此三年。呼爲不語先生。一夕，天色昏冥，偶醉者過，以足蹴先生於橋下。默而不出者七日。（略）州民聞之，多往饋食，焚香請出，但摇手不應，祇於橋下復坐三年。"[110]據宋甲申季秋殘刻，《遺山先生集》等所述，知在宋、金時，僧、道有在橋洞静坐苦修之事。

橋下手痕。清常山王定柱《鴻泥日録》卷一云："辛酉十一月初六日，飯趙州南大石橋，觀橋上驢跡，橋下手痕。"[111]該書首有道光七年周壽椿序。因知此辛酉爲嘉慶六年。王定柱《椒園居士集》有光緒十四年王耕心撰《浙江按察使本生曾王父椒園公家傳》云："王定柱，字靖擎，亦字敦安，號椒園，正定人。生於乾隆廿六年，卒於道光十年九月廿六日。年七十。"[112]曾聞古代建築研究所余總工程師云："該地鄉老至今尚有手痕之傳說。惟遺跡杳不可尋。"

下　篇

大石橋石刻著録及考釋

同治元年陳鍾祥《趙州石刻全録》序（以下簡稱陳序）稱趙州爲"數省衝途"。建中三年張彧《石橋銘序》稱大石橋爲"天下雄勝"。陳序云："歷唐、宋、金、元以來，過客騷人，經行駐跡，多有題識。"石刻中，唐刻今所見者，盡爲解放後出土之物。宋刻最多，然有北宋而無南宋。元廼賢《河朔訪古記》雖有宋臣使金者刻題甚多之語，似指南宋，惜今皆不存。金元則多施構欄題名。明多重修碑記，清則各金石書拘於舊例，不録當代。二州志所收題咏，是否刻名，或從集中録入，皆不可知。惟以語盡空泛，無關考據，皆摒不録。至題記之所在，有在橋洞中者（見樓鑰《攻媿集》卷七十安光遠所藏祖廉訪詩跋），有在華表柱上者（見《河朔訪古記》卷上）。今所見多屬橋洞，所謂華表柱上並無一存。關於石刻題記之著録，始於樓鑰《北行日録》卷上之宣和六年連南夫與天會十四年回謝大齊使人題名二段。元、明二代，皆無著録，至清始多，最早者始於吴式芬《金石匯目分編》。（吴書有自序而無紀年，亦無刻書年月。據彭藴章《歸樸龕叢稿續編》卷四《内閣學士禮部侍郎銜吴公墓誌銘》，吴氏卒於咸豐六年十月八日，則此書之成，最遲亦在咸豐六年前。）復就清代金石書著録之内容言，凡有二系：一爲《金石匯目分編》系，共收十九種。光緒戊戌（廿四年）繆荃孫《藝風堂金石文字目》、宣統元年葉昌熾《語石》卷五題名條所收與之相同。一爲同治元年陳鍾祥《趙州石刻全録》系，共收卅九種，光緒十年黄彭年撰《畿輔通志·金石略》與之内容悉同，惟分合不同。如二段並一，一段分二。其他如同治三年趙之謙《補寰宇訪碑録》收開皇十□年安濟橋下唐山石工李通題名一種。光緒七年樊彬《畿輔碑目》（樊書無序，據民國廿四年河北博物館排印《畿輔碑目》録天津縣新志，樊氏卒於光緒七年）共收四種，僅二種標爲李通題名、連南夫題名，餘皆統稱宋安濟橋下題名、元宋安濟橋下題名。方志所收者，明二州志均四種，清二州志均六種。近代著録者，解放前有民國廿三年出版營造學社匯刊五卷一期梁思成《趙縣大石橋》共收廿六種。解放后，1956 年出版的《文物參考資料》第三期余哲德《趙州大石橋石欄板的發現及修復後的初步意見》一文共收録十一種。1957 年出版的《文物參考資料》第三期俞同奎《安濟橋的補充文獻》共收十六種，由宋代迄今。有關大石橋石刻的著録内容，除以上兩系之外，其餘多互有出入。此編所收則無論存佚悉行收入，共計隋三、唐九、宋廿六、金七、元七、明七、年代無考十一，都凡七十種。聞北京市古代建築修整所仍在橋下繼續挖掘，必有新出之石，則有待於他日之補充。此外，明嘉靖間晁瑮《寶文堂書目》卷上頁七一詩詞類有趙州石橋詩[113]，多藏書家皆未著録，計其所收必不在少數，惜已久佚。明朱睦（㮮）《萬卷堂書目》卷二雜記收有孫榮《趙州石橋詩集》一卷[114]，明高儒《百川書志》卷二十收有《趙州石橋詩集》一卷古典文學出版社排印本。又《説郛》卷廿八、宋尤袤《遂初堂書目》總集類有石橋詩，疑是浙江天臺之石橋，而非趙州之石橋[115]。

修橋主蘇道□等題名殘石

慶陶縣　蘇□

修橋主蘇道□

修橋[主]

右題名，存二行半，正書。1953 年以後由河床中挖出。俞文一五著録。

修橋主蘇阿名等題名

□□□　修橋主蘇阿名

□□□　修橋主蘇阿難

□師明　修橋主蘇君□

□雲漢　修　　□□遵　（據拓本修下無字）

□村（村字存木旁）

修橋主蘇祖之　　修橋主蘇長宗

修橋主蘇伯尚　　修橋主驍騎尉蘇祖卿

修橋主程□□　　修橋主□阿明

修橋主馬牛仁　　修橋主□彦□

修橋主□□□安　修橋主蘇阿□
修橋主蘇道希妻孟
李村
修橋主李客子　修橋主李義道
修橋主李君迪　修橋主李祖興
修橋主李阿買　修橋主李二朗
修橋主李子順　修橋主趙叵陵
修橋主李文舉　修橋主李師威
修橋主郝信□　修橋主賈老威
修橋主李繼澄　修橋主史承祖

修橋主李彥□等題名

修橋主李彥□　修橋主李顏□
修橋主大女馬
李村
修橋主李伏願　修橋主校尉成僧念
修橋主孟武愛　修橋主李公弁
修橋主成公旦　修橋主成義寬
修橋主校尉李君永　修橋主李行征
修橋主禮海　修橋主李薩埵
修橋主李臺　修橋主李阿三
修橋主李伏行　修橋主李演
修橋主李祖　修橋主李甘露
修橋主李立　修橋主□□□□
修橋主雲騎尉李雄　修橋主李君幹
修橋主大女趙聃妃

右題名二石，皆正書。1953 年以後由河床中挖出。俞文一五著録。

俞文云：“在修橋主題名石六塊裏面，其中‘廮陶縣蘇□’等一塊和‘修橋主李彦□’等兩塊，字體是一樣的，當是屬於一個時代的刻石。據余鳴謙工程師説：挖出的修橋主李彦□等石塊高度與現在石橋二小拱圈的墩石同。又由其字樣官職稱呼，推測是橋創建時所刻。並推測橋是集體捐錢所修的。（略）考慶陶縣名是隋開皇六年所改，李彦□兩塊石刻，有校尉、驍騎尉、雲騎尉等職名。按《隋書》卷廿八‘開皇六年吏部又别置朝議、通議、朝請、朝散、給事、承奉、儒林、文林等八郎；武騎、屯騎、驍騎、游騎、飛騎、旅騎、雲騎、羽騎八尉’。又據同書‘煬帝三年舊都督已上至上柱國，凡十一等及八郎、八尉、四十三號將軍官皆罷之……置建節、舊武、宣惠、綏德、懷仁、守義、奉誠、立信等八尉以爲散職。’又據《舊唐書》卷四十四説：‘煬帝即位，多所改革，初城門置校尉，後又改校尉爲城門郎。唐因之。’由上幾段的職官名稱演變看來，大石橋的修建當在隋文帝開皇九年至煬帝大業三年的十九年間，因在此前後這些官職都不存在。”

按此題名二段，俞文由其官名，人名、字體三方面考屬隋代。誠是。更詳言之。

官名，俞文考之已詳，玆不再贅述。

人名，俞文曾引拙説：“都是南北朝和隋代人的習慣用名。”惟當時語焉不詳，有再説明之必要。考此三段題名，可分兩類：一爲宗教名，一爲習用名。宗教名如李薩埵、蘇阿難等。薩埵見《賢愚經》卷一《摩訶薩埵以身施虎品》第二。民國卅年《濰縣志稿》卷卅八聖歷二年《比丘尼妙英造鐵彌勒像題名》中有（鞠）昭男薩埵。阿難爲佛之徒弟十大弟子之一，見《釋迦譜》。《金石萃編》卷五十八有咸亨二年《内侍汶江縣張阿難碑》。

習用名：

（一）以伏爲名：如李伏願、李伏行等。《北史》卷廿有婁伏連、《北史》卷六一及《周書》卷廿有叱列伏龜。《金石萃編》卷廿八神龜二年《趙阿歡造像題名》有邑正樂伏護、邑老張伏保，

《金石萃編》卷卅八開皇十二年《杜乾緒造像題名》有邑子陳伏願，《陶齋藏石記》卷十五有開皇十五年《佛弟子張伏保爲父母造彌勒像》等。

（二）以阿爲名：如蘇阿名、蘇阿明等。早在東漢已有以阿爲名。如《隸釋》卷一建寧五年《成陽靈臺碑碑陰題名》有仲阿東、仲阿光、仲阿同等。北朝及隋代仍常見使用，如《金石萃編》卷廿八有神龜二年《趙阿歡造像》《金石萃編》卷卅八武成二年《王妙暉造像題名》有都維那高阿香、邑主陸阿休、登明主王阿舍等，《陶齋藏石記》卷十五開皇三年《佛弟子□□□一百人等造像》右側題名有邑子尹阿匡、邑子孫阿照等。

（三）以僧爲名：如成僧念。《南史》卷廿一有王僧達、王僧祐，《南史》卷廿二及《南齊書》卷卅三有王僧虔，《金石萃編》卷廿九有普泰二年《路僧妙爲亡夫造釋迦像》，《金石萃編》卷卅八開皇十二年《杜乾緒造像題名》有邑子黄僧威。

（四）以愛爲名：如孟武愛。《魏書》卷五七、《北史》卷五八有門文愛，《金石續編》卷二元象二年凝禪寺三級浮圖碑下截題名第五列有楮盡愛、第九列有趙□愛。

（五）以買爲名：如李阿買。《金石續編》卷二武定元年道俗九十人等造像碑題名有邑子路道買，《金石續編》卷二天保三年《宋顯伯等造像碑陰石像》下第三列題名有邑子大齋主胡小買。

（六）以子爲名：如李客子。《八瓊室金石補正》卷十二景明三年《邑主高樹等造像題名》有高惡子。《藝風堂金石文字目》卷二有保定四年《道民馬落子造老君像》。

（七）以弁爲名：如李公弁。《八瓊室金石補正》卷廿八有《山東長清五峰山蓮花洞李大弁爲亡父母造釋迦像》《李大弁供養題名》。

（八）以朗爲名：如李二朗。《金石萃編》卷廿七《洛州鄉城老人造像碑題名》有李四朗，山西文管會藏天寶四載四月八日

《中信邑彌勒像題名》中有滎陽郡毛三朗。《鳴沙石室佚書初編》收唐人選唐詩“魯中都有小吏逢七朗”。《唐史餘瀋》卷一五：“唐初武將有孫貳朗、成三朗，本或作郎。”《册府元龜》卷三七三稱成三郎，惟《資治通鑒》皆作朗。

（九）以亘字陵字爲名：如趙亘陵。以亘爲名者見《陶齋藏石記》卷十一天保四年《公孫村母卅一人造像》，題名有維那蘇亘朱侍佛；《八瓊室金石補正》卷廿八有（隋）《像主周亘知題名》。以陵爲名者見《陶齋藏石記》卷九武定二年《青州北海郡都昌縣方山東新王村法義二百人等造石像碑銘》，題名第九列有姚玉陵、潘明陵；《陶齋藏石記》卷十五開皇三年《佛弟子□□□一百人等造像》右側題名有邑子張清陵。

（十）以獸名下加仁字爲名：如馬牛仁。《八瓊室金石補正》卷廿一天保八年《僧静明等修塔造像題名》有邑子許虎仁，右側題名有邑子郭虎仁；《八瓊室金石補正》卷十四《邵道生造像題名》有七息羊仁（邵羊仁）。

（十一）女子以妃爲名：如趙聃妃。考女子以妃爲名，實始於漢。顧炎武《金石文字記》卷一據漢曹全碑之“大女桃婓”，《列仙傳》之“江婓二女”，《文選》左思《蜀都賦》與《吴都賦》之“江婓”，《真誥》之“江婔”以爲“婓”、“婔”即“妃”。葉奕苞《金石補録》卷四《曹全碑跋》引《漢郭先生碑銘》有“娥娥三妃，行追太姒”，碑爲季女所立。顧藹吉《隸辨》卷一婓字下注引郭輔碑銘辭：“娥娥三妃”，碑文云：“有四男三女”，知三妃即三女。漢代人以妃爲女之通稱。北朝仍沿其俗。《魏書·刑罰志》載神龜中河陰縣民張智壽妹容妃，《藝風堂金石文字目》卷二有正始三年《佛弟子楊小妃造釋迦像》，《金石萃編》卷卅七天和四年《王□□造像題名》有邑子孫貴妃，《陶齋藏石記》卷十五《佛弟子□□□一百人等造像右側題名》有王先妃、郭雙妃。

（十二）以海爲名：如禮海。漢印中多見以海爲名者，如桂馥

《繆篆分韻》上聲第三十五海條中收有锜海、孟海、劉海、錢海、成海等。羅振玉《鄴下冢墓遺文》卷二有武定二年《伏波將軍諸冶令侯海墓誌》，民國廿四年《壽光縣志》卷十三有天保九年《朱海爲父母造盧舍那像》，《八瓊室金石補正》卷廿四開皇四年《阮景暉等造像題名》有法義李海。

（十三）以臺爲名：如李臺。始見於漢。《隸釋》卷二光和四年《殽阬神君祠碑碑陰題名》有王臺、叔臺、元臺等人。北朝亦如之。《北史》卷六五及《北周書》卷廿七有梁臺，《金石萃編》卷卅興和二年《敬使君碑陰題名》第二列有李臺，以及《藝風堂金石文字目》卷二武平三年《故人曹臺眷屬造像》等。

題名中有大女馬、大女趙妃等。考漢至唐之間，習稱長男爲大男，長女爲大女，或有謂大女即姊。《華陽國志》卷十中有廣漢大女、犍爲大女等傳。今人萬國鼎《氾勝之書輯釋》七："麥，大男大女治十畝。"釋爲成年男女。漢中平五年雒陽大女房桃枝買地券云："從同縣大女趙敬……"范成大《桂海虞衡志》雜志云："奀，音大，大女及妹姊也。"（明刊本作"女大及姊也，臨桂俗書。"）《金石萃編》卷卅二大統四年《僧演造像記》有董大女供養佛，《金石萃編》卷卅七天和四年《顏那米等造像記》有邑子張大女，《八瓊室金石補正》卷廿八《隋長清五峰山蓮花洞題名》有大女張勝兒供養。《八瓊室金石補正》卷四一《唐開元寺大門柱主等題名》內有阿大女大娘。此題名字體與隋代墓誌字體極爲相近，如趙萬里《漢魏南北朝墓誌集釋》所收仁壽三年《蘇慈墓誌》、大業五年《元祎墓誌》、大業八年《蕭瑒墓誌》等。《金石匯目分編》卷二補遺有顯慶四年十月《大女石□□造像》。

字體結構。如修作脩，與開皇十七年《張通妻陶貴墓誌》中修字相同。橋作槗，漢代至隋唐時期凡喬或從喬之字，多寫作喬，如翁方綱《兩漢金石記》卷十三建和二年司隸校尉犍爲楊君頌、建寧五年《析里橋郙閣頌》均作喬。《八瓊室金石補正》卷廿四開皇六年《兖州高平縣石里村仲思那等四十人造橋碑》，橋作槁，臺作𡙇。南北朝至隋唐多如此，如《藝風堂金石文字目》卷二武平三年《故人曹臺眷屬造像》、《常山貞石志》卷三開皇六年《龍藏寺碑》、魏錫曾《績語堂碑録》甲仁壽元年《范陽郡正陽瑾墓誌》、《八瓊室金石補正》卷廿八大業五年《寧贙碑》等均作𡙇。孟作孟，南北朝至隋唐多如此。如興和二年敬使君碑陰題名第一列"潁川郡丞孟延和"、第三列"都督蕭孟津"，《八瓊室金石補正》卷廿七大業五年《寧贙碑》"同孟明之温"，《漢魏南北朝墓誌集釋》大業十二年《宋永貴墓誌》"糾猛以寬"等均將孟寫作孟。聃作躭，漢至唐之間，從耳旁之字多改寫爲從身旁，如職作軄、聘作躳。見於《金石萃編》卷五五麟德元年《騎都尉李文墓誌》"周柱史躭之後也"，《金石萃編》卷八十《華嶽廟題名》（唐）華州司功參軍鄭齊躳，《金石萃編》卷八十四開元廿九年《洞清觀鐘款識題名》有蔡崇躳，《敦煌秘籍留真新編》下册頁二八《史記·管蔡世家》"躭季載"，《干禄字書》作"躭"。三作毛，南北朝至唐多如此，沈濤《常山貞石志》卷五跋《唐開元寺三門樓石柱刻經造像》云："《篇海》云：'蠻人'呼參爲毛，轉聲爲三。今山東沂州府費縣有毛陽鎮，行唐縣西有毛趙村，皆呼作三。"《金石萃編》卷廿八神龜二年《趙阿歡造像題名》有光明主張毛洛，羅振玉《墓誌徵存目録》卷一有孝昌三年《毛胡進墓誌》，《金石萃編》卷卅一武定七年《武德于府君義橋石像碑》碑陰題名有都盟主張毛賓，《金石萃編》卷卅八開皇三年《王伏女等造像題名》有邑子高英毛、邑子田毛□等。山西文管會藏天寶四載九月八日《絳郡稷山縣還淳鄉永安里李村邑子二十九人造彌勒像題名》有滎陽郡毛毛朗。

又此刻有李村二字，題名中多李、蘇二姓，據康熙、光緒二《趙州志》卷一里社條城東有南李家疃、北李家疃，城西有大李莊、小李莊，城西北有蘇村，城北有雙廟李家莊，城東北有閣子李莊及蘇家疃。可知李、蘇二姓均爲當地大姓巨族，而此二姓綿延至清代尚以其姓名村疃。

于瑾等題名

（上泐）城縣闗

（上泐）陶縣令于瑾

（上泐）三年歲次己酉十

行元氏縣令屈（下泐）

州使守左金吾（下泐）

州使行右宗衛（下泐）

右題名，六行，正書。1953 年以後由河床中挖出。俞文一六著録。

俞文據〈陶縣天寶元年改爲寧晋，又據神龍三年改左右司御率府曰左右宗衛府，考此三年歲次己酉爲景龍三年，是也。按于瑾見《新唐書·宰相世系表》，爲隋代于翼曾孫，名下注云：駕部郎中。核其世系年代，由翼至瑾與景龍年亦相當，疑即此人。

石橋銘並序[116]　　隋　張嘉貞[117]

趙郡洨河[118]石橋，隋匠李春之跡也。製造奇特，人不知其所以爲。試觀乎用石之妙，楞平砧斲，方版促鬱，緘[119]穹隆[120]崇，豁然無楹。吁，可怪也！又詳乎義插駢坒[121]，磨礱[122]致密，甃百象一。仍餬灰璺[123]，腰鐵拴[124]，蹙兩涯，嵌四穴。蓋以殺怒水之蕩突，雖懷山而固護焉。非夫深智遠慮，莫能創是。其欄檻華[125]柱，錘斲龍獸之狀，蟠繞拏踞，睢盱[126]翕欻，若飛若動[127]，又足畏乎。夫通濟利涉，三才一致。故辰象昭回，天河臨乎析木[128]；鬼神幽助，海石到[129]乎扶桑。亦有停杯渡河（梁釋慧皎《高僧傳》卷十）、"杯渡者，不知姓名，常乘木杯渡水，因而爲目。初見在冀州……嘗於北方，寄宿一家。家有一金像，度竊而將去。家主覺而[130]，羽毛填塞。引弓擊水，鱗甲攢會者[131]，徒聞於耳，不覿[132]於目。目所覿者，工所難者，比於是者，莫之與京。（以下無）敕河北道推勾租庸兼復囚判官、衛州司功參軍、河東柳涣[133]繼爲銘曰[134]：於繹工巧，冲訊靈若。架海維河，浮黿[135]役鵲[136]。伊制或微，並[137]模蓋略。析堅合異，超[138]涯截[139]壑。支堂勿動，觀龍是躍。信梁而奇，在啓爲博。北走燕蓟[140]，南馳温洛。騑騑壯輶，殷殷雷薄。携斧拖綉，騫驄視鶴。藝入侔天，財豐頌閣。斲輪見嗟，錯石惟作。並固良球，人斯瞿瞁[141]。

張嘉貞此文，用字、造句，間仿《魯靈光殿賦》。唐代重《文選》，有“文選學”之稱，始於曹憲之以《文選》授諸生，見兩《唐書》之《曹憲之傳》。其後如高宗之命裴行儉草書《文選》一部，見兩《唐書》之《裴行儉傳》。玄宗開元十八年“吐蕃使奏：公主請《毛詩》《禮記》《左傳》《文選》各一部。制令秘書省寫與之。”見《新唐書·吐蕃傳》。杜甫《宗武生日詩》云：“熟精《文選》理。”《水閣朝霽詩》云：“續兒誦《文選》。”韓愈《中大夫陝府左司馬李邦墓誌》云：“能闇記《論語》《尚書》《毛詩》《左氏》《文選》。”宋葛常之《韻語陽秋》卷三：“唐朝有文選學，而時君尤見重。”由此可見，唐代以《文選》與經、傳並重。詩人杜甫之教子，亦以《文選》爲重。張氏此文，受當時風氣影響而仿《文選》，殆非偶然。

趙郡南石橋銘並序[142]　張彧[143]

閹茂歲[144]，我御史大夫李公晟奉詔總禁戎三萬，北定河朔[145]。冬十月，師次[146]趙郡。郡南石橋者，天下之雄勝，乃揆厥績[147]，度厥功，皆合於自然，包我造化。僕散客也，狀而銘曰：洨[148]水伊何？諸州互[149]凑。秋霖夏潦，奔突延袤。杼材蔵[150]制，樸斲紛糅。斡[151]地泉開，盤根玉甃。虹舒電拖[152]，虎步雲構。截險横包，乘流迴透。块圠[153]匠造，琳琅簇簉。敞作洞門，訝爲石竇。窮琛莫算，盈紀方就[154]。力將岸争，勢與空門。呑齊跨趙，儆夜防晝。月挂虚檐，星羅伏獸。謂之鈐鍵，撮我宇宙。謂之關梁，扼我戎寇[155]。郡國襟帶，河山領袖。經途者安，逸軌者覆。東南一尉，西北一候[156]。萬里書傳，三邊檄奏。郵亭控引，事物殷富。夕發薊[157]堧，朝趨禁霤。質含冰碧，文耀藻綉。花彩全芳，苔痕半舊。天啓大壯[158]，神功罕究。勒銘巨橋[159]，敢告豪右。

此文《文苑英華》卷七八八[160]、《唐文粹》卷六四[161]、《全唐文》卷五一六[162]、弘治《趙州志》卷二、隆慶《趙州志》卷二、康熙《趙州志》卷八、光緒《趙州志》卷十六皆有收入。

新修石橋記

□人建石梁幾二百祀壬申七月□
大水方割陷於梁北之左趾下墳岸
以崩落上排篕又嵌欹則修之爲可
成德節度參謀侍御史知趙州事盧
公慮在往來利濟爲事速攻石其葺
復仍累土□負兹補欄植柱靡不永
固俾壯名不墜於遠近敢書云貞元
九年四月十九日大理司直兼監察
御史劉超然書

右題記，行書，1953 年以來挖出。俞文一五著録。

俞文考壬申爲唐貞元八年，《舊唐書》卷十三記載有："七月辛巳大雨，八月乙丑以天下水灾，分命朝臣宣撫賑貸。河南、河北、山南、江淮凡四十餘州，大小漂溺，死者二（俞文作兩）萬餘人。"該題記中稱"□人建石梁幾二百祀"，由貞元九年上推至隋大業三年凡一百八十六年，時間契合，可證趙州石橋爲大業三年所建。

漢至唐，凡胥或從胥之字多作萅。如《金石萃編》卷九永壽二年《韓敕造孔廟禮器碑》、卷十延熹六年《桐柏淮源廟碑》及卷五十《唐萬年宮銘》等石刻中“胥”並作“胥”。又《金石萃編》卷四三貞觀六年《九成宮醴泉銘》“葺其頹壞”，“葺”寫作“葺”。開元廿九年《鐵彌勒像銘》與《敦煌秘籍留真新編》下册《老子開題》中“葺”寫法與之相同。

崔恂石橋咏　第一石

石橋咏　趙州□史崔恂作　（據後酬詩，史字上當爲長字）
巨川横廣路□涉本艱危　（第六字是褰）
巧思侔神□經途變險戲　（第五字是鬼）
石梁全架□鐵鎖竟何□　（第五字是漢，末字是施）
昔有黿鼉異今看結構奇
疑因女□補似迫□龍移　（第四字是媧，第八字是祖）
跨水鼇峰見凌虚鵬翼垂
寧□浮柱設詎假造舟爲　（第二字是營）
代□隄維固年深砌不隳　（第二字是久）
□□常偃蹇雲雁□差□　（第二字是虹，末字是池）
□物三方會傳名四海□　（末字是知）
□鎸起花蓁模寫躍蛟螭　（第一字是雕）
□矗平踰砥下穹圓甚規　（第一字是上）
□如丹洞出窗類白巖窺
□鶴臨華表詞人訪古碑　（第一字是仙）
幽燕□□□郢越亘南馳
□□無濡足千秋長若□　（末字疑斯或兹）
酬崔長史公石橋□□
官魏州司功參軍劉義
□□壯雄規□□獨在□　（第一、二兩字疑爲全趙。全趙一詞爲漢代以來所習用。）

□□□空歇滅砥□□□

□□□□□擁□波□□

第二石

（上泐數行，不詳）翻翥

（中殘泐數字）久（以下共缺數行，未詳）

□常□接袂

□重歡無隔

□□題柱咏更

□□元八年九月（下泐）李□□□□於時□□崔恂

□□□□□深州刺史□□還

□□□□此橋喜□壯麗命

□□□□舊詩雲□□並七年

上一石詩刻，按俞文稱二石字跡、高寬並同，疑是一石斷爲二。

崔恂事跡見唐林寶《元和姓纂》卷三："恂，水部郎中、杭州刺史，鄭州人。"宋周淙《乾道臨安志》卷三同《元和姓纂》。《新唐書·宰相世系表》卷二入鄭州崔氏。聖曆二年一月二十八日《大周故銀青光禄大夫使持節利州諸軍事行利州刺史上柱國清河縣開國子崔（玄籍）君墓誌銘》云："嗣子……益州參軍恂等。"

大中大夫等字題名殘刻

大中大夫使持（下殘，以下各行同）

别　　駕

中散大夫

正議大夫

朝議郎行録

上一殘刻，五行，正書。1953年以後由河床中挖出。梁文一六著録。

□承恩等題名殘刻

□□

　軍事上□（下殘，以下各行同）

　承恩

郎行司功參軍

柱國仇道弼

□□司倉參軍

□□都尉劉懿□

郎行司户參軍

□國賈知孝

□□行司户參

□□福

□□□行司兵參軍

□□□□□□韋濬

上一題名，十三行，正書。1953年後由河床中挖出。梁文一六著録。以上二刻石，梁文定爲唐刻。

按韋濬見於《新唐書·宰相世系表》，凡三人，一屬南皮公房；一屬駙馬房，任職職方郎中；一屬小逍遥公房，任職梓州刺史。又《新唐書·宰相世系表》載後魏徐州刺史劉敏之後有劉懿孫。此刻劉懿下缺一字，未知是否即孫字。

赫赫張公殘石柱銘

浩矣難名矧惟赫赫張公聖朝良弼昔季

賢相　朝野沃心懷我知音徘徊羽翼方□　（首字俞文釋作聖）

我佛種張也釋氏之維摩寓彼道流李也□□□

也□

見榷咸美孰曰

悌雲淳和包温良之□□□□□□□□□□□

居部仁聲先路□□朔之□□□□得賢清國□（得字俞文未釋）

□物志情□□橋□□□□□□□旁魄

（上泐）不訇訇□

人神之跡卓□三絶道冠萬方若何獨有（道，俞文釋作昔）

仙臺望清雲閣而遥飛吐鳳近廌懷蛟錦

上一殘柱，十一行，正書。1953 年後由河床中挖出。未見照片及拓片，據俞文摹本録。

檢校僧

釋長樂（此二行六字刻於正面小方塊上）

俞文・一九。

俞文據文意係歌頌昔年張姓宰相，字帶古隸變體，又多别體，石係不等邊八棱刻石等，懷疑此石是歌頌張嘉貞之作品。洪邁《洨河石橋》詩有“開元雙柱折，隸畫尚堅固”語，疑此石即雙柱之一殘石。此刻明係正書而稱爲隸書者，因南北朝時，即稱正書爲隸書。其説見宋趙明誠《金石録》卷廿一東魏天平四年《大覺寺碑陰跋》云：“右大覺寺碑陰題銀青光禄大夫臣韓毅隸書，蓋今楷字也。庾肩吾曰：隸書，今之正書也。（貫文按：見於《書斷》）唐張懷瓘《六體書論》亦云：隸書者，程邈造，字皆真正，亦曰真書。自唐以前皆謂楷字爲隸。至歐陽修《集古録》誤以八分爲隸書。自是舉世凡漢時石刻皆目爲漢隸。”（據宋姚寬《西溪叢話》卷下）《老學庵筆記》卷十周越《書苑》云：“郭宗恕以爲小篆散而八分生，八分破而隸書出，隸書悖而行書作，行書狂而草書産。以此知隸書乃今真書。趙明誠謂誤以八分爲隸自歐陽公始。”宋洪適《夢溪筆談・補筆談》卷二云：“今世俗謂之隸書者，只是古人之八分書。謂初從篆文變隸，尚有二分篆法，故謂之八分書，後乃全變爲隸，即今之正書、章草、行書、草書皆是也。後之人乃誤謂古八分爲隸書，以今時爲正書。殊不知所謂正書者，隸書之正者耳。其餘行書、草書皆隸書也。”宋王應麟《玉海》卷四五小學下引《唐六典》書學注：“字體有五，五曰隸書。”王書小注云：“典籍、表奏、公私文疏所用。”清包世臣《藝舟雙楫》歷下筆談云：“世傳秦、漢金石，凡筆近篆而體近真者，皆隸書也。及中郎變隸而作八分，言其勢作左右分布相背然也。是以六朝至唐，皆稱真書爲隸。曰唐人誤以八爲數字。及宋遂並分隸之名。”徵之石刻，亦有稱正書爲隸書者。如北京大學圖書館藏大業元年二月廿六日《沙門僧修□諸姓邑人等造彌陀像》拓本，題爲趙超越隸書（文見《陶齋藏石記》卷十六）。審其書體，固是正書。

“矧惟赫赫張公。”矧寫作敹。《玉篇》卷十七“矧，亦作敹”。《金石萃編》卷七八開元十九年《麓山寺碑》：“敹乎弓冶筆精，陶冶意匠。”唐人書矧作（敹），與此刻同。他如《敦煌秘籍留真新編》上册收《古文尚書》《多士》《君奭》亦作敹。

趙州石橋銘　　李翺

九津九星横河中，天下有道津梁通，石穹隆兮與天終。

此文見《李文公集》卷十七、明代二《趙州志》卷二、康熙《趙州志》卷八與光緒《趙州志》卷十六。

光緒十年《畿輔通志》卷一五一云：“此刻無年月可考。《太平寰宇記》稱翺趙州人。”《唐書》本傳：翺中進士第，元和初爲國子博士。新舊《唐書》本傳稱翺貞元十四年進士，卒於會昌中。《新唐書》本傳稱：翺始從韓愈學爲文章，“辭致渾厚，見推當時”。《畿輔通志》竟列此銘於元和之前，今不取。此文過簡，虚而不實，於“天下雄勝”之石橋毫無涉及，似“不覯於目”者之所爲，殊負此橋。宋董逌《廣川書跋》卷九《李於墓誌》題韓愈撰、李翺書，是李翺亦能書者。徐乃昌《安徽通志金石志》卷十二《灊山石牛洞題名》：“皇祐三年九月十六日自州之太湖過寺宿，與道人文鋭、弟安國擁火游，見李翺習之書。”此銘當時或亦勒石。

龍興寺僧師安題名

趙州龍興寺安聖院講經律

賜紫□門師安□以□□力□　　（門上當爲沙）

畢功時大安元祐四年九月

押兼在城巡檢

上爲題名五段之一，在州學大成殿神厨前東柱下部。1956 年古代建築修整所李全慶同志由榨油廠（舊州學址）挖出。同治元年《趙州石刻全録》下四一、《畿輔通志》卷一五一、《金石録》卷一四，俞文廿等著録。

《畿輔通志》云："繹其文義，當是寺僧助修石橋紀功之刻。大安元祐乃大宋元祐之誤。"按周輝《北轅録》云："元祐間賜名安濟。"此刻沙門師安之外尚有"押兼在城巡檢"等字，疑是朝命當地官吏興修，委沙門師安任其事。事畢，賜名安濟。

《宋會要輯稿》第八九册職官四八之一二二："（巡檢）掌巡檢州邑，捕詰盜賊之事。以閤門祗候以上至諸司使將軍，或内侍充。自兩州至十州及沿邊寨，或路當險要者，亦因其地爲名。"又職官四八之一二四大中祥符五年九月廿八日，"淮南轉運使王隨請差使臣一員充廬、壽等州提轄橋道兼巡檢，量給士兵器械，仍與巡檢添支。從之"。又職官四八之一二八至和二年二月，"增置城巡檢一員，兼管勾城池事"。洪邁《夷堅丁志》卷十二（1927 年商務印書館排印本）温大賣木條："乾道九年贛州瑞金縣市橋壞，邑令辛孫紹發錢授狗脚寨巡檢翟珪買木繕治。"據此，知巡檢有在城者，橋道亦歸其掌之。今此刻與沙門師安修橋畢功同列名，與《宋會要輯稿》所載正符。又《金石録》卷上大中祥符六年《玄聖文宣王贊碑》後有右侍禁兵馬監押兼在城巡檢葛廷等，卷下景祐五年《趙州南關廂邑人重建陀羅尼經幢》下截題名有右侍禁趙州兵馬監押兼在城巡檢劉，是趙州有在城巡檢之設，猶在至和之前也。

嚴中行陸明叔題名

紹聖丙子九月旦

嚴中行陸明叔游

上爲題名五段之一，在州學大成殿神厨前東柱下部。1956 年古代建築修整所李全慶同志由榨油廠（舊州學址）挖出。《趙州石刻全録》下四一、《畿輔通志》卷一五一、《金石録》卷一四，俞文廿等著録。嚴、陸二人無考。丙子爲紹聖三年，距元祐四年重修僅七年。

王謙甫詩刻

本路走□□□□　　（梁文無此行，走下當是馬承受三字）

崇恪□題安濟□□　　（梁文僅存濟字）

時甲申季秋旦□　　（末字當是日）

從南第一虹下□　　（末字疑是有。梁文南作而，虹字缺）

僧居焉曰澄心□　　（梁文曰下三字缺。末字當是洞）

　謙甫

安濟橋通官道□□　　（□□當是津護二字）

心洞裏有閒人長流

不斷東西水□□□　　（缺三字當是車馬奔）

馳南北塵

前本路承受王公有□留□

（梁文作州人□承受，王公據拓本補釋，有下當是詩字）

全趙石橋之□心洞□孝□

（心上當是澄字。孝字梁釋作考）

調火山掾時　　（梁文作調山□□時）

公典是軍見遇頗厚□日公
（梁文典作興，公字未釋）
退從容嘗舉此詩□已嘆服
（梁文作退位之□舉此詩□嘆非）
麗□而□識於胸□□□秩
（梁文作□□□□識丁丑□□□□秋）
滿東來□　　　　　（梁文此四字缺，滿字據拓本補釋）
外舅出□此邦□□之暇因
（梁文作□□□□邦□□之暇。外舅等字據拓本補）
與訪　　　　　　　（梁文缺此二字）
公真迹於壁間觀咏再三□
（真跡舊釋作具跡）
然若挹　　　　　　（梁文若作石）
公之聲採蓋□孝
□恩獎知薦
□□以政和　　　　（梁文無以下三行）
□□□諸
郎□火

上王謙甫詩刻並頌廿六行，正書。造南洞南壁。《金石匯目分編》卷三補遺頁廿五、《趙州石刻全録》下卅七、《畿輔通志》卷一五一、《金石録》卷一四、光緒廿四年《藝風堂金石文字目》卷一一、梁文廿二、俞文一九著録。

此刻《金石匯目》《藝風堂金石文字目》均題爲王謙甫詩。《畿輔通志》將此刻“前本路承受王公”以下部分分稱爲“火山掾□孝題名”，蓋誤。□孝乃跋王謙甫詩，非題名，不得析爲二。王謙甫詩詩序中有“甲申”二字，各書皆據後跋中政和字考爲崇寧三年，是也。俞文考作隆興二年。此刻有安濟橋三字，而安濟橋爲元祐間賜名。此刻爲有關大石橋石刻中最早提及橋名者。《畿輔通志》云：“此在崇寧三年謙甫詩刻後，其文有云：‘□孝□凋火山掾時，公典是軍，見遇頗厚。□日公退從容舉□此詩。’又云：‘□秩□東來，□外舅出□□邦，□□之暇，因與訪公具跡於壁。’又第十四行有政和字，末行題銜，僅存‘郎□火’字。按孝爲其人之名，其姓已泐，不可考。火山宋時軍名。馬端臨《輿地考》：‘劉崇雄勇鎮，本嵐州地，宋太平興國七年建爲火山軍，屬河東道。’又《職官考》：宋太祖命朝臣出守列郡，號權知軍州事。州爲民政，軍爲兵政，文稱典軍即此。又司功參軍條載五官掾宋無。又録事參軍條載政和三年尚書省言：參軍之稱，起於行軍之際，恐不當襲。奉聖旨，參軍改爲掾，文稱火山掾，即火山録事參軍。此刻在政和間，故從新稱，其時正符也。《職官考》又載：崇寧初定選階，以通事郎换録事參軍，以登仕郎换知録事參軍，政和間改通事爲從政，登仕爲修職。孝官火山掾，其階名應從此二者。則郎字上泐，當是從政修職等字。若火字下泐，則爲山掾及姓名無疑。《地理志今釋》：宋火山軍今山西保德州河曲縣東北。案保德爲山西邊邑，東距趙州千里而近，此云東來，於地形不合。據此則謙甫於甲申季秋過趙，題詩於前。此知火山軍，曾爲僚屬誦述。政和間掾□孝秩滿東來，過趙訪其詩得之，復題記於後也。至外舅出□□邦句，既不傳名氏，不復可考矣。”

按上引《畿輔通志》所考，最爲精詳。惟走馬承受公事一官未之及，故補考如下：

《宋會要輯稿》第八二册職官四一之一二〇：“宋制，河北、河東、陝西、川峽皆有之。以三班或内侍二人或三人充。”此言走馬承受公事，惟邊境有之。據記載與石刻，湖南、廣西亦有此官，實不止以上四處。趙州屬河北西路，與遼爲近，固宜設此官也。元馬端臨《文獻通考》卷六二：“走馬承受公事，諸路各一員，宋仁宗時置（按是慶曆八年，置河北魏、瀛、鎮、定四路安撫使）以三班使臣及内侍充，隸經略安撫總管司……崇寧中始詔不隸帥司（按《宋史·職官志》即引《文獻通考》）。”此言走馬承受置於宋仁宗時，隸經略安撫總管司，崇寧中始否。《宋會要輯稿》第八二册職官四一之一三〇：“政和六年七月十三日詔改諸路走馬承受爲廉訪使者（《宋史》《徽宗紀》《職官志》與《文獻通考》並同，宋陳均《皇朝編年綱目備要》卷廿八作八月）。”又《宋會要輯稿》第八二册職官四一之一三四：“靖康元年正月十六日詔：廉訪使者並罷。其走馬承受依祖宗舊法。七月廿五日詔：諸路走馬承受依祖宗舊法，並帶某路某司走馬承受。十一月十六日户部言：諸路廉訪使者，已依祖宗法改爲走馬承受公事使臣，隸屬帥司。”此言走馬承受公事之復舊與隸屬。此刻□孝跋語有本路承受與政和字，不稱廉訪使者，知此石當刻立於政和六年七月十三日之前。

《宋會要輯稿》第一八七册兵廿九之二：“崇寧三年五月十八日，河北沿邊安撫使王薦奏。奉詔禁與兩城供輸人爲婚姻”云云。知此刻上王謙甫任走馬承受時，帥臣恐爲王薦。

宋李攸《宋朝事實》卷十八：“太平興國七年（宋李埴《十朝綱要》作八年）以嵐州雄勇鎮置軍。治平四年置火山縣。熙寧四年縣廢。（《宋史·地理志》作四年廢之，無熙寧二字。）此說在《文獻通考》之前，爲《畿輔通志》所未引。

宋王盈之等《職源撮要》（《藕香零拾》本）録事參軍州曹官條：“國朝沿唐制，州置録事參軍，然不盡置也。諸府爲司録，諸州爲録事。政和三年州建六曹參軍。參軍之稱起於行軍之際，恐不當襲。録事參軍欲改爲司録，奉聖旨，參軍改爲掾。”另《張文忠公集》卷十四《安西府創建霸橋記》云：“若門而圜其額，俗謂矼者一十有九。”矼即此刻之虹。

王革賈君文題名

王革賈君文將

命迓客過此大觀

三年八月廿五日

上一題名，正書，三行，在南洞北壁。吴式芬《金石匯目分編》卷三補遺頁廿五、《趙州石刻全録》下册、《畿輔通志》卷一五一金石十四、《藝風堂金石文字目》卷十一、梁文皆有著録。

《畿輔通志》云："考大觀二年，宋遼無特遣使事。徽宗生辰在十月。遼使遣賀當在前一、二月。此王革所迓之客，蓋生辰使也。又案王革政和七年爲開封府尹，與蔡攸、盛章同加顯謨閣待制。"按《畿輔通志》以此刻爲迓遼賀生辰使題名，是也。據《宋史·禮志》嘉禮三：徽宗以十月十日爲天寧節。宋制於外國使臣入境，例有接伴使副，先期至國境接伴。宋趙升《朝野類要》卷一接伴送條："蕃使入朝，差官待之。來程有接伴使副。回程則爲送伴。"知此刻爲王、賈二人任接伴遼賀生辰使伴時路經趙州之題名。《宋會要輯稿》第九十册職官四九之五一："崇寧四年八月十八日，樞密院言：'尚書度支員外郎王革接伴遼國賀天寧節人使到相州。遇靖和皇后小祥。賜御筵合奏樂與否'"云云。知王革此題名爲再次接伴遼賀生辰使。又《宋會要輯稿》第一九三册、方域十三之十一："徽宗大觀三年十月七日，尚書度支員外郎王革言：'滑州比年以來，修整浮橋，所費工力物料，萬數浩瀚。每歲虜使到河，或不及事，或僅能了當，致一一上煩朝廷措置'"云云。知王革此次以尚書度支員外郎充接伴使。王革其人《宋史》中無傳。其爲人及仕歷多見於宋人記載中，兹爲撮舉於下：宋楊仲良《通鑒長編紀事本末》卷一二三編類元符章疏："崇寧元年九月乙未詔中書省開具元符臣僚章疏，姓名具後……邪下：王革（宋李埴《皇宋十朝綱要》作王華）。"是王革曾入黨籍。《宋史·禮志一》："政和三年開封尹王革。"《宋會要輯稿》第一二〇册選舉卅三之二七："政和三年五月廿七日朝散郎司農卿王革爲集賢殿修撰、河東路都轉運使。"繼而又改除直龍圖閣。宋楊仲良《通鑒長編紀事本末》卷一二五："政和五年八月壬子，以開封府尹盛章彈壓兵匠，罷章，以王革代之。”又《通鑒長編紀事本末》卷一三三：“政和六年閏正月辛酉開封府尹王革奏。”《宋會要輯稿》第一四五册食貨四七之八：“政和七年七月廿一日開封府尹王革奏。”又《宋會要輯稿》第一六四册刑法一：“宣和元年十月三日，刑部尚書王革奏。”宋袁褧《楓窗小牘》下：宣和三年二月新鄭門官夫淘溝條：“權知開封府王革。”宋人《靖康傳信録》卷一：“靖康元年正月廿八日，檢會開封府尹王革言。”《建炎以來系年要録》卷六：“建炎元年六月己巳，金紫光禄大夫王革復龍圖閣直學士。”又卷三八：“建炎四年十月辛巳，守金紫光禄大夫、龍圖閣待制王革。”《建炎以來系年要録》卷七三：“紹興四年二月乙巳左金紫光禄大夫龍圖閣待制提舉華州雲臺觀王革卒。詔官子孫如故事。言者謂革自廷尉尹京，專以觀望意旨爲獄，刑罰失平，極濫者衆，獨以夤緣交結，冒濫賞典，法當討論。詔追絛革爲後中大夫，盡革其恩數。”以上爲王革仕歷之有紀年可考者。

宋翟汝文《忠惠集》卷一有户部侍郎王革除開封尹制，卷四有户部侍郎王革磨勘朝請郎制。此王革仕歷之無紀年可考者。又《宋史·藝文志》傳記類有王革《天泉河》一卷，兵書部有王革《政和營繕軍補録序》一卷。

宋張綱《華陽集》卷四外制：王革追授中大夫落職云：“具官某，素行陰賊，盜竊寵榮。當政和、宣和之間，聲焰薰灼，專以刑戮爲暴，觀望相指，陷人於罔。冤痛之聲，達於上下。”《宋史·徐處仁傳》：“（大名）前尹王革慘而怯，盜無輕重悉抵死，小有警輒閉城以兵自衛。”張知甫《可書》：“王革自開封府出守大名，一時號爲酷吏。每獲盜賊，不問所犯輕重，必曰灰目拆指，長枷五日。以錐刺目，填以熱灰，以石鎚指令碎而止，故曰灰目拆指。後盜賊蜂起於河朔，坐章而罷。”此王革爲人之可見者。

宋翟汝文《忠惠集》卷二有賈君文河北路提刑兼保甲制。又：“宋滋、賈君文、康厚、種師中、王璟、滿志行並提點刑獄兼保甲制。"石刻中之賈君文當即此人。復據宋制，凡國信使副，接伴使副等多以京官文官爲正，外官武官爲副，副使或以外臣選充。此賈君文即以提點河北路刑獄充任接伴使副者。紹興元年四月八日通判建昌軍莊綽上言，有大觀中忌以君、主等字爲地名、人名等事。此刻中賈君文不避君字，可知禁用君字當在大觀三年以後也。

君仁等殘刻

君

仁

政和元

七

上一題名，存四行，在南洞南壁。《趙州石刻全録》下三七、《畿輔通志》卷一五一金石十四頁五三、《金石録》卷一四頁五三有著録。《畿輔通志》云："以意度之，當是政和元年七月。"

□彦奉使題名

彦　使

還

朝政和七

二

日過

上一題名，存五行，行書，在南洞北壁。《金石匯目分編》卷三補遺頁廿五、《趙州石刻全録》下三九、《畿輔通志》卷一五一金石十四頁五三、《藝風堂金石文字目》卷一一頁二八有著録。按此刻在陳隆壽題名之右，乃大字行書，疑是另一段題記。

政和等字殘石

武

莞城　　（梁文無此二行）
　餞　　（梁文作□□此□□□）
　此時
冬至　　（梁文僅有至字）
季冬詔　　（舊釋詔作初，梁文作□久□）
時政和甲　　（梁文作□時□）
觀　　（梁文無以下三行）
奉　　（舊釋奏）
府

上一題名，存十行，正書，在南洞北壁。《金石匯目分編》卷三補遺頁廿五、《趙州石刻全録》下三七、《畿輔通志》卷一五一金石十四頁五三、《藝風堂金石文字目》卷一一頁二九，梁文廿有著録。《畿輔通志》云："此第三行僅存餞字，五行有冬至字，當是冬至在此餞别之記。"按政和甲□應是四年甲午。

向仲等題名

俊儀向仲
安陽周施
□□□□
□□□□
□□□□
□□□□
□宣和甲□
秋十一日

上一題名，存八行，在南洞北壁。《趙州石刻全録》下三九、《畿輔通志》卷一五一金石十四頁五六著録。

《畿輔通志》云："此刻僅存首尾各二行。俊儀向仲、安陽周施、宣和甲□秋十一日共十六字，餘皆泐不可讀。"又按浚儀此作俊儀。《地理志今釋》：浚儀自北魏以前屬陳留，隋屬滎陽，唐屬汴州，皆從浚，不從俊。其南北朝僑置在他郡者亦然。又《元豐九域志》稱大中祥符二年浚儀爲祥符，是時久無浚儀之稱。此云云，蓋其人欲襲舊名，誤以俊爲浚也。

連鵬舉題名

連鵬舉使大金，至絶域，實居首選。宣和六年八月壬子題。

上一題名刻於華表柱上，今佚。

宋樓鑰《北行日録》卷上、元廼賢《河朔訪古記》卷上著録。《河朔訪古記》作八年，誤。《北行日録》無壬子題三字。

清樊彬《畿輔待訪碑目》下："安濟橋連鵬舉題名，宣和八年，已出。"是此刻又曾重出。按連鵬舉即連南夫之字。據《金史》太祖阿骨打卒於天輔七年八月戊申。宋楊仲良編《通鑒長編紀事本末》卷一四四："宣和六年正月戊寅，命校書郎連南夫爲金國祭奠吊慰使，武略大夫張撝副之。"《宋史·徽宗紀》："宣和六年正月戊寅，遣連南夫吊祭金國。"《金史·交聘表上》："天會二年四月，宋始遣太常少卿連南夫等來吊。"（《金史·太宗紀》僅作："宋遣使來吊。"）知此刻連鵬舉以假太常少卿充吊祭使。首選即正使之意。復據金未遷燕以前，宋、金使人行程，單程需四個月，遷燕後需兩月。連鵬舉以正月出使，四月到達。此作八月者，乃其回程時所題。

連南夫《宋史》無傳。宋韓元吉《南澗甲乙稿》卷十九有連公墓碑，言其使金事甚詳。碑云："宣和五年故寶文閣學士連公諱南夫，以秘書省校書郎假太常少卿賀女真。來年正月，會金使李靖來告太祖之喪。朝廷遂除公接送伴，改命爲祭奠吊慰使。公前以面對更京秩，天子記其才氣可用。而蔡攸方領樞密，陰忌之。大臣亦謂敵有喪，可以虚聲動者，欲稍變契丹舊儀，合祭吊兩使爲一。且詔公：'吾所奉賞設金繒與借糧米，皆已副金人之需。而西京、應、蔚、奉聖、歸化、儒、嬀等州逮今未交。宜開諭交取以來。'公不敢辭。至敵，果以祭吊並聘爲言。公從容對曰：'告哀使僅留三日爾，朝廷亟欲報命，故以某送伴而遣。殆有司失照例，非有意也。'所議漫不答，反以納張覺與燕山之民有所誚詰。公慷慨復曰：'本朝兵將盡多，何至須一張覺？燕民之來稍衆，未盡見爾。'論辯不屈，遂成禮而歸。歸即爲上言，敵好不可保也。"

連南夫有著述兩種，見宋陳振孫《直齋書録解題》卷七："《宣和使金録》一卷，太常少卿安陸連南夫鵬舉吊祭阿骨打奉使所記，時宣和六年。《連寶學奏議》二卷，寶文閣學士安陸連南夫鵬舉撰。紹興初知饒州，捍御有功。及和議成，南夫知泉州，上表略曰：'不然亦然，其然豈然。'又曰：'雖虞舜之十有二州，昔皆吾有。然商於六百里，當念爾欺。'由是得罪。"（此事又見《宋史·秦檜傳》《建炎以來系年要録》卷一二五等）連南夫有題名二種今存。見《八瓊室金石補正》卷一零二廣州九曜石題刻，爲紹興九年二月記。《兩浙金石志》卷八《連道善伏犀泉題名》云："連道善鵬舉、張文蔚同游，建炎三年閏八月廿一日。"

宋人《靖康要録》卷一靖康元年正月廿二日聖旨：今後金國稱呼祇以大金爲稱。合用國字者依自來體例施行，更不得以金國爲稱。今此刻已有大金字，似此稱不始於靖康也。

《宋會要輯稿》第六十册職官三："宣和七年六月廿九日詔中書舍人連南夫除修撰……以言論其素無行義，又代言不職故也。"第一百册職官六九："宣和七年十一月廿二日知濠州連南夫降一級，以言者論其與凡事争訟。"《宋史·高宗紀》："（建炎三年五月）乙丑，以建康府路安撫使連南夫兼建康府、宣、徽、太平等州制置使。"《三朝北盟會編》卷一二八："建炎三年四月廿日知濠州連南夫。"《中興小記》卷六："紹興三年建康府守臣顯謨閣直學士安陸連南夫。"《三朝北盟會編》卷一九二："紹興九年正月知泉州連南夫上封事，論和議不可信。"洪邁《夷堅甲志》卷十四芭蕉葉上鬼條："紹興初，連南夫帥廣東。曹紳以宣義郎攝機宜文字。連公前后所殺海寇不可計，或同日誅一二百人。曹皆手處其事，不暇細問也。"

《宋史·高登傳》："歸至廣，會新興大饑，帥連南夫檄發廩賑濟。"《宋史·易青傳》："紹興六年十月，（廣東）經略使（連）南夫。"《宋會要輯稿》第八六册職官四四：市舶司，"紹興七年閏十月三日，詔令知廣州連南天條具市舶之弊。"《建炎以來系年要録》卷一〇一："紹興六年五月乙卯寶文閣直學士提舉江州太平觀連南夫升寶文閣學士知廣州。時廣東寇未平，帥臣曾開引疾乞奉祠，故有是命。"卷一〇四："紹興六年八月庚戌京略安撫使連南夫言去朝廷遠，如遇經制盜賊事不可待報者，乞許便宜施行。"卷一一三：紹興七年八月丁未，寶文閣學士知廣州連南夫特進一官，仍賜詔獎諭，以捕惠賊曾兖（韓元吉《南澗甲乙稿》連氏神道碑作曾衮）之勞也。後數日，連南夫言："今水陸別無大寇，乞收還便宜指揮。從之。"卷一一二："紹興九年正月戊子寶文閣學士知廣州連南夫上封事。"（此事《三朝北盟會編》卷一九二作知泉州，應從。）卷一四六："紹興十二年七月癸卯寶文閣學士提舉江州太平觀連南夫特落職……南夫之守廣州也，右杖宣教郎杜嵒以朝命遣本州居住。及復疆赦下，嵒乞自便。南夫請於朝，不俟報，遽釋之。及是金人索充子孫之在南者，樞密院以金字牌命帥臣陳槖密切拘管，槖以其事奏，故有是命。"《皇宋十朝綱要》卷一八："宣和六年正月戊寅，遣太常少卿連南夫爲金國吊慰祭奠使，武功大夫張撝副之。仍詔連南夫至金國趣交割西京……等州。"

趙正夫題名

天水趙正

夫被

詔赴

闕過此時
宣和甲辰
季冬十八
日題

上一題名，六行，正書，在南洞北壁。《金石匯目分編》卷三補遺頁廿五、《趙州石刻全録》下三九、《畿輔通志》卷一五一金石十四頁五四、《藝風堂金石文字目》卷十八頁廿八、梁文廿著録。

趙正夫，各本均作趙□夫，缺而未釋。梁文作趙延夫。今據北京大學圖書館藏拓本可見確爲正字。按趙正夫見《宋史·宗室世系表》，凡五人。一屬高密郡王房（據開明版《宋史》頁六四〇），一屬潁川郡王房（開明版《宋史》頁六四〇），一屬潁川郡王房（開明版《宋史》頁六五四），一屬鄖國公房（開明版《宋史》頁六六九），一屬江國公房（開明版《宋史》頁六七一）。又見宋鄒浩《道鄉公文集》卷十《記夢七絶序》云："趙正夫相勞如平生……"卷十一又有《聞正夫遷門下》七律詩。宋晁補之《鷄肋編》卷一五有《送趙正夫京東漕》五律一首。此石刻中趙正夫無從得知其系出何房。據《道鄉公文集》《鷄肋編》所載有一趙正夫與彼二人同時。孔武仲《三孔先生清江文集》卷五《送趙正夫使江東》詩云："青天連上黨，秋雁回汾并……無爲厭朝集，寂寞戀邊城。"尋繹詩意，似指此刻中之趙正夫由趙州赴闕，出使江東。

安汝功詩

□都安汝功出使
本路宣和乙巳歲
重陽后三日携家
過平棘石橋謾留
廿字男持時詩□

子勸侍行

夭矯蒼虬脊橫波

□步長匪心堅不

上一詩刻，存八行，行書。1953 年至 1955 年間由橋下挖出。弘治元年《趙州志》卷二、隆慶元年《趙州志》卷二、康熙十二年《趙州志》卷八、光緒廿三年《趙州志》卷十六、俞文一八等有著録。

此詩，明二《趙州志》作："汲郡安汝功詩曰：夭矯蒼虬卷，接波百步長。匪心堅不轉，萬石作津梁。"誤將"浚都"作"汲郡"。《金石萃編》卷一二五《大宋重修兖州文宣王廟碑》碑陰題名中有甲寅四月（元憲宗四年）温德潤等題名，後有"浚都趙晋敬題"。《常山貞石志》卷四、開耀二年《開業寺李公碑》碑陰題名有"宣和庚子浚都劉子野"等題名，可知"浚都"爲當時習稱。又將"脊"誤作"卷"。清代二《趙州志》將"夭矯"誤作"天橋"。

按宋樓鑰《攻媿集》卷七十《跋安光遠所藏祖廉訪詩跋》云："廉訪公以文受知徽皇，屢將使指。劉延康之守真定，公實佐之；分守京城，又引爲自助；尋執節以死，公與其三子寶學公以下護喪，間關兵火中送之建陽。未至而死於道中。（明刻本無中字。）鑰頃以使事過趙……洞中多前良題刻，不能詳記。意公詩在其中也。此軸多北刻，無刻本。"又宋沈與求《龜溪集》卷三《安次山挽詞》（代劉侍郎）云："都城惜别泪沾巾，回首孤城草木春。封冢遥聞食上國，疾風懸料識忠臣。程嬰已死終存趙，揚子雖生輒美新。青史高名知不朽，遺榮猶賁土中身。曉殿催傳玉笋班，東風小立照衰顔。臨分愧我江湖上，伏節悲君矢石間。往事凄凉千古恨，舊交零落幾人還。殊方更致生芻奠，目斷高丘涕泪潸。"據上述樓跋、沈詩，可知安此山即安汝功之字，與《論語》"九仞之山，功虧一簣"之意相合。跋中之廉訪公即指石刻中宣和乙巳出使本路事。本路謂真定府路，廉訪使隸屬帥司。其時該府帥爲劉榦，安汝功正其屬官。《宋會要輯稿》第八二册職官四一與《宋史·徽宗本紀》等記載政和六年七月改走馬承受公事爲廉訪使者，樓跋與沈詩情事多合，故知所説爲同一人。樓跋有"意公詩在其中"當指此詩刻。樓氏以使車匆匆，殆未見此刻。又云："此軸多北刻，無別本。"知安光遠所藏乃拓本也。又劉子翬《屏山集》卷十一有"和安汝功採紫竹杖篇"。

安東□□題名

□青光禄大夫試兵部尚書安東

年歲次丙辰正月

奉使官屬古趙北大虹

四年正月二十一日

上一題名，四行，凡五段共一柱。在州學大成殿神厨前西柱下，1956 年古代建築修整所李全慶同志由榨油廠（即舊州學）挖出，尚未見拓本。《趙州石刻全録》下四一、《畿輔通志》卷一五一金石十四頁五八有著録。

《畿輔通志》云："繹記中所引皆南朝官職，安東屬淮南東路，爲宋朝所屬地。其爲南朝出使人之題名無疑。"《石刻録》定丙辰爲理宗寶祐四年，是也。按宋有五丙辰：一爲大中祥符九年，二爲熙寧九年，三爲紹興六年，四爲慶元二年，五爲寶祐四年。寶祐四年雖然與石刻中之四年相合，但是時金亡已逾廿年，不可能有遣使賀正事，疑是慶元二年丙辰。二與四字因拓本關係，每易致誤。《金史·交聘表》："明昌六年（即慶元元年）正月丁亥朔，宋試禮部尚書曾三復賀正旦。"（《宋史·寧宗紀》："慶元元年九月甲辰遣黄艾使金賀正旦。"）又與此刻中之兵部尚書不合，疑不能明。此刻有"古趙北大虹"等字，古趙又見《趙州石刻全録》下、泰定五年《古趙州平棘縣鎮宅石獅題記》。趙州自天德三年已改爲沃州，意者宋使不欲用金名，又不能用宋名，而稱之古趙歟？又據石刻正月廿一日等字，知爲賀正回程時所題。

張説詩刻（《藝風堂金石文字目》作張公説游題名並詩）

□□良工范化工匠成橋（良字梁文缺，工釋江，第二個工字缺）

□□□□龍鱗□箍低含（梁文作：繼□箍□含）

□□□□高□躍空□壓（梁文作：高□壓）

檢□□□□會容□□順（梁文作：會容□□順）

朝□□□□適輪蹄便從（梁文作：斬何從）

此舟□□不通（梁文作：舟不）

歲權臨城縣張説述游（《趙州石刻全録》作：歲權臨城縣令張公説游。梁文作：歲□臨城縣令張□□。）

上一詩刻正書，凡七行，在南洞南壁。《金石匯目分編》卷三補遺頁廿五、《趙州石刻全録》下卅七、《畿輔通志》卷一五一金石十四頁五六、《藝風堂金石文字目》卷十一頁廿八、梁文廿三有著録。

《畿輔通志》云："此刻剥蝕已甚。繹其詞句，當是題橋七言詩，末行題權臨城令張公説游。"按此詩末行，審視拓本爲張説述游，舊釋與舊標題皆誤。張説述游，即張説記游之意，方與前詩相關。若作張公説游，既與前詩無涉，則詩與題名當屬另一人。今詩與書名筆跡無異，更可知舊釋之不可通。張説事跡，據宋人記載，臚舉於下。

《宋會要輯稿》第九十册職官五一之廿一："紹興卅二年七月九日詔：中書舍人劉珙假禮部尚書，充皇帝登寶位報金國信使。知閤門事孟思恭假保信軍承宣使副之。既而諫議大夫任古言思恭受賂，罷見任。詔差知閤門事張説假昭慶軍承宣使代之。"《八瓊室金石補正》卷八八及《粵西金石略》卷八均載有張説游老君洞詩，刻文爲：“營道張説霖卿隆興癸未九月丁酉題。”

《宋會要輯稿》第九十册職官五一之廿二：“乾道元年二月廿二日詔尚書刑部侍郎李若水假吏部尚書。知閤門事張説假昭慶軍承宣使充接伴金國報問使副。”又册一七〇刑法五之一四：“乾道四年七月廿八日詔臨軒慮問决遣罪人編排，引見官差汪大猷、張説、周淙、宋直温……乾道六年閏五月十日詔：今歲疏决，御史臺大理寺差鄭聞、張説……”宋崔敦詩《玉堂類稿》卷四（《四庫珍本》）：“明州觀察使張説辭免除安慶軍節度使提舉萬壽觀加食邑實封。”又卷六（《佚存叢書》本）：“（乾道七年）賜張説辭免差提臨安府洞霄宫任便居住不允詔。賜張説辭免太尉提舉隆興府玉隆觀任便居住加食邑實封不允詔。賜張説再辭免除太尉提舉隆興府玉隆觀不允詔。”元尤玘《萬柳溪邊話舊》（常州《先哲遺書》本）尤袤條：“及張説入西府，公車三館，上書牾。説補外守臺州。”《金史·交聘表上》：“大定七年（宋乾道三年）正月庚子朔，宋試工部尚書薛良朋，昭慶軍承宣使張説賀正旦。”《建炎以來系年要録》卷一七九：“紹興廿七年五月甲申帶御器械張彦攸充送伴副使。時右武大夫榮州刺史張説迓使。客還，被旨送伴辭不行，乃改命彦攸。”又卷一八三：“紹興卅年十月甲寅，起居舍人楊邦弼爲賀大金正旦使，右武大夫榮州刺史兩浙西路馬步軍副都總管張説副之。”

憔悴等字殘柱

憔悴於遐□陋壤而功利不及於□□不如□人之美得盛名於世

□橋也以石爲橋歷海内不少矣晋江之洛陽廬山之三峽備物

上一殘柱銘文，二行，正書。1953 年以後由河床中挖出。俞文一八著録。

俞文云：“亦是刻在一根八棱形石柱上。銘文無疑是宋人稱頌李春之善得盛名，勝過老死溝壑的人們。”按此刻由其文句、書法觀之，當出宋人。晋江之洛陽即指福建泉州之萬安橋，其建橋事實具據蔡襄《萬安橋記》（見《金石萃編》卷一三四）云：“萬安渡石橋，始造於皇祐五年四月庚寅，以嘉祐四年十二月辛未訖功。累址於淵。（釃）水爲四十七道，梁空以行。其長三千六百尺，廣丈有五尺，翼以扶欄，如其長之數而兩之。”其所以名洛陽橋者，以其在晋江、惠安交界，跨洛陽江，故又名洛陽橋。見宋王象之《輿地紀勝》卷一三〇、宋祝穆《方輿勝覽》卷十二與萬曆壬子《泉州府志》卷二山川條等。王昶《金石萃編》跋語云：“周必大《平圜集》稱蔡忠惠公大字端重……洛陽橋記與吐谷渾詞，皆大書之冠冕也。然則萬安橋當南宋時已有洛陽之稱。但不知何所取義而名洛陽。”王昶殆未知因跨洛陽江而得名。又見《益公題跋》卷十《題蔡君謨書柳子厚吐谷渾詞》。《輿地紀勝》卷一三〇引郭功父洛陽橋詩。功父即詩人郭祥正，與王安石同時，是北宋時已有洛陽橋之稱。廬山三峽，謂廬山栖賢寺之三峽橋，又名棲賢橋，俗稱觀音橋，建於大中祥符七年，長約九十尺（宋陳舜俞《廬山記》卷二叙山南篇第三作其袤六十尺。明桑喬《廬山記事》卷五作其長百尺），寬約一丈二尺，高六十尺以上，作環羽形。締構偉壯，神施鬼設，非人力所能爲。（見民國吴宗慈《廬山志》卷五）其所以名三峽者，以“棲賢谷中多大石，岌嶫相倚，水行石間，其聲如雷霆，如千乘車，行者震悼不能自持，雖三峽之險不過也。故其橋曰三峽。”（見《四部叢刊》影印明王執禮校刊嘉靖辛丑蜀王刻本蘇轍《欒城集》卷廿三《廬山棲賢寺新修僧堂記》）宋人形容大石橋，每好以域内有名巨橋相擬。如洪皓《洨河石橋》詩：“泉南應伯仲，松江無説處。”即取晋江之洛陽橋以擬趙州之大石橋也。

馮柏等施石柱題名

北韓村　　馮柏　馮二富

郝小夫等衆人□樂施此石

住一條兼載至橋各家永智移（柱誤作住，永智移當是永增福之訛。）上一題名，爲五段題記之一，共在州學大成殿神厨前西柱下。1956年古代建築修整所李全慶同志由榨油廠挖出。《趙州石刻全録》下四一、《畿輔通志》卷一五二金石十五頁五、俞文廿有著録。

《畿輔通志》云："當是修橋時村氓施助之記。住乃柱之誤。"按此題記與天德元年李德固、四年歲次丙辰正月廿一日、銀青光禄大夫、試兵部尚書等題名同出一柱。四年歲次丙辰一段題名已考爲慶元二年。則此段題記雖無年月可考，要必在此二段之前無疑，當屬宋刻。

光緒《趙州志》卷一里社有城東北，韓村。與此刻之北韓村村名、方位均合。《趙州石刻全録》中有北韓村王四哥等題名，是此村自宋至清猶沿而未改。《趙州石刻全録》又有金大定七年《沃州柏林禪院三千邑衆碑題名》。此刻題名有馮二翁。某或翁爲宋人習稱，蓋村民之老而有資産者。如宋張守《毗陵集》卷三有措置魔賊劄子饒州張大翁，洪邁《夷堅志》庚卷五新安龍和尚條有張一翁，《夷堅三志》庚卷一丁陸兩姻家條有丁六翁、陸二翁，《説郛》卷四三引曾慥《集仙傳》云：魏二翁，濮州雷澤世農。《夷堅三志》辛卷七閻大翁條："今屬鄱陽，以販鹽致富。"

迓客殘石

惟邦

年冬迓客過趙之石橋。

上一題記，與馮二翁等施石柱題名同刻一石。《趙州石刻全録》下四一、《畿輔通志》卷一五二金石十五頁五、梁文廿有著録。按此刻未見拓本，疑亦宋刻。紀年既缺，無由知其所迓之客爲何事出使。

衛採題名

濟南衛採□□十一月

迴此□□江浙

上一題名二行，與前段題記同刻一柱。《趙州石刻全録》下四一、《畿輔通志》卷一五一金石十四頁五八、梁文廿有著録。

《畿輔通志》云："細繹其義，當亦是南朝使人過此留題之作。"其年不可考，以類附宋末。

禪定院僧題名

趙州禪定院講□□論□　（講下當缺經律二字。末字疑爲教。近人吴宗慈《廬山志》卷十一金石目：大中祥符七年建棲賢橋題記有福州僧德朗勾當造橋，建州僧文秀教化造橋等字。以此例推測，當是教字。）

化□□石橋功德主賜

同勾當典座僧□資□□

上一題名爲同刻一柱五段題記之一。在州學大成殿神厨前東柱下。1956年古代建築修整所李全慶同志由榨油廠挖出。《趙州石刻全録》下四一、《畿輔通志》卷一五一金石十四頁四八、俞文廿有著録。

《畿輔通志》云："當亦是僧人修橋紀功者。"按此段與元祐四年《龍興寺安聖院題名》同刻一柱。當亦宋刻。所以知者共有三事。宋趙彦衛《雲麓漫鈔》卷六云："隋曰道場，唐曰寺，本朝則大曰寺，小曰院。"此段有寺有院，可知爲宋刻之一。宋吴曾《能改齋漫録》卷十三御筆宮觀寺院不得稱主條云："政和三年八月御筆：天下道士不得稱宫主、觀主，並改作知宫觀事，女冠準此。僧尼不得稱寺主、院主、庵主、供養主之類，並改院主作管干院事，副作同；供養主作知事，庵主作住持。餘皆以（錢大昕《十駕齋養新録》卷七引作"依"）此改定。"又《雲麓漫鈔》卷六漢明帝夢金人條："在法，寺有寺主，郡有僧首，總稱主首。而宣和三年禁稱主字，改曰管勾院門、同管勾院門事。供養主作知事。庵主作住持。至建炎初避御名，並改曰住持。"此段題名有功德主，不避主字，可知爲徽宗政和三年前北宋刻之二。"勾當"爲唐宋人習用語，猶今所言"經營""管理"之意。此一詞見於唐宋二代石刻中最多。如《兩浙金石録》卷二大和九年四月廿五日龍宫寺碑後刻有勾當造碑石並殿内石長明燈等，《兩浙金石録》卷三開成二年正月一日佛頂尊勝陀羅尼經幢後刻同勾當造幢吴中行。今此段石刻中有"同勾當典座僧"等語，不避高宗趙構嫌名，可知爲北宋刻之三。宋王盈之《職源撮要》（《藕香零拾》本）主管運干條："建炎初避高宗諱，改管勾爲主管，勾當爲干當。"元李治《敬齋古今黈》（《藕香零拾》重刻萬曆庚子本）卷四："至炎宋過江後，以避諱改勾當爲干當。"

《趙州石刻全録》卷中金大定七年《沃州柏林禪院三千邑衆碑記有禪定院亨僧正等題名》，是禪定院至金猶存。

柏鄉縣進德鄉西維那□友平等題名殘刻

柏鄉縣進德鄉西

維那□友平

王下

功德維那

上一題名爲同刻一柱五段題記之一。在州學大成殿神厨前東柱下。1956年古代建築修整所李全慶同志由榨油廠挖出。《趙州石刻全録》下四一、《畿輔通志》卷一五一金石十四頁四八、俞文廿有著録。

《畿輔通志》云："當爲鄉民助修石橋題名。"按此段與元祐四年安聖院僧題名同刻一柱。當亦北宋刻。《宋會要輯稿》第一八九册方域五之卅三："柏鄉縣，熙寧五年廢爲鎮。元祐元年復。故知此刻當在元祐元年以後，或熙寧五年之前。"元代柏鄉縣仍有進德里之設置。元馬祖常《石田先生文集》卷十四《贈亞中大夫順德路總管董君行狀》云："君諱元，姓董氏，趙州柏鄉縣進德里人也。"

楊村等字殘刻

楊村

天張趙村李

上一題名爲同刻一柱五段題記之一。在州學大成殿神厨前東柱下。1956年古代建築修整所李全慶同志由榨油廠挖出。《趙州石刻全録》下四一、《畿輔通志》卷一五一金石十四頁四九、俞文廿有著録。

《畿輔通志》云："此有楊村、趙村字，當亦村民題名。"按此段與元祐四年安聖院僧題名同刻一柱，當亦宋刻。光緒《趙州志》卷一里社：城南有東楊村、西楊村。《趙州石刻全録》卷中、金大定七年沃州柏林禪院三千邑衆碑碑陰題名有平棘縣西揚户村吕在等、東楊户村劉福等題名。此刻僅存楊村，不能知其上所缺爲東抑西字。又此刻有天張趙村李等字，疑即柏林禪院三千邑衆碑碑陰題名平棘縣東大張村李成等、中大張村耿晸等之東、中二大張村。"天"即"大"之誤。

通判趙州軍州等題字題名二段

（上闕）通判趙州軍州兼管内（下闕）

（上闕）夫知趙州軍州兼管内（下闕）

上一題名，正書。1953 年以后由河床中挖出。俞文十八著録。

俞文云："另兩石有通判趙州軍州職銜。官職字體都證明是宋刻。《趙州志》等録有漢望臺銘，即系宋通判軍州事雲騎尉魯伯能所作。"按此二段，當是通判與太守二人題名。俞文定爲魯百（據魯氏所撰碑文作百）能，殊誤。《宋詩記事》卷三二："魯百能，吴興人，元祐元年進士。"先以書體證非魯百能。據北京大學圖書館藏魯百能題遠愛亭詩拓本。其詩題爲辛卯八月廿八日行部至扶風，登此亭（辛卯爲政和元年），後署吴興魯百能懋成題。陸耀遹《金石續編》卷十七有山西平定思武堂記殘碑，年月缺。其題銜爲："（上闕）判趙州軍州事吴興魯百能撰並書。魯氏所書思武堂記未見拓本，僅以所書愛遠亭詩合觀，筆跡絶不相類，可證此題名决非魯氏所書。次以官職證其非魯百能。《趙州石刻全録》卷下《景祐五年南關厢邑人等重建陀羅尼經幢》，題名有通直郎守殿中丞通判趙州軍州兼管内勸農事騎都尉借緋劉德之、□□□（據《趙州志》官師表是禮賓二字）副使銀青光禄大夫檢校太子賓客兼御史大夫知趙州軍州兼管内勸農事騎都尉太原縣開國伯食邑七百户王德成。《趙州石刻全録》卷中元豐八年《趙州永安院度僧記題名》有朝奉郎通判軍州兼管内勸農事騎都尉借緋周鼎、朝請郎知軍州兼管内勸農事上輕車都尉借紫杜紳。此二石刻結銜與此殘石略同。今此段題名僅存通判趙州軍州等字，又缺姓名。况北宋一代趙州通判不止魯氏一人，安能定其必爲魯百能？今據以上兩方面定爲宋刻。

《宋史・職官志》："通判，宋初懲五代之弊，乾德初下湖南，始置諸州通判……建隆四年詔知府公事，並須長史、通判簽議連書，方許行下。時大郡置二員，餘置一員。州不及萬户不置。（宋王盈之《職源撮要》通判條：至景德州以滿萬户置通判。）武官知州，小郡亦特置焉。"（《宋會要輯稿》第八七册職官四七之一判知州府軍監條："邊要之地或户口繁多，亦置通判，以京朝官充。"）又《宋會要輯稿》第八七册職官四七之一府州軍監條："宋初革五季之患，悉召諸鎮節度會於京師，錫第以留之。分留朝臣出守列郡，號權知軍州事……其後文武官參爲知軍州事。"明仿宋本《梁谿漫志》卷二知軍州事條："太守謂之知某州軍州事者，言一州之軍事州事無所不統也。而或遇朝廷一時推行申嚴之事，往往皆以系銜，如隄岸遞角之類。彼既長是郡，則一郡之事皆所當爲，似不須一一入銜也。"《宋會要輯稿》第八七册職官四七之一府州軍監條：《宋會要輯稿》第八三册職官四二之一、勸農使條："真宗景德三年二月詔，諸路轉運使副，開封府知府及諸道知州刺史少卿監以上並兼勸農使者，其餘知州軍通判等並兼勸農事，仍令自今除授，依此施行。"又《宋會要輯稿》第八七册職官四七之五九："景德三年八月八日河北轉運使劉綜請擇文學器識之士通判緣邊州軍。庶其商度邊事往還北境。文牒從之。"《宋會要輯稿》第八七册職官四七之六四："崇寧三年二月廿一日詔：河北國信道通路經由州軍通判，今交部依格選差，申三省審察。"《宋會要輯稿》第八七册職官四七之六十："天聖元年三月中書門下言：應北朝人使經過州郡通判，今後令審官院選差從之。"據上所記，知通判一職置於乾德，兼勸農事始於景德，至緣邊州軍又必以文學之士充，庶其商度邊事，往還北境，其任實至重也。又據景德三年通判始兼勸農事，則此刻當亦在景德三年二月以後。趙州與遼爲近，自必依格選差。

陳安本題名

陳安本曾游

上一題名，正書，一行，在北洞南壁，大觀三年王革等題名之右。

《畿輔通志》云："《趙州石刻全録》卷下卅九載：王革題名之

前，有陳安本曾游五字。雖同列一石，而字大小迥殊。況一過往，一游觀，留題同而人異，未必其一時也。石刻録不爲分列，蓋誤。”按書法似宋人，事跡無考。

陳隆壽題名　（舊名□彦題字殘刻，或□彦奉使題名）

温陵陳隆壽　（《建炎以來系年要録》卷一四六：紹興十二年七月宗弼索宇文盧中家屬條有福建温陵。泉州古名温陵）

知軍州事　（此二行，正書，小字）

催促

司户　（此二行，正書，大字）

上一題名，四行，在南洞北壁。《金石匯目分編》卷三補遺頁廿五、《趙州石刻全録》下卌九、《畿輔通志》卷一五一金石十四頁五三、《金石録》卷一四頁五三、《藝風堂金石文字目》卷十一頁廿八、梁文廿一有著録。

《畿輔通志》云：“此刻存彦使還朝，政和七□、温陵陳隆壽知軍州事、催促、司户廿三字。彦下泐一字。蓋其人名。使下泐一字，應是北字。七二下皆有泐字。則爲年月及日無疑。其餘泐字不可考。”宋王象之《輿地紀勝》卷一三〇泉州下小字注：清原、平海、温陵、晋水、晋安、晋江、泉山。又景物上：温陵。（李方子輯、真德秀序《清源集》云：舊圖經謂其地少塞，故云。）

按□彦奉使題名乃大字行書，與此雖同在一石，當另屬一人，各書標題及不爲分列皆誤。宋范成大《吴郡志》卷七提舉常平茶鹽司條：“朝奉郎陳隆壽，宣和元年十一月十四日到任，二年五月十五日改添差於趙州置司，三年二月除兩浙提舉常平。”

東明等字題名

東明

西

使

朝

乙丑

七日

觀

上一題名在南洞北壁。《趙州石刻全録》下卌九、《畿輔通志》卷一五一金石十四頁四九有著録。

《畿輔通志》云：僅存……共十字。明下、使下、日下皆泐一字。東明爲地名，爲人名。乙丑爲紀年，爲紀月，均莫考，無可附麗。以橋石字跡多宋人所留，兹以類附。

劉□□使北題名劉

使北發

過此承

巖輝

上一題名，四行，正書、在南洞南壁。《金石匯目分編》卷三補遺頁廿五、《趙州石刻全録》下卌七、《畿輔通志》卷一五一金石十四頁五三、《金石録》卷一四頁五六、《藝風堂金石文字目》卷十八頁廿八、梁文廿二有著録。

《畿輔通志》云："此刻第一行劉下泐二字，二行以後存使北過此承巖輝七字。案劉下泐，蓋其人之名。使北過此，出使北遼朝金，其爲遼與金不可復考。巖輝疑守趙者之字。"

石匠人趙等字題名

□石　　　　　　石匠人趙

石匠人趙[?]　　　（以上二行字跡相同）　□臣□□

□□之堯山鎮□（字跡與前後均不同）　之　堯山鎮□

□乙丑記（字大）　　乙丑記

人趙卞非□刊　（人趙卞三字草書，後三字爲大字）　人趙卞　□□□刊

上一題名，《金石匯目分編》卷三補遺頁廿五、《趙州石刻全録》下四十、《寰宇訪碑録》卷二及廿一、《畿輔碑目》卷上頁五、《畿輔通志》卷一五一金石十四頁卅七有著録。中國社會科學院考古研究所圖書館藏有拓本。此刻各書皆作隋唐山石工李通題名，《畿輔通志》作趙卞，非題名。《趙州石刻全録》云："在橋北洞下，石爲水所沖激，光滑可愛。字幾漫滅，惟存此數字。考《州志》，橋乃隋時巧匠李春所建。此石有乙丑字，應是煬大業元年。"《畿輔通志》云："唐張嘉貞《石橋銘》云：'趙郡洨河石橋，隋匠李春之跡也。'《州志》之説蓋本於此。而此刻既無隋時紀年及李春姓氏，《趙州石刻録》僅據乙丑記三字定爲大業元年，未免臆斷。《續訪碑録》（疑即《補寰宇訪碑録》）及《碑目》（疑即《畿輔碑目》）以石中尚存李字之半，遂題爲李通題名。開皇十□年立，尤屬牽强。今據石刻尚有趙卞非字，定爲趙卞非題名。又以張嘉貞稱此橋爲隋時所造，仍附在隋刻之後以期核實。"按此刻最早見於吴式芬《金石匯目分編》著録。吴書有自序而無紀年。據彭藴章撰墓誌，吴氏卒於咸豐六年十月初八日，則此書之編纂當在咸豐或其前。此刻即作隋唐山石工李通題名，正書，開皇十□年，安濟橋下。其誤實不始於《補寰宇訪碑録》及《畿輔碑目》。《畿輔通志》定爲趙卞非題名，仍附隋刻之後，亦誤。據金石例，凡有興造，各種工匠（如木工、泥工、石工、畫工等）皆列名碑末，刊字人亦然。此刻既有石匠人趙等字，又有趙卞非刊，是趙乃刻工，而非石工也。於例止能標石工某日題名。此刻無紀年，《畿輔通志》僅據石橋爲隋時所建，附之隋後，亦未免臆斷。此刻有堯山鎮字。據《宋會要輯稿》第八册頁一八八方域五之卅四："堯山縣，熙寧六年廢爲鎮。隸内丘縣。"元祐元年復。宋王存等

《元豐九域志》卷二邢州内丘小字注云："州北七十里，五鄉，堯山一鎮。"《宋史·地理志》："内丘，熙寧六年省堯山縣入焉。元祐元年復。"然則此刻殆熙寧六年至元祐元年此十三年中所刻歟？

范冲留題趙州諸石刻

宋袁説友《東堂集》卷十九（四庫全書珍本）《跋范季海摹范侍讀留題趙州諸石刻》云："癸卯年在錫山，與澧州使君范邦定邂逅相遇。邦定以侍讀公之嫡孫也，屢出侍讀在資善堂所得阜陵舊學時奎畫及公自書數帖。君臣之遇合，豈一言一見之項哉！後十五年，今復見公留題善本，且聞阜陵蓋嘗宣取而賜覽焉……雖然季海萬里使敵，方驅馳鞍馬間，一見此刻，下馬瞬息，急脱墨本以歸。"

按袁説友爲孝宗時人，首云癸卯乃淳熙十年。范邦定爲侍讀公之孫。以《宋史·孝宗紀》與《宋史·儒林傳·范冲本傳》考之，知范侍讀即宋孝宗師傅范冲，資善堂乃宋孝宗就傅之堂。范冲始以徽猷閣待制兼翊善起居郎，未久遷翰林侍讀學士。《中興小紀》卷十八："紹興五年……宗正少卿范冲、起居郎朱震並爲資善堂翊善。"范季海似即范邦定之字，曾出使女真，見范冲留題石刻，拓之以歸。《范冲本傳》與《宋史》均無使趙事，其所留題者，亦未知是否即留題大石橋之石刻，故附於此。

又周密《齊東野語》卷三誅韓本末條："明年（嘉定元年）閤門舍人周登出使過趙州，觀所謂名橋者，已具述其事，紀功勒銘，大書深刻橋柱矣。"

完顏概等題名

回謝大齊國信　　　（梁文誤作天齋國）

使義興軍節度完顏概

副使游騎將軍知上東閣門使劉君詔

（《趙州石刻全録》作門門使，梁文作知東北門□使，《金石匯目分編》作趙君詔）

天會十四年十一月二十八日過此（梁文作十一月）

上一題名，四行，正書，在北洞北壁。《北行日録》卷上、《金石匯目分編》卷三補遺頁廿五、《趙州石刻全録》下卌二、《畿輔通志》卷一五二金石十五頁二、《藝風堂金石文字目》卷十八頁廿九、梁文一九有著録。

《畿輔通志》云："義興軍節度與游騎將軍，《金史》地理、百官兩志漏載。宣徽院屬有東上閣門使，正五品，《趙州石刻録》載此全文，稱東上門門使誤，蓋泐文也。完顏概、劉君詔皆未登列傳……又案熙宗天會十四年十月甲寅以蕭仲恭爲齊豫回謝使並生日正旦使，與此年月正符，而使人姓名迥然各别。但此爲當時親題，史乃後來追述，當以此爲確。又按熙宗嗣位第四年始改元，故稱天會十四年。"《宋史·職官志》："東、西上閣門：東上閣門、西上閣門使各三人（三疑當作二），副使各二人……掌朝會宴幸、供奉贊相禮儀之事。使、副承旨禀命……若慶禮奉表，則東上閣門掌之。慰禮進名，則西上閣門掌之……舊制有東、西上閣門，多以處外戚勛貴。"《金史·百官志》較《宋史》簡略，據《金史·百官志》序"大率皆循遼宋之舊"，故用《宋史》。

李德固題名

司□□□□李德固昨自天德改元十二月二十有一

汴京平章行臺尚書省事道過趙郡今已罷省

平府總管乃本鄉也欣然回歸復過是橋節度使

枉今重記耳時天德辛未仲春中旬後一日紀

上一題名五段共一柱，在州學大成殿神厨前西柱下。1956 年經古代建築修整所李全慶同志由榨油廠（舊州學遺址）挖出。《趙州石刻全録》下四一、《畿輔通志》卷一五二金石十五頁四、俞文廿有著録。

《畿輔通志》云："此刻共四行，行首皆有泐字，辭語不復貫串。案其殘句，知石刻者李德固以天德元年爲汴京平章行臺尚書省事過此。後以罷省改官□平總管。天德三年再過，泐石題記。李德固《金史》無傳，惟《海陵本紀》天德四年有以咸平尹李德固爲平章政事語，與此所謂天德三年爲□平府總管時事皆同。即其人也。□平府上泐爲咸字無疑。《金地理志》：咸平路遼威州，天德二年八月升爲咸平府，後爲總管府。李德固以三年春爲咸平總管，蓋升府後旋改爲總管也。又按《金百官志》：都總管與府尹官職不同，此乃稱爲咸平府總管。《本紀》則稱咸平尹，可證其謬。又案《熙宗本紀》：皇統九年十二月己酉朔。《海陵本紀》：是月己未改元爲天德元年，以朔日己酉推之，則己未當是十一日。此稱李德固以是月廿一日爲汴京平章行臺省事，蓋亦預謀廢立，因之得官者。又案《本紀》：天德二年十二月罷行臺尚書省。與此文稱辛未仲春因罷省回歸過趙時事亦符。《金百官志》：尚書省平章政事二員，屬尚書令。天眷三年復置行臺尚書省於汴京。而於天德二年罷省，絶不載記，與石文所記皆同，足徵志之闕漏。又按此刻有今重記一語，疑天德元年已有留題，故云然也。"

劉皐等題名

本州西關劉皐等衆開店維那另施構欄二間大定二年四月黄山石匠楊志造。

1953 年以後由河床中挖出。

余文一九著録。

此刻未見拓本。書法、行款等均未詳。按維那本僧官，凡興造倡首之人皆可稱維那，不盡爲僧人（用清沈濤説。見《常山貞石志》卷一白石神君碑跋語）黄山，山名，在河北曲陽縣。光緒卅年重修《曲陽縣志》卷六山川古跡考："少容山一名黄山。舊志在縣南十八里……山自古出白石，可爲碑志諸物。故環山諸村多石工。”徵之石刻，知黄山楊姓石工由宋迄元，屢見列石。如：宣和二年《中山府販瓷器客趙仙重修馬夔碑》，岳陽楊彦刻（見光緒卅年《曲陽縣志》卷十二）。宣和三年《封崇寺創鑄鐘記》，中山府匠人楊仲刊（見《常山貞石志》卷十三，以下省稱爲常志）。大定廿年《真定府都僧録改授廣惠大師舍利經幢銘》，匠人恒岳楊温、楊顯、楊深、楊演（見常志卷十四）中統五年《晋州五岳觀碑》，黄山石匠楊元（見常志卷十五）。至元五年《王善神道碑》，黄山楊榮刊（見常志卷十五）。至元八年欒城縣《太極觀記》，曲陽黄山楊秀、石定、賈榮同刊（見常志卷十六）。至元九年《無極縣廳題名記》，黄山楊忠刊（見常志卷十六）。古代工匠多屬世業，黄山楊姓石工歷傳三朝，可與京兆（西安）之安姓石工（如唐之安政興，宋之安民等）由唐迄宋相媲美也。

楊□張震題名

中山楊□

廣平張震　　　（梁文作張□）

大定丙午歲

寓居洨川

暇日同來

上一題名，五行，正書，在北洞南壁。《金石匯目分編》卷三補遺頁廿六、《趙州石刻全録》下卌四、《畿輔通志》卷一五二金石十五頁六、《藝風堂金石文字目》卷十一頁廿九、梁文廿一有著録。

按《宋會要輯稿》册七九職官卅六之一一六有隆興元年三月十一日中書舍人張震奏云云。《宋史·孝宗紀》有乾道六年四月以敷文閣直學士張震知成都府充本路安撫使。《宋史·范成大傳》：“上嘗命陳俊卿擇文士掌内制。俊卿以成大及張震對。”此石刻中張震題名在大定丙午（廿六年），雖年代相近，但與上引《宋會要輯稿》等所述張震情事不符，當爲另一人。

高國忠重建橋洞題名

懷遠令□

行沃州平棘

縣令白霫高國忠重

建南北二[洞]

時承安二年

六月望題

上一題名，七行，正書，在北洞南壁。《金石匯目分編》卷三補遺頁廿六、《趙州石刻全録》下卌四、《畿輔通志》卷一五二金石十五頁七、《藝風堂金石文字目》卷十一頁廿九有著録。

《畿輔通志》云："考《金史》無高國忠傳。《地理志》：東京路復州爲遼懷遠軍，金明昌四年降爲刺史。又鳳翔路德順州有懷遠寨，而無懷遠縣者，乃此明明刻作懷遠令，其非知軍、知寨可知，疑志有缺漏處。白霫地名，即大定縣，故地在遼屬中京道。在金屬北京路，見《遼史・地理志》。然白霫之名，在遼時已改爲大定，此猶沿其舊稱。又按懷遠令爲平棘令帶行字，又與《百官志》所載散官高於職官者帶行字例不合。"

按沃州即趙州。元迺賢《河朔訪古記》卷上云："金天德三年改沃州，因與趙同音，又取以水沃火之義。"《金史・地理志》中亦雲："天德三年更爲沃州，蓋取水沃火之義。"宋周輝《清波雜志》卷十二："金改趙州爲沃州，蓋取以水沃火云。識者謂沃字從天水，則著國姓中興之讖益章章云。建炎初，從臣連南夫奏劄言：女真國號白金，而本朝以火德王。金見火即銷，終不能爲國家患。"

泰和殘石

石橋　　　　（此二字，各家並缺）

壁上　　　　（此二字，梁文作至）

多我□□□□　避（梁文多我二字下有再字，無避字）

津要地　　　（據拓本有地字，各書闕釋）

□□□磨

□□巍巍乎

□□泰和初

□□二日書

上一題名，七行，正書，在北洞北壁。《金石匯目分編》卷三補遺頁廿五、《趙州石刻全録》下册二、《畿輔通志》卷一五二金石十五頁八、《藝風堂金石文字目》卷十一頁廿九、梁文十九有著録。

烏古論德鄰兄弟詩刻

近蒙

上司委你相驗河水利□□

從弟都□烏古論德鋭道□

川偶聞南宋遣使　（各家宋作來）

賀

誕遐邇萬　　　（梁文作□□方知□□□□）

接伴副使者廼　　（梁文伴作□）

家兄檢院同知也奉侍南游橋

（梁文同知作□□，南以下無字）

下徘徊偶得一絶聊志其來

（梁文缺下字，其來作□□）

□州信都縣令烏古論忠武德鄰司

（梁文作川信覩今爲□武。按首字爲冀）

吏董璞從行時泰和五年閏□

(梁文無從行二字，作泰和五年)

月十四日永紀　　　(由上至此爲小字。梁文作申四月永□)

□石壘□跨潢流　　(梁文首二字作□□)

何必□□問濟舟　　(梁文作□必□□□)

□溢驚湍雖拍岸　　(梁文作□溢維拍山□)

肯教使者勉爲憂　　(此四行爲大字。梁文勉作稍，憂作□)

德鋭勉次

□公高韵　　　　　(此二行爲小字。公字各家闕釋)

一見危橋□□□

(按此詩既次前韻，則末一字當爲流。梁文作□見危)

猶疑瀑布半□□

(按末字當爲舟。梁文作□疑瀑布十横)

天涯羈旅行無□

免得舟人來往□(按末字當爲憂。此四行爲大字。此二詩筆跡如一，當出自同一書手)

上一詩刻廿一行，正書，在北洞南壁。《金石匯目分編》卷三補遺頁廿六、《趙州石刻全録》下册四、《畿輔通志》卷一五二金石十五頁七、《藝風堂金石文字目》卷十一頁廿九、梁文廿一有著録。

此刻《金石匯目分編》《藝風堂金石文字目》作烏古論德鋭德鄰詩並記。《畿輔通志》分爲三段，一爲烏古論德鄰游石橋記石刻，一爲烏古論游石橋詩石刻，一爲烏古論德鋭游石橋詩石刻，蓋誤。尋繹文意，則題詩者爲德鄰，次韻者乃弟德鋭。忠武似爲刻石作記者。《畿輔通志》云："此以泰和五年刻前爲烏古論德鄰游石橋記，後刻七絶一首。最後烏古論德鋭和七絶一首。考《金史》烏古論爲金朝世戚載入列傳者，十有三人，而德鋭、德鄰皆無其名……又按《章宗本紀》：泰和五年九月天壽節。宋、高麗、夏遣使來賀，與此南來遣使賀誕語正吻合。乃《交聘表》是年詳列夏及高麗使人，獨不載宋使，此可證其闕。第七行、八行云接伴副使者，迺家兄檢院同知，稱官而不稱名。《金百官志》有同知登聞檢院。此稱檢院同知，蓋即是官。第十行烏古論德鄰列銜□州信都縣令。《金史・地理志》：信都屬河北東路冀州。此州字上泐當是冀字。又第十行司吏董璞從行。《金史・百官志》諸縣令條下注：中縣司吏八人，下縣六人。第十一行泰和五年閏月，閏下泐字。《章宗紀》泰和五年閏八月朔。則是年閏月爲閏八月也。”按《宋史寧宗紀》：開禧元年（泰和五年）六月己亥遣李壁賀金主生辰。《畿輔通志》失考。

劉百熙詩　　　　（隆慶《趙州志》中無此四字）

僕壯年嘗往來燕趙
間每過此橋未嘗不
周覽山川形勢徘徊　（梁文周作週）
不忍去今老矣遭值　（梁文不作下）
喪亂迺復過此慨然
有懷因作是詩以寓
意焉房山劉百熙
誰知千古媧皇石解補　（末一字按明《趙州志》元詩選是補字）
人間地不平半夜移來
山鬼泣一矼横絶海神（梁文矼作虹）
驚水從碧玉環中過人
在蒼龍背上行日暮憑
欄望河朔不須擊棹壯
心生癸卯歲六月中浣日
　宣差真定等五路萬户史公命工刊

（梁文等作府，萬户以下作使□□□）

以上一詩刻，十五行，正書，在北洞北壁。明代二《趙州志》卷二，康熙《趙州志》卷八，光緒《趙州志》卷十四，清顧嗣立《元詩選》壬集、癸之癸下引《直隸志》，《金石匯目分編》卷三補遺頁廿五，《趙州石刻全録》下卌二，《畿輔通志》卷一五二金石十五頁十二，《藝風堂金石文字目》卷十一頁廿九，梁文廿五有著録。

《畿輔通志》云："劉百熙無可考，史公當是史天澤。永清縣有史秉直及進道神道碑，皆乙巳年立。後皆有題名，曰宣差真定等五路萬户史天澤立石。又史進道神道碑首云：歲在壬寅寓跡宣差真定等五路萬户史侯門下。壬寅即癸卯之前一年，乙巳即癸卯之後二年，則當癸卯年史天澤正官真定萬户時也。又案癸卯乃六皇后稱制之二年。"

按元郝經《陵川先生集》卷卅五《房山先生墓銘》云："先生諱伯熙字善甫，漢中山靖王之後，唐盧龍節度使伻之裔孫也……先生年十六七入國學，喜爲詩文，卓犖有聲，與雷御史希顔齊名，號曰雷劉。崇慶之變，遂不就學……貞祐初，從乘輿入汴。金亡而復歸燕，往來燕趙之間廿餘年。歲丙辰後如汴，卒於旅次，年七十四……房山其自號也……其書法出於二王，尤善真行小楷。"元劉祁《歸潛志》（據《知不足齋叢書》本，《學海類編》本僅八卷）卷十一録大梁事條：正大九年元兵攻大梁，"時自朝士外，域中人皆爲兵，號防城丁壯，下令有一男子家居處死。太學諸生亦選爲兵。諸生訴於官，請另作一軍，號太學丁壯。已而朝議以書生輩尪羸不任役，將發爲炮夫。諸生劉百熙、楊焕等數十人伺上出，詣馬前請自效。上慰喻，令分付四面户部工作委差官，由是免炮夫之苦。"元虞集《道園學古録》卷五田氏先友翰墨序云："劉百熙，字善甫，燕人。"今河北邢臺縣開元寺存有庚戌（定宗皇后稱制二年）正月劉百熙撰書《萬安恩公碑銘》。

楊奐詩刻

壬子秋九月被

召過此

[五]丁鑿石極堅頑陌上行　（明《趙州志》作五丁，梁文缺鑿字）

人得往還月魄半輪沉水

底虹腰千尺駕雲間鄭卿　（梁文缺腰字、雲字）

車渡心應愧秦帝鞭驅血

尚殷爲問長江深幾許雪　（明《趙州志》作尚殷）

風吹馬下天山

前河南漕長楊奐題

宣差真定等路萬户夫人侄渤海石□　（梁文海下作□□□）宣差同知趙州節度

使事高添禄命工刊　（梁文作高無録命工判）

洨川石匠張顯造（梁文作洨□石□）

上一詩刻，十三行，正書，在北洞南壁。明代二《趙州志》卷二、康熙《趙州志》卷八、光緒《趙州志》卷十四、《金石匯目分編》卷三補遺頁廿六、《趙州石刻全録》下卅四、《畿輔通志》卷一五二金石十五頁十四、《藝風堂金石文字目》卷十一頁廿九、明嘉靖元年宋廷佐輯《還山遺稿》卷下收録此詩下注：《趙州志》、梁文廿有著録。

《畿輔通志》云："楊奐不可考。永清縣史氏慶源碑（貫文按：立於太宗十二年）：史天澤夫人石抹氏，（貫文按：《永清文徵》卷二《史丞相神道碑》亦云公夫人石抹氏）此石下泐文，當是抹字，其名則不可考矣。高添禄兩見陳時可《柏林禪院碑》（貫文按：碑後題名爲同知清源軍節度使兼趙州管内觀察使高添禄立石。見《趙州石刻全録》上卅二）及元好問《州學記》（貫文按：碑後題名爲同知清源軍節度使管民萬户高添禄，都功德主宣差慶源軍節度使太夫人石抹氏同立。見《趙州石刻全録》中卅三），其題銜正同，《趙州石刻録》以爲見金柏林院碑，遂定爲明昌年所刻，非也。壬子乃元憲宗二年，即宋理宗淳祐十二年。又按題名於結銜下加夫人侄三字，可見元人之陋。”

按楊奂，《元遺山文集》卷廿三有其神道碑（碑文見《金石萃編》卷一五九）《元史》卷一五三有傳。《元遺山文集》卷廿三《楊奂神道碑》載：“壬子九月，王府（貫文按：即元世祖）驛召入關，尋被教參議京兆宣撫司事，累上書，乃得請閑居鄉郡。”詩題壬子被召，即指此事。又云：“戊戌（貫文按：是太宗十年）天（貫文按：疑天作大，未立國號之前皆稱大朝）朝開舉選，特詔宣德課税使劉公用之試諸道進士。君試東平，兩中賦論第一。劉公因委君考試雲燕。俄從監試官北上，謁領中書省耶律公。一見大蒙賞異，力奏薦之，宣授河南路征收課税所長官兼廉訪使……在官十年，乃請老於燕之行臺，以猶子元楨代領漕事。”《還山遺稿》附録趙復撰《奂母程夫人墓碑》云：“戊戌秋八月，詔郡國取士。奂偕東平上計吏以首薦登名於天府，授河南課税長官。”碑末結銜前河南漕長即指此事。嘉靖元年宋廷佐輯刊楊氏《還山遺稿》，此詩即從《趙州志》録入。題作通濟橋原題，題下小字注云：“壬子秋九月被召過此。”石刻在橋下。宋廷佐輯刊時誤加詩題，殊爲失實。《還山遺稿》上《西嶽題名》：“河南路漕長奉天楊奂，告老後，應王府之召，同前道士獻陵劉繪祗謁金帝祠下……時癸卯清明前十日題。”又乾陵題名：“楊焕然納曹漕印後，癸丑清明還故里，與武功張君美同謁陵下。”癸丑爲憲宗三年，楊奂解職歸里時所題，猶署舊銜。

元姚燧《牧庵集》卷卅一《跋張夢卿所藏紫陽楊先生墨跡》云：“此先婦翁紫陽詞翰也。嘗聞其幼時文已奇，由歌白水滿長於‘紫陽閣底清風細’之句，遂號紫陽。初名焕，後由上金季主河朔中興頌，季主壯之，置紅篋中。黄龍戰北，紅篋爲我元所獲。恐蹤跡物色姓名獲戾，宜避，更爲奂。及後受我太宗簡文制，誤奂爲英。遂不敢私改，始就名英。其平生於書，差喜米南宫，故筆法時時似之。其卒以乙卯（憲宗五年）。”按姚燧爲楊奂婿，記焕入元改名爲奂，證以金正大二年《重修府學教養碑》（見《金石萃編》卷一五八）題奉天楊焕書。元劉祁《歸潛志》卷十一録大梁事亦作楊焕，知姚氏之言不誣。惟稱“受我太宗簡文制，誤奂爲英。遂不敢私改，始就名英”。據清張金吾《金文最》卷一〇九及清畢沅《關中金石記》卷八有己酉（金宣宗後稱制元年）孟夏立楊英撰京兆劉處士墓碣文，中有正大二年洛民東徙至陝。戊戌之秋（太宗十年）還故隱，明年五月十九日以疾卒。又二年谷口邳邦用疊書走洛，告其友楊英云云。此楊英即楊奂，僅此一見。又元鮮于樞《困學齋雜録》云：“紫陽先生楊奂字焕卿，又名知章……少年時自悟，以前身爲紫陽宫道士，因自號。”此記楊奂又名知章，字焕卿，殆亦入元避禍所改歟？元王惲《玉堂嘉話》卷三云：“課税所立於合罕皇帝即位之元年。”

石建中詩刻　（各書作張肅殘記，今從《畿輔通志》）

柳城石建中

水□□□□清漪石梁高構　（《趙州石刻全録》清字缺釋）

機事□□□□月弦初上千□長

（《趙州石刻全録》事作半，千字缺釋）

（上泐）西山□暮雨

（上泐）何□爲稱　（稱，《趙州石刻全録》作補）

道□□弓□　（《趙州石刻全録》無此行）

子章□□□石晋之後　（子，《趙州石刻全録》無釋）

少工□喜□□□喜　（喜，《趙州石刻全録》作時）

（上泐）句學交游皆　（拓本句字泐）

（上泐）與真定　　　　　　　　（此行拓本泐）
史公□□□尋東平每　　　　　（拓本尋、每二字泐）
（上泐）里而至　　　　　　　　（拓本缺至字）
（上泐）迷遇也天
樓□詩□□□章有　　　　　　（拓本樓、有二字泐）
（上泐）識　　　　　　　　　　（拓本識字亦泐）
□□服□□□□素習
（拓本只可見素習二字。素《趙州石刻全録》作去）
（上泐）此甘尤　　　　　　　　（拓本此三字已泐）
可貴也後□□□子章
之爲人□□□□士□河　　　　（拓本存爲、河二字）
東張肅子敬　　　　　　　　　（拓本子敬二字泐）
宣差真定等五路□□□過
（拓本止可見五字，《趙州石刻全録》過字缺釋）
諸石□□□□□□日
（以下二行，拓本不可辨）
劉□□□□□□刊

上一題記，廿二行，正書，在北洞南壁。《金石匯目分編》卷三補遺頁廿六、《趙州石刻全録》下卌五、《畿輔通志》卷一五二金石十五頁十二、《藝風堂金石文字目》卷十一頁廿九有著録。

《畿輔通志》云："此石剥蝕過甚，首行柳城石建中五字。建中當是題詩人名。柳城今屬永平府，蓋其鄉貫也。二行以下皆斷缺。細玩其字義，前數行尚有叶韻字，當亦是題橋之詩。第七行以下有石晋之後少工（下缺），句學交游皆（下缺），與真定史公（下缺）此甘尤可貴也（下缺），子章之爲人（下缺），河東張肅子敬等數十字。其辭雖不可貫串，然大半贊美之詞。疑前爲石建中詩，後爲張肅題跋。子章蓋即建中之字也。後又有宣差真定等五路字，即爲史天澤題銜。蓋即天澤命工刻石，與劉百熙詩同一事也。”

按石建中即元曲家之石子章，《元曲選》中存有石子章《竹塢聽琴》雜劇一種。據此刻，知建中乃其名，柳城乃其籍，石晋乃其先。曹寅本《録鬼簿》石晋名下注云：“大都人。”王國維《宋元戲曲考》《元戲曲家小傳》始定其人與元遺山、李顯卿（庭）同時。孫楷第《元曲家考略》舉《元遺山集》卷九“答石子章因送其行”詩云：“石梁詩好先知名，尊酒相逢意自傾。寶劍沉埋惜元振，鐵檠豪宕見胡鉦。（貫文按：當作證。《舊唐書》卷一六三有傳。胡證鐵檠事見唐王定保《唐摭言》卷三、趙璘《因話録》卷三。）藍田月出多重暈，豐嶺霜餘即大鳴。後日天山望征騎，燕鴻歸處是雲程。”又舉李庭《寓庵集》卷二“送石子璋北上詩”云：“滄海横流不見邊，徒杠石倒賴藤纏。何人解補中原道，老馬重過敕勒川。河朔賞音依舊好，趙州詩句斬（貫文按：疑作嶄）新鎸。東垣盡有摩崖在，更看繩橋第二篇。”石子章事跡，由此二詩始能窺其一二。元詩之“石梁詩好先知名”與李詩之“趙州詩句斬新鎸”皆指石氏此刻。惜殘缺過甚，僅餘石梁高構等字，無法見其全篇。雖然，此詩必有過人之處，否則不致使一代宗匠如元遺山之傾倒稱許也。元代曲家見於石刻者，除石子章外，尚有至元八年正月初五日奉訓大夫彰德路轉運副使荆幹臣分書之《文廟瑞芝記》（石在河南武安，北京大學圖書館藏有拓本）、延祐七年二月廿二日《奉議大夫婺原州知州兼管本州諸軍奥魯勸農事吴昌齡書並篆額之《張提點壽藏記》（石在山東濟寧，北京大學圖書館藏有拓本）。此二種石刻僅具官銜，不似石氏此刻雖殘，猶能窺其事跡於萬一也。

史天澤好禮名士，亡金遺老多往投依。王惲《秋澗大全集》（《四部叢刊》影印弘治翻元本）卷四八、《開府儀同三司中書左丞相忠武史公家傳》云：“北渡後，名士多流寓失所，知公好賢樂善，偕來游依。若王滹南、元遺山、李敬齋、白樞判、曹南湖、劉房山、段繼昌，徒單顥軒，爲料其生理，賓禮甚厚。暇則與之講究經史，推明治道。其張頤齋、陳之綱、楊西庵、張條山、孫議事，擢府（貫文按：府，章學誠《永清文徵》卷二作用）薦達，至光顯云。”因知此刻與真定史公等字，即王惲文中所指賓禮之事。跋後有宣差真定等五路等字，據王惲文云：“太宗即位（貫文按：據《元史》本傳系己丑年），公入覲。朝議方選三大帥，分統漢地兵。上素聞公賢，詔爲五路萬户，以真定、河間、大名、東平、濟南隸焉。”是史天澤官五路萬户，在太宗即位元年己丑。其後又刻劉百熙詩，即王惲文中之劉房山也。

此刻有宣差真定等五路等字。清沈濤《常山貞石志》卷十五、中統四年《晋州五嶽觀碑》後跋語云：“宋孟珙《蒙韃備録》云：‘彼奉使曰宣差，自皇帝或國王處來者。所過州縣及管兵頭目處，悉來尊敬，不問官之高卑，皆分庭抗禮，穿戟門，坐於州郡設廳之上。太守親跪以效勤，宿於黄堂廳事之内，鼓吹旗幟伎樂郊外迎送之。’又官制四曰宣差，逐州守臣皆曰節使。（貫文按：原書作發遣臨民者曰宣差）又考《金史・武仙傳》：‘興定元年，仙破石海於真定，宣差招撫使惟宏請加官賞。又有宣差總領黄國三合。又沈丘尉曹政承制召兵，西山防禦使李天祥不用命，政斬之以徇。仙至，怒曰：‘今日宣差來起軍，明日宣差來起軍，因此軍卒戰亡殆盡矣。’云云。又郭文振累官遼州刺史，有功當遷，乃以本充宣差從宜都提控。又王賓傳有李喜住者，本宿州衆僧奴下宣差。《金史・百官志》‘百官俸給，諸馳驛及長行馬職官日給’下注云：‘謂奉宣省院臺部委差，或許差者。下文置所等官同。’又‘隨朝吏員等日給錢’下注云：‘宣差及省部差，委官踏逐者，引者亦同。’據此，知宣差名目不起於元初，金時已有之。元初爲使臣，後以此加五品以上官。中統間猶與宣授並行不廢，至至元中定制，五品以上皆曰宣授。而後外官入銜，遂鮮宣差之名。今以此碑列銜定之，千户稱宣授，節度稱宣差，似宣差較尊於宣授矣。”沈氏考宣差之起源與宣授之區别甚詳，惟言起於金時殊不然。《金石萃編》卷一二八有《段徽明設醮記》，記云：乾興元年二月十五日，奉宣差入内，内侍省高品段徽明云云，是宣差之名始於北宋也。

張肅子敬見《元遺山集》卷卅九《答中書令成仲書》，《秋澗集》卷十八《張子敬提刑挽章》自注云："至元十五年六月十五日卒。"

安濟橋有感　　杜瑛

龍卧蒼江勢欲飛馬銜塞雨净無泥影沉雲掩半邊月路險天横千丈霓人世變更仙跡在水神畏避浪頭低憑欄灑盡傷時泪落日太行山色西

明《寰宇通志》卷四三（僅録第五、六兩句）、明代二《趙州志》卷二、康熙《趙州志》卷八、光緒《趙州志》卷十六有收録。

按清二州志題爲杜英，稱明人，誤。英，亦作瑛，乃金末明初人，隱居教授。事跡見胡祗遹《紫山大全集》（《三怡堂叢書》本）卷十八《緱山先生杜君墓誌銘》，元蘇天爵《滋溪文稿》（天津徐世昌刻本）卷廿二《元故徵士贈翰林學士謚文獻杜公行狀》，元馬祖常《石田先生文集》（古書流通處元四大家集影印元刻本）卷十一《皇元敕賜贈翰林學士杜文獻公神道碑》，清武億《安陽縣金石録》卷十二馬撰神道碑石刻（北京大學圖書館藏有拓本），《元史·隱逸傳》等。馬文與《元史》本傳皆用蘇撰行狀。馬撰之碑，石本與刻本文字不盡相同，如石本作諱英，《紫山大全集》載《緱山先生杜君墓誌銘》亦作英，蘇天爵撰《元故徵士贈翰林學士謚文獻杜公行狀》則云："公諱瑛，字文玉，霸州信安人也。金之季年，河朔俶擾，公辟地河南，居緱氏山，讀書講學，博覽無所不見。金將亡，儒者猶習文辭爲進取計。公爵禄不入於心，刻苦自勵……金亡，轉徙汾晋之間，授徒爲業……以至元十年九月十六日終於家，葬安陽縣王裕村。將終，命諸子曰：'我死，棺中第置

《杜甫詩集》一編，題其志石云：處士杜緱山墓’。”

杜德源詩刻

趙　　　　　　　　　（梁文無此字）

李□□□□□也□大夫

日有詩□□予於此□庚　（梁文作甘有□□□予於月）

寅春來牧是州謾爲賦此　（梁文作寅春來□是□□爲賦）

晦齋雲中□德源彦□題

（梁文作晦齋雲中□源彦題。德源，《趙州石刻全録》作直源）

駕石飛梁盡一虹蒼龍驚

蟄背摩空坦途箭道千人　（據《趙州志》，末一字爲人）

過驛使風馳萬國通雲吐

（梁文缺吐字。風馳，《趙州志》作馳驅）

月輪高拱北雨添春色去朝（梁文缺朝字）

東休夸世俗遺仙跡自[古]　（末一字據《趙州志》是古字）

神丁役此工

燕南貢士許寧志道司

（梁文缺寧、司二字。《趙州志》末字作司，疑當爲書字）

太清觀主於道□命工刊（梁文作：太清觀王子判命□□）

杜公之子如璋至治改元

來尹隆平民服廉政　　　（梁文作□尹隆平□□廉）

　　本□石匠戴瑄刊　　　（梁文作□□□匠戴垣刊）

上一詩刻題記，十六行，正書，在北洞北壁。明代二《趙州志》卷二、康熙《趙州志》卷八、光緒《趙州志》卷十四、《金石匯目分編》卷三補遺頁廿五、《趙州石刻全録》下卅二、《畿輔通志》卷一五二金石十五頁十八、《藝風堂金石文字目》卷十一頁廿九、梁文一八有著録。

《畿輔通志》云：“宋徽宗大觀四年，金世宗大定十年，蒙古太宗二年，皆屬庚寅。此刻詩前序紀元已泐，僅存庚寅春字，未敢定爲何代石刻。但案詩句，有雲吐月輪高拱北語，似頌揚北朝者，不類宋人之作。又按《一統志》表，宋崇寧四年升趙州爲慶源軍。大觀在崇寧後，乃此刻不曰節度而曰州牧，則非宋之庚寅可知。《金史·地理志》：天德三年改趙州爲沃州。大定在天德後，乃此開首即有趙字，而通篇無沃字，則非金之庚寅又可知。《元史·太祖本紀》：十五年木華黎分兵徇河北諸郡。又《元地理志》：太祖十五年割趙州所屬欒城、元氏隸真定。其時距太宗庚寅歲尚有十餘年。趙已久屬蒙古，其謂官牧州固宜。又案此詩後有燕南貢士許□題名。燕南二字，金以前皆無此稱。《地理志》：真定路屬燕南河北道，可爲蒙古時人所刻之明據。"

《畿輔通志》又云："此刻杜公之子如璋，至治元年來尹隆平，民服廉政，止十八字。德政碑之簡賅，無過於此，可見當時之樸茂。杜公不知何許人，蓋必曾有德於趙者，故因其子追溯其父也。"

按此刻各書皆分爲二段，前爲源彦□題詩（《畿輔通志》稱之。《金石匯目分編》《藝風堂金石文字目》作燕南貢士許□志道詩），後爲杜如璋頌，似未確。細繹全刻，此詩乃在如璋之父杜德源於庚寅春牧趙時所作，至至治元年杜如璋來尹隆平。趙人既刻其父詩，又頌如璋政績。庚寅爲前至元廿七年，至至治元年杜如璋來趙時已前後相距卅一年。此刻第五行有"晦齋雲中□德源彦□題"，因知晦齋乃其號，雲中乃其籍，彦□乃其字。《趙州石刻全録》所以作"直源"者，乃由德字寫作異體"悳"而誤。此刻主題名爲杜德源題詩。所謂"民服廉政"，乃因父及子，遂並刻於石，如專爲贊頌杜如璋之政事，其辭不應如是簡略，其石亦不應刻之於趙。再證以金石例中之頌德石刻，如清德頌（宋以前）、德政碑（宋以後），皆當地士民立於其所治之地，從無立於他處者，故合而爲一，逕題作杜德源詩刻。

《趙州石刻全録》卷下頁四三有平棘縣明德里總把□林立石獅，後題："至元廿三年□夏朔，唐山縣石匠□□淵刊。"平棘縣石匠戴瑄重刊。此刻末行本下當缺縣字。

按杜德源有題永通橋（即小石橋）詩，見景泰七年《寰宇通志》卷四三，天順二年《大明一統志》卷三題元杜德源詩。自明代二《趙州志》始誤作宋刺史杜德源。《常山貞石志》卷十七《大德五年真定府元氏縣重修廟學記》碑陰題名有從仕郎前荆湖北道招討司經歷杜璋，未知是否即杜如璋之名。由大德五年至至治元年凡廿年，時代前後亦復相當。明弘治《易州志》卷十二人物："杜德遠，漠北人，曾祖苟訥游宦定興，因家……始授禮部員外，擢監察御史，拜吏部侍郎僉宣徽院事。"或即此杜德源。

守鎮邢臺等字殘刻

金□□□□西

守鎮邢臺□□歲餘　　（梁文臺作臺）

真定公　　（梁文無公字，定下空二字有全字）

全趙　　（梁文無此二字）

此亭盤桓少憩　　（梁文作亭盤桓）

二年歲

休前一日　　（梁文無一日二字）

上一題記，七行，正書，在南洞北壁。梁文廿一著録。

按此刻，《藝風堂金石文字目》失録。據宋樓鑰《北行日録》卷上有"旁爲小亭"一語，而此刻亦有"此亭盤桓少憩"等字，是橋旁有亭之證。據"真定公"三字所云當指真定人史天澤，可知此橋亭在元代尚存。

全趙一詞，源自漢代。《漢書·鄒陽傳》："夫全趙之時。"服虔注："全趙未分之時。"趙萬里《漢魏南北朝墓誌集釋》第五册圖版四二二大業二年十二月十九日《邯鄲縣令蔡君故妻張夫人墓誌》云：“蔡侯述職邯鄲，夫人從任全趙。”

侯勛等施構欄題名

□浦社男善人侯勛　　（首字當是棘）

男侯□□布施構□　　（末字當是欄字）

一間□□□□福壽　　（泐四字。疑是合家永增）

上一題名，四行，正書。1953 年以後由河床中挖出。俞文一四著録。

按此刻疑屬元代。其證有三：一、此刻有“勸農立社”之社名。據《元史・食貨志》，立社之舉始於元世祖至元七年。二、據《趙州石刻全録》卷中《大定七年沃州柏林禪院三千邑衆碑》碑文云：“和尚名諱詮宗，本貫系沃州平棘縣棘蒲鄉丁村人也。”可證金時有鄉名棘蒲，但不記有棘蒲社。且南北朝至唐宋，造像誦經，雖亦立社起名，然與此“社”含義各别。三、善人之名爲金元以前所罕用。凡有興造，多稱維那或功德主。《八瓊室金石補正》卷一二七金大安己巳《邵公高真容疏題名》有嵩右善人王順。元以後至明清，則數見不鮮。元代銘刻中題善人者，如清武億《安陽縣金石録》卷十泰定元年《彰德路天寧寺鐘識》，題名中有男善人張士女善（疑脱人字）劉氏女善人何氏等。《常山貞石志》卷十七、大德五年龍興寺《重修大覺六師殿記》碑陰題名有男善人李政慶、女善人趙政妙、女善人周澄慧、男善人澄妙、男善人澄智。《陶齋藏石記》卷四三至正元年《中山府曲州城西北水竇巖鎮郡觀宮建立真武廟記》題名有善人安思從室人鄧氏、功德主善人李貞室人耿氏。

重修大石橋記

大石橋在趙郡南五里許隋大業間石工李春所造也余少聞其規制奇特上有石凹□/難據而恒山之陽言橋之勝概者必以大石橋爲特異

嘗欲觀其跡而不可得嘉靖辛酉□/一觀之然後知橋之奇特□以仙跡得名者非誣而李春創構之功若有神授其機□□/地勢接恒嶽之雄□流吞洨清之水南運諸省東注漕河北達燕冀爲京西一上游□□/敞豁石竇穹窿月輪沉霽虹架飛雲舟楫輿馬輻輳交馳於其間自隋至今越數□□□/之經歷磨礱者何限而橋之堅密無暇如初焉非神機糾結恐不至此抑亦仙□□□□/信李春創構之功爲奇特矣哉橋之上轍跡深處積三十餘年爲一易石以□□□□□/矣生員田錦張時泰郡人魏賓馮蒼俾僧悟成募緣重爲修飾以永其□□□□□□□/癸亥之春適余稍遷順德路迺重趙人之來請遂記之以爲兹橋彰往跡□□□□□□/嘉靖四十二年歲次癸亥四月朔旦/賜賜進士第前大理寺右評事制順德府事承直郎山陰孫大學撰/

致仕官　姜海　趙仙　羅秉仁　侯思明

内相　鄭□

監生　張允　侯□　秦□

生員　翁可　李□　□□　□□　杜榮　杜洲　秦澄

省祭　張□□　□□安　宋洪　秦邦輔

公直鄉老　杜□義　安經　郭時安　李天祐　馮蒼　□得　李忠　王□　楊世盛　李素

長蘆運司商人　王鑰　王旦　王蒼　王道□

真武廟和尚　鳳明　□□　大使李仲山

助緣鄉老　山西省城陽曲縣客人姚鑽　魏濱　曹宗寶　范奎　常熙香　李榮之　張臣　曹□新　黄朝陽　馮鑄　常堯　劉科　張□智　張虞機　張道　謝宗仁　侯□　許仲賢　楊大用　孟舉　習士威　□科　田忠　□世昌　張□　□□　時□□　李□　劉世昌　趙光　鄭廉　曹金　王用　張仁　高用　霍天羽　李相　高世□　張朋　尹舉　張科　□時□　侯□　王時□　黄龍　李舉　龔爵　李大□　侯□亮　賈森　郭□　曹□　眭寅　杜鋭　任天美　邢開　眭孔　郝潮　張世榮　王成　杜隆　閻世利

張相　□□　曹宗實　王大□　曹科　山西太原左衛縣　王朝
武世相　田濤　朱□　浚縣宜溝鎮客舍　張□仁　張平　郭□
李朝　韓清　蒲州人滑天禄　田卿　楊金　陳廷　□進　彭堂
白思　□友遷　□□□　張連科　眭句忠　郭時静　杜三省　張
□安　胡木女　張哲　胡奇　尹□　胡□　曹貢　丘俊　劉先
胡世甫　張川　陳興　眭彪　朱虎　張度　張學禮　雙徂　王祐
□□　韓進孝　孟虎　曹爵　史□　馮江　白柱　□虎　□□
□□　李科　冀中　劉世禄　劉奉先　侯瑞　焦楝　曹□　韓
進忠　□組　馬文禮　宋世□　閻廷果　張杰　□□仁　高舟
（泐）　曹□　□森　李文王　曹□　□安　胡臣　岳世卿　曹□
□□□　胡世甫　曹登　李鳳　□隆　侯鋭　張登科　□隆
朱□　任鳳　仝□　張□民　李自成　冀廷女　□世相　劉登
韓美　冀□　滑□爵　韓禄　張居□　張信　邢顯曹宗□　韓進
忠　李明　邢□　黄朝陽　丘計棠　眭彪　賈□　崔實　張□
張慶　馮臣　張□達　賈滿　冠京　安奎　劉舉　任康　崔恒
胡在　劉建美　任天美　□□卿　田官　郭進　郭政　□□　郭
□　冀花　賈禄　□彪　田岳　邢自安　李□　□□　郭九天
□自□　王世□　□隆　劉□　□□　楊環　□俊　馮彦威　眭
□龍　楊□ □□　□□　□□□　張厚　王□　□□□　□□
□□□　邢□　眭□　□邦□　□□□　馮□　高□　□青
□□□　郭□　□舉　杜民　馮□　馬瑶　宋氏　□□　李相
□氏　邢時揚　曹士　□氏　邢儒　賈□　閻氏　邢□□　張鋭
賈氏　任日朝　李尊　□□□　李文□　李自然　李天爵
□□　張□　□□□　邢臣　□豪　□□□　□□□　杜□□

按光緒《趙州志》卷五官師表：“同知通判孫大學，山陰人，萬曆四十年任。”

重修大石橋記

賜進士出身户部廣東清吏司政北海樓村翟汝孝撰

奉直大夫工部屯田清吏司員外郎螺川南山李明篆

修職郎鴻臚寺主簿直内閣姑蘇徐繼申書

易曰地險山川丘陵也玆以利涉大川履險如夷匪貿橋梁曷濟哉是故公孫僑濟人於溱洧光於史册凡所以成天地之能順兆人/之欲而收弘濟之勛也何其偉哉粤稽趙郡南五里許洨河大石橋北通京師南接梁楚驛傳旁午悉由其間誠勝跡也按/皇明一統志并州志重修碑記始爲隋李春所建唐仙人張果老墮驢之跡今存焉唐文粹所載中書令張嘉貞司功參軍柳涣散客張/彧之銘可考也近歲轍跡所蹂已逮橋之鐵梁矣曩橋之穹窿處懸一石約丈餘一道人曾謀修飭未有施者忽一日黑霧覆其上/且聞橋下有錐斵聲頃之雲霧開霽好事者入視之所懸石已完飭端整灰跡尚濕道人亦隱去噫嘻百世永賴神亦相之嘉靖己/未郡守沈公應元勒文於石注意郡人修緝魏中丞子太學生遂緝其橋之中路得八尺許嘉靖甲寅郡人/御用太監西漳趙公芬祇奉/敕命賚香幡赴武當道經此橋見其圮壞志欲重修甫歸即使朝鮮事完還京復有守備鳳陽之/命暇日與兄東瀛公登談及梓里事問魏君力竭遂捐/賞賚及田産之貲卜嘉靖壬戌冬十一月興工至次年癸亥四月十五日告成所修南北馬頭及欄檻柱脚錐斵龍獸悉如舊制且增崇/故事形象備極工巧焕然維新境内改觀矣噫嘻建功立業弘濟艱難孰謂古今人不相及哉維昔商高宗命傅説作相曰若濟巨/川用汝作舟楫誠望其建燮理之□施博濟之仁也西漳公讀書秉禮爲/天子内輔相仰體/聖懷惠施重修仙橋俾兆人利涉誠出舟楫之上矣康時相業寧不與傅説並美哉玆徵文於予以紀盛舉歲月且勒石冀垂不朽予忝/賢昆季通家之末何敢以不能文辭遂爲之銘曰/辰星璀璨通地靈瀉爲河海分坤精□彼洨河梗征人中常侍者□□情烏鵲助役杳大□海石驅石來蓬瀛□跨飛梁瞻青冥中/流砥柱功平成當年仙跡留芳名長途此日坦然行華夷驛使忻/皇程商旅不憚風波驚陰功必逮子孫榮安車駟馬傳峥嶸/嘉

靖甲子歲孟夏之吉/欽差守備鳳陽兼管廬淮揚徐滁和等處地方御用太監趙芬/錦衣衛鎮撫司帶俸百户趙登/錦衣衛衣布所精節司見任實授百户趙秉禄/錦衣衛錦衣衛鎮撫司前百户趙興/錦衣衛官帶舍人趙宗佐/兵部職方清吏司主事監生趙宗□錦衣衛應襲舍人趙宗偕/兵部武選清吏司歷事監生趙宗仁/兼工人郭時安　郭時泰　石匠　袁廷美　袁利　袁福榮　袁威/兼工陰陽生朱世威/老人劉然　畦强　趙坤　侯世科　趙世黄　張紳　趙世玄　趙東陽

按本文中嘉靖甲寅郡人御用太監西漳趙公芬據清代二《趙州志》里社條：城東南有西章鋪，王西章、董西章、屈西章、趙劉西章，西章即西漳。惟趙芬事跡無考。碑陰題名中多爲趙姓人氏，當是趙芬族人。又有陰陽生朱世咸題名。此例實始於宋，盛於金，元代最盛。如山西定襄宋政和三年洪福寺經幢，後刻陰陽人龐國（見近人牛誠修《定襄金石考》卷一）；山西平遥金泰和元年平遥縣冀郭村慈相寺僧衆塔記銘，後刻陰陽人梁楝（見《山右石刻叢編》卷廿二）。元代例證最多，兹不舉。

游石橋偶成　　舒城鮑捷

洨河之水清且瀰□往征人　　（往上據州志是來）
急於蟻誰移雲根□掌平　　（掌上據州志是一）
穹窿勢密如生成一□長虹　　（一下上據州志是飛）
何處墮偃蹇蒼龍□滸　　（滸上據州志是水）
卧嗟哉溱洧乘輿勞滹沱
舟子頻呼召任渠車馬紛
於織往□來續無病涉百　　（往下據州志是過）
代奇□誰爲鎸區區驢跡今　　（奇下據州志是勛）
浪□□□戊寅正月既望
（浪下據州志是傳，戊寅上當是正德二字）

上一詩刻，在北洞北壁。康熙《趙州志》卷十二、光緒《趙州志》卷十六。梁文一八有著録。據光緒《趙州志》卷五、官師表、同知通判，鮑捷，舒城人，正德三年任。

驢跡辨

石橋片石上有驢足跡四前有
石坑凹一處世傳張果老在此
□驢其坑凹處蓋其笠跡也嗟（驢前據下文當是墜字）
□老乘驢當幾前經展處皆
□何獨立於一石而止果老
果仙必不乘驢乘驢必不至墜
□乘驢□□□着地俱有形跡
□□石橋□於隋匠李春果
在□□□□隱於中條往來汾（汾下疑脱晋字）
開終於□□往來此橋屢矣（開當作間）
更再無一跡□留於他處耶天
□間奇巧險怪偶然近似者甚多（間前疑是世字）
此蓋石病偶有形似好事者附
會爲此説以欺人雖明智達者
□□經自取信也噫
□□中隱鮑捷辨
上一題刻，在北洞北壁。梁文一八著録。

題詩

千載□□績閲盡
（州志作千年留石績。此詩係五律平起，作載誤）
古□□□□程途迴　　　　（據州志古下作今人坦坦）
騑□□□□割雲通　　　　（據州志騑下作騑車馬頻）
緑□□□地絶紅塵　　　　（據州志緑下作水補）

如□□□□何須更　　　　（據州志如下作矢堂堂去）

問津　舒城鮑捷

上一詩刻，在北洞北壁。康熙《趙州志》卷十二、光緒《趙州志》卷十六。梁文一八有著録。

□部員外詩

□題　　鳳□部員外

□□橋意詩成

□□□□雲氣

何處□聲頻坐

三更月行行嗟萬

王塵荒唐不足道　　　　（王塵當是里塵）

孔氏有□津　　　　（津上一字當是迷）

上一詩刻，在北洞北壁。梁文一八著録。

重修大石橋記

宋趙城南，距五里，有洨河，河有橋，名安濟，一名大石。乃隋匠李春所造云。橋跨截河流，抵北者二十丈。石甃磨礱，備極固護，翼以扶欄，如其長之數而兩之。其制穴竇嵌空，不楹而駕、中一空如斷環，可十五丈。兩脅二大穴，摩頂二小穴，用以殺怒水蕩突。昔人謂如初月出云，長虹飲澗，此得橋之概者也。蓋趙爲畿輔要區，雄於河朔，其在幅員，所稱四通之域也。往來肩摩轂擊，而洨水匯四泉之流。夏秋間，雨潦霖霪，衆流俱赴，泛濫汪洋渚涯間，厔沓持甚。假令津梁不通，則驛傳檄奏之馳驅，貨殖車輿之輻輳，將不勝争渡之喧，而誰其效濟人於溱洧者耶？惟是創作葺修，俱不可廢。世廟初，有鬻薪者以航運置橋下。火逸延焚，致橋石微隙。而腰鐵因之剥削，且上爲輜重穿敝。先大夫目擊而危之，曰：弗葺將就頽也。以癸亥歲率里中杜鋭等肩其役。

垂若而年，石敝如前。余兄弟復謀請李縣等，規工而董之。令僧人明進緣募得若干緡。而郡守王公實先爲督敕。經始於丁酉秋，而冬告竣。勝地飛梁，依然如故，毋敢縱爲殘毁者，則又今守曹公禁諭保護之力也。張居敬曰：陵谷滄桑，相爲遷變。神工密致，亦遭劫灰。以余所覩記，兹橋已一敝於逸火，兩敝於積轍。則桑土先計，信存乎人也。河水上流波湍，至橋下則湛然淵停，風景自殊。堪輿家謂當更鍾英毓秀，豈有見於地靈人杰云乎哉！

此記康熙《趙州志》卷八、光緒《趙州志》卷十四著録。

文中所涉諸問題，已見上編，兹不贅。惟洨河及四泉二事爲上編未及，補充於後。

光緒《趙州志》卷一引張孝時《洨河考》云："洨河發源於封龍山北之南寨村。兩峰壁巒峻削，瀑布懸崖，水皆從石罅中流出。廿里至南甘子村，入平地，至平通橋，匯金河、普良河，由欒城之彭家莊以達於通濟橋，此洨河之正脉也。又石牛港二泉已湮没不可考。土人以牛家莊之南、通濟橋以北是其故跡，此則洨河之支流也。《水經注》云：洨水不出山，而假力於近山之泉。今考洨河，實受西山諸水。每大雨時行，伏水迅發，建瓴而下，勢不可遏。自獲鹿之寺家莊至欒城之王家莊，泛溢爲害者，皆此水也。一云達於大陸，一云至趙州大石橋，東南流歸滏陽河。"

光緒《趙州志》又云："洨水在州南五里許。舊志云：凡有四泉：一在蓮花營，一在洚北村，皆獲鹿南境；二泉東流十餘里而合。其二泉在竇嫗村西北石牛港，東行二百餘步而合。又三里餘與前二水合，迤邐南行。包欒城，經趙州，達清漳入於海。（舊志云：達清漳入海。按與今形勢不合。）"

故通引高貴妻王氏施構欄題記

在州南城廂故

通引高貴妻王氏

施此構欄石一間

合家同增福壽

上一題記，1953 年由河床中挖出。余文一九、俞文一七有著録。

余文引 1953 年馬衡先生考證云："通引爲官名，只見於五代史。五代以後未見此官名。字的筆法亦爲唐末的風格。"按《新五代史·寇彦卿傳》云："世事宣武將軍爲牙將。（梁）太祖初就鎮，以爲通引官。"（《舊五代史》作通贊官）馬衡考以爲始於五代，誠是，以爲五代以後未見此官則不盡然。徵之石刻與文獻，由五代至宋，屢見通引官出現。如《八瓊室金石補正》卷七一貞明三年新修南溪池亭及九龍廟等記，碑陰題名有押衙充通引官董遷。又卷八一保大五年《重刊壽州金剛經碑》，碑後題名，有右軍討擊副使充清淮軍通引官張著蔆，此五代石刻中之通引官也。清胡聘之《山右石刻叢編》卷十一太平興國三年《后稷廟碑》，前題後有通引官充鎮都虞候（下闕）。又太平興國四年《重建湯王廟碑》，前題後有解州通引官充聞喜鎮都虞（下闕）。又《山右石刻叢編》卷十四元豐四年《潞州長子縣慈林山法興寺新修佛殿記》，碑末有監造碑通引官王詮。《趙州石刻全録》卷下景祐五年《趙州南關厢邑人等重建陀羅尼經幢》，下截題名有通引官李滋、檀福，此北宋石刻中之通引官也。宋趙彦衛《雲麓漫鈔》卷七唐人多稱使條："本朝則多稱使……下至胥吏則有通引官。"又卷十二："衙前入役曰鄉户，曰押録，曰長名；職次曰客司，曰通引。"宋張淏《雲谷雜記》卷二記天聖明道間避莊獻太后父諱，改通直郎爲同直郎，通引官爲承引官，明道以後不復諱。此事出於一時權宜而僅行於十年之間。《宋會要輯稿》第七六册職官卅二之一《兩朝國史志》："都指揮使司：孔目官、勾押官、押司官、開拆官各一人，前行六人，後行十八人，通引官十一人；都虞候司：勾押官一人，前行一人，後行一人，通引官一人。"又第八九册、職官四八之九四：

"太平興國八年五月詔：諸道、州、府、軍、監衙前、使院、客司、通引官……"又大中祥符八年八月詔："開封府應管牙職將佐、都押衙、左右知客押衙、左番、通引官、行首，並壹處遷補。仍具新定資級以聞。"又九年九月開封府言："定衙吏爲三等，左右都押衙爲第一等，以五年出職。客司，左右知客押衙爲第二等，六年。通引同左右番行首，爲第三等，七年並出職。"宋洪邁《夷堅志乙》卷十七宣州孟郎中條："有一人具冠帶出，結束若今通引官。"此記載中宋代通引也。馬衡考，稱筆法亦爲唐末風格，亦未確。五代至宋所謂"民間俗書"，多相承不變。若無其他輔助材料，如地名、史實等，僅就書法，殊難定其爲五代與宋也。

欄干名構欄，始見於晉崔豹《古今注》（《四部叢刊》二續影印宋本）卷上："漢成帝顧成廟，有三玉鼎，二真金爐，槐樹悉爲扶老構欄，畫飛雲龍角虛於其上。"

張嘉貞、柳涣、張彧石橋銘柱礎殘石二塊

（上泐）觀乎用石之妙楞（下泐）

（上泐）百象一仍餬灰璺腰鐵栓（下泐）

（上泐）莫能創是其欄檻華柱鎚斵龍獸之（下泐）

（上泐）才一致故辰象昭回天河臨乎析木鬼神（下泐）

（上泐）鱗甲攢會者徒聞於耳不覩於目目所覩者工（下泐）（以上爲張嘉貞記）

（上泐）銘曰（下泐）（銘曰以下爲柳涣銘）

□□或微兹模蓋略析堅合異超涯（截）壑支堂勿動觀是龍（末二字應作龍是）

□□壯轅殷殷□□携斧拖綉騫聰視鶴藝□侔天則豐（携上當爲薄，聰當作驄）

或　　（按或當是張彧之彧，自此以下爲張彧銘）

北定河朔冬十月□次趙郡郡南石橋者天下之□勝

客也狀而銘曰

葳製樸斵紛猱榦也泉開盤根玉甃虹舒電托虎步雲（猱當作糅，也當作地）

作洞門呀爲石竇窮莫筭盈琛紀萬就力□岸争勢輿

□之鈐鍵撮我宇宙謂之關梁扼我戎寇郡國□帶河

萬里書傳三□□奏郵亭控引事物殷富夕發蒯壖（蒯當作薊）

□天啓大壯神功罕見勒銘巨橋敢告豪右（張彧銘止此）

（上泐）文意□可愛□□□□來知□□□

（上泐）文章而已□□□□不傳

（上泐）□雲□歲仲秋既望

以上右殘柱礎二段，未見拓本。1956 年 9 月在橋南關帝廟城臺引道内挖出。十月間又出一段。俞文一三著録。

俞文云：“考《唐書》建中三年壬戌，節度使朱滔、王武俊並反。王武俊攻趙州，李晟自魏州引兵而北，徑趨趙州，武俊解圍而去，晟留趙州三日。張彧銘當是此時所作。建中三年去開元十三年又有五十多年，今兩銘刻在一處，一定不是原來石刻。果然，由第二次挖出的石礎，最後一段頭幾個字有‘余曩閱《唐文粹》’字樣。方知此碑乃是後人根據《唐文粹》所刻的。末行尾部有‘□歲仲秋既望’等字，惜詞句不鎸全，無從揣測。”

按此刻未見拓本及照片，無從由書法上斷其時代。惟有就石刻所據《唐文粹》刻本加以推斷。

《唐文粹》爲姚鉉於景德三年十月甲午貶爲連州文學（見《宋史·真宗紀》）時所編，參見宋曾慥《類説》卷十九引胡訥《見聞録》。據《唐文粹》姚氏自序，至“大中祥符紀號之四祀，皇帝祀汾陰后土之月”，書成，凡一百卷，命之曰《文粹》。“好事者於縣樓貯之，官屬多遣吏寫録。”是此書在當時僅有抄本。至仁宗時，臨安進士孟琪始加刊布（見寶元二年嘉平月施昌言敘），紹興九年又重刻之，書名皆作《文粹》。此《唐文粹》之宋刻本，二宋本均未寓目。北大藏明初福建翻宋本。趙萬里先生云：前人多認爲元翻本。殷字缺末筆，不避構字，書名亦題《文粹》，疑出北宋。北大藏明刻本，有嘉靖三年徐焴刻本、嘉靖六年張大輪刻本，題《重校正唐文粹》。嘉靖八年晉藩養德書院重刻本。莫友芝《郘亭知見書目》卷十六有萬曆重刻本，未見。各本《唐文粹》引張嘉貞、柳渙、張彧二篇，文字不盡相同。由上述所見各本與此刻相校，如張嘉貞記之“硂”“眭盱”等字詞均與所謂明初翻宋本相同。張彧銘之“窮莫等盈，琛紀萬就”與所謂明初翻宋本相校，惟萬作方小異，與其他明刻本無一同者。嘉靖三年、六年、八年三刻本均作“鑯鐖”，均作“賒莫筭盈，一紀方就”。因疑此刻所據《唐文粹》或者即出所謂明初翻宋本。至其刻石年代，恐亦在元、明之際。新出嘉靖甲子翟汝孝撰《重修大石橋記》，有“《唐文粹》所載中書令張嘉貞、司功參軍柳渙、散客張彧之銘可考”等語，豈此柱亦即重修大石橋時所刻歟？

李佐等施構欄題名

□棘縣西□□　　　　（棘上闕平字）

□村李佐李□

李施此構欄　　　　（李下疑有脱字）

一間各家永增壽　　（構下疑有壽字）

1953 年以後由河床中挖出。梁文一六著録。

按《明史·地理志》趙州，“洪武元年以州治平棘縣省入”，可知此刻必在明代以前，惟確切年代無從推斷。據《趙州石刻全録》卷中大定七年《大金沃州柏林禪院三千邑衆碑》碑陰題名：平棘縣有西吕津村、西楊户村等，此刻中西□□村，疑屬其中之一。

大鈞等字殘字

（上泐）大鈞富

謨古□之

鈞韶之

□布

還

朝□過

□□丑

□□後

以上一題名，存八行，在北洞北壁。《趙州石刻全録》下卌二、《畿輔通志》卷一五二金石十五頁八有著録。

《畿輔通志》云："與泰和殘字同刻一處，兹附其後。"

天求等字殘刻

（上泐）好　（《趙州石刻全録》、梁文並作内侄王。）

天求之佐（舊釋天宋。《趙州石刻全録》佐下有赴字。梁文作至元□□之赴。）

上一題記殘字，存二行，分書，在北洞北壁。《趙州石刻全録》下卌二、《畿輔通志》卷一五二金石十五頁一九、《金石匯目分編》卷廿五、《藝風堂金石文字目》卷一一頁二九、梁文一九有著録。

月出寒空等字殘詩　　舊名孟愛殘詩

□□守□□　（《趙州石刻全録》無守字）

□是橋能得　（《趙州石刻全録》只有橋字）

□□紀其來

□爲矼□□雄　（拓本矼雄二字已泐）

□□月出寒空　（《趙州石刻全録》無月寒兩字）

□□浪全無患

□何煩檠楫功　　　　　（拓本功字已泐）

□□孟夏日

上一殘詩刻，八行，正書，在北洞北壁。當是七言絶句。《趙州石刻全録》下册二、《畿輔通志》卷一五二金石十五頁一九、《金石匯目分編》卷廿五、《藝風堂金石文字目》卷一一頁二九有著録。以上各書將此刻均列於元代。

師劉等字殘刻

□□□水

□□□師劉　　　　　（梁文師作此）

□□愛□赴　　　　　（梁文無愛字）

□□□觀　　　　　　（梁文作觀）

祖□□□留　　　　　（梁文祖作狂，無留字）

□□□□月四　　　　（梁文作皿，無月字）

上一題名，存六行，正書，在南洞北壁。《趙州石刻全録》下册九、《畿輔通志》卷一五一金石十四頁五七、梁文廿有著録。

東山等字殘刻

（上泐）白口口掏此

（上泐）霓萬文

（上泐）冐肎

（上泐）龍王輦

（上泐）國

（上泐）聖朝

口陽口東山

上一題名，存七行，正書，在南洞南壁。《趙州石刻全録》下册七、《畿輔通志》卷一五一金石十四頁五六有著録。

堤字殘刻

堤

上一題名，正書，僅存一字，在南洞南壁。《趙州石刻全録》下卅七、《畿輔通志》卷一五一金石十四頁五六有著録。

馬英書殘刻

馬英書

上一題名，正書，在南洞南壁。《趙州石刻全録》下卅七、《畿輔通志》卷一五一金石十四頁五六有著録。

此式游等字殘刻

此式游

生

上一題名，分書，在南洞南壁。《趙州石刻全録》下卅七、《畿輔通志》卷一五一金石十四頁百六有著録。

注釋

①清刻本。

②按乾隆五十七年孫星衍《京畿金石考》卷下引《太平寰宇記》云："平棘縣洨山，《水經注》云：'橋東有兩碑。'"徵引猶在王履泰之前。惟未説明該橋即大石橋之前身。

③光緒十年黄彭年纂《畿輔通志》卷一五一《金石略》卷一四、平棘橋碑下亦引《水經注》逸文，後附按語云："平棘無洨水。《漢書・地理志》：常山郡石邑，洨水所出。石邑即今獲鹿。汶乃洨之譌。"

④北大藏寶應朱氏游道堂藏舊抄本。該書卷五六末頁有"廿三日亥時校，清常校"字樣。可知從趙清常校本出。

⑤北大藏明抄本《交州稿》宿趙州驛云："晋家曲沃舊池臺，無數行人去又來。可惜石橋三百尺，只留驢跡印蒼苔。"按陳孚於至元廿九年副梁曾使越南，

途經此地。

⑥《小方壺齋輿地叢抄》册四十。

⑦清嚴可均《全隋文》卷卌四《釋曇遷奏請檢括破佛像》云："比經周代毁道，靈塔聖儀填委溝壑者，多蒙陛下興建，已得修營。"端方《陶齋藏石記》卷七《正光三年汝南王元悦造塔記》云："清信士侍中太尉公汝南王元悦，敬修古塔。毁□形象，□功加力，裝飾令新，使爲初妍。"陸增祥《八瓊室金石補正》卷廿一《天保八年弟子静明勸化邑義等修孫崗上故塔並像》云："營修故塔，宛麗如新。"民國廿六年《鞏縣志》卷一六《開皇元年五百人造像記》云："敬造舊像卅八堪。"由此之例，可知舊物重建曰"修"，曰"營修"，曰"修營"，是修與建造本有區别。

⑧光緒間刻本。

⑨北大藏明正德二年李瀚刻本。乾隆三年刻本即從此出。

⑩同治元年刻本。

⑪《小方壺齋輿地叢抄》册五。洪良品《龍崗山人全集》中未收。

⑫宋以前橋之專名，據文獻所載，以類排比，約有八項。每項略舉一二，以供參考。（甲）以水名者，如渭橋（見《史記·張釋之列傳》《漢書·文帝紀》《漢書·宣帝紀》《後漢書·馬成傳》等），涇橋（見《漢書·何并傳》）。（乙）以門名者，如便門橋（見續古逸叢書本《永樂大典》卷一一一三四《水經注》渭水，四部叢刊影元刊本《三輔黄圖》卷六），睾（又作皋）門橋（見續古逸叢書本《永樂大典》卷一一一三三《水經注》谷水）。（丙）以地名者，如桐門橋（見《續古逸叢書》本《永樂大典》卷一一一三五《水經注》洧水），界城橋（見《續古逸叢書》本《永樂大典》卷一一一三零《水經注》淇水）。（丁）以取材名者，如版橋（即板橋，見《晋書·武帝紀》），石柱橋（以石爲柱，見《四部叢刊》影元刊本《三輔黄圖》卷六，《平津館叢書》本據紹興癸酉撫州刊本校勘無此條）。（戊）以形制名者，如偏橋（見《續古逸叢書》本《永樂大典》卷一一一三一《水經注》濁漳水），虹橋（即券橋，兩端低垂，背凸起似虹。見唐陸探微《吴地記》）。（己）以四神名者，如白虎橋（見唐吴堅《初學記》卷七），朱雀橋（見《晋書·明帝紀》）。（庚）以水勢名者，如長分橋（見東魏楊衒之《洛陽伽藍記》卷四："谷水浚急，流於城下，多壞民家，立石橋以限之，長時則分流入洛，故曰長分橋。"）。（辛）以吉語名者，如長存橋（《漢書·王莽傳》：地皇三年二月霸橋灾，數千人以水沃之不滅……王莽惡之，下書曰……絶

滅霸駁之橋，欲以興成新室統一長存之道也。其更名霸館爲長存館，霸橋爲長存橋。《平津館叢書》本《三輔黄圖》誤作長安橋），安漢橋（見晋常璩《華陽國志》卷三《蜀志》，《續古逸叢書》本《永樂大典》卷一一一三一《水經注》江水》），永橋（見東魏楊衒之《洛陽伽藍記》卷三），通順橋（見唐吴堅《初學記》卷七），永濟橋（見《元和郡縣圖志》卷五），通濟橋（唐咸通十三年造，見《金石萃編》卷十一、《八瓊室金石補正》卷六十七、《山右石刻叢編》卷九）。

⑬據北大圖書館藏拓本，録文見《金石萃編》卷卅一、《八瓊室金石補正》卷十九。

⑭據北大圖書館藏拓本，録文見嚴可均《全隋文》卷十九、汪鋆《十二硯齋金石經眼録》卷八、《八瓊室金石補正》卷廿。

⑮據北大圖書館藏拓本，録文見許印林《攀古小廬雜著》卷十、民國五年《臨沂縣志》卷十二。

⑯據北大圖書館藏拓本，録文見許印林《攀古小廬雜著》卷十、民國五年《臨沂縣志》卷十二。

⑰民國五年《臨沂縣志》卷十二。

⑱唐宋兩代造橋碑碑額仍有刻像者，宋以後即不見。例如山東滕縣城南五十里割牛溝有武周證聖元年八月割牛溝小石橋碑，碑額刻佛像，題名有左菩薩主韓里朗、右菩薩主韓□九、大像主韓文玉、大橋主朱玄英等。據北大圖書館藏拓本，録文見《金石萃編》卷六十一、民國《續滕縣志》卷五。山東蒙陰縣有宋元豐七年名義墩石橋記，碑額刻像，見阮元《山左金石志》卷十七。

⑲北大圖書館藏袁氏卧雪廬藏舊抄本。

⑳據北大圖書館藏拓本，録文見乾隆十五年《順德府志》卷十五（衹録開皇十六年以前一碑）、《金石萃編》卷四十、《全隋文》卷十九。

㉑清伍崇曜輯《粤雅堂叢書續集》本。

㉒據北大圖書館藏拓本。原石藏河南新安千唐志齋。

㉓《宋會要輯稿》第一九零册方域六之十六云：紹興元年四月八日，通判建昌軍莊綽（按綽字季裕，撰有《鷄肋編》三卷，今傳）言："竊見大觀中，忌諱日廣。君、主、皇、王、天、上、玉、龍、聖、萬年、萬壽之類，縣邑稱呼名字，例皆改易。有識觀之，以爲靖康之讖。欲云應緣避前項衆字，所更縣邑、鄉村、寺院等名，並令如故。"莊綽上言，又見《宋會要輯稿》第一九三册方域十

二之十九，文字較略。宋洪邁《容齋續筆》卷四禁天高之稱條云：“政和中，禁中外不許以龍、天、君、王、帝、上、聖、皇等爲名字。”（按，此據《四部叢刊續編》影宋本，各書載未見禁帝字，此帝字疑誤）宋朱弁《曲洧舊聞》卷七云：“政和中，凡人名或字中，有天字、君字、主字、聖字、王字、玉字皆會避而不用，蓋從趙野王（《説郛》卷四十一引無王字）所請也。當時如寺觀、僧道所稱主字（《説郛》卷四十一引誤作王字）亦行改正。”（據《知不足齋叢書》本）。《宋大詔令集》卷一九九：“禁止不得用君字爲名，御筆。政和八年二月十二日。”《宋史·徽宗紀》：“政和五年正月甲午，改龍州爲政州。”《邵氏聞見後録》卷七：“政和初，凡人名或字中有天字、君字、王字、聖字、主字皆避而不用，蓋從趙野王所請也。當時如寺觀僧道所稱主字亦行改正。”宋吴曾《能改齋漫録》卷十三有“政和三年八月，御筆宫觀寺院不得稱主”之記載（據《武英殿聚珍版叢書》本）。《宋會要輯稿》第一九三册方域十二之十三：“政和三年以王貫鎮改安平鎮。”《宋會要輯稿》第一九零册方域六之十六：“紹興元年四月八日通判建昌軍莊綽言……袁州萬載縣改爲建城縣，常州武進縣萬壽鎮改爲阜通鎮。”《宋史·地理志》：“京兆府樊川縣，舊萬年縣，宣和七年改。”宋李心傳《舊聞證誤》卷三：“宣和七年七月庚子禁士民名字有犯天王君聖及主字者（書闕名）。按此五字皆宣和以前所禁，至此始罷之，今乃以爲禁，非也。重和元年九月禁天字，二月禁君字，五月禁聖字。政和二年六月禁王字。政和八年七月禁主字。”（據《藕香零拾》本）。

㉔宋洪邁《容齋續筆》卷四禁天高之稱條云：“於是毛友龍但名友，葉天將但名將，樂天作但名作（此句疑誤），勾龍如淵但名勾如淵，衛上達賜名仲達，葛君仲改爲師仲，方天任改爲大任，方天若改爲元若，余聖求改爲應求，周君綱字君舉改爲元舉，程振字伯玉改曰伯起，程瑀亦字伯玉改曰伯禹，張讀字聖行改曰彦行。”（按，此據《四部叢刊續編》影宋本），宋洪邁《夷堅甲志》卷十六、席帽覆首條云：“王龍光字天寵……此舉當政和八年方登科……時方禁以龍、天、君、玉、王等爲名字。唱第之日，面賜名寵光。頭上加帽，蓋謂是云。”（據民國十六年商務排印本）

㉕改天下承天寺爲能仁寺，見宋龔明之《中吴紀聞》卷五（《涵芬室叢刊》重刻至正廿五年崑岩春刻本）、宋范成大《吴郡志》卷卅一（張石銘影刻宋本）、宋施宿等撰《嘉泰會稽志》卷七（清山陰杜氏刻本）、宋周應合《景定建康志》卷四十六（嘉慶六年蘇州刻本），宋史能之《咸淳毗陵志》卷廿五（嘉慶廿五年

刻本)。清沈濤《常山貞石志》卷四“唐開耀二年開業寺李公碑陰題名,有元氏鄭昂題名云:‘余宣和三年挈家遊封龍,值雨,泊承天寺,即能仁寺也。’”

㉖宋龔明之《中吴紀聞》卷五云:“及士庶名字,犯而不改,則重加之罪。”(《涵芬室叢刊》重刻至正廿五年崑巖春刻本)

㉗宋龔明之《中吴紀聞》卷五云:“雖橋梁有爲龍形者,亦皆鑿去之。”(《涵芬室叢刊》重刻至正廿五年崑巖春刻本)

㉘《宋會要輯稿》第一一六册刑法二上七十四禁約:“宣和元年正月廿一日詔……訪聞諸處壁畫塑像儀仗之類,尚多僭侈,名件,圬墁改易,仍加嚴飾,不得褻慢。委廉訪使者覺察以聞。”

㉙《宋會要輯稿》第一九零册方域六之十六:“紹興元年四月八日通判建昌軍莊綽言:……進奏隱狀,海州龍苴巡檢今改爲苴城巡檢,邠州龍泉鎮改爲清泉鎮,汝州龍興縣改爲寶豐縣,西京龍門鎮改爲通洛鎮,嘉州龍游(疑脱縣字)改爲嘉祥縣,循州龍川縣改爲雷鄉(按《宋史·地理志》作雷江)縣,袁州萬載縣改爲建城縣,處州龍泉縣改爲劍川縣,鼎州龍陽縣改爲辰陽縣,濟南府龍山鎮改爲般水鎮,龍州改爲政州,化州石龍縣改爲羅川縣,河中府龍門縣改爲河津縣,中山府龍泉鎮改爲雲泉鎮,衢州龍游縣改爲盈川縣,常州武進縣萬步鎮改爲阜通鎮,秀洲青龍鎮改爲通惠鎮,吉州龍泉縣改爲泉江縣,涪州武龍縣改爲枳縣。”《建炎以來系年要録》卷四三:“紹興元年四月甲戌,復政州爲龍州,劍州、嘉祥、雷鄉、建城、辰陽、羅川、盈川、泉江、枳縣并復舊縣名。通會鎮復舊鎮名。以朝奉郎新通判建昌軍莊綽言,自大觀以後避龍、天、萬、載等字,更易縣名不當也。”他如宋王象之《輿地紀勝》《宋史·地理志》皆記載有地名因犯龍字改名之例。

㉚《中吴紀聞》卷五五云:“季父倅,興仁(宋府名,故治在今山東曹縣西北)太守,曲意奉行,盡取諸寺觀藏經,命剪去所禁八字。”

㉛考大觀間所禁諸字,宋范成大《吴郡志》、龔明之《中吴紀聞》、洪邁《容齋續筆》、明陳霆《宣政備史》(北大藏舊抄本)、清畢沅《續資治通鑒》等書皆云凡八字。綜合諸書所記,實爲九字。若并萬年、萬壽、萬載而言,則爲十二字。至其施禁之紀年,各家之説不一。莊綽作大觀間(見《宋會要輯稿》第一九零册方域六之十六、一九三册方域十二之十九)。朱弁《曲洧舊聞》卷一作政和初。陳霆《宣政備史》卷一作政和四年七月。畢沅《續資治通鑒》卷九十二作政和六年九月丙申。吴曾《能改齋漫録》卷十三、《宋會要輯稿》第一一六册刑法

二之七一禁約並作政和八年五月四日（李寬奏禁聖字），又並作政和八年閏九月廿六日（趙野奏禁天字）。洪邁《夷堅甲志》卷十八作政和八年。洪邁《容齋續筆》卷四、周輝《清波雜志》卷九並作政和間。趙彦衛《雲麓漫鈔》卷六作宣和三年。《宋史・徽宗本紀》作宣和七年七月庚午朔（詔士庶毋以天、王、君、聖爲名字）。范成大《吴郡志》卷卅一、龔明之《中吴紀聞》卷五並作宣和中。諸説中，莊綽作大觀者，乃溯其始綜合追叙之詞。除龍字可確知在其時禁用外，若聖字、天字，皆在大觀以後。《宋史》作宣和七年，合諸書觀之，實屬誤記。陳霆、畢沅二書並作政和，未詳所據。

㉜《宋會要輯稿》第一一六册刑法二之九三禁約：宣和七年七月一日詔曰："朕惟王者之法，易避而難犯，若苛舉細故，使人拘畏而忌諱，非所以示大體也。臣僚請建士庶名字，有犯天、王、君、聖及主者悉禁。既非上帝名諱，及（《容齋續筆》四作又）無經據，諂佞不根（《容齋續筆》四作經），貽譏後世。並壬戌日宰執燒香，住斷刑釋。雖輕罪，至留繫佚罰，皆非朕意，可並勿行。"洪邁《容齋續筆》四亦引此詔。文多删節。

㉝《續古逸叢書》影印《永樂大典》本。

㉞商務印書館石印張宗祥《洛陽伽藍記校注》。

㉟《藕香零拾》本。

㊱商務印書館鉛印本，1930 年。

㊲北大藏明隆慶刻本。

㊳《四部叢刊》影印宋刻本。

㊴《四部叢刊》影印日本翻宋本。

㊵毛氏汲古閣《津逮秘書》本。

㊶據北大藏拓本，録文見清吴玉搢《金石存》卷一四、阮元《山左金石志》卷一二、王昶《金石萃編》卷八三、趙紹祖《金石文抄》卷五。

㊷據北大藏拓本，録文見清胡聘之《山右石刻叢編》卷九、陸耀遹《金石續編》卷一一。

㊸北大藏拓本。

㊹據宿白先生告知，1935 年《中國營造學社匯刊》六卷二期頁一五八、陳仲篪識小録圖版壹之乙，原圖據閻文儒先生見告爲王徵所藏。

㊺故宫博物院藏。按卞永譽《式古堂書畫匯考》畫卷一八：王振鵬《金明池圖》下注云：一名《龍舟奪標圖》。元柳貫《柳待制集》卷六有王振鵬《金明池

錦標圖》詩。是《金明池圖》又名《龍舟奪標圖》。故宫所藏，疑見摹拓王本。

㊻光緒十四年陸心源十萬卷樓重刻元本。按宋趙明誠《金石録目》卷三，第五百廿一作《隋欒州使君江夏公碑》，郝士威撰，侯孝真八分書，大業二年十月。

㊼如《漢代畫像全集》初集，孝堂山畫像圖版一八，兩城山畫像圖版卅、卅一、卅二，二集武榮祠堂畫像圖版一三三，武開明祠畫像圖版一零三；1954年第3期《文物參考資料》封面圖，成都站東鄉出土漢墓磚畫像等皆爲平背拱橋。惟《漢代畫像全集》三集中孫家村畫像圖版五八中有一券形物，人行其下，魚布其下，疑是魚龍曼衍戲中之道具，而非券橋。

㊽見兩《唐書·李昭德傳》。

㊾張鷟見於兩《唐書·張鷟傳》中，稱其開元中入爲司門員外郎，卒。

㊿同治庚午三瑞堂刻本。

51商務印書館排印《國學基本叢書》本。

52《鄱陽集》卷一《次大風韵末句有宋都未遇且悲歌》，宋都指南京宋州（商丘），第二爲都亭驛（開封），第三爲羑里廟（湯陰），第四爲講武城，（臨漳，范成大《石湖居士文集》卷十三、使金詩亦有此題。題下自注云：在漳河上。）第五爲夜渡沙河（大名），第六爲望蓬鵲山（《太平寰宇記》卷五九：蓬鵲山亦名龍騰山，在縣西六十三里），第七爲洨河石橋。

53據北大藏拓本。録文見《山右石刻叢編》卷四。

54見《兩浙金石志》卷二。

55據北大藏拓本。録文見《山右石刻叢編》卷六。

56據蔡襄撰書《萬安橋記》，北大藏拓本。録文見《金石萃編》卷一三四。又見《屏山集》卷一六、洛陽橋七律。

57見宋朱長文《吴郡圖經續記》中，范成大《吴郡志》卷一七，元袁桷《清容居士集》卷一九《吴江重建長橋記》及同治十三年《蘇州府志》卷卅四。

58《四部叢刊》影印宋刻本。

59據北京圖書館藏明抄本《攻媿集》卷一一九。

60《四部叢刊》影印元刻本。

61北京圖書館藏洪武刻本。

62道光庚寅汪氏振綺堂重刻宋本。

63商務印書館排印本。

64《四部叢刊》影印景泰翻元刻本。

⑥⑤《四部叢刊》三續影印元刻本。

⑥⑥1935年石印本。

⑥⑦據北京圖書館藏明抄本。北大藏明弘治金蘭館銅活字本，康熙間施弫抄本。卷十三，顧嗣立秀野草堂刻本作卷十二。

⑥⑧據商務印書館排印明抄本《説郛》卷四一引。

⑥⑨武英殿聚珍本。

⑦⓪周輝，或作周煇。如本書紹熙四年張貴謨序、《古今説海》本《北轅録》、《續百川學海》本《北轅録》、清錢曾藏抄本《北轅録》等。據周氏《清波雜志》署名及書中自稱，皆作輝。宋周必大《南歸録》（在《益國周文忠公全集》中）有："乾道壬辰訪周德友運干，其子輝示近作一卷"云云。知當作輝。

⑦①北大藏明刊本。

⑦②北大藏明刊本。

⑦③北大藏嘉靖甲辰雲間陸楫刊本。

⑦④北京圖書館藏原書膠卷。

⑦⑤《稗海叢書》收會稽商氏半野堂本。

⑦⑥《學古齋金石叢書》本。

⑦⑦《四部叢刊》影印弘治翻元刻本。

⑦⑧見《秋澗先生大全集》後其子公儒後序。

⑦⑨見《秋澗先生大全集》後。

⑧⓪據北京圖書館藏明項德棻宛委山堂刻本。

⑧①道光廿八年涇縣潘氏袁江節署刻本。

⑧②《玄覽堂叢書》影印明刻本。

⑧③北大藏天順五年刻本。

⑧④據天一閣主人范鹿其先生抄示。

⑧⑤據天一閣主人范鹿其先生抄示。

⑧⑥北京圖書館藏康熙刻本。

⑧⑦武英殿聚珍版本。

⑧⑧《四部叢刊》三編影印本。

⑧⑨北大藏明仿宋本。李木齋以《湖海樓叢書》本校明抄本（徐禎卿庚寅抄）："石墻"作"石川"。

⑨⓪1936年北京圖書館影印本。

⑨1民國朱啓鈐影印本。

⑨2據北大圖書館藏拓本。

⑨3咸豐庚寅甬上徐氏烟嶼樓刻本。

⑨41937年《中國營造學社匯刊》六卷四期。劉敦楨《河南省北部古建築調查記》。

⑨5《碧琳琅館叢書》本。

⑨6光緒癸卯海豐吴仲繹校刻本。

⑨7《藕香零拾》本。

⑨8北京大學圖書館藏元刊本。

⑨9宣統聊城鄒氏石印乾隆本。

⑩01934年《中國營造學社匯刊》五卷一期。

⑩1北京大學圖書館藏萬曆戊申李雲鵠刻本。

⑩2同治十年皖南洪氏晦木齋翻刻乾隆四十二年汪氏本。

⑩3《四部叢刊》影印致和戊辰余氏勤有堂本。

⑩4北京大學圖書館藏嘉靖丙寅談愷刻本《太平廣記》卷卅引。

⑩5影印《四庫全書珍本》。

⑩6《太平廣記》三九八石橋條引。

⑩7北京大學圖書館藏李木齋以明抄本校《湖海樓叢書》本。

⑩8《四部叢刊》影印弘治刻本。此則爲宿白先生見告。

⑩9商務印書館影印道藏本。

⑪0商務印書館影印道藏本。

⑪1道光八年刻本。

⑪2光緒卅二年龍樹精舍刊本。

⑪3古典文學出版社排印本。

⑪4羅振玉輯《玉簡齋叢書》二集本。

⑪5商務印書館影印明抄本。

⑪6按此文當時曾刻石。故宋鄭樵《金石略》卷一、宋陳思《寶刻叢編》卷六皆著録。此刻碑題，當從二書作《石橋記》爲是。改作《石橋銘並序》乃始於宋姚鉉之《唐文粹》。此文元翻宋本（或考爲明初翻刻本）、嘉靖三年徐焴本、嘉靖六年晋藩養德書院重刊本、嘉靖八年張文輔重刻本、光緒庚寅許邁增校刻本《唐文粹》卷六七與明弘治《趙州志》卷二、隆慶元年《趙州志》卷二、《全唐文》

卷二九九、康熙《趙州志》卷八、光緒《趙州志》卷十六皆有收録。此刻《寶刻叢編》作柳識書，《金石略》作柳讀銘，柳讀當由柳識而誤。柳識，宋計唐夫《唐詩紀事》卷廿云："字方明，工文章，最爲李華所知。其文於蕭穎士、元德秀、劉迅相上下。"《全唐文》卷三七七柳識小傳云："代宗朝官左拾遺。"《摭言》七知己條：李華撰《三賢記》云：河東柳識方明，遐曠而才皆慕元（德秀）者也。《寶刻類編》卷十八有柳識撰《白雀廟記》。《金石録目》卷八收大曆七年八月十八日玄静先生碑，題爲秘書郎河東柳識撰。此文當作於張嘉貞開元十三年爲定州刺史，至十七年就醫東都前數年中。俞文並考爲十三年過趙州時所作，既無確據，亦近武斷。

⑪⑦唐中書令四字乃明二州志所加。《唐文粹》《全唐文》皆無此四字結銜。知者，因明清志書於藝文志中撰人例皆加簡單銜名故也。

⑪⑧康熙《趙州志》卷一云："洨水在州南五里許，其泉源出平山縣。"

⑪⑨《全唐文》"緘"下小字注："一作鍼。"按鍼即干戚，義不合。當由形旁致誤。

⑫⓪康熙、光緒兩志作窿。《文選》卷四司馬相如《上林賦》："穹隆雲撓。"《金石萃編》卷卅八開皇六年《龍藏寺碑》："穹隆詭譎。"

⑫①《文苑英華》卷四六唐張仲素《河橋竹索賦》："雖前後之鼓心，終上下而駢坒。"

⑫②宋李誡《營造法式》卷三石作制度次序：六曰磨礱（用沙石水磨，去其斫文。）《八瓊室金石補正》卷七八《鐵葵缸銘》："砥礪若金，磨礱比玉。"

⑫③宋孫公升《談圃》卷下（武進陶氏影宋刻《百川學海》戊集下）："王青未遇時貧甚，有人告曰：何不賣脂灰？令人家補璺器。青如其言，家貲遂豐。"《玉篇》方言云："秦晋器破而未離謂之璺。"《廣雅》云："裂也。"宋趙叔向《肯綮録》："器破而未離有痕曰璺，音問。"劉復《敦煌掇瑣》收《開蒙要訓》："瑕璺於隙，填塞拈捭。"

⑫④按康熙卅九年《舒城縣志》卷十九藝文：胡熙撰嘉靖七年《重建惠衆橋記》有冶鐵爲錠語，正可爲腰鐵栓作注脚。南北朝至隋唐石刻中鐵字多作鐵。如《漢魏南北朝墓誌集釋》收正光五年《冀州刺史元昭墓誌》與大業十二年《明質墓誌》、《八瓊室金石補正》卷廿七大爺十一年當陽縣李慧達造鐵鑊、《金石萃編》卷七一開元六年移置唐興寺碑與天寶九載《少林寺靈運禪師功德塔銘》等皆作鐵 。又元豐八年《成德軍天威軍石橋記》拓本第十六行有"灰璺拴鐵"句。

《唐文粹》《全唐文》作鐵，誤。拴字，《唐文粹》與明清四種《趙州志》均作拴。《全唐文》一作 栓，皆由形旁致誤。鐵拴，唐人有以爲名者，如《山左金石志》卷十一乾封元年王知慎等題名，中有“□尚作監吕鐵拴（下闕）。”

㉕南北朝至唐代華字有寫作“ 莑”者。如《漢魏南北朝墓誌集釋》收正光二年《世宗貴嬪司馬顯姿墓誌》作“莑”，又正光二年《太監劉華仁墓誌》、開皇五年《武騎常侍王紹仙墓誌》、大業十二年《宫人常泰墓誌》，以及胡聘之《山右石刻叢編》卷七大曆元年《鐵元始贊與承天軍城記》，羅振玉《京畿冢墓遺文》卷中唐大和二年《名州司兵姚君夫人李氏墓誌》，《敦煌變文集》卷六不知名變文等，華均寫作莑。《全唐文》收本文華字下小字注云：“一作䔢。”清代二《趙州志》均作莑。當由莑而誤。此文既刻石，又由諸本誤字可知當時刻石本必作莑。《困學紀聞》卷六：“鄭語‘依疇歷莘，’（貫文按：用宋庠《國語補音》本）《史記鄭世家》注：莘作華，《水經注》黄水逕華城西。史伯曰：華君之土也。韋昭曰：華，國名。秦白起攻魏，拔華陽。司馬彪曰：華陽在宓縣。《括地志》：華陽城在鄭州管城縣南。可以證今本之誤。”

㉖《文選》卷十一王延壽《魯靈光殿賦》：“伏羲鱗身，女媧蛇軀：鴻荒樸略，厥狀睢盱。”李善注引《字林》曰：“睢，仰目也。盱，張目也。”《金石萃編》卷四二貞觀卅年《等慈寺塔記銘》：“緑林叛换，青犢睢盱。”《山右金石志》卷十三咸通十三年《贈左散騎常侍韓國昌神道碑》：“肙贔指背，睢盱縱□。”各本《唐文粹》與明代二《趙州志》睢皆誤作眭。

㉗《李太白集》卷一明堂賦：“人物禽獸，奇形異模；若飛若動，瞪眄睢盱。”

㉘《春秋左氏傳》昭公八年“今在析木之津”杜預注：“箕、斗之間有天漢，故謂之析木之津。”

㉙光緒《趙州志》誤作：“海若倒乎扶桑。”

㉚追之，見度徐行，走馬逐而不及。至孟津河，浮木杯於水，憑之度河。”未知此停杯渡河是否指此事。

㉛王充《論衡·吉驗篇》：“北夷橐離國王侍婢有娠，王欲殺之。婢對曰：‘有氣大如鷄子，從天而下，我故有娠。’後産子，捐於猪溷中，猪以口氣嘘之，不死。復徙置馬欄中，欲使馬借殺之。馬復以口氣嘘之，不死。王疑以爲天子，令其母收取奴畜之，名東明，令牧牛馬。東明善射。王恐奪其國也，欲殺之。東明走，南至掩虎（水旁）水，以弓擊水，魚鱉浮爲橋。東明得渡，魚鱉解散。追

兵不得渡。因都王夫餘。故北夷有夫餘國焉。”

⑬²清代二《趙州志》靚均作覩。疑據南宋繙本。南宋避高宗諱，改靚爲覩。

⑬³柳渙事跡見《舊唐書·柳亨傳》後所附。《金石萃編》卷一一五郎官石柱題名有左司員外郎柳渙。《太平廣記》卷一三零引《通幽記》竇凝妾條：“唐開元廿五年晋州刺史柳渙外孫女。”柳渙職名，元翻宋本省作衛州司功參軍。

⑬⁴此銘自明代二《趙州志》始由張記中析出單行。《全唐文》從之。二人分撰例見清葉昌熾《語石》卷六。古有此例，原不能分。

⑬⁵《太平御覽》卷七三紀年：“周穆王七年，大起師（按今本作周穆王大起九師），東至於九江，架黿鼉以爲梁。”秦王嘉《拾遺記》卷二：“舜命禹疏川奠岳，消巨海，架黿鼉以爲橋梁。”《文選》卷十二郭璞《江賦》唐李善注引《紀年》曰：“周穆王卅七年征伐，大起九師，東至於九江，叱黿鼉以爲梁。”又卷十六江淹《恨賦》李善注引《紀年》云：“周武王伐紂，東至於九江，叱黿鼉以爲梁。”

⑬⁶《白孔六帖》九鵲部類賦《淮南子》：“七夕，烏鵲填河成橋而渡織女。”唐韓鄂《歲華紀麗》：“鵲橋已成”注引《風俗通》云：“織女七夕當渡河，使鵲爲橋。”

⑬⁷明清四《趙州志》“並”均作“兹”。

⑬⁸明清四《趙州志》“超”均作“趍”。

⑬⁹明清四《趙州志》“截”均作“鐵”。

⑭⁰“葪”各本《唐文粹》均作“蒯”，《全唐文》作“薊”，光緒《趙州志》作“翼”。“葪”即“薊”，如《漢魏南北朝墓誌集釋》收大業四年《吴巖墓誌》：“幽州葪縣令。”“蒯”係“葪”之誤字。

⑭¹《古文苑》卷四（《四部叢刊》影印宋本）揚雄《蜀都賦》：“龍睢（瞗）兮羅布列。”章樵注：“（瞗）音霍，驚視貌。”

⑭²此題據《文苑英華》。《唐文粹》《全唐文》、明代二《趙州志》均作《石橋銘》。清代二《趙州志》作《安濟橋銘》，非。

⑭³《全唐文·張彧傳》云：“西平王李晟婿，德宗朝官劍州長史、檢校户部郎中、假京兆少尹，入爲刑部侍郎。”此説據《唐書·李晟傳》。《金石萃編》卷一零一有大曆十三年張彧撰《大唐聖朝無憂王寺大聖真身寶塔碑銘》，其結銜爲徵事郎殿中侍御史内供奉賜緋魚袋張彧撰。唐李肇《國史補》卷下詼諧所自條：“機警有李舟、張彧。”此張彧事跡之可考者。

⑭建中三年歲次壬戌。《爾雅·釋天》："太歲在戌曰閹茂。"

⑮《金石萃編》卷一零八大和三年裴度撰《唐故太尉中書令西平郡王贈太師李晟神道碑》："建中二年田悦以魏叛，德宗極意致討，悉起徂征。以公爲神策先鋒都知兵馬使加御史中丞，與河東、河南等道諸軍合擊。公濟河而行，能以衆整。及破洹水陣，解臨洺圍，轢魏屬城，抵燕通邑。其摧鋒剉鋭，皆先群帥而置力焉。遥拜左散騎常侍兼御史大夫。"按此文又見《唐文粹》卷五七，衆整作衆正，群師作群帥。《舊唐書·李晟傳》云："建中二年，魏博田悦反，將兵圍臨洺、邢州。詔以晟爲神策先鋒都知兵馬使，與河東節度使馬燧、昭義節度使李抱真合兵救臨洺。尋以御史中丞……三年正月……王武俊攻趙州。晟乃獻狀，請解趙州之圍。欲引兵赴定州，與張孝忠合力，欲圍范陽。德宗壯之，加晟御史大夫……晟自魏州引軍而北，徑趨趙州。武俊聞之，解圍而去。晟留趙州三日。"

⑯《四部叢刊》影印嘉靖本《唐文粹》誤作"癸"。

⑰各本均作"跡"，惟《文苑英華》作"績"，於義爲長。

⑱《文苑英華》誤作汶。

⑲元翻宋本《唐文粹》作"𤘘"。明二《趙州志》誤作"牙"。唐代石刻多將"互"寫作"𤘘"，或作"𤘘"。此銘既刻石，《唐文粹》必據石本録入，故當作"𤘘"。書"互"作"𤘘"，見顧炎武《唐韻正》卷四九麻：牙字，所引唐石刻盡見《金石萃編》中。

⑳《文苑英華》誤作"藏"。

㉑《文苑英華》與清代二《趙州志》均誤作"干"。

㉒清代二《趙州志》"拖"誤作"施"。《文選》卷八司馬相如《上林賦》云："宛虹拖於楯軒。"劉良注曰："拖，猶越也。"《金石萃編》卷四二貞觀四年宋子奢《豳州昭仁寺碑》云："步櫚拖虹蜺之色。"《金石萃編》卷八三、開元廿六年游芳撰《任城縣橋亭記》云："炳若星漢，拖如虹蜺。"

㉓《文選》卷十三賈誼《鵩鳥賦》："坱圠無限。"李善注："坱圠，無涯際也。"《文選》卷七揚雄《甘泉賦》云："據軨軒而周流兮，忽軮軋而無限。"李善注："坱圠，廣大貌。"《文選》卷十一李延壽《魯靈光殿賦》："鬱坱圠以嶒竑。"李善注："坱圠，五齊限之貌。"《文苑英華》、《唐文粹》並作"軋"。按鞅軋見《揚子方言》（《四部叢刊》影印宋本）卷十云："譴，極，喫也，楚語也。或謂之軋。"郭璞注："鞅軋，氣不利也。"是坱又作鞅，作軮；圠又作軋。其義有無涯際，廣大貌，無齊限貌，氣不利等。此處應作廣大貌解。此二字亦常見之

石刻中。如《八瓊室金石補正》卷五十開元二年《大唐故右衛中郎將兼右金吾衛將軍同安郡開國公鄭玄果墓誌銘》，銘曰：“原隰坱軋，烟雲慘凄。”《山右金石志》卷十五《建隆四年濟州重修廳壁記》云：“周廊迴合以虹申，峻宇坱圠而烟聚。”坱圠既有廣大、無涯際之義，似仍以從土爲宜。

⑮此二句，元翻本《唐文粹》作：“窮莫筭盈，琛紀方就。”嘉慶三刻本《唐文粹》作：“賒莫筭盈，一紀方就。”明清四種《趙州志》均作：“窮莫算盈，琛紀萬就。”《全唐文》與《文苑英華》同。按此二句乃屬對句，當從《文苑英華》。意謂“用財無算，滿十二年方始成就”，於義乃順。作賒者當由琛而誤，作萬者當由方而誤作万，由万而誤爲萬。筭與算同，漢唐之間多通用。如《隸釋》卷十九魏延康元年《大饗碑》，《金石萃編》卷四五貞觀十三年《張琮碑》，《昭陵碑録》中唐顯慶元年《崔敦禮碑》，《敦煌秘籍留真新編》下册所收《老子化胡經》等均作“筭”。《文選》卷六左思《魏都賦》“推鋒積紀”劉注：“十二年歲星一周爲一紀。”

⑮“扼我戎寇”，《文苑英華》引《唐文粹》云：“我一作廼。”按此四句爲雙偶句。第二句既然是“撮我宇宙”，則此句不得作“扼廼戎寇”。《全唐文》、清代二《趙州志》均空戎字。乃修《全唐文》時館臣避清忌而有意空之，非原缺字也。此例爲清初刻本中所常見，不改字即空字。

⑯羅振玉《古籍叢殘》收唐寫本《文選》揚雄《解嘲》：“東南一尉，（如淳曰：《地理志》云：在會稽回浦也。）西北一侯（如淳曰：《地理志》云：龍勒、玉門、陽關有侯也）。”

⑰《文苑英華》作“薊”，小字下注：“一作蒯。”《唐文粹》與明清四《趙州志》均作蒯。按此文有“勒銘巨橋”之語，知必刻之於石。漢至唐代石刻中從魚之字或變從角。如漢《曹全碑》“撫育鰥寡”，北海相《景君碑》“元元鰥寡”，“鰥”均作“觻觻”。魯峻石壁殘畫像中“鮮”寫作“觧”。趙萬里《漢魏南北朝墓誌集釋》建義元年《王誦墓誌》，胡聘之《山右石刻叢編》卷七大歷元年《承天軍城記》，羅振玉《邙洛冢墓遺文四編》卷三上元三年《樂歸墓誌》等，“薊”均寫作“蓟”。知此文在宋代修《文苑英華》時必從石本録入，自宜作“薊”爲是。

⑱《文苑英華》卷四十六唐張仲素《河橋竹索賦》云：“拔山之倫，扛鼎之疋。雖則取之大壯，抑亦執之或失。”

⑲據“勒銘巨橋”一句，知當時必曾刻石。

⑯北京大學圖書館藏明隆慶元年刻本。

⑯北京大學圖書館藏明嘉靖甲申徐熇刻本。

⑯據天一閣主人范廉其先生抄示。

大石橋大事年表

時代	大事	補注
隋開皇十六年	興工重修	
大業三年	重修畢工	
周聖歷元年九月	默啜入趙，欲南過石橋，見青龍卧橋上，懼而遁	
唐景龍三年	度陶縣令于瑾等題名	
唐開元八年九月	崔恂等題詩	
唐開元十三年至十七年	張嘉貞柳涣合撰《石橋記》	
唐建中三年十月	張彧撰《趙郡南石橋銘》	
唐貞元九年四月十九日	劉超然撰《重修大石橋記》	
唐代年月未詳	赫赫張公等刻柱李翺撰《趙州石橋銘》□承恩等殘題名大中大夫等字殘題名	
五代后唐天祐七年（梁開平四年）	梁將王景仁等擊趙。李存磊、周德威合兵以救趙。十二月辛巳觀兵於石橋南	見《舊五代史·唐書·莊宗紀》、《新五代史·唐臣傳·周德威傳》
宋治平年間	鄉民鑿取橋鐵，橋欹。真定僧懷丙以術正之	
宋元祐四年九月	龍興寺僧師安修橋題名	

時代	大事	補注
宋元祐年間	賜名安濟橋	
宋紹聖三年九月	嚴中行等題名	
宋崇寧三年九月	王諫甫題名	
宋大觀三年八月廿五日	王革等接伴遼賀生辰使題名	
宋政和元年	君、仁等字殘題名	
宋政和四年	冬至餞别殘題名	
宋政和七年	□彦奉使等字殘題名	
宋宣和六年十一月	向仲等題名	
宋宣和八年八月壬子	連鵬舉使金吊祭完顔吴之喪，回程題詩	
宋宣和六年十二月十八日	趙正夫被詔赴闕題名	
宋宣和七年九月十二日	安汝功題詩	
宋建炎三年	洪皓爲使金通問使題名	
宋隆興三年	洪適使金賀生辰題名	
宋乾道五年十二月十八日	樓鑰隨汪大猷等使金賀正旦過大石橋	見《宋史·高宗本紀》
宋乾道六年九月	范成大使金求陵寢也，且請更定受書禮，回程題詩	見《宋史·孝宗本紀》及《宋史·范成大傳》
宋淳熙四年二月十九日	周輝隨張子政等使金賀正旦	見《北轅録》

時代	大事	補注
宋嘉定四年十二月十七日	程卓使金賀正旦過大石橋	見程卓《使金録》
□□四年歲次壬辰正月廿一日	銀青光禄大夫試兵部尚書某賀正旦回程	
（紀年不詳）季冬	惟邦等字迓客殘題名	
（紀年不詳）十一月	衛採殘題名	
	陳安本殘題名	
	陳隆壽題名	
	劉□使北殘題名	
	權臨城縣張説題詩	
	東明等字出使殘題名	
	通判趙州軍州殘題名	
	知趙州軍州殘題名	
	北韓村馮柏等施石柱題名	
	趙州禪定院僧題名	
	柏鄉縣維那□友平等題名	
	楊村等字殘題名	
	憔悴等字殘刻柱	
	石匠人趙等字題名	
金天會十四年十一月廿八日	完顔概等回謝大齊題名	
金天德三年中旬後一日	李德固題名	

時代	大事	補注
金大定二年四月	劉皁等施構欄二間題名	
金大定十五年	全真師郝大通坐橋下苦修五年	見《元遺山文集》卷卅五《太古觀記》
金大定廿六年	楊□張震等題名	
金永安二年六月望	平棘縣令高國忠重建南北二橋洞題名	
金泰和初	巍巍乎等字殘題記	
金泰和五年閏八月	烏古論德鄰兄弟題詩	
元太宗后乃馬真氏稱制	劉百熙題詩	
二年六月中浣		
元憲宗二年九月	楊奐題詩	
元憲宗八至九年	郝經題詩	
元至元十年以前	杜瑛題詩	
元至元十三年	王惲按試河南題詩	
元至元廿七年春	杜德源題詩	
元至治改元	杜如璋頌	
元至正五年至十一年	迺賢游石橋	
□□二年	守鎮邢臺等字題記	
	石建中題詩	
	棘蒲社侯勛等施構欄一間	

時代	大事	補注
明正德十三年正月既望	鮑捷辨題詩	
明嘉靖卅八年	郡守沈應元撰碑	
明嘉靖四十二年四月	孫大學撰《重修大石橋記》	
明嘉靖四十三年四月	翟汝孝撰《重修大石橋記》	
明萬曆廿五年秋	張居敬撰《重修大石橋記》	
	鮑捷辨驢跡辨	
	鮑捷辨題詩	
	□部員外詩	
清乾隆年間	重修橋西面	
清嘉慶六年十一月初六日	王定柱過石橋觀橋上驢跡，橋下手痕	
清道光元年	王元治捐資重修	
清同治七年	捻軍張總愚由寧晋四芝蘭北退。清提督郭寶昌、劉松山等輜重駐大石橋	同上。《趙州志》卷六名宦《劉錫谷傳》作六年正月
清同治十一年正月初九日	洪良品過大石橋	
1934 年	梁思成調查大石橋	
1934 年以後	用水泥補製東面石欄	

時代	大事	補注
1952 年 11 月	古代建築修整所劉致平等十人勘查	1953 年 3 期《文物參考資料》《趙州安濟橋勘查記》
1953 至 1956 年	古代建築修整所勘查大石橋，從河床中挖出大小橋石一千五百餘塊。	
1955 年 4 月至 1956 年 12 月	用壓力灌漿法修復橋身	
1958 年 7 月至 11 月 3 日	修復欄版。由 1953 年起經古代建築修整所調查、測量、發掘與修復。共計前後使用卅餘萬元。	
時代無考	故通引高貴妻王氏施構欄一間題記	
	張嘉貞、柳渙、張彧石橋銘殘刻柱	
	平棘縣李佐等施構欄一間題記	
	月出寒空等字殘詩	
	大鈞等字殘刻	
	師劉等字殘刻	
	東山等字殘刻	
	天求之佐四字殘刻	
	此式游等字殘刻	
	馬英書三字殘刻	
	堤字殘刻	

致　謝

在先師孫貫文先生誕辰一百年後，他的遺作終於能够匯集出版。其中《北京大學圖書館藏歷代石刻拓本草目》一部分自二十世紀五十年代油印問世後，多次準備正式刊印，又多次因各種原因未能成書。學生爲之感嘆扼腕，念念在兹。其間雖曾蒙徐蘋芳先生等前輩關照，在《考古學集刊》上陸續刊布部分内容，並在有關刊物上發表過數篇孫先生的金石論文，但是一直没有能够將全部論著出版問世。幾十年來，這件事始終是學生身上的一件重負，出版這部手稿一直是學生心中存在的憧憬。現在，經三晋出版社張繼紅先生與三晋出版社同仁的努力，孫貫文先生的遺作得到國家古籍整理委員會的出版資助，可以正式出版。喜極而泣之下，首先想到的是要向多年來爲了出版這一著作予以大力關照和幫助的前輩學者及朋友們致以衷心的感謝。

感謝孫貫文先生的老朋友，我的老師宿白先生、高明先生、徐蘋芳先生，承蒙他們多次關注孫先生遺著的整理和出版工作。直至二〇一七年，九十以上高齡的宿白先生與高明先生還不顧年高體弱，爲本書的出版撰寫專家推薦書，申請出版資助。深情厚誼，學生永念在心。

感謝徐元邦先生幫助聯繫出版社和争取出版的多次努力。徐先生多次説過他也是孫先生的學生，也要爲先生盡一份心意。

感謝北京大學圖書館的領導和善本部胡海帆先生對出版的支持與幫助。

感謝北京大學中文系劉玉才教授的傾力幫助。

特別要感謝三晋出版社張繼紅先生。張先生深深熱愛傳統文化，對學術著作出版予以大力支持，造福學界良多，並毅然決定出版屬於冷門學術、銷量有限的這部工具書，使我們長期以來的期望得以實現。

感謝一切爲本書出版付出努力的朋友。

學生在此謹向各位老師、朋友們

鞠躬。

趙　超